suhrkamp taschenbuch
wissenschaft 327

Der vorliegende Band macht den Versuch, einer gemeinsamen Arbeit von Sozialwissenschaftlern und Juristen an konkreten Einzelproblemen näherzukommen. Als Arbeitsprinzip wurde hier die Form der Kommentierung von Beiträgen durch einen Vertreter der jeweils anderen Disziplin gewählt. In *Abweichendes Verhalten IV* (stw 87) wurde dieser an Einzelproblemen orientierten Arbeit eine in gleicher Weise strukturierte Diskussion grundsätzlicher Fragen vorangestellt.

Vom Nutzen und Nachteil der Sozialwissenschaften für das Strafrecht

Einzelne Delikte – Ausblick

Herausgegeben von
Klaus Lüderssen und Fritz Sack

Zweiter Teilband

Suhrkamp

Die Herausgeber danken Heinrich Geddert
für seine ebenso sachkundige und präzise wie unermüdliche Hilfe
bei der Vorbereitung und Koordination der Manuskripte

suhrkamp taschenbuch wissenschaft 327
Erste Auflage 1980

Satz und Druck: Georg Wagner, Nördlingen
Printed in Germany
Umschlag nach Entwürfen von
Willy Fleckhaus und Rolf Staudt

CIP-Kurztitelaufnahme der Deutschen Bibliothek
Vom Nutzen und Nachteil der Sozialwissenschaften für das Strafrecht /
hrsg. von Klaus Lüderssen u. Fritz Sack. –
Frankfurt am Main : Suhrkamp.
ISBN 3-518-07927-7
NE: Lüderssen, Klaus [Hrsg.]
Teilbd. 2. Einzelne Delikte, Ausblick. – 1. Aufl. – 1980.
(Suhrkamp-Taschenbuch Wissenschaft ; 327)

Inhalt

Erster Teilband
Prinzipien der strafrechtlichen Zurechnung und Sanktionsprobleme – Strafe im Übergang

C *Ausblick*

A Delikte gegen den Einzelnen

Heinrich Geddert
Abtreibungsverbot und Grundgesetz (BVerfGE 39,1 ff.)

Zwei Fragenkomplexe machen der Strafrechtstheorie seit eh und je besonders zu schaffen: 1. Wie lassen sich die Ziele des Strafrechts definieren und rechtfertigen – wie lassen sich »Rechtsgüter« begründen? 2. Welche Bedeutung haben Tatsachen für die Begründung von Rechtsgütern und die Gestaltung des Strafrechts? Diese beiden Fragen sind mit einer Vielzahl ehrwürdiger rechtsphilosophischer Probleme verknüpft (Rechtsgutbegriff, Sein und Sollen, Rechtsgeltung, Recht – Moral – Sitte, Anerkennung, Schuldprinzip u. a.), unterschiedliche Antworten auf sie liegen nicht nur rechtsphilosophischen Schulenstreits, sondern auch den Auseinandersetzungen zwischen Rechts- und Sozialwissenschaftlern über die Bedeutung ihrer jeweiligen Disziplinen zugrunde. Der mit diesen Bänden angestellte Versuch, das wechselseitige Verständnis von Rechts- und Sozialwissenschaftlern zu fördern, beruht u. a. auf der Annahme, daß ein besseres gegenseitiges Verständnis die Lösung dieser beiden Fragen vorantreiben kann.

In der Abtreibungsdiskussion spielen beide Fragen eine wichtige Rolle. Konkret lauten sie hier: Ist das ungeborene Leben schutzwürdig? Was für Konsequenzen muß man aus den bekannten Daten zur Effektivität von Strafdrohungen und anderen Maßnahmen zum Schutze des ungeborenen Lebens ziehen? Die Entscheidung des Bundesverfassungsgerichts vom 25. 2. 1975[1] gibt Antworten auf beide Fragen. Die erste hat mehrere verschiedene Aspekte: a. Sollte der Gesetzgeber das ungeborene Leben schützen? b. Gebietet das Grundgesetz einen solchen Schutz? Das Bundesverfassungsgericht hat grundsätzlich nur mit der zweiten Frage zu tun, dementsprechend ist auch in diesem Aufsatz immer diese Frage gemeint, wenn nach der Schutzwürdigkeit des werdenden Lebens gefragt wird. Da es allerdings in der Abtreibungsdiskussion darum geht, ob ein *strafrechtlicher* Schutz des ungeborenen Lebens erfolgen soll, bedeutet das kaum eine Einschränkung. Denn kommt man zu dem Ergebnis, daß das

Grundgesetz den Schutz des ungeborenen Lebens nicht gebietet, dann fragt sich sofort, ob es einen strafrechtlichen Schutz des ungeborenen Lebens nicht sogar *verbietet*. Am Grunde der Abtreibungsdebatte liegt die Frage, ob der Staat überhaupt das Recht hat, in diesen Bereich mit strafrechtlichen Mitteln einzugreifen – eine Frage nach dem Verhältnis von Recht und Moral. Der Gesetzgeber kann nicht willkürlich entscheiden, ob und wo er Strafrecht einsetzt, sondern nur innerhalb eines vom Grundgesetz bestimmten Ermessensspielraumes. Wie sich zeigen wird, ist ein grundgesetzlicher Schutz ungeborenen Lebens nicht nur notwendige Voraussetzung dafür, daß der Staat Abtreibung bestrafen muß, sondern auch dafür, daß er es darf.[2]

Eine kritische Rekonstruktion des Urteils zeigt, daß die Argumentation des Bundesverfassungsgerichts an mehreren wichtigen Stellen angreifbar ist. Dies beruht weniger auf Argumentationsfehlern als auf dem Fehlen von Argumentation. In den Bereichen, in denen das Bundesverfassungsgericht argumentiert, werden die Argumente folgerichtig vorgetragen. Wenigstens das Argumentationsschema, innerhalb dessen es sich bewegt, ist rational. Seine Rationalität beweist sich nicht zuletzt darin, daß sie das Urteil kritisierbar macht. Juristische Dogmatik macht Fehler nicht unmöglich, aber sie erlaubt zu zeigen, wo die Fehler liegen. Allzu leicht ist man geneigt, die Bedeutung der bloß formalen Rationalität eines Argumentationsschemas gegenüber der Vernünftigkeit des Ergebnisses gering einzuschätzen. Natürlich kann man auf intuitivem Wege zu vernünftigen und mit Hilfe rational gegliederter Argumentation zu unvernünftigen Ergebnissen kommen. Auch in solchen Fällen ist aber vorausgesetzt, daß das intuitiv erreichte »vernünftige« Ergebnis auch Ergebnis einer rationalen Argumentation wäre. Selbst wenn man dem Urteil im Ergebnis nicht zustimmt, muß man ihm doch eine sehr viel größere Klarheit zugestehen, als man sie sonst vielfach in gesellschaftpolitischen Diskussionen findet. Die Analyse des Urteils erfüllt deshalb einen doppelten Zweck. Sie zeigt nicht nur am Beispiel die Bedeutung der beiden eingangs abstrakt formulierten Fragen und gibt Hinweise dafür, wie sie vernünftig diskutiert und beantwortet werden können, sie zeigt gleichzeitig auch das nicht unerhebliche Maß von Rationalität in der bestehenden gerichtlichen Entscheidungspraxis und zwar an einer Entscheidung, in der mancher es vielleicht am wenigsten vermutet hätte.

Die Rekonstruktion folgt der vom Bundesverfassungsgericht zugrunde gelegten Gliederung, die sich aus den Gliederungszeichen in den abgedruckten Entscheidungsgründen erschließen läßt und zur besseren Übersicht als Anhang 1 abgedruckt ist. Zitate ohne Quellenangabe sind dem Urteil entnommen und werden nach den Gliederungspunkten des Bundesverfassungsgerichts angegeben; entsprechend wird mit der abweichenden Meinung verfahren.

Um die Entscheidung des Bundesverfassungsgerichts richtig zu verstehen, muß man sich zunächst einmal klarmachen, was eigentlich zu entscheiden war. Das 5. Strafrechtsreformgesetz (StrRG)[3] sah in § 218 I die grundsätzliche Strafbarkeit jeder Abtreibung vom vierzehnten Tage nach der Befruchtung an vor, schränkte diesen Grundsatz in den §§ 218a und b dann jedoch weitgehend ein. Nach § 218a sollte jeder während der ersten zwölf Wochen durch einen Arzt vorgenommene Schwangerschaftsabbruch straflos bleiben, nach § 218b sollten auch spätere Abtreibungen bei Vorliegen einer medizinischen (zeitlich uneingeschränkt) oder eugenischen (bis zur 22. Woche nach der Empfängnis) Indikation straflos sein. In den Fällen der §§ 218a und b sollte sich der abtreibende Arzt jedoch strafbar machen, wenn die Schwangere nicht an einer Beratung teilgenommen hatte bzw. das Vorliegen der nach § 218b notwendigen Indikation nicht von einer zuständigen Stelle festgestellt worden war (§§ 218c, 219). Das Bundesverfassungsgericht hatte zu prüfen, ob diese Regelung mit dem Grundgesetz vereinbar ist.

Bekanntlich hat es diese Frage im Ergebnis verneint. Es stellte fest, daß auch der nasciturus unter dem Schutz des Grundgesetzes stehe, daß der Staat verpflichtet sei, das Leben des nasciturus gegenüber jedermann auch gegenüber der Schwangeren zu schützen, daß im Konfliktfall das Leben des nasciturus grundsätzlich Vorrang vor der freien Selbstbestimmung und körperlichen Unversehrtheit der Schwangeren besitze, daß auch das Strafrecht zum Schutze des nasciturus eingesetzt werden müsse, wenn andere gleichermaßen geeignete Mittel nicht zur Verfügung stünden, daß das 5. StrRG ein solches Mittel nicht sei und daher der grundgesetzlichen Forderung nach dem Schutz des ungeborenen Lebens durch den Staat nicht genüge.

Schützt das Grundgesetz ungeborenes Leben? (zu C I)

Die angegriffene Regelung des 5. StrRG war (abgesehen von dem in diesem Zusammenhang uninteressanten Problem der Zustimmungsbedürftigkeit des Gesetzes[4]) allein unter dem Gesichtspunkt des Lebensschutzes problematisch. Der grundrechtliche Schutz des menschlichen Lebens ergibt sich aus den Art. 1 I und 2 II 1 GG. Ein Verstoß des 5. StrRG gegen das Grundgesetz setzt daher voraus, daß sich diese Vorschriften auch auf das ungeborene Leben beziehen.

Die speziellere Vorschrift ist Art. 2 II 1 GG. Dort heißt es: »Jeder hat das Recht auf Leben und körperliche Unversehrtheit«. Für die Frage, ob der nasciturus durch Art. 2 II 1 GG geschützt wird, kommt es demnach darauf an, 1. ob der nasciturus i. S. dieser Vorschrift »lebt«, 2. ob er ein »Jeder« i. S. dieser Vorschrift ist.[5] Beide Fragen werden vom Bundesverfassungsgericht bejaht.[6]

Wie sich aus dem Zusammenhang und wohl auch der Entstehungsgeschichte ergibt, wird »Leben« in Art. 2 II 1 GG in biologisch-physiologischem Sinn gebraucht.[7] »Leben im Sinne der geschichtlichen Existenz eines menschlichen Individuums besteht nach gesicherter biologisch-physiologischer Erkenntnis jedenfalls vom 14. Tage nach der Empfängnis (Nidation, Individuation) an« (C I 1 b). Jedenfalls von da ab »lebt« der nasciturus also. Die Ausführungen des Bundesverfassungsgerichts erscheinen insoweit unbedenklich. Man muß sich sogar fragen, ob das Begriffsmerkmal »lebendig« i. S. von Art. 2 II 1 GG zumindest isoliert betrachtet überhaupt die »geschichtliche Existenz eines Individuums« voraussetzt. In einem biologisch-physiologischen Sinn könnten wohl schon die Keimzellen als lebendig angesprochen werden,[8] als menschliches Leben zumindest das befruchtete Ei.[9]

Problematisch ist jedoch, ob man den nasciturus als einen »Jeder« i. S. von Art. 2 II 1 GG ansprechen kann. Das Bundesverfassungsgericht läßt offen, ob einer »reinen Wortinterpretation« zufolge nur eine »›fertige‹ menschliche Person« ein »Jeder« i. S. dieser Vorschrift sein könnte, denn ihr »Sinn und Zweck« erforderten eine Einbeziehung auch des ungeborenen Lebens. »Die Sicherung der menschlichen Existenz gegenüber staatlichen Übergriffen wäre unvollständig, wenn sie nicht auch die Vorstufe des ›fertigen Lebens‹, das ungeborene Leben umfaßte« (C I 1 c).

Es entspreche überdies ganz herrschender Meinung, daß das ungeborene Leben gegenüber staatlichen Übergriffen geschützt werden müsse.

Ein solcher Schutz besteht aber auch unabhängig von einem Lebensrecht des nasciturus immer dann, wenn der staatliche Eingriff in die Entwicklung des ungeborenen Lebens die Persönlichkeitsrechte der Schwangeren verletzt, was regelmäßig der Fall ist, wenn er gegen ihren Willen erfolgt.[10] Eine »Lücke« entsteht erst, sofern der Staat das Leben des Ungeborenen mit Einwilligung der Schwangeren bedroht. Ob auch in einem solchen Fall das ungeborene Leben gegen staatliche Übergriffe geschützt werden muß, ist aber gerade die Frage, um die es geht. Die Notwendigkeit des »lückenlosen« Schutzes des ungeborenen Lebens kann nicht damit begründet werden, daß andernfalls eine »Lücke« im Schutz des ungeborenen Lebens bestünde.

Die übrigen vom Bundesverfassungsgericht in diesem Zusammenhang beigebrachten Argumente vermögen ebensowenig zu überzeugen. Der Hinweis, daß Grundrechte im Zweifel extensiv auszulegen seien, kann kaum weiterhelfen, wenn die Ausweitung des einen Grundrechts zugleich die Einschränkung eines anderen bedeutet. Die Entstehungsgeschichte des Art. 2 II 1 GG spricht im Gegensatz zur Ansicht des Bundesverfassungsgerichts gegen eine Einbeziehung des ungeborenen Lebens in dessen Schutzbereich oder läßt diese Frage doch mindestens offen.[11] Ob bei den Beratungen des 5. StrRG Einigkeit über die Schutzwürdigkeit des ungeborenen Lebens bestand oder nicht, kann jedenfalls so lange nicht entscheidend sein, wie unklar ist, ob diese »Einigkeit« nicht auf Irrtümern, taktischen Erwägungen oder unterschiedlichem Sprachgebrauch beruhte. Immerhin hat sie ja die Mehrheit des Bundestages nicht davon abgehalten, ein nach Ansicht des Bundesverfassungsgerichtes gegen das Prinzip des Lebensschutzes verstoßendes Gesetz zu erlassen.[12] Es bleibt also festzustellen, daß eine überzeugende Begründung für die Anwendung von Art. 2 II 1 GG auf den nasciturus fehlt. Daß gerade diese Begründung sehr wichtig wäre, liegt auf der Hand.

Allerdings leitet das Bundesverfassungsgericht eine Pflicht des Staates, jedes menschliche Leben zu schützen, auch aus Art. 1 I 2 GG ab. Dort heißt es: »Sie (die Würde des Menschen, H. G.) zu achten und zu schützen ist Verpflichtung aller staatlichen Gewalt«. Daß der nasciturus menschliches Leben darstellt, ergibt sich aus der oben zitierten Begriffsbestimmung von »Leben«. Wo aber menschliches Leben existiert, kommt ihm nach Ansicht des Bundesverfassungsgerichts auch Menschenwürde zu, denn »die von Anfang an im menschlichen Sein angelegten potentiellen Fähigkeiten genügen, um die Menschenwürde zu begründen« (C I 2). Folgt man dieser Argumentation, so könnte man formulieren: Der nasciturus ist schutzwürdig, weil er sich zu einer menschlichen Persönlichkeit in umfassendem Sinne entwickeln kann;[13] der Schutz des nasciturus bezweckt, ihm diese Chance zu geben. Da es zum Begriff des nasciturus gehört, daß er sich zum Menschen entwickeln kann, bedeutet dies wenig mehr als: Der nasciturus ist schutzwürdig, weil er ein nasciturus ist. Auch die Behauptung, daß Art. 1 I 2 GG den Schutz des ungeborenen Lebens gebiete, ist also nicht begründet.

Möglicherweise läßt sich aus Art. 1 I 2 GG eine Pflicht des Staates ableiten, dafür zu sorgen, daß mit ungeborenem Leben würdig umgegangen wird.[14] Die Wertschätzung menschlichen Lebens drückt sich über den Tod hinaus in der Pietät gegenüber Verstorbenen aus. Eine ähnlich ehrfürchtige Haltung könnte auch dem ungeborenen Leben gegenüber angebracht sein. Sofern Art. 1 I 2 GG dies vorschreibt, ist es aber der würdige Umgang mit menschlichem Leben und nicht das Einzelleben oder die Gesamtheit der nascituri, was geschützt wird. Ein solcher Schutz wäre auch mit einer Fristenlösung sicherlich vereinbar.

Wenn sich aus Art. 1 I 2 oder aus Art. 2 II 1 GG eine Pflicht des Staates ergäbe, das ungeborene Leben zu schützen, dann wäre das gleichbedeutend mit einem Recht des nasciturus auf Schutz seitens des Staates; der nasciturus wäre also Grundrechtsträger. Das Bundesverfassungsgericht will diese Konsequenz aus seiner eigenen Argumentation nicht ziehen, sondern läßt die Frage, ob der nasciturus Grundrechtsträger ist, ausdrücklich offen (C I 3).[15] Unabhängig davon, ob sich aus dem Grundgesetz ein Lebensrecht des nasciturus ergibt, sollen die einschlägigen Grundrechtsnormen eine »objektive Wertordnung«[16] verkörpern, die für alle staatliche Gewalt gilt. Was das heißen soll, versteht man nur, wenn man für Recht »subjektives Recht« liest. Der nasciturus selbst kann schon aus tatsächlichen Gründen ein etwa ihm zustehendes Lebensrecht nicht geltend machen, ob jemand anders (etwa die Mutter) ihn darin vertreten kann, spielt für die Frage nach einer Pflicht des Staates zum Schutz des ungeborenen

Lebens keine Rolle, denn eine solche Pflicht ist denkbar, selbst wenn niemand ihre Erfüllung einklagen könnte.[17] Auch wenn das Lebensrecht des nasciturus kein subjektives Recht wäre, würde daraus aber nicht folgen, daß der nasciturus kein Grundrechtsträger ist. Wenn man Pflichten anerkennt, denen kein subjektives Recht gegenübersteht, dann muß man auch die diesen Pflichten korrespondierenden »Rechte ohne Anspruch« anerkennen. Wenn dem nasciturus überhaupt ein Lebensrecht zustünde, wäre er zumindest Träger eines derartigen Rechts.

Steht ihm aber ein solches Recht zu? Es wurde schon gesagt, daß das Bundesverfassungsgericht keine Begründung für seine bejahende Antwort auf diese Frage liefert. Einen Vorwurf kann man ihm deswegen nur machen, sofern es begründbare Antworten auf diese Frage gibt. Ist das nicht der Fall, dann geht es lediglich darum, in wessen Kompetenz die willkürliche Entscheidung fällt, in die des Gesetzgebers oder die des Verfassungsgerichts, und darum, daß die Willkürlichkeit der Entscheidung nicht durch den Schein von Begründung verdeckt wird.

Das allgemeine Problem der Begründung von Werturteilen kann im Rahmen dieses Aufsatzes natürlich nicht in der erforderlichen Breite diskutiert werden. Ich beschränke mich auf einige (keineswegs originelle) Thesen, deren ausführliche Begründung an anderer Stelle erfolgen wird.[18] Grundsätzlich sind Werturteile einer Begründung ebenso fähig wie Tatsachenurteile. In beiden Fällen gilt, daß die Begründung irgendwo ein Ende hat – es gibt keine Letztbegründung. Jede Begründung setzt die Existenz gemeinsam akzeptierter Sachverhalte bzw. im Falle von Werturteilen Wertüberzeugungen voraus. Begründung besteht darin, daß das zu Begründende als logische Folge gemeinsam akzeptierter Sätze erwiesen wird.

Eine wichtige Voraussetzung für das Gelingen von Begründung ist, daß deutlich gemacht wird, was als konsentiert vorausgesetzt und was begründet werden soll. Bei der Abtreibungsdebatte ist dies häufig nicht mit notwendiger Deutlichkeit geschehen. Alle Parteien haben vom ungeborenen Leben als einem Rechtsgut hohen Ranges gesprochen,[19] so daß der Eindruck entstehen konnte, über die Schutzwürdigkeit des ungeborenen Lebens bestünde Einigkeit und es ginge nur noch darum, wie dieser Schutz am besten bewirkt werden könne. Dieser Eindruck ist aber falsch oder doch zumindest fragwürdig. Hinter der gemeinsamen Formel von der Schutzwürdigkeit des ungeborenen Lebens verbergen sich sehr weitgehende Meinungsunterschiede darüber, von wann ab welche Intensität des Schutzes geboten ist. Der scheinbare Konsens in diesem Punkt hat es dem Bundesverfassungsgericht sicherlich erleichtert, dieser Frage nicht allzu intensiv nachzugehen.[20]

Geht man richtigerweise davon aus, daß Einigkeit allenfalls insofern besteht, als jedenfalls von einem gewissen Zeitpunkt an eine (auch danach allerdings vielleicht noch abgestufte) Schutzwürdigkeit des nasciturus allgemein angenommen wird, dann läßt sich das lösungsbedürftige Problem als Grenzziehungsproblem charakterisieren. Freilich bedeutet »Einigkeit« hier kaum mehr als »größter gemeinsamer Nenner«, denn selbst die Möglichkeit einer Grenzziehung und damit implizit auch ihre Notwendigkeit wird ja verschiedentlich bestritten.[21] Die Behauptung, daß überhaupt eine Abgrenzung schutzwürdigen ungeborenen Lebens unmöglich oder unzulässig sei, kann allerdings leicht als falsch erwiesen werden. Daß eine derartige Abgrenzung möglich ist, ergibt sich schon daraus, daß sie faktisch überall vorgenommen wird. Auch das Bundesverfassungsgericht trifft sie mit der Festsetzung, vom Zeitpunkt der Nidation an sei ungeborenes Leben schutzwürdig. Daß eine solche Abgrenzung nicht unzulässig sein kann, ergibt sich schon daraus, daß sie unvermeidbar ist. Irgendwann fängt schutzwürdiges ungeborenes Leben an (wenn ungeborenes Leben überhaupt schutzwürdig ist), und wenn man es schützen will, muß man sagen von wann ab. Selbstverständlich kann man diesem Grenzziehungsproblem auch dadurch nicht entgehen, daß man es den Biologen überläßt, den Beginn von Leben oder menschlichem Leben festzulegen, und sich dieser Festlegung lediglich anschließt.[22] Die Grenzziehung besteht dann eben darin, daß man sich ihnen anschließt. Ernsthaft begründungsbedürftig ist also nur, weshalb man wo eine Grenze zieht.

Was im Rahmen der Begründung einer solchen Grenzziehung als Argument dienen kann, hängt von den Zielen ab, die mit dem Schutz ungeborenen Lebens verfolgt werden. Ist das Ziel z. B., jeden biologischen Vorgang, der in seiner Verlängerung zur Entstehung eines Kindes führen kann, zu begünstigen, dann ist es konsequent, den Schutz werdenden Lebens möglichst früh einsetzen zu lassen, vielleicht schon vor der Zeugung durch Verbot empfängnisverhütender Mittel. Geht es nur darum, die Entwicklung befruchteter Eizellen zu schützen, dann liegt der Zeitpunkt der Befruchtung als Beginn des Schutzes nahe. Da derartige *unmittelbare* Ziele des Schutzes ungeborenen Lebens allerdings ihrerseits umstritten sind (d. h. selbst einer Begründung bedürfen), können sie bei der Begründung dieses Schutzes nur helfen, wenn es gelingt, sie in einen Zusammenhang übergeordneter konsentierter Ziele einzuordnen. Eine solche Einordnung wäre z. B. im Rahmen einer bevölkerungspolitischen Argumentation möglich. Würde etwa das Verbot von Verhütungsmitteln zu einer bedenklichen Überbevölkerung führen, die Freigabe der Abtreibung bis zum dritten Monat zu einem bedenklichen Bevölkerungsschwund, dann spräche das dafür, einen geeigneten Zeitpunkt zwischen Befruchtung und drittem Monat für den Beginn des Schutzes des ungeborenen Lebens zu suchen. Geeignet wäre der Zeitpunkt, durch dessen Wahl man das bevölkerungspolitische Ziel am besten befördert. Eine ähnliche Rolle können Gesichtspunkte spielen wie: der Zeitpunkt, bis zu dem eine Abtreibung relativ ungefährlich für die Frau ist, und natürlich auch die im allgemeinen als medizinische, ethische, eugenische etc. Indikation bezeichneten Gesichtspunkte. Schließlich könnten Folgeerwägungen wie ein nach Freigabe der Abtreibung etwa zu befürchtendes Anwachsen der Neigung, geborenes Leben gering zu achten, herangezogen werden.

Gegen derartige Erwägungen wird nun aber eingewandt, daß es, wenn man z. B. bevölkerungspolitische Argumente entscheiden läßt, gar nicht um den Schutz des ungeborenen Lebens gehe, sondern um die Erreichung eines bestimmten bevölkerungspolitischen Zieles, der Schutz des ungeborenen Lebens nicht selbst Ziel sei, sondern nur Instrument.[23] Eine Verfügung über menschliches Leben zum Zwecke der Erreichung anderer Ziele sei aber wegen des überragenden Wertes des menschlichen Lebens unzulässig. Wer so argumentiert, der stellt sich offenbar so etwas wie eine feststehende Werthierarchie vor, an deren Spitze bestimmte »Grundwerte« wie menschliches Leben, Gerechtigkeit etc. stehen. Baut er in sein Argument überhaupt keine empirischen Randbedingungen ein, dann faßt er diese Hierarchie überdies als absolut auf; er vertritt einen klassischen naturrechtlichen Standpunkt. Damit entzieht er die an der Spitze dieser Hierarchie stehenden Grundwerte der Begründung. Sein Standpunkt ist identisch mit der Behauptung, daß es bestimmte höchste Werte gibt, die einer Begründung weder fähig noch bedürftig sind. Mit dem Vertreter eines solchen Standpunktes kann man nicht darüber diskutieren, ob etwas, was er als höchsten Wert ansieht, erstrebenswert ist oder nicht, und da man es nicht kann, braucht man es auch nicht. Im übrigen ist die Einnahme eines naturrechtlichen Standpunktes dieser Art natürlich nur für denjenigen hilfreich, der das Problem, in bezug auf das er diesen Standpunkt einnimmt, selbst gar nicht hat, denn auch er muß seine Grenze ziehen. Daß er glaubt, vor sich selbst und anderen zur Begründung dieser Grenzziehung nicht verpflichtet zu sein, hilft ihm nur, wenn er auch selbst an dieser Grenzziehung nicht zweifelt.[24] Zwar setzt jede Begründung im normativen Bereich voraus, daß es konsentierte Werte gibt (s. o.), die man auch als »höchste Werte« – nämlich im Rahmen dieser Begründung – bezeichnen kann, aber es gibt keinen ein für allemal feststehenden Kanon solcher Höchstwerte. Sowohl was ein Wert ist als auch wie hoch er eingestuft wird, hängt von mancherlei Faktoren ab und steht keineswegs endgültig fest, wenn es auch manche Werte gibt wie z. B. menschliches Leben, die aufgrund weitgehend konstanter empirischer Bedingungen seit langem sehr hoch oben auf der Rangskala stehen. Auch die im Rahmen einer Begründung als Höchstwerte ausgezeichneten Werte können ihrerseits im Rahmen eines anderen Begründungszusammenhanges niedere Werte sein, sie sind nur zeitweilig und unter bestimmten Bedingungen ausgezeichnet.

Wenn es auch theoretisch immer möglich ist, einen strittigen Wert rational zu diskutieren, d. h. einen Begründungszusammenhang herzustellen, innerhalb dessen eine rationale Diskussion möglich ist,[25] scheint dies tatsächlich mitunter unmöglich zu sein, dann nämlich, wenn mindestens eine Seite sich darauf nicht einläßt. Ein solcher Mangel an Einlassungsbereitschaft ist nicht immer vorwerfbar, denn auch die in rationaler Diskussion erzielte Einigkeit ist nicht unter allen Umständen ein Höchstwert. Die beiden Schiffbrüchigen, die um den lebensrettenden Balken streiten, werden es vielleicht vorziehen, den Streit gewaltsam zu entscheiden, obwohl sie ggf. einräumen müßten, daß es fairer wäre zu losen.[26] Solche zugegebenermaßen problematischen Fälle markieren den Bereich, innerhalb dessen es fraglich wird, ob dem Individuum eine Entscheidung zugunsten der Moral noch zumutbar ist. Sie sind glücklicherweise selten. Die Frage der Strafbarkeit der Abtreibung gehört nicht dazu. Wer für die Strafbarkeit der Abtreibung plädiert, kann das nicht aus unmittelbarem eigenen Interesse tun, sondern er muß ein gesellschaftliches Interesse glaubhaft machen. Damit befindet er sich aber von vornherein in einem Bereich, der geradezu dadurch definiert ist, daß man sich in ihm friedlich einigen muß. Friedliche Einigung bedeutet angesichts des Faktums der Vernunft vernünftige Einigung, denn ein als unvernünftig durchschautes Ergebnis kann nur mit Gewalt durchgesetzt werden. Die Einnahme eines dogmatischen naturrechtlichen Standpunktes macht eine vernünftige Einigung unmöglich. Einem solchen Standpunkt ist nicht vorzuwerfen, daß er bestimmte Werte als Höchstwerte voraussetzt – denn das muß gerade auch der tun, der rational über Werte diskutieren will – sondern, daß er genau die Werte als Höchstwerte auszeichnet, um deren Begründung es gerade geht – und das darf derjenige, der rational über Werte diskutieren will, natürlich nicht.

Von einem dogmatischen naturrechtlichen Standpunkt zu unterscheiden ist es allerdings, wenn mit guten Gründen zeitweilig oder in Erfüllung bestimmter Rollen Wertentscheidungen als unbezweifelbar behandelt werden. Die Aufgabe der Verfassung und des Bundesverfassungsgerichts als ihres »Hüters« ist es auch, eine gewisse Beständigkeit des Rechts herbeizuführen. Dies gilt insbesondere für den Grundrechtsbereich und ist durch die Wesensgehaltsgarantie des Art. 19 II GG ausdrücklich ausgesprochen. Wenn die Verfassung es verbieten würde, andere niedere Werte zur Begründung eines Lebensrechts des nasciturus heranzuziehen, dann bräuchten sich die Verfechter eines derartigen Rechts auf solche Argumente nicht einzulassen. So ein verfassungsrechtliches Verbot würde aber voraussetzen, daß die Verfassung überhaupt ein Lebensrecht des nasciturus schützt, und genau das ist ja fraglich. Die Begründung eines solchen Rechts *muß* sich in Ermangelung einer eindeutigen Vorschrift aus anderen verfassungsrechtlich geschützten Zielen ergeben und dabei spielt es grundsätzlich keine Rolle, welchen verfassungsrechtlichen Rang diese Ziele haben. Da allerdings ein Lebensrecht des nasciturus mit dem Selbstbestimmungsrecht der Schwangeren in Konflikt gerät und dieses einen hohen verfassungsrechtlichen Rang hat, läßt sich umgekehrt argumentieren, daß nur solche verfassungsrechtlich geschützten Ziele ein Lebensrecht des nasciturus gegenüber der Schwangeren begründen können, die zumindest den gleichen verfassungsrechtlichen Rang haben wie ihr Selbstbestimmungsrecht. Unter normalen äußeren Bedingungen trifft dies z. B. für bevölkerungspolitische Argumente nicht zu. Da sich ein Lebensrecht des nasciturus aus Art 2 II 1 und Art 1 I GG nicht unmittelbar ableiten läßt, sondern nur im Zuge einer extensiven »Auslegung« dieser Vorschriften aus anderen verfassungsrechtlich geschützten Zielen begründet werden könnte, kann sein verfassungsrechtlicher Rang im Rahmen dieser Begründung nicht höher sein als die zur Begründung herangezogenen anderen Ziele. Erst wenn unter diesen Bedingungen eine Begründung geglückt wäre, könnte ein Lebensrecht des nasciturus an dem verfassungsrechtlichen Höchstwert von Menschenwürde und Lebensrecht geborener Menschen teilhaben.

Betrachtet man die Frage, ob der nasciturus ein Lebensrecht hat, als offen, wie es angesichts des Wortlauts der Verfassung angebracht ist, dann erscheint es bereits zweifelhaft, ob es überhaupt andere verfassungsrechtlich geschützte Ziele gibt, die unter den gegenwärtigen Bedingungen ein solches Lebensrecht abzuleiten erlauben. Denkbare Argumente, wie Schutz der Gesundheit der Schwangeren, Sicherung des Bevölkerungsbestandes, Motivation zum Gebrauch von Verhütungsmitteln, würdiger Umgang mit ungeborenem Leben, Unterstützung der allgemeinen Achtung vor menschlichem Leben dürften dazu kaum ausreichen.[27] In allen Fällen ist unklar, ob eine ernsthafte Gefahr droht, die durch ein (einmal als wirksam unterstelltes) Abtreibungsverbot effektiv bekämpft werden könnte. Solange dies aber unklar ist, haben die aufgezählten Argumente dem Selbstbestimmungsrecht der Schwangeren gegenüber keinen Bestand. Ein Lebensrecht des nasciturus könnte mit derartigen Argumenten zwar prinzipiell begründet werden, aber daß dies unter den derzeitigen Umständen nicht gelingen würde, scheint ziemlich klar. Das Bundesverfassungsgericht hat eine derartige Begründung im übrigen gar nicht versucht. Die unbegründete und, wie man jetzt wohl auch sagen muß, falsche Annahme eines Lebensrechts des nasciturus war ihm nur möglich, weil es die Existenz eines derartigen Lebensrechts überhaupt nicht als ernsthaft problematisch angesehen hat.[28]

Welchen Umfang hat die (vermeintliche) Pflicht des Staates, ungeborenes Leben zu schützen? (zu C II)

Die Annahme eines Lebensrechts des nasciturus führt allerdings – wie sich zeigen wird – für sich genommen noch nicht zwingend zur Verfassungswidrigkeit des 5. StrRG. Sie ist nur eine notwendige und keine hinreichende Bedingung für dieses Ergebnis. Bei der Entscheidung komplexer juristischer Probleme (»Fälle«) gibt es immer mehrere denkbare, d. h. logisch mögliche Arten ein und dasselbe Ergebnis zu begründen bzw. zu vermeiden; oft sind solche verschiedenen Lösungswege nicht nur denkbar, sondern auch vertretbar und müssen also in die Argumentation mit einbezogen werden.[29]

Nimmt man mit dem Bundesverfassungsgericht ein Lebensrecht des nasciturus aus Art. 2 II 1 und Art. 1 I GG an, dann ergibt sich ohne weiteres aus Art. 1 I 2 GG auch eine Pflicht des Staates, dieses Recht zu schützen.[30] Es stellt sich jedoch die Frage nach dem Umfang dieser Schutzpflicht. Zwei Aspekte dieser Frage lassen sich unterscheiden: a. Gegen Beeinträchtigungen welcher Art ist das Leben des nasciturus zu schützen? b. Gegen Beeinträchtigungen von welcher Seite ist der nasciturus zu schützen?

Zu a. führt das Bundesverfassungsgericht aus: »Das menschliche Leben stellt, wie nicht näher begründet werden muß, innerhalb der grundgesetzlichen Ordnung einen Höchstwert dar; es ist die vitale Basis der Menschenwürde und die Voraussetzung aller anderen Grundrechte« (C II 1). Diese Formulierung ist im Kern sicherlich richtig, zugleich aber auch mißverständlich. Denn wenn das menschliche Leben auch ein fundamentaler Wert ist, so hat es doch vor anderen Werten nicht immer und unter allen Umständen Vorrang. Die vom Soldaten geforderte Bereitschaft, die Freiheit auch unter Einsatz des eigenen Lebens zu verteidigen,[31] ist vielleicht das deutlichste Beispiel dafür. Aber es gibt auch andere, weniger spektakuläre Fälle, in denen eine Abwägung zu Lasten des Lebens getroffen wird. So ließe sich etwa die Zahl der Verkehrstoten durch ein Verbot des nicht aus beruflichen Gründen erforderlichen individuellen Kraftfahrzeugverkehrs sicherlich erheblich senken. Aber hier wird der individuellen Fortbewegungsfreiheit in gewissen Grenzen der Vorzug gegeben. Ebenso könnte durch eine Vervielfachung der Aufwendungen für die Gesundheitsvorsorge wahrscheinlich mancher Todesfall verhindert werden. Aber dies wäre mit Einschränkungen in anderen Bereichen verbunden, die man nicht hinzunehmen bereit ist. Schließlich darf man sich gegen einen gegenwärtigen rechtswidrigen Angriff auch mit der gezielten Tötung des Angreifers jedenfalls dann zur Wehr setzen, wenn der Angriff mit Gewalt gegen einen Menschen verbunden ist und die Tötung des Angreifers zu seiner Abwehr erforderlich ist, und zwar selbst dann, wenn der Angriff nicht die Gefahr des Todes für den angegriffenen Menschen heraufbeschwört.[32] Auch das Leben ist also kein absoluter Wert, sondern muß mit anderen Werten Kompromisse eingehen. Nicht das Leben schlechthin ist verfassungsrechtlicher Höchstwert, sondern das Leben in Freiheit, d. h. das Leben unter einer Rechtsordnung, die weitgehende Entfaltung der Persönlichkeit ermöglicht, ein menschenwürdiges Leben. Wie aber eine derartige Rechtsordnung aussehen muß, hängt von vielen äußeren Umständen ab und läßt sich vermutlich auch davon abgesehen nicht eindeutig festlegen. Etwas anderes kann auch das Bundesverfassungsgericht nicht gemeint haben.

Zu b. führt das Bundesverfassungsgericht aus, daß der nasciturus nicht nur gegen Eingriffe von Seiten des Staates, sondern auch gegen Eingriffe von jedweder anderen Seite zu schützen sei, auch von seiten der Schwangeren. Da Art. 1 I 2 GG keine Einschränkung enthält, ergibt sich dies zwingend, wenn man akzeptiert, daß die Schutzverpflichtung des Staates aus dieser Vorschrift folgt. Aber wenn auch der Staat im Grundsatz verpflichtet sein mag, das Leben des nasciturus gegenüber der Schwangeren zu schützen, dann ist damit doch die Frage, wie zwischen dem Recht der Schwangeren auf Selbstbestimmung und körperliche Unversehrtheit und dem Lebensrecht des nasciturus nun tatsächlich abzuwägen ist, noch nicht entschieden. Ein strafrechtliches Verbot der Abtreibung kann nur dann geboten sein, wenn man diese Abwägung zu Ungunsten der Schwangeren trifft. Auch an dieser Stelle hätte das Bundesverfassungsgericht also zur Verfassungsmäßigkeit des 5. StrRG kommen können.[33] Man sollte daher erwarten, daß es sein Ergebnis hier besonders sorgfältig und ausführlich begründet.

Zunächst stellt es fest, daß das Selbstbestimmungsrecht der Schwangeren nicht uneingeschränkt gewährt wird. Dies gilt, wie gezeigt, auch für das Recht des nasciturus auf Leben. Daß das Bundesverfassungsgericht jedoch nur von den Beschränkungen spricht, denen das Selbstbestimmungsrecht der Schwangeren unterliegt, kann unter dem Eindruck der oben kritisierten Formulierung, wonach das Leben einen Höchstwert darstellt, den Irrtum hervorrufen, es sei hier eine Abwägung zwischen einem absoluten und einem relativen Wert zu treffen, also eigentlich gar keine Abwägung zu treffen. Auch die folgende Formulierung des Bundesverfassungsgerichts ist geeignet, diesen Irrtum zu befördern: »Von vornherein kann es (das Selbstbestimmungsrecht der Schwangeren, H. G.) niemals die Befugnis umfassen, in die geschützte Rechtssphäre eines anderen ohne rechtfertigenden Grund einzugreifen oder sie gar mit dem Leben selbst zu zerstören, am wenigsten dann, wenn nach der Natur der Sache eine besondere Verantwortung gerade für dies Leben besteht« (C II 2). In der Sache ist diese Formulierung richtig oder doch mindestens vertretbar. Sie gilt jedoch für das Recht auf Leben grundsätzlich genauso. Auch wer sein Leben verteidigt, darf nicht ohne rechtfertigenden Grund in geschützte Rechte anderer eingreifen. Allerdings wird er sich regelmäßig in einer Notstands- bzw. Notwehrlage befinden, d. h. sein Leben wird ein höherrangiges Rechtsgut sein als das beeinträchtigte fremde Recht. Dies muß allerdings keineswegs immer so sein – weder bei Soldaten noch bei Polizisten oder Feuerwehrleuten begründet Lebensgefahr ohne weiteres das Recht zur Befehlsverweigerung – jedenfalls ist eine Abwägung erforderlich. Irritierend an der Formulierung des Bundesverfassungsgerichts ist, daß sie den Eindruck erweckt, der Eingriff in fremdes Leben zur Verteidigung des Selbstbestimmungsrechts bedürfe einer von diesem Recht verschiedenen Rechtfertigung. Dem ist aber nicht so. Wenn mich jemand zwänge, Drogen einzunehmen, die mich in einen der Schwangerschaft vergleichbaren Zustand versetzen, und ich könnte mich gegen den Betreffenden nicht anders wehren, als indem ich ihn töte, so wäre ich dabei ganz unzweifelhaft durch Notwehr gerechtfertigt. Das Notwehrrecht ist aber kein zusätzliches Recht neben meinem angegriffenen Recht auf freie Selbstbestimmung und körperliche Unversehrtheit, sondern ein Reflex dieser Rechte. Unter geeigneten Umständen kann eine Beschränkung meines Selbstbestimmungsrechts durchaus die Vernichtung fremden Lebens rechtfertigen.

Wenn einige Formulierungen des Bundesverfassungsgerichts an dieser Stelle auch den Irrtum nahelegen, zwischen einem absoluten Lebensrecht und einem relativen Selbstbestimmungsrecht bedürfe es einer Abwägung im Grunde gar nicht, so wäre es doch falsch anzunehmen, das Bundesverfassungsgericht habe selbst diesem Irrtum unterlegen. Durchaus folgerichtig bereitet es die entscheidende Abwägung vor, indem es erst vom Recht des nasciturus auf Leben spricht und dann vom Selbstbestimmungsrecht der Schwangeren. Die Gegenüberstellung dieser beiden Rechte ist nur die Exposition des Abwägungsproblems. Allerdings ist diese Exposition nicht unparteiisch und trägt deutlich rhetorische Züge. Sie bewirkt, daß die unangemessene Knappheit der unmittelbar folgenden entscheidenden Abwägung jedenfalls bei flüchtigem Lesen kaum ins Auge fällt. Tatsächlich wird nämlich nur ein einziges – allerdings mit zwei zusätzlichen Hinweisen untermauertes – Argument dafür vorgebracht, daß das Selbstbestimmungsrecht der Schwangeren grundsätzlich während der gesamten Schwangerschaft (gemeint ist: vom vierzehnten Tage nach der Befruchtung an) geringerwertig ist als das Lebensrecht des nasciturus, nämlich, daß die Schwangere nur vorübergehend in einigen Hinsichten beeinträchtigt werde, während eine Abtreibung das Leben des nasciturus endgültig vernichte. Gestützt wird dieses Argument durch den Hinweis auf Art. 1 I und Art. 19 II GG. Diese Hinweise sind wohl folgendermaßen zu verstehen: Da es keine Menschenwürde ohne Leben gebe, wohl aber ohne Selbstbestimmung, sei das Leben im Hinblick auf die Menschenwürde das höherrangige Gut. Wollte man – auch nur für einen beschränkten Zeitraum – dem Selbstbestimmungsrecht der Schwangeren grundsätzlich Vorrang vor dem Recht des nasciturus auf Leben einräumen, dann würde für diesen Zeitraum das Lebensrecht des nasciturus in seinem Wesen angetastet, was mit dem Grundgedanken des Art. 19 II GG unvereinbar sei.

Man kann jedoch bezweifeln, daß die Selbstbestimmung wirklich geringerwertig ist als das Leben. Der Hinweis auf die Menschenwürde als dem Zentrum des Wertsystems der Verfassung überzeugt in diesem Zusammenhang jedenfalls nicht ohne weiteres. Daß die bloße kreatürliche Existenz eines Menschen für sich genommen schon Menschenwürde begründe, ist eine streitbare Behauptung, die der Rechtfertigung bedürfte. Man denke in diesem Zusammenhang nur an die derzeit häufiger diskutierte Sterbehilfe, bei der gerade umgekehrt aus der Menschenwürde die Forderung abgeleitet wird, den Todeswunsch des unheilbar

Kranken (seine Selbstbestimmung) zu achten und sein Leben zu beenden, oder sogar ohne daß dieser Wunsch geäußert wurde, ein menschliches Leben beendet wird, weil es bloß noch kreatürliche Existenz sein kann, wie im Fall jenes amerikanischen Mädchens, das nach einem Verkehrsunfall ein Jahr lang im Koma lag, bis die Eltern durchsetzten, daß durch Abschaltung der Herz-Lungen-Maschine seinem Leben ein Ende gesetzt wurde. Daß in diesem Bereich schwierige Grenzziehungen zu treffen sind, soll nicht bestritten werden.[34] Aber es ist keineswegs evident, daß derartige Grenzziehungen unmöglich sind, und schon deshalb Leben um jeden Preis erhalten werden muß. Es mag schon sein, daß unter dem Eindruck nationalsozialistischer Greueltaten in Art. 2 II 1 GG ein Verbot von Euthanasie festgeschrieben worden ist – was in erster Linie eine psychologische Erklärung und eine Begründung nur insofern ist, als der Gesetzgeber auf die Ängste der Bevölkerung Rücksicht nehmen soll – und daraus folgt, daß, soweit diese Festschreibung reicht, tatsächlich keine Abwägung möglich ist. Aber auch wenn man dem nasciturus ein Lebensrecht aus Art. 2 I 2 GG zugesteht, wovon hier ja im Augenblick for the sake of argument ausgegangen wird, dann bedeutet das nicht, daß man die dem Euthanasieverbot zugrundeliegende Entscheidung in dem Konflikt zwischen gesellschaftlichen Kosten und dem Leben ohne Bewußtsein ohne weiteres analog auf den nasciturus anwenden darf. Denn hier geht es ja nicht um gesellschaftliche Kosten (d. h. konkret um das Geld für Heime und Personal), sondern um das Selbstbestimmungsrecht der Schwangeren. Es besteht also ein Konflikt mit einem zumindest in einer wohlhabenden Gesellschaft sehr viel höherrangigen Rechtsgut. Das Bundesverfassungsgericht selbst begründet ja im übrigen auch das aus der Menschenwürde des nasciturus fließende Lebensrecht mit seinen Entfaltungsmöglichkeiten (s. o.), also keineswegs allein mit seiner bloßen kreatürlichen Existenz.[35] Daß aber die Entfaltungsmöglichkeiten des Kindes nicht grundsätzlich als wertvoller anzusehen sind als die der Mutter, versteht sich von selbst, und wenn auch erstere bei der Abtreibung vernichtet werden, während letztere »nur« eingeschränkt werden, muß man doch berücksichtigen, daß die Entfaltungsmöglichkeiten der Mutter schon sehr viel weitgehender realisiert sind als die des nasciturus. Hier könnte das Prinzip gelten: Ein Spatz in der Hand ist besser als eine Taube auf dem Dach.[36]

Betrachtet man überdies das schon verschiedentlich herangezogene Beispiel der Notwehr, dann verliert die Argumentation des Bundesverfassungsgerichts weiter an Plausibilität. Selbst wenn man nämlich Leben für ein der Selbstbestimmung gegenüber höherrangiges Rechtsgut hält, ist unklar, ob es darauf ankommt. Die relative Wertigkeit eines Rechtsgutes ist für seine Notwehrfähigkeit grundsätzlich ohne Belang. Die generelle Anwendung des Verhältnismäßigkeitsgrundsatzes auf Notwehrsituationen wird überwiegend mit guten Gründen abgelehnt.[37] Es müßte daher gezeigt werden, daß die Schwangere sich gegenüber dem nasciturus nicht in einer Notwehrlage befindet (im Falle der Vergewaltigung könnte man u. U. die Schwangerschaft sogar als fortdauernden Angriff des Vergewaltigers ansehen, wobei der Vergewaltiger mittelbarer Täter und der nasciturus nicht-doloses Werkzeug ist). Sieht man den nasciturus als selbständiges menschliches Wesen und nicht als Teil der Mutter an, dann kann von ihm ein Angriff ausgehen. Daß die durch die Schwangerschaft der Schwangeren verursachten Beschwerden als Angriff angesehen würden, wenn sie ihr von einem Erwachsenen zugefügt würden, kann kaum bezweifelt werden. Die objektiven Merkmale eines Angriffs sind also gegeben. Daß der nasciturus nicht anders kann, also schuldlos »handelt«, ist rechtlich ohne Bedeutung. Problematisch ist allein, ob man sein Verhalten als rechtswidrig qualifizieren kann.

Der »natürlichen Anschauung« mögen derartige Erwägungen vielleicht einigermaßen kurios vorkommen. Aber sie unterscheidet auch nicht präzise zwischen Rechtswidrigkeit und Schuld, sondern schließt von der Schuldlosigkeit des nasciturus und daraus, daß die Schwangerschaft ein natürlicher Vorgang ist, darauf, daß sie nicht rechtswidrig sein könne.[38] Ein derartiger Schluß aber ist unzulässig. Ebenso wie ein Notwehrrecht gegenüber dem Angriff eines Verrückten besteht, auch wenn sein Verhalten nicht schuldhaft und ein natürlicher – nämlich ohne Willensentscheidung – ablaufender Vorgang ist, ebenso könnte auch ein Notwehrrecht gegenüber dem nasciturus bestehen. Nur in zwei Fällen wäre ein derartiges Notwehrrecht zu verneinen, erstens wenn der nasciturus ein Recht hätte, das Selbstbestimmungsrecht der Schwangeren, ihre körperliche Unversehrtheit etc. zu beeinträchtigen – ein Recht, das nicht automatisch aus einem etwaigen Lebensrecht des nasciturus folgt – oder zweitens wenn die Schwangere verpflichtet wäre, auf ihre Abwehr zu verzichten, etwa weil sie selbst für ihre Schwangerschaft verantwortlich ist. Angesichts der Tatsache, daß das Bundesverfassungsgericht dieses Problem nicht erörtert, kann man nur spekulieren, wie es gelöst würde. Ein Indikator kann die hypothetische Frage sein, ob Abtreibung auch dann als rechtswidrig zu beurteilen wäre, wenn Schwangerschaften so unvorhersehbar entstünden wie Krebsgeschwüre. Hielte man in diesem Fall Abtreibungen für erlaubt, dann wäre die Verantwortung der Schwangeren für ihre Schwangerschaft das entscheidende Argument gegen Abtreibung, hielte man Abtreibung in jedem Fall für rechtswidrig, dann setzte man ein eigenes Recht des nasciturus zur Beeinträchtigung der Schwangeren voraus. Das Argument, daß die Schwangere an ihrem Zustand selbst schuld sei, wird jedenfalls offen heutzutage kaum noch vertreten, wenn es auch mehr oder minder versteckt sicherlich noch eine Rolle spielt.[39] Angesichts der Tatsache, daß menschliche Sexualität nicht nur der Erzeugung von Nachkommenschaft dient, sondern auch wichtige soziale Funktionen, Funktionen im Verhältnis der Geschlechtspartner untereinander und wichtige persönliche Funktionen für den einzelnen Menschen erfüllt,[40] wird man es nicht akzeptieren können. Es gibt keine Verpflichtung der Frau, entweder auf Geschlechtsverkehr zu verzichten oder jede etwa entstehende Schwangerschaft auszutragen. Woher andererseits ein Recht des nasciturus kommen sollte, die Schwangere zu beeinträchtigen, ist angesichts der Tatsache, daß geborenem Leben ein derartiges Recht nicht mehr – jedenfalls nicht in diesem Umfang – zugestanden wird, unklar. Als Reflex fremder Rechte, etwa des Erzeugers (wie im römischen Recht) oder der »Volksgemeinschaft« ist es – ganz abgesehen von den konstruktiven Schwierigkeiten, ein eigenes Recht des nasciturus aus solchen fremden Rechten abzuleiten – schon wegen des verfassungsrechtlichen Ranges der Selbstbestimmung nicht begründbar. Erst wenn die Schwangere die Schwangerschaft, für eine gewisse Zeit erduldet und damit zu erkennen gegeben hat, daß sie bereit ist, für das Weitere die Verantwortung zu übernehmen, steht ihr ein Notwehrrecht nicht mehr zu.[41]

Um Mißverständnisse zu vermeiden, sei die systematische Bedeutung dieses Arguments noch einmal hervorgehoben. Ich bin nicht der Ansicht, daß man Abtreibungen generell als Notwehrhandlungen ansehen sollte. Es scheint mir aber, daß eine solche Betrachtungsweise durch die Notwehr-Dogmatik nahegelegt wird, *wenn man den nasciturus als selbständiges menschliches Wesen ansieht.* Man kann dieses Ergebnis vermeiden, wenn man den nasciturus weder als Mensch noch als Nicht-Mensch, sondern als ein Tertium ansieht. Tut man das aber, dann darf man nicht ohne Begründung davon ausgehen, daß der nasciturus ein in der Verfassung verankertes Lebensrecht wie ein (geborener) Mensch besitzt.

Auch der Grundgedanke des Art. 19 II GG kann die vom Bundesverfassungsgericht getroffene Abwägung nicht rechtfertigen. Man kann ein Lebensrecht des nasciturus annehmen und doch den Schwangerschaftsabbruch durch die Schwangere freigeben. Denn es versteht sich nicht von selbst, daß dieses Recht uneingeschränkt gewährt wird. Wird es von vornherein als ein durch die Rechte anderer eingeschränktes Recht aufgefaßt, dann ist es trivialerweise mit seinem Wesensgehalt vereinbar, wenn es durch die Rechte anderer eingeschränkt wird. Wenn das Lebensrecht des nasciturus mit den Rechten der Schwangeren in Konflikt geraten kann, dann ist auch eine Entscheidung dieses Konflikts zugunsten der Schwangeren möglich, ohne daß dadurch der Wesensgehalt dieses Rechtes angetastet wird. Das Recht auf Leben beinhaltet nicht das Recht, in die körperliche Unversehrtheit und freie Selbstbestimmung anderer Menschen einzugreifen. Auch das Bundesverfassungsgericht liefert keine Begründung dafür, daß das Lebensrecht des nasciturus uneingeschränkt ist – angesichts der von ihm selbst für möglich gehaltenen Indikationen (dazu s. u.) ginge das wohl auch nicht. Nach alldem kann auch die vom Bundesverfassungsgericht zwischen Lebensrecht des nasciturus und Selbstbestimmungsrecht der Schwangeren getroffene Abwägung nicht überzeugen.

Ist der Staat verpflichtet, zur Erfüllung dieser (vermeintlichen) Schutzpflicht das Strafrecht einzusetzen?

a. Besteht grundsätzlich eine Pflicht zum Einsatz des Strafrechts? (zu C III)

Auch mit der Annahme, daß das Lebensrecht des nasciturus dem Selbstbestimmungsrecht der Schwangeren grundsätzlich vorgeht, ist freilich über die Verfassungswidrigkeit des 5. StrRG noch nicht entschieden. Akzeptiert man sie, ergibt sich allerdings, daß der Staat »grundsätzlich von einer Pflicht zur Austragung der Schwangerschaft ausgehen, ihren Abbruch also grundsätzlich als Unrecht ansehen« muß. Die Verpflichtung des Staates zum Schutz des ungeborenen Lebens muß in der Rechtsordnung ihren Niederschlag finden. Aber wie hat dieser Niederschlag auszusehen? Für die Frage, ob das 5. StrRG verfassungswidrig ist, kommt es allein darauf an, ob und wenn ja unter welchen Umständen der Staat zur *strafrechtlichen* Verfolgung des Schwangerschaftsabbruchs verpflichtet ist.

Zunächst fragt sich, ob es überhaupt so etwas wie eine verfassungsmäßige Pflicht des Staates zum Einsatz des Strafrechts geben kann. Implizit bejaht das Bundesverfassungsgericht diese Frage. Aufgabe des Strafrechts sei es, »die elementaren Werte der Gemeinschaft zu schützen« (C III 2a). Zu diesen elementaren Werten gehöre auch der Schutz des (ungeborenen) Lebens. Das Strafrecht müsse eingesetzt werden, wenn der von der Verfassung gebotene Schutz eines elementaren Wertes auf keine andere Weise zu erreichen sei, durch den Einsatz des Strafrechts aber erreicht oder jedenfalls vergrößert werde und der Einsatz des Strafrechts nicht gegen den Grundsatz der Verhältnismäßigkeit verstoße. Diesem Ergebnis ist, soweit es die Frage der generellen Pflicht des Staates zum Einsatz des Strafrechts betrifft, gegen die abweichende Meinung (A II) zuzustimmen.[42] Die Existenz des Strafrechts ist eine jedenfalls empirisch notwendige Bedingung für den Bestand jeglicher Rechtsordnung,[43] und die Gestaltung des Strafrechts beeinflußt die Rechtswirklichkeit. Eine Verpflichtung des Staates zum Schutze irgendeines Rechtsgutes, die nicht auch die Verpflichtung beinhaltete, notfalls auch das Strafrecht einzusetzen, könnte unter ungünstigen Bedingungen leerlaufen. Allerdings wird man der abweichenden Meinung wohl darin zustimmen müssen, daß bei der Annahme einer Pflicht des Staates zum Einsatz des Strafrechts äußerst vorsichtig vorgegangen werden muß, da hier die Gefahr einer Einschränkung von Freiheitsrechten gegenüber dem Staat zugunsten einer Ausweitung von Rechten des Staates zur Freiheitsbeschränkung besteht.[44]

Sofern der Staat zum Einsatz des Strafrechts zum Schutze des nasciturus verpflichtet ist, ist er dies den bisher referierten Überlegungen des Bundesverfassungsgerichts zufolge auch gegenüber der Schwangeren. Da eine derartige Pflicht aber voraussetzt, daß der Einsatz des Strafrechts nicht dem Verhältnismäßigkeitsgrundsatz widerspricht, schränkt das Bundesverfassungsgericht sie in bezug auf die Schwangere von vornherein ein. Unter bestimmten Umständen, denjenigen nämlich, die als medizinische, eugenische, ethische und soziale Indikation bezeichnet werden, könne die Austragung der Schwangerschaft der Schwangeren »nicht zugemutet werden«,[45] d. h. der Einsatz des Strafrechts wäre in diesen Fällen unverhältnismäßig – jedenfalls dürfe der Gesetzgeber eine derartige Abwägung zugunsten der Schwangeren vornehmen. Diese Argumentation mit dem Verhältnismäßigkeitsgrundsatz ist etwas problematisch. Sie wäre nicht erforderlich, wenn das Bundesverfassungsgericht nicht zunächst von einem uneingeschränkten Lebensrecht des nasciturus ausgegangen wäre. Die grundrechtliche Abwägung wird sozusagen verschoben. Es ist aber klar, daß der Staat nur zum strafrechtlichen Schutz derjenigen Rechte verpflichtet sein kann, die nach Abwägung mit entgegenstehenden Rechten anderer als verfassungsrechtliche Summe übrig bleiben. Und erst wenn diese Summe feststeht, ist zu prüfen, ob nicht unter Umständen der strafrechtliche Schutz unverhältnismäßig ist, *weil der strafrechtliche Eingriff in die Rechte des Verletzers in keinem Verhältnis zum geschützten Recht steht.*[46] Strafrechtsdogmatisch wirkt sich die Zuordnung zu diesen beiden Abwägungen derart aus, daß die erste über die Rechtswidrigkeit entscheidet, die zweite über die Schulderfordernisse und etwaige persönliche Strafausschließungsgründe. Die Lösung des Bundesverfassungsgerichts hat also zur Folge, daß alle Indikationen nur entweder Schuldausschließungs- oder persönliche Strafausschließungsgründe sind. Damit aber ergibt sich das Problem, wie die Straflosigkeit der mitwirkenden Ärzte begründet werden soll.[46a]

Nachdem in den indizierten Fällen keine Verpflichtung zum Einsatz des Strafrechts besteht, bleibt nur problematisch, ob es in den übrigen Fällen eine derartige Verpflichtung gibt. Nach der Formulierung des Bundesverfassungsgerichts bestünde sie nicht, sofern dem Staate »eine andere gleich wirksame rechtliche Sanktion zu Gebote stände, die den Unrechtscharakter der Handlung (die Mißbilligung durch die Rechtsordnung) deutlich erkennen läßt und Schwangerschaftsabbrüche ebenso wirksam verhindert wie eine Strafvorschrift« (C III 3). Auffällig an dieser Formulierung ist das Gewicht, das auf die deklaratorische Funktion der betreffenden rechtlichen Sanktion gelegt wird. Ihr zufolge könnte es so scheinen, als müßte bei gleicher Schutzwirkung die Strafvorschrift schon dann vorgezogen werden, wenn sie den Unrechtsgehalt der Rechtsgutsverletzung deutlicher hervorhebt. Aber das wäre ein Trugschluß, denn auch die Hervorhebung von Unrechtsgehalt ist nur bedeutsam, sofern sie dem Schutz des Rechtsguts dient. Würde man das Bundesverfassungsgericht anders interpretieren, so müßte man eine Selbstwidersprüchlichkeit unterstellen. Denn einerseits »kann Strafe niemals Selbstzweck sein« (C III 2b), und andererseits würde »eine – formale – gesetzliche Mißbilligung des Schwangerschaftsabbruchs« nicht ausreichen (D II 2). Damit ist klar, daß die deklamatorische Funktion einer Rechtsvorschrift für sich allein genommen bedeutungslos ist.[47] Wenn das Bundesverfassungsgericht dennoch so großen Wert darauf legt, dann erstens, weil es von einer entsprechenden Vorschrift eine direkte generalpräventive Wirkung erwartet, zweitens, weil das Fehlen einer entsprechenden Vorschrift den »gefährlichen Schluß von der rechtlichen Sanktionslosigkeit auf das moralische Erlaubtsein« (D II 2a) begünstigen würde. Diesen Überlegungen entsprechend hängt die Verfassungsmäßigkeit des 5. StrRG davon ab, ob der vermeintliche Schutz des ungeborenen Lebens durch das 5. StrRG größer oder mindestens gleich groß ist wie der vermeintliche Schutz durch eine Strafvorschrift. Dies ist nun offensichtlich eine empirische Frage.

b. Ergibt sich aus dem Vergleich der mutmaßlichen Wirksamkeit eines Abtreibungsverbots mit der mutmaßlichen Wirksamkeit des 5. StrRG, daß der Staat mit letzterem seiner Schutzverpflichtung gegenüber dem ungeborenen Leben nicht genügt? (zu D)

Verschiedentlich wurde gesagt, daß das Bundesverfassungsgericht mit seiner hier diskutierten Entscheidung seine Kompetenzen überschritten habe.[48] Regelmäßig knüpfte dieser Vorwurf an die im folgenden zu besprechenden empirischen Erörterungen des Bundesverfassungsgerichts an. Da die Frage der Entscheidungskompetenz des Bundesverfassungsgerichts eine generelle verfassungsrechtliche Frage ohne direkten Zusammenhang mit den hier interessierenden strafrechtstheoretischen Fragen ist, soll sie nicht erörtert werden. Nur soviel sei gesagt: Sofern Tatsachenfragen zur Entscheidung eines verfassungsrechtlichen Problems erörtert werden müssen, fällt diese Erörterung auch in die Kompetenz des Bundesverfassungsgerichts. Einen Ermessensspielraum des Gesetzgebers, innerhalb dessen er Tatsachen von verfassungsrechtlicher Bedeutung so oder so einschätzen darf, gibt es grundsätzlich nicht. Nur soweit die betreffenden Tatsachen bei objektiver Betrachtung ungewiß sind, wirkt sich diese Ungewißtheit zu Gunsten des Gesetzgebers dahingehend aus, daß er die von ihm vermutete Sachverhaltskonstellation zugrunde legen darf. Im Falle der Abtreibung besteht – wie noch zu zeigen sein wird – keine derart große Unsicherheit über die Tatsachen. Die Entscheidung des Bundesverfassungsgerichts ist nicht deswegen falsch, weil es seine Kompetenz überschritten hat, indem es einen unsicheren (geschweige denn falschen) tatsächlichen Entscheidungskontext annahm, sondern allein aus rechtlichen Gründen im Bereich der Verfassungsauslegung.[49]

Während das Bundesverfassungsgericht einer Strafvorschrift direkte und indirekte Abschreckungswirkung zutraut, schätzt es den vom 5. StrRG ausgehenden Schutz ungeborenen Lebens als äußerst gering ein. Erstens lasse das 5. StrRG den »rechtlichen Unwert« der Abtreibung während der ersten drei Monate nicht mehr erkennen und werde daher das moralische Bewußtsein der Bevölkerung schwächen, zweitens sei eine Abwägung zwischen den durch das 5. StrRG verhinderten Abtreibungen und den zusätzlichen Abtreibungen aufgrund des Wegfalls der Verbotsvorschrift a. unzulässig und b. unmöglich. Jedenfalls sei eher mit einer Zunahme als mit einer Abnahme der Gesamtzahl der Schwangerschaftsunterbrechungen aufgrund dieses Gesetzes zu rechnen. Auch die in § 218c I vorgesehene Beratung sei nicht geeignet, auf eine Fortsetzung der Schwangerschaft hinzuwirken, da sie erstens von jedem Arzt vorgenommen werden könne, Ärzte aber zu einer entsprechenden Beratung weder qualifiziert noch zeitlich in der Lage seien, da zweitens auch der den Eingriff vornehmende Arzt »beraten« dürfe und da drittens zwischen Beratung und Schwangerschaftsabbruch keine zwingende Bedenkpause vorgeschrieben sei.

Die Korrektheit der insoweit vom Bundesverfassungsgericht angenommenen empirischen Hypothesen ist vor und nach der Entscheidung heftig diskutiert worden. Zwei Fragenkomplexe lassen sich deutlich unterscheiden: a. Hat die bisherige Strafbarkeit der Abtreibung abschreckende Wirkung gehabt, ist eine abschreckende Wirkung von einer künftigen Strafbarkeitsregelung zu erwarten? b. Kann durch Beratung ein effektiverer Schutz des ungeborenen Lebens erreicht werden? Schließen Beratung und Strafverfolgung einander aus? Gewährt die im 5. StrRG vorgesehene Beratung einen effektiven Schutz ungeborenen Lebens?

ad a. Allgemein wird anerkannt, daß die tatsächliche Situation vor Erlaß des 5. StrRG gekennzeichnet war durch geringe Anzeigebereitschaft, geringe Verfolgungsintensität seitens Staatsanwaltschaft und Polizei, niedrige Verurteiltenziffern, niedrige Strafen im Fall von Verurteilungen und eine im Vergleich zu den angezeigten, verfolgten und verurteilten Fällen außerordentlich große Dunkelziffer. Die Höhe dieser Dunkelziffer ist jedoch nicht genau bekannt und dürfte sich auch kaum ermitteln lassen.[50] Die Annahme, daß sich trotz der geringen direkten Wirksamkeit des § 218 StGB a. F. einige Frauen wegen der nominellen Strafbarkeit der Abtreibung zum Austragen der Schwangerschaft entschlossen haben, die Vorschrift also doch eine gewisse abschrekkende Wirkung hatte oder indirekt dadurch wirkte, daß sie die Richtigkeitsvorstellungen der betreffenden Frauen beeinflußte, entzieht sich dementsprechend ebenfalls einer unmittelbaren empirischen Überprüfung. Selbst wenn eine Anzahl Frauen auf Befragung mitteilen würde, sie hätte deshalb nicht abgetrieben, weil es verboten gewesen sei, wäre unklar, was eine derartige Einlassung zu bedeuten hätte. Für eine Wirksamkeit des Abtreibungsverbots spräche sie nur, sofern einigermaßen sicher wäre, daß die betreffenden Frauen abgetrieben hätten, wäre es nicht verboten gewesen. Ob aber die Frauen selbst ihr Verhalten in einer derartigen Situation verläßlich prognostizieren können, ist zweifelhaft. Dennoch spricht einiges dafür, daß die Strafbarkeit der Abtreibung eine gewisse Anzahl von Abtreibungen verhindert hat. Je nachdem, wie entschieden die Schwangere eine Abtreibung anstrebt, wird sie mehr oder minder große mit der Abtreibung verbundene Unbequemlichkeiten und Kosten in Kauf nehmen. Es wird immer eine Anzahl von Frauen geben, die eine Abtreibung nicht mit solcher Entschiedenheit anstreben, daß sie auch große Unbequemlichkeiten und hohe finanzielle Lasten in Kauf zu nehmen bereit sind. Die im 5. StrRG vorgesehene Fristenlösung hätte diese Unbequemlichkeitsschwelle auch gegenüber der Rechtswirklichkeit unter der Herrschaft des § 218

StGB a. F. noch gesenkt.[51] Ferner ist es, soweit Frauen selbst aus moralischen oder religiösen Gründen Abtreibung für Unrecht halten, immerhin plausibel, daß eine entsprechende gesetzliche Regelung ihnen das Festhalten an solchen Überzeugungen erleichtert.[52] Ein Anstieg der Abtreibungsziffern insgesamt aufgrund einer liberaleren neuen Regelung ist deshalb wahrscheinlich. In diese Richtung weist auch die Mehrzahl der ausländischen Erfahrungen mit Fristenlösungen.[53] Allerdings gilt diese Wahrscheinlichkeitsannahme natürlich nur unter ansonsten gleichbleibenden Randbedingungen, d. h. zum Beispiel nicht mehr, wenn »flankierende Maßnahmen« das Austragen der Schwangerschaft erleichtern oder die Effektivität der Strafverfolgung steigern.

Die Frage nach der Effektivität eines Abtreibungsverbots könnte möglicherweise unbedenklicher bejaht werden, wenn nicht die tatsächliche Effektivität entscheidend wäre, sondern die bei gesetzmäßigem Verhalten der staatlichen Organe wahrscheinliche. Vielfach wird behauptet, daß die Höhe der Dunkelziffer bei der Abtreibung anders als etwa bei Ladendiebstahl nicht von den technischen Ermittlungsschwierigkeiten verursacht ist, sondern – jedenfalls in nennenswertem Umfang – dadurch, daß Polizei und Staatsanwaltschaft ihren Ermittlungspflichten nicht genügen.[54] Wenn dies so ist, dann stellt sich die Frage, ob das Bundesverfassungsgericht bei der Beurteilung der Verfassungsmäßigkeit von Gesetzen nicht davon ausgehen darf oder muß, daß die staatlichen Organe sich gesetzestreu verhalten. Konkret: Kann das Bundesverfassungsgericht sagen: Zwar verlangt das Grundgesetz möglichst weitgehenden Schutz des ungeborenen Lebens, ein solcher Schutz läßt sich theoretisch durch ein Abtreibungsverbot erreichen, aber da anzunehmen ist, daß die Strafverfolgungsbehörden dieses Verbot unter Mißachtung des Legalitätsprinzips und der Gesetzesbindung nicht durchsetzen werden, wird es keinen effektiven Schutz des ungeborenen Lebens bewirken, und deshalb ist eine Regelung vorzuziehen, die tatsächlich effektiver ist, auch wenn sich der mit Hilfe des Strafrechts an sich mögliche Schutz mit ihrer Hilfe nicht erreichen läßt? Damit ist ein Problem der Grenzziehung zwischen Gesetzesanwendung und Politik angesprochen. Der traditionellen Aufasssung von der Rolle der Gerichte entspricht es, daß die Richter grundsätzlich von der Annahme ausgehen, der rechtlich gewollte Zustand sei auch wirklich. Nur wenn die Gesetze allgemein angewandt werden, kann der Gesetzgeber mit ihrer Hilfe zielgerichtet erwünschte Zustände herbeiführen. Eine Bedingung dafür, daß die Gesetze allgemein angewandt werden, ist, daß der einzelne Richter (oder wer immer für die Anwendung des Gesetzes im Einzelfall zuständig ist) sein Verhalten nicht davon abhängig macht, ob andere Instanzen sich an das Gesetz halten. Denn wenn Rechtsverletzungen einzelner Stellen andere Stellen von der Pflicht zur Befolgung der Gesetze befreien würden, könnte sich schon aus wenigen Gesetzesverstößen bald eine vollkommene Unsicherheit entwickeln. So durfte unter der Herrschaft des § 218 StGB a. F. ein Richter die Bestrafung einer Abtreibung nicht mit dem Argument ablehnen, daß, wie allgemein bekannt, die Staatsanwaltschaft auch bei erheblichem Verdacht auf Abtreibung von sich aus keine Ermittlungen aufnehme. Ebenso gilt: Wenn das Grundgesetz den Schutz des ungeborenen Lebens in einem Umfang gebietet, der sich nur unter Einsatz strafrechtlicher Mittel erreichen läßt, wenn also das Grundgesetz den Einsatz strafrechtlicher Mittel zum Schutze des ungeborenen Lebens gebietet, dann muß das Bundesverfassungsgericht bei Anwendung des Grundgesetzes zu dem Ergebnis kommen, daß ein Verzicht auf strafrechtliche Mittel in diesem Bereich grundgesetzwidrig ist, und zwar unabhängig davon, mit wie großen Schwierigkeiten ein effektiver Einsatz des Strafrechts verbunden wäre. Freilich kann auch dieser Grundsatz nicht ohne Einschränkung gelten; auch der Staat kann nicht zu Unmöglichem verpflichtet werden. Darüber hinaus ist aber auch zu fragen, ob nicht unter Umständen der Preis für die Erfüllung eines derartigen Verfassungsauftrages so hoch wäre – etwa weil das Verhältnis der Bürger zum Staat tiefgreifend gestört würde –, daß deshalb Kompromisse eingegangen werden müssen. Wenn man die Auffassung vertritt, daß das Bundesverfassungsgericht auch eine politische Funktion zu erfüllen hat, daß es nicht nur einen ein für allemal feststehenden Text zu bewahren hat, sondern auch eine Verfassungswirklichkeit, dann wird man verlangen müssen, daß auch solche Nutzen-Kosten-Überlegungen bei seinen Entscheidungen eine Rolle spielen. Es darf nicht nur fragen, ob etwas dem Grundgesetz entspricht oder nicht, es muß auch prüfen, ob die eine oder die andere Entscheidung zu einer Wirklichkeit führt, die mehr oder weniger mit der Verfassung im Einklang steht.

Diese grundsätzlichen Überlegungen führen im Falle der Abtreibung unabhängig von der vorgesehenen Regelung im Ergebnis dazu, daß das Bundesverfassungsgericht nicht ohne weiteres davon ausgehen darf, daß die Strafverfolgungsbehörden ein Abtreibungsverbot mit der gebotenen Energie durchsetzen werden. Die Begründung ist allerdings je nach vorgesehener Verbotslösung verschieden. Das generelle, nur durch wenige und relativ klare Indikationen eingeschränkte Abtreibungsverbot ist grundsätzlich durchsetzbar, wenn man den notwendigen Preis einer nennenswerten Dunkelziffer, einer ansehnlichen Zahl von Todesfällen und Gesundheitsbeschädigungen durch unsachgemäße Abtreibungen, einer bis in den Privatbereich gehenden Überwachung von Frauen und Ärzten und die Nichtanerkennung dieses Verbots durch beachtliche Teile der Bevölkerung zu zahlen bereit ist. Seine Durchsetzung ist technisch zwar möglich, aber es ist ziemlich klar, daß dies nicht ohne ernsthafte Auswirkungen auf die allgemeine Anerkennung der staatlichen Autorität geschehen könnte. Gelegentlich liest man, daß die hohe Dunkelziffer bei § 218 StGB a. F. der Autorität des Gesetzes abträglich sei. Das ist richtig. Aber der Versuch, diese Vorschrift ernsthaft durchzusetzen, d. h. die Dunkelziffer zu senken, würde noch viel nachteiligere Folgen für die Autorität des Gesetzes haben und zwar um so mehr, je erfolgreicher er wäre.[55] Ein Gesetz, das der Bevölkerung und dem Rechtsstab aufgezwungen wird, schadet der Autorität des Gesetzgebers mehr als eine hohe Dunkelziffer. Bei einer strikten Verbotslösung kann das Bundesverfassungsgericht also nicht ohne weiteres davon ausgehen, daß die Verfolgungsinstanzen sich auch wirklich bemühen, sie durchzusetzen, weil es sich selbst die Frage stellen muß, ob das eigentlich wünschenswert wäre. Jeder, der sich diese Frage ernsthaft stellt, muß sie m. E. verneinen, wenn allerdings jemand glaubt, der Preis für die Durchsetzung eines strikten Abtreibungsverbotes sei nicht zu hoch, dann kann er bei der Beurteilung der Wirksamkeit eines Abtreibungsverbotes auch die Effektivität zugrunde legen, die erreichbar wäre, wenn man diesen Preis zahlen würde.

Geht es um eine weite Indikationenlösung, wie sie geltendes Recht ist und durch den Indikationenkatalog des Bundesverfassungsgerichts jedenfalls nahegelegt wurde,[56] dann ist bereits fraglich, ob es überhaupt technisch möglich ist, die Befolgung zu erzwingen. Denn da es eine kaum begrenzte Anzahl von Sachverhalten gibt, die die Feststellung einer Indikation rechtfertigen können, ergeben sich große Beweisschwierigkeiten. Wenn die Anzahl der angegebenen möglichen Indikationsgründe genügend groß ist, wird es regelmäßig unmöglich sein, innerhalb der kurzen zwischen Indikationsfeststellung und Abtreibung zur Verfügung stehenden Zeit, ihr Nichtvorliegen zu beweisen.[57] Aber auch nachträglich wäre bei geeigneter Auswahl der angegebenen Gründe eine Überführung nur mit großem Einsatz an medizinischer und psychologischer Sachkenntnis und an Ermittlungsarbeit bezüglich der Lebensumstände der Frau möglich. Abgesehen davon würden nachträglich Ermittlungen mit ungewissem Ausgang es der Schwangeren praktisch unmöglich machen, im Vorhinein ihr Bestrafungsrisiko abzuschätzen. Das aber würde aller Voraussicht nach dazu führen, daß abtreibungswillige Frauen von vornherein den gesetzlichen Weg scheuen, sich also weitgehend genauso verhalten, als wäre Abtreibung generell verboten – was zu den oben besprochenen Konsequenzen führt. Neben den bisher besprochenen enormen Ermittlungsschwierigkeiten sind mit einer Indikationenlösung auch erhebliche rechtliche Schwierigkeiten verbunden. Eine dieser Schwierigkeiten ist die Behandlung des Irrtums über das Vorliegen einer Indikation. Wirkt ein solcher Irrtum strafbefreiend, ergeben sich wiederum kaum überwindbare Beweisschwierigkeiten, denn jede Schwangere könnte behaupten, sich geirrt zu haben. Wirkt er nicht strafbefreiend, ergibt sich wieder das Problem des ungewissen Risikos für die Schwangere. Ähnliche Probleme stellen sich bezüglich des Irrtums des die Indikation feststellenden Arztes. Hier ergibt sich zusätzlich die Schwierigkeit, den Umfang seiner Ermittlungspflicht festzulegen – von wann ab darf er der Schwangeren glauben? Alle diese Beweisprobleme würden freilich lösbar, wenn man von der Schwangeren verlangte, das Vorliegen einer Indikation nachzuweisen – die Strafbarkeit dürfte dann nicht an die nicht-indizierte Abtreibung anknüpfen, sondern daran, daß die Schwangere das Vorliegen einer Indikation vorher nicht nachgewiesen hat. Aber es ist vollkommen klar, daß damit die Schwangere in den meisten Fällen (besonders in denen, in denen tatsächlich eine Indikation vorliegt) überfordert wäre, und daher wiederum von vornherein die Illegalität vorziehen würde. Eine weite Indikationenlösung bedeutet daher stets, daß in einer unbestimmbaren Vielzahl von Fällen abgetrieben wird, ohne daß eine Indikation vorliegt. Es ist unmöglich sie durchzusetzen,[58] und folglich kann das Bundesverfassungsgericht auch nicht davon ausgehen, daß sie durchgesetzt wird.

Ebenso wie bezüglich der Effektivität des direkt kaum wirksamen Abtreibungsverbotes sind auch bezüglich der Effektivität von Beratungslösungen nur mehr oder minder begründete Vermutungen möglich. Es ist anzunehmen, daß viele Frauen sich zum Austragen der Schwangerschaft entschließen würden, wenn bestimmte von ihnen befürchtete Beeinträchtigungen entweder durch die Schwangerschaft oder durch die Mutterschaft sich mildern oder beseitigen ließen. Sofern eine Frau zu Unrecht bestimmte Beeinträchtigungen befürchtet hat und die Beratung ihr ihre Angst nehmen kann oder sofern es Hilfsmöglichkeiten gibt, von denen die Schwangere nichts wußte, auf die die Beratung sie aufmerksam macht, oder sofern die Beratungsstelle selbst zusätzliche Hilfen anbieten kann, ist anzunehmen, daß dadurch die Anzahl der Schwangerschaftsabbrüche gesenkt werden könnte. In welchem Umfang das möglich ist, läßt sich allerdings kaum abschätzen, denn die Motivationsstruktur abtreibungswilliger Frauen ist nicht hinreichend bekannt. Der wirksamste abtreibungshemmende Faktor, der Wunsch nach dem Kinde, hängt von einer Vielzahl von Faktoren auf schwer durchschaubare Weise ab. Während heute überwiegend der Wunsch nach Aufrechterhaltung des Lebensstandards und Berufstätigkeit zur Abtreibung führt,[59] können morgen derartige Erwägungen relativ belanglos sein. Das Gewicht, das irgendwelche gesundheitlichen, sozialen, finanziellen, beruflichen und sonstigen Beeinträchtigungen bei der Entscheidung für oder gegen eine Abtreibung haben, verändert sich relativ zum Kinderwunsch. Der Kinderwunsch ist keine Resultante, die sich aus anderen Zielen und äußeren Bedingungen ergibt, sondern mindestens in dem Maße, in dem er durch derartige Erwägungen beeinflußt wird, bestimmt er selbst das Gewicht dieser Faktoren. Er unterliegt überdies nicht nur individuellen entwicklungsbedingten Schwankungen sondern – wie sich in den bemerkenswerten Veränderungen der Geburtenziffer ausdrückt[60] – offenbar auch einem Wandel entsprechend gesamtgesellschaftlichen Entwicklungen, z. B. des gesellschaftlichen Klimas Kindern gegenüber, kurz er ist ein selbständiges individual- und sozialpsychologisch zu erklärendes Phänomen. Die Gesetzmäßigkeiten seiner Entwicklung sind kaum bekannt. Von ihnen hängt aber die Abtreibungsbereitschaft der Frau und damit auch die Erfolgsaussichten von Beratung ab. Vor dem Hintergrund dieser Unsicherheit wird man für den gegenwärtigen Zeitpunkt sagen können, daß jedenfalls so lange, wie Lebensstandard und Berufstätigkeit das heutige Gewicht haben – und es ist nicht erkennbar, daß sich daran etwas ändert[61] – die Hilfen überhaupt nicht finanziert werden können, die erforderlich wären um die meisten Abtreibungen zu verhindern. Realistischerweise muß man also davon ausgehen, daß, auch wenn die Schwangere alle ihr gebotenen Hilfen ausschöpft, Schwangerschaft und anschließende Mutterschaft in vielen Fällen eine so erhebliche Belastung für sie darstellen, daß sie sich ganz unabhängig davon, ob sie beraten wird oder nicht, für eine Abtreibung entscheiden wird, sofern ihr dies ohne allzu großes Risiko möglich ist.[62]

Nach der Argumentation des Bundesverfassungsgerichts muß der Staat die Abtreibung unter Strafe stellen, sofern er nicht ein anderes gleichermaßen geeignetes Mittel wählen kann. Die Frage ist also, ob die Beratungslösung ebenso wirksam ist wie ein Abtreibungsverbot. Angesichts der Unsicherheiten bei den Wirksamkeitseinschätzungen muß ein Vergleich erst recht unsicher sein. Wie er ausfällt, hängt sicherlich wesentlich von den Möglichkeiten ab, die der Beratung zur Verfügung stehen, den sogenannten flankierenden Maßnahmen. Solange solche flankierenden Maßnahmen weitgehend nur Programm sind, kann man der Beratung allerdings nicht einmal die Wirksamkeit eines schlecht durchgesetzten Verbots zutrauen. Eine solche Einschätzung entspricht nicht nur verbreiteten soziologischen Alltagstheorien, sondern sie wird durch ausländische Erfahrungen bestätigt.[63] Wenn bei Einführung von Beratung unter gleichzeitiger Freigabe der Abtreibung die Gesamtzahl der Abtreibungen steigt oder wenn die Gesamtzahl der Abtreibungen weitgehend unbeeinflußt davon bleibt, ob eine Beratung erfolgt oder nicht, wie das in einigen Ländern der Fall war, dann deutet das ebenso auf eine geringere Effektivität von Beratung, wie ein erhebliches Ansteigen der Geburtenrate nach Wiedereinführung des Abtreibungsverbots. Der Einwand, daß ausländische Daten sich nicht auf die Verhältnisse in der Bundesrepublik übertragen lassen, trifft natürlich in vielen Einzelaspekten zu, bezüglich der vermutlichen Wirksamkeit von Beratung ist allerdings nicht zu erkennen, warum bei uns anderes gelten sollte als anderswo. Mittlerweile dürfte die Unwirksamkeit von Beratung übrigens auch für die

Bundesrepublik einigermaßen sicher feststehen.[64] Aber auch vor dieser Erfahrung durfte das Bundesverfassungsgericht davon ausgehen, daß die Beratungslösung des 5. StrRG bis auf weiteres eine Erhöhung der Abtreibungsziffer zur Folge haben würde.[65]

Da das Bundesverfassungsgericht zutreffend zu dem Schluß kommt, daß gemessen an dem Ziel, die Anzahl der Abtreibungen möglichst niedrig zu halten, die Beratungslösung zumindest des 5. StrRG weniger effektiv ist als eine Verbotslösung, haben seine Erwägungen zur Frage, ob eine derartige Abwägung rechtlich überhaupt zulässig ist (D II 2b), strenggenommen keine Entscheidungsrelevanz. Dennoch sei angemerkt, daß den Überlegungen des Bundesverfassungsgerichts insoweit nicht gefolgt werden kann, denn an dieser Stelle zeigt sich ein Fehler, der – wie noch zu zeigen sein wird – auch in der Entscheidung insgesamt zum Ausdruck kommt, und sie zwar nicht ihrem Wortlaut nach, aber doch, wenn man erklärte Absicht und voraussichtliche Wirkung miteinander vergleicht, inkonsistent macht. Das Bundesverfassungsgericht wendet sich nämlich gegen eine rein instrumentelle Auffassung des Gesetzes. »Das Gesetz ist nicht nur Instrument zur Steuerung gesellschaftlicher Prozesse nach soziologischen Erkenntnissen und Prognosen, es ist auch bleibender Ausdruck sozialethischer und – ihr folgend – rechtlicher Bewertung menschlicher Handlungen; es soll sagen, was für den Einzelnen Recht und Unrecht ist« (D II 2b). Was mit dieser Formulierung wahrscheinlich gemeint ist, läßt sich vielleicht durch folgendes Beispiel illustrieren: Angenommen auf einem bestimmten Straßenabschnitt soll eine Höchstgeschwindigkeit von 50 km/h durchgesetzt werden, weil schnelleres Fahren eine sprunghafte Erhöhung der Unfallgefahr bewirkt (gesetzgeberisches Ziel), weiter gebe es einen Erfahrungssatz, wonach Kraftfahrer durchschnittlich 20 km/h schneller fahren als erlaubt, dann wäre das optimale Mittel um eine Höchstgeschwindigkeit von 50 km/h durchzusetzen, eine Geschwindigkeitsbeschränkung auf 30 km/h. Eine derartige Regelung hätte aber auch zur Folge, daß Fahrer bestraft werden könnten, die 50 km/h fahren, also genau das tun, was der Gesetzgeber erreichen will.

Tatsächliches gesetzgeberisches Ziel und erklärtes gesetzgeberisches Ziel würden auseinanderfallen, dem Wortlaut des Gesetzes ließe sich nicht mehr entnehmen, was »richtiges« Verhalten ist. Eine derartige Verwendung von Gesetzen möchte ich als »manipulativ« bezeichnen. Die Formulierung des Bundesverfassungsgerichts kann als die Feststellung gedeutet werden, daß das 5. StrRG ein in diesem Sinne manipulativ gemeintes Gesetz sei und daß eine manipulative Verwendung von Gesetzen unzulässig sei.

Dem Bundesverfassungsgericht ist darin zuzustimmen, daß eine manipulative Verwendung von Gesetzen unzulässig ist. Der Frage, ob und wie sich dieses Postulat aus dem Grundgesetz herleiten läßt, soll hier nicht nachgegangen werden, wohl aber der Frage, weshalb das Verbot manipulativer Gesetzesverwendung vernünftig ist, denn diesbezüglich scheint das Bundesverfassungsgericht einem Irrtum zu unterliegen. Seine Formulierung richtet sich gegen jede instrumentalistische Auffassung des Gesetzes und steht damit im Widerspruch zur früheren Bestimmung des Strafrechts als ultima *ratio*, also als Instrument. Sie läßt die notwendige Unterscheidung zwischen instrumenteller und manipulativer Gesetzesverwendung vermissen und schüttet deshalb das Kind mit dem Bade aus. Jede vernünftige Gesetzgebung dient irgendwelchen Zwecken, ist also instrumentell, aber nicht jede instrumentelle Verwendung von Gesetzen ist deshalb auch schon manipulativ. Manipulative Gesetzesverwendung zeichnet sich dadurch aus, daß der wirkliche Wille des Gesetzgebers und der erklärte Wille des Gesetzgebers einander widersprechen. Der bloße Umstand, daß nicht alle vom Gesetzgeber mit einem Gesetz verfolgten Ziele in diesem Gesetz zum Ausdruck kommen, macht es nicht manipulativ. Manipulative Gesetze müssen auch nicht deshalb vermieden werden, weil sie instrumentell sind, sondern gerade deswegen, weil eine größere Anzahl manipulativer Gesetze die Wirksamkeit des Gesetzes als Instrument in Frage stellen würde. Am oben verwandten Beispiel der Geschwindigkeitsbeschränkung kann das leicht gezeigt werden. Wenn der Gesetzgeber ernsthaft versucht, die Geschwindigkeitsbeschränkung von 30 km/h durchzusetzen, würde das eine Verschiebung des gesetzgeberischen Zieles bedeuten und wäre überdies aufgrund der Beschaffenheit des betreffenden Straßenabschnitts nicht gerechtfertigt. Würde er dennoch angestellt, müßte mit einer wenig überzeugten Verfolgungspraxis der Polizei und berechtigter Verärgerung der betroffenen Kraftfahrer gerechnet werden. Ein Gesetzgeber, der viele derartige Regelungen erließe, würde seine Legitimation in Frage stellen, was nicht nur den inneren Frieden des Staates gefährdet, sondern auch die Befolgungsquote bei der Sache nach gerechtfertigten Vorschriften drücken kann. Verzichtet andererseits der Gesetzgeber von vornherein darauf, die Geschwindigkeitsbeschränkung von 30 km/h durchzusetzen, werden also z. B. Strafzettel für Geschwindigkeitsübertretungen erst bei über 50 km/h ausgeschrieben, dann kann die Geschwindigkeitsbegrenzung so lange den gewünschten Erfolg haben, bis die Autofahrer diese Praxis durchschauen. Danach tritt ein doppeltes Problem auf: Erstens hat der Autofahrer, der wegen Geschwindigkeitsüberschreitung bestraft wird, weil er z. B. 55 km/h fährt, den berechtigten Eindruck, ungerecht behandelt zu werden, denn er wird bestraft, als wäre er 25 km/h zu schnell gefahren, obgleich er in Wirklichkeit nur 5 km/h zu schnell gefahren ist. Es wird sozusagen von vornherein mit einem hohen Strafmaß eingestiegen. Das kann zwar eine erwünschte abschreckende Wirkung haben, aber dann wäre es Sache des Gesetzgebers, allgemein das Strafmaß für geringfügige Geschwindigkeitsüberschreitungen zu erhöhen. Zweitens entsteht ein Bereich, in dem die Polizei Verfolgungsmaßnahmen treffen könnte, es aber tatsächlich nicht tut. Dadurch wird einerseits der Glaube an die Gesetzmäßigkeit polizeilichen Verhaltens geschwächt, andererseits entsteht aber auch tatsächlich ein Bereich polizeilichen Ermessens, das auch mißbraucht werden kann und dem auf seiten des Bürgers das Gefühl des Ausgeliefertseins korrespondiert. Gibt es viele Vorschriften, die nicht durchgesetzt werden und auch gar nicht durchgesetzt werden sollen, dann führt das dazu, daß das Recht insgesamt nicht ernst genommen wird, und zwar weder von den Rechtsunterworfenen noch von den Verfolgungsorganen. Eine manipulative Verwendung von Gesetzen in größerem Umfang führt über kurz oder lang zum Verfall der Rechtsordnung und zerstört damit auch die anfänglich vielleicht gegebene Effektivität. Es ist gerade die instrumentelle Auffassung des Gesetzes, die zur Verwerfung manipulativer Verwendung von Gesetzen führt, denn nur »ehrliche« Gesetze, d. h. solche, in denen ein wirklicher Wille des Gesetzgebers zum Ausdruck kommt, sind auf Dauer taugliche Mittel.

Im Falle des 5. StrRG wäre die Formulierung des Bundesverfassungsgerichts also nur gerechtfertigt, wenn es sich dabei um ein manipulatives Gesetz handelte. Unterstellt man als gesetzgeberisches Ziel die Senkung der Abtreibungsziffer, und nimmt man weiter an, daß der Gesetzgeber an einen Erfahrungssatz des

Inhalts glaubte, daß dieses Ziel sich am besten durch Verzicht auf ein Abtreibungsverbot und Einführung einer Beratungslösung verwirklichen lasse, dann ist die gewählte Lösung unter Effektivitätsgesichtspunkten rational und nicht manipulativ. Der im 5. StrRG zum Ausdruck kommende Wille des Gesetzgebers, daß nämlich die Schwangere zur Beratung gehen soll, bevor sie abtreibt, widerspricht dem tatsächlichen Willen nicht, denn wenn sie zur Beratung geht, wird sie vielfach nicht abtreiben. Unterstellte man freilich ein anderes gesetzgeberisches Ziel, etwa die Stärkung des Selbstbestimmungsrechts der Frau gegenüber dem Lebensrecht des nasciturus, und die (realistische) Überzeugung, daß eine Beratung kaum Abtreibungen verhindert, dann ist das 5. StrRG manipulativ, denn es kommt dem Gesetzgeber im Ernst nicht darauf an, ob und wie beraten wird. Insofern mag der Vorwurf des Bundesverfassungsgerichts, wenn er auch sozusagen nach Aktenlage unberechtigt ist, auf der Ebene verborgener Motive schon eine gewisse Berechtigung haben. Wenn man nicht sicher ist, daß erklärter Wille des Gesetzgebers und wirklicher Wille des Gesetzgebers (beide unterschieden vom im Gesetz zum Ausdruck gekommenen Willen des Gesetzgebers) miteinander identisch sind, dann läßt sich zwischen instrumenteller und manipulativer Gesetzesverwendung nicht mehr unterscheiden. Es ist also vielleicht nicht nur ein Zufall, daß das Bundesverfassungsgericht diesen Unterschied nicht macht. Ebenso wie man daran zweifeln muß, daß der Gesetzgeber wirklich die Abtreibungsziffer senken wollte, weil das 5. StrRG dazu objektiv ungeeignet war, muß man allerdings daran zweifeln, daß das Bundesverfassungsgericht dieses Ziel wirklich verfolgt, denn auch seine Entscheidung ist kaum geeignet, ihm wesentlich näher zu kommen. Indem es eine weite Indikationenlösung zugelassen hat, ist es – so könnte man sagen – einen faulen Kompromiß eingegangen. Die Annahme, daß damit eine Befriedigung der zerstrittenen Parteien erreicht werden sollte, erscheint viel plausibler als die, daß der Gesichtspunkt des Schutzes ungeborenen Lebens im Vordergrund stand.

Die heute gültige Indikationenlösung (§§ 218, 218a, 218b, 219, 219a, 219d StGB) ist nicht nur irgendeine Reaktion des Gesetzgebers auf die Entscheidung des Bundesverfassungsgerichts gewesen, sie war in wesentlichen Details durch diese Entscheidung auch nahegelegt, insbesondere in bezug auf den Indikationenkatalog.[66] Seit Einführung dieser Regelung ist die Anzahl der legalen Abtreibungen sprunghaft gestiegen, die Anzahl von Verurteilungen wegen illegaler Abtreibungen weiter gesunken.[67] Im Gegensatz zur Fristenlösung sind abtreibungswillige Frauen allerdings gezwungen, einen Arzt zu finden, der eine Indikation feststellt. Regelmäßig gelingt ihnen dies, wenn sie auch mitunter mehrere Ärzte aufsuchen müssen. Das Abklappern-Müssen verschiedener Ärzte stellt für die Schwangere eine u. U. äußerst unangenehme, mitunter auch entwürdigende Situation dar, wenn sie nämlich an Ärzte gerät, die ihr mit Verachtung begegnen oder sie ihre Abhängigkeit deutlich spüren lassen. Dies dürfte der Hauptgrund dafür sein, daß eine nennenswerte Anzahl von Frauen einen Schwangerschaftsabbruch im Ausland oder in der Illegalität immer noch vorzieht, und damit auch dafür, daß die offiziellen Zahlen nicht noch mehr gestiegen sind. Obwohl alle offiziellen Schwangerschaftsabbrüche nominell auf einer vom Bundesverfassungsgericht ausdrücklich zugelassenen Indikation beruhen, die meisten auf der sozialen Indikation, liegt sehr häufig keine Unzumutbarkeit der Schwangerschaft vor, die den Maßstäben des Bundesverfassungsgerichts genügen würde.[68] Die Ärzte, die die Indikationen feststellen, wissen natürlich, daß sie das »eigentlich nicht dürfen« und verstoßen also laufend gegen § 219a StGB. Aber da kein Verfolgungsinteresse besteht und das in § 219a StGB geforderte subjektive Tatbestandmerkmal »wider besseres Wissen« nur schwer nachzuweisen ist, geschieht ihnen nichts. Die im Gesetz als zweite Vorbedingung einer Abtreibung vorgeschriebene Beratung vermag nur sehr wenige Abtreibungswillige von ihrem Entschluß abzubringen, erleichtert aber das Auffinden von bereitwilligen Ärzten und freien Klinikplätzen.[69]

So also sieht die Rechtswirklichkeit aufgrund eines Gesetzes aus, das man als vorhersehbares Resultat der Entscheidung des Bundesverfassungsgerichts ansehen kann. Zwar steht sie nicht mit den Gründen in Einklang, die das Bundesverfassungsgericht für seine Entscheidung angibt, so daß man sogar die Frage stellen könnte, ob das Bundesverfassungsgericht nicht die heutige Lösung ebenfalls als verfassungswidrig verwerfen müßte,[70] aber sie ist genau das, was bei der vom Bundesverfassungsgericht skizzierten Indikationenlösung zu erwarten war, denn eine Indikationenlösung läßt sich aus den oben diskutierten Gründen nicht durchsetzen. Ebenso wie der Gesetzgeber des 5. StrRG wissen mußte, daß dieses Gesetz die Abtreibungsziffer nicht senken würde, so mußte auch das Bundesverfassungsgericht wissen, daß die von ihm nahegelegte Indikationenlösung nicht den in der dafür angegebenen Begründung verlangten weitgehenden Schutz ungeborenen Lebens bewirken würde. Und weil es das wußte, sich aber nicht dazu durchringen konnte, es zu billigen – sonst hätte es die Fristenlösung zulassen können – es also nicht wissen wollte, sagt es: »Das Gesetz ist nicht nur Instrument zur Steuerung gesellschaftlicher Prozesse nach soziologischen Erkenntnissen und Prognosen, . . .« (D II 2b), spricht von der Verpflichtung des Gesetzgebers *»zumindest den Versuch* zu unternehmen, durch eine differenzierte strafrechtliche Regelung einen besseren Lebensschutz zu erreichen . . .« (D III, Hervorhebung von mir), und immunisiert sich dadurch gegen Folgeüberlegungen. Der in der Entscheidung erkennbare Versuch, zwischen den extremen Standpunkten zu vermitteln, ist im Grundsatz lobenswert und vielleicht ist es noch zu früh, um sein Scheitern festzustellen. Es ist aber programmiert; theoretisch, weil keine Seite auf Dauer den gegenwärtigen Zustand als rechtmäßig akzeptieren kann, wenn er auch als Fortschritt in Richtung Freigabe der Abtreibung zunächst begrüßt werden mag, denn ein fauler Kompromiß kann von keiner Seite akzeptiert werden.[71] Praktisch muß er scheitern, weil ganz unabhängig davon, wie Abtreibungen moralisch zu beurteilen sind, die von einem Abtreibungsverbot oder einer Indikationenlösung betroffenen Frauen keinen Anlaß haben, sich in dieser Frage dem Schiedsspruch des Staates zu unterwerfen[72] und auch nur geringe und überdies abnehmende Bereitschaft zeigen, es trotzdem zu tun.

Anmerkungen

1 BVerfGE 39, 1 = *NJW* 75, 573 = *JZ* 75, 205 = *FamRZ* 75, 262 (gekürzt).

2 U. Anm. 44.

3 Fünftes Gesetz zur Reform des Strafrechts vom 18. 6. 1974, BGBl. 1974 I 1297 ff. Zur Reformgeschichte vgl. Gerhard Fezer: »Zum gegenwärtigen Stand der Reform des § 218«, in: *GA* 1974, S. 65 ff.; Rudolf Schmitt: »Von der Aufgabe, Gesetze zu machen – Ein Beitrag zur Geschichte der Reform unseres Abtreibungsstrafrechts«, in: *FamRZ* 76, S. 595 ff.

4 Zu dieser Frage s. die Hinweise bei Helmut Goerlich: »Dem Gesetzgeber kein Recht zur Resignation – oder vom unvollkommenen zum zumindest ernsthaften Versuch einer Reform des § 218 StGB«, in: *JR* 75, S. 177 ff., Anm. 2.

5 Diese beiden Fragen wurden schon in der Debatte des parlamentarischen Rates nicht genügend unterschieden (vgl. Horst Ehmke: *Die Fristenregelung und das Grundgesetz*, Bonn-Bad Godesberg 1975, S. 18 f.), und sind auch später häufig als Einheit behandelt worden (vgl. z. B. Dietrich Lang-Hinrichsen: »Zur Frage der Verfassungsmäßigkeit der »Fristenlösung« beim Schwangerschaftsabbruch«, in: *FamRZ* 74, 497 ff.). Dieser Mangel an Differenzierung führt leicht dazu, daß das eigentliche Wertungsproblem aus dem Blick gerät, denn, daß »Leben« biologisch definiert wird, liegt sehr viel näher, als daß »Jeder« ein naturwissenschaftlicher Begriff ist.

6 Zum Meinungsstand, den das Bundesverfassungsgericht im Schrifttum vorgefunden hat, vgl. die Hinweise bei Lang-Hinrichsen (a.a.O., Anm. 5), S. 498, Anm. 2-4; zum Meinungsstand der Strafrechtslehrer s. Ulrich Weber: »Bericht über die Strafrechtslehrertagung 1970«, in: *JZ* 70, 791 f.

7 Nur dann schließt Art. 2 II 1 GG Euthanasie wirklich aus, und darüber, daß dies so sein sollte, war sich der Parlamentarische Rat (im Gegensatz zur Frage der Einbeziehung ungeborenen Lebens) einig.

8 Vgl. Gerd Roellecke: »Grundrechte und Abtreibungsverbot«, in: Jürgen Baumann (Hrsg.): *Das Abtreibungsverbot des § 218*, Neuwied/Berlin 1971, S. 39 ff. (40).

9 Letzteres vertritt z. B. Lang-Hinrichsen (a.a.O., Anm. 5), S. 499 (m. w. Verw.) unter dem Hinweis, es bedürfe nach dem heutigen Erkenntnisstand keiner näheren Ausführungen. Ebenso wie sich die Fristenlösung mit dem Argument angreifen läßt, die Dreimonatsfrist sei willkürlich (Lang-Hinrichsen), läßt sich auch die Entscheidung des Bundesverfassungsgerichts mit dem Argument angreifen, die 14-Tage-Frist sei willkürlich. Anders als Rudolf Schmitt: »Überlegungen zur Reform des Abtreibungsstrafrechts« (im Anschl. an das Urt. des BVerfG), in: *JZ* 75, 356 ff. (357) meint, ist die Festsetzung des Lebensbeginns auf die Nidation eine bedeutsame Einschränkung der alten Rechtslage, denn ein Verbot der Abtreibung auch in den ersten 14 Tagen könnte Folgen für den freien Vertrieb der »Pille danach« haben. Eine Strafbarkeit der Abtreibung auch schon vor der Nidation, also auch während der ersten 14 Tage fordert Norbert Martin: »Von der Reform zur Deform des § 218? Soziologische Randbemerkungen zu einem aktuellen Thema«, in: Dietrich Hofmann (Hrsg.): *Schwangerschaftsunterbrechung – Aktuelle Überlegungen zur Reform des § 218*, Frankfurt 1974, S. 207 ff. (246), wie er wohl tatsächlich meint, vom Standpunkt des Soziologen aus.

10 Unzutreffend ist auch die Erwägung Lang-Hinrichsens (a.a.O., Anm. 5), S. 499 aufgrund der Rechtsprechungspraxis zu Ansprüchen vorgeburtlich geschädigter Kinder müsse man im Zuge *objektiver Auslegung* die ratio legis von Art. 2 I 2 GG so verstehen, daß ein Lebensrecht des nasciturus begründet werde, denn ein Schadensersatz- oder Hilfsanspruch eines vorgeburtlich geschädigten *geborenen* Kindes entsteht erst mit der Geburt. Seine Ursache kann im übrigen auch schon *vor der Zeugung* liegen, wie die von Lang-Hinrichsen herangezogene Entscheidung des Bundessozialgerichts (BSG 20,41 = *NJW* 64, 470) zeigt. Einer Berufung auf Art. 2 I 2 GG bedarf es also insoweit nicht.

11 Die fehlerhafte Argumentation mit der Entstehungsgeschichte hat dem Bundesverfassungsgericht heftige Kritik eingetragen. S. Martin Kriele: »Anmerkung zum Urteil des Bundesverfassungsgerichts vom 25. 2. 1975«, in: *JZ* 75, 222 ff.; Josef Esser: »Bemerkungen zur Unentbehrlichkeit des juristischen Handwerkszeugs«, in: *JZ* 75, 555 ff. Esser weist darauf hin, »daß herkömmliche Methodenlehre nicht der Abschaffung verfallen muß, sondern gerade umgekehrt einen Teil jener argumentativen Figuren strukturiert, in denen wir Plausibilität von Begründungszusammenhängen zumindest für Juristen konsensfähig machen« (S. 555). Er wie auch Kriele werfen dem Bundesverfassungsgericht insoweit mangelnde Methodenehrlichkeit vor. Dieser Vorwurf ist berechtigt. Wie die abweichende Meinung (A II 2) und Horst Ehmkes Schriftsatz (a.a.O., Anm. 5), S. 16-18 zeigen, konnte bei den Beratungen nicht verkannt werden, worüber im parlamentarischen Rat Einigkeit bestand und worüber nicht.

12 Vgl. Albin Eser: »Aspekte eines Strafrechtlers zur Abtreibungsreform«, in: Dietrich Hofmann (Hrsg.): *Schwangerschaftsunterbrechung – Aktuelle Überlegungen zur Reform des § 218*, Frankfurt 1974, S. 119 ff. (124 ff.).

13 So auch Uwe Hansen: »Die Tatbeschreibung der verbotenen Abtreibung im alten und im neuen Recht«, in: *MDR* 74, 797 ff. (799). Hansen wendet sich damit gegen die Rechtsgutbestimmung von Günter Bemmann: »Zur Frage der Strafwürdigkeit der Abtreibung«, in: *ZStW* 1971, 81 ff. (84 f.) m. w. Verw. Dieser spricht von der »Schutzwürdigkeit der Leibesfrucht um ihrer selbst willen«. Auch das Bundesverfassungsgericht meint wohl nichts anderes, sonst müßte es die eugenische Indikation nicht mit der Unzumutbarkeit für die Schwangere begründen (s. u.). Die hier sich zeigende Unklarheit entspricht einer Unsicherheit über die Quelle der Menschenwürde. So sagt Dürig (Maunz-Dürig-Herzog: *Grundgesetz-Kommentar*, Art. 1 Rdn. 17, 18): ». . . Diese Seinsgegebenheit ›Menschenwürde‹, die unabhängig von Zeit und Raum ›ist‹ und rechtlich verwirklicht werden ›soll‹, besteht in folgendem: Jeder Mensch ist Mensch kraft seines Geistes,

der ihn abhebt von der unpersönlichen Natur und ihn aus eigener Entscheidung dazu befähigt, seiner selbst bewußt zu werden, sich selbst zu bestimmen und sich und die Umwelt zu gestalten.« Er stellt dann fest, daß die Geistesgaben unterschiedlich verteilt sind und es darauf nicht ankommen dürfe, sondern allein auf die gleiche abstrakte Möglichkeit (potentielle Fähigkeit) zur Verwirklichung (Rdn. 18, 19). Schließlich kommt er zu folgender Formulierung (Art. 1 Rdn. 23): »Auch die Beschränkung auf die konkrete ›Fähigkeit zum geistig-seelischen Werterlebnis‹ (v. Mangold-Klein, S. 150) verkennt die existentielle Geworfenheit des Menschen in den irrationalen Strom des Menschengeschlechts (...).« Soweit ich sehe, sind das drei verschiedene Ursprungsbestimmungen der Menschenwürde (von denen die letzte einigermaßen unklar ist). Ähnliche Rätsel gibt Nipperdey: »Die Würde des Menschen«, in: Neumann/Nipperdey/Scheuner (Hrsg.): *Die Grundrechte* Bd. II, S. 1 ff. auf: »Der Begriff der *Würde* des Menschen bedarf keiner weiteren juristischen Definition« (S. 1). »Die Würde kommt *jedem einzelnen* Menschen zu. Sie ist angeboren und unverlierbar« (S. 3). »Die Würde hat jeder, der Menschenantlitz trägt« (S. 3). »Die Würde kommt aber nur dem *lebenden* Menschen zu, einschließlich des Nasciturus, nicht dem Toten« (S. 4). Da der nasciturus weder »Menschenantlitz trägt« (jedenfalls in der Frühphase der Schwangerschaft) noch *angeborene* Würde haben kann, umgekehrt der Tote aber Menschenantlitz trägt (jedenfalls zunächst) und ihm die »unverlierbare« Würde angeboren war, fragt man sich, wie diese Definitionen (deren es anscheinend denn doch bedarf) wohl zusammenhängen.

14 Vgl. Giselher Rüpke: *Schwangerschaftsabbruch und Grundgesetz*, Frankfurt 1975, S. 79 ff.

15 *Insoweit* zutreffend die Kritik Abendroths am Urteil (Wolfgang Abendroth: »Das Abtreibungsverbot des Bundesverfassungsgerichts«, in: *KJ* 75, 121 ff. (123).

16 Zur Geschichte der »objektiven Wertordnung« s. Kriele (a.a.O., Anm. 11), S. 224. Kritisch zum Begriff der Wertordnung Kristian Kühl: »Wertordnung oder Freiheitsordnung? – Zur Bedeutung der Rechtsphilosophie für die Kriminalpolitik«, in: *GA* 1977, 353 ff. (356 ff.)

17 Ob es *rechtstheoretisch sinnvoll* ist, am Begriff des subjektiven Rechts festzuhalten (also zwischen Recht und subjektivem Recht zu unterscheiden), mag dahinstehen. Vgl. Hans Kelsen: *Reine Rechtslehre*, 2. Aufl. Wien 1960, S. 139 ff.

18 Heinrich Geddert: *Recht und Moral*, in Vorbereitung.

19 S. die Hinweise unter C I 1c, ferner Fezer (a.a.O., Anm. 3), S. 67, Jürgen Baumann: »Schutz des werdenden Lebens – notwendig, aber wie?«, in: ders. (Hrsg.): *Das Abtreibungsverbot des § 218*, Neuwied/Berlin 1971, S. 15 ff. (22 f.), Rüpke (a.a.O., Anm. 14), S. 23-27.

20 Rüpke spricht von »Strukturvereinfachung in der Problematik« seitens der Mehrheit des Bundesverfassungsgerichts, S. 25.

21 Mit den Argumenten, man dürfe keine derartigen Grenzen ziehen – in diesem Zusammenhang taucht auch die absurde Begründung auf, man dürfe »Mensch« nicht definieren, weil man dadurch den Menschen zum Objekt mache (Spaemann (Zitat mit Quellenangabe bei Jürgen Baumann: Schwierigkeiten und Gefahren eines Indikationenmodells beim Schwangerschaftsabbruch, in: Hans Walder / Stefan Trechsel (Hrsg.): *Lebendiges Strafrecht – Festgabe zum 65. Geburtstag von Hans Schultz*, Bern 1977, S. 134 ff. (136); Spaemann hält den Biologismus für eine Voraussetzung der Freiheit, vgl. Robert Spaemann: »Am Ende der Debatte um § 218 StGB, in: *ZRP* 74, 49 ff. (50); ders.: »Haben Ungeborene ein Recht auf Leben«, in: *ZRP* 74, 114 ff. (117)) – und man könne aus tatsächlichen Gründen keine Grenzen ziehen. In diesen Zusammenhang gehört es auch, wenn die Fristenlösung mit dem Argument angegriffen wird, die Dreimonatsfrist sei willkürlich (Lang-Hinrichsen (a.a.O., Anm. 5), S. 506 f.; Spaemann, *ZRP* 74, 50).

22 Darauf weisen u. a. hin: Eser (a.a.O., Anm. 12), S. 122 ff.; Roellecke (a.a.O., Anm. 8), S. 41; Helge Pross: *Abtreibung – Motive und Bedenken*, Stuttgart usw. 1971, S. 66; Baumann (a.a.O., Anm. 21), S. 136. Dieser einfache Sachverhalt ist gelegentlich auf haarsträubende Weise mißachtet worden. So heißt es z. B. bei Rudolf Schmitt: »Reform des § 218?«, in: Hermann Hepp / Rudolf Schmitt: *Zur Reform des § 218 StGB*, Paderborn 1974 (Rechts- und Staatswissenschaftliche Veröffentlichungen der Görres Gesellschaft N. F. H. 13), S. 10: »Nach dem heutigen Stande der naturwissenschaftlichen Erkenntnis kann es aber keinen Zweifel mehr geben, daß der Embryo . . . biologisch ein selbständiges Lebewesen und juristisch ein eigenes Rechtsgut ist«. Ähnlich hemmungslos biologistisch argumentiert Martin (a.a.O., Anm. 9) (auf ihn bezieht sich wohl auch in erster Linie die Kritik Esers im gleichen Bande S. 122 ff. (a.a.O., Anm. 12)). Schließlich trifft diese Kritik auch Spaemann (s. o. Anm. 21).

23 In diesem Sinn kann die Formulierung des Bundesverfassungsgerichts gedeutet werden: »Der Schutz des einzelnen Lebens darf nicht deshalb aufgegeben werden, weil das an sich achtenswerte Ziel verfolgt wird, andere Leben zu retten« (D II 2b). Vgl. ferner Rüpke (a.a.O., Anm. 14), S. 69 u. 73 f. Konkret ist ihm zwar darin zuzustimmen, daß bevölkerungspolitische Erwägungen – jedenfalls derzeit – »nicht über das nach Art. 2 Abs. 2 S. 1 gewährte Recht auf Leben in irgendeiner Richtung verfassungsrechtlichen Rang erlangen«, nicht aber darin, daß dies grundsätzlich unmöglich sei (vgl. auch ebda. S. 189).

24 Womit die psychologische These, wonach gerade die Unfähigkeit, Unsicherheit zu ertragen, zur Einnahme dogmatischer Standpunkte führen kann, nicht bestritten wird.

25 Irreführend Arthur Kaufmann: »Bemerkungen zur Reform des § 218 StGB aus rechtsphilosophischer Sicht«, in: Jürgen Baumann (Hrsg.): *Das Abtreibungsverbot des § 218*, Neuwied/Berlin 1971, S. 46 ff. (49 u. 53). Die Frage nach dem »Schutz*wert*« menschlichen Lebens läßt sich wissenschaftlich allerdings *nie* beantworten, wenn »wissenschaftlich« hier »naturwissenschaftlich« heißt. Rationale Begründungen für die eine oder andere Entscheidung sind trotzdem grundsätzlich möglich. Vgl. hierzu und zum folgenden Klaus Lüderssen: *Erfahrung als Rechtsquelle*, Frankfurt 1972, S. 68 ff., insb. S. 71. Die Existenz von grundsätzlichen Übereinstimmungen in Wertfragen kann nicht prinzipiell bestritten werden, denn sie ergibt sich aus der Tatsache, daß überhaupt freiheitlich verfaßte Gesellschaften bestehen. Aufgabe einer empirischen Moralwissenschaft ist es, Art und Umfang derartiger Konsense zu erforschen. Normativ gedachte vertragstheoretische Entwürfe (Rawls) können dabei ebenso als empirische Hypothesen eingesetzt werden wie nationalökonomische Modelle.

26 Vgl. den bei Gustav Radbruch: *Der Geist des englischen Rechts*, 2. Aufl. Heidelberg 1947, S. 93 ff. wiedergegebenen »Mignonette-Fall«.

27 Ohne daß ihr argumentativer Status deutlich gemacht würde, tauchen derartige Argumente bei vielen Gegnern der Fristenlösung auf. So tendieren sie z. B. dazu, die Gefahren eines Schwangerschaftsabbruches zu betonen (vgl. etwa Lang-Hinrichsen (a.a.O., Anm. 5), S. 503; Spaemann (a.a.O., Anm. 21), S. 51. Demgegenüber ist mit Bemmann (a.a.O., Anm. 13), S. 86 darauf hinzuweisen, daß Gebären allemal gefährlicher ist. Eine zusätzliche Gesundheitsgefährdung durch verminderten Gebrauch von Verhütungsmitteln und daher häufigere Abtreibungen nach Einführung einer Fristenlösung wäre denkbar. Allerdings ist die Hypothese, daß eine Fristenlösung diese Folge hätte, empirisch kaum abgesichert. (Vgl. z. B. Die dagegen sprechenden Erfahrungen in New York, *Vorgänge* 8/1974, S. 137 ff.) Überdies müßten die von Verhütungsmitteln ausgehenden Gesundheitsgefahren berücksichtigt werden – was m. W. nirgends geschieht. Andererseits würde die Verhinderung auch nur einer relativ geringen Anzahl unsachgemäß durchgeführter Abtreibungen statistisch beträchtlich zu Buche schlagen.
Immer wieder taucht das Argument der Verringerung der Achtung vor dem geborenen Leben und Euthanasiefurcht auf (Spaemann (a.a.O., Anm. 21), S. 49 f.; dagegen Jürgen Baumann: »Zum angeblichen Schluß der Debatte um § 218 StGB«, in: *ZRP* 74, 283 ff.; ferner: Joachim Hruschka: »Entrüstung 1974«, in: *JZ* 74, 718 und Erwiderung von Baumann *JZ* 74, 718 f.; Baumann (a.a.O., Anm. 21), S. 135 f.) Empirische Hinweise auf die Berechtigung dieser Hypothese finden sich indessen nicht. Im Gegenteil ist es vielleicht kein Zufall, daß sich im 3. Reich verschärfte Strafbarkeit der Abtreibung und

Euthanasiemißbrauch begegnen. Wer den Menschen als »Material« ansieht, das ggf. zu eliminieren ist, kann andererseits Frauen auch als »Gebärmaschinen« behandeln. (Vgl. abweichende Meinung A II 2) Damit soll freilich nicht gesagt sein, daß die heutigen Gegner der Fristenlösung das tun.

28 Trotz der umfangreichen Diskussion über die Frage eines Lebensrecht des nasciturus gilt Entsprechendes für die Gegner der Fristenlösung insgesamt. Ihr Hauptargument ist stets, daß das Grundgesetz ein Lebensrecht des nasciturus begründe. Trotz des unsicheren Wortlauts sind sie geradezu auf diese Vorstellung fixiert. Weshalb ein Verfassungsgeber ein derartiges Recht in den Grundrechtskatalog aufnehmen *sollte,* läßt sich ihren Äußerungen dagegen nicht entnehmen. Spaemann (a.a.O., Anm. 21), S. 114 ff. hat auf Giselher Rüpkes Artikel »Persönlichkeitsrecht und Schwangerschaftsunterbrechung«, in: *ZRP* 74, 73 ff. hin immerhin diese Frage als das eigentliche Problem erkannt, verteidigt seinen biologistischen Standpunkt jedoch lediglich mit dem Argument, bei einer Freigabe des Schwangerschaftsabbruches würde der Lebensschutz insgesamt fragwürdig (vgl. dazu o. Anm. 27); Lang-Hinrichsen (a.a.O., Anm. 5), S. 508 meint, die Entscheidung des Supreme Court der Vereinigten Staaten (deutscher Text der Entscheidung (gekürzt) s. *Vorgänge* 3/1973, S. 144 ff.; s. ferner Joachim Herrmann: »Die Liberalisierung der Schwangerschaftsunterbrechung durch den Supreme Court der Vereinigten Staaten«, in: *JZ* 73, 490 ff.) sei deshalb für die deutsche Diskussion unerheblich, weil in den USA anders als bei uns das Lebensrecht des ungeborenen Lebens nicht verfassungsrechtlich geschützt sei. Es scheint ihn nicht zu irritieren, daß mit der Argumentation des Supreme Court die Strafbarkeit der Abtreibung als grundgesetzwidrig zu erweisen wäre, wenn man Art. 2 II 1 GG nicht auf das ungeborene Leben ausdehnte. Auch John Finnis geht in seiner scharfsinnigen Verteidigung der moralischen Unerlaubtheit der Abtreibung (»The Rights and Wrongs of Abortion«, in: Ronald M. Dworkin (Ed.): *The Philosophy of Law,* Oxford usw. 1977, S. 129 ff.) davon aus, daß ein ungeborenes Kind von der Empfängnis an eine Person mit Menschenrechten sei, weil mit der Befruchtung der genetische Code des neuen Menschen festliege und seine Entwicklung in Gang gesetzt sei, es sich daher bei der Wahl dieses Zeitpunkts nicht um eine willkürliche Grenzziehung handele. Aber in bezug auf die Menschenrechte bleibt dieser Zeitpunkt willkürlich, auch wenn er biologisch zwingend sein mag, denn in der Rechtfertigung (Begründung) der Menschenrechte spielt dieses biologische Faktum weder historisch noch systematisch die geringste Rolle. Daher ist es auch für sich genommen kein geeigneter Anknüpfungspunkt.

29 Auf diesem Umstand beruht es auch, daß man einzelne Teile einer

Entscheidung nicht richtig würdigt, wenn man sie nicht im Zusammenhang der gesamten Entscheidung sieht. Häufig sind einzelne Teile einer Entscheidung falsch, oder eine Entscheidung besteht überhaupt nur aus Fehlern und ist doch im Ergebnis richtig. Es ist wünschenswert, daß Gerichtsentscheidungen den Maßstäben rationaler Argumentation genügen, aber letztlich kommt es darauf an, daß sie im Ergebnis vernünftig sind. Und ein vernünftiges Ergebnis ist eines, das sich rational begründen *läßt* oder jedenfalls nicht rational widerlegen *läßt* ohne Rücksicht darauf, ob es *tatsächlich* rational begründet *wurde*.

30 Einer umfangreichen Diskussion über die Drittwirkung der Grundrechte bedarf es daher nicht. Im übrigen würde wohl auch unmittelbar aus Art. 2 II 1 GG eine Schutzpflicht des Staates folgen (vgl. Lang-Hinrichsen (a.a.O., Anm. 5), S. 500 f. unter Berufung auf Herzog; sowie u.).

31 S. Maunz-Dürig-Herzog: *Grundgesetz-Kommentar*, Art. 2, Rdn. 19.

32 Dies ist die derzeitige Rechtslage, nachdem die Entwicklung des Notwehrrechts in den letzten beiden Jahrzehnten international zu einer nicht unbedenklichen Einschränkung dieses Rechts tendierte. (Vgl. Jürgen Baumann: *Strafrecht-Allgemeiner Teil*, 8. Aufl. Bielefeld 1977, § 21 II 1; Günter Stratenwerth: *Strafrecht, Allgemeiner Teil I – Die Straftat*, Köln usw. 1971, Rdn. 451-454.)

33 Wie es die Verteidiger der Fristenlösung überwiegend tun, vgl. Bemmann (a.a.O., Anm. 13); Ehmke (a.a.O., Anm. 5); E. A. Wolff: »Zum Bericht über die Strafrechtslehrertagung 1970, die Abtreibung betreffend«, in: *JZ* 71, S. 197 f.; in der Sache ebenso, wenn auch nicht vor dem Hintergrund des Grundgesetzes argumentiert Judith J. Thompson: »A Defence of Abortion«, in: Ronald M. Dworkin (Hrsg.): *The Philosophy of Law*, Oxford usw. 1977, S. 112 ff.

34 Vgl. zu diesem Fragenkomplex Gerd Geilen: *Euthanasie und Selbstbestimmung*, Tübingen 1975 (Recht und Staat 446); Albin Eser (Hrsg.): *Suizid und Euthanasie als human- und sozialwissenschaftliches Problem*, Stuttgart 1976.

35 Eine andere Rechtsgutsbegründung würde auch zu dogmatischen Schwierigkeiten führen. Das Unterlassen der Verhinderung einer Fehlgeburt seitens der Schwangeren wurde auch nach altem Recht als straflos angesehen, was inkonsequent gewesen wäre, hätte man den nasciturus als solchen als Schutzgut angesehen (vgl. Hansen (a.a.O., Anm. 13), S. 799).

36 So im Ergebnis Maihofer, Bundestag 7. Wahlperiode, 96. Sitzung, S. 1451; Rüpke (a.a.O., Anm. 28); a. A. Spaemann (a.a.O., Anm. 21), S. 118 u. Lang-Hinrichsen (a.a.O., Anm. 5), S. 502.

37 S. dazu Baumann (a.a.O., Anm. 32) § 21 II 1a (speziell S. 319 mit w. Verw. in Anm. 62).

38 So scheint auch Finnis (a.a.O., Anm. 28) zu denken, denn er hält Thompson (a.a.O., Anm. 33) vor, sie spreche unangemessenerweise von *Rechten* der Schwangeren und des nasciturus, entscheidend sei jedoch, daß den nasciturus keine *Pflicht* treffe, die Mutter nicht zu beeinträchtigen. Richtig ist daran, daß ein entsprechendes Verhalten nach dem Grundsatz »nemo ultra posse obligatur« nicht verlangt werden kann, aber für die Rechtswidrigkeit eines Verhaltens ist nicht erforderlich, daß eine Pflicht zum entgegengesetzten Verhalten besteht, sondern lediglich, daß eine solche Pflicht bestünde, wenn der betreffende Akteur zurechnungsfähig und verantwortlich wäre. Fingierte man nun aber, daß der nasciturus anders könnte und wüßte was er tut, dann würde man tatsächlich zu Thompsons Beispiel kommen, in dem man sich unverhofft Rücken an Rücken mit einem nierenkranken Geigenvirtuosen findet, mit dem man durch Schläuche verbunden ist und dessen Überleben davon abhängt, daß dies so bleibt, nicht aber dazu, daß Mutter und Kind denselben Leib teilen wie zwei Schiffbrüchige das Rettungsboot.

39 Vgl. etwa Spaemann (a.a.O., Anm. 21), S. 49, der von »Hedonismus« und dem Streben nach »individueller Lustmaximierung« spricht.

40 Vgl. Wolfgang Wickler: »Sozial bedingter Schwangerschaftsabbruch bei Säugetieren und einige Folgerungen für den Menschen«, in: Johannes Gründel (Hrsg.): *Abtreibung – Pro und Contra,* Innsbruck/usw. 1971, S. 9 ff. (15); Helmut Kentler (Hrsg.): *Texte zur Sozio-Sexualität,* Opladen 1973.

41 Diese Überlegung könnte jedenfalls zur Begründung einer Strafbarkeit der Abtreibung nach Ablauf einer bestimmten Frist herangezogen werden. (Vgl. Wolff (a.a.O., Anm. 33), S. 198) Verneint man bereits ein Lebensrecht des nasciturus, setzt eine derartige Begründung allerdings voraus, daß es ein begründetes Interesse der Gesellschaft daran gibt, daß nach Ablauf der Frist keine Abtreibung mehr vorgenommen wird.

42 Ebenso Kriele (a.a.O., Anm. 11), S. 222. Roellecke (a.a.O., Anm. 8) verneint das Bestehen einer Pflicht des Staates zu strafen. Er bestreitet nicht das Bestehen einer staatlichen Schutzpflicht für elementare Gemeinschaftswerte, hält es jedoch für eine Frage der *»politischen Zweckmäßigkeit«*, wie der Staat dieser Pflicht nachkommt. Etwas anderes sagt auch das Bundesverfassungsgericht nicht. Aber wenn keine anderen Mittel zur Verfügung stehen, gibt es keinen Spielraum für politische Zweckmäßigkeitserwägungen und also doch eine Pflicht zum Einsatz des Strafrechts.

43 Vgl. dazu meinen Beitrag »Das Dilemma des Justizsystems«, in: *Abweichendes Verhalten IV,* Frankfurt a. M. 1980.

44 Diese Argumentation der abweichenden Meinung setzt ebenso wie die der Mehrheitsmeinung voraus, daß Strafrecht »ultima ratio« zum

Schutz elementarer Werte des Gemeinschaftslebens ist. In der Formulierung von Walter Sax: »Der verbrechenssystematische Standort der Indikationen zum Schwangerschaftsabbruch nach § 218 StGB«, in: *JZ* 77, S. 326 ff. (332): ». . . die strafende Staatsgewalt zur Androhung und Verhängung von Strafen *verfassungsrechtlich nur legitimiert* ist, soweit sie auf die Sicherung und Bewährung von Rechtsgütern abzielt, die den Schutz *gerade durch Strafe verdienen* und des Schutzes *gerade durch Strafe bedürfen*, deren Verletzung oder auch nur Gefährdung mithin *strafwürdig* ist.« Es wird also nicht nur die Pflicht des Staates zu strafrechtlichem Schutz ungeborenen Lebens in Frage gestellt, wenn man die Schutzwürdigkeit des nasciturus verneint, sondern auch das Recht des Staates zum Einsatz des Strafrechts, sein »ius puniendi« (zu diesem Begriff vgl. Peter Kloose: »Ius puniendi und Grundgesetz«, in: *ZStW* 86 (1974) 33-67). Anders als Roellecke (a.a.O., Anm. 8), S. 45 meint, kann der Staat nicht wählen, ob er Abtreibung bestrafen will oder nicht. Wenn der nasciturus ein Lebensrecht hat und nicht anders geschützt werden kann, *muß* der Staat Abtreibung (jedenfalls nach einer gewissen Frist vgl. o. Anm. 41) verbieten. Wenn es kein derartiges Lebensrecht gibt, *darf* der Staat Abtreibung nicht bestrafen, sofern nicht andere elementare Werte auf dem Spiel stehen. In diesem Falle kann das Selbstbestimmungsrecht der Schwangeren weder durch § 218 StGB a. F. als Bestandteil der »verfassungsmäßigen Ordnung« eingeschränkt werden (Roellecke (a.a.O., Anm. 8), S. 43), denn § 218 StGB a. F. wäre wegen Verstoßes gegen Art. 19 II GG eine ursprünglich unzulässige Einschränkung des Selbstbestimmungsrechts der Schwangeren, die nicht dadurch, daß sie Gesetz geworden ist, nunmehr ihrerseits das Selbstbestimmungsrecht einschränken und ihren ursprünglichen Mangel heilen kann, noch deshalb, weil »Abtreibung ein Eingriff in die körperliche Unversehrtheit, die in Art. 2 Abs. 2 GG speziell geschützt ist,« (Roellecke, S. 43) wäre, denn wenn der nasciturus kein Lebensrecht hat, hat er auch kein Recht auf körperliche Unversehrtheit. Ebensowenig kann das Selbstbestimmungsrecht der Frau im Interesse der Mutterschaft (Art. 6 IV GG) (Roellecke, S. 44) eingeschränkt werden, denn dieser lautet: »Jede Mutter hat Anspruch auf den Schutz und die Fürsorge der Gemeinschaft«, und kann unmöglich ein Recht der Gemeinschaft begründen, der Schwangeren ihre »Fürsorge« aufzuzwingen (abgesehen davon, daß die Schwangere keine »Mutter« ist). Daraus folgt allerdings nicht, daß auch ein Verbot der Abtreibung nach einer bestimmten Frist unmöglich wäre, denn bei einer ausreichenden und begründeten Frist wird das Selbstbestimmungsrecht der Schwangeren nicht in seiner Substanz angegriffen.

45 Der Terminus »unzumutbar« deutet regelmäßig auf Schuldausschließungs- oder persönliche Strafausschließungsgründe hin (vgl. Sax (a.a.O., Anm. 44), S. 330; Baumann (a.a.O., Anm. 21), S. 137).

46 Ob bei dieser Frage auch indirekte Eingriffe berücksichtigt werden müssen (das legt nahe Winfried Hassemer: *Theorie und Soziologie des Verbrechens*, Frankfurt 1973, S. 201) – etwa Gesundheitsschäden der Frau, die durch § 218 zum Kurpfuscher getrieben wird – ist eine komplizierte Frage, deren Beantwortung sich wohl nach demselben Prinzip richtet wie die der Frage, ob das Bundesverfassungsgericht von der tatsächlichen oder von der möglichen Normdurchsetzung ausgehen muß. Aber: Wenn es ein verfassungsrechtlich geschütztes Lebensrecht des nasciturus gibt, dann würden Gesundheitsschäden der Schwangeren insoweit nicht ins Gewicht fallen können, Todesfälle erst, wenn sie die Mortalität bei der Geburt übersteigen – wofür nichts spricht.

Argumente dieser Art führen übrigens zu dem Problem, ob das Strafrecht insgesamt mehr Schaden als Nutzen stiftet. Hierüber läßt sich munter streiten, und auch die These, daß das Strafrecht abgeschafft werden sollte, wird vertreten (z. B. von dem belgischen Kriminologen L. H. C. Hulsman (Rotterdam). Vgl. aber auch die Beiträge von Quinney in dieser Reihe).

46a Vermutlich hat sich das Bundesverfassungsgericht diese Konsequenz nicht klar gemacht (vgl. Sax (a.a.aO., Anm. 44), S. 330, Anm. 35). Diese Schwierigkeit hat dazu geführt, daß im anschließenden Gesetzgebungsverfahren die Indikationen als Rechtfertigungsgründe angesehen wurden (vgl. Sax, S. 326), was wiederum untragbare Konsequenzen für die Behandlung der Irrtumsproblematik hat (vgl. Baumann (a.a.O., Anm. 21), S. 139; Sax, S. 333 f.). Eine mögliche Lösung ist der von Sax konstruierte »Unrechtstatbestand«, ein dem eigentlichen Tatbestand gleichsam vorgelagerter Übertatbestand. Danach wäre objektiv indizierter Schwangerschaftsabbruch nur tatbestandmäßig, aber nicht unrechtstatbestandsmäßig. Es scheint mir allerdings möglich, ein vertretbares Ergebnis auch über eine »Tatbestandslösung« (kritisch dazu Sax S. 331) zu erreichen, oder indem man (was dasselbe ist) das Nichtvorliegen der Indikationen als objektive Bedingung der (Vollendungs-)Strafbarkeit behandelt.

47 Im Ergebnis ebenso Kriele (a.a.O., Anm. 11), S. 222.

48 Hans Robinsohn: »Ein bestreitbares Urteil«, in: *Vorgänge* 2/1975, S. 1 ff. (2); Sieghart Ott: »Verfassungswidrige Verfassungsrechtsprechung?«, in: *Vorgänge* 2/1975, S. 8 ff.; Abendroth (a.a.O., Anm. 15), S. 127; Goerlich (a.a.O., Anm. 4), S. 177, Anm. 1 m. w. Verw.; Kriele (»Anmerkung zum Urteil . . .«, a.a.O., Anm. 11), S. 222 f.; abweichende Meinung (A I).

49 Manche Kritik an der Entscheidung ist daher unangemessen, z. B. Robinsohn (a.a.O., Anm. 48). Was man außer grundlegenden Wertentscheidungen noch alles an einem Urteil kritisieren kann – am hier besprochenen aber nicht muß – zeigt Jörg Berkemann: »Gesetzesbin-

dung und Fragen einer ideologiekritischen Urteilskritik«, in: *Festschrift Geiger*, Tübingen 1974, S. 299 ff.

50 Vgl. Christa Feest / Johannes Feest: »Das Problem der Abtreibung. Juristische Lösungen und praktische Erfahrungen«, in: *Vorgänge* 3/1973, S. 153 ff. (160); Beantwortung der kleinen Anfrage des Abgeordneten Vogel von der CDU-Fraktion (BT-Drucksache VI/1866), abgedruckt in Friedrich-Christian Schroeder (Hrsg.): *Abtreibung – Reform des § 218*, Berlin/New York 1972, S. 116 ff. (119).

51 Einen Rest abschreckender Wirkung des § 218 StGB a. F. behaupten nicht nur die Gegner der Fristenlösung (s. z. B. Spaemann (a.a.O., Anm. 21), S. 51), er wird auch von ihren Verteidigern gelegentlich zugestanden (s. Baumann (a.a.O., Anm. 27), S. 285).
Als Beispiel für einen etwas bedenklichen Umgang mit Fakten kann folgendes Zitat von Helge Pross gelten (die es besser wissen müßte): »Da Frauen, die keinen anderen Ausweg sehen, sich nicht von der vorzeitigen Beendigung der Schwangerschaft abhalten lassen; da der Versuch, sie mit gesetzlichen Mitteln zum Gebären zu zwingen, jeden Tag aufs neue scheitert, hat der § 218 StGB faktisch nur die Funktion, die Nöte der Frauen unnütz zu erhöhen. Effektiv ist er lediglich ein Mittel zur Intensivierung der Angst« (a.a.O., Anm. 22, S. 61). Solange § 218 StGB noch Angst erzeugt, ist es wenig plausibel, ihm jede abschreckende Wirkung abzusprechen.

52 Ebenso Spaemann (a.a.O., Anm. 21), S. 52. Baumann bestreitet das in seiner Erwiderung (a.a.O., Anm. 27), S. 285 unter Hinweis auf den Ehebruchsparagraphen (§ 172 StGB a. F.) und die Strafbarkeit der Homosexualität (§ 175 StGB a. F.). In beiden Fällen sind allerdings schwerwiegende emotionale Gründe Ursache für die geringe Wirkung, die im Falle des § 218 StGB a. F. in diesem Umfang nicht vorliegen. Trotzdem dürfte auch hier die »normbildende« Kraft nicht allzu groß sein. Der Grund liegt – und das verbindet die drei Fälle – darin, daß die Betroffenen keinen Anlaß haben, ein Recht des Staates anzuerkennen, ihnen insoweit Vorschriften zu machen (vgl. u.).

53 Vgl. Feest/Feest (a.a.O., Anm. 50), S. 153 ff. Eine Ausnahme bildet scheinbar Hawaii (s. Franklin E. Zimring: »Abortion in Hawaii: A Study of Legal Change«, in: The National Swedish Council for Crime Prevention (Hrsg.): *General Deterrence*, Stockholm 1975, S. 229 ff.).

54 Z. B. Manfred Werth: »Analyse der Gerichtsakten«, in: Wigand Siebel u. a.: *Soziologie der Abtreibung*, Stuttgart 1971, S. 102 ff. (117 ff.); Martin Kriele: »§ 218 nach dem Urteil des Bundesverfassungsgerichts«, in: *ZRP* 75, S. 73 ff. (76).

55 Unrichtig die Formulierung Arthur Kaufmanns (a.a.O., Anm. 25), S. 53: ». . .: nichts schadet der Wertschätzung eines Rechtsguts und der Autorität des Gesetzes mehr als eine Norm, die praktisch nur

noch eine papierne Existenz hat«. Vgl. dazu Klaus Lüdersen: »Strafrecht und Dunkelziffer«, in: *Abweichendes Verhalten* I, S. 244 ff.

56 Unmittelbar nach dem Urteil wurde die Frage aufgeworfen, was der Gesetzgeber nun tun müsse und dürfe (Kriele, a.a.O., Anm. 11 u. Anm. 54; Goerlich, a.a.O., Anm. 4; Rudolf Schmitt: »Überlegungen zur Reform des Abtreibungsstrafrechts (im Anschluß an das Urteil des Bundesverfassungsgerichts)«, in: *JZ* 75, S. 356 ff.; Hans-Ludwig Schreiber: »Der Spielraum des Gesetzgebers bei der Neuregelung des Schwangerschaftsabbruches«, in: *FamRZ* 75, S. 669 ff.; Peter Krumbiegel: »Strafnormen als Verfassungsauftrag? Zugleich ein Beitrag zur Neuregelung des ›Abtreibungsrechts‹«, in: *FamRZ* 75, S. 550 ff.; Gutachten des Bundesjustizministeriums vom 9. April 1975.

57 Vgl. hierzu und zum folgenden Baumann (a.a.O., Anm. 21).

58 S. Pross (a.a.O., Anm. 22), S. 62.

59 S. Klaus-Peter Runte: *§ 218 nach der Reform – Erfahrungsbericht eines Arztes,* Köln 1978, S. 31 f.

60 Vgl. die als Anhang 2 abgedruckte Statistik.

61 Vgl. die Notiz über eine Göttinger Untersuchung in der *FAZ* v. 5. 10. 78, S. 7 unter der Überschrift: »Nur-Hausfrauen befürchten Isolierung und Abhängigkeit«.

62 Ebenso Wolff (a.a.O., Anm. 33), S. 198; Pross (a.a.O., Anm. 22), S. 61.

63 Feest/Feest (a.a.O., Anm. 50), S. 162; Martin (a.a.O., Anm. 9), S. 225.

64 Runte (a.a.aO., Anm. 59), S. 42 ff.

65 So trotz vieler Windungen im Ergebnis auch Ehmke (a.a.O., Anm. 5), S. 80 ff.

66 Unmittelbar nach der Entscheidung des Bundesverfassungsgerichts begann die Diskussion über die Frage, welchen Spielraum sie dem Gesetzgeber offenließ (vgl. die Nachweise o. Anm. 56). Während Kriele eine Beratungslösung mit anderer Ausgestaltung der Beratung für möglich hielt, glaubte Schmitt, daß dem Gesetzgeber eine Indikationenlösung praktisch vorgeschrieben sei, für deren Ausgestaltung überdies nur ein geringer Spielraum zur Verfügung stehe. Goerlich hielt es für möglich, daß der Gesetzgeber nach dem Scheitern der zunächst unumgänglichen Indikationenlösung wieder eine Fristenlösung einführen könnte.

67 Vgl. die als Anhang 2 abgedruckte Statistik. Erstmalig fand eine statistische Erhebung legaler Schwangerschaftsunterbrechungen 1976 (22. 6.-31. 12. 76) statt. Vgl. auch Runte (a.a.O., Anm. 59), S. 9.

68 Vgl. Baumann (a.a.O., Anm. 21), S. 141 f.; Runte (a.a.O., Anm. 59), S. 42.

69 Vgl. Runte (a.a.O., Anm. 59), S. 44 f.

70 S. Sax (a.a.O., Anm. 44), S. 326; Schreiber (a.a.O., Anm. 56), S. 673.

71 Nach einer Untersuchung des Allensbacher Instituts lehnten 50% der

Bevölkerung das Urteil ab, 32% stimmten ihm zu (*Die Zeit* 75, Nr. 12, S. 8).

72 Vgl. dazu auch Hans Erich Troje: »Die Familienpolitik des Bundesverfassungsgerichts«, in: Mehdi Tohidipur (Hrsg.): *Verfassung, Verfassungsgerichtsbarkeit, Politik*, Frankfurt 1976, S. 225 ff. (243-246), der das Urteil ebenfalls unter dem Gesichtspunkt der Bevormundung kritisiert.

Anhang 1

Gliederung der Entscheidung des BVerfG NJW 75, 573 ff.

Leitsätze a-f. Aus den Gründen:

A. Gegenstand des Verfahrens (Fristenregelung)
B. Fristenregelung nicht zustimmungsbedürftig
C. Die dem Schwangerschaftsabbruch innewohnende Problematik – Das Leben und die Verpflichtung des Staates, es zu schützen.
– Exposition des Problems –
I. Leben als Rechtsgut
1. Art. 2 II 1 GG
a. Gründe der Aufnahme des Lebensrechts ins GG
b. Definition Leben (Nidation)
c. Auch ungeborenes Leben ist geschützt
d. Entstehungsgeschichte des Art. 2 II 1 GG
e. Von dieser Auffassung ging auch die Mehrheit des Bundestages aus.
2. Art. 1 I 2 GG
3. Unbeachtlich, ob Nasciturus selbst Grundrechtsträger
II. Umfang der staatlichen Schutzpflicht
1. Schutzpflicht ist umfassend (Leben = Höchstwert)
2. Besteht auch gegenüber der Mutter
3. Schwangerschaftsabbruch grundsätzlich Unrecht
III. Möglichkeiten des Gesetzgebers
1. Grundsätzlich geht Prävention vor Repression – insofern hat der Gesetzgeber aber nur beschränkte Einwirkungsmöglichkeiten.
2. Verpflichtung des Staates zum Einsatz des Strafrechts?
– Exposition des Problems –
a. Schwangerschaftsabbruch ist Unrecht und muß als Unrecht gekennzeichnet werden.
b. Sofern das anders nicht geht, ergibt sich eine »relative« Verpflichtung zur Benutzung der Strafdrohung

3. Strafdrohung gegenüber der Mutter (auch dazu »relative« Verpflichtung außer bei medizinischer, eugenischer, ethischer, sozialer Indikation)

D. Fristenregelung verfassungswidrig

I. Prüfungsbefugnis des BVerfG umfaßt auch die Frage, ob der Gesetzgeber zum Einsatz von Strafrecht verpflichtet ist.

II. Auseinandersetzung mit der vom Gesetzgeber bei der Fristenlösung verfolgten Absicht und ihrer Verwirklichung
– Exposition des Problems –

1. Es fehlt die von der Verf. geforderte rechtliche Mißbilligung des Schwangerschaftsabbruches.

2. Bloß formale Mißbilligung unzureichend. Trotz vorgesehener Beratung Schutzlücke durch fehlendes Strafrecht
– Exposition des Problems –

a. Klare rechtliche Trennung von gerechtfertigten und verwerflichen Fällen des Schwangerschaftsabbruches erforderlich

b. Pauschale Abwägung Leben gegen Leben unzulässig

c. Pauschale Abwägung Leben gegen Leben unmöglich

3. Die vorgesehene Beratung ist auch an sich unzureichend
– Exposition des Problems –

a. Ärzte können nicht umfassend beraten.

b. Daß der für den Schwangerschaftsabbruch vorgesehene Arzt beraten kann, entwertet auch den ärztlichen Teil der Beratung.

c. Die Erfolgsaussichten der Beratung werden zusätzlich dadurch gemindert, daß ihr der Schwangerschaftsabbruch unmittelbar folgen kann.

III. Zusammenfassung: Fristenregelung mit Verfassung unvereinbar

IV. Ausländische Rechtsvorschriften ohne Bedeutung. Verordnung.

Anhang 2

Statistik der Eheschließungen, Scheidungen, Geburtenziffern und Abtreibungen°

Jahr	Ehen	Scheidungen	Lebendgeborene	Totgeborene	In den ersten 7 Tagen gestorben	ABTREIBUNGEN Erfaßte Fälle	davon aufgeklärt	davon Versuche	Verdächtige insg.	Verdächtige Frauen abs.	Verdächtige Frauen %	Nichtdeutsche	Verurteilte insg.	Verurteilte Frauen
1950	535 708	86 341	812 835	18 118	22 813								4 291	3 175
1951													5 125	3 732
1952													4 429	3 213
1953						6 555	5 911		7 967	5 834	73,23	0,82	4 275	3 009
1954						5 664	5 100		6 926	4 987	72,00	0,70		
1955	461 818	48 860	820 128	16 558	19 699	5 971	5 419		6 789	4 840	71,29	0,60		
1956						5 400	4 830		6 130	4 409	71,92	0,80		
1957														
1958														
1959						4 537	4 181		5 382	3 656	67,93	0,86		
1960	521 445	49 325	968 629	15 049	20 137	4 195	3 808		4 584	3 221	70,27	1,20		
1961						3 842	3 451		4 332	2 992	69,07	1,60	1 865^{+}	
1962						2 842	2 585		3 299	2 255	68,35	1,90		
1963						2 784	2 436		3 116	2 117	67,94	3,20		
1964						2 388	2 167		2 663	1 816	68,19	3,60		
1965	492 128	58 718	1 044 328	12 901	17 342	2 165	1 948		2 436	1 690	69,38	4,60	949^{+}	
1966						1 773	1 578		1 970	1 360	69,04	6,10	605^{+}	
1967						2 369	2 180		2 470	1 875	75,91	7,90	626^{+}	

Jahr	Ehen	Scheidungen	Lebendgeborene	Totgeborene	In den ersten 7 Tagen gestorben	ABTREIBUNGEN Erfaßte Fälle	davon aufgeklärt	davon Versuche	Verdächtige insg.	Verdächtige Frauen abs.	Verdächtige Frauen %	Nichtdeutsche	Verurteilte insg.	Verurteilte Frauen
1968	444 150	65 264	969 825	10 702	15 205	1 687	1 547		1 976	1 384	70,04	5,80		
1969	446 586	72 300	903 456	9 693	14 552	1 005	925		1 150	760	66,09	7,30		
1970	444 510	76 711	810 808	8 351	13 301	771	718		882	598	67,80	11,8		
1971	432 030	80 444	778 526	7 674	12 239	584		105	684	447	65,35	19,0		
1972	415 132	86 614	701 214	6 557	10 337	476		72	592	403	68,07	19,9	154	
1973	394 603	90 164	635 633	5 686	9 060	497	472	85	609	409	67,16	24,0	153	
1974	377 265	98 584	626 373	5 387	8 128	411	376	50	501	330	65,87	28,5	95	
1975	386 681	106 932	600 512	4 689	6 967	639	626	34	480	329	68,54	18,75	87	
1976	365 728	108 363	602 851	4 444	5 936	308	297	24	409	271	66,26	12,71	90	
vom 22. 6.-31. 12. 76: 13 044 (indizierte) 44,9% soziale Indikation														
1977	358 347	74 719*	582 348	3 795	4 944	279	268		334				42	
54 309 (indizierte) 57,7% soziale Indikation														
1978	328 092		576 468	3 651	4 352									
73 548 (indizierte) 67% soziale Indikation														

* Wegen Inkrafttretens des 1. EheRG zum 1. 7. 1977 nicht mit den Vorjahren vergleichbar.

\+ Quelle: Lang-Hinrichsen, a.a.O., Anm. 5.

° Soweit nicht anders angegeben stammen alle Daten aus den Statistischen Jahrbüchern, der polizeilichen Kriminalstatistik und Jg. 77 von *Wirtschaft und Statistik*.

Arend Kulenkampff

Zu einigen Grenzfragen der Begründung von Rechtsnormen

Daß die Akzeptabilität normativer Urteile wesentlich von der Qualität ihrer Begründung abhängt, sollte unstrittig sein und ist es vermutlich auch. An der Auseinandersetzung um das Urteil des BVerfG zum Schwangerschaftsabbruch[1] fällt auf, daß mit dem Appell an die Prinzipien rationalen Argumentierens – »begründet Eure Stellungnahmen!« – im Meinungskampf Mißbrauch getrieben werden kann – möglicherweise unabsichtlich, möglicherweise strategisch, um den Glaubenseifer zu kaschieren, mit dem man »dafür« oder »dagegen« ist.

In seinem sachlich umfassenden und insgesamt abgewogen kritischen Referat erhebt Geddert an zentraler Stelle den Vorwurf, das Gericht habe versäumt, seine Auffassung zu begründen, daß 1. menschliches Leben einen Höchstwert darstelle[2] und daß 2. Art. 2 II 1 GG, wonach jeder das Recht auf Leben und körperliche Unversehrtheit hat, auf den nasciturus anzuwenden sei.[3]

Was das erste Begründungsdefizit betrifft, so wird eingeräumt, daß es voraussetzungslose Begründungen nicht geben könne.[4] Gemeint sind hier deduktiv vollständige Argumente, »harte« Begründungen (wie wir sagen wollen), deren logische Struktur derart ist, daß die Wahrheit der Prämissen die Wahrheit der Conclusio garantiert. Nicht dies sei dem Gericht vorzuwerfen, daß es »bestimmte Werte als Höchstwerte voraussetzt – denn das muß gerade auch der tun, der rational über Werte diskutieren will –«, sondern daß es »genau die Werte als Höchstwerte auszeichnet, um deren Begründung es gerade geht – und das darf derjenige, der rational über Werte diskutieren will, natürlich nicht«.[5] Dieser Einwand, wenn ich ihn richtig verstehe, schlägt auf den zurück, der ihn macht. Denn wenn es in der Logik schlußfolgernden Argumentierens liegt, daß man, um bestimmte Wertaussagen begründen zu können, irgendwelche normative Prinzipien als nicht weiter begründbare Höchstwerte voraussetzen muß, dann ist es sinnlos, dem jeweiligen Argumentationsgegner vorzuhalten, er habe sein Ziel verfehlt, solange er seine Prämissen nicht begründe, denn die seien das eigentlich zu Begründende. Im vorliegenden konkreten Fall wäre dieses Ansinnen natürlich auch an den Befürworter der Fristenlösung zu richten, der dem aus der Menschenwürde resultierenden Selbstbestimmungsrecht der Frau für eine bestimmte Zeit Vorrang vor dem Lebensrecht des nasciturus einräumt.[6] Weder bei Geddert noch sonstwo finde ich eine »harte« Begründung für *diese* Höchstwertung, was nicht überraschen kann, da es im Begriff des »Höchstwertes« liegt, daß weitere normative Prämissen nicht zur Verfügung stehen. Im übrigen gibt das BVerfG durchaus eine – wenn auch »weiche« – Begründung seiner Höchstwertung, und zwar mit dem so schlichten wie schlagenden Hinweis, daß »das menschliche Leben . . . die vitale Basis der Menschenwürde und die Voraussetzung aller anderen Grundrechte« darstellt.[7] Soll heißen: die Lebenden, nicht die Toten gelangen in den Genuß dieser Rechte. Wer wollte da widersprechen.

Auch den Vorwurf naturrechtlichen Denkens[8] braucht das Gericht im Ernst nicht zu fürchten. Geddert mag sich der Einsicht immerhin nicht verschließen, daß es »Werte gibt wie z. B. menschliches Leben, die aufgrund weitgehend konstanter empirischer Bedingungen seit langem sehr hoch oben auf der Rangskala stehen«.[9] Damit ist die elementare Tatsache des Lebenswillens angesprochen, die nach Hart[10] bestimmte Kategorien des Naturrechts als »empirisch sinnvoll« erscheinen läßt: Die Frage, »*wie* Menschen miteinander leben sollen«, setzt voraus, »*daß* sie – allgemein gesprochen – leben wollen«. »Ohne die Voraussetzung eines allgemeinen Willens zum Überleben würden Begriffe wie Gefahr und Sicherheit, Schaden und Nutzen, Bedürfnis und Funktion, Krankheit und Heilung einen Teil ihrer Bedeutung einbüßen.«[11] Über eine solche empirisch fundierte Minimalversion des Naturrechts, die den Umstand reflektiert, daß die zum Überleben notwendigen Handlungen intrinsisch gerechtfertigt, »von Natur aus gut« sind, solange die menschliche Natur so ist, wie sie eben ist, geht das BVerfG nur insoweit hinaus, als es den nasciturus in den Kreis der Lebenden und Lebenwollenden einbezieht. Die Frage nach der Angemessenheit dieser Entscheidung – zweites Begründungsdefizit nach Geddert – steht im Zentrum des ganzen Problems.

Nach der Feststellung des Gerichts muß die Auslegung von Art. 2 II 1 GG vom Wortlaut ausgehen. Das ist freilich eine nicht leicht zu erfüllende Forderung. Denn genau besehen ist der Satz »Jeder hat das Recht auf Leben ...« grammatisch unvollständig. Für sich genommen hat der Ausdruck ›jeder‹ ebenso wie der Ausdruck ›alle‹ überhaupt keine Bedeutung; er bedarf der Ergänzung durch ein Prädikat: »Jeder Soundso hat das Recht auf Leben ...« Das Gericht sieht sich somit vor eine mit den Mitteln reiner Wortinterpretation nicht lösbare Aufgabe gestellt, nämlich dasjenige Prädikat zu finden, von dem angenommen werden kann, daß es nach dem Willen des Verfassunggebers und/oder nach Sinn und Zweck der Verfassung Art. 2 II 1 GG angemessen ergänzt. Ob die hiermit geforderte Interpolation des Verfassungstextes sich noch dem Begriff »extensive Auslegung«[12] subsumieren läßt, mag dahingestellt bleiben. Unter Berufung auf unser derzeit verfügbares biologisch-physiologisches Tatsachenwissen wählt das Gericht das Prädikat ›Lebender‹ bzw. ›Leben besitzendes menschliches Individuum‹. Aus dieser Entscheidung ergibt sich in Verbindung mit der Prämisse »menschliches Leben ist Höchstwert« folgerichtig, daß der nasciturus in jeder Phase seiner Entwicklung nicht nur schutzwürdiges Rechtsgut, sondern unter normalen, d. h. nichtindizierten Umständen vorrangig schutzwürdig ist. Bezeichnet man diese Auslegung von Art. 2 II 1 GG durch Interpolation als unbegründet, so ist damit kaum Triftiges gesagt, weil nach Lage der Dinge hier eine zwingend begründete Entscheidung gar nicht möglich ist. Zweifellos ist das Prädikat ›Leben besitzendes menschliches Individuum‹ nicht der einzige in Frage kommende Interpolationskandidat. Auch »fertige‹ menschliche Person‹ böte sich an. Welche Alternative man wählt, hängt von den Präferenzen ab, die man hat. Das BVerfG hat seine Präferenzen hinlänglich klar ausgesprochen, wobei mit der Autorität des Gremiums zugleich gesetzt ist, daß seine Präferenzen nicht bloß *seine* sind, sondern die der Verfassung. Der »Lebensschutz (sei) auch auf das sich entwickelnde Leben auszudehnen«, da anderenfalls »die Sicherung der menschlichen Existenz gegenüber staatlichen Übergriffen ... unvollständig (wäre)«.[13] Man kann allerdings darüber streiten, ob der Gedankengang hier nicht logisch defizient, nämlich zirkulär ist, weil nach Meinung des Gerichts »Sinn und Zweck dieser Grundgesetzbestimmung« – gemeint ist Art. 2 II 1 GG –, deren Anwendung auf das ungeborene

Leben im Frühstadium gerade strittig ist (was bedeutet »jeder«?), die Ausdehnung des Lebensschutzes auf das sich entwickelnde Leben erfordere.[14] Muß man nicht, um Sinn und Zweck einer Norm kennen zu können, wissen, welchen Anwendungsbereich sie hat, was man im vorliegenden Fall nur wissen kann, wenn man Sinn und Zweck der Norm bereits kennt? Wie dem auch sei – die Gründe, die das Gericht für seine Interpolation anführt, erfüllen sicherlich nicht die Kriterien »harter« Begründung. Es ist jedoch nicht zu sehen, wie man hier sinnvoll etwas anderes als Plausibilitätsargumente fordern kann. Auch wer »›fertige‹ menschliche Person‹ für das »richtige«, Art. 2 II 1 GG angemessen ergänzende Prädikat hält, um aus dieser Begriffskonkretisierung zu folgern, daß das ungeborene Leben gegenüber dem Rechtsgut, welches das Selbstbestimmungsrecht der Frau darstellt, nicht vorrangig schutzwürdig ist, vermag seine Entscheidung nur mit Plausibilitätsargumenten zu rechtfertigen. Die Logik, sagt Hart, »schreibt keine Auslegung von Begriffen vor« und a fortiori keine Textinterpolation; »die Logik sagt uns nur hypothetisch, daß, *wenn* wir einem bestimmten Begriff eine bestimmte Auslegung geben, daraus ein bestimmter Schluß folgt«.[15]

Zu den abstrusesten Aspekten der Auseinandersetzung um die Neufassung des § 218 gehört ohne Zweifel die Behauptung, die Grundrechte seien nicht nur unter anderem *auch*, sondern ihrem »ursprünglichen und zentralen Sinn« nach[16] als Abwehrrechte gegenüber dem Staat aufzufassen. Sowohl dem anthropologischen gesunden Menschenverstand als auch der klassischen neuzeitlichen Staatsphilosophie, für die freilich die Konzeption eines bellum omnium contra omnes im staatsfreien Urzustand mit der Erinnerung an sehr reale geschichtliche Erfahrungen – den Bürgerkrieg – verbunden war, liegt dieser Gedanke durchaus fern. Man braucht auch nicht die fragwürdige Konzeption einer »objektiven Wertordnung«[17] zu bemühen, um zeigen zu können, daß der Schutz von Leben und körperlicher Unversehrtheit – und nichts sonst – die raison d'être des Staates ist. Um ihrer Selbsterhaltung willen und weil sie ein besseres Leben als im Urzustand führen möchten, unterwerfen sich die Menschen nach Hobbes jener »Selbstbeschränkung«, unter der sie im Staate leben. Nur die staatliche Gewalt verhindere den »elenden Kriegszustand« aller gegen alle, der »aus den natürlichen Leidenschaften der Menschen notwendig folgt«.[18] Die »politische Gesellschaft«, so

Locke, ist »zu keinem anderen Zweck gestiftet als dem, jedermanns Besitz an Gütern dieses Lebens zu sichern ... So ist der Schutz des Lebens der Menschen und der Dinge, die zu diesem Leben gehören, die Aufgabe des Gemeinwesens, und die Sicherung des Eigentums an diesen Dingen ist die Pflicht der Obrigkeit.«[19] Ganz im gleichen Sinne nennt Schopenhauer den Staat »die Zwangsanstalt«, deren »alleiniger Zweck ist, die einzelnen vor einander und das Ganze vor äußeren Feinden zu schützen«.[20] Noch weiter geht Kant, wenn er erklärt, nicht etwa die *Erfahrung* der »Gewalttätigkeit« und »Bösartigkeit« der Menschen mache »den öffentlich gesetzlichen Zwang notwendig«; vielmehr liege es »a priori in der Vernunftidee eines ... (nicht-rechtlichen) Zustandes, daß, bevor ein öffentlich gesetzlicher Zustand errichtet worden, vereinzelte Menschen, Völker, Staaten niemals vor Gewalttätigkeit gegen einander sicher sein können ...«; daher sei es geboten, den Naturzustand, »in welchem jeder seinem eigenen Kopfe folgt«, zu verlassen und sich mit allen anderen, mit denen »in Wechselwirkung zu geraten« unvermeidlich ist, dahin zu vereinigen, »sich einem öffentlich gesetzlichen äußeren Zwange zu unterwerfen«.[21] Schließlich steht und fällt die Marxsche Idee des endlichen Absterbens des Staates mit der empirischen Vermutung, daß unter bestimmten sozio-ökonomischen Bedingungen, wenn nämlich die Ausbeutung der Massen beseitigt ist, die Abschreckungswirkung staatlicher Zwangsgewalt obsolet wird, weil jedermann die Grundregeln des gesellschaftlichen Zusammenlebens aus freien Stücken befolgt.[22]

Im Zusammenhang mit der Grundrechtsinterpretation verdient ferner Beachtung, daß das Recht auf freie Entfaltung der Persönlichkeit (Art. 2 I GG) – die Formulierung »Jeder darf tun und lassen, was er will« wurde vom Verfassunggeber allein aus stilistischen Gründen verworfen – nichts anderes darstellt als die zeitgemäße Version des Hobbesschen ius naturale: Jeder hat die Freiheit, »seine eigene Macht nach seinem Willen zur Erhaltung seiner eigenen Natur ... einzusetzen und folglich alles zu tun, was er nach eigenem Urteil und eigener Vernunft als das zu diesem Zweck geeignetste Mittel ansieht.«[23] Dieses »natürliche Recht«, das Hobbes zufolge »ein Recht auf alles« ist, »selbst auf den Körper eines anderen«[24], ist nicht gegen den Staat gerichtet, sondern es ist vorstaatlich: Man begibt sich eines Teils seiner ursprünglichen umfassenden Handlungsfreiheit im Austausch gegen die relative Sicherheit, die der Staat gewährt. Dieser »Selbstbeschränkung« entspricht im Grundgesetz die Schrankentrias, die das Recht aus Art. 2 I begrenzt.

Die staatliche Pflicht, das Recht auf Leben und körperliche Unversehrtheit zu schützen, ergibt sich somit (im Sinne einer zwingenden »weichen« Begründung) direkt aus der Funktionsbestimmung des Staates: wer sonst auf der Welt sollte dieses Rechtsgut schützen? Niemand kann vernünftigerweise bestreiten, daß die Schutzpflicht sich auch auf den nasciturus erstreckt, *wenn* er Lebender ist und in den Anwendungsbereich von Art. 2 II 1 GG fällt. Das wird vom Gericht bejaht.

Es mag sein, daß der begriffliche Gehalt der Bestimmung »Recht auf Leben und körperliche Unversehrtheit« nicht durch die negative Verpflichtung »neminem laede« erschöpft wird. Jedenfalls impliziert jenes Recht logisch eine Norm dieses Inhalts: Mit dem Lebensrecht eines Individuums ist begrifflich ein für alle anderen Individuen geltendes Interventionsverbot und damit eine Beschränkung ihrer Freiheit zu tun und zu lassen, was sie wollen, verbunden. Folgt man den Darlegungen Gedderts, so setzt derjenige, der Abtreibung generell für rechtswidrig erklärt, »ein eigenes Recht des nasciturus zur Beeinträchtigung der Schwangeren voraus«.[25] Dieser Gedanke erscheint als abwegig. Weder im Falle ungeborenen Lebens noch »fertiger« menschlicher Personen tritt zum Lebensrecht ein »eigenes«, zusätzliches Recht auf Beeinträchtigung anderer hinzu. Vielmehr ergibt sich die Beeinträchtigung, Freiheitsbeschränkung der anderen unmittelbar aus der Tatsache der rechtlich geschützten Existenz. Die bildliche Rede von der schutzwürdigen Rechts*sphäre* des einzelnen legt folgenden Vergleich nahe: Jeder physikalische Körper K_i schränkt durch sein bloßes Vorhandensein die »Bewegungsfreiheit« jedes anderen physikalischen Körpers K_j insofern ein, als K_i und K_j sich nicht gleichzeitig am selben Ort befinden können. Analog wird, wenn menschliche Individuen kraft ihres Daseins Lebensrecht besitzen, durch die hierin implizierte Verpflichtung, ihre Integrität zu respektieren, die Handlungsfreiheit der jeweils anderen beschränkt.[26] Einer eventuellen Prädominanz der Rechte des Ungeborenen gegenüber den Rechten der Schwangeren soll im übrigen durch die Indikationen vorgebeugt werden.

Da Gesetzgeber und Gericht in der Zielsetzung – Schutz des werdenden Lebens – übereinstimmen, kann eigentlich nur die

Frage nach den zieladäquaten Mitteln kontrovers sein. Unstrittig ist, soweit ich sehe, daß der Staat nur dann verpflichtet ist, strafrechtliche Mittel zum Schutz des Lebens aufzubieten, wenn keine geeigneteren Mittel zur Verfügung stehen (»ultima ratio«).[27] Gibt es geeignetere Mittel? Was dieses »technische« Problem betrifft, arbeiten, so scheint es, alle Parteien mit ziemlich windigen sozialpsychologischen Hypothesen (die Geddert mit anerkennenswerter Sorgfalt einer Plausibilitätsprüfung unterzieht).

Die Befürchtung des Gerichts, die Fristenlösung werde bewirken, daß »eine große Anzahl Rechtsunterworfener den gefährlichen Schluß von der rechtlichen Sanktionslosigkeit auf das moralische Erlaubtsein zieht«,[28] vermag ohne weiteres nicht zu überzeugen. Daß Wahrhaftigkeit ein unangefochten anerkannter Tugendwert ist, verträgt sich sowohl mit der Tatsache, daß manchmal die Unwahrheit gesagt wird, wie damit, daß Lügen »nur« moralisch verboten ist. Unerfindlich bleibt, welche empirischen Annahmen und Erwartungen das Gericht bewogen haben mögen, der Beratung mit »Einflußnahme« auf den »Motivationsprozeß« der Schwangeren[29] gewisse Sympathien entgegenzubringen, so daß der Eindruck entstehen kann, nach Auffassung des Gerichts biete diese Form der Beratung – im Unterschied zu der vom Gesetz vorgesehenen »neutralen«, »nur informierenden« Beratung[30] – eine verfassungsrechtlich vertretbare Alternative zur Strafandrohung.[31] Nach menschlichem Ermessen zum effektiven Schutz des ungeborenen Lebens ebenso wenig geeignet wie die strafrechtliche Sanktionierung, gerät eine Beratung, die »der Schwangeren und ihren Angehörigen ... seelische Betreuung gewähren und intensiv auf die Fortsetzung der Schwangerschaft hinwirken« soll,[32] in bedenkliche Nähe zu »Indoktrinationsbemühungen«[33] und zur moralischen Bevormundung der Frau, der paternalistisch unterstellt wird, sie könne »die bei ihr verbleibende Entscheidung sinnvoll (!) nur bei entsprechender Hilfe und Beratung durch die Gesellschaft treffen«.[34] Welche Personengruppe – Geistliche, Lehrer, Sozialarbeiter, Sozialethiker (ein noch zu schaffender Berufsstand) – sollte eigentlich aufgrund welcher Legitimation in diesem, »Beratung« genannten weltlichen Beichtstuhl sitzen, die Schwangere ins Gebet nehmen und ihr zu »sinnvoller« freier Entscheidung verhelfen?

Wenn Geddert das Urteil des BVerfG als »faulen Kompromiß«

bezeichnet,[35] so ist zu erwidern, daß Urteil und Gesetz, was »weiche« Widersprüchlichkeit angeht, einander jedenfalls nichts nachgeben. Zu Recht moniert das BVerfG – unter dem Stichwort »Schutzlücke«[36] –, daß der Gesetzgeber zunächt (§ 218 I) das schwere Geschütz der Pönalisierung der Abtreibung auffährt, um sodann – mit der Fristenregelung (§ 218a) – Konfetti zu verschießen. Andererseits zeugt es auch nicht von lupenreiner Folgerichtigkeit, wenn menschliches Leben schon im frühesten Entwicklungsstadium zum Höchstwert hinaufgeschraubt und ein ziemlich breiter Indikationenfächer mit zum Teil überaus vagen Anwendungskriterien für rechtlich zulässig erklärt wird. Gesetz und höchstrichterliche Entscheidung sind Ausdruck einer dilemmatischen Situation. Diese besteht darin, daß eine glatte, in sich einigermaßen stimmige Lösung des Abtreibungsproblems – sei es im Sinne »konservativer«, sei es »liberaler« Vorstellungen – der Gesellschaft zum gegenwärtigen Zeitpunkt offenbar nicht zugemutet werden kann.

Anmerkungen

1 Zitiert wird die Gerichtsentscheidung (im Folgenden kurz Urteil genannt) nach *NJW*, 1975, Heft 13, 573 ff.

2 H. Geddert: »Abtreibungsverbot und Grundgesetz«, in diesem Band, 343.

3 A.a.O., 337, 344. Wieso die Annahme eines Lebensrechtes des nasciturus nicht nur unbegründet, sondern sogar »falsch« (a.a.O., 344) sei, bleibt rätselhaft.

4 A.a.O., 339.

5 A.a.O., 343.

6 So etwa G. Rüpke: »Persönlichkeitsrecht und Schwangerschaftsunterbrechung«, in: *Zeitschrift für Rechtspolitik* 1974, 73-77. »Im Hinblick auf die Systematik des Grundrechtskatalogs ist die Annahme zumindest vertretbar, daß das Persönlichkeitsrecht als unmittelbarer Ausfluß der Menschenwürde im Konfliktsfall einen noch höheren Rang hat als das Recht auf Leben (eines anderen), jedenfalls wenn es sich um das Leben eines werdenden Menschen handelt, dessen Persönlichkeitsentwicklung im Sozialisationsprozeß noch gar nicht begonnen hat.« (75) Kritisch hierzu R. Spaemann: »Haben Ungeborene ein Recht auf Leben?«, in: *Zeitschrift für Rechtspolitik* 1974, 114-118.

7 Urteil (Anm. 1), 575.

8 Geddert, in diesem Band, 341.

9 A.a.O., 342.
10 H. L. A. Hart: »Eine empirische Version der Naturrechtslehre«, in: N. Hoerster (Hrsg.): *Recht und Moral*, München 1977.
11 A.a.O., 102.
12 Urteil (Anm. 1), 575.
13 A.a.O., 575.
14 A.a.O., 575.
15 H. L. A. Hart: »Der Positivismus und die Trennung von Recht und Moral«, in: ders.: *Recht und Moral*, Göttingen 1971, 33.
16 W. Abendroth: »Das Abtreibungsurteil des Bundesverfassungsgerichts«, in: *Kritische Justiz* 1975, Heft 2, 125. Schwer einsehbar ist, wie sich dieses Grundrechtsverständnis mit der Auffassung Abendroths in Einklang bringen läßt, »daß sozialstaatliche Eingriffe auf Grund der gemeinsamen Entscheidung der politischen und sozialen Kräfte im Staat zur Umgestaltung der Wirtschafts- und Sozialordnung dann als notwendig anerkannt werden müssen, wenn das menschenwürdige Dasein einer Gruppe bedroht ist«. (Ders.: »Zum Begriff des demokratischen und sozialen Rechtsstaates im Grundgesetz der Bundesrepublik Deutschland«, in: E. Forsthoff (Hrsg.): *Rechtsstaatlichkeit und Sozialstaatlichkeit*, Darmstadt 1968, 131.) Danach begründet offenbar die Menschenwürde Ansprüche an den Staat, zu deren Erfüllung dieser aufgrund seiner Bestimmung als sozialer und demokratischer Rechtsstaat verpflichtet ist.
17 Urteil (Anm. 1), 575.
18 Th. Hobbes: *Leviathan*, Frankfurt/Berlin/Wien 1976, 131.
19 J. Locke: *Ein Brief über Toleranz*, Hamburg 1957, 87 ff.
20 A. Schopenhauer: *Preisschrift über die Grundlage der Moral*, in: ders.: *Sämtliche Werke*, Darmstadt 1962, Band III, 750.
21 I. Kant: *Die Metaphysik der Sitten*, in: ders.: *Werke in sechs Bänden, Band IV*, Wiesbaden 1956, 430.
22 Vgl. V. I. Lenin: »Das Recht als Instrument der Klassenherrschaft«, in: N. Hoerster (Hrsg.): *Recht und Moral*, München 1977, 79.
23 Hobbes (a.a.O., Anm. 18), 99.
24 A.a.O., 99.
25 Geddert, in diesem Band, 351.
26 In ähnlichem Sinne J. Finnis: »The Rights and Wrongs of Abortion«, in: R. M. Dworkin (Hrsg.): *The Philosophy of Law*, Oxford 1977.
27 Urteil (Anm. 1), 576.
28 A.a.O., 579.
29 A.a.O., 580.
30 A.a.O., 580.
31 Vgl. G. Rüpke: *Schwangerschaftsabbruch und Grundgesetz*, Frankfurt/M. 1975, 29.
32 Urteil (Anm. 1), 580.

33 G. Bemmann: »Zur Frage der Strafwürdigkeit der Abtreibung«, in: *Zeitschr. f. d. ges. Strafrechtsw.* 1971, 103.
34 G. Fezer: »Zum gegenwärtigen Stand der Reform des § 218 StGB«, in: *GA* 1974, 71.
35 Geddert, in diesem Band, 367.
36 Urteil (Anm. 1), 579.

Erhard Blankenburg, Heinz Steinert,
Hubert Treiber

Empirische Rechtssoziologie und Strafrechtsdogmatik

Die Beliebigkeit von Ergebnissen empirischer Sozialforschung für die strafrechtsdogmatische Diskussion. Am Beispiel der von Juristen geführten Debatte zum Ladendiebstahl

1. Die Angst der Juristen vor Delegitimierung

1.1. Dunkelziffer und Rechtsstab

Seitdem die Alternativ-Professoren einen Entwurf eines »Ladendiebstahlsgesetzes« (1974) vorgelegt haben, der die Sanktionierung von Ladendieben teilweise aus dem Strafrecht herausnimmt und den geschädigten Firmen verfahrensmäßig geregelte zivilrechtliche Sanktionen an die Hand gibt, geht durch die juristischen Meinungsblätter ein Sturm der Kontroversen, Abhandlungen und Äußerungen. Ihren Höhepunkt fand die Diskussion auf dem 51. Deutschen Juristentag, der erwartungsgemäß mit der Empfehlung endete, daß im Strafrecht alles so bleiben müsse, wie es ist.

Über das Delikt des Ladendiebstahls und seine Behandlung durch Opfer und Strafverfolgungsbehörden gibt es mittlerweile eine umfangreiche empirische Literatur, so daß bei dieser Diskussion unter Juristen von jeder Seite Ergebnisse aus den verschiedenen Studien herangezogen wurden. Allerdings bleiben diese Zitate jeweils punktuell und dienen lediglich zur Untermauerung von Argumenten, die ansonsten auf rein dogmatischer oder moralischer Ebene geführt werden. Noch immer versucht diese Diskussion die Frage einer angemessenen Sanktionierung nach Gesichtspunkten der Schuld und des Unwertgehalts einer Tat zu entscheiden, noch immer bleibt sie fixiert auf die Problematik der Reaktion auf bekannt gewordene Einzelfälle, noch immer sieht sie die Tatsache der nicht entdeckten und nicht registrierten Taten als bedauerliche, aber für den Begründungszusammenhang ansonsten belanglose Information an.

Hierin liegt unseres Erachtens ein Ignorieren des theoretischen Beitrags empirischer Sozialforschung. Zwar werden einzelne Fakten (euphemistisch auch »Rechtstatsachen« genannt) in die Argumentation einbezogen, kaum aber ein theoretisches Umdenken nachvollzogen, das einer Reihe von sozialwissenschaftlichen Arbeiten zugrunde liegt. Dabei hat das Strafrecht mit der Kriminologie von allen juristischen Teildisziplinen die bislang am weitesten entwickelte sozialwissenschaftliche Nachbardisziplin (Kaiser 1967). Jedoch zieht sich durch strafrechtspolitische Diskussion ein Verdacht gegenüber den empirischen Sozialforschern: Daß sie aus der Beobachtung, daß Kriminalität ein weitverbreitetes Phänomen ist, den normativen Schluß zögen, daß ihre Bestrafung illegitim sei. Zuweilen erscheint schon die Erklärung abweichenden Verhaltens aus sozialen Umständen oder psychologischen Gegebenheiten als »Entschuldigung«. Strafrechtler dagegen sehen es als ihre Aufgabe, Verhaltenserwartungen mit Hilfe des Rechts auch entgegen empirisch beobachteten Abweichungen aufrechtzuerhalten. Damit kann und wird schon die Rezeption von sozialwissenschaftlichen Erklärungen für Kriminaliät erschwert, soweit (möglicherweise unterschwellig) einem Erklärungsversuch gleich auch die Absicht des Entschuldigungsversuchs unterschoben wird. Erst recht gilt dies für diejenigen Theorien, die eine Erklärung des Phänomens Kriminalität nicht alleine durch Theorien des abweichenden Verhaltens gegeben sehen, sondern die auch das Verhalten von Opfern und Behörden untersuchen, deren Reaktion erst abweichendes Verhalten als »kriminell« definiert. Die Rezeption von Untersuchungen über die Selektivität kriminalisierender Prozesse und die darin enthaltenen sozialen Ungleichheiten hat für dogmatisch denkende Strafrechtler einen solch illegitimierenden Effekt, daß sie die Rezeption eines solchen Denkansatzes ingesamt abzulehnen tendieren.

Die langsame und widerwillige Rezeption der Selektivität strafrechtlicher Sanktionen geht auf Begründungsschwierigkeiten zurück, die diese für die strafrechtliche Argumentation mit sich bringen. Hierbei geht es um die Abwehr von zwei Argumentationsfiguren: einmal, daß aus der Einsicht in die Entstehungszusammenhänge von Straftaten eine »Entschuldigung« abgeleitet werden könnte; zum anderen darum, daß aus Informationen über Dunkelziffer und Selektivität der Strafverfolgung geschlossen werden könnte, daß die Bestrafung einiger weniger willkürlich sei.

Die erste Form des Widerstandes kann leicht abgetan werden: Aus einer Erklärung von abweichendem Verhalten läßt sich niemals seine Bewertung deduzieren, jedoch würde die Bewertung differenzierter ausfallen können, wenn sie mehr Informationen über den Entstehungszusammenhang verarbeiten kann. Wir wissen aus der Viktimologie, daß insbesondere bei Beziehungsdelikten sowohl Opfer als auch Täter an der Entstehung von Straftaten beteiligt sind, ohne daß sich damit immer ein Schuldvorwurf gegen beide richtet.

Schwierig ist es, der zweiten Argumentationsfigur die Gefolgschaft zu verweigern: Wenn eine Normübertretung nur in Ausnahmefällen sanktioniert wird, dann muß die Bestrafung angesichts der vielen Fälle von faktischer Straffreiheit ungerecht erscheinen. Lüderssen (1972, S. 3 ff.) hat darauf hingewiesen, daß man aus der Kenntnisnahme hoher Dunkelziffern zwei entgegengesetzte Schlußfolgerungen ziehen kann: Einmal die Annäherung der Fakten an die Norm, das heißt die Strafwürdigkeit stärker zu betonen, die Überwachung zu verstärken, und damit die Wahrscheinlichkeit einer Sanktion zu erhöhen. Die andere Möglichkeit wäre, die Norm an die Fakten zu nähern, wie es bei »Kavaliersvergehen« geschieht, deren Unwertgehalt gering geachtet wird und für die der Sanktionsanspruch faktisch fallen gelassen wird. Offensichtlich aber schlägt angesichts des Ladendiebstahls niemand eine solche Alternative vor. Lüderssen übersieht nämlich, daß es eine dritte, mehr auf Zweckmäßigkeit als auf Bewertung gerichtete Alternative gibt: Der Unwertgehalt kann geringer bewertet und gleichzeitig – zum Teil hierdurch – das Sanktionssystem »effektiver« gestaltet werden.

Lüderssen übersieht eine solche Möglichkeit mit dem ausdrücklichen Hinweis auf den »allgemeinen juristischen Verbrechensbegriff«. Unter »dem Preis seiner Isolierung vom Zweck der Strafe« beginnt die strafrechtliche Relevanz eines Verhaltens damit, »daß ein Rechtsgut geschützt werden soll« und »der Entscheidung, ein Rechtsgut schützen zu wollen, geht dessen Anerkennung voraus«. Nun ist die allgemeine »Anerkennung« als empirische Voraussetzung für die Wirksamkeit von Normen auch dem Soziologen vertraut, und er würde sich ebenso mühelos der Wertung anschließen können, daß eine allgemeine Anerkennung Voraussetzung für die »Strafwürdigkeit« ist. Die dogmatische Konstruktion, beide durch den Begriff des »Rechtsguts« zu verbinden, mag vor der Schwierigkeit immunisieren, daß die Anerkennung von Rechtsnormen selten »allgemein« geteilt wird, sondern je nach Situation veränderlich und je nach sozialer Zugehörigkeit unterschiedlich kontrovers sein kann.

Auch läßt sich die Argumentation mit dem »Schutz von Rechtsgütern« nicht lückenlos durchführen, da es Strafrechtsnormen gibt, die ein Verhalten verbieten, durch das niemand geschädigt würde. Lüderssen weist selbst auf § 175 des alten StGB (Verbot der Homosexualität) hin, durch den Sexualnormen verbindlich erklärt wurden, deren Bruch keinen Geschädigten hinterläßt. Er hätte diesen Hinweis auf alle »Verbrechen ohne Opfer« (Marihuanaverbot, Prostitutionsverbot, Prohibition etc.) erweitern können.

An Verhaltensabläufen orientierte Soziologen vermeiden daher eine allgemeine Ableitung des Geltungsanspruchs von Normen, sondern definieren »Rechtsnorm« mit Hilfe der Reaktion auf Abweichungen. Sie bezeichnen damit den beobachtbaren Tatbestand, wieweit ein Abweichen von einer sozialen Verhaltenserwartung *bei Entdeckung* mit einer Sanktion als Reaktion beantwortet wird. Wenn somit das abweichende Verhalten nicht hingenommen wird, ist wiederum entscheidend, wie weit die Sanktion von einem eigens dafür geschaffenen Stab (Sanktions- oder Rechtsstab) verhängt wird. Ist dies der Fall, so rückt der Sanktionsstab in den Mittelpunkt der Dunkelzifferargumentation und nicht (wie überwiegend bei Lüderssen [1972, S. 13]) die Normadressaten. Es sind jedoch zwei Ebenen der Argumentation (so jedenfalls bei Popitz [1968], auf den sich Lüderssen wiederholt bezieht) zu unterscheiden:

1. Wenn schon Straftaten unentdeckt und ohne Sanktion bleiben, muß dieses Dunkelfeld selbst im Dunkel des Nichtwissens bleiben. Ist dem nicht so, besteht tendenziell die Gefahr, daß die verbreiteten, die Sanktionspraxis des Rechtsstabs legitimierenden Rationalisierungen (z. B. Gleichheitsprinzip der Straftataufdeckung und Straftäterverfolgung, vgl. u. a. Arzt 1974, S. 694) ausgehohlt werden.
2. Ein bestimmtes Ausmaß des Nichtwissens entlastet den Sanktionsstab, der permanent mit dem ungelösten Problem der »ungedeckten Macht«

konfrontiert ist (wenn alle Normbrecher entdeckt werden würden und sanktioniert werden müßten, würde der Sanktionsstab in seiner Arbeit ersticken!).

Eine hohe Dunkelziffer schafft von sich aus somit noch kein Legitimationsproblem. Das Wissen hierüber jedoch ist delegitimierend, und dies in bezug auf zwei Gruppen: die Normadressaten selbst und den Rechtsstab, der die Normeinhaltung überwacht und Abweichungen sanktioniert. Das Wissen um eine beschränkte Sanktionsgeltung verschafft dem Rechtsstab ein spezifisches Problem: die Befürchtung, daß der Sanktionsverzicht alsbald die völlige Normfreigabe nach sich ziehen wird. Handelt es sich gar um solche Normen, die den sogenannten »Grundwerten« einer Gesellschaft zugeordnet werden, stellt sich für diejenigen, die professionell das Geschäft der Durchsetzung und Rechtfertigung von Normen betreiben, alsbald die Frage nach der (viel zitierten) »Legitimitätskrise«. Bei Massendelikten – wie dem Ladendiebstahl – wird eine Legitimitätskrise nicht schon durch die große Zahl von Übertretungen selbst, sondern durch den Verlust des Glaubens an die Legitimität der Sanktion auf seiten des Rechtsstabs hervorgerufen. Gerade diejenigen, die mit der Durchsetzung von Normen beauftragt sind, also der Rechtsstab, müssen an jene Normen glauben.

Lüderssens Vorwurf, »die Soziologen« seien mit der »mühevollen Entwicklung« des »allgemeinen juristischen Verbrechensbegriffs nicht vertraut«, bezieht sich auf den Geltungs*anspruch* von Normen, der kontrafaktisch aufrechterhalten werden kann, auch wenn die Norm übertreten, und der Normbruch nicht sanktioniert wird. Es ist in erster Linie der Rechtsstab, dessen Legitimitätsverständnis durch kontrafaktisches Aufrechterhalten von Geltungsansprüchen gefährdet ist. Daher widersetzen sich seine Mitglieder der Analyse faktischer Geltungschancen: die Transparenz der sozialen Bedingungen, unter denen Normen eingehalten und Normbrüche sanktioniert werden, könnte die Legitimität der Sanktionierenden in Frage stellen.

1.2. Spezifische Merkmale des Delikts »Ladendiebstahl«

Die Einschätzung von Umfang und Verteilung von Dunkelziffern ist meist unsicher, oft widersprüchlich. Dies ist zum einen eine Folge unterschiedlicher Methoden, mit der sie sozialwissenschaftlich erforscht werden. Es ist aber oft auch eine Folge von Begriffsverwirrungen, die sich dadurch vermehren, daß je nach Delikt, seiner Regelungsweise und den Chancen seiner Entdekkung die *Struktur* des Dunkelfeldes unterschiedlich ausfällt. Man muß sich daher Dunkelziffern »sektoral« anschauen. (Gleich hier sei vor einer dogmatisch begründeten Rezeptionsbarriere gegen eine sektorale Betrachtung gewarnt. Da die Bedingungen der Entdeckung und der Sanktionierung von Straftaten je nach Delikt sehr unterschiedlich sind, wird man sie sich zunächst einmal »sektoral«, das heißt Delikt für Delikt, anschauen müssen. Dann kann man fragen, wieweit auch das Sanktionssystem sektoral sein solle, das heißt, ob es »effektiver« ist, daß man für unterschiedliche Delikte verschiedenartige Sanktionsformen vorsieht, und wenn ja, ob eine erhöhte »Effektivität« den Preis wert ist, daß hierbei möglicherweise die symbolische Bewertung von »Rechtsgütern« gefährdet wird.)

Die für unseren Diskussionszusammenhang wichtigen Ergebnisse sozialwissenschaftlicher Studien des Ladendiebstahls sind:

1. Ladendiebstahl ist ein Kontrolldelikt und wird von der Kriminalstatistik nur dann erfaßt, wenn der Ladendieb *entdeckt* und *angezeigt* worden ist – im Gegensatz beispielsweise zum Autodiebstahl, der über die Formel: »Normbrecher zwar unbekannt, Normbruch jedoch bekannt«, Eingang in die Kriminalstatistik findet. Der nicht entdeckte Ladendieb bleibt jedoch im »Dunkelfeld« (Normbrecher unbekannt/Normbruch unbekannt), weil vom bloßen Schwund der Waren weder auf die Höhe der Diebstahlsverluste noch auf das Faktum: Normbruch zu schließen ist (Angaben, die aus dem Schwund von Waren die Höhe der Diebstahlsverluste zu schätzen versuchen, dürften daher reine Spekulationen sein). Wegen dieses Charakters der Entdeckungsmöglichkeiten bezeichnen wir Ladendiebstahl als »Kontrolldelikt«. Als solche gelten Normbrüche, bei denen die Häufigkeit der Registrierung in der Kriminalstatistik allein von der Intensität der Überwachung (Kontrolle) abhängt. Bei der Massenhaftigkeit des Delikts und seiner hohen Dunkelziffer kann man davon ausgehen, daß mit Intensivierung der Kontrolle die Zahl der entdeckten Ladendiebe steigen wird. Ebenso leicht ist einzusehen, daß mit einer gesteigerten Überwachungsintensität das Risiko des Stehlens erhöht wird, so daß womöglich die

tatsächlich begangenen Ladendiebstähle etwas sinken könnten. Auf jeden Fall wird deutlich, daß das Ansteigen der Zahlen von Ladendiebstahl in der Statistik zunächst ebensogut ein Indikator für erhöhte Überwachung sein kann und daß vom Ansteigen der Kriminalitätsziffer keinesfalls auf die Entwicklung der tatsächlich ausgeübten Ladendiebstähle geschlossen werden kann. Wie sehr die Wahrscheinlichkeit der Entdeckung von Ladendiebstahl von der Intensität der Überwachung (durch Detektive, geschultes Verkaufspersonal etc.) abhängt, zeigen Experimente, die die Reaktion unbeteiligter Dritte auf die von ihnen beobachteten Ladendiebe untersuchten: das Ergebnis zeigt durchweg eine sehr niedrige Anzeigenbereitschaft (Blankenburg 1969; Abele/Nowack 1976).

2. Eindeutig geändert hat sich in den vergangenen Jahren das Opferverhalten bei entdecktem Ladendiebstahl. Zwischen die Entdeckung eines Ladendiebs und seine Identifizierung schiebt sich nämlich noch ein weiterer Filter: die mehr oder weniger große Bereitschaft des Personals oder der Firmen, den Ladendieb bei der Polizei zur Anzeige zu bringen. Der Aufruf der Einzelhandelsverbände und Großunternehmen, Ladendiebe »lückenlos« zur Anzeige zu bringen, ebenso wie die Einrichtung von zentralen Täterkarteien (zum Teil mit Hilfe der Polizei) haben dazu geführt, daß die Anzeigenneigung der geschädigten Unternehmen ständig gestiegen ist. Auch hieraus kann das Anwachsen des Ladendiebstahls in der polizeilichen Kriminalstatistik erklärt sein: Zumindest in einem Fall einer süddeutschen Großstadt konnten wir nachweisen, daß der Anstieg des Ladendiebstahls von einem Jahr auf das andere um 100% alleine auf die organisiert erhöhte Anzeigebereitschaft der Unternehmen zurückzuführen war, daß die Zahlen der von ihnen tatsächlich überführten Ladendiebstähle im gleichen Zeitraum sogar geringfügig gesunken waren. Daß in diesem Anstieg um 100% noch weitere Reserven vorhanden waren, zeigt sich darin, daß trotz der Übereinkunft, Ladendiebe »lückenlos« zur Anzeige zu bringen, dies immer noch nur in zwei Drittel der Fälle geschah (gegenüber einem Drittel in dem Jahr zuvor). (Blankenburg 1973, S. 140)

Wir wollen nicht unterstellen, daß der gesamte Anstieg des Ladendiebstahls in der Kriminalstatistik auf die veränderte Anzeigenbereitschaft der Unternehmen zurückgeht. Jedoch ist angesichts der hohen Dunkelziffer dieses Delikts und der selektiven

Anzeigepraxis eine Interpretation der Kriminalstatistik schlichtweg nur in der Form möglich, daß man zugibt, nicht zu wissen, ob dieser Anstieg auf eine erhöhte Zahl von tatsächlich begangenen Diebstählen, ob er auf eine erhöhte Kontrollintensität oder aber eine gestiegene Anzeigebereitschaft zurückgeht.

3. Gelegentlich taucht in der Literatur ein Vergleich des Ladendiebstahls mit der Beförderungserschleichung auf. Für die Dogmatik sind solche Hinweise schwer zu verarbeiten, weil das eine »Diebstahl«, das andere »Betrug« ist, somit unterschiedlichen »Beweisregeln« unterliegt. Wer auf die kriminalistische Erscheinungsform beider Delikte schaut, dem müßte auffallen: Beide Delikte werden motivationsmäßig erleichtert durch die leichte Zugänglichkeit von Waren beziehungsweise Dienstleistungen. Selbstbedienung im Einzelhandel und schaffnerlose Transportmittel trennen die Entscheidung zum Konsum von derjenigen, für den Konsum auch zu bezahlen und erhöhen damit die Gelegenheit, das Erstere zu tun und das Letztere zu lassen. Beide Delikte werden – insbesondere in den Großstädten – in sehr großer Zahl begangen. Bei beiden handelt es sich in dem jeweiligen Einzelfall meist um Bereicherungen von geringem Wert. Bei beiden ist die Entdeckung von der Kontrollintensität der betroffenen Unternehmen abhängig.

Trotz dieser strukturellen Ähnlichkeit des Deliktes ist die Behandlung von Delinquenten sehr unterschiedlich: Öffentliche Transportunternehmen sind weitgehend dazu übergegangen, die Beförderungserschleichung durch eine in die allgemeinen Geschäftsbedingungen aufgenommene Verwaltungsgebühr zu sanktionieren, und nur in dem Fall, daß diese verweigert wird oder aber nicht an Ort und Stelle entrichtet werden kann, zur Anzeige zu bringen. Die Beförderungserschleichung wird mithin überwiegend zivilrechtlich geahndet, die Inanspruchnahme des staatlichen Sanktionsapparates erfolgt nur in Ausnahmefällen. Bei Ladendiebstahl dagegen hat sich die dogmatische Diskussion gegen alle Versuche zivilrechtlicher Ahndung gewehrt, und die Unternehmen propagieren daher überwiegend die Inanspruchnahme der Strafverfolgungsbehörden.

Die Staatsanwaltschaften erhalten somit eine große Zahl von Ladendieben, die sie auch – entgegen der Behauptung mancher geschädigter Unternehmen – mit sehr großer Wahrscheinlichkeit sanktionieren – in aller Regel mit einem Strafbefehl. Bei Beförderungserschleichung, die nur sehr selektiv an die Staatsanwaltschaft weitergemeldet wird, erfolgt dagegen sehr viel eher eine Einstellung, sei es mangels Beweises, sei es auch mangels öffentlichen Interesses (§ 153 Abs. 2 StPO alter Fassung). (Blankenburg/Sessar/Steffen 1975)

Soweit einige Merkmale zur Struktur des Delikts und zu seiner Sanktionswahrscheinlichkeit. Selbstverständlich ließen sich darüber hinaus viele Tatsachen anführen: Über Tages- oder Jahreszeit, zu der sich Ladendiebstähle häufen, über den Anteil von Männern, Frauen, Ausländern, Jugendlichen oder Kindern, über unterschiedliche Sanktionierung je nach Sozialschicht oder in Stadt und Land. Unsere Selektion von Merkmalen war jedoch von der Fragestellung nach Dunkelziffer und Sanktionsgeltung geleitet, so daß wir solche Merkmale hier nicht behandeln. Auch wir wählten natürlich unter den vielen verfügbaren Fakten die für unsere Fragestellung relevanten heraus: Uns interessiert, wie weit die deliktspezifischen Merkmale der Massenhaftigkeit und der Dunkelziffer bei der Diskussion des Geltungsanspruchs der Norm verarbeitet werden.

1.3. Paradigmaerweiterung und normativer Diskurs

Was bedeuten diese sozialwissenschaftlichen Erkenntnisse für den normativen Diskurs? Wieweit werden sie rezipiert? Wieweit gehen sie in den Argumentationszusammenhang ein? Besonders deutlich wird die Problematik der Verarbeitung sozialwissenschaftlicher Theorien, wenn Gesetzesnovellierungen anstehen. Hier lassen sich juristische Schlußfolgerungen nicht mehr alleine durch Subsumtionsargumente erarbeiten, vielmehr müssen normative Annahmen und faktische Sätze miteinander in Einklang gebracht werden. Jedoch gerade hier zeigt sich die perzeptionshemmende Kraft der dogmatischen Denkschulung. Zwar wird von allen Positionen einer rechtspolitischen Auseinandersetzung sozialwissenschaftliche Literatur zur Argumentationshilfe herangezogen, weitgehend aber unter dem irreführenden Motto, daß empirische Forschungen »einige Tatsachen ans Licht bringen« könnten, daß ihre normative Würdigung und dogmatische Verarbeitung jedoch den allein hierzu ausgebildeten Juristen überlassen bleiben müsse.

Eine Trennung von Fakten auf der einen Seite, normativen

Argumenten auf der anderen Seite übersieht, daß jegliche empirische Erhebung in einem (wenn auch noch so rudimentären) Theoriezusammenhang steht, der selbst nicht frei von Vorverständnissen und normativen Annahmen ist. Ein Vorverständnis und normative Annahmen liegen selbst amtlichen Statistiken zugrunde – so etwa ist die Herausnahme von Straßenverkehrsdelikten aus der polizeilichen Kriminalstatistik eine (ebenso zweckmäßige wie) normativ begründete Entscheidung. Auch wäre hier die Einbeziehung von massenhaft vorkommenden, zudem ansteigenden ›Anzeigedelikten‹ mit geringer Aufklärungsziffer (wie Fahrrad-, Moped- und Kfz-Diebstählen) auf der einen Seite, die von Bagatelldiebstählen mit hoher Aufklärungsziffer (wie Ladendiebstähle) auf der anderen Seite zu nennen: Durch ihre große Zahl bestimmen diese Delikte das Bild, das der Kriminalitätsindikator entwirft, ihr Ansteigen und Sinken bestimmt auch die – politisch brauchbare – durchschnittliche Aufklärungsziffer. Umgekehrt kann man jedoch aus der Gebundenheit jeder Fragestellung an ein je eigenes Vorverständnis nicht alle empirische Forschung als »interessengebunden«, damit unzuverlässig oder ungültig abtun (wie dies etwa Naucke tut). Die Verarbeitung empirischer Forschungen ist mit etwas mehr intellektueller Anstrengung verbunden: zu einer kritischen Rezeption von empirischer Forschung gehört immer die Einordnung von faktischen Informationen in den jeweiligen Theoriezusammenhang, ebenso wie eine Relativierung ihrer Aussagekraft aus den jeweils verwandten Erhebungsmethoden. Eine solche Relativierung und Verarbeitung stellt jedoch auch die Theoriezusammenhänge des normativen Diskurses in Frage, wenn sich zwischen faktischer Information und dogmatischer Verarbeitung eine effektive Wechselseitigkeit einstellt. Wir wollen versuchen, am Beispiel der Diskussion über ein Ladendiebstahlgesetz, zu dem relativ umfangreiche (wenn auch nie erschöpfende) empirische Information vorliegt, zu zeigen, daß die »Integration« von Sozial- und Rechtswissenschaften ein Lernprozeß mit ständiger Verquickung von normativen und empirischen Fragestellungen ist. Wir wollen dabei zugleich aufzeigen, vor welchen Lernschwellen die (ausnahmslos der juristischen Profession zugehörenden) Teilnehmer dieser rechtspolitischen Diskussion stehengeblieben sind.

Es ist ein Versuch, die Bedingungen einer erfolgreichen Rezeption jener Perspektiven, die die Sozialwissenschaften in die vornehmlich von Juristen geführte kriminalpolitische Diskussion über die Entkriminalisierung im Bereich der Bagatellkriminalität einbringen könnten, anzugeben und zugleich jene Restriktionen aufzuzeigen, die einer derartigen Rezeption entgegenstehen. In Anlehnung an Kuhn (1967) nennen wir den Vorgang einer erfolgreichen Rezeption *Paradigmaerweiterung*. Dies bezeichnet den Prozeß, in dem eine innerhalb einer wissenschaftlichen Gemeinschaft vertretene Theorie – beispielsweise aus Anlaß eines gescheiterten Falsifikationsversuches – »repariert« wird und z. B. über Zusatzannahmen komplexer und damit der Realität angepaßt wird. Am Ende dieses Prozesses kann dann ein *»Paradigmawechsel«* stehen, d. h. die mehr oder weniger völlige Aufgabe der ursprünglichen Theorie, die durch eine »neue«, komplexere Theorie ersetzt wird. Paradigmaerweiterung bzw. Paradigmawechsel bedeutet jedoch nicht unbedingt, daß »neue Tatsachen« entdeckt werden, sondern vielmehr, daß bereits bekannte Tatsachen »neu« und auf eine andere Weise »gesehen« werden. Um hierfür ein geläufiges Beispiel zu geben: Galilei hat die von jedermann beobachtbare Tatsache, daß die Sonne morgens woanders aufgeht als abends untergeht, neu erklärt: Diese Beobachtung kann auf zweierlei Weise zustande kommen, einmal dadurch, daß die Sonne um die Erde wandert, oder dadurch, daß die Erde sich um die Sonne dreht. Diese Interpretation bringt ein »neues« Modell der Himmelsmechanik, das das bis dahin gültige Ptolemäische ablöst (wenn auch mit erheblichen Durchsetzungsschwierigkeiten). Ein solches Modell, das die allgemeinsten theoretischen Prinzipien und Annahmen repräsentiert, nennen wir das *»theoretische Paradigma«*.

Die oben angesprochene Beharrungstendenz des alten etablierten Paradigmas liegt sozusagen in der »Natur der Sache«: Paradigma bedeutet ja (nach Kuhn), daß Wissenschaft resp. Forschung von einer bestimmten wissenschaftlichen Gemeinschaft gemäß eines theoretischen »Leitbildes« (Modells) praktiziert wird, das ja aufgrund bereits erwiesener Leistungsfähigkeit akzeptiert wird. Damit erweisen sich Paradigmata logisch nicht völlig auf »letzte Bestandteile« reduzierbar, was weiterhin dadurch offensichtlich ist, daß auch die Anwendung bestimmter Regeln und Normen in der wissenschaftlichen Praxis die Anerkennung eines Paradigmas stützen und festigen hilft bzw. konstitutiv für die Anerkennung eines Paradigmas ist. Ein solches

Verständnis von Paradigma bezeichnen wir mit dem Begriff des *»methodologischen Paradigmas«*.

Nun haben sich – so erscheint es jedenfalls uns – die Rechtswissenschaften gegen Paradigmaerweiterung resp. Paradigmawechsel auf theoretischer Ebene dadurch immunisiert, daß innerhalb der juristischen Profession ein ganz bestimmtes »methodologisches Paradigma« vorherrscht: der Zwang, lösungsbedürftige Probleme über und in »Dogmatik« zu verarbeiten. Diese stellt eine Summe von Begriffen, Normen und Regeln dar, die Juristen seit ihrem Studium in einer wissenschaftlichen Gemeinschaft verbinden und deren Leistung weiterhin darin besteht, die als lösungsbedürftig anerkannten Probleme konstant zu halten, Orientierungs- und Subsumtionssicherheit zu erzeugen sowie das Arrangierverhalten der Juristen zu steuern. Die Anerkennung eines »methodologischen Paradigmas« innerhalb einer wissenschaftlichen Gemeinschaft macht Prozesse der Paradigmawechsel auf der theoretischen Ebene (»theoretisches Paradigma«) in dieser Gemeinschaft unwahrscheinlich. Möglich erscheint unter diesen Bedingungen lediglich die Paradigmaerweiterung auf der methodologischen Ebene: anerkannte Denkfiguren werden »neu« kombiniert bzw. von einem Rechtsbereich, dem sie unproblematisch zugeordnet werden, auf einen anderen Rechtsbereich übertragen. Die Ablösung der strafrechtlichen Lösung durch die zivilrechtliche Lösung im Bereich der Bagatellkriminalität ist ein Beispiel für eine solche Innovation durch Paradigmaerweiterung (auf der methodologischen Ebene). Wir finden auf dieser Ebene verschiedene »Stufen« der Paradigmaerweiterung:

1. das beziehungslose Nebeneinander von (in ihrem Selbstverständnis) »rein dogmatischen« Erörterungen und »rein empirischen« Untersuchungen (bei denen aufzuzeigen ist, wie weit ihnen notwendig Annahmen über Fakten bzw. normative Fragestellungen unterliegen);
2. die demagogische Verwendung von empirischen Befunden, die selektiv nur solche Informationen verwendet, die in das vorherrschende methodologische Paradigma passen;
3. die »gutwillige« Rezeption von empirischen Ergebnissen, ohne daß allerdings dadurch das vorherrschende »methodologische Paradigma« aufgegeben wird, so daß eine Verarbeitung der empirischen Ergebnisse letztlich ausbleibt.

Die Paradigmaerweiterung vollzieht sich deshalb über eine

Kombination anerkannter dogmatischer Denkfiguren bzw. über den Transfer solcher Denkfiguren von einem Rechtsbereich in einen anderen. In diese drei Stufen der zunehmenden Paradigmaerweiterung läßt sich das Schrifttum um Ladendiebstahl übersichtlich gliedern. Unsere Beispiele sind dabei ausnahmslos von Juristen verfaßte Veröffentlichungen.

2. Paradigmaerweiterung und Dogmatik

2.1. Die Stufe des beziehungslosen Nebeneinanders von dogmatischen Erörterungen und »empirischen« Untersuchungen

Es liegt nahe, auf dieser Stufe zwei Fälle zu unterscheiden, wobei als Unterscheidungskriterium die jeweilige Ausgangsposition, auf der die Argumentation jeweils aufbaut, gewählt wird. So startet *Naucke,* den wir hier exemplarisch behandeln, in seiner 1972 publizierten Arbeit von der dogmatischen Position, wogegen *Berckhauer* (1976) »aus der Sicht der Empirie« Ergebnisse sozialwissenschaftlicher Untersuchungen aneinanderreiht. Führt Nauckes Absicht, sich gegenüber dem Einfluß sog. außerjuristischer Faktoren zu immunisieren, zugleich zur Immunisierung gegen die Erfahrung (was eine möglichst weitgehende Abstraktion von sozialen Tatbeständen bedeutet), so unterliegt Berckhauer der Täuschung, aus der bloßen Aufzählung resp. Kommentierung von Ergebnissen sozialwissenschaftlicher Forschung rechtspolitische Zielvorstellungen gewinnen zu können.

a) *Nauckes* Immunisierungsstrategie setzt damit ein, daß er drei Bereiche dessen unterscheidet, was er als »das Juristische« bestimmt: die Schaffung allgemeiner Regeln, deren Anwendung und ihre wissenschaftlich/didaktische Aufbereitung (S. 20), und zeigt, daß die Sozialwissenschaften (die er im allgemeinsten Sinn versteht, von Biologie über Medizin, Psychologie, Soziologie bis »Staatslehre, Wirtschaftswissenschaften, Kulturwissenschaften und Strukturlehren«) zunächst einmal in »empirische« und »normative« aufzuteilen sind, deren letztere offenbar leicht abzutun sind: Sie werten – und das kann der Jurist selbst (... »die Aussichten, von einer detaillierten Regelung mit Erfolg gegenüber Laien und anderen Juristen abweichen zu können, steigen mit der Fähigkeit genau zu moralisieren, und mit der Fähigkeit, das Ergebnis des Moralisierens juristisch zu übersetzen...«, S. 38), außerdem soll es weder der Jurist noch der Sozialwissenschaftler tun, sondern der Gesetzgeber (»Die Sozialwissenschaften können inhaltlich genauere, genauer und offener begründete gesetzgeberische Entscheidungen veranlassen und die Entscheidungsinhalte maßgeblich vorformen: die Entscheidung überflüssig machen, können sie nicht« – S. 27). Einen Schritt weiter führt noch die Tatsache, daß offenbar auch die empirischen Sozialwissenschaften normativ unterwandert sind (»Wann man es mit einer empirischen und wann mit einer normativen Sozialwissenschaft zu tun hat, ist nicht leicht auszumachen: man kann nicht einmal sicher sein, daß eine sozialwissenschaftliche Untersuchung, die sich empirisch nennt, auch tatsächlich nur (!) empirisch ist oder wenigstens anstrebt, empirisch zu sein« – S. 20).

Im einzelnen folgt dann, daß die Gesetzgebung ohne die Sozialwissenschaften nicht auskommt (S. 23). Allerdings: »Die Auffassung der Gesetzgebung als konkret-humanes pragmatisches Verfahren beschränkt die Sozialwissenschaft in der Gesetzgebung auf eine technische Unterstützung dieses Reform-Pragmatismus« (S. 27 f.). Außerdem besteht da eine große Gefahr: »... die Gesetzgebung (scheint) dazu zu neigen, die Begriffe, aus denen gewertet wird, so ungenau zu formulieren, daß man die Wertung als Ermittlung eines empirischen Sachverhalts verstehen kann... Diese Entwicklung ist in vollem Gange. Ihr Ergebnis: unpräzise, unentschiedene, unbegreifbare und das sind zum Teil auch inhumane Gesetze« (S. 33). Diesem letzten Thema ist ein eigener Exkurs gewidmet, in dem am Beispiel von Äußerungen im bundesdeutschen Pornographie-Hearing gezeigt wird, daß einige Psychiater im Gebrauch des Wortes »sozialschädlich« ähnlich mutig sind wie der (in seiner Terminologie juristisch inspirierte) Gesetzgeber. Sozialwissenschaften in der Gesetzgebung sind im Prinzip unentbehrlich, praktisch aber eher schädlich als nützlich. In der Rechtsanwendung ist für Naucke von vornherein kein Platz für Außerjuristisches. »Hier gilt auf absehbare Zeit ein sturer Positivismus, der eine unerläßliche Bedingung für das Funktionieren und für die Reform im Alltag eines Gemeinwesens ist« (S. 36). Selbst im Problem der Generalklauseln und unbestimmten Formulierungen (»zur Verteidigung der Rechtsordnung unerläßlich«, angemessen«, »Sofern die Freiheitsstrafe nicht notwendig ist, um den Verurteilten oder andere Personen von der Begehung weiterer Straftaten abzuhalten«, u. ä.) kommt Naucke zu einem ähnlichen Schluß wie im Fall der Gesetzgebung: Dergleichen Formulierungen könnten durch sozialwissenschaftliche Forschung zwar durchaus inhaltlich präzisiert werden, aber das Interesse an solcher Forschung ist zu gering. Hauptsächlich deshalb, weil es auch so geht (was offensichtlich ist, nachdem die Generalklauseln existieren, die Forschung dazu nicht, und das Gerichtssystem bisher noch nicht zusammengebrochen ist). Naucke sieht die mögliche Institutionalisierung der Sozialwissenschaften im Bereich der Rechtsanwendung nur in der Form des Gutachters, die gefährlich ist, weil sie die Prozeßkosten (für den Verurteilten) erhöht. Auch hier also: Im Prinzip unentbehrlich, konkret aber eher schädlich als nützlich.

Bleibt als Letztes Forschung und Lehre der Jurisprudenz. Hier bringt Naucke eine interessante Umkehrung seiner bisherigen Argumentationsfigur: War bisher die Ablehnung der Sozialwissenschaften zum Teil damit begründet, daß diese Wertungen enthalten, ist jetzt der Kritikpunkt, daß sie für Wertungsfragen neutral seien. ». . . zur typisch juristischen Frage, was in einzelnen Fällen oder Gruppen von Fällen in Rechtsanwendung oder Gesetzgebung inhaltlich geschehen soll, kann diese sozialwissenschaftliche Rechtsforschung zur Zeit nur wenig beitragen« (S. 56). Auch hier taucht dann wieder der in Fragen der Gesetzgebung geäußerte Ideologieverdacht auf. »Die empirischen Sozialwissenschaften können nur mitteilen, was ist. Sie können nicht mitteilen, was im einzelnen gerecht sein soll. Das klingt seit Kant banal. Aber zunehmend will man diese Banalität nicht mehr wahrhaben und folgert im wissenschaftlichen Bereich aus dem, was ist, das, was sein bzw. nicht sein soll . . . Beifälliges Literaturgemurmel entsteht, wenn etwa aus einer empirischen Untersuchung über die gegenwärtige soziologische (!) Schichtung der Juristen geschlossen wird, diese Schichtung müsse . . . geändert werden« (S. 66). Die Sozialwissenschaften werden von manchen Juristen und Sozialwissenschaftlern als Naturrechtsersatz verwendet – daher ist mit ihnen nichts anzufangen.

b) *Nauckes Gutachten* (1976) zum 51. Deutschen Juristentag in Stuttgart ist ein ausgezeichneter Beleg der These, daß das Festhalten am »methodologischen Paradigma« (im Sinne dogmatischer Regeln und Normen) jegliche Rezeption sozialwissenschaftlicher

Forschung verhindert. Der Stellenwert des Abschnitts über die kriminologischen Daten zum Ladendiebstahl wird daran ersichtlich, daß Nauckes Lösungsvorschlag auf der Grundlage der Aufarbeitung der »Modelle für ein Bagatellstrafrecht« der einschlägigen Gesetze (von 1794 bis heute) formuliert wird, d. h. letztlich auf den Katalog kriminologischer Daten verzichten kann.

Aufschlußreich sind in diesem Zusammenhang Nauckes Bemerkungen zur Methode seines Gutachtens:

»Mit diesem Aufbau des Gutachtens wird die Meinung aufgenommen, daß rechtspolitische Erörterungen ohne Geschichte der Kriminalpolitik, ohne Rechtsvergleichung und ohne Kriminologie schlecht möglich sind (. . .) Aber es ist schwierig, das Gewicht der drei Materialbereiche in den Erörterungen einsichtig zu bestimmen. Der obige Text (d. h. das Gutachten, d. V.) räumt der Entwicklung der kriminalpolitischen Begriffe das Hauptgewicht ein aus der Überlegung, daß sich in diesen Begriffen die aktuellen Gesetzgebungsprobleme am realistischsten abbilden. Das Material aus Rechtsvergleichung und Kriminologie/Rechtstatsachenforschung wird nur als Kontrollmaterial aufgefaßt.« (Naucke 1976, S. D 37, Fn. 76).

Diesen Ausführungen korrespondiert eine Auffassung, wie sie im folgenden Zitat zum Ausdruck kommt:

»Es ist daher auf das Material zu achten, das der Erörterung der Hauptmerkmale der Bagatalleigentums- und -vermögensdelikte nützlich sein kann: geringer Schaden und alle »sonstigen Merkmale« (Tat- und Täterbesonderheiten), einschließlich der spezial- und generalpräventiven Probleme. Weiter ist auf die Fakten zu achten, die für die Einschätzung des Verfahrens gegen Ladendiebe eine Rolle spielen. Vielleicht ist damit ohnehin das gemeinsame Minimum aller Materialsammlungen zum Ladendiebstahl zusammengefaßt.« (Naucke 1976, S. D 48)

Die Präsentation des kriminologischen »Materials« erfolgt nach jener »Gesetzmäßigkeit«, die Naucke jedoch kritisiert, wenn er sozialwissenschaftlichen Untersuchungen vorwirft, daß »das Material (offenbar) häufig der vorausgesetzten Forschungshypothese angepaßt (wird)«. (Naucke 1976, S. D 62). Popper (1973) hat diese Frage des Zusammenhangs zwischen Hypothese und Materialpräsentation resp. Ergebnissen mit seiner »Scheinwerfertheorie« zunächst schlüssig beantwortet: die Beobachtung erfolgt im Namen der Hypothese, die geprüft werden soll, d. h. die Hypothese determiniert, was überhaupt beobachtet wird, d. h. die forschungsleitende Hypothese konstituiert den »Erwartungshorizont« und damit auch die »Breite« des präsentierten Materials.

Um die Bedeutung der dem Alltagswissen entnommenen Regel »Wie man hineinruft, so schallt es heraus«, kommt also niemand herum, auch Naucke nicht. Seine Materialsammlung (die Aufarbeitung des kriminologischen Materials) spiegelt nur jene Relevanzkriterien wider, die er an die Aufarbeitung der historischen »Modelle für ein Bagatellstrafrecht« (ALR v. 1794; RStGB 1871/RStPO 1877; StGB/StPO i. d. F. 1. 1. 75) angelegt resp. dort vorgefunden hatte: Schadenshöhe, Begehensweise, Opferinteresse, Tätergefährlichkeit (z. B. Wiederholungstäter) etc. Insofern ist auch nicht einzusehen, wie »Material aus Kriminologie/ Rechtstatsachenforschung« bei ihnen »eine Kontrollfunktion« übernehmen könnte. Die von Naucke zitierten »Materialien« bleiben für seine Schlußfolgerungen irrelevant, daß er sie zitiert, kann als Zugeständnis an herrschende Standards der Wissenschaftlichkeit gewertet werden. Seine Argumentation bleibt jedoch von aller Information über Dunkelziffer, Anzeigeneigung oder Täterstruktur unberührt. Nauckes rechtshistorisches Gutachten führt indessen eindrucksvoll vor, daß »juristische Arbeit da, wo Ansichten neu geäußert wurden, weithin nicht als Erfindung neuer Begriffe (geschieht), sondern als Umdefinition alter und als Zuschreibung neuer Funktionen« (Struck 1975, S. 87). Gerade den Mechanismus der Zuweisung »neuer« Funktionen führen jene Regelungen des StGB resp. der StPO vor, die dem »Verfahren« bei der Verfolgung der Kleinkriminalität eine besondere Bedeutung zuschreiben; hierher gehört auch die den Instrumenten des »Antragsdelikts« bzw. des »öffentlichen Interesses« zugeschriebene Entlastungsfunktion.

Es ist festzuhalten: die von Naucke bevorzugte Methode (der Aufarbeitung der kriminalpolitischen Instrumente (Techniken) und Begriffe der einschlägigen Gesetze) präjudiziert das Untersuchungsergebnis – den Anbau der Bagatallkriminalität an das Normal-Strafrecht, wobei die Bausteine für diesen Anbau vom bestehenden Recht (§§ 248a StGB, 153; 153a StPO) vorgegeben sind und die Aufgabe darin besteht, diese Bausteine mit »fachmännische(r) rechtsstaatlicher Behutsamkeit« zusammenzusetzen. Es liegt auf der Hand, daß diese »Behutsamkeit« nur Juristen besitzen; insofern ist Naucke zu jenem Standpunkt zurückgekehrt, den er bereits 1972 vertreten hat: die »Schaffung allgemeiner Regeln, deren Anwendung und ihre wissenschaftlich/didaktische Aufbereitung« stelle das spezifisch »Juristische« dar und sei infolgedessen ausschließlich das Geschäft von Juristen. Die Sozialwissenschaften haben also vor der Tür zu bleiben bzw. werden kurz hereingebeten, um angeforderte »Empiriesplitter« abzuliefern.

c) *Berckhauer* (1976) dagegen unterläßt dogmatische Erörterungen und betrachtet den Ladendiebstahl ganz »aus der Sicht der Empirie«. Er referiert die Ergebnisse, die insb. die sozialwissenschaftliche Forschung bezüglich der Täter, der Opfer etc. zusammengetragen hat und berichtet im Stil einer Sowohl-als-Auch-Argumentation, die sich nicht festlegen läßt, auch über die traditionelle strafrechtliche und zivilrechtliche Lösung bei den »kleinen Vermögensdelikten«. Kurz: er betätigt sich als Automat, der auf das Stichwort »Ladendiebstahl« eine Fülle von Informationen ausspuckt, die aber noch lange nicht ausreichen, »um schon gesetzgeberische Weichenstellungen anzuregen«. Doch genau diese Selbstbescheidung (»unser Wissen ist augenblicklich noch nicht so fundiert, um schon gesetzgeberische Weichenstellungen anzuregen«) offenbart das Dilemma, in dem sich Berckhauer befindet: die verdienstvolle Anhäufung von »Empiriesplittern« reicht zwar aus, um beispielsweise Langes Behauptungen, Ladendiebstahl sei eine typische Erscheinungsform der Bandenkriminalität und bedeute den »Einstieg« in eine weitere kriminelle Karriere, als völlig unzutreffend abzuqualifizieren, rechtspolitische Zielkonflikte lösen sich jedoch nicht durch das Summieren von sog. »Rechtstatsachen« in Nichts auf.

Sowohl Naucke als auch Berckhauer verkennen (obwohl sie unterschiedliche Ausgangspositionen einnehmen) die Dialektik von Sein und Sollen. Naucke übersieht, daß sich die Konzeption einer Fragestellung, die Formulierung forschungsleitender Hypothesen und die im Rahmen des gewählten begrifflichen-theoretischen Instrumentariums erzielten (interpretierten) Ergebnisse nicht aus »der Wissenschaft« selbst begründen lassen, sondern die Erkenntnisinteressen – und das heißt auch die Wertvorstellungen resp. die normativen Annahmen – der beteiligten Forscher und der ihnen zurechenbaren »Schulen« reflektieren. Die bloße Anhäufung von Wissen stellt keinen Ersatz für Rechtspolitik dar; insofern ist Berckhauer zuzustimmen: auf diese Weise lassen sich gesetzgeberische Weichen nicht stellen. Auf der anderen Seite ist jedoch die Bescheidenheit der Wissensakkumulation fehl am Platze: Wissenschaftliche Untersuchungen sind Teil eines Diskurses, der zu einer rationalen Behandlung auch von Wertfragen entschieden wird.

2.2. Die Stufe der demagogischen Verwendung von empirischen Befunden

Ein Beispiel für eine demagogische Verknüpfung von Empirie und Dogmatik bietet (wieder einmal) *Lange* (1974). Wir wollen die empirischen Aussagen Langes, ihre Basis und die Folgerungen, die er aus ihnen zieht, damit die (Un-)Logik ihrer Verknüpfung rekonstruieren. Nach langwierigen polemischen Präliminarien, in denen es um die »Vorstellung von der Struktur, der Gestalt, der Ganzheit des Menschen«, um den Geist, die Person und immer wieder um den »ganzen Menschen«, die politischen Absichten von Dorothee Peters und – damit gleichgestellt – der Soziologen überhaupt geht, außerdem der Psychoanalyse Exkulpationsgelüste vorgeworfen werden, wendet sich Lange der Frage zu: Wie sieht Ladendiebstahl in Wirklichkeit aus? Ladendiebstahl – aus der Sicht Langes – zeigt die folgenden Merkmale:

1. Die »signifikanteste Veränderung in der heutigen Phänomenologie des Ladendiebstahls . . . ist die Erscheinung des organisierten bandenmäßigen Verbrechens im Nebenberuf«. (126 f.) Beleg: Vier kurze Einzelfallberichte (bei einem ist die Jahreszahl 1965 angegeben).
2. Beim Ladendiebstahl »zeichnet sich eine stetig ansteigende Tendenz ab« (127). Beleg: Zahlen aus einem Hamburger und einem Kölner Warenhaus.

   Zur Häufigkeit des Delikts und seiner Entwicklung gibt es später dann noch einige Daten: Der Anteil des Ladendiebstahls an allen Delikten ist von 1963 auf 1970 gestiegen; dabei gilt Langes Argument in erster Linie der Widerlegung der These, daß dieser Anstieg (der als »sprunghaft« bezeichnet wird – besonders gelte das auch für den auf das Jahr 1972, für das Lange leider noch nicht über die Zahlen aus der Statistik verfügte) auf die Zunahme der SB-Läden zurückzuführen sei. Lange präsentiert dazu Zeitreihen der Ladendiebstähle und der Zahlen von SB-Warenhäusern, aus denen für ihn hervorgeht, »daß die starke Zunahme der Selbstbedienungsläden längst vor der sprunghaften Zunahme der Diebstähle liegt« (132). Aus diesen beiden Zeitreihen hätte er mit geringer Mühe die folgende Entwicklung der Zahl der Ladendiebstähle je erfaßtem SB-Warenhaus/SB-Center errechnen können:

1966	1056	1970	274
1967	890	1971	291
1968	359	1972	230
1969	256	1973	223

Wie man daraus sieht, hat sich also jedenfalls die Zahl der SB-Warenhäuser und SB-Center (vgl. die Übersicht bei Lange 1974, S. 131) um einiges schneller entwickelt als die der Ladendiebstähle. Und der Anstieg um 1970, von dem Lange offenbar so beeindruckt ist, ist im Vergleich zum vorherigen Abfall sehr gering. Der von Lange prognostizierte »Sprung« im Jahr 1972 hat sich weder absolut noch relativ eingestellt (Prophezeiungen waren halt immer schon ein riskantes Geschäft!).

3. Ladendiebstahl »ist heute das Delikt aller. Mann und Frau, alt und jung, der kleine Mann und der sozial Hochgestellte sind gleichermaßen beteiligt« (127). Beleg: keiner.
4. »Auch soweit derartig geplante, auf Wiederholung angelegte Verbrechen nicht vorliegen, ist es der ›Biedermann‹ auf Abwegen ..., der dem heutigen Ladendiebstahl im typischen Fall das Gepräge gibt« (127 f.), und weder ein Kranker noch ein Opfer von »Klassenjustiz«. Beleg: keiner (wäre angesichts der unlogischen Gegenüberstellung von »Biedermann« und »Opfer von Klassenjustiz« auch schwierig).

Nach diesen impressionistisch oder gar nicht belegten Faktenbehauptungen erfolgt das Bekenntnis zur Statistik: »Das Typische des Ladendiebstahls, seine soziale Relevanz und damit die Basis für die Rechtsanwendung können bei diesem Massendelikt nur durch statistische Erhebungen gefunden werden« (128). Die Probleme der Dunkelziffer werden damit weggewischt, daß die Werte der Statistik dadurch nur »quantitativ, nicht aber qualitativ in Frage gestellt« (128) würden (was immer das heißen mag). Der Einfluß der Verfolgungsintensität hebe sich dadurch auf, daß sie in verschiedenen Warenhäusern unterschiedlich sei und sich inzwischen längst auf einer mittleren Ebene eingependelt habe (auch dieses abstruse Argument ist leider barer statistischer Unsinn). Zumindest werden dann aus der polizeilichen Kriminalstatistik, und speziell einer polizeilichen Untersuchung in der Hamburger Innenstadt aus dem Jahr 1973 einige Daten zur Person der Täter sowie zum Wert der gestohlenen Waren wiedergegeben, die sodann wieder mit impressionistischen Informationen »lebendig« gestaltet werden:

»Erfahrungsberichte aus den Warenhäusern selbst ergänzen die polizeilichen Feststellungen noch in einer anderen Richtung. Die Täter bringen *sehr häufig* Gegenstände mit, um den Diebstahl unauffällig ausführen zu können ... Der Hamburger Psychiater Werner F. J. Krause berichtet, daß nach dortigen Erfahrungen bei der Durchführung der Ladendiebstähle *durchweg* planvoll und *häufig* mit sehr raffinierten Methoden vorgegangen wird. Die Delinquenten machen *eigentlich nie* einen kranken Eindruck und berufen sich auch *nur selten* auf eine krankhafte Veranlagung« (130).

Soweit also die »empirische Evidenz«, auf der Lange aufbaut. Neben der indiskutablen Vermischung von impressionistischen »Informationen« mit statistischen Daten ist die Verarbeitung dessen, was an empirischen Informationen zum Ladendiebstahl vorliegt (vgl. hierzu die zitierte Arbeit Berckhauers), in einer für Langes weitreichende Schlüsse unverantwortlichen Weise selektiv und bruchstückhaft. Sein Heranziehen empirischer Information fällt dabei in die Kategorie des »Demagogischen« und sei hier nur als Lehrstück zur Abschreckung zitiert.

In welchem Zusammenhang steht dieser Typus von »Information« nunmehr mit Langes rechtspolitischer Argumentation? Deutlich ist, daß ihm die prozeßrechtliche Lösung des EGStGB nicht paßt, und zwar wegen der »unabsehbaren Konsequenzen dieser Lösung . . ., die die Strafrechtspflege außer in Kapitalsachen praktisch dem Opportunitätsprinzip unterworfen hätte« (132). Vielmehr zeige die präsentierte Evidenz »die unabsehbare Bedeutung der Frage und die Notwendigkeit, sie dort zu lösen, wo ihr Sitz ist: im materiellen Recht« (133). Die Verbindung zur Empirie stellt sich dabei so her: »Die heutige Regelung ruht auf uraltem ungebrochenem Rechtsbewußtsein. Sie entspricht der Natur der Sache« (133). Hingegen widerspreche der »Vorschlag, ›den‹ Ladendiebstahl rechtlich als Ordnungswidrigkeit zu behandeln, . . . der Natur der Sache« (131). Und die »Natur der Sache« liegt darin, daß »Diebstahl und Entwendung . . . keine bloßen Ordnungsverstöße, sondern sozialethisch zu mißbilligendes und entsprechend zu bestrafendes Verhalten« (131) sind. Die Notwendigkeit, sich auf diese Position zurückzuziehen, folgt daraus, daß es »gänzlich unerklärt« bleibt, »weshalb gerade jetzt der Ladendiebstahl unverhältnismäßig stark und neuerdings sprunghaft zunimmt« (130). »Nur der anthropologische Ansatz kann hier weiterführen, der die dem Menschen immanente Gefährdung und Konfliktträchtigkeit und die daraus folgende Notwendigkeit des äußeren und inneren Halts an unantastbaren Normen in Rechnung stellt« (130 f.).

Die »Logik« der »Ableitung« ist also offenbar die, daß durch die vorgelegten (angeblich) empirischen Befunden angedeutet wird, der Ladendiebstahl sei weitgehend bewußt geplantes und vorbereitetes, somit »schuldhaftes« Handeln. Offenbleibt, wieso dies bei der »dem Menschen immanenten Gefährdung« immer mehr um sich greift. Es handelt sich jedenfalls um ein »sozialethisch zu mißbilligendes und entsprechend zu bestrafendes Verhalten«, womit dann auch der notwendige »äußere und innere Halt an unantastbaren Normen« gewährleistet wäre. Ohne weitere Belege bleibt, wieso Opportunitätsentscheidungen bei der Verfolgung (die faktisch ja nur selten vorkommen) das »ungebrochene Rechtsbewußtsein« in Frage stellen müßten.

Inzwischen hat Lange (1976) seine Argumentation weiter untermauert; indem er in seinem neuen Beitrag eine Reihe von »Empiriesplittern« nachschickt (z. B. indem er die organisierte Berufs- und Nebenberufskriminalität als die gefährlichste Erscheinungsform des Ladendiebstahls in den Vordergrund stellt), setzt sich Lange mit der zivilrechtlichen Lösung des »Entwurfs eines Gesetzes gegen Ladendiebstahl« auseinander, und zwar auf zwei Ebenen: die innovative Lösung der Bagatellkriminalität durch Gesetz zu ersetzen durch die »Herbeiführung einer höchstrichterlichen Entscheidung«, was gleichbedeutend ist mit der Befürwortung einer »Rechtspolitik der kleinen Schritte« (in der Formulierung von Caemmerers: »In manchen Fragen sei die Rechtsfortbildung bei der Rechtsprechung auch besser aufgehoben, die sich vorsichtiger an die Probleme herantasten könne als der Gesetzgeber« [181]), die sich vom Status quo kaum entfernt; sodann durch eine Betrachtungsweise, die »das Recht an seinen Maßstäben und nicht am Unrecht« (183) mißt und dabei findet, »daß das Wesentliche beim SB-Kauf das Anvertrauen der Ware und damit das Wesentliche beim Diebstahl in solchen Läden der mit der Wegnahme verbundene Vertrauensbruch ist« (183). Eine solche »entideologisierte« Betrachtungsweise, die sich nunmehr leisten kann, der »Empirie« eine Gleichgültigkeit entgegen zu bringen, führt zu der apodiktischen Feststellung: »Diebstähle sind . . . nicht leichter, sondern schwerer zu bewerten als gewöhnliche Verstöße gegen § 242 StGB« (183). Da hierüber nur der Jurist Bescheid weiß, hat der Sozialwissenschaftler zu schweigen.

2.3. Die Stufe der »gutwilligen« Rezeption von empirischen Ergebnissen

Schoreit (1976) liefert ein Beispiel einer »gutwilligen« Rezeption: Die Argumentation von Schoreit weitet den Kontext aus, in dem das Phänomen der ansteigenden Registrierung von Ladendiebstählen diskutiert wird. Er stellt zunächst das Opferverhalten in den Mittelpunkt seiner Überlegungen. Sein theoretischer Ansatz geht damit über denjenigen der reinen Täterätiologie hinaus: Er sucht die Ursachen des Ladendiebstahls nicht allein bei den Ladendieben, sondern sogar bei den *Opfern*, in deren Verhalten begründet liegt, wie weit eine Gelegenheit zum Ladendiebstahl gegeben oder aber verwehrt wird. Das Steigen der Anzeigen wegen Ladendiebstahls »seit dem Übergang zum Selbstbedienungsverkauf, Freiwahlverkauf und ähnlichen Verkaufsformen« sieht er, »in der damit verbundenen Gewahrsamslockerung und mangelnder Aufsicht über die zum Verkauf angebotene Ware«. »Daß Käufer bei – von den Eigentümern geschaffenen – günstigen Gelegenheiten zu Dieben werden, dürfte, wie immer man es juristisch und moralisch bewertet, eine statistisch belegbare Tatsache sein.« (S. 51).

Im folgenden diskutiert Schoreit Untersuchungen, die auf Größe und Struktur der Dunkelziffer schließen lassen. Dabei bezieht er sich zunächst auf Opferbefragungen (von Schwind u. a.) zum Diebstahl im allgemeinen, ohne zu beachten, daß viktimologische Bevölkerungsbefragungen aufgrund ihrer methodischen Ansätze den Teil der Kriminalität ausklammern, bei dem nicht Privatpersonen, sondern Firmen, Behörden oder Gruppen von Personen Opfer werden. Schon von der Motivation der Täter her dürfte es nicht unerheblich sein, daß bei Ladendiebstahl eine Organisation zum Opfer wird, und dies um so mehr, je größer und anonymer diese ist. Erst recht ist dieses Charakteristikum entscheidend für das Opferverhalten: Überwachung der angebotenen Waren ebenso wie die Reaktion auf entdeckte Ladendiebe muß hier ein organisatorisch geregelter Vorgang sein mit Verhaltensregelmäßigkeiten, die nicht mehr allein von den sozialen Umständen oder der Psychologie von individuellen Opfern erklärbar sind, sondern zu deren Verständnis es eines Blicks in die Theorie von informeller und formaler Organisation des Verkaufsverhaltens bedarf.

Betrachtet man die rechtspolitischen Schlußfolgerungen, die Schoreit zieht, so ist seine selektive Rezeption von sozialwissenschaftlichen Theorien verständlich: »Wie man das Opferverhalten auch juristisch oder moralisch bewerten mag« – Schoreit schließt aus seiner »kausalen Betrachtungsweise« des Opferverhaltens, daß man den Behörden Eingriffs- und Regelungsbefugnisse geben sollte, um vorbeugende Maßnahmen gegen das Schaffen allzu leichter Gelegenheit zum Ladendiebstahl durchzusetzen. Neben diesen rechtlichen Regelungen für die Ausgestaltung von Geschäftsbetrieben, Mindeststärken und Ausbildungsvoraussetzungen für Verkaufs- und Aufsichtspersonal tritt weiterhin die Kriminalisierung der Täter: »Abzulehnen ist wegen der damit verbundenen nachteiligen Signalwirkung jeder Rückzug der Strafrechtspflege aus dem Bereich der Laden- und Warenhausdiebstähle.« (S. 53)

Während bei der Rezeption kriminologischer Theorien eine Diskussion des Kontrollverhaltens der Opfer fehlte, tauchen in den rechtspolitischen Schlußfolgerungen Vorschläge hierzu auf: »Die Initiative bei der Beobachtung und Entdeckung von Ladendiebstählen darf nicht länger Kaufhausdetektiven oder anderen mehr oder weniger geschulten Angestellten des Handeltreibenden überlassen werden. Nur Aktivitäten der Polizei, die keine Rücksichten auf wirtschaftliche Überlegungen zu nehmen brauchen, werden zu einer gleichmäßigen Intensivierung der Nachforschungen führen.« (S. 53) Das obrigkeitliche Verständnis, nach dem jeder Diebstahl »Kriminalität«, jegliche Kriminalität von staatlichen Behörden zu verfolgen und zu bestrafen sei, ist somit bei Schoreit ungebrochen. »Rückzug der Strafrechtspflege« aus dem Bereich der Eigentumskriminalität erscheint als negatives Argument per se, das so plausibel ist, daß es keiner weiteren Argumentation bedarf. Hätte Schoreit theoretische Ansätze rezipiert, die »Kriminalität« nicht nur aus der Kausalität der Tatentstehung, sondern auch aus den Prozessen der Definition zu abweichendem und kriminellem Verhalten erklären, dann hätte er an dieser Stelle zumindest einen größeren argumentatorischen Aufwand verwandt. Mit seiner Forderung, die Organisation der Entdeckung von Ladendieben aus der privaten Verfügungsmacht der Opfer zu nehmen und staatlicher Polizei zu unterstellen, stand er kurz vor der Reflexion der Wechselbeziehungen von Kontrollverhalten und Kriminalisierungschancen. Zumindest objektiv ist auch hier ein Zusammenhang zwischen den vorgeschlagenen rechtspolitischen Lösungen und der Selektivität der Rezeption sozialwissenschaftlicher Theorien: Hätte er Ladendiebstahl als Ergebnis eines Definitionsprozesses zu verstehen versucht, so hätte er das Verhalten von Überwachungs- und Strafverfolgungsinstanzen zur Diskussion stellen müssen. Er hätte die – wenn auch wie immer unvollständigen – empirischen Befunde zur Selektivität und Opportunität von Anzeige und Strafverfolgung auf ihre formalen und informellen Bedingungen überprüfen müssen und alternative Vorschläge zur Organisation des Kriminalisierungsprozesses im Lichte solcher Erkenntnisse diskutieren müssen. Der Versuch, dies zu tun, wäre also der nächste Schritt im Lernprozeß in Richtung auf eine Integration von sozialwissenschaftlichen Theorien und rechtspolitischer Argumentation.

Im Schlußwort (JZ 1976, S. 167) seiner Diskussion des Alternativentwurfs fällt Schoreit allerdings wieder auf ein Prinzip der dogmatischen Subsumtion zurück: »Eigentum ist Eigentum«, ohne Berücksichtigung der Begehungsweise und der Selektivität rechtlicher Sanktionen ist daher hier der Anspruch des Strafrechts aufrechtzuerhalten:

»Man mag glauben, sich über die kriminalpolitisch bedenkliche Signalwirkung durch den Kunstgriff der Entkriminalisierung hinwegsetzen zu können; dann muß man sich aber die Frage stellen, ob ein solcher Schritt mit dem Versprechen des Grundgesetzgebers vereinbar ist, *das Eigentum zu gewährleisten.* Der Rechtsgemeinschaft kann es nicht gleichgültig sein, wenn im Zusammenspiel von kurzsichtiger Geschäftemacherei und partieller obrigkeitlicher Ohnmacht der Eigentumsschutz in wesentlichen Bereichen ausgesetzt und die Eigentumsgarantie damit faktisch ausgehöhlt wird« (167).

Schoreit allerdings verbleibt weiterhin in dem »ätiologischen Paradigma«, das die Ursachen der Kriminalität bei Tätern und (hier neu) den Opfern sucht, nicht jedoch auch die Bedingungen von Entdeckung und Sanktionierung registriert. Nur ein einziger Beitrag der dogmatischen Diskussion hat diesen theoretischen Ausgangspunkt der neueren Kriminalsoziologie beachtet, insofern verdient Rössner (ZRP 1976)[1] unsere besondere Aufmerksamkeit. Rössners Argumentationskette läßt sich wie folgt rekonstruieren:

1. Strukturelle Verankerung des Problems: Ladendiebstahl resultiert aus Selbstbedienung als »rationeller Verkaufsmethode«.

Dieser Punkt bleibt unbelegt, denn die beiden zitierten Literaturstellen (Arzt, Hoefnagels) belegen nur, daß andere Autoren auch dieser Meinung sind. Konsequent wäre es, auch die Möglichkeit offenzulassen, daß die erhöhte Registrierung von Ladendiebstahl in Selbstbedienungsläden eine Folge von deren besserer Sicherung und Überwachung ist, also nicht unbedingt auf höhere Kriminalität schließen läßt (Anhaltspunkte hierfür bei Blankenburg 1969).

Für Rössners Argumentation wichtig ist nun der nächste Punkt: »Die staatliche Strafrechtspflege suchte überall nach ebenso *rationellen* Methoden zur Bewältigung dieser Bagatellkriminalität, ohne die Effektivität in diesem besonders sichtbaren Bereich zu sehr herabzumindern« (141).

Damit wird ein reflexiver Standpunkt bezogen: Die Justiz wird mit einem Problem konfrontiert, das ihr vom Handel beschert wird und dessen quantitative Ausmaße nach einer effektiven Reaktion verlangen – insbesondere deshalb, weil in diesem »besonders sichtbaren Bereich« der Bagatellkriminalität bei den Normadressaten leicht der Eindruck entstehen kann, die Sanktionsmacht sei nicht mehr in jeder Hinsicht gedeckt. Ohne daß Rössner diesen Gedanken zu Ende führt, wird doch deutlich, daß Strategien der Entkriminalisierung dem Sanktionsstab zugute kommen sollen, der auf diese Weise entlastet werden soll. Deutlich kommt diese Tendenz bereits darin zum Ausdruck, daß die kleine Vermögens- und Eigentumskriminalität mittlerweile zum Antragsdelikt geworden ist: die Verfolgungsintensität wird dadurch gemindert, daß sie vom Verfolgungsinteresse des Opfers abhängt. Auch die mit dem Problem der »ungedeckten Macht« in der Regel gekoppelte Legitimitätsfrage wird von Rössner berührt, wenn auch nicht explizit gemacht: es handelt sich um die Frage, inwieweit der strafrechtliche Sanktionsverzicht alsbald zur völligen Normfreigabe führt, die ja insofern immer problematisch ist, als sie in der Regel die Legitimitätsfrage nach sich zieht, weniger für die Normadressaten als für die Mitglieder des Sanktionsstabes: Denn gerade diejenigen, die bestimmte Normen durchsetzen sollen, müssen an sie glauben können!

2. Einer der Vorschläge für derartige Entlastungsstrategien (»Rationalisierung der Justiz« in der Terminologie Rössners) ist die »sektorale Zurückdrängung des Strafrechts«:

Diese Strategie ist nicht so neu, sondern es handelt sich eher um eine »Rückerinnerung auf lange erprobte Formen der Verbrechenskontrolle, die wegen der Überbewertung dogmatischer Abgrenzungsfragen im Strafrecht verschüttet waren« (142).

3. Von der Verwirklichung eines solchen Vorschlags (gemeint ist die »sektorale Zurückdrängung des Strafrechts«) ist auch kein Effektivitätsverlust zu erwarten. Verschiedene Sanktionen sind

»in einem äußerst breiten Feld« gleich wirksam (oder unwirksam).

Die Argumentation hierzu erfolgt auf dem Plausibilitätsniveau. Als Beleg wird Kaiser (1973) zitiert; außerdem wird eine relevante Untersuchung (über das Ausstellen eines ungedeckten Schecks und der durch unterschiedliche Kontrollformen hervorgerufenen Reaktionen) in einigem Detail referiert. Bemerkenswert ist, daß Rössner besonders den Gesichtspunkt der Implementierung betont. Bei scharfer Sanktionsdrohung werde nämlich »lax« implementiert. Daher verspreche das Experiment der zivilrechtlichen Lösung »ein Mehr an Generalprävention durch eine intensive und gleichmäßige Durchsetzung einer angemessenen Rechtsfolge möglichst bald nach der Tat« (142). Außerdem »(gewänne) der Verbrechensbegriff des Strafrechts durch eine solche Ausgrenzung wieder an Plastizität und (könnte) damit seine ›Integrationsfunktion‹ in der Gesellschaft erfüllen, die in Frage gestellt ist, wenn der Kreis der betroffenen Delinquenten zu groß gezogen wird« (142).

Im Unterschied zu anderen Arbeiten wird hier also in erster Linie mit den Problemen und Möglichkeiten der Justiz argumentiert und nicht mit einem Zustand oder einer Entwicklung »dort draußen«, die jetzt auf Biegen oder Brechen eine wirksame Reaktion der Justiz erfordern. Die Wechselwirkung zwischen Abweichung und Kontrolle und die internen Mechanismen der Kontrolle werden zentral berücksichtigt. Insofern hat Rössner in der Tat den theoretischen Ausgangspunkt der »neuen« Kriminalsoziologie rezipiert und nicht nur einzelne Empiriebruchstücke. Die besondere Leistung Rössners, die ihn von den bisher zitierten Arbeiten abhebt, besteht darin, daß er von dem genannten Theorieansatz her eine vorgeschlagene Regelung auf ihre möglichen Folgen überprüft.

Komplizierter wird dieses Verhältnis von soziologischer Theorie und juristischer Dogmatik in jenem Abschnitt, in dem sich Rössner mit der Frage der quantitativen Abgrenzung der Bagatelle befaßt. Im Entwurf der Alternativprofessoren werden DM 500,– als die Grenze genannt, bis zu der beim Ladendiebstahl die »sektorale Ausgrenzung« gelten soll.

Rössner zeigt zunächst wieder in einem historischen Aufriß, daß derartige quantitative Abgrenzungen auch früher immer schon üblich waren. Im übrigen werde auch in der sozialen Wirklichkeit die Höhe des Schadens berücksichtigt: Delikte mit geringer Schadenshöhe würden weniger häufig angezeigt, auch Polizei und Staatsanwaltschaft hätten hier eigene Strategien der

»individuellen Entkriminalisierung« (142). Belege hierzu fehlen allerdings, sie wären aber leicht beizubringen (Blankenburg/Steffen 1975; Blankenburg/Sessar/Steffen 1975).

Als nächstes wird mit dem Verweis auf Dunkelfelduntersuchungen gezeigt, daß Bagatelldiebstähle praktisch von jedermann irgendwann einmal begangen werden. Erst bei höheren Beträgen finde sich eine Häufung von Personen mit schwerer und allgemeinerer Kriminalitätsbelastung. Hieraus wird gefolgert, daß eine quantitative Abgrenzung eines Bereiches, für den das Strafrecht noch nicht zuständig sein soll, eine Entsprechung in der Kriminalitätswirklichkeit habe: Unterhalb einer gewissen Schadensgrenze sind Delikte »normal«.

Es folgt dann ein dogmatischer Exkurs, in dem ausgeführt wird, daß »Schuld« immer am Erfolg einer Handlung anknüpfe. Daher stehe die quantitative Abgrenzung mit dem Schuldgrundsatz in keinerlei Widerspruch. (In diesem Zusammenhang wird auch auf das Beispiel der 0,8‰-Grenze verwiesen.)

Von dieser Position aus wird die Fünfhundertmark-Grenze des Entwurfs gegen Ladendiebstahl der Alternativprofessoren kritisiert. Es werden empirische Untersuchungen zum Ladendiebstahl zitiert, die zeigen, daß über einem Schaden von DM 500,– nur ein geringfügiger Anteil der Taten liegt, der Entwurf praktisch also auf alle Fälle von Ladendiebstahl zutreffen würde. »Darüber hinaus würde Kriminalität erfaßt, die nicht mehr als klein zu bezeichnen ist« (143).

An dieser Stelle wird eine Wertung eingeführt, denn tatsächlich wird nirgends gezeigt, warum nicht eben aller Ladendiebstahl als »klein« bezeichnet werden sollte. Hingewiesen wird darauf, daß nach einer Schweizer Untersuchung 9% der Ladendiebe die Hälfte des Gesamtschadens verursachen. Die implizierte Forderung, daß diese obersten Anteile nicht mehr als Bagatelle zu werten seien, wird aber nirgends begründet (und ist auch nicht zu begründen). Hinter dieser Forderung steht offenbar wieder die Annahme, daß strafrechtliche Sanktionen wirksamer sind als andere Sanktionsformen – wobei nochmals unterstellt wird, daß durch die Sanktion möglichst viel an Schaden verhindert werden soll. Diese implizierte Annahme widerspricht aber der im ersten Abschnitt des Beitrags explizit aufgezeigten Tatsache, daß die Effizienzunterschiede durchaus nicht so liegen.

Bemerkenswerter ist in diesem Zusammenhang ein von Rössner

vorgebrachtes Argument, das mit dem Hinweis auf die problematische Einstufung eines Bagatelldiebstahls »eines auf dem Lande wohnenden Jugendlichen aus dem Garten eines Fremden« und eines »Ladendiebstahls eines Jugendlichen in der Stadt« die Forderung unterstreicht, die Bagatellregelung nicht aus das Tatbild »Ladendiebstahl« einzuschränken.

Aus beiden Argumenten wird gefolgert, daß

a) eine allgemeine Bagatellregelung günstiger wäre als eine, die auf das Tatbild »Ladendiebstahl« eingeschränkt ist, daß aber

b) der Entwurf der Alternativprofessoren sich für eine solche Ausweitung nicht eigene, weil seine Wertgrenze zu hoch liege: Das brächte auch »eine nicht wünschenswerte Verkürzung des Schutzes für den sozial Schwachen mit sich, der den Aufwand eines Zivilverfahrens scheut« (144).

3. Zur Natur von rechtspolitischen Empfehlungen

Die Rezeptionsschranken der dogmatischen Diskussion gegenüber kriminologischen Ergebnissen haben wir aus dem »methodologischen Paradigma« erklärt. Juristische Argumentationen sind dogmatischer Tradition verhaftet, und diese prägt unterschiedlich – je nachdem, ob man es mit einem Strafrechtler, einem Zivilrechtler oder einem Öffentlich-Rechtler zu tun hat. Der Diskussion um den Ladendiebstahl merkt man deutlich die Verhaftung in der *strafrechtlichen* Dogmatik an. Nur hieraus ist nachvollziehbar, welche Herausforderung es bedeutet, als der Kreis der »Alternativprofessoren« einen Entwurf eines Ladendiebstahlsgesetzes vorsah, das im unteren Schadensbereich zivilrechtliche Sanktionen (allerdings unter behördlicher Kontrolle) vorsah und eine Kriminalisierung erst oberhalb einer Schadensgrenze von DM 500,– empfahl. Die Diskussionen des 51. Deutschen Juristentages 1976 in Stuttgart (3. Abteilung: Sanktionen für Kleinkriminalität)[2] zeigten die Auswirkungen des methodologischen Paradigmas: Strafrechtliche Dogmatik gewinnt ihre Legitimation aus dem Gedanken des Schutzes *abstrakter* Rechtsgüter, hierzu schickt es sich nicht, die Sanktion auf Verletzung solcher Rechtsgüter von den Gelegenheiten zu einer Tat, ihren Umständen und ihren Entdeckungswahrscheinlichkeiten festzumachen. Das einleitende Referat von Naucke (1976) verdeutlichte die Abwehr jeglicher Überlegungen zur Reduzierung von Dunkelziffern und zur Effektuierung von Strafen mit dem Argument, daß dadurch Formen von Diebstahl ausdifferenziert würden und die Legitimation der Sanktionierung aus der Verletzung des abstrakten Rechtsguts »Eigentum« nicht mehr erkennbar wäre. (Daß man sektorale Lösungen innerhalb des Gesetzbuches einfügt, würde solcher Argumentation nur einleuchten, wenn sich hierfür dogmatische Gründe aufzwingen: wie dies etwa bei der Aufnahme der Beförderungserschleichung und des Automatenbetrugs in das StGB der Fall war.)

Auch eine pragmatische Lösung, wie sie etwa bei Verkehrsdelikten oder anderen kleineren Delikten, die massenweise auftreten, versucht wurde, wurde von der versammelten Juristenschaft verworfen: Ladendiebstahl als »Ordnungswidrigkeit« zu behandeln heißt in ihrem Verständnis, diesen zu »entkriminalisieren« (NJW 1976, S. 2009, III-I, 2). Wenn auch ein Bußgeldbescheid sich von einem Strafbefehl nur darin unterscheidet, daß durch ihn keine Registrierung als Vorstrafe erfolgt, wenn auch solche Registrierungen (wie bei Straßenverkehrsdelikten) in speziellen Karteien vorgenommen werden könnten – eine Eigentumsverletzung (sei sie noch so minimal) aus dem Strafgesetzbuch in ein anderes zu überweisen, kann bei Strafrechtlern durchaus keine Mehrheit finden.

Die Rezeptionsschranken der juristischen Einzeldisziplin werden besonders deutlich daran, daß sogar eine so unverbindliche Empfehlung (NJW 1976, S. 2009, III-II, 8), wie die, »die allgemeine Problematik der Kleinkriminalität zu lösen bedarf langfristiger Überlegungen und entsprechender kriminologischer Untersuchungen« (wenn auch knapp), abgelehnt wurde. Ein Juristentag untersucht nicht, und er überlegt nicht langfristig: er empfiehlt und entscheidet. Vom dogmatischen Paradigma führt den Juristen sein Weg ohne Umwege zur Rechtspolitik. Nach dem Selbstverständnis des Juristentages garantiert die Verbindung von Universitätslehrern, Ministerialräten und juristischen Praktikern, daß die hier formulierten Beschlüsse »von einer möglichst großen Mehrheit und damit vom Ansehen des Juristenstandes schlechthin getragen sind, und vom Gesetzgeber nur verlangen, was erreichbar (scheint)«. (Nowakowski 1960, S. 71). Wissenschaftliche Untersuchungen werden durch die »Erfahrung« von Praktikern unnötig gemacht, paradigmatisches Umdenken ist angesichts des dogmatisch geschlossenen Denkgebäudes unnötig.

Es zeigt sich jedoch, daß nicht nur Juristen über Erfahrungswissen und rechtspolitische Intentionen verfügen. Der hier vorgelegte Aufsatz kam auf einem Treffen von drei Soziologen zustande, die ähnlich wie der Juristentag an dem Massenphänomen des Ladendiebstahls Interesse gewonnen haben. Ausgewiesen waren sie durch ein Vollstudium auf dem Gebiet der Soziologie bzw. Psychologie und wissenschaftliche Veröffentlichungen auf dem Gebiet der Kriminologie. Über Erfahrungswissen verfügten sie sowohl, was das Ausführen von Ladendiebstählen angeht,[3] wie was die Überwachung und Entdeckung von Ladendieben angeht. Der »Kleine Ladendiebstahls-Soziologentag« der drei Autoren dürfte, da ein in dieser Weise ausgewiesener Kreis auch unter Soziologen klein ist, eine mindestens ebenso hohe Repräsentanz aller Ladendiebstahlssoziologen im deutschsprachigen Raum aufweisen, wie dies der Juristentag für die Juristenschaft tut – nämlich in beiden Fällen: keine. Ähnlich wie beim Juristentag sind auch hier unterschiedliche Interessen vertreten: Einer der Autoren ist als Kleinaktionär in einem Warenhaus beteiligt, einer der Autoren betätigt sich gelegentlich beratend, um die psychischen Sanktionsfolgen bei ertappten Ladendieben zu behandeln, und alle drei Autoren sind als Konsumenten an einer möglichst niedrigen Preisbelastung durch Ladendiebe interessiert.

Die versammelten Ladendiebstahls-Soziologen kamen zu folgenden Empfehlungen:

1. Ladendiebstahl ist ein Massenphänomen mit hoher Dunkelziffer. Er ist möglichst »effektiv« zu bekämpfen. (2:1)
2. Der erste Schritt zur Reduzierung des Ladendiebstahls liegt in einer Veränderung der Verkaufsformen: weniger freizügiges Anbieten, bessere Betreuung von Kunden durch Verkaufspersonal würde die Gelegenheit und Verführbarkeit zu Ladendiebstahl verringern. Die Verbraucherverbände werden aufgefordert, so verstandene »generalpräventive« Maßnahmen zum Konsumentenschutz zu ergreifen. (3:0)
3. Wegen eines Ladendiebstahls unter einer bestimmten Mindestgrenze sollte niemand vorbestraft werden. Auf der anderen Seite sollte durch möglichst lückenlose und gleichmäßige Bestrafung eine Abschreckung erreicht werden. Dabei ist es gleichgültig, ob man dies durch eine Überweisung durch das Ordnungswidrigkeitengesetz oder durch private Verwaltung von Geldbußen organisiert. Die privatrechtliche Lösung birgt die Gefahr von Interessenkollisionen. Deshalb empfehlen wir eine Überweisung in das Ordnungswidrigkeitengesetz. Oberhalb der festzusetzenden Schadensgrenze verbleiben Ladendiebstähle im

Strafgesetzbuch (1. Abstimmung: 1:2; erneute [dem Juristentag nachempfundene] Abstimmung auf »Verlangen« des Vorsitzenden: 2:1)

4. Der Kunde hat das gestohlene Gut nachträglich zu bezahlen. Weiterer Schadensersatz soll nicht geltend gemacht werden können, da eine Berechnung von Verwaltungsaufwand, Fangprämien etc. nur im Rahmen einer gesamtbetriebswirtschaftlichen Rechnung möglich ist, die Schadensberechnung für den Einzelfall aber nur willkürlich festgesetzt werden kann. Schadensersatz würde den Betrieben Anstrengungen im Sinne der Empfehlung (2) ersparen, er sollte daher nicht generell ermutigt werden. (3:0)

An der Tatsache, daß Soziologen ihre Empfehlungen auf einem fiktiven »Kleinen-Ladendiebstahls-Soziologentag« abgeben, wird vielleicht deutlich, was »Rechtspolitik durch Juristen« möglich und wirksam macht: Hinter juristischen Empfehlungen dieser Art standen bei der Diskussion des Juristentags deutlich potente gesellschaftliche Kräfte, z. B. der Handel (der sich seine juristischen Berater u. a. zum Zweck solcher nicht immer direkt »sichtbarer« Interessenvertretung hält [Gawron/Schäfer 1976, S. 242 ff.]) und der Status quo der strafrechtlichen Praxis. Hinter soziologischen Empfehlungen steht nichts Vergleichbares. Bestenfalls haben Soziologen die Chance, von den für die Gesetzgebung relevanten (= organisations- und konfliktfähig) gesellschaftlichen Kräften in den Status des Experten erhoben zu werden, mit der Absicht, daß sie sich für eine politische Durchsetzungsstrategie instrumentalisieren lassen (Friedrich 1970, S. 161 ff.; Edelman 1976). Sollte dies vielleicht das Geheimnis der viel zitierten »Macht des Wortes« sein!

Anmerkungen

1 Rössner legt mit diesem Aufsatz ein »summary« seines ebenfalls 1976 erschienenen, ausgezeichneten Buches vor.

2 Vgl. die Kritik an dieser Diskussion bei Baumann 1976; zur Soziologie des Deutschen Juristentages s. a. Rasehorn, KJ 1970, S. 473.

3 Vgl. Schoreit JZ 1976, S. 52, Fn. 22 sowie die moralisch indignierte Abwehr bei Arzt (1976, S. 58, Fn. 23), der zwar nicht im AE-GLD (1974), aber hier Ladendiebstahl mit Mord auf einer Stufe der »Schwereeinschätzung« stellt.

Abele, A. / Nowack, W.: »Ladendiebstahl fünfmal pro Tag. Ein Feldexperiment zu Determinanten informeller sozialer Kontrolle«, in: *KrimJ* 3/1976, S. 224-232.

AE-GLD: *Entwurf eines Gesetzes gegen Ladendiebstahl*, Tübingen 1974, Recht und Staat, 439.

Arzt, G.: »Zur Bekämpfung der Vermögensdelikte mit zivilrechtlichen Mitteln – Der Ladendiebstahl als Beispiel«, in: *JuS* 1974, S. 693-698.

Baumann, J.: »Eine Bagatelle? Blütenlese aus der Argumentation der strafrechtlichen Abteilung des 51. Deutschen Juristentages«, in: *ZRP* 1976, S. 268-270.

Berckhauer, F. H.: »Soziale Kontrolle der Bagatellkriminalität: Der Ladendiebstahl als Beispiel.« Ms. Freiburg 1976, abgedruckt in: *DRiZ* 1976, S. 229 ff.

Blankenburg, E.: »Die Selektivität rechtlicher Sanktionen. Eine empirische Untersuchung von Ladendiebstählen«, in: *Kölner Zeitschrift für Soziologie und Sozialpsychologie* 1969, S. 805 ff. Erweiterte Fassung in: J. Friedrichs (Hg.): *Teilnehmende Beobachtung abweichenden Verhaltens*, Stuttgart 1973, S. 120-150.

Blankenburg, E. / Sessar, K. / Steffen, W.: »Die Schichtverteilung der (Eigentums- und Vermögens-)Kriminalität: Eine Willkür der Instanzen?«, in: *KrimJ* 1/1975, S. 36-47.

Blankenburg, E. / Steffen, W.: »Der Einfluß sozialer Merkmale von Tätern und Opfern auf das Strafverfahren«, in: E. Blankenburg (Hg.): *Empirische Rechtssoziologie*, München 1975, S. 248-268.

Edelman, M.: *Politik als Ritual. Die symbolische Funktion staatlicher Institutionen und politischen Handelns*, Frankfurt am Main/New York 1976.

Friedrich, H.: *Staatliche Verwaltung und Wissenschaft. Die wissenschaftliche Beratung der Politik aus der Sicht der Ministerialbürokratie*, Frankfurt 1970.

Gawron, T. / Schäfer, R.: »Justiz und organisierte Interessen in der BRD«, in: *PVS-Sonderheft* 7/1976, S. 217-269.

Kaiser, G.: »Die Beziehungen zwischen Kriminologie und Strafrecht«, in: *Goltdammers' Archiv für Strafrecht* 1967, S. 289-315.

Derselbe: *Kriminologie. Eine Einführung in die Grundlagen*, Karlsruhe 1973.

Kuhn, T. S.: *Die Struktur wissenschaftlicher Revolutionen*, Frankfurt 1967.

Lange, R.: »Der Ladendiebstahl. Ein Ort wissenschaftlicher Verwirrung«, in: *Festschrift für H. Jahrreiß zum 80. Geburtstag*, Köln/Berlin/Bonn/München 1974, S. 117-133.

Derselbe: »Privilegierung des Ladendiebstahls?«, in: *JR* 1976, S. 177-183.

Lüderssen, K.: *Strafrecht und »Dunkelziffer«*, Tübingen 1972 (Recht und Staat, 412).

Naucke, W.: *Über die juristische Relevanz der Sozialwissenschaften*, Frankfurt 1972.

Derselbe: *Empfiehlt es sich, in bestimmten Bereichen der kleinen Eigentums- und Vermögenskriminalität, insbesondere des Ladendiebstahls, die strafrechtlichen Sanktionen durch andere, z. B. zivilrechtliche Sanktionen abzulösen, ggf. durch welche? Gutachten D für den 51. Deutschen Juristentag*, München 1976, S. D 7-D 122.

Nowakowski, F.: »Der Beitrag des Deutschen Juristentages zur Gemeindeutschen Strafrechtsreform«, in: *Hundert Jahre Deutsches Rechtsleben. Festschrift zum 100. Bestehen des Deutschen Juristentages 1860-1960*, Karlsruhe 1960, Bd. I, S. 55-85.

Popitz, H.: *Über die Präventivwirkung des Nichtwissens. Dunkelziffer, Norm und Strafe*, Tübingen 1968 (Recht und Staat, 350).

Popper, K.-R.: Kübelmodell und Scheinwerfermodell: Zwei Theorien der Erkenntnis, in: K.-R. Popper, *Objektive Erkenntnis*, Hamburg 1973, S. 369-390.

Rasehorn, Th.: »Empfiehlt es sich, den Deutschen Juristentag abzuschaffen?«, in: *KJ* 1970, S. 473.

Rössner, D.: »Strafrechtsreform durch partielle Entkriminalisierung«, in: *ZRP* 1976, S. 141-146.

Derselbe: *Bagatelldiebstahl und Verbrechenskontrolle. Ein exemplarischer Beitrag zur Entkriminalisierung durch quantitative Begrenzung des Strafrechts*, Bern/Frankfurt/München 1976.

Schoreit, A.: »Der in Zusammenhang mit dem Alternativentwurf eines Strafgesetzbuches vorgelegte Entwurf eines Gesetzes gegen Ladendiebstahl (AE-GLD) im Lichte der Kriminalstatistik 1974 und moderner Opferforschung«, in: *JZ* 1976, S. 49-54.

Derselbe: »Strafrechtlicher Eigentumschutz gegen Ladendiebstahl. Schlußwort in einer Diskussion um den Alternativentwurf eines Gesetzes zur Bekämpfung des Ladendiebstahls mit zivilrechtlichen Mitteln (AE-GLD)«, in: *JZ* 1976, S. 167.

Struck, G.: »Dogmatische Diskussion über Dogmatik«, in: *JZ* 1975, S. 84-88.

Klaus Lüderssen

»Zuschreibung« kriminalpolitischer Positionen – ein neuer Zweig des Definitionsansatzes? »Ladendiebstahls-Soziologen« formen Juristen nach ihrem Bild

A.

»In Eurem Kopf liegt Wissenschaft und Irrtum geknetet, innig, wie ein Teig zusammen; mit jedem Schnitte gebt Ihr mir von beidem«.[1] Das sind die Empfindungen, die auf verschiedenen Gebieten arbeitende Gelehrte wechselseitig hegen, wenn sie den Versuch machen, zur Kenntnis zu nehmen, wie sich ihr Fach in den interdisziplinären Bemühungen des Nachbarwissenschaftlers ausnimmt. Warum auch nicht – immerhin gibt es die Maxime, Wissenschaft sei ohnehin nichts anderes als »trial and error« – in bunter Folge. Das an den Dorfrichter Adam gerichtete dictum des Gerichtsrats Walter nimmt im Disput zwischen Juristen und Kriminologen freilich eine etwas schiefe Stellung ein – es könnten sich die Kriminologen am Ende mit Adam identifiziert fühlen, da doch der Jurist es ist, der sich, wie billig, auf den Gerichtsrat beruft. Arroganter also kann die juristische Replik auf den sozialwissenschaftlichen Text gar nicht beginnen. So scheint es. Aber er trügt, dieser Schein. Er trügt, weil der Gerichtsrat es ist, der immerhin Zugeständnisse macht – »Wissenschaft *und* Irrtum« – die Kriminologen hingegen ausschließlich auf Irrtümer deuten, wenn sie beschreiben, was die Juristen tun. Ich könnte in diesem Tone fortfahren und das Bild ergänzen, denn nicht nur Irrtum auf der ganzen Linie, versteht sich, waltet in unserer armen Zunft, sondern hinzu treten, wie man weiß, trübe Motivation und dumpfes, von Instinkt und Gewohnheit geprägtes Beharren auf gesellschaftlicher Macht, geben dem Juristen erst die richtige Farbe. Es wäre dies eine Art der Auseinandersetzung, von der man meinen könnte, durchblättert man das Kriminologische Journal, sie sei von den dort publizierenden Sozialwissenschaftlern erfunden worden – wenn nicht noch rechtzeitig die Erinnerung sich meldete, daß es eigentlich die polemische Publizistik der Jahrhundertwende ist, die hier Pate steht. Keine schlechte Tradition, wenn man an die Kontroversen zwischen Karl Kraus und Maximilian Harden oder – um bei unseren Fächern zu bleiben – zwischen Eugen Ehrlich und Hans Kelsen, Karl Binding und Max Ernst Mayer denkt – aber doch eben eine Tradition, eine sehr bürgerliche Tradition, die ihren ersten Höhepunkt schon mit Heine erreicht, später mit Nietzsche und noch später mit Tucholsky oder Heinrich Mann beste Literatur hervorbringt. In der Tat – weshalb soll, was sich gegenwärtig kühn voranbewegt, nicht in Formen erscheinen, die würdige Erneuerer anderer Epochen glänzend vorexerziert haben. So weit, so gut. Dennoch, ich denke mir, alles hat seine Zeit. Ich genieße die suada, um weitere Namen zu nennen, von Theodor Lessing oder Alfred Kerr ohne Einschränkung. Die Lektüre der ersten drei Seiten indessen, mit denen Fritz Sack auf Einwände antwortet, die ihm Tilmann Moser gemacht hat,[2] finde ich quälend. Nicht minder quälend beispielsweise sind die nicht endenden ironisch-larmoyanten Vorbemerkungen Klaus Horns und Alfred Lorenzers[3] in ihrer Erwiderung auf die – zweifellos recht grobschlächtige – soziologische Kritik der Psychoanalyse im Kursbuch.[4] Übrigens sind es nicht Soziologen und Psychologen allein, die in dieser merkwürdigen Weise spätbürgerliche Stile, die sie mancher Inhalte wegen, mit denen sie seinerzeit verknüpft waren, eigentlich von sich weisen müßten, aus der Versenkung holen und neu drapieren; es gibt dergleichen auch auf anderen Gebieten und in der allgemeinen Essayistik. Vor die Wahl gestellt, literarischen Vorlieben nachzuhängen, auch wenn nur noch deren Abglanz erscheint, oder »to stick to the problem«, wie die Engländer sagen, bin ich mehr für das Letztere – so sehr mich diese Vorbemerkungen insoweit Lügen strafen. Sie sind nur Ausdruck des lang aufgestauten ennuis angesichts des schon von Anne-Eva Brauneck perhorreszierten Tatbestandes, daß so oft von Kriminologie anstatt von Kriminalität geredet werde.[5] Ganz allerdings kann man das wohl nicht vermeiden. In dem Maße nämlich, wie die fachlichen Stellungnahmen verknüpft werden mit autobiographischen Mitteilungen, erlangen sie eine durch die sichtbar werdende Authentizität gesteigerte Konkretheit, vor allem aber werden die Maßstäbe für eine die Vorverständnisse einbeziehende Interpretation gleich mitgeliefert – so sehr auch sie natürlich ihrerseits der Interpretation bedürfen. Es gibt eine Sammlung von Aufsätzen aus Anlaß des siebzigsten Geburtstages des französischen Germanisten Robert Minder, die sämtliche der Frage gewidmet sind: »Wie, warum und zu welchem Ende wurde ich Literaturhistoriker?« Viele der in diesen Bänden behandelten Streitfragen, würden durch solche Selbstdarstellungen, für die es auch in der Rechtswissenschaft schon Parallelen gibt[6], in ein klareres Licht gerückt werden. Aber darüber an anderer Stelle.[7]

B.

»Wissenschaft und Irrtum« verteilen sich in den – dem Verhältnis zwischen empirischer Rechtssoziologie und Strafrechtsdogmatik gewidmeten – Betrachtungen der drei Autoren[8] meines Erachtens wie folgt:

I. Zustimmung verdient im großen und ganzen die Kritik daran, wie Juristen mit empirischem Material umgehen, wenngleich bei dieser Gelegenheit auch einige irritierende Eigentümlichkeiten der Kriminologen offenbar werden.

1. Selbstverständlich muß sich die empirische Sozialforschung dagegen wehren, daß in juristischen Arbeiten falsche empirische Daten verwendet oder unvollständige Erhebungen zugrunde gelegt werden. Mit Recht vermissen die Autoren daher für einige Behauptungen die Belege. (421)

2. Auch reicht es in der Tat nicht aus, empirische Daten einfach aufzuzählen. (408) Aber es fällt auf, daß die Autoren sich um die Frage, wie man von empirischen Daten zu normativen Aussagen gelangen oder wie man die Determination empirischer Erhebungen durch normative Vorannahmen erklären, unter Kontrolle bringen könne etc., überhaupt nicht kümmern, sondern einfach davon sprechen, daß »normative Annahmen und faktische Sätze miteinander in Einklang gebracht werden« müssen. Sie seien nun einmal nicht reinlich zu trennen, ist die einzige Auskunft (405), was sicher zutrifft, aber so nicht einfach stehen bleiben kann. Hier muß man vorerst überfällige Auseinandersetzungen mit älterer philosophischer und neuerer wissenschaftstheoretischer Literatur abwarten; für eine nähere Einlassung fehlt jeder Anhaltspunkt.

3. Schlüssig ist ferner der Hinweis auf demagogische Verwendung empirischer Daten. Ob er in allen Fällen legitimiert werden kann, ist hingegen zweifelhaft. Das gilt etwa für die Kritik an Richard Lange. Seine Position ist unter dem gleichen Aspekt angreifbar wie die der Autoren: Es fehlt die wissenschaftstheoretisch-philosophische Legitimation der Argumentation (hier: für die Berufung darauf, die Natur der Sache liege darin, daß Diebstahl und Entwendung keine bewußten Ordnungsverstöße sondern sozial-ethisch zu mißbilligendes und entsprechend zu bestrafendes Verhalten seien (416, s. a. 419).

II. Nach wie vor oberflächlich und ohne Blick für größere Zusammenhänge und Zielkonflikte ist – Ausnahmen zugestanden – das gesamte Bild der Jurisprudenz, das die Autoren zeichnen.

1. Mindestens voreilig ist zunächst die These, der Paradigmenwechsel auf theoretischer Ebene sei bei den Juristen »dadurch immunisiert« (...), »daß innerhalb der juristischen Profession ein ganz bestimmtes ›methodologisches Paradigma‹« vorherrsche: »Der Zwang, lösungsbedürftige Probleme über und in ›Dogmatik‹ zu verarbeiten« (407); hier liege die Grenze der Rezeption sozialwissenschaftlicher Erkenntnisse durch Juristen (412 f.).

a) Die These verallgemeinert zu stark, klammert andere juristische Aufgaben aus, insbesondere die Gesetzgebung.

b) Die These berücksichtigt nicht, welche Entwicklungen in der methodologischen Diskussion darüber, was die Dogmatik sei, was sie leisten könne, wie sie fortzuentwickeln sei, inzwischen stattgefunden haben; sie geht von einem längst überholten deduktiv-analytisch orientierten Begriff von Dogmatik aus. Damit mag übrigens auch die eigenartige Affinität zu Niklas Luhmanns Konzeption der Jurisprudenz zusammenhängen, auf die man in der sozialwissenschaftlichen Normendiskussion stößt[9], denn dieser Autor bringt die alten, durch praktische Erfahrungen und radikale Erkenntniskritik erschütterten Wunschbilder der Juristen von durchgängiger Ableitbarkeit ihrer Ergebnisse auf neue – zunächst paradoxerweise den Soziologen eher als den Juristen verständliche – Begriffe.[10] Diese Vereinigung von analytischer Philosophie und Systemtheorie zu einer neuen, auf Immunisierung gesellschaftlicher Einflüsse programmierten Rechtstheorie gibt es.[11] Man darf sie nur nicht für das Ganze nehmen, für etwas, was gleichsam den natürlichen, ewig wiederkehrenden Charakter der Jurisprudenz ausmacht. Es geht auch anders. Aber es gibt allerhand Anzeichen dafür, daß die Kriminologen das nicht wahrhaben dürfen gewissermaßen, weil sonst der Gegner die feindliche Kontur verliert, die mühevoll gebannte Gefahr wieder am Horizont erscheint, nun doch noch zur Gehilfin einer herrschaftsverwaltenden Wissenschaft werden zu müssen, ihr gar noch die raffinierteren, gewaltverschleiernden Mittel an die Hand zu geben. Das ist das eine. Hinzu kommt – durchaus widersprüchlich – die Vorstellung, daß die Juristerei, wenn es sie nun schon geben müsse, dann auch nicht versuchen dürfe, ihre Grenzen zu sprengen, sondern zu halten habe, was sie verspreche. Das aber ist nach Auffassung der Autoren offensichtlich die Stabilisierung einer (heimlich bewunderten und beneideten) Autorität. Dazu paßt die merkwürdige, auf trotziges Selbstmitleid gestimmte Schilderung der eigenen Machtlosigkeit, dieses gleisnerische Sich-klein-Machen, diese verächtliche Zurückweisung eines freundlichen »Partners«, der gefälligst furchterregend zu sein hat.

c) Die These verkennt schließlich die Aufgabe der Dogmatik. Hier haben wir es mit einer schwer auflösbaren fachspezifischen Wertungsdifferenz zu tun. Es muß deshalb – so lästig das ist – erneut auf die weit vorgeschrittene Diskussion über Rechtsstaatsprinzip und Sozialkontrolle hingewiesen werden.[12]

2. Zweifel erweckt ferner die These, »strafrechtliche Dogmatik gewinnt ihre Legitimation aus dem Gedanken des Schutzes abstrakter Rechtsgüter, hierzu schickt es sich nicht, die Sanktion auf Verletzung solcher Rechtsgüter von den Gelegenheiten zu einer Tat, ihren Umständen und ihren Entdeckungswahrscheinlichkeiten festzumachen«. (424)[13]

a) Zunächst ist schlicht auf die Existenz des § 46 StGB hinzuweisen. Dort ist geregelt, welche konkreten Umstände jenseits der Feststellung von Tatbestandsmäßigkeit, Rechtswidrigkeit und Schuld bei der Strafzumessung zu berücksichtigen sind. Auch zu diesen Vorschriften gibt es inzwischen eine »Dogmatik«. Sie steht völlig quer zu dem vorgefertigten Dogmatikbild der Autoren.

b) Aber deren Vorwurf geht natürlich weiter. Auch die Deliktsverwirklichung – heißt es – soll nicht nur mit abstrakten Maßstäben festgestellt werden. An wessen Adresse geht diese Forderung? Die *juristische* Diskussion darüber, daß für die Auslegung, richtiger: Konkretisierung von Tatbestandsmerkmalen auch außerhalb des Tatbestands liegende, sozusagen externe Gesichtspunkte heranzuziehen sind, gibt es doch seit langem.[14] Wie oft muß das eigentlich noch gesagt werden? – angesichts dessen, daß man es in den bereits vorliegenden Seminarbänden nachlesen kann,[15] und zwei Beiträge[16] ausdrücklich zu dem Zweck aufgenommen worden sind, diese neuere Entwicklung der dogmatischen Methode zu dokumentieren? Zum Teil handelt es sich dabei um das, was wir Folgenorientierung im Recht nennen. Von Zeit zu Zeit erscheinen neue Arbeiten zu diesem Thema.[17] Wer wird sie eigentlich lesen? Die Kriminologen vermutlich nicht. Es handelt sich in der Tat um gefährliche Texte. Sie könnten nämlich Illusionen zerstören, liebgewordene, für die tägliche Arbeit unentbehrliche Feindbilder auflösen. Sind die Juristen am Ende gar nicht durchweg dumm und schlecht? Wie furchtbar – denn dann muß man entweder wesentliche – bequem verwaltete – Positionen aufgeben oder zu einer Auseinandersetzung mit Details übergehen. Demgegenüber ist es entschieden das geringere Übel, sich mit der Langeweile zu arrangieren, nichts zur Kenntnis zu nehmen und deshalb guten Gewissens immer wieder dasselbe zu behaupten. Das Risiko ist gering, da der Kreis derjenigen Juristen, die ebenso sensibel wie methodologisch ungeschult und daher einer »das Kind mit dem Bade ausschüttenden« Kritik von außen mühelos zugänglich sind, sich ständig erneuert. Die Publikumsbeschimpfung wird also nicht so bald vor leeren Bänken stattfinden, und das genügt offenbar.

Folgenorientierung – das ist Reflexion auf ursächliche Zusammenhänge. Wer – für die endgültige Entscheidung – Klarheit darüber gewinnen will, wie eine Verurteilung sich auf die betroffenen Menschen auswirkt, muß möglichst viel über die Umstände wissen, die sie in diese Lage gebracht haben (wozu – muß es immer wieder zugegeben werden? – auch gehört, daß die Instanzen der sozialen Kontrolle labelnd zugreifen). Richtig ist, daß die von den Autoren benannten Faktoren noch nicht genügend in den Prozeß der Normkonkretisierung (Dogmatik) eingehen. Das liegt aber nicht zuletzt an der unvermindert großen, von den Kriminologen postulatorisch verdeckten Schwierigkeit, Faktisches normativ zu wenden.

c) Insbesondere gilt das für die Dunkelzifferproblematik. Es geht dabei um den Einfluß der »Entdeckungswahrscheinlichkeit« auf die Dogmatik. Da die Konkretisierung der Normmerkmale zugleich über deren Geltungsumfang entscheidet, müssen die

Folgerungen bedacht werden, die sich ganz allgemein für den Geltungsanspruch von Normen aus der Existenz von Dunkelfeldern ergeben könnten. Die Autoren haben auch dazu ihren Standpunkt vorgetragen. Sie sind der Auffassung, eine hohe Dunkelziffer schaffe von sich aus noch kein Legitimationsproblem (400). Sie »definieren ›Rechtsnorm‹« nur »mit Hilfe der Reaktion auf Abweichungen«, als einen beobachtbaren Tatbestand (399). Geltung ist also – nach ihrer Auffassung – zwar auch ein Ingrediens der Rechtsnorm, relevant indessen soll nur die Sanktionsgeltung sein. Ganz folgerichtig wird Geltung somit zu einem Problem ausschließlich für den Sanktionsstab reduziert. Geltungsansprüche von Normen, auf deren Übertretung keine Sanktion folgt, werden daher als kontrafaktisch bezeichnet (400). Die Frage, ob wenigstens für den Legitimitätshaushalt des Sanktionsstabes einige Gesichtspunkte verbleiben könnten, wird nicht ernst genommen. Vielmehr ist nur davon die Rede, daß die Mitglieder des Rechtsstabes sich der »Analyse faktischer Geltungschancen« widersetzen (400).

Im Grund kann man hierzu wenig sagen. Daß es für die Sanktionsgeltung gar keine »echte« Legitimität soll geben können – jedenfalls hier und jetzt –, sondern nur Entlarvung, ist eine unbewiesene Behauptung; im Text der Verfasser jedenfalls gibt es für sie keine Belege, sondern nur eine Art politischer Stimmung, gestützt auf die allumfassende Überzeugungskraft der Labeling-Theorie. Aber ist denn, vorausgesetzt man folgt dieser Theorie uneingeschränkt, wirklich schon ausgemacht, daß dann dem Sanktionsstab jede Legitimation zu versagen ist? Wie, wenn Labeling, Stigmatisierung etc. nun gesellschaftsnotwendige Vorgänge, gleichsam Überlebensstrategien relevanter Gruppen[18] wären? Das ist nicht so zynisch, wie es vielleicht klingt. Die Mittel gesellschaftlicher Auseinandersetzung sind zu allen Zeiten und überall mehr oder weniger hart für die jeweiligen Betroffenen; selbst wenn es die heiligsten Gründe für die Einsperrung von Menschen geben sollte, ist sie eine harte, feindselige Maßnahme. Auch den Gründen indessen, aus denen eine Gruppe überleben, sich behaupten, zur Geltung bringen, durchsetzen, herrschen will, kann man mit delegitimierenden Erwägungen gar nicht so leicht beikommen; hier braucht man Naturrecht oder ausgeklügelte verfahrensorientierte Demokratietheorie und -praxis, beides gleich schwer zu haben.

Aber so weit braucht man gar nicht zu gehen. Die Labeling-Theorie ist ja eine kritische, Mißstände denunzierende Erklärung justizieller Sozialkontrolle. Mit anderen Worten, sie impliziert geradezu die Perspektive, daß es Alternativen geben müsse, es sei denn, die Aufklärung über den Labeling-Prozeß diskreditiere jeden Versuch, legitimer – sei es der etablierten, sei es einer gedachten revolutionären – Staatstätigkeit, im Interesse potentieller Opfer auf soziale Abweichung zu reagieren – eine nicht ernsthaft in Erwägung zu ziehende Konzeption. Wer daran arbeitet, daß diese Alternativen Kontur gewinnen, ist um legitimierte Sanktionsgeltung bemüht. Diese Bemühungen[19] freilich existieren für die Verfasser nicht.

Als Zwischenergebnis möchte ich festhalten: Selbst wenn man den Labeling-Ansatz uneingeschränkt zugrunde legt, muß für die Legitimation des Sanktionsstabes eine Antwort gefunden werden. Entweder seine Tätigkeit wird positivistisch als moderne Interaktionsform von Staat und Bürgern hingenommen – dann muß dafür eine (wie auch immer ausfallende) Rechtfertigung gefunden werden. Oder man wünscht sich eine andere, »bessere« Interaktion zwischen Staat und Bürgern. Dann gilt ihr die Legitimationsfrage. Tertium non datur.

Ist das richtig, dann kann man sich die Modifikationen des Problems ganz gut vorstellen, die sich ergeben, wenn nicht der absolute Labeling-Ansatz (Kriminalität wird ausschließlich interaktionistisch konstituiert), sondern ein relativer (interaktionistische mit strukturellen Faktoren verbindender) Labeling-Ansatz zugrunde gelegt wird[20] oder gar ganz andere Paradigmen; es bedarf also keiner weiteren Ausführungen.

Nicht einmal für die Sanktionsgeltung läßt sich der Standpunkt – eine hohe Dunkelziffer schaffe noch kein Legitimationsproblem – also durchhalten. Erst recht gilt dies für Normgeltungen, die nicht nur durch die vollzogene Sanktion konstituiert werden. Freilich scheinen die Verfasser anzunehmen, daß es eine solche Geltung nicht gebe. Eine spezifisch sozialwissenschaftliche Perspektive ist das nicht, wie das Beispiel Popitz[21] zeigt und auch allgemein – im Namen einer sich nur auf empirisch nachprüfbare Daten stützenden Methodologie – kann sie nicht ohne weiteres eingenommen werden. Dagegen sprechen empirische Befunde über das, was man Verhaltensgeltung nennt, wobei man noch Normen unterscheiden kann, die mit Blick auf eine *mögliche*

Sanktion gelten, und Normen, die von vornherein sanktionslos konstruiert sind oder praktisch sanktionslos bleiben. Wie man die Legitimation dieser Normen losgelöst von der Zahl derer, die ihr zustimmen, und der Art dieser Zustimmung, betrachten kann, ist mir schlechthin unerfindlich. Daß Zustimmung oder Anerkennung gleichwohl höchst schwierige Legitimationskriterien sind, ist mir geläufig; ich habe das auch verschiedentlich ausgesprochen und möchte mir erlauben, auf diese – freilich etwas verstreuten – Bemerkungen[22] zu verweisen. Wie ambivalent insbesondere insoweit aus Dunkelfeldern zu ziehenden Folgerungen sind, ist Gegenstand meines von den Verfassern kritisierten Artikels »Dunkelziffer und Strafrecht«. Nur die dort vorgestellte Ausgangsposition ist von den Verfassern aufgegriffen worden. Mit keinem Wort bedacht wird jedoch der Versuch, das Phänomen der potentiell gegenläufigen Schlußfolgerungen zu erklären. Ich sehe deshalb keine Veranlassung, diese – sicher unvollkommene – Erklärung hier weiter auszuführen. Die Behauptung aber, an die ich anknüpfen könnte, »Lüderssen übersieht (...), daß es eine dritte, mehr auf Zweckmäßigkeit als auf Bewertung gerichtete Alternative gibt: Der Unwertgehalt kann geringer bewertet und gleichzeitig – zum Teil hierdurch – das Sanktionssystem ›effektiver‹ gestaltet werden« (398) – muß hier auf sich beruhen, da sie von den Verfassern nicht näher begründet wird; ihr Text wendet sich sofort jenen anderen, bereits behandelten, die Legitimationsrelevanz der Dunkelziffer schlechthin bestreitenden These zu.

3. Insgesamt ist der Eindruck übermächtig, daß Lernfähigkeit und Bereitschaft der Juristen ausschließlich daran gemessen werden, ob sie sich mit dem Definitionsansatz identifizieren (425, s. a. 420 und 422). Dies scheint mir ein ganz besonders krasser Fall von »Zuschreibung« zu sein. Der Gedanke, daß es sachliche Einwände gegen den Definitionsansatz geben könne, die von Juristen stärker vorgetragen werden als von anderen Sozialwissenschaftlern (die es doch aber zweifellos auch gibt), wird gar nicht zugelassen. Zu dieser Attitüde – muß man schon sagen – paßt, daß in verschiedenen Fällen gleichsam Noten verteilt werden.[23]

Ich bin alles andere als glücklich darüber, mit diesen Bemerkungen schließen zu müssen. Eine Zensur findet nicht statt, heißt es in unserer Verfassung. Das »Grundgesetz« der Verfasser scheint zu sein, »eine Auseinandersetzung (mit Juristen) findet nicht statt«. Was folgt denn daraus eigentlich für die Zensur (gesetzt man hätte die Macht)?

Anmerkungen

1 Heinrich von Kleist, Der zerbrochene Krug, 7. Auftritt (am Ende).

2 Fritz Sack, »Selektion und Kriminalität«, in: *Kritische Justiz* 1971, S. 384 ff.; Tilmann Moser, *Jugendkriminalität und Gesellschaftsstruktur*, Gießen 1970; mitbedient auf diesen Seiten wird übrigens auch noch eine Rezension von Heiner Christ (*Kritische Justiz* 1970, S. 493). Es scheint sich um eine Art Ritual zu handeln, denn die Auseinandersetzung mit Karl Dieter Opp beginnt auf die gleiche Weise (Fritz Sack, »Definition von Kriminalität als politisches Handeln: Der Labeling Approach«, *Kriminologisches Journal* 1972, S. 3 ff. (4-6)). Daß dieses Ritual erheblicher Steigerungen fähig ist, habe ich schon in dem Nachwort zu Band 2 dieser Reihe registrieren können (Fritz Sack, »Die Chancen der Kooperation zwischen Strafrechtswissenschaft und Kriminologie. Probleme und offene Fragen«, a.a.O., S. 346 ff.). Spitzenleistung aber ist der Beitrag Sacks in diesem Bande (»Die Kriminologie auf fremdem Boden« – darüber genauer in meinem Beitrag, »Kollektive Zurechnung – individualisierende Haftung«, in diesem Bande).

3 Klaus Horn, »Die theoretische Abschaffung des Subjekts in Form seiner selbstzerstörerischen Wiederkehr«, in: Dahmer u. a., *Das Elend der Psychoanalyse-Kritik, Beispiel Kursbuch 29*, Frankfurt/Main 1973, S. 77 ff; Alfred Lorenzer, »Psychoanalyse als Herrschaftswissenschaft?« oder Psychoanalyse als Anpassungsgeste, a.a.O., S. 43 ff.

4 *Kursbuch* 29 (1972): Das Elend mit der Psyche II: Psychoanalyse.

5 Anne-Eva Brauneck, *Allgemeine Kriminologie*, Reinbek b. Hamburg 1974, S. 11.

6 Hans Planitz, *Die Rechtswissenschaft der Gegenwart in Selbstdarstellungen*, 2 Bände, Leipzig, 1924/25.

7 S. die Angabe am Ende der Anmerkung 2.

8 Erhard Blankenburg/Heinz Steinert/Hubert Treiber, »Empirische Rechtssoziologie und Strafrechtsdogmatik«, in diesem Bande – im folgenden nur noch mit Seitenzahlen zitiert.

9 S. z. B. Fritz Sack, »Fragen und Probleme der Rechtsanwendung aus soziologischer Sicht«, in: Günther Albrecht u. a. (Hrsg.), *Soziologie – René König zum 65. Geburtstag*, Opladen 1973, S. 400 ff. (417 ff.).

10 S. dazu Klaus Lüderssen, in: *Abweichendes Verhalten* Band I, S. 17.

11 Das ist eine – auf den ersten Blick – vielleicht überraschende Behauptung. Denn Niklas Luhmann, auf den sich vor allem beruft, wer in

Deutschland für eine Systemtheorie des Rechtes eintritt, fordert eine problemorientierte Sachlogik: »Eine funktionalistische Theorie ist kein hypothetisch-deduktives System. Ihre Ergebnisse sind nicht in ihrem Ansatz enthalten. Ihre Einheit ist die eines Problemzusammenhanges und seiner analytischen Technik, die auf verschiedenen Stufen wiederholt wird« (»Funktion und Kausalität«, in: *Soziologische Aufsätze . . .*, S. 20). Etwas Derartiges scheint auch gemeint zu sein, wenn über die »Philosophie der Parsonsschen Theorie« gesagt wird: »Das Kontinuum enthält – von ›oben‹ nach ›unten‹ – eine Hierarchie der ›Kontrolle‹ der ›Regelung‹, der höherorganisierten Systemebenen über die ›unteren‹, organisationsärmeren und – von ›unten‹ nach ›oben‹ – eine Skala von der ›Kontrolle‹ in einer Gegenbewegung zuwiderlaufenden einschränkenden ›Bedingungen‹« (Reinhard Damm, *Systemtheorie und Recht,* Berlin 1976, S. 36 ff. (39)). Im Ergebnis aber hat der Integrationsprozeß ein einseitiges Gefälle. Das ist ganz deutlich bei der Parsonsschen Sozialisationstheorie: Das kulturelle System der Gesellschaft übernimmt die Kontrolle über die Subsysteme: Familie und sonstige Bezugsgruppen, psychisches System des Kindes, organisches System des kindlichen Organismus (Damm a.a.O., S. 40). Zunehmend wird die Notwendigkeit der Systemerhaltung – der politisch-vitale Ausgangspunkt der Systemtheorie – so begriffen (allgemein dazu Friedrich Jonas, *Geschichte der Soziologie* IV Reinbek b. Hamburg 1969, S. 153 ff.). Für die Funktion des Rechts hat das Luhmann auf dem Weltkongreß für Rechts- und Sozialphilosophie in Madrid 1973 dargelegt (»Die Funktion des Rechts: Erwartungssicherung oder Verhaltenssteuerung?«, in: Luis Legaz y Lacambra (Hrsg.), Die Funktionen des Rechts, in: *Archiv für Rechts- und Sozialphilosophie,* Beiheft Neue Folge Nr. 8, Wiesbaden 1974, S. 31 ff.). Kein Wunder daher, daß es nicht beim Positivismusstreit geblieben ist, sondern die Habermas-Luhmann-Kontroverse hinzugekommen ist. Die Theorie der Gesellschaft muß sich nicht nur gegen Denkverbote, sondern auch gegen Sozialtechnologie wehren. (Jürgen Habermas / Niklas Luhmann, *Theorie der Gesellschaft oder Sozialtechnologie – Was leistet die Systemforschung?* Frankfurt am Main 1971; dazu drei Supplement-Bände, Frankfurt/Main 1973, 1974, 1975.

Ob das so sein muß, ist eine andere Frage. Die Sozialtechnologie hätte durchaus Grund, sich mehr um die Effektivitätssteigerung durch Innovation »von unten« zu kümmern, s. dazu Dieter Senghaas, *Sozialkybernetik und Herrschaft . . .*, S. 388 ff.). Der analytische Philosoph aber hätte Veranlassung, sich der hermeneutischen Probleme anzunehmen, die mit eben dem Konventionalismus (betr. die Basissätze) sich stellen, in dessen Namen er auf »Totalität« fixierte Gesellschaftstheorie kritisiert (vgl. dazu Klaus Lüderssen, in: *Abweichendes Verhalten* II, S. 19, mit Nachweisen (Anm. 86 auf S. 32)). Das ist der Weg,

auf dem sich die einander bekämpfenden Lager erkenntnistheoretisch und politisch entgegenkommen könnten und sollten.
Ansätze in dieser Richtung finden sich in Fritz Sacks Versuch, eine Analogie herzustellen zwischen der »Position des sogenannten kritischen Rationalismus« und der Rechtfertigung einer Strafjustiz, die nach der Maxime des Parteiprozesses verfahre. Dem Staatsanwalt werde dann nicht zugemutet, auch die Sache der anderen Partei zu besorgen. Vielmehr stehe ihr die andere Partei als Gegenpartei gegenüber, als »Mitglied der Gesellschaft . . ., das mit dieser Ordnung in Konflikt lebt«. Damit sei eine »Aufwertung des ›Outlaw‹ verbunden und seine Relativierung des Staates in seiner Funktion als ›Sachwalter‹ und Interpret der gesellschaftlichen Ordnung und der in ihr verkörperten Werte« (Fritz Sack, »Strafrecht und Kriminalität in einer freiheitlichen Gesellschaft – einige Folgerungen für das Verhältnis zwischen Rechtsanwalt und Mandant«, in: Werner Holtfort (Hrsg.), *Strafverteidiger als Interessenvertreter*, Neuwied und Darmstadt 1979, S. 132 ff. (143)). Die Strafjustiz habe auf diese Weise die Chance, sich um Loyalität gegenüber Regeln einer nicht von vornherein mit den Trägern der staatlichen Macht identischen gesellschaftlichen Ordnung zu bemühen (a.a.O., S. 142). Dieser modus procedendi entspreche dem Programm einer dem Falsifikationsprinzip verpflichteten Wissenschaftstheorie, das K. R. Popper entwickelt und »in die Gesellschaftstheorie hineinverlängert«, »zum Konstituens und Ausdruck einer ›offenen Gesellschaft‹ gemacht« habe (a.a.O., S. 145). »Er hat damit in die Wissenschaft einen Wahrheitsbegriff importiert, der dem ›loyalistischen‹ Selbstverständnis moderner, freiheitlich-demokratischer Gesellschaft gemäßer ist, als es ein Freiheitsbegriff statischer, absoluter und endgültiger Art wäre« (a.a.O., S. 145). Es ist offenkundig, daß – so gesehen – auch die vor allem von Jürgen Habermas (einem Vertreter der anderen Seite im Positivismusstreit) vorgetragene Konsensustheorie der Wahrheit (Jürgen Habermas, »Wahrheitstheorien«, in: Helmut Fahrenbach (Hrsg.), *Wirklichkeit und Reflexion, Walter Schulz zum 60. Geburtstag*, Pfullingen 1973, S. 211 ff.) – hätte zitiert werden können. Das gilt ebenfalls für die weiteren Folgerungen, die Fritz Sack zieht: »Die Übertragung dieses Gedankens auf den Bereich des Strafrechts und der Verbrechensverfolgung ist unschwer möglich. Ein Prozeßmodell, das der effizienten Kriminalitätskontrolle den primären Rang einräumt, ist dem älteren ›Verifikationsprinzip‹ vergleichbar. Der ›Wahrheit‹ im System der Wissenschaft entsprechen die ›Rechtsgüter‹ und Werte im System des Rechts. Das ›Verifikationsmodell‹ bedeutet hier wie dort Gewißheit über die Ziel- und Fluchtpunkte des jeweiligen Teilsystems. Die fehlende Gewißheit über die Wahrheit und deren Kriterien sind der Ansatzpunkt der Kritik des ›Falsifikationsmodells‹, das über die Wahrheit dessen Fort-

schreibungsnotwendigkeit stellt. Analog dazu wäre auch das Recht und die gesellschaftliche Ordnung entsprechend dem Falsifikationsprinzip des kritischen Rationalismus in der Weise zu relativieren, daß es systematisch der Erprobung und dem Scheitern ausgesetzt wird« (a.a.O., S. 145/146). Sack geht noch weiter, er gelangt zu einer sehr radikalen Konsensustheorie der Rechtsgeltung. Schon der Verstoß gegen die Rechtsordnung soll die Geltung in Frage stellen. Denn »eine dem Falsifikationsprinzip der Wissenschaftstheorie folgende Orientierung« müßte »die Rechtstreue der Mitglieder der Gesellschaft nicht als Beweis für die Richtigkeit und Bewährung der Rechtsordnung (...) nehmen, sondern den Verstoß gegen sie als deren Falsifikation, als ihr Scheitern (...) betrachten«. (A.a.O., S. 146). Auch sehr engagierte Vertreter der Anerkennungstheorie des Rechts gehen – mit guten Gründen – nicht so weit (s. dazu Klaus Lüderssen, Die generalpräventive Funktion des Deliktssystems, in: Winfried Hassemer/Klaus Lüderssen/Wolfgang Naucke, *Hauptprobleme der Generalprävention,* Frankfurt am Main 1979, S. 54 ff. (73)), und man kann auch zweifeln, ob das mit Blick auf naturwissenschaftliche Erkenntnis entworfene Falsifikationsprinzip so ohne weiteres für die Beschäftigung mit der sozialen Welt Geltung beanspruchen kann (wie vorsichtig man dabei verfahren muß, habe ich versucht, in meiner Arbeit, *Erfahrung als Rechtsquelle,* Frankfurt am Main, 1972, S. 79 ff., 109 ff., klarzumachen). Ebenso sorgfältig freilich sind die Schritte auseinanderzuhalten, die man tun muß, wenn aus der Konsenstheorie der Wahrheit Folgerungen für die Rechtsgeltung gezogen werden sollen (vorläufig dazu Klaus Lüderssen, »Die generalpräventive Funktion des Deliktssystems«, a.a.O., S. 65 ff. mit weiteren Nachweisen). Grundlegend richtig indessen ist die Einsicht, daß auch der zum Falsifikationsprinzip führende Konventionalismus des kritischen Rationalismus es möglich macht, gerade ein sich nicht gegen innovatorische Einflüsse (wozu auch von Randgruppen eingebrachte Gegendefinitionen gehören können) immunisierendes Rechtssystem aufzubauen, ein Rechtssystem, das auch unter Effektivitätsgesichtspunkten (allerdings ist dabei an eine sehr umfassend angelegte, langfristige Effektivität gedacht) Bestand haben und die Funktion der Erhaltung sozialer Ordnung übernehmen könnte. Doch dies steht noch im weiten Felde und entspricht nicht der landläufigen Einschätzung. Sack selbst z. B. hätte erst einmal Abschied zu nehmen von seiner Begeisterung für den »Scharfsinn von Luhmannschen Analysen«, für dessen Weigerung, »die bestehenden Aporien und Legitimationsdefizite des Rechts und Rechtssystems nicht« umzusetzen »in institutionellen und strukturellen Wandel, sondern sie für das Funktionieren des Rechtes als irrelevant auszuweisen« (Fritz Sack, »Einige Fragen und Probleme der Rechtsanwendung aus soziologischer Sicht«, in: Günther Albrecht / Hans Jürgen Daheim / Fritz Sack (Hrsg.), *Soziologie, René König zum 65. Geburtstag*, Opladen 1973, S. 440 f. (415)).

12 Klaus Lüderssen, in: *Abweichendes Verhalten* Band I, S. 15 ff., 23, Band III, 21 f.; ders., »Wie rechtsstaatlich und solide ist ein sozialwissenschaftlich-juristisches Grundstudium«, in: *Juristische Schulung* 1974, S. 131 ff. (132/133) mit weiteren Nachweisen«, ders. in: Erhard Denninger / Klaus Lüderssen, *Polizei und Strafprozeß im demokratischen Rechtsstaat,* Frankfurt am Main 1978, S. 42 ff.; 79 ff.

13 Der Satz ist übrigens mißverständlich – gemeint ist wohl statt »festzumachen«: »abhängig zu machen«.

14 S. die Nachweise bei Lüderssen, *Juristische Schulung* a.a.O., S. 133.

15 *Abweichendes Verhalten* Band II 215 ff. und Band III 16 ff.

16 Winfried Hassemer, »Die Mordmerkmale, insbesondere ›heimtükkisch‹ und ›niedrige Beweggründe‹ – BGHSt 23119«, in *Abweichendes Verhalten* Band II, S. 315 ff.; Wolfgang Naucke, »Der Kausalzusammenhang zwischen Täuschung und Irrtum beim Betrug. Zum Verhältnis zwischen Kriminalpolitik und Strafrechtsdogmatik«, a.a.O., S. 233 ff.

17 S. jetzt Thomas W. Wälde, *Juristische Folgenorientierung,* Königstein/Taunus 1979; Barbara Pfeifer-Frenzel, *Folgenorientierung in der Rechtsprechung am Beispiel von Fortsetzungsvereinbarungen bei Personalgesellschaften im Familienbesitz,* Frankfurter Dissertation 1979.

18 S. dazu Klaus Lüderssen, »Juristische Allgemeinbegriffe und Demoskopie«, in: Winfried Hassemer u. a. (Hrsg.), *Generalklauseln als Gegenstand der Sozialwissenschaften,* Baden-Baden 1978, S. 55 (72 ff.).

19 S. dazu jetzt Klaus Lüderssen, »Die generalpräventive Funktion des Deliktssystems«, a.a.O., S. 61 f.

20 S. Klaus Lüderssen, in: *Abweichendes Verhalten* Band 1, S. 22/23.

21 Heinrich Popitz, *Über die Präventivwirkung des Nichtwissens. Dunkelziffer, Norm und Strafe;* Tübingen 1968.

22 *Abweichendes Verhalten* I, S. 14-21; 216-219; »Juristische Allgemeinbegriffe und Demoskopie«, a.a.O., S. 59 ff., »Die generalpräventive Funktion des Deliktssystems«, a.a.O., S. 65 ff.

23 Z. B.: »Die ›gutwillige‹ Rezeption von empirischen Ergebnissen« (133; 139 ff.).

Hubert Treiber

Die Macht der Routine oder Was geschieht nach dem Inkrafttreten eines (Reform-) Gesetzes

*Zur Implementierungspraxis der §§ 153, 153a StPO beim Bagatelldiebstahl**

Wenn Montaigne mit seinem Aphorismus recht haben sollte, daß die Originalität eines Autors weitgehend darauf beruht, daß er die für seine Fragestellung relevante Literatur zu ignorieren weiß, so muß die vorliegende Arbeit allein schon deshalb »originell« sein, weil das Schrifttum zum Thema »Bagatellkriminalität« (insb. zum Ladendiebstahl) mittlerweile unübersehbar ist. Allerdings scheint die spezifische Fragestellung, unter der das Thema der Behandlung der Bagatellkriminalität hier abgehandelt werden soll, die Frage nach der Unwirksamkeit von Reformgesetzen, wenig originell zu sein, da, wie Blankenburg treffend bemerkt, »Beispiele für die Unwirksamkeit von Gesetzen so alt und so vielfältig (sind) wie das Recht selbst« (Blankenburg 1977, 31). Wenn es aber andererseits zutrifft, daß das Selbstverständliche am »wenigsten« nachgedacht zu werden pflegt (Weber), besteht gerade angesichts vertrauter Tatbestände und bekannter Überlegungen zu der hier interessierenden Thematik eine große Chance, mit Hilfe einer »neuen« Perspektive das Selbstverständliche unselbstverständlich erscheinen zu lassen. Ein solcher Perspektivenwechsel scheint auch gegenüber der vorherrschenden juristischen Fundierung und normativen Orientierung des Schrifttums zur Bagatellkriminalität dringend angebracht zu sein.

Daß gerade der Bagatelldiebstahl zum Untersuchungsgegenstand erhoben wurde, hängt in erster Linie damit zusammen, daß gerade der Umgang der Justiz mit diesem Massendelikt anschaulich demonstriert, wie sehr organisatorische Bedingungen die Wirksamkeit von Gesetzen bestimmen. Es mögen auf der legislatorischen Ebene die Interessen des Einzelhandels und die Dogmatiker des strafrechtlichen Eigentumsschutzes große »symbolische Geschütze« auffahren, letztlich bestimmen doch die Organisationsbedingungen der ausführenden Instanzen, in welchem Ausmaß die die Bagatellkriminalität betreffenden Gesetze implementiert werden.

Mit diesem Zusammenhang beschäftigt sich der Implementationsansatz (Mayntz 1977; Bohne/Hucke 1978); er ist primär an der »empirischen Erfassung und Erklärung von Regelmäßigkeiten bei der Durchführung akzeptierter Entscheidungen durch komplexe Handlungssysteme« (Bohne/Hucke 1978, 65) interessiert, läßt andererseits aber auch den Prozeß der Programmentwicklung (den Prozeß der Entstehung von Entscheidungen) nicht unberücksichtigt, da die beiden Prozeßphasen der Programmentwicklung und Programmimplementierung (hier: Rechtsanwendung) »durch komplexe Abhängigkeiten miteinander verknüpft sind« (Mayntz 1977, 54). Beispielsweise »wird die Programmentwicklung durch die Kenntnis der vorgegebenen Implementationsstruktur und die Antizipation von Schwierigkeiten im Vollzug inhaltlich beeinflußt« (Mayntz 1977, 54), wobei unter »Implementationsstruktur« »die Gesamtheit der steuernd, kontrollierend oder unmittelbar durchführend mit der Implementation eines bestimmten Programmes befaßten administrativen Einheiten verstanden (wird)« (Mayntz 1977, 62). Betont die Verknüpfung von Programmentwicklungs- und Implementierungsphase eher Prozeßaspekte, so verweist das oben wiedergegebene Verständnis der Implementationsstruktur – insb. dann, wenn ein »zur Durchführung akzeptierter Entscheidungen« eigens eingerichteter (Durchführungs-)Stab existiert und das zu implementierende Programm dem (Programm-)Typ der konditionalen Programmierung (zwingende Wenn-dann-Regelungen mit Ermessensspielraum) zuzurechnen ist – auf einen akteurorientierten konflikttheoretischen Ansatz, der u. a. nach den »Verhaltensdispositionen bzw. der normativ(en) Orientierung und (dem) Rollenverständnis des Personals« (Mayntz 1977, 63) fragt, aber außer dieser Binnenstruktur auch die Außenkontakte des Implementierungsstabes (Normadressaten wie Normbenefiziare; hier z. B.: Ladendiebe wie Warenhäuser) zu thematisieren vermag.

Mit der hier gewählten definitorischen Festsetzung des Entscheidungsbegriffs (i. S. d. »Durchführung akzeptierter Entscheidungen«) erscheint die der Implementationsforschung immanente Frage nach der Zielverwirklichung resp. -abweichung als ein Unterfall der Implementationsforschung (Bohne/Hucke 1978, 66). Wenn auch diese »Gesetzgeberperspektive« mehrere Probleme aufwirft (u. a. von der Unterstellung ausgeht, daß operationalisierte bzw. operationalisierbare Ziele bei Gesetzgebungsprogrammen auszumachen sind, daß das Erreichen dieser Ziele selbst einen positiven Wert darstellt und daß der Gesetzgeber selbst an einer zielgerechten Implementation interessiert ist (vgl. Mayntz 1977, 56 f.; Blankenburg/Treiber 1978, 165)), akzeptieren wir bei der Untersuchung der Reform- (und Implementierungs)politik beim Bagatelldiebstahl *zunächst* diese begrenzte Perspektive und gehen davon aus, daß die Verwirklichung der (schriftlich vorliegenden) Reformintentionen des Gesetzgebers positiv zu beurteilen ist und der Gesetzgeber von vornherein an einem konformen Vollzug der Reformziele interessiert war. Akzeptiert man diese Unterstellung nicht, dann muß die für den Bereich der Bagatellkriminalität gefundene »prozessuale Lösung« (i. S. d. §§ 153, 153a StPO) als der geschickte Versuch des Gesetzgebers erscheinen, die Status quo-Interessen des Implementationsstabes mit den Forderungen einer nach Reform strebenden »Bereichsöffentlichkeit« aktiver Juristen zu »harmonisieren« (eine ähnliche Konstellation, wie sie Aubert (1967) für die Beratungsphase des norwegischen Hausangestelltengesetzes nachgewiesen hat).

Die mit der Neuregelung der §§ 153, 153a StPO verbundenen Intentionen des Gesetzgebers liegen schriftlich fixiert vor und sind inzwischen von den Experten des Rechts ausführlich kommentiert worden, so daß sich das mit der Reform des Bagatellstrafrechts verbundene Zielsystem relativ leicht identifizieren läßt und zum Bewertungsmaßstab erhoben werden kann. Die punktuelle Heranziehung der zahlreich vorhandenen (jedoch keine einheitliche Linie vertretenden) Kommentare geschieht gelegentlich zu Demonstrationszwecken: um zu zeigen wie »mit nicht unbeträchtlichem rechtsstaatlichen Pathos« (Naucke 1976, D 80) eine Diskussion geführt wird, die näherliegende Interpretationsangebote desavouiert bzw. überhaupt nicht zur Kenntnis nimmt.

Mit der Neuregelung der §§ 153, 153a StPO verfolgte der Gesetzgeber die Intention, »dem Bürger nicht nur ein gutes, sondern auch ein schnelles Gerichtsverfahren zur Verfügung« zu stellen (BT-Drucks. 7/551, S. 34; BT-Drucks. 7/1261, S. 26). D. h. die genannten Paragraphen verstehen sich als Beitrag zu einer umfassend angelegten Prozeßrechtsreform. Diese Prozeßrechtsreform ließ sich nicht nur von dem Ziel der Beschleunigung des Strafverfahrens leiten, sie strebte auch eine Konzentration der Sanktionsmacht an: durch die »Prozeßreform« im Bagatellbereich sollten die Verfolgungsorgane und Gerichte zugunsten einer intensiveren Verfolgung der mittleren und schweren Kriminalität entlastet werden (BT-Drucks. V 4095, S. 47 f.; BT-Drucks. 7/550, S. 297 f.; BT-Drucks. 7/551, S. 69).

Die Neuregelung der §§ 153, 153a StPO ist aber auch eine konsequent gesatzte »verfahrensrechtliche Korrektur« der vom

Gesetzgeber getroffenen Entscheidungen im materiellen Recht (im Bereich der Bagatellkriminalität). Wie ein Blick in die Reformgeschichte und auf die seit 1871 praktizierten Regelungsangebote zeigt, tat sich der Gesetzgeber bei einer materiellen Regelung der Bagatelltaten immer schwer (Naucke 1976, D 19-D 37; Rössner 1976, 48-60). Mit den im EGStGB vom 1. 1. 1975 getroffenen Regelungen wollte der Gesetzgeber die offensichtlichen *»Abgrenzungsschwierigkeiten«* bisheriger Lösungen und Lösungsvorschläge im Bereich der Bagatelltaten umgehen, mit der Folge, daß sich »im Bereich der Vermögenskriminalität ... die vollständige Beseitigung aller im materiellen Recht enthaltenen Ansätze für eine angemessene Unrechtsbewertung (ergibt)« (Rössner 1976, 57) und man infolgedessen von einer »totale(n), generelle(n) Kriminalisierung dieses abweichenden Verhaltens« (Rössner, a.a.O.) sprechen muß.

Im einzelnen traf der Gesetzgeber die folgenden materiellen Entscheidungen: Die Übertretungen insgesamt sind weggefallen (entweder durch Streichung oder durch Überführung in das OWiG bzw. durch Übernahme in landesrechtliche Vorschriften). Die Fälle des § 370 I Nr. 5 StGB a. F. (»Mundraub«) bewertete der Gesetzgeber jedoch als »kriminelles Unrecht« (BT-Drucks. V/4095, S. 3) und wertete sie damit zu Vergehen auf. Auch andere Privilegierungen (wie § 248a StGB a. F., »Notentwendung«) wurden aufgegeben. Im materiellen Recht findet sich nur noch die mit § 248a StGB geschaffene Regelung, »durch Dazwischenschalten eines Antragsberechtigten (die Verfolgungsintensität) zu mindern« (Naucke 1976, D. 25) – ebenfalls eine konsequente Umsetzung der intendierten Reformziele (Entlastung resp. Konzentration). (Als Beispiel hierfür dient der Ladendiebstahl (9. Sitzung des SA für die Strafrechtsreform, BT, 7. WP, Stenographischer Dienst, S. 193 f.)). Bereits diese Konstruktion zeigt, daß der Gesetzgeber, dessen erklärtes Ziel es war, trotz fortgefallener Privilegierung nicht zu einer strengeren Beurteilung der Kleinkriminalität zu kommen (BR-Drucks. 111/73, S. 201, S. 247; BT-Drucks. 7/1261, S. 2, S. 17; BT-Drucks. 7/550, S. 247), das Verfahrensrecht »als geeignetes Mittel (betrachtet), die entgegengesetzte materielle Entscheidung zu überspielen« (Rössner 1976, 57). Der Gesetzgeber hat – wie es Naucke formuliert – »die Flucht ins Verfahrensrecht und in das Gerichtsverfassungsrecht angetreten« (Naucke 1976, D 26), um auf diese Weise für die im materiellen Recht fortgefallenen Privilegierungen einen Ausgleich zu schaffen, d. h. »der materielle Ausgleich erfolgt demnach ausschließlich durch die prozessualen Normen« (Ahrens 1978, 17). Aus der Sicht des Gesetzgebers erscheint die prozessuale Lösung als »Ei-des-Kolumbus«-Lösung, so wenigstens Dreher, bei dem Nähe und »Zugang zum Entscheider« unterstellt werden kann: »So bleibt als sachgerechte und praktikable Lösung nur die prozessuale. Sie allein ist in der Lage, die gesamte Bagatellkriminalität zu erfassen und nicht ungerechterweise nur den Ausschnitt der Vermögensdelikte. Sie allein ist in der Lage, den besonderen Umständen des gesamten Falles gerecht zu werden, und kann das zu grobe Bandmaß einer festen Wertgrenze entbehren. Sie allein verhindert, daß sozialethisches Unrecht nicht zu farblosem Ordnungsunrecht heruntergestuft wird mit allen sich daraus ergebenden Konsequenzen« (Dreher 1974, 933).

Es läßt sich leicht zeigen, daß die sog. geringfügigen Massendiebstähle (hier besonders der Ladendiebstahl) bei den Beratungen des Gesetzgebers eine große Rolle gespielt haben (Entwurf zum EGStGB, S. 297 f. (Begründung zu Art. 19, Nr. 41); BT-Drucks. 7/550, S. 306 Begründung zu Art. 19, Nr. 99)). So hat beispielsweise der Sonderausschuß explizit darauf hingewiesen, daß in Hinblick auf den § 153 Abs. 1 Satz 2 StPO (Einstellungsmöglichkeit der Staatsanwaltschaft ohne Auflagen und Weisungen) die »Richtlinien für das Strafverfahren« nach folgenden Vorgaben ergänzt werden sollten:

»Auf der einen Seite sollten Hinweise gegeben werden, die eine möglichst einheitliche und nicht zu kleinliche Anwendung dieser Vorschrift sicherstellen. Zum anderen muß zum Ausdruck kommen, daß die Vorschrift – vor allem im Hinblick auf Verfehlungen Jugendlicher, auf mögliche Folgekriminalität und auf das *Problem der Ladendiebstähle* – nicht unangemessen weit ausgelegt werden darf.« (BT-Drucks. 7/1261, S. 27; eigene Hervorhebung)

Mit explizitem Bezug auf die Implementierung, der unser Erkenntnisinteresse gilt, formulierte der Gesetzgeber:

»Es darf allerdings kein Zweifel daran bestehen, daß die Art und Weise, wie § 153a künftig angewendet werden wird, für die Glaubwürdigkeit der Strafrechtspflege insgesamt von erheblicher Bedeutung ist. Dieser Verantwortung entsprechend muß darauf hingewirkt werden – u. a. auch durch das Mittel der Dienstaufsicht bei der Staatsanwaltschaft – daß *sachfremde Motive*, wie z. B. Arbeitsüberlastung, auf jeden Fall unberücksichtigt bleiben. Im übrigen ist abzuwarten, ob und wie sich die neuen Vorschriften in der Praxis bewähren werden« (BT-Drucks. 7/1261, S. 28; eigene Hervorhebung).

Es ist nicht zu verkennen, daß dadurch die Staatsanwaltschaft bzw. die weisungsbefugte vorgesetzte Behörde »zur Agentur der partiellen Entkriminalisierung im System der sozialen Kontrolle des Bagatelldiebstahls« (Rössner 1976, 59) gemacht wurde und als Implementierungsstab die vom Gesetzgeber intendierten Reformziele umzusetzen hatte. Bei der Analyse der Umsetzungspraxis gibt womöglich eine Betrachtung der »sachfremden Motive« einen Aufschluß über die Bedingungen, die ein Gesetz unwirksam werden lassen (können).

Mit Hilfe der Erledigungsstatistik und einiger weniger empirischer Untersuchungen ist es möglich, die vor und nach Einführung der §§ 153, 153a StPO jeweils vorherrschende (durchaus jedoch *nicht einheitliche*) Sanktionspraxis zu rekonstruieren. Dabei empfiehlt es sich, die Erledigungsmuster *deliktspezifisch* zu betrachten. Für den Ladendiebstahl bedeutet dies, daß mit seiner Charakterisierung als *Kontrolldelikt* (Blankenburg/Steffen 1975, 249) sich jeweils ganz spezifische bürokratische Erledigungsmuster aufzeigen lassen, die auf die gegebenen Kontrollbedingungen zurückzuführen sind. *Kontrolldelikt* bezeichnet zunächst den Tatbestand, daß das Verfahren »eindeutig« ist: d. h. »der Tatverdächtige (ist) bekannt und greifbar und (...) die Beweise (werden) vom Staatsanwalt als für die Erhebung der öffentlichen Klage (als) ausreichend beurteilt« (Blankenburg et al. 1978, 49; Blankenburg et al. 1975, 42). Die »Eindeutigkeit« des Verfahrens hängt auch damit zusammen, daß – ein weiteres Kennzeichen von Kontrolldelikten – der »Zeitpunkt der Entdeckung mit dem Zeitpunkt der Tatbegehung zusammenfällt« (Blankenburg et al. 1978, 131), der Ladendieb also in der Regel »sachbeweislich« überführt werden kann. (Im übrigen wissen wir, daß »signifikant mehr Tatverdächtige, die von Unternehmen wegen eines Ladendiebstahls angezeigt werden, vor der Polizei ein Geständnis ablegen, als solche, die aufgrund einer Anzeige einer Privatperson von der Polizei wegen eines einfachen Diebstahls vernommen werden« (Blankenburg et al. 1978, 131, 132 Tab. 10)). Da beim Kontrolldelikt Ladendiebstahl das Verfahren »eindeutig« ist, ist die Quote der Verfahrenserledigung nach § 170 II StPO relativ niedrig (Blankenburg et al. 1978, 132 u. 325). Da für den Erlaß eines Strafbefehls im allgemeinen das Vorliegen eines Geständnisses des Beschuldigten Voraussetzung ist, hat der oben erwähnte Tatbestand der Geständnisbereitschaft auch Auswirkungen auf die Anwendung der Sanktionsart des *Strafbefehls.* Diese Sanktionsform dominiert beim Ladendiebstahl (wie überhaupt der Strafbefehl »unter den angeklagten Fällen im Bundesdurchschnitt gleich häufig (ist) wie der Antrag auf Eröffnung einer Hauptverhandlung« (Blankenburg 1976, 180)).

Die vor 1975 mögliche Einstellungsart bzw. Begründung einer Nichtverurteilung nach § 153 StPO a. F. wurde beim Ladendiebstahl relativ selten (und nicht nur bei diesem Delikt) angewandt: Ladendiebstahl weist im Vergleich mit anderen Diebstahlsarten (einfacher Diebstahl) eine deutlich geringere Quote an Einstellungen bzw. Begründung einer Nichtverurteilung nach § 153 StPO a. F. auf: bei Heranwachsenden und Erwachsenen ist die Quote 7% zu 15% (Blankenburg et al. 1978, 134 u. 135, Tab. 11); Fälle nach 153 StPO a. F. machen für 1970 bei annähernder Repräsentativität einen Anteil von 2,3% aus (Blankenburg et al. 1975, 43)). Diese relativ niedrige Quote verweist u. a. auf die *Geltung formeller und informeller Verfahrensregeln:* z. B. die Bewertung (»Operationalisierung«) von »geringer Schuld« über die Schadenshöhe – (die Rechtsprechung betrachtet bei einem Schaden von DM 20,– bis DM 30,– die Schuld als »geringfügig« (Blankenburg et al. 1978, 110 Fn 64)) – und die Überprüfung (Operationalisierung) des »öffentlichen Interesses« über die Vorstrafenbelastung (d. h. Vorbestrafte müssen eher wieder mit einer weiteren Definition als »kriminell« rechnen (vgl. Blankenburg et al. 1975, 44 u. 45, Tab. 4)). Unabhängig vom Merkmal »geringe Schuld« (= geringer Schaden) soll das Merkmal »öffentliches Interesse« eine Verfolgung gewährleisten, wenn nach Auffassung der Staatsanwaltschaft das »öffentliche Interesse« berührt ist – was in der Regel bei »Massenhaftigkeit« des Delikts bejaht wird (Blankenburg et al. 1978, 111). »Die Folge ist etwa, daß ein Ladendieb, bei vergleichbar geringer Schadensverursachung, keine größere, sondern eine geringere Aussicht hat, sein Verfahren eingestellt zu sehen als etwa ein Betrüger« (Blankenburg et al. 1978, 113). In diesem Verfahrensprogramm ist einer der Gründe für den schon vor 1975 zurückhaltenden Gebrauch des § 153 StPO a. F. zu sehen (vgl. Kaiser 1978, 884 ff.).

Damals (vor 1975) wie heute wird dieses interne Verfahrensprogramm durch externe Strategien der Unternehmerverbände dieses Wirtschaftssektors stabilisiert, die durch ständige Betonung des Ansteigens der Ladendiebstahlskriminalität und besondere Hinweise auf die Höhe des verursachten Schadens eine soziale Realität zeichnen (Blankenburg et al 1978, 132 f.); Quensel 1978), die drastisch unterstreichen soll, daß bei diesem Delikt eine Strafverfolgung im »öffentlichen Interesse« liegt, (hinzukommt, daß für den Fall einer Einstellung nach § 153 StPO a. F. von seiten der Warenhäuser Beschwerden organisiert vorbereitet waren, die in ihrer Begründung mit dem Hinweis auf die Massenhaftigkeit des Delikts ein »öffentliches Interesse« an der Strafverfolgung bejahten und darüber hinaus den Gesichtspunkt der Gleichbehandlung der Täter geltend machten (Blankenburg et al. 1978, 133, Fn 120)).

Das allgemeine Muster der Erledigungsart bei Bagatelldelikten (vornehmlich beim Ladendiebstahl) ist – damals (vor 1975) wie heute – der Strafbefehl (Blankenburg 1978, 264). Der Strafbefehl ist die adäquate »Normalfigur« (Lautmann) bei häufig vorkommenden, routinemäßig, d. h. bürokratisch zu erledigenden Delikten. »Normalfigur« deshalb, weil sie routinisiertes und damit zeitsparendes (bis zu einem gewissen Grad auch »endgültiges«) Entscheiden ermöglicht und rechtlich – infolge der »Eindeutigkeit« des Verfahrens – keine Schwierigkeiten bereitet und deshalb ohne besonderen Aufwand Programmtreue impliziert. Der von Lautmann in die Diskussion eingeführte Begriff der »Normalfigur« bietet sich hier auch deshalb an, weil auch die *Entlastungsfunktion* der »Normalfigur« bei der Auswahl unter mehreren Alternativen, »die allesamt nach dem formellen Programm legitim sind« (Lautmann 1972, 125), angesprochen wird z. B. hinsichtlich der Entscheidung zwischen Einstellung nach §§ 153, 153a StPO und Strafbefehl. Für die *bürokratische* Erledigung des massenhaft auftretenden Delikts Ladendiebstahl (Blankenburg 1978, 263) eignet sich der Strafbefehl u. a. auch deshalb besonders, weil das Konditionalprogramm hier einfach zu handhaben und einer Formalisierung zugänglich ist – ein Aspekt, der deshalb Beachtung verdient, weil Formalisierung die Tendenz zur Fixierung auf eine einmal eingefahrene Routine fördert. Die Routine wird dabei nicht ausschließlich als Routine (Entlastung, Zeitersparnis) geschätzt, sondern die Sicherheit, die Routine ausstrahlt, macht sie zu einem besonderen Wert für die Organisationsmitglieder. Wie hoch das Ausmaß an Routinisierung von Rechtsprechung im Bereich der Bagatellkriminalität (insb. des Ladendiebstahls) ist, belegt die *Delegation* dieser Routinearbeiten (bei denen die abzuarbeitende Menge und nicht der komplizierte, sich der Routine entziehende Einzelfall im Vordergrund steht) an die »Hilfsmannschaft« der Amtsanwaltschaft,[1] wo immer diese existiert, sowie der gerade hier erreichte Grad an »Mechanisierung« durch die Verwendung von Textautomaten (Routinisierung von Tätigkeiten ist eine Voraussetzung für Mechanisierung). Wie sehr die »Aktenbearbeitungsbehörde« Staatsanwaltschaft die mit routinemäßigen Erledigungsmustern (insb. in der Form des Strafbefehls) erkauften Vorteile hütet, zeigt ihr Verhalten gegenüber neuen Organisationsmitgliedern, die prinzipiell eine »Störquelle« für eingespielte Arbeitsabläufe darstellen. Mit der Regelung, daß »ein Verfahren, das der Dezernent nach § 153 StPO a. F. einstellen möchte, dem Abteilungs- oder Behördenleiter vorgelegt werden muß, zumindest dann, wenn der betreffende Dezernent *neu eingestellt* worden ist (sog. ›kleines Zeichnungsrecht‹)« (Blankenburg et al. 1978, 113; eigene Hervorhebung), wird die Einhaltung der eingespielten Routine garantiert und mit dem Hinweis auf das Prinzip der »Gleichbehandlung« wird jegliche Abweichung erschwert, wenn nicht unmöglich gemacht. Im übrigen garantiert diese Regelung u. a. die Beibehaltung eingefahrener Usancen der jeweiligen Staatsanwaltschaft (vgl. hierzu weiter unten!). Die konditionale Programmform – die organisationssoziologische Übersetzung des Subsumtionsmodells – mit der ihr eigenen Rechtfertigung: der Berufung auf die unpersönliche, gesetzestreue Verknüpfung von Tatbestand und Rechtsfolge erlaubt so zu tun, als ob die oben genannten »sachfremden Motive« (z. B. organisationsstrukturelle Bedingungen) überhaupt keine Rolle spielten.

Beim Strafbefehl (als der »angemessenen« Reaktionsweise auf das Massendelikt Ladendiebstahl) ist durch den erzielten hohen Formalisierungsgrad und die bereits erreichte Stufe der Mechanisierung (durch die Verwendung von Textautomaten)[2] die Verknüpfung von Tatbestand und Rechtsfolge auch in dem Sinn »entpersonalisiert«, daß diese Verknüpfung prinzipiell von jedermann (eine gewisse Einarbeitungszeit vorausgesetzt) hergestellt werden kann; der Textautomat fungiert gewissermaßen als Subsumtionsautomat.

Wie die Erledigungsstatistiken zeigen, gibt es allerdings auffällige Abweichungen vom eben skizzierten allgemeinen Muster der Erledigungsstruktur bei den Staatsanwaltschaften. Bei diesen Abweichungen handelt es sich – dies bietet sich zumindest als plausibelste Erklärung an – »um eingefahrene Usancen der jeweiligen Organisation(seinheit), die ohne Kommunikation und Vergleich mit anderen Staatsanwaltschaften innerhalb der eigenen Organisation tradiert werden« (Blankenburg 1978, 264). Es gibt eine Reihe organisatorischer Merkmale (Kontrolle über die staatsanwaltschaftliche Erledigungsstatistik, Zentralisierungsgrad, interne Arbeitsteilung etc.), die dazu führen, daß sich Entscheidungsmuster herausbilden, die innerhalb einer Staatsanwaltschaft, jedoch nicht überörtlich *einheitlich* gehandhabt werden. Eine einheitliche Entscheidungspraxis gehört daher zu den »Utopien« des Rechts.

II. Es gibt eine Reihe von empirisch informierten Hinweisen, denen zu entnehmen ist, daß von den seit 1975 bestehenden Möglichkeiten, die die §§ 153, 153a StPO bieten, nur in sehr beschränktem Umfang Gebrauch gemacht wird (dies gilt für den gesamten Bereich der Bagatellkriminalität wie speziell für den Ladendiebstahl). In »Rundschreiben« bzw. Erlassen der Länderjustizministerien findet sich beispielsweise die folgende, mehr oder weniger gleichlautende Passage:

»Die am 1. Januar 1975 in Kraft getretenen Änderungen des Strafgesetzbuches und der Strafprozeßordnung verfolgen u. a. den Zweck, im Bereich der Bagatellkriminalität zu entkriminalisieren und damit zu einer Entlastung der Justiz und zur Beschleunigung der Strafverfahren beizutragen. Dieser Zielvorstellung dient insb. das Verfahren nach § 153a StPO, das aber vor allem wegen seiner komplizierten gesetzlichen Ausgestaltung *immer noch zu wenig* angewandt wird« (Erlaß des Justizministeriums Baden-Württemberg v. 1. 9. 1977(!) – 4111. IV/36 – S. 4; eigene Hervorhebung. Fast gleichlautend: RV des JM von Rheinland-Pfalz v. 20. 7. 1978 (!) – 4111-4-8/78, S. 100).

In einem Rundschreiben des Bayerischen Staatsministeriums der Justiz vom 17. 5. 1976 (Gz. 4100-II-847/74) wird ausgeführt:

»Sind bei geringer Schuld des Täters Auflagen oder Weisungen geeignet, das öffentliche Interesse an der Strafverfolgung zu beseitigen, soll grundsätzlich von der Erhebung der öffentlichen Klage – auch vom Antrag auf Erlaß eines Strafbefehls – abgesehen und nach § 153a StPO verfahren werden. Da Fälle, bei denen das Verschulden bei Vergleich mit Vergehen gleicher Art nicht unerheblich unter dem Durchschnitt liegt, keineswegs selten sind, kann das Verfahren nach § 153a StPO nicht nur ganz ausnahmsweise zur Anwendung kommen, wie es der bisherigen Handhabung in einigen Dienstbezirken entspricht« (a.a.O., S. 1).

Die wenigen empirischen Belege, über die wir bislang verfügen, zeigen ebenfalls, daß die §§ 153, 153a StPO in der Regel im *Vorverfahren* keine große Bedeutung erlangt haben:

Bei den Staatsanwaltschaften der Landgerichte in Bayern betrug der Anteil der Einstellungen nach §§ 153 I, 153a I StPO an allen Einstellungen (ca. 320 000) *im Jahre 1976* 4,7%. Die Einstellungen nach § 153a I StPO verhalten sich dabei zu denen nach § 153 I StPO wie 55% zu 45%.

Die Staatsanwaltschaft Saarbrücken kam im 1. Vierteljahr 1976 auf einen Anteil von 5,86% an Einstellungen nach §§ 153 I, 153a I StPO (gemessen an allen Einstellungen). Hier beträgt das Verhältnis von Einstellungen nach§ 153a I zu solchen nach § 153 I StPO 48% zu 52% (vgl. Ahrens 1978, 76; ferner: Hünerfeld 1978, 918, Fn 40).

Im folgenden soll nun versucht werden zu erklären, warum die Implementierer (Rechtsanwender) nicht den Reformintentionen des Gesetzgebers gefolgt, sondern weitgehend bei der bisherigen (wenn auch nicht immer einheitlichen) Sanktionspraxis geblieben sind, d. h. in der Regel bei der bürokratischen Erledigung des Massendelikts Ladendiebstahl den Strafbefehl bevorzugen. Nicht immer bietet sich eine so einfache Erklärung an, wie im Fall des niedersächsischen Justizministeriums, das mit einer Allgemeinverfügung unmittelbar bei Beginn der Implementierung die Intention des Gesetzgebers in ihr Gegenteil verkehrt hat. Wenn man auch nicht ohne weiteres bei verwaltungsinternen Verfügungen von der Norm auf die Wirklichkeit schließen darf, so besitzt die zitierte AV insofern einen Erklärungswert, als von ihr vermutet werden kann, daß sie einer am Status quo interessierten Praxis »von oben« Legitimität verlieh. In Nr. II.2 dieser AV v. 3. 12. 1974 (4100-206.159) heißt es nämlich:

»Bei Vergehen nach den Abschnitten 1 bis 5, 8, 9, 13, 28, bei vorsätzlichen Vergehen nach Abschnitt 27 des Bes. Teils des Strafgesetzbuches, bei Straftaten nach §§ 142, 223a, 223b, 253 StGB, *bei Ladendiebstahl*, sowie bei fahrlässigen Straftaten wird nach § 153a StPO nur verfahren, wenn besondere Gründe vorliegen.« (eigene Hervorhebung)

Wenn eingangs bereits festgestellt worden ist, daß die »Normalfigur« des Strafbefehls eine routinemäßige, zeitsparende Bearbeitung des Massendelikts Ladendiebstahl erlaubt (wobei der erreichte Mechanisierungsgrad (gemeint ist der Einsatz von Schreibautomaten) am deutlichsten demonstriert, daß im Bereich der Bagatelldelikte die Staatsanwaltschaft »keine Ermittlungs-, sondern eine Aktenbearbeitungsbehörde« (Blankenburg 1878, 263) ist), besteht ein erster Erklärungsversuch in dem Nachweis, daß das nach § 153a StPO vorgesehene Verfahren zu aufwendig, d. h. zeitraubend ist und überdies die »Endgültigkeit« der Entscheidung nicht garantiert. Die Verfahrensskizze bei Ahrens vermittelt einen Eindruck von der Aufwendigkeit der neuen Erledigungsart (das Verfahren ist also nicht schwieriger, sondern aufwendiger):

»Der Sachbearbeiter muß den Sachverhalt zunächst in aller Regel ebenso gründlich aufklären wie bei einer beabsichtigten Anklageerhebung, da – anders als bei § 153 I StPO – eine hypothetische Schuldbeurteilung unzulässig ist. Sodann muß er, abgesehen von der Regelung des § 153a I 6 StPO, sowohl das Gericht als auch den Beschuldigten um Zustimmung zu der beabsichtigten Verfahrenseinstellung bitten. Zuvor hat er jedoch noch – zumindest in Niedersachsen (Nr. II, 5c der AV, Nds. Rpfl. 1974, 298[3]) – eine der geplanten Verfügungen dem Abteilungsleiter zur Billigung vorzulegen. Erst dann ist der Weg frei zur vorläufigen Einstellung des Verfahrens. Jedoch kann der Sachbearbeiter auch jetzt noch nicht sicher sein, mit der Sache nicht doch noch wiederholt beschäftigt zu werden. So kann etwa im weiteren Verlauf zu entscheiden sein, ob Anlaß besteht, die Auflagen zu verändern oder die Fristen für deren Erfüllung zu verlängern, vgl. § 153a I 3 StPO. Sollte der Beschuldigte die ihm gemachten Auflagen nicht oder nur unzureichend erfüllen, so ist er vor einer Anklageerhebung erst noch wenigstens einmal schriftlich zu mahnen. Fruchtet dies nichts, so ist nun in das Normalverfahren einzusteigen.« (Ahrens 1978, 77).

Auch Vertreter der organisierten Amtsanwaltschaft – in jenen Ländern, die die Institution der Amtsanwaltschaft kennen, ist diese weitgehend für die Bearbeitung der Bagatellkriminalität zuständig – heben die Aufwendigkeit des neuen Verfahrens nach § 153a StPO hervor und betonen somit »sachfremde Motive« (BT-Drucks. 7/1261, S. 28), die der Gesetzgeber nicht gewertet wissen wollte. In einem an den niedersächsischen Minister der Justiz gerichteten Schreiben (v. 3. 1. 1978) wird der zurückhaltende Gebrauch der Einstellungsmöglichkeit nach § 153a StPO im Ermittlungsverfahren darauf zurückgeführt, »daß (. . .) die Anwendung des § 153a StPO im Ermittlungsverfahren dem Dezernenten *mehr Arbeit* macht als die Erhebung einer Anklage oder

der Antrag auf Erlaß eines Strafbefehls«. Verglichen mit dem eingespielten und zeitsparenden Erledigungsmuster des Strafbefehls, verringert sich bei dem Verfahren nach § 153a StPO insofern auch die Berechenbarkeit, als nunmehr eine größere Zahl von »Mitspielern« an der Entscheidung beteiligt sind, die die Handlungsautonomie des Dezernenten (in der Regel des Amtsanwalts) herabsetzen. Dies gilt in besonderem Maße für jene »Regeln«, die das »Entscheidungs-Spiel« entscheidend strukturieren: Termine (Zeitdruck) und die Anordnung, eine geplante Verfügung nach § 153a StPO dem Abteilungsleiter zur Billigung vorzulegen. Diese Regel schützte schon immer das Standardprogramm Strafbefehl vor Abweichungen durch Neulinge, nunmehr verhindert diese Regel die Etablierung eines innovativen Alternativprogramms. Denn jeder, der das Alternativprogramm (nach § 153a StPO) wählt, rückt sich damit selbst in den Aufmerksamkeitsbereich des Abteilungsleiters. (So kann es nicht verwundern, wenn die Amtsanwaltschaft – so jedenfalls in Niedersachsen – die Vorlagepflicht entschieden abgelehnt und ihre später erfolgte Aufhebung begrüßt hat.)

Wenn der Vorteil von »Routine« u. a. darin besteht, daß sie es »einer großen Anzahl von normalen Individuen (erlaubt), Tag für Tag in Reaktion auf bestimmte grundlegende Stimuli eine enorme Anzahl von Fällen zu bearbeiten, ohne dabei groß nachzudenken« (Allison 1976, 484), dann ist diese »nach Regeln verlaufende Fähigkeit zum richtigen Verhalten« (Allison) immer dann beeinträchtigt (und stört den Routinebetrieb), wenn Fälle zu bearbeiten sind, die keine »Standardmerkmale« aufweisen bzw. bei denen die »Standardmerkmale« umstritten sind: (Hünerfeld 1978, 919 f.) Genau dies war aber zu Beginn der Implementierung der Fall in Hinblick auf die »Merkmale«: »geringer Schaden« (i. S. d. §§ 153 I, 2; 153a I, 6 StPO), »geringere Schuld« und »öffentliches Interessse« (i. S. d. §§ 153, 153a StPO), »geringwertige Sache« (i. S. d. § 248a StGB) und »besonderes öffentliches Interesse« (i. S. d. § 248a StGB), – Merkmale, die erst neuerdings durch die Vorgabe einheitlicher Kriterien[4] »präziser« gefaßt worden sind, obwohl zu einem frühen Zeitpunkt auf dieses Bedürfnis der Praxis nach Konkretisierung aufmerksam gemacht worden ist (z. B. Kutzer DRiZ 1975, 110 f.; Düwel, Sitzungsbericht des 51 DJT, N 133; Dreher 1974, 937).

Da aber die verfahrensrechtliche Behandlung des Ladendiebstahls nach §§ 153, 153a StPO mit der »Festsetzung« des Merkmals » geringer Schaden« beginnt, ist »also genau das Problem der quantitativen Abgrenzung zu lösen, dessen Schwierigkeiten seit der Entstehung des preußischen StGB gegen eine materielle Tatbestandsdefinition der Bagatelldelikte ins Feld geführt werden« (Rössner 1976, 59). Wir haben damit eine der typischen »Gesetzmäßigkeiten« im Verlauf von Prozessen der Politikformulierung und -durchsetzung »entdeckt«, die nur dann in das Blickfeld geraten, wenn die Analyse sich des neuen, komplexeren Implementationsansatzes bedient. Die »Gesetzmäßigkeit«, von der wir sprechen, besteht darin, daß bei den ausführenden Institutionen (hier beim Rechtsstab) »alle Konflikte wieder auftreten, die im Gesetzgebungsprozeß ›ausgeklammert‹ worden waren« (Blankenburg 1977, 46 mit weiteren Beispielen aus dem Bereich des Umweltschutzes). Dabei steht der auf der Ebene des Gesetzgebers (Bürokratie/Parlament resp. Sonderausschuß) relativ leicht erzielte Konsens in Hinblick auf die »prozessuale Lösung« in direkter Beziehung zu jenen Schwierigkeiten, die bei der Anwendung (Implementierung) des Reformgesetzes zu beobachten sind. Der mit der Durchführung des Reformgesetzes beauftragte Rechtsstab (dessen Mitglieder im Gesetzgebungsprozeß in der Regel überrepräsentiert sind) braucht seinen »Widerstand nicht voll in dem (symbolisch wirksamen) Gesetzgebungsprozeß zu artikulieren, wenn (sein) Widerstandspotential auf der Durchführungsebene wirksamer (und nicht so auffällig) ist« (Blankenburg 1977, 46).

Angesichts der vom Gesetzgeber vorgegebenen »Bandbreite« (erinnert sei an die bereits zitierte Formulierung des Sonderausschusses-BT-Drucks. 7/1261, S. 27), die es weitgehend dem Implementationsstab überließ, im Bereich der Kleinstkriminalität die »Reichweite der Reform« festzulegen, liegt eine Interpretation nahe, die weniger die instrumentelle Verwendung des Reformgesetzes als seine symbolische Bedeutung betont (Blankenburg 1977, 44 mit explizitem Bezug auf Edelman). Der Gesetzgeber postuliert auf der Ebene der abstrakten (unverbindlichen) Ziele den Willen zur Reform, propagiert also auf dieser Ebene eine Politik der Entkriminalisierung im Bereich der Bagatellkriminalität, ohne allerdings – z. B. auf der Ebene einzelner »exakter« Vorschriften – zugleich auch die Voraussetzungen für die Wirksamkeit dieses Anspruchs zu schaffen – im Gegenteil, im materiellen Recht trifft er mit der Beseitigung jeglicher Privilegierungen eine Entscheidung, von der nicht ohne weiteres behauptet werden kann, daß sie der Umsetzung der propagierten Reformziele dient. Insofern sind Zweifel berechtigt, ob der Gesetzgeber bei dieser Reform überhaupt an einer zielgerechten Implementierung interessiert war; die eingangs aufgeworfene Frage nach der Begrenztheit der »Gesetzgeberperspektive« erweist sich somit nachträglich als berechtigt.

Die Formulierung »Es ist abzuwarten, ob und wie sich die neuen Vorschriften in der Praxis bewähren« (BT-Drucks. 7/1261, 28) gehört einerseits zum Bestand »sozialer Topoi« der juristischen Profession, andererseits verweist diese Formulierung darauf, daß der Implementationsstab (»Praxis«) vor allem das Innovationsniveau von Reformen bestimmt. Die Implementierungspolitik der niedersächsischen Justizverwaltung (im Fall der beiden genannten Paragraphen) ist hierfür ein anschauliches Beispiel. Die die Reformgesetzgebung unmittelbar ergänzende bereits oben zitierte AV des nieders. JM v. 3. 12. 1974 (4100-206.159) stellt eine äußerst restriktive, den postulierten Zielen der Reform entgegengesetzte Vorschrift dar, deren den Bagatelldiebstahl diskriminierender Absatz erst mit einer vom 11. 2. 1976 datierten AV (4100-320.159) gestrichen wurde. Knapp drei Jahre nachdem das Reformgesetz in Kraft getreten war (1. 1. 1975), schafft das nieders. JM mit einer Verfügung vom 16. 10. 1978 (4100-302.159) überhaupt erst die Voraussetzungen für eine wirksame Umsetzung der vom Gesetzgeber postulierten Reformziele (Entkriminalisierung im Bereich der Bagatellkriminalität, Entlastung der Gerichte etc.). Das entscheidende Regelungsangebot der AV vom 16. 10. 1978 lautet, daß »bei gehäuft auftretenden Vermögensdelikten, wie etwa bei Ladendiebstählen, keine Bedenken dagegen (bestehen), nach § 153a, Abs. 1 StPO zu verfahren, wenn ... c) sich die Tat auf Sachen im Gesamtwert bis zu DM 100,– bezieht«. Die Durchsetzung dieser Position innerhalb des Implementierungsstabes, die im nieders. Justizministerium von der mittleren Leitungsebene initiiert wurde (vgl. Düwel, Sitzungsbericht des 51. DJT, N. 133), wurde, wie es scheint, auch begünstigt durch den Wechsel an der Spitze des Ministeriums, so daß ein wichtiger Bündnispartner der Amtsanwaltschaft, die sich (in Niedersachsen) entschieden gegen diese »großzügige Lösung« ausgesprochen hatte (Schreiben der Landesgruppe an den nieders.

JM vom 3. 1. 1978), wegfiel. Diese wenigen Anhaltspunkte machen bereits deutlich, daß der Implementierungsstab keinen »monolithischen Block« darstellt, sondern in verschiedene Subsysteme zerfällt, die unterschiedliche Interessenpositionen vertreten. Solche Egoismen der Untereinheiten werden in der Regel (besonders in der Außendarstellung) geleugnet, da im Apparat die Ideologie der Gemeinsamkeit verbreitet ist und verbreitet wird, die sich darauf beruft, alle Mitglieder der Organisation arbeiteten für gemeinsame Organisationsziele (z. B. für den Dienst an der Gerechtigkeit etc.). Interne Spannungen und Egoismen der Untereinheiten gehören jedoch zu den sozialen Kosten, die – z. B. durch Arbeitsteilung und Spezialisierung hervorgerufen – ausdifferenzierte Organisationen mit sich bringen. D. h. Hausmacht- und Karrierestrategien sind unvermeidlich wie nützlich; ihre Nützlichkeit basiert auf der seit der »Bienenfabel« Mandevilles bekannten Möglichkeit, daß auch egoistischen, individuellen Zwecken und Interessen im Gesamtsystem positive Funktionen zugeschrieben werden (Treiber 1977, 232 mit explizitem Bezug auf Scharpf). Das Beispiel (aus dem nieders. Justizministerium) zeigt aber auch, daß sich Inhaber von Führungspositionen nicht ausschließlich auf die ihnen kraft Position zustehende Weisungsbefugnis stützen können, sondern auch auf andere Weise für die behördeninterne Durchsetzung ihrer Politik sorgen müssen. Dies geschieht in der Regel über institutionelle Fundierung im Apparat, z. B. durch die Institutionalisierung sog. Praktikerkommissionen, deren Mitglieder »durch rollenmäßige Verstrickung« (Luhmann) an die dort erzielten Positionen »angebunden« werden. Parallel zu internen Durchsetzungsstrategien laufen in der Regel auch Versuche, externe Unterstützung zu mobilisieren. Im vorliegenden Fall machte sich das nieders. JM den Umstand zu eigen, daß das Bayerische Staatsministerium und das Justizministerium von Baden-Württemberg von sich aus die Hundertmarkgrenze als »praktikable Lösung« bereits »gesatzt« hatten; unter Berufung auf das bei Praktikern akzeptierte Prinzip der »erforderlichen Gleichbehandlung« war es dann leichter, Widerstandsbarrieren im eigenen Implementierungsstab zu überwinden. Überhaupt zielen die von der Spitze des Implementierungsstabes initiierten Bemühungen darauf ab, das Verfahren nach §§ 153, 153a StPO zu *standardisieren*, d. h. einer routinemäßigen Bearbeitung zugänglich zu machen, so daß dieses Verfahren mit der

»Normalfigur« des Strafbefehls eher konkurrieren kann. Die unumstrittene Geltung des Strafbefehls als *Routineprogramm* für die Bearbeitung des Massendelikts Ladendiebstahl bei *Amtsanwaltschaft und* – wo es diese nicht gibt – *Staatsanwaltschaft* ist, wie wir zu zeigen versucht haben, für den zurückhaltenden Gebrauch der §§ 153, 153a beim Delikt Ladendiebstahl weitgehend verantwortlich zu machen.

III. Wenn das Schwergewicht der bisherigen Argumentation auf der Behauptung liegt, daß das Verfahren nach §§ 153, 153a StPO die Vorteile des Routineprogramms Strafbefehl (insb. *Raschheit* der Entscheidung und deren *»Endgültigkeit«*) (noch) nicht zu ersetzen vermag, mit der Folge, daß von der Erledigungsart nach §§ 153, 153a StPO von Amts- und Staatsanwaltschaften sehr zurückhaltend Gebrauch gemacht wird, so bedeutet dies *nicht*, daß von uns zugleich *auch* eine *einheitliche* Entscheidungspraxis unterstellt wird. Es lassen sich von dem allgemeinen Erledigungsmuster (Dominanz des Strafbefehls) bei der Bearbeitung des Massendelikts Ladendiebstahl Abweichungen feststellen, die als »organisationsinterne Usancen« (Blankenburg) anzusehen sind, die nur innerhalb einer Staatsanwaltschaft und nicht überörtlich tradiert werden. Da sich solche Abweichungen auch für die Einstellung nach §§ 153, 153a StPO nachweisen lassen, besteht die Chance, etwas über die Bedingungen in Erfahrung zu bringen, die es erlauben, daß sich eine neue Entscheidungsroutine herausbilden kann (eine Entscheidungsroutine, die ansonsten nur geringe Verwirklichungschancen hat). Das »Berliner Modell« – der Versuch, durch eine behördenintern initiierte Innovation, die zeitlich gesehen vor der Novelle vom 1. 1. 1975 erfolgte, die routinemäßige bürokratische Erledigung des Massendelikts Ladendiebstahl über eine Erhöhung der Einstellungsquote (zwar nach § 153 StPO a. F., jedoch in Vorwegnahme der später novellierten Regelung i. S. d. §§ 153, 153a StPO) (auf Kosten der Strafbefehlsquote) zu erreichen – gewährt die Chance, verallgemeinerungsfähige Aussagen zu Innovationsbedingungen zu gewinnen.

Die Geschichte des »Berliner Modells« sei knapp skizziert. Mit Dienstanweisung LPolDir. Nr. 52/1975 vom 15. 10. 1975 (die am 15. 11. 1975 in Kraft trat) wurde verfügt:

»In den Fällen, in denen der Wert der gestohlenen oder unterschlagenen Sache DM 10,– nicht übersteigt, sind die Vorgänge ohne weitere Erörterung und ohne Versendung der Vordrucke X Y unmittelbar der Amts- und Staatsanwaltschaft zu übersenden. Hinweise auf die Möglichkeit der Einstellung gemäß § 153 StPO und auf die Wertgrenze sind zu unterlassen.«

Entstehungsgeschichte und Zweck der Dienstanweisung werden in einem behördeninternen Schreiben (vom 1. 6. 1978) wie folgt dargestellt:

»Von einer *ressortübergreifenden* Arbeitsgruppe der Berliner Innen- und Justizverwaltungen ist 1970 (!) unter *Beteiligung der staatsanwaltlichen Praxis und Polizei* eine Konzeption zur besseren Bewältigung von Verfahren der Kleinstkriminalität entwickelt worden. Hintergrund der Bemühungen war ein *Überhang unerledigter Ermittlungsverfahren* sowie die Absicht, die *Polizei* in diesem Bereich zu *entlasten,* ohne die Entschließungsfreiheit der Staatsanwaltschaft einzuschränken. Die Konzeption sieht Maßnahmen der Arbeitsvereinfachung und Beschleunigung, insb. eine formularmäßige summarische Bearbeitung einschlägiger Anzeigen durch die Polizei und eine *frühzeitige Abgabe* der Vorgänge an die Staats- bzw. Amtsanwaltschaft vor.« (Eigene Hervorhebungen!)

Diese wenigen Angaben erlauben vorsichtige Verallgemeinerungen. Das »Berliner Modell« zeichnet sich dadurch aus, daß die Innovation (Ersetzung eines Routineprogramms durch ein anderes) nicht extern (z. B. von einem »fernen« Gesetzgeber) initiiert wurde und die Spitze des Implementierungsstabes auf zwei bewährte Durchsetzungsstrategien zurückgriff. Sie beteiligte sowohl die »Implementierer« an der Basis als auch über die Institutionalisierung einer ressortübergreifenden Projektgruppe jene Subsysteme des Implementierungsstabes, die von der geplanten Innovation betroffen waren und von denen befürchtet werden mußte, daß sie zur Sicherung ihrer jeweiligen sektoralen Status quo-Interessen sich gegenüber der Innovation »abschotten« und sie am »Weiterlaufen« hindern könnten. Von besonderer Bedeutung ist jedoch der Umstand, daß die Innovation als Reaktion auf eine Situation erfolgte, die als »bedrohlich« wahrgenommen worden war (»ein Überhang unerledigter Ermittlungsverfahren«) und insofern als »Krise« bezeichnet werden kann. Die Ausgangsbedingung in Berlin verweist also auf den allgemeinen Fall, daß »die Krise . . . ein entscheidendes und notwendiges Element im bürokratischen System (ist)« (Crozier 1968, 286), um Anpassungen an veränderte Umweltbedingungen vorzunehmen. Krisen begünstigen also bei bürokratischen Organisationen (zu denen auch die

Staatsanwaltschaft zu rechnen ist, wenn bei ihr auch professionelle Orientierungsmuster ebenfalls zu verzeichnen sind) die Durchsetzung von Innovationen, weil Krisen den Einfluß institutioneller Subsysteme verringern, da bei akutem Problemdruck Entscheidungsprozesse stärker zentralisiert werden (Scharpf 1971, 27 f.) – z. B. in der Form der Etablierung einer ressortübergreifenden Projektgruppe, die den »Zugang zum Machthaber« besitzt.

Die beim »Berliner Modell« praktizierte Entlastungsstrategie ist auf eine Krisensituation zurückzuführen, die u. a. durch die überregional propagierte und auch durchgeführte Steigerung der Kontrollintensität (Anzeigebereitschaft) der Warenhäuser geschaffen wurde. Die erhöhte Anzeigebereitschaft, die vom Sanktionsstab als »Belastung« registriert wird, geht – wie empirisch informierte Überlegungen nahelegen – auf Kosten des Entlastungseffekts, den gerade im Bereich der Bagatellkriminalität (insb. von Kontrolldelikten) weitgehend das Dunkelfeld (Popitz 1968) gewährt. Um das Ausmaß der prinzipiellen »Ungedecktheit der Sanktionsmacht« nicht noch größer werden zu lassen, reagiert der Sanktionsapparat mit der Entlastungsstrategie des »Sanktionsverzichts« in der Form der Einstellung (in erster Linie nach § 153 StPO). Diese Entlastungsstrategie scheint unter bestimmten Bedingungen – wie sie beim »Berliner Modell« gegeben sind – durchaus typisch zu sein, wie ein von Blankenburg mitgeteiltes Untersuchungsergebnis zeigt:

> »Wenn man von zwei Extremfällen absieht, dann streut der Anteil der Strafbefehle und Anklagen zwischen 15 und 50% aller Ermittlungen. Die Belastung weist noch größere Streuungen auf: Während an einigen Staatsanwaltschaften die durchschnittliche Ermittlungszahl im Jahr bei 800 Verfahren liegt, haben andere durchschnittlich 2000 Verfahren zu bearbeiten. Die Korrelation zwischen beiden Variablen zeigt nur einen schwachen Zusammenhang (r = –.392). Je höher die Belastung der Staatsanwälte, desto mehr Verfahren werden eingestellt. Dabei läßt das Streuungsbild erkennen, daß ein Zusammenhang nur im Bereich der hohen Belastungen besteht ... Hohe Anklagequote und hohe Belastung jedoch schließen sich aus.« (Blankenburg 1973, 185).

Solche »Bereiche der hohen Belastungen« sind gerade im Bereich der Kleinstkriminalität (Ladendiebstahl, Verkehrsdelikte) zu verzeichnen, die ihrerseits im Bereich verstädterter Zonen (Ballungsgebiete) und in Großstädten, den natürlichen Standorten des »tertiären Sektors« (dem auch die Warenhäuser zuzurechnen sind),[5] hohe Anteile aufzuweisen hat. Gerade wenn der extern erzeugte Problemdruck anhält, wofür die in Berlin anzutreffenden Bedingungen sprechen, dürfte eine signifikante Abkehr von den einmal etablierten Entlastungsroutinen (nach §§ 153, 153a) nicht zu erwarten sein. Auch für diese Behauptung gibt es empirische Belege. Baumann hatte als Justizsenator – nach wenigen Wochen im Amt (Baumann 1978, 530 f.) – mit der Begründung, »daß ... Kleinkriminalität (zu) weitgehend nicht bekämpft, sondern nur noch verwaltet werde« (Baumann 1978, 531), die Aufhebung der Dienstanweisung vom 15. 10. 1975, mit der das »Berliner Modell« eingeführt worden war, angeordnet:

»Ich bitte deshalb darauf hinzuwirken, daß die öffentliche Klage auch bei geringfügigen Ladendiebstählen mit einer Schadenssumme unter DM 10,– – selbst wenn die Täter noch nicht deliktisch in Erscheinung getreten sind – erhoben wird. Die Anwendung der §§ 153, 153a StPO sollte im amtsanwaltschaftlichen Bereich stärker als bisher eingeschränkt werden. Aufgrund der Erfahrungen mit der bisherigen Berliner Praxis, die sich als ungeeignet erwiesen hat, einem weiteren Ansteigen der Ladendiebstahlskriminalität entgegenzuwirken, wird davon ausgegangen werden können, daß ein richterliches Erkenntnis eher einen nachhaltigen Warn- und Abschreckungseffekt verspricht als staatsanwaltschaftliche Maßnahmen, selbst wenn es nach einer Hauptverhandlung ebenfalls zu einer Einstellung nach den vorzitierten Bestimmungen kommen sollte.» (Senator der Justiz, 4600/1-IV/A-3 vom 15. 7. 1977)

Abgesehen davon, daß dieses Beispiel einmal mehr demonstriert, wie sehr die Wirksamkeit von (Reform-)Gesetzen von der Politik des Implementierungsstabes abhängig ist, kann man aus dem Vergleich der Erledigungsstruktur der Berliner Staatsanwaltschaft (Amtsanwaltschaft) zum Zeitpunkt der Geltung und zum Zeitpunkt der Aufhebung des »Berliner Modells« weitere Schlüsse ziehen. Wie die quantitative Erfassung der tatsächlichen Sanktionspraxis zeigt (vgl. die im Anhang wiedergegebene Tabelle sowie die von Baumann (1978, 530 f.) genannten Zahlenangaben), hatte das Berliner Modell dazu geführt, die bürokratische Sanktionsform Strafbefehl gegen die bürokratische Sanktionsform Einstellung (nach §§ 153, 153a StPO) auszutauschen (der Anteil der Anklagen und der relativ hohe Anteil der Einstellungen nach § 170 II StPO werden von den verschiedenen Anordnungen kaum berührt). Nach dem August 77 dominiert zwar die bürokratische Sanktionsform Strafbefehl, die Anteile der beiden bürokratischen Erledigungsarten nach §§ 153, 153a StPO sinken zwar gemessen an der März-Statistik, bleiben jedoch auf einem beträchtlich hohen Niveau (was wiederum einmal zeigt, daß man auch bei verwaltungsinternen Verfügungen nicht von der Norm auf die Wirklichkeit schließen und auch nicht die Statistik im Lichte normativer Forderungen interpretieren darf). Im Bereich der Wertgrenze bis zu DM 10,– verschafft das bürokratische Erledigungsmuster nach § 153 StPO vor allem Entlastung, wogegen innerhalb der Wertgrenzen von DM 10,– bis DM 100,– die Anteile der Erledigung nach § 153a eine beachtenswerte Höhe (um 8%) erreichen, jeweils auf Kosten der Anteile beim Strafbefehl. Verwaltet wird jedoch die Kleinkriminalität in jedem Fall: bestimmen Überwachung und Anzeigebereitschaft des Einzelhandels die input-Seite des Sanktionsapparates, so erzielt dieser seinen output in erster Linie mit Hilfe formularmäßiger Routineverfahren (in der Regel: Strafbefehl, aber auch, wenn auch selten, Einstellungen nach §§ 153, 153a StPO wie z. B. in Berlin), die den bürokratischen Charakter staatsanwaltschaftlicher Tätigkeit im Bereich der Bagatellkriminalität sehr deutlich machen.

IV. Ging es uns bisher vor allem um den Nachweis, daß sich das Routineprogramm Strafbefehl von neuen Erledigungsmustern nach §§ 153, 153a StPO in der Regel kaum verdrängen läßt – es sei denn es liegen spezifische Bedingungen, wie Krisensituationen, vor – wollen wir uns im folgenden mit der Frage beschäftigen, inwieweit der zurückhaltende Gebrauch der Erledigungsmöglichkeiten nach §§ 153, 153a StPO *auch* etwas mit der Statuspolitik der Amtsanwaltschaft[6] zu tun hat, die, soweit diese Einrichtung in den einzelnen Bundesländern überhaupt vertreten ist, mit der Bearbeitung der Bagatellkriminalität (insb. auch des Ladendiebstahls) beauftragt ist. Unsere Überlegungen lassen sich von der Beobachtung leiten, daß die Einstellungsmöglichkeiten nach §§ 153, 153a StPO gerade bei der Amtsanwaltschaft keine Resonanz gefunden haben. Wie es scheint, hütet die Amtsanwaltschaft im Bereich des Bagatelldiebstahls den Status quo der bisherigen Erledigungspraxis. Für die Beibehaltung des Status quo spricht, allgemein gesehen, zunächst, daß dieser »immer die Vermutung der Legitimität und des allgemeinen Konsenses für sich (hat). Das Recht, ihn zu verteidigen, kann von der formalen Organisation schwerlich bestritten werden. Daher kristallisieren sich manche

Konflikte um die Einführung von Änderungen und werden aus diesem Anlaß mit einer Intensität entwickelt und durchgekämpft, die oft in keinem Verhältnis zur Bedeutung des Themas steht. Wer Neuerungen einführen will, kann allein dadurch zum Bezugspunkt einer Feindseligkeit werden, die in ganz anderen Konfliktlagen, Unsicherheiten und Spannungen wurzelt ...« (Luhmann 1964, 250). Diese »ganz anderen Konfliktlagen und Unsicherheiten« gilt es aufzuspüren, ein Unterfangen, das dadurch erschwert wird, daß diese von »rechtsstaatlichem Pathos« und stehenden Redewendungen zugedeckt werden. Die Lokalisierung solcher anderer Konfliktlagen und Unsicherheiten ist auch deshalb nicht leicht, weil Innovationen in der Regel zu weitreichenden Auswirkungen führen:

»Es gibt mehrere Situationen, in denen das Personal niederer Ränge in Organisationen von Veränderungen oder Verfahren bedroht wird, die von Inhabern von Positionen an der Organisationsspitze initiiert werden. Diese Veränderungen können aus einer Vielzahl von Gründen beunruhigend wirken: Weil sie eingefahrene Routinen und Arbeitsmuster verändern, weil sie die rangniederen Positionsinhaber neuen Ansprüchen aussetzen, weil sie als mit bereits erreichten Privilegien konfligierend wahrgenommen werden können und schließlich, weil die Auswirkungen des Wandels unbekannt sind und infolgedessen als bedrohlich empfunden werden« (Mechanic 1963, 6).

Wilson (1966, 193 ff.) hat mit dem Hinweis auf den Zusammenhang von task structure (Aufgabenstruktur) und incentive system (Belohnungssystem) auf einen bei Innovationen (die ja in der Regel eine Veränderung in der task structure herbeiführen) regelmäßig wirksamen Mechanismus aufmerksam gemacht, der die eingangs vorgetragenen Überlegungen zur Beibehaltung von etablierten Routinemustern um statuspolitische Aspekte erweitert. Wilson führt zu dem Zusammenhang von task structure und incentive system aus:

»Ein incentive (Anreiz) ist jede materielle oder immaterielle Gratifikation, für welche Personen Mitglieder einer Organisation werden (›die Entscheidung einzutreten‹) und als Mitglieder der Organisation Zeit, Leistung und andere wertvolle Ressourcen zur Verfügung stellen (›die Entscheidung zu arbeiten‹). Unabhängig vom Zweck, Produkt (›output‹) oder der Technologie der Organisation muß zuallererst dieses Gleichgewicht von Anreiz und Leistung gehalten werden« (Wilson 1966, 196).

Bei Innovationen, die die task structure signifikant verändern, muß demnach die Organisationsspitze eine Politik verfolgen, »die die Kosten jeder Innovation in dem Sinne (abschätzt), wie viel getan werden muß, um betroffene Parteien zufrieden zu erhalten oder (wenn die Innovation die Aufnahme neuer Mitglieder in die Organisation verlangt), was getan werden muß, um neue Mitglieder zur Mitarbeit zu bringen« (Wilson 1966, 197). Was Wilson unter »Kosten« versteht, macht er mit Hilfe eines Beispielkataloges deutlich:

»Geldkosten sind wohl häufig sehr wichtig, doch können auch andere Kosten von gleicher oder höherer Bedeutung sein: ›Öl auf die Wellen gießen‹, die Abschwächung von durch Ungewißheit hervorgerufener Angst, das Entwickeln des Selbstbildes von Organisationsmitgliedern, der Appell an ihr Pflichtgefühl, die Beseitigung zwischenmenschlicher Spannungen und Feindseligkeiten, die Veränderung informeller Gruppennormen, das Vertrautmachen der Organisationsmitglieder mit neuen Technologien, das Auffinden von Möglichkeiten, um abgestiegene Mitglieder für ihren Verlust an Prestige und Macht zu entschädigen, die Neufassung von erklärten Organisationszielen« (Wilson 1966, 197).

Auch der folgende Hinweis Wilsons besitzt für uns einen Erklärungswert: Die Komplexität des incentive systems vergrößert sich wie die Zahl der »sources of incentives« zunimmt; diese nehmen an Zahl zu wie die Zahl der Gruppen zunimmt (Bezugsgruppen innerhalb wie außerhalb der Organisation; hier: z. B. Staatsanwälte, Richter, Rechtspfleger), mit denen ein Teil der Organisationsmitglieder insofern verbunden (affiliated) ist, als er von dort ebenfalls Gratifikationen (z. B. symbolischer Art) erhält bzw. zu einem »Kostenvergleich« herausgefordert wird.

Einige interessante Aspekte von Innovationsprozessen bei formalen (bürokratischen) Organisationen lassen sich darstellen, wenn einige von Wilsons Unterscheidungen aufgegriffen und ergänzt werden. Von besonderem Interesse ist dabei die Unterscheidung zwischen *materiellen* und *immateriellen (symbolischen) Gratifikationen.* Beziehen sich materielle Gratifikationen auf die Verteilung von Einkommensquellen, d. h. auf objektive Daten, die die Statusanhebung bzw. -minderung von Organisationsmitgliedern wesentlich beeinflussen, so beziehen sich die immateriellen Gratifikationen auf die Verteilung von Statussymbolen. Das incentive system der Organisationseinheit Gericht ist äußerst komplex, da innerhalb dieser Einheit verschiedene Statusgruppen existieren, so daß das »Gleichgewicht« von Leistung und Anreiz ständig bedroht ist, zumal die task structure im Lauf der Zeit Veränderungen erfährt, die die Statusdifferenz und den Abstand zwischen komplexen und weniger komplexen Tätigkeiten beträchtlich vergrößern können. Dies gilt vor allem für das Verhältnis von Amts- und Staatsanwaltschaft, die insofern miteinander besonders verbunden (affiliated) sind, als die Staatsanwaltschaft mit der Delegation von Routinetätigkeiten an die Amtsanwaltschaft ihren Status aufwertet und die Amtsanwaltschaft von der staatsanwaltlichen Tätigkeit in der Hauptverhandlung ihr Prestige bezieht. Eine Politik der Statusanhebung – wie sie seit Jahrzehnten von der Amtsanwaltschaft betrieben wird – ist bei einer solchen Ausgangskonstellation nicht verwunderlich. Diese Politik der Statusanhebung – deren Chancen mit dem Organisationsgrad der Organisationsmitglieder steigen, was bei professionellen Organisationen der Fall ist – betrifft sowohl die materiellen wie symbolischen Gratifikationen und wird von den der juristischen Profession eigenen »Rechtfertigungsmustern« begleitet, die sich auf jene theoretischen und normativen Deutungssysteme beziehen, deren Geltung von den Organisationsmitgliedern und der Organisationsspitze nicht in Frage gestellt werden und die sich deshalb besonders dafür eignen, die bestehende Schere zwischen task structure und incentive system (den Status quo) als überlegen resp. funktional zu begründen. Jede Änderung der bestehenden task structure, aber auch des incentive systems im Bereich der Gesamtorganisation muß demnach der Amtsanwaltschaft als eine Diskreditierung ihrer Statuspolitik vorkommen. Dies gilt insbesondere für jede Politik der Entkriminalisierung im Bereich der Bagatellkriminalität, da dieser ja im wesentlichen die task structure der Amtsanwaltschaft definiert. Die Amtsanwaltschaft reagiert deshalb auf Entkriminalisierung im Bereich der Bagatellkriminalität tendenziell mit einem Festhalten am Status quo – zumal dann, wenn ihr die Entscheidung über die Anwendung der den Status quo verändernden Neuerungen (§§ 153, 153a StPO) freigestellt ist – oder mit einer Politik der Aufgabenerweiterung[7] (als Ersatz für den Wegfall von Aufgaben, der von der Entkriminalisierung herrührt), um ihre Forderungen insb. nach einer Verbesserung der materiellen Gratifikationen nicht als unangemessen erscheinen zu lassen. Das Festhalten am Status quo – gleichbedeutend mit dem zurückhaltenden Gebrauch der §§ 153, 153a StPO – durch die Amtsanwaltschaft dürfte um so naheliegender sein, je größer die Orientierungsunsicherheit der gesamten Statusgruppe ist und je negativer die Erfahrungen sind, die diese Statusgruppe mit Politiken der Entkriminalisierung im Bagatellbereich (z. B. Herabstufung der Verkehrsübertretungen zu Ordnungswidrigkeiten) bereits gemacht hat (bei einer vermuteten generellen hohen Aufstiegs- resp. Karriereorientierung der Mitglieder dieser Statusgruppe: die Amtsanwälte rekrutieren sich ja aus aufstiegsorientierten Rechtspflegern).

Sowohl die vorliegenden »objektiven Daten« wie die von der Amtsanwaltschaft gehandhabten Argumentationsmuster verleihen der von uns angebotenen Erklärung eine hohe Plausibilität.

Die Amtsanwaltschaft als Statusgruppe leidet (seit geraumer Zeit) an einer hohen Orientierungsunsicherheit, die durch Reformbestrebungen (RefEntw des Staatsanwaltschaftsänderungsgesetzes; vgl. Löwe-Rosenberg 1978, Zehnter Titel: Staatsanwaltschaft, § 142 GVG) eher verschärft als gemindert wird. Der Deutsche Richterbund (DRB Information 9/1977, 33 f. (Beilage zur DRiZ); DRiZ 1979, 7 f. (Leitlinien des Deutschen Richterbundes)) erstrebt die Schließung der Amtsanwaltslaufbahn und fordert, jeden ausscheidenden Amtsanwalt durch einen Staatsanwalt zu ersetzen. Die Landesjustizverwaltungen votieren für eine Beibehaltung der Amtsanwaltschaft, sprechen sich jedoch dafür aus, für das Amt der Staatsanwaltschaft die beiden Funktionsträger, Staats- und Amtsanwaltschaft, getrennt beizubehalten; ferner möchten sie den Zuständigkeitskatalog der Nr. 21 ff. OrgStA nicht erweitert wissen. Bund und Länder wollen künftig die Zuständigkeit des Amtsanwalts auf den Strafrichter (bisher Amtsgericht einschließlich Schöffengericht) beschränken. Der Deutsche Amtsanwaltsverein lehnt diesen Vorschlag entschieden ab und kritisiert darüber hinaus den geplanten Entzug der Bearbeitung von Jugendsachen und der Sitzungsvertretung vor Jugendgerichten. Seit Jahren setzt sich der Amtsanwaltsverein für eine bundesgesetzliche Statusregelung ein (vgl. die laufende Berichterstattung im Mitteilungsblatt des Deutschen Amtsanwaltsvereins, Der Amtsanwalt); als einzige Statusgruppe der Justiz besitzt die Amtsanwaltschaft bis heute noch keine solche Regelung. Langfristig strebt der Amtsanwaltsverein eine Lösung an, die durch die Übernahme der Amtsanwälte als Staatsanwälte von einem einheitlichen Funktionsträger ausgeht; kurzfristig fordert der Amtsanwaltsverein die Einbeziehung der Amtsanwaltschaft in die R-Besoldung (sog. »Dentistenlösung«).

Die 1968 erfolgte Umwandlung der Verkehrsübertretungen in Ordnungswidrigkeiten – Konsequenz einer Politik der Entkriminalisierung

– führte zu einem *Aufgabenverlust*,[8] der aus der Sicht der Amtsanwaltschaft bislang auch durch die Zuweisung neuer Aufgaben (1970 und 1975) nicht ausgeglichen werden konnte.

Mit der Verwirklichung der geplanten Änderungen in der Aufgabenstruktur der Amtsanwälte wird zugleich ein Prestige- und Statusverlust befürchtet, wie die beiden folgenden Stellungnahmen erkennen lassen:

- »Die Justizverwaltung hat die Verpflichtung, die Ausbildung des Amtsanwalts so zu gestalten, daß er in seinem Zuständigkeitsbereich beim Amtsgericht, d. h. Strafrichter und Schöffengericht, als Funktionsträger des Amts der Staatsanwaltschaft dem Staatsanwalt gleichwertig ist, zumal der Amtsanwalt in der Hauptverhandlung auch Anklagen des Staatsanwalts zu vertreten hat. Die öffentliche Meinung über die Staatsanwaltschaft wird zu einem wesentlichen Teil durch das Verhalten des Amtsanwalts in der Hauptverhandlung geprägt« (Der Amtsanwalt 1/1978, 19).
- »Schließlich wird eine Reform des 10. Titels des GVG erstrebt, die die Zuständigkeit des Amtsanwalts auf den Strafrichter (bisher Amtsgericht einschließlich Schöffengericht) beschränken soll. Nun sieht diese Statusminderung nicht gefährlich aus, wenn man bedenkt, daß Amtsanwälte nur selten zu Schöffengerichtssitzungen herangezogen worden sind. Hierbei muß aber ein weiteres Reformvorhaben mitberücksichtigt werden. Das mündliche Verfahren vor dem Strafrichter soll vereinfacht werden. Entschieden wird durch Strafbescheid. Auf Rechtsmittel gegen Strafbescheid und Strafbefehl entscheidet das Schöffengericht. Die Amtsanwälte wären damit von dem ordentlichen Hauptverfahren ausgeschlossen. Das ginge an den Kern ihres Aufgabengebietes und jeder staatsanwaltschaftlichen Tätigkeit überhaupt« (Benkendorf DRiZ 1976, 84).

Die Fixiertheit der Amtsanwaltschaft auf ihre Bezugsgruppe der Staatsanwälte drückt sich auch in einer Übererfüllung der dort verbreiteten professionellen Standards aus, in einem »übertriebenen Legalismus«,[9] der ebenfalls innovative Entwicklungen hemmen könnte. Ein solcher »übertriebener Legalismus« würde die Wirkungsweise des eingangs beschriebenen »Greshamschen Gesetzes« (March/Simon) verstärken, nach dem programmierte Routine-Aktivitäten innovative Aktivitäten *verdrängen* (bzw. ihre Institutionalisierung verhindern). Der »übertriebene Legalismus«, Ausdruck der Verhaltensorientierung der Organisationsmitglieder, besitzt insofern auch Chancen zur Entfaltung, als er dem Stil der Kontrollausübung innerhalb der bürokratischen Organisation der Staatsanwaltschaft entspricht, ein Befund, der sich mit der von Etzioni aufgestellten Kongruenzthese in Übereinstimmung befindet, nach der in formalen Organisationen ein Trend zur Kongruenz besteht zwischen Formen der Machtausübung (Kontrollausübung) und Formen der Verhaltens- resp. Kontrollorientierung der Organisationsmitglieder: »... Organizations tend to shift their compliance structure from incongruent to congruent types and organizations which have congruent compliance structures tend to resist factors pushing them toward incongruent compliance structures« (Etzioni 1970, 69).

Die vom Gesetzgeber monierten »sachfremden Motive«, d. h. die bestehende Infrastruktur zur Durchführung eines Gesetzes (Aufbau- wie Ablauforganisation des Implementierungsstabes) beeinflussen die »Wirksamkeit« eines Gesetzes (i. S. der Verwirklichung der von ihm angestrebten Ziele), aber auch seine Auswirkungen,[10] womit alle Folgen, einschließlich unbeabsichtigter Wirkungen, gemeint sind (Blankenburg 1977). Wirksamkeit und Auswirkungen sind allerdings *normenspezifisch* (resp. deliktspezifisch) zu betrachten, was hier am Beispiel des Kontrolldelikts Ladendiebstahl geschehen ist.

Anmerkungen

* Erhard Blankenburg, Jürgen Kühling, Fritz Sack, Heinz Steinert und Ernst Wittig haben das Manuskript gelesen und kritisert; stud. jur. Hubert Lempert verifizierte durch systematisches Bibliographieren meine Vermutung, daß die Literaturlage zur »Amtsanwaltschaft« sehr schlecht ist. Ihnen allen möchte ich hiermit Dank sagen. Zu besonderem Dank, der über die Regeln der Courtoisie hinausgeht, bin ich Jörn Kühl (Fachbereich Rechtswissenschaften/TU Hannover) und Peter Düwel (Niedersächs. Justizministerium) verpflichtet. Sie berieten mich in allen anstehenden »Rechtsfragen« und zeigten dabei mit mir eine große Geduld.

1 So heißt es bei Burchardi/Klempahn (1978, 13) zur Abgrenzung der Zuständigkeit zwischen Staatsanwälten und Amtsanwälten: »Der Amtsanwalt darf nicht bearbeiten ... wenn das Verfahren in tatsächlicher und rechtlicher Hinsicht besondere Schwierigkeiten bereitet oder aus sonstigen Gründen erhebliche Bedeutung hat.« Laut Löwe-Rosenberg 1978 (23. Aufl.) spricht sich der Referentenentwurf zum StAÄG »für die Beibehaltung des Instituts des Amtsanwalts aus, weil es sich, insgesamt gesehen, bewährt habe ... und die Bearbeitung der »im wesentlichen gleichförmigen Bearbeitung der Klein- und Massenkriminalität« durch den Amtsanwalt zur Entlastung des Staatsan-

walts und dessen Freistellung für wichtige Aufgaben bei der Verfolgung der schweren Kriminalität führe« (Löwe-Rosenberg 1978, Rdn. 28, Zehnter Titel: Staatsanwaltschaft). Zugleich demonstriert dieser Vorgang, Routinearbeiten, die nur geringe Kenntnisse verlangen, an »Hilfs- bzw. Assistentenberufe« zu delegieren, eine innerhalb von Professionen verbreitete Strategie der Aufwertung und der Erhöhung von Prestige (Hesse 1978, 312). Andererseits macht dieser Vorgang auch klar, daß erst die Delegation von Routinetätigkeiten für Innovationen frei macht.

2 Eine von P. Reichelt (*Schreibautomaten in der ordentlichen Gerichtsbarkeit,* Berlin 1978, DVR, Beiheft 9) durchgeführte Umfrage zeigt, daß bei denjenigen Staatsanwaltschaften, die bereits einen Schreibautomaten besitzen, die Erstellung von Strafbefehlen bzw. Strafbefehlsanträgen über Textverarbeitung (Textbausteine) am verbreitetsten ist (a.a.O., 91 ff.). Wenn die einzelnen Tätigkeiten hinreichend gleichartig sind, wird von den Benutzern der Schreibautomaten Zeitersparnis registriert (a.a.O., 47).

3 Diese Vorlagepflicht wird von einer AV, die vom 16. 10. 1978 datiert, aufgehoben (vgl. hierzu weiter unten!).

4 Eine von den Landesjustizverwaltungen Baden-Württemberg, Bayern, Niedersachsen und Rheinland-Pfalz angesteuerte »gemeinsame Lösung« operationalisiert das Merkmal »geringer Schaden« (im Sinne des § 153 Abs. 1, Satz 2 StPO) oder »geringwertige Sache« (im Sinne des § 248a StGB) dahingehend, daß »die Höhe des Schadens oder der Wert der Sache DM 50,– nicht übersteigt«. Im übrigen wird darauf hingewiesen, daß für die Wertfeststellung »objektive Kriterien« maßgebend sind (z. B. Erlaß des Justizministeriums Baden-Württemberg vom 1. 9. 1977 – 4111-IV/36, S. 3). Mit Hilfe folgender Vorgaben soll versucht werden, die Kriterien für die Anwendung des § 153a StPO zu präzisieren, d. h. die Frage zu beantworten, wann Auflagen oder Weisungen geeignet sind, das »öffentliche Interesse« an der Strafverfolgung zu beseitigen bzw. wann »geringes Verschulden« anzunehmen ist:

- der Beschuldigte darf in näher zurückliegender Zeit (etwa 2 Jahre) nicht bestraft worden sein,
- gegen den Beschuldigten darf in näher zurückliegender Zeit kein anderes Verfahren nach § 153a StPO eingestellt worden sein,
- wenn nicht zu erwarten ist, daß der Beschuldigte bei einer späteren Anklage, zu der es infolge der Nichterfüllung einer Auflage oder Weisung kommt, wegen der inzwischen vergangenen Zeit besonders schwer überführt werden kann,
- die Tatbegehung keine erschwerenden Umstände aufweist,
- sich die Tat auf Sachen im Gesamtwert bis zu DM 100,– bezieht (z. B. AV des nieders. JM vom 16. 10. 1978 – 4100-302.159).

D. h. bis zu einer Wertgrenze von DM 50,– kann die Staatsanwaltschaft ohne Zustimmung des Gerichts einstellen, bei Werten zwischen DM 50,– und DM 100,– bedarf es der Zustimmung des Gerichts. Diese Schadensgrenze hält beispielsweise die Landesgruppe Niedersachsen des Deutschen Amtsanwaltsvereins mit Hinweis auf die Rechtsprechung des OLG Celle (3. Strafsenat, Urteil vom 25. 11. 1976, 3 Ss 222/76) für »zu hoch« und nimmt »Geringwertigkeit« i. S. des § 248a StGB bei einem Wert von DM 30,–, höchstens aber DM 40,– an (Schreiben der nieders. Landesgruppe an den nieders. JM vom 3. 1. 1978).
Der Handlungsspielraum für eine Politik der Entkriminalisierung auf dem Gebiet der kleinen Vermögensdelikte und Bagatelldelikte scheint sich zunehmend einzuengen, worauf die jüngste Rechtsprechung des Bundesverfassungsgerichts zur Bagatell- und Rückfallkriminalität hindeutet (Beschlüsse vom 16. u. 17. 1. 1979 des 2. Senats). Das Bundesverfassungsgericht hat »die Strafverfolgung gegen Diebstahl, auch soweit es sich um die Entwendung »geringwertiger Sachen« handelt, für verfassungsgemäß erklärt. Das Gericht hat auch den Strafverschärfungs-Grund des Rückfalls als mit dem Grundgesetz vereinbar bezeichnet ... Auf die Vorlage des Amtsgerichts Köln hat das Bundesverfassungsgericht auch die Frage des Rückfalls berührt, aber sich vor allem damit auseinandergesetzt, ob die Strafbarkeit des Stehlens auch einer geringwertigen Sache verfassungsmäßig sei. Das ist eindeutig bejaht und aus dem verfassungsrechtlichen Schuldprinzip hergeleitet worden ... Die Annahme des Kölner Amtsgerichts, der Richter werde gegenüber Dieben, die Sachen von geringem Wert, dies allerdings im Rückfall, gestohlen haben, vom Gesetz zu »unangemessen harten Reaktionen« gezwungen, weist das Bundesverfassungsgericht »als unzutreffend« zurück« (*FAZ* vom 10. 2. 1979, S. 4).

5 Wie Untersuchungen zeigen (z. B. Wollmann 1975 und Scharpf et al. 1976, insb. 158 ff.), hat sich der »tertiäre Sektor«, begünstigt durch Gesetzgebungsakte (z. B. Städtebauförderungsgesetz), erheblich ausgedehnt und dehnt sich immer noch aus, wobei der in Großstädten zunehmend zu beobachtende Auf- und Ausbau von Massenverkehrssystemen die Entwicklung des »tertiären Sektors« unmittelbar beeinflußt (Linder 1973). Die Errichtung von Massenverkehrssystemen zeigt an, daß die Pendlerströme stark angestiegen sind und damit auch das innerstädtische Verkehrsproblem gewachsen ist. In der Regel sind die meisten Pendler im tertiären Sektor beschäftigt, der seinerseits die Wohnbevölkerung aus dem City- und citynahen Bereich in das Umland verdrängt. Nur über privaten und öffentlichen Verkehr lassen sich die getrennten Funktionsbereiche von Arbeit und Wohnen aneinanderbinden. Allein schon mit der wachsenden Zahl der in der City verkehrenden Menschen nimmt die Chance, einen Ladendiebstahl zu

begehen und dabei entdeckt zu werden, zu. Daß auch mit der steigenden Zahl der mit privaten und/oder öffentlichen Verkehrsmitteln verkehrenden Personen die Chance zunimmt, in Verkehrsdelikte verwickelt zu werden, versteht sich ebenfalls.

6 Obwohl es sich bei der Amtsanwaltschaft um eine ehrwürdige Institution handelt, die auf eine ebenso lange Geschichte wie die Staatsanwaltschaft zurückblicken kann, ist die Literaturlage zu dieser Institution äußerst dürftig. Empirische Untersuchungen gibt es unserer Kenntnis nach überhaupt keine zu dieser Institution. Insofern kann das Ausblenden organisationsstruktureller Überlegungen aus der Diskussion um die Neuordnung des Amtsrechts der Staatsanwälte nicht überraschen. Allerdings besitzen die folgenden Überlegungen keinen besonders großen Erklärungswert (bestenfalls Plausibilitätsniveau), weil es kein Erklärungsäquivalent gibt, wo keine Amtsanwälte sind, also ein empirischer Test der Status-Politik-These nicht möglich ist.

7 Aufschlußreich hierfür ist der Konflikt zwischen Amts- und Staatsanwaltschaft in Hamburg, die sich gegen eine (in anderen Bundesländern bereits durchgeführte) Erweiterung der Zuständigkeit der Amtsanwälte gem. des bundeseinheitlich zu handhabenden OrgStA entschieden ausgesprochen hat (vgl. *Der Amtsanwalt*, Heft Nr. 3-4/75, »Chronik eines Skandals« und *Der Amtsanwalt*, Heft Nr. 1/76, »Angriff Hamburger Staatsanwälte auf die Amtsanwaltslaufbahn fehlgeschlagen: Hamburger Senat entschied nach sachlichen Gesichtspunkten«).

8 Der Aussetzungs- und Vorlagebeschluß des Amtsgerichts Nidda vom 2. 1. 1969 (Es 14/68) möchte die Entscheidung des Bundesverfassungsgerichts darüber einholen, ob die §§ 24 und 26 des Straßenverkehrsgesetzes in der Fassung des Einführungsgesetzes zum Gesetz über Ordnungswidrigkeiten und die §§ 36 und 68 OWiG mit Art. 101 Abs. 1 Satz 2, 92, 20 Abs. 2, 79 Abs. 3, 72 bis 75 GG vereinbar seien. Das Amtsgericht hielt die Regeln über die örtliche Gerichtszuständigkeit und die Umwandlung von Verkehrsübertretungen und -vergehen in Ordnungswidrigkeiten, die den Anlaß zur Änderung der Zuständigkeitsvorschriften gegeben hat, für verfassungswidrig (vgl. BVerfG 27, Beschluß des Zweiten Senats vom 16. 7. 1969, S. 19 ff. insb. S. 21 f.). Es erscheint nicht abwägig, hinter dem Bemühen, eine Klärung der rechtlichen Frage herbeizuführen, zugleich auch den Versuch zu erblicken, die Aufgabenstruktur der Amtsanwaltschaft konstant zu halten.

9 Dieser »übertriebene Legalismus« macht sich auch in Interviews bemerkbar. Amtsanwälte beantworteten Fragen nach der Empirie von Entscheidungsprozessen, indem sie die gesatzten Vorschriften, die das Entscheidungsverhalten normativ regeln (z. B. GVG, StPO), ausführlich zitieren. Staatsanwälte dagegen scheinen eher bereit zu sein, Fälle »brauchbarer Illegalität« (Luhmann) zu benennen.

10 Ein bezeichnendes Beispiel hierfür ist – angesichts der beschriebenen Situation beim Ladendiebstahl und angesichts des verbreiteten »rechtsstaatlichen Pathos« (Naucke) – die Situation im Bereich der Wirtschaftskriminalität, die ebenfalls auf *organisatorische* Maßnahmen zurückzuführen ist. »Fehlende Einstellung wegen Geringfügigkeit bei Diebstählen mit einem Schaden über DM 500,– gegenüber Begründung mit Geringfügigkeit bei jedem sechsten eingestellten Wirtschaftsstrafverfahren mit einem Mindestschaden von DM 1000,– läßt den Verdacht der Ungleichbehandlung aufkommen. Die Zuweisung von Wirtschaftsstrafverfahren auf spezialisierte Staatsanwälte scheint die Maßstäbe für »geringe Schuld« und »mangelndes öffentliches Interesse an der Verfolgung« zu verschieben. Bei einem durchschnittlichen Schaden von DM 300 000,– stellen sich DM 50 000,– tatsächlich als eher geringfügig dar, so daß die Toleranzschwelle noch nicht überschritten wird« (Berckhauer 1977, 1033 f.), was überdies auch mit den strafprozessualen Vorschriften in vollem Einklang steht. Zur Ungleichbehandlung bei Vermögensdelikten vgl. auch Ahrens 1978, 147 ff.

Erledigungsstruktur beim Kontrolldelikt Ladendiebstahl
Amtsanwaltschaft Berlin

1. Z. Zt. der Geltung des »Berliner Modells«

abs.	% § 170 II StPO	% § 153 StPO	% § 153a StPO	% Strafbefehl	% Anklage	
1. 331	5,7	60,1	9,4	9,7	6,9	
2. 435	5,0	8,9	35,2	30,6	15,4	März 1977
3. 110	0,9	1,8	2,7	34,5	29,1	

2. Nach Aufhebung des »Berliner Modells«

299	5,7	23,4	12,0	23,1	7,7	
471	3,8	7,4	10,2	49,9	18,0	August 1977
93	4,3	4,3	6,5	21,5	38,7	
334	8,4	25,4	9,9	39,5	8,1	
431	6,0	5,3	6,0	57,5	22,3	Sept. 1977
80	1,2	2,5	3,7	40,0	35,0	

abs.	% § 170 II StPO	% § 153 StPO	% § 153a StPO	% Straf-befehl	% Anklage	
352	10,5	23,0	12,5	33,2	8,8	
474	3,8	6,5	7,0	48,1	15,4	Okt. 1977
119	3,4	1,7	2,5	26,9	21,0	
303	9,6	30,7	8,9	40,6	8,6	
369 (392)	6,4	7,9	10,4	57,9	15,6	Nov. 1977
81 (97)	3,1	1,0	8,2	35,1	44,3	
331	6,0	23,9	11,5	38,7	6,9	
489	3,5	10,4	8,4	38,6	15,3	Dez. 1977
108	1,8	--	5,5	39,8	26,8	
332	5,4	27,1	9,3	40,7	10,5	
429	5,4	6,9	6,1	56,9	18,4	Januar 1978
99	1,0	2,0	3,0	44,4	33,3	
364	7,4	23,3	11,3	35,2	8,8	
410	3,2	4,6	8,8	52,9	19,3	Febr. 1978
90	2,3	1,1	5,5	26,7	37,8	
404	9,1	23,0	13,4	31,4	7,4	
417	3,1	5,3	7,7	58,3	14,1	März 1978
80	2,5	1,2	1,2	40,0	40,0	
368 (374)	7,7	28,9	13,1	39,6	10,4	
458	3,0	7,6	8,7	48,9	15,9	April 1978
84	1,2	--	5,9	35,7	35,7	
347	5,2	19,0	25,1	34,6	8,6	
474	2,9	5,5	9,3	48,7	19,6	Mai 1978
100	3,0	1,0	3,0	36,0	26,0	
369 (391)	5,6	22,8	18,4	38,9	11,2	
460 (479)	2,5	5,4	10,8	56,4	21,3	Juni 1978
101 (103)	4,0	11,8	13,9	47,8	19,2	

Die jeweils pro Monat vorgenommene Ausdifferenzierung (1./2./3.) bedeutet: 1. Zeile: Schaden bis zu 10,– DM; 2. Zeile: Schaden zwischen 10,– und 100,– DM; 3. Zeile: Schaden über 100,– DM.

Die in Klammern eingefügten absoluten Zahlen bezeichnen jeweils die Summe, die sich aus einer Addition der absoluten Zahlen in den einzelnen Spalten ergibt und die mit der mitgeteilten Summe (linke Spalte) nicht übereinstimmt. Die Zahlen wurden freundlicherweise vom Senator für Justiz in Berlin zur Verfügung gestellt; Angaben für die Zeit vor März 1977 stehen leider nicht zur Verfügung.

Literatur

Ahrens, Wilfried: *Die Einstellung in der Hauptverhandlung gem. §§ 153 II, 153a II StPO – Eine empirische Analyse über neue Formen der Bekämpfung der Bagatellkriminalität*, Göttingen 1978.

Allison, Graham T.: »Drei Modelle zur Analyse politischer Prozesse«, in: Bernhard Badura (Hrsg.): *Seminar: Angewandte Sozialforschung, Studien über Voraussetzungen und Bedingungen der Produktion, Diffusion und Verwertung sozialwissenschaftlichen Wissens*, Frankfurt 1976, S. 466-502.

Aubert, Vilhelm: »Einige soziale Funktionen der Gesetzgebung«, in: Ernst E. Hirsch / Manfred Rehbinder (Hrsg.): *Studien und Materialien zur Rechtssoziologie* (Sonderheft 11 der *KZfSS*), Köln/Opladen 1967, S. 284-309.

Baumann, Jürgen: »Bekämpfung oder Verwaltung der Kleinkriminalität? Ein Beitrag zur Rechtspraxis«, in: Walter Stree / Theodor Lenckner, et al. (Hrsg.): *Gedächtnisschrift für Horst Schröder*, München 1978, S. 523-532.

Benkendorf, Wolfgang: »Das ›leidige‹ Thema Amtsanwälte«, in: *DRiZ* 1976, S. 83-84.

Berckhauer, Friedrich H.: »Die Erledigung von Wirtschaftsstraftaten durch Staatsanwaltschaften und Gerichte«, in: *ZStW* 89 (1977), S. 1015-1045.

Blankenburg, Erhard: »Die Staatsanwaltschaft im Prozeß sozialer Kontrolle«, in: *KrimJ* 3/1973, S. 181-196.

Blankenburg, Erhard / Sessar, Klaus / Steffen, Wiebke: »Schichtverteilung der (Eigentums- und Vermögens-) Kriminalität: Eine Willkür der Instanzen?«, in: *KrimJ* 1/1975, S. 36-47.

Blankenburg, Erhard / Steffen, Wiebke: »Der Einfluß sozialer Merkmale von Tätern und Opfern auf das Strafverfahren«, in: Erhard Blankenburg (Hrsg.): *Empirische Rechtssoziologie*, München 1975, S. 248-268.

Blankenburg, Erhard: »Nicht-Kriminalisierung als Struktur und Routine«, in: Hans Göppinger / Günther Kaiser (Hrsg.): *Kriminologie und Strafverfahren*, Stuttgart 1976, S. 175-185.

Blankenburg, Erhard: »Über die Unwirksamkeit von Gesetzen«, in: *ARSP* 63, (1977), S. 31-58.

Blankenburg, Erhard: »Die Staatsanwaltschaft im System der Strafverfolgung«, in: *ZRP* 11/1978, S. 263-268.
Blankenburg, Erhard / Sessar, Klaus / Steffen, Wiebke: *Die Staatsanwaltschaft im Prozeß strafrechtlicher Sozialkontrolle,* Berlin 1978.
Blankenburg, Erhard / Treiber, Hubert: »Die Einführung der Staatsanwaltschaft in Deutschland. Eine Kritik der These von der ›Aktivierung der Rechtsidee im Strafprozeß‹«, in: *Leviathan* 2/1978, S. 161-175.
Bohne, Eberhard / Hucke, Jochen: »Implementation als Thema der Verwaltungswissenschaft«, in: *Studien zur Reform von Regierung und Verwaltung,* Nr. 10, 1978, S. 61-76.
Burchardi, Karl / Klempahn, Gerhard: *Der Staatsanwalt und sein Arbeitsgebiet,* Münster 1978 (4. Aufl.).
Crozier, Michel: »Der bürokratische Circulus vitiosus und das Problem des Wandels«, in: Renate Mayntz (Hrsg.): *Bürokratische Organisation,* Köln/Berlin 1968, S. 277-288.
Dreher, Eduard: »Die Behandlung der Bagatellkriminalität«, in: Günter Stratenwerth / Armin Kaufmann et al. (Hrsg.): *Festschrift für Hans Welzel,* Berlin/New York 1974, S. 917-940.
Etzioni, Amitai: »A Basis for Comparative Analysis of Complex Organizations«, in: Amitai Etzioni (Ed.): *A Sociological Reader on Complex Organizations,* London/New York/Sydney/Toronto 1970, S. 59-76.
Hesse, Hans Albrecht: »Routine im Richter-Beruf«, in: *KZfSS* 2/1978, S. 305-320.
Hünerfeld, Peter: »Kleinkriminalität und Strafverfahren«, in: *ZStW* 90 (1978), S. 905-926.
Kaiser, Günther: »Möglichkeiten der Bekämpfung von Bagatellkriminalität in der Bundesrepublik Deutschland«, in: *ZStW* 90 (1978), S. 877-904.
Kutzer, Klaus: »Zum Ermessens- und Handlungsspielraum der Staatsanwaltschaft«, in: *DRiZ* 1975, S. 110/111.
Lautmann, Rüdiger: *Justiz – die stille Gewalt,* Frankfurt 1972.
Linder, Wolf: *Der Fall Massenverkehr,* Frankfurt 1973.
Löwe-Rosenberg: *Die Strafprozeßordnung und das Gerichtsverfassungsgesetz, Kommentar,* Berlin/New York 1978 (23. Aufl.).
Luhmann, Niklas: *Funktionen und Folgen formaler Organisation,* Berlin 1964.
Mayntz, Renate: »Die Implementation politischer Programme: Theoretische Überlegungen zu einem neuen Forschungsgebiet«, in: *Die Verwaltung* 1/1977, S. 51-66.
Mechanic, David: »The Power to resist Change among Lower-Ranking-Personel«, in: *Personelle Administration* 1963, S. 4-11.
Naucke, Wolfgang: »Empfiehlt es sich, in bestimmten Bereichen der kleinen Eigentums- und Vermögenskriminalität, insb. des Ladendiebstahls, die strafrechtlichen Sanktionen durch andere, zum Beispiel

zivilrechtliche Sanktionen abzulösen, gegebenenfalls durch welche?«, in: Deutscher Juristentag: *Gutachten D und E zum 51. Deutschen Juristentag*, München 1976, D 7-D 122.
Popitz, Heinrich: *Über die Präventivwirkung des Nichtwissens*, Tübingen 1968 (Recht und Staat 350).
Quensel, Stephan: »Wie macht man Kriminelle? Gutachten über die Arbeit des Kuratoriums zur Bekämpfung der Wohlstandskriminalität«, in: *Kritische Justiz* 1/1978, S. 20-35.
Reichelt, Peter: *Schreibautomaten in der ordentlichen Gerichtsbarkeit*, Berlin 1978 (Datenverarbeitung im Recht, Beiheft 9).
Rössner, Dieter: *Bagatelldiebstahl und Verbrechenskontrolle*, Bern/Frankfurt 1976.
Scharpf, Fritz W.: »Planung als politischer Prozeß«, in: *Die Verwaltung* 1/1971, S. 1-30.
Scharpf, Fritz W. / Reissert, Bernd / Schnabel, Fritz: *Politikverflechtung: Theorie und Empirie des kooperativen Föderalismus in der BRD*, Kronberg 1976.
Treiber, Hubert: »Programmentwicklung als politischer Prozeß. Zum Verhältnis von Bürokratie und politischer Führung aus der Sicht der empirischen Verwaltungswissenschaft«, in: *Zeitschrift für Politik* 3/1977, S. 213-239.
Wilson, James Q.: »Innovation in Organization: Notes Toward a Theory«, in: James D. Thompson (Ed.): *Approaches to Organizational Design*, Pittsburgh 1966, S. 193-218.
Wollmann, Hellmut: »Der Altstadtsanierung erster Teil als Cityerweiterungsplanung – der Fall Heidelberg«, in: Rolf-Richard Grauhan (Hrsg.): *Lokale Politikforschung*, Frankfurt 1975, Bd. 2, S. 221-272.

Juristischer Kommentar

Peter Düwel

I.

Nach Auffassung von Hubert Treiber handelt es sich bei der Anwendung der §§ 153, 153a StPO um ein Problem der Implementierung. Diese Auffassung basiert auf den Grundannahmen, daß sich im Gesetzgebungsprogramm operationalisierte oder operationalisierbare Ziele ausmachen lassen und daß diese Ziele mit der Reform des Bagatellstrafrechts verbunden und als solche relativ leicht zu identifizieren seien. Ich habe nach mancherlei Gesprächen und auf Grund eingehender Beobachtung der staatsanwaltschaftlichen und gerichtlichen Praxis Zweifel bekommen, ob diese Annahmen, die Treiber selbst vorsichtshalber in die Nähe von Unterstellungen rückt, uneingeschränkt akzeptiert werden können. Meine Zweifel leiten sich daraus her, daß sich Zielvorgabe und Anwendungsbereich der §§ 153, 153a StPO nicht so ohne weiteres an der Bekämpfung massenhaft auftretender Bagatellkriminalität festmachen lassen, wie T. dies tut. Denn beide Vorschriften sind so weit und unkonkret gefaßt, daß sich einerseits ihre Anwendungsmöglichkeit nicht auf die Bekämpfung der Kleinkriminalität beschränken läßt und daß es andererseits nicht von vornherein als illegitim erscheint, bestimmte Bereiche der Bagatellkriminalität ganz oder teilweise von der Anwendung der Vorschriften auszunehmen. Ist dies aber so, dann darf die Analyse der Anwendungspraxis nicht dabei stehenbleiben, die »*Durchführung* akzeptierter Entscheidungen« zu beschreiben, sondern sie muß die Frage einbeziehen, in welcher Weise die Instanzen der Implementation, d. h. hier in erster Linie die Landesjustizverwaltungen und die Staatsanwaltschaften, das Rahmenprogramm des Gesetzgebers ergänzen und einzelfallübergreifend konkretisieren. Diese Modifikation des Untersuchungsansatzes hat nicht nur theoretische, sondern auch praktische Bedeutung und erhellt manche Vorgänge, die Treiber allzu monokausal auf die Bedingungen formeller oder informeller Organisation zurückführt.

Ich will versuchen, meiner Hypothese auf zwei Wegen näherzukommen, nämlich einerseits durch eine – bewußt schulmäßige – Auslegung der einschlägigen Vorschriften (II.) und andererseits durch eine – notwendigerweise kursorische – Darstellung der Anwendungspraxis (III.).

II.

Treiber konzentriert seine Bemühungen um eine Fixierung des Regelungsprogramms darauf, die einschlägigen Gesetzgebungsmaterialien aufzuarbeiten und hieraus die Zielvorgaben des Gesetzgebers herzuleiten, an denen die Durchführungsmaßnahmen zu messen sind. Er kommt hierbei zu dem zutreffenden Ergebnis, daß die Bekämpfung der sog. geringfügigen Massendiebstähle in allen Phasen des Gesetzgebungsvorganges eine Rolle gespielt hat. Allerdings gilt dies in durchaus unterschiedlichem Maße: Steht noch in der Begründung zu Art. 19 Nr. 41 des Regierungsentwurfs eines Einführungsgesetzes zum Strafgesetzbuch die Absicht, den Fortfall von Privilegierungstatbeständen im Bereich der Vermögensdelikte (Mundraub, Notentwendung) durch verfahrensrechtliche Erleichterungen zu kompensieren, ganz im Vordergrund, so zeigt sich der Sonderausschuß Strafrecht des Deutschen Bundestages in seinem Ausschußbereicht bereits wesentlich zurückhaltender und unverbindlicher: Er spricht davon, daß die Vorschrift des § 153a StPO (u. a.) im Hinblick auf das Problem des Ladendiebstahls nicht zu weit ausgelegt werden dürfe; im übrigen sei abzuwarten, ob und wie sich die neuen Vorschriften in der Praxis bewähren würden.

Vor allem aber kann es – und dies ist ein methodischer Einwand des Juristen gegenüber dem Sozialwissenschaftler – letztlich nicht darauf ankommen, was »der historische Gesetzgeber« mit einer bestimmten Regelung erstrebt hat; maßgeblich ist vielmehr der in der Vorschrift zum Ausdruck kommende objektivierte Wille des Gesetzgebers, so wie er sich aus dem Wortlaut der Bestimmung und dem Sinnzusammenhang ergibt, in den diese hineingestellt ist.

Geht man dementsprechend auf den Wortlaut der §§ 153, 153a StPO ein, so ergibt sich, daß von einer Beschränkung des Geltungsbereichs auf die Bekämpfung der Bagatellkriminalität keine Rede sein kann. So kommt für eine Einstellung des Verfahrens nach diesen Vorschriften *jedes Vergehen* in Betracht. Von der an sich naheliegenden Möglichkeit, nach dem gesetzlichen Strafrahmen oder nach der im Einzelfall voraussichtlich verwirkten Strafe zu differenzieren und dadurch Delikte der sog. mittleren Kriminalität aus dem Geltungsbereich zu eliminieren, hat der Gesetzgeber keinen Gebrauch gemacht. Auch die Schadenshöhe ist kein in diesem Zusammenhang brauchbares Abgrenzungskriterium; denn sie ist nur für die Beurteilung der Frage von Bedeutung, ob die Einstellung eines Ermittlungsverfahrens durch die Staatsanwaltschaft der Zustimmung des Gerichts bedarf oder nicht. Hier liegt mithin sogar der Umkehrschluß nahe, daß es für die Verfahrenseinstellung auf die Schadenshöhe jedenfalls insoweit nicht ankommen soll, als sie unverschuldet ist. Die §§ 153, 153a StPO stehen daher für die Anwendung auf Tatbestände wie Bankrott, Bestechlichkeit, Volksverhetzung, Bildung terroristischer Vereinigungen und Zuhälterei grundsätzlich ebenso offen wie für die Anwendung auf Ladendiebstahl und Beförderungserschleichung, also diejenigen Tatbestände, die die einschlägigen Diskussionen zu beherrschen pflegen. Die verbleibenden Korrektive – die (hypothetisch oder tatsächlich) geringe Schuld des Täters und das – fehlende oder durch Auflagen/Weisungen zu beseitigende – öffentliche Interesse an der Strafverfolgung – sind nicht generell geeignet, den Geltungsbereich der Vorschriften einerseits auf die Bekämpfung der Kleinkriminalität zu beschränken und andererseits sie für diese obligatorisch zu machen.

Was die Geringfügigkeit des Verschuldens betrifft, so ist sie zwar bei quantifizierender Betrachtungsweise im Bereich der Kleinkriminalität sicher weit häufiger anzutreffen als im Bereiche der mittleren Kriminalität. Andererseits ist das Maß des Verschuldens keine Variable des Unrechtsgehalts der Tat und deshalb auch nicht in irgendeiner Weise deliktsartspezifisch. Die Annahme geringer Schuld ist vielmehr unabhängig von den jeweils zur Beurteilung stehenden Vergehen dann anzunehmen, wenn die in § 46 Abs. 2 Satz 2 StGB genannten Umstände sämtlich oder ganz überwiegend *für* den Täter sprechen. D. h. es kommt z. B. darauf an, daß die Tatmotive nicht verwerflich sondern in gewissem Umfange verständlich sind, daß es sich um schwache kriminelle Intensität und um einmaliges Versagen handelt und daß der Schaden ganz oder teilweise wiedergutgemacht worden ist. Insgesamt muß die Prüfung ergeben, daß die Schuld des Täters, verglichen mit dem durchschnittlichen Maß des Verschuldens bei Verfehlungen gleicher Art, klar unter dem Durchschnitt bleibt.

Was das öffentliche Interesse an der Strafverfolgung betrifft, so wird man zwar von der Tendenz ausgehen dürfen, daß es im Bereich der Kleinkriminalität eher fehlen oder zu beseitigen sein wird als im Bereiche der mittleren Kriminalität. Sogar bei einer solchen Tendenzfeststellung erscheint jedoch, wenn man sich die Vielfalt der möglichen und zulässigen Gesichtspunkte vergegenwärtigt (vgl. z. B. Nr. 86 Abs. 2 RiStBV), Zurückhaltung geboten. Gründe in der Person des Täters (z. B. Vorbelastung, kriminelle Energie, Schadenswiedergutmachung) können hier ebenso eine Rolle spielen wie Belange der Allgemeinheit (z. B. außergewöhnliche Tatfolgen, Stellung des Verletzten im öffentlichen Leben, Generalprävention). Hieraus folgt, daß es einerseits grundsätzlich kein Vergehen gibt, bei dem das öffentliche Interesse stets und immer die Strafverfolgung gebietet, daß es andererseits Gründe geben kann, gerade im Bereiche der Bagatellkriminalität das öffentliche Interesse an der Strafverfolgung zu bejahen. Letzteres gilt vornehmlich für diejenigen, die in dem massenhaften Auftreten von Bagatellkriminalität eine Bedrohung gesellschaftlicher Ordnungsprinzipien erblicken und zugleich das strafrechtliche Sanktionsinstrument für ein geeignetes Mittel halten, diese Ordnungsprinzipien zu stabilisieren.

Als Auslegungsergebnis läßt sich deshalb festhalten, daß die tatbestandliche Fassung der §§ 153, 153a StPO den Instanzen der Implementierung nicht nur einen vergleichsweise weiten Anwendungsspielraum läßt, sondern daß darüber hinaus rechtspraktisch bedeutsame Grundfragen vom Bundesgesetzgeber unentschieden gelassen worden sind.

Auch die Einbeziehung des Sinnzusammenhangs, in den die Vorschriften hineingestellt worden sind, führen zu keiner nennenswerten Eingrenzung ihres Regelungsinhalts. Die §§ 153, 153a StPO eröffnen die Reihe der Ausnahmen vom Legalitätsprinzip, d. h. derjenigen Bestimmungen, die es der Staatsanwaltschaft bzw. dem Gericht ermöglichen, ein Verfahren aus Gründen der Opportunität einzustellen oder gar nicht erst einzuleiten. Diese Gründe sind vielfältiger Natur (z. B. Nichtverfolgung von politischen oder Auslandstaten, Einstellung sog. Nebenstraftaten), und ihr gemeinsamer Nenner ist keineswegs die Behandlung der Kleinkriminalität.

III.

Diesem Auslegungsergebnis entspricht die seit 1975 zu beobachtende Anwendungspraxis. Hierbei ist nicht nur an die Summe der einschlägigen Einzelfallentscheidungen zu denken, die der einzelne Amtsanwalt oder Staatsanwalt »vor Ort« zu treffen hat, sondern auch an die Versuche der Landesjustizverwaltungen und der Generalstaatsanwälte, im Interesse der Gleichbehandlung vergleichbarer Fälle zu bundeseinheitlichen Richtlinien zu gelangen. Diese Versuche führten letztlich nicht zum Erfolg.

Zwar ließ sich in einigen Punkten relativ schnell Übereinstimmung erzielen. So war von vornherein klar, daß sich die Anwendungsmöglichkeit der §§ 153, 153a StPO nicht auf die Bagatellkriminalität im Eigentums- und Vermögensbereich beschränkt, sondern daß grundsätzlich jedes Vergehen für eine Einstellung nach diesen Vorschriften in Betracht kommt. Dementsprechend ist der Anwendungsbereich, soweit er sich nach den sporadischen, hierüber vorliegenden Berichten beurteilen läßt, relativ breit gefächert. Er reicht von durchaus bedeutsamen Wirtschaftsstrafsachen, bei denen die Geringfügigkeit des Verschuldens vornehmlich aus dem weit zurückliegenden Tatzeitpunkt hergeleitet wird, über Körperverletzungen und Beleidigungen bis zu Straftaten mit politischem Einschlag, bei denen die Besonderheiten der Beweggründe oder die Formen einer reduzierten Beteiligung (Randfiguren, Mitläufer) eine mildere Beurteilung gestatten. Ob die Einstellung in solchen Fällen stets und ausschließlich durch die Geringfügigkeit des Verschuldens motiviert worden ist oder ob nicht bisweilen auch sachfremde Gesichtspunkte (z. B. Schwierigkeiten bei der vollen Aufklärung des Sachverhalts) eine Rolle gespielt haben, ist eine offene Frage, der nur von Fall zu Fall und nicht im vorliegenden Zusammenhang nachgegangen werden kann. Umgekehrt bestand Konsens darüber, daß es eine Reihe von Delikten gebe, bei denen die Einstellung nach § 153a StPO aus Gründen des öffentlichen Interesses generell strengen Maßstäben unterworfen werden müsse. Hierzu zählt u. a. die Unfallflucht, die gefährliche Körperverletzung, die Erpressung sowie – bei fahrlässigen Straftaten – die Gefährdung des Straßenverkehrs und die Trunkenheit im Verkehr.

Umstritten war und blieb hingegen die Frage, ob auch der Ladendiebstahl zum Anlegen eines strengen Maßstabes nötigt oder ob er im Gegenteil den Hauptanwendungsfall für § 153a StPO darstellt. An der Tatsache, daß es hierüber überhaupt zu Meinungsverschiedenheiten kommen konnte, zeigt sich erneut, daß der Bundesgesetzgeber der für die Behandlung der Kleinkriminalität maßgeblichen Grundfrage ausgewichen ist, der Frage nämlich, ob die Geringfügigkeit des Verschuldens oder die Bedrohlichkeit der Massenkriminalität den Ausschlag geben soll, ob also mit Rücksicht auf den einen Aspekt regelmäßig eingestellt oder mit Rücksicht auf den anderen Aspekt regelmäßig angeklagt werden soll. Mit dieser rechtspolitischen Kursbestimmung bleibt jede Landesjustizverwaltung oder – wo diese sich verschweigt – jede Staatsanwaltschaft sich selbst überlassen. Das Ergebnis ist dementsprechend uneinheitlich und unter dem Gesichtspunkt der Gerechtigkeit unbefriedigend. Die Einstellungsquoten weichen von Bundesland zu Bundesland und manchmal auch von Bezirk zu Bezirk teilweise in einem Maße ab, das sich mit dem Ermessensspielraum, der den Strafverfolgungsbehörden in gewissem Umfange erhalten bleiben muß, für sich allein nicht mehr rechtfertigen läßt.

Im Falle Niedersachsens kommt der von Treiber hervorgehobene Umstand hinzu, daß die Landesjustizverwaltung innerhalb von vier Jahren von einem Kurs zum anderen übergewechselt ist, so daß sich hier sogar ein Beispiel für die Uneinheitlichkeit im zeitlichen Längsschnitt antreffen läßt. Während in einer AV von 1974 der Ladendiebstahl denjenigen Delikten zugeordnet wurde, bei denen die Einstellung nach § 153a StPO von »besonderen Gründen« abhängig war, wurde diese Einschränkung durch eine AV von 1976 gestrichen und schließlich mit einer AV von 1978 durch eine Regelung ersetzt, die den Ladendiebstahl praktisch zum Hauptanwendungsfall des § 153a StPO machte. Zwar ist die entsprechende Formulierung bewußt vorsichtig gewählt (. . . »bestehen keine Bedenken dagegen, nach § 153a StPO zu verfahren« . . .) und bleibt damit noch unterhalb des Wirkungsgrades einer Empfehlung; gleichwohl kann damit gerechnet werden, daß sich die Praxis der Staatsanwaltschaften mehr oder weniger schnell auf die in der neuen AV gesetzten Maßstäbe einspielt und eine erhebliche Zahl von Verfahren ohne bzw. ohne wesentliche Inanspruchnahme der Gerichte erledigt. Damit wird einem der Hauptanliegen Rechnung getragen, das der Bundesgesetzgeber mit dem Anfang 1975 in Kraft getretenen »Vorschriftenpaket« zum

Strafverfahrensrecht verfolgt hat, nämlich die begrenzte Personalkapazität der Gerichte in stärkerem Maße als bisher von der Verfolgung der Kleinkriminalität zu entlasten und für die Verfolgung der schweren und mittleren Kriminalität freizusetzen. Ob damit zugleich auch der Effekt erzielt wird, die Behandlung der Bagatelldiebstähle in gewissem Umfange zu entkriminalisieren, muß demgegenüber mit einem Fragezeichen versehen werden. Aus der Sicht des Betroffenen und seiner Umwelt wird es in der Regel keinen Unterschied machen, ob ein Gericht gegen ihn auf eine Geldstrafe erkennt oder ob ein Staatsanwalt ihm eine Geldbuße auferlegt, die nach der AV der Höhe der voraussichtlich verwirkten Geldstrafe entsprechen soll. Auch kann er nicht mit dem Gefühl nach Hause gehen, daß nach der Zahlung der Geldbuße nunmehr alles »vergeben und vergessen« sei. Zwar wird die Einstellung nach § 153a anders als die Verurteilung zu einer Geldstrafe nicht in das Bundeszentralregister eingetragen, wohl aber wird sie hausintern vermerkt; dem Beschuldigten wird dies mit dem in den Vordruck aufgenommenen Satz verdeutlicht, daß er im Wiederholungsfalle mit einer solchen Einstellung des Verfahrens nicht noch einmal rechnen könne. Auch dem Umstand, daß ihm eine Hauptverhandlung erspart bleibt, wird er im Hinblick darauf, daß dies im Strafbefehlsverfahren nicht anders ist, kaum Bedeutung beimessen. Infolge dieser Verfahrensgestaltung ist die Einstellung nach § 153a StPO relativ nahe an die Verfahrenserledigung durch den Strafbefehl herangerückt. Dieses Heranrücken mag eine der Hauptursachen dafür sein, daß die Vorbehalte und Bedenken weiter Teile der Praxis gegen eine großzügige Anwendung des § 153a StPO im Bereich des Ladendiebstahls (»Entkriminalisierung auf kaltem Wege, Erschütterung der Eigentumsordnung, Bagatellisierung von Einstiegskriminalität«) mehr und mehr im Schwinden begriffen sind.

B Delikte gegen die Gesamtheit

Gerald Grünwald
Billigung von Straftaten (§ 140 StGB)

Der Prozeß um das Buch »Wie alles anfing« von Michael »Bommi« Baumann

Auf der Buchmesse 1975 stellte der Trikont Verlag das Buch »Wie alles anfing« vor. Der Autor – steckbrieflich gesucht im Untergrund lebend – schildert darin, wie er vom Arbeiter zum Mitglied der »Bewegung 2. Juni« wurde und sich dann von dieser Gruppe abwandte. Er schildert oder erwähnt dabei eigene und fremde Straftaten.

Gegen die beiden geschäftsführenden Gesellschafter des Verlages wurde im November 1975 ein Strafverfahren eingeleitet, das am 17. Oktober 1978 mit einem Freispruch durch den 1. Senat des Bundesgerichtshofs endete. Vorausgegangen waren diesem Urteil: zunächst ein Freispruch durch die 5. Strafkammer des Landgerichts München I am 27. Oktober 1976, sodann die Aufhebung des Freispruchs durch den 1. Strafsenat des Bundesgerichtshofs am 9. August 1977 und die Verurteilung beider Angeklagter wegen Billigung von Straftaten zu Geldstrafen von 150 Tagessätzen durch die 15. Strafkammer des Landgerichts München I am 1. Februar 1978.[1]

Die Aufhebung der Verurteilung und der endgültige Freispruch durch den Bundesgerichtshof sind gewiß als ein Erfolg für die Sache der Freiheit der Information zu werten. Die Furcht von Verlegern, mit der Veröffentlichung eines autobiographischen Werkes, in dem es auch um Straftaten geht, sich selbst der Strafverfolgung auszusetzen, ist durch diesen Freispruch gemindert worden. Die Befriedigung über den Ausgang des Verfahrens aber wird durch mehrere Umstände gedämpft.

Zum einen bedeutet das Erleiden des Strafverfahrens selbst – in dem es überdies zu wiederholten Durchsuchungen und Beschlagnahmen kam – eine nerven-, kräfte- und zeitraubende Belastung und eine finanzielle Schädigung. Das Verfahren könnte darum auch trotz des Freispruchs einen Abschreckungseffekt auf andere Verleger ausüben. Vor allem aber hat die Entscheidung des

Bundesgerichtshofs keine Klarheit darüber gebracht, wo nach seiner Auffassung die Grenze des Strafbaren verläuft. Die grundsätzlichen Fragen, die in dem Verfahren aufgeworfen waren, blieben unbeantwortet und die Prämissen, auf denen der Freispruch beruht, undeutlich, so daß das Urteil kaum als Präjudiz, auf das man bauen könnte, brauchbar ist. Mit der Dürftigkeit der Urteilsbegründung hängt es auch zusammen, daß dieses Urteil in den gängigen Fachzeitschriften nicht veröffentlicht ist – im Gegensatz zu der ersten, für die Verleger ungünstigen Entscheidung vom 9. August 1977,[2] dessen Sentenzen damit weiterwirken, obwohl sie – wie noch zu zeigen sein wird – von demselben Senat durch den Freispruch revoziert worden sind.

Da Inhalt und Bedeutung des abschließenden Urteils des Bundesgerichtshofs nur im Zusammenhang mit dem konkreten Sachverhalt und den vorangegangenen Entscheidungen verständlich werden, ist es notwendig, auch diese in die Darstellung einzubeziehen.

Die rechtliche Ausgangslage

1. Die Staatsanwaltschaft warf den Verlegern vor, zwei Strafvorschriften verletzt zu haben, nämlich außer § 140 StGB – Billigung von Straftaten – auch § 131 StGB – Verherrlichung von Gewalt.

§ 140 StGB lautet:
»Wer eine der in § 138 Abs. 1 Nr. 1 bis 5 und in § 126 Abs. 1 Nr. 1 bis 6 genannten rechtswidrigen Taten, nachdem sie begangen oder in strafbarer Weise versucht worden ist,
1. belohnt oder
2. in einer Weise, die geeignet ist, den öffentlichen Frieden zu stören, öffentlich, in einer Versammlung oder durch Verbreiten von Schriften (§ 11 Abs. 3) billigt,
wird mit Freiheitsstrafe bis zu drei Jahren oder mit Geldstrafe bestraft.«

Anzumerken ist dazu, daß in den §§ 138 und 126, auf die Bezug genommen ist, ein Katalog schwerer Straftaten aufgeführt ist, darunter Mord, Totschlag, Raub, räuberische Erpressung, Geiselnahme, Brandstiftung und Herbeiführen einer Sprengstoffexplosion.

§ 131 StGB lautet:
»(1) Wer Schriften (§ 11 Abs. 3), die Gewalttätigkeiten gegen Menschen in grausamer oder sonst unmenschlicher Weise schildern und dadurch eine

Verherrlichung oder Verharmlosung solcher Gewalttätigkeiten ausdrükken oder die zum Rassenhaß aufstacheln,
1. verbreitet,
2. öffentlich ausstellt, anschlägt, vorführt oder sonst zugänglich macht,
3. einer Person unter achtzehn Jahren anbietet, überläßt oder zugänglich macht oder
4. herstellt, bezieht, liefert, vorrätig hält, anbietet, ankündigt, anpreist, in den räumlichen Geltungsbereich dieses Gesetzes einzuführen oder daraus auszuführen unternimmt, um sie oder aus ihnen gewonnene Stücke im Sinne der Nummern 1 bis 3 zu verwenden oder einem anderen eine solche Verwendung zu ermöglichen,
wird mit Freiheitsstrafe bis zu einem Jahr oder mit Geldstrafe bestraft.
(2) Ebenso wird bestraft, wer eine Darbietung des in Absatz 1 bezeichneten Inhalts durch Rundfunk verbreitet.
(3) Die Absätze 1 und 2 gelten nicht, wenn die Handlung der Berichterstattung über Vorgänge des Zeitgeschehens oder der Geschichte dient.
(4) ...

2. Die Annahme der Staatsanwaltschaft, § 131 StGB sei erfüllt, war von vornherein abwegig, denn von den im Buch erwähnten Gewalttätigkeiten wird keine in unmenschlicher Weise geschildert, wie der Straftatbestand dies voraussetzt. In allen vier Urteilen des Verfahrens ist dieser Tatbestand auch verneint worden.

Gleichwohl hat die Heranziehung des § 131 StGB durch die Staatsanwaltschaft im Verfahren eine – recht merkwürdige – Rolle gespielt. Sie hat nämlich bei der Auslegung des § 140 StGB Verwirrung gestiftet. Wie das geschehen konnte, wird nur verständlich, wenn man die unterschiedliche Struktur der beiden Tatbestände betrachtet:

§ 131 StGB gehört zur Gruppe der »Verbreitungsdelikte«.[3] Diese sind dadurch gekennzeichnet, daß die Strafbarkeit an den Inhalt einer Schrift in der Weise anknüpft, daß jeder, der sie verbreitet – oder eine der sonstigen, auf Verbreitung gerichteten Tathandlungen, die das Gesetz beschreibt, vornimmt – den Tatbestand erfüllt. Darauf, ob er sich selbst mit dem Inhalt der Schrift identifiziert oder wie er sonst zu ihm steht, kommt es nicht an. Eine – wegen des Grundrechts der Informationsfreiheit notwendige – Einschränkung wird durch die Klausel herbeigeführt, daß Handlungen, die der Berichterstattung dienen, von der Strafbarkeit ausgenommen sind (Abs. 3 des § 131 StGB).[4]

Anders verhält es sich mit dem Äußerungsdelikt des § 140 StGB[5]: Täter dieses Tatbestandes ist nur derjenige, der *selbst* eine der Gewalttaten billigt, d. h. seine *eigene* Billigung der Gewalttat erklärt. Das Verbreiten einer Schrift, in der ein anderer eine solche Billigung äußert, erfüllt darum den Tatbestand nicht. Eine Bestrafung des Verbreitenden als Täter kommt vielmehr nur dann in Betracht, wenn er sich mit dem Inhalt der Schrift identifiziert und seine Identifikation auch erklärt.[6]

Diese unterschiedliche Struktur der Tatbestände haben die Staatsanwaltschaft und sodann die 5. Strafkammer des Landgerichts München I (die freilich im Ergebnis richtig zu einem Freispruch kam) verkannt; sie sind der Suggestion des § 131 StGB erlegen, indem sie meinten, die Veröffentlichung eines Buches, in dem Straftaten gebilligt werden, erfülle den Tatbestand des § 140 StGB. Auch in dem ersten Revisionsurteil des 1. Senats des Bundesgerichtshofs klingt diese Fehlvorstellung noch an. Dies wird im folgenden noch darzustellen sein.

3. Zum Begriff des Billigens lag ein wichtiges Präjudiz vor, eine Entscheidung des Bundesgerichtshofes aus dem Jahre 1968 (BGHSt 22, 282). Sie betrifft ein Buch mit dem Titel »Südtirol – wohin?«, in dem der Autor sich mit der politischen Vergangenheit und Gegenwart Südtirols befaßt, sich zum aktiven Widerstand gegen die italienische Staatsgewalt bekennt und Sprengstoffanschläge auf Hochspannungsleitungen und einen Feuerüberfall auf Carabinieri-Unterkünfte schildert. Der Bundesgerichtshof hat darin keine Billigung der geschilderten Straftaten gesehen. Im Begriff des Billigens liege es, »daß die zustimmende Kundgebung aus sich heraus verständlich sein muß, als solche unmittelbar, ohne Deuteln erkannt wird.« Daran fehle es, da die konkreten Straftaten nur beschreibend dargestellt seien, ohne daß der Autor »diese Handlungen bei der Schilderung zugleich gebilligt hat«.

In dem Urteil des Landgerichts in jenem Verfahren – das zu einer Verurteilung gelangt war – war nur der einfache Schluß gezogen worden, daß aus dem Bekenntnis zu aktivem Widerstand folge, daß auch die als Beispiele solchen Widerstands geschilderten Taten die Billigung des Autors fänden. Dazu der Bundesgerichtshof: »Der allein durch einen solchen Schluß gewonnene Eindruck ist aber für den Begriff der Billigung im Sinne des § 140 StGB nicht ausreichend; denn es fehlt die Unmittelbarkeit der zustimmenden Erklärung des Täters zu dem konkreten Verbrechen, von deren zündenden Wirkungen das Gesetz jene Störung des innerdeutschen Rechtsfriedens befürchtet, denen es mit dieser Strafvorschrift begegnen will.«

Nicht eine jede Äußerung, in der zum Ausdruck kommt, daß die Erklärende ein Tötungsverbrechen, eine Brandstiftung oder eine der anderen Verbrechen gutheißt, erfüllt den Tatbestand des § 140 StGB – so wird man dieses Urteil des Bundesgerichtshof zusammenfassen können –, sondern nur die Manifestation der Solidarisierung mit dem Verbrechen.[7] Dies ist im Hinblick auf das Schutzgut des § 140 StGB, der verhindern soll, daß durch die öffentliche Billigung »ein psychisches Klima geschaffen wird, in dem gleichartige Untaten gedeihen«[8], eine sinnvolle Einschränkung des Tatbestandes.

4. Zu der Zeit, als der Bundesgerichtshof jene Entscheidung traf, hatte § 140 StGB noch eine andere Fassung als heute. Die Tathandlung war damals nur durch den Begriff des Billigens – ohne nähere Qualifizierung – definiert. Inzwischen[9] ist der Zusatz, daß die Billigung in einer den öffentlichen Frieden zu stören geeigneten Weise erfolgen muß, eingefügt worden. Dies hat zweierlei bewirkt. Zum einen ist hinsichtlich der Art des Billigens die einschränkende Auffassung, die in BGHSt 22, 282 vertreten wurde, gesetzlich abgesichert. Darüber hinaus setzt der Tatbestand nun voraus, daß die Handlung auch unter Berücksichtigung der Umstände, unter denen sie vorgenommen wurde, und der Situation, in die sie hineinwirkte, konkret geeignet war, eine Störung des öffentlichen Friedens auszulösen.[10] Eine solche Störung kann dabei darin bestehen, daß potentielle Täter zu gleichartigen Straftaten ermutigt werden, oder darin, daß potentielle Opfer in ihrem Vertrauen in die Sicherheit erschüttert werden.[11]

Mit der Umgestaltung des § 140 StGB zu einem konkreten Gefährdungsdelikt hat der Gesetzgeber der Erwägung Rechnung getragen, daß diese Strafbestimmung eine Beschränkung der Meinungsfreiheit darstellt[12], die nur soweit zu legitimieren ist, als eine Äußerung geeignet ist, konkrete Gefahren für Rechtsgüter anderer auszulösen.[13]

Das erste Urteil des Landgerichts: Freispruch

Die Staatsanwaltschaft vertrat in der Anklageschrift die Auffassung, in dem Buch »Wie alles anfing« seien acht Straftaten (der in

§ 140 StGB vorausgesetzten Art) vom Autor gebilligt worden. Die 5. Strafkammer des Landgerichts München I sah hingegen nur in zwei Fällen eine Billigung als gegeben an, und für diese verneinte sie die Eignung zur Friedensstörung.

1. Verneint wurde eine Billigung in folgenden Fällen:

(1) Bei der Schilderung seines Weges zum Mitglied der »Bewegung 2. Juni« erwähnt Baumann an zwei Stellen Straftaten anderer mit dem Bemerken, er habe *damals* Sympathie für sie gehabt. Einmal geht es um Bombenanschläge auf Bundesbahnanlagen, die Alexander Hembluck alias Roy Clark verübte, um Geld zu erpressen. (Dazu Baumann, S. 20: »So ein Mann wie Roy Clark, ... den fand ich schon sehr gut«). Die andere Tat war die Kaufhausbrandstiftung in Frankfurt. (Dazu Baumann, S. 30: »Ich habe es nicht mehr abgelehnt, ich habe es gut gefunden, und die restlichen (gemeint: Mitglieder der Kommune 1), die haben es abgelehnt. Die haben gesagt, das wäre nur noch ein psychisches Versagen, die Leute wollten eigentlich in den Knast ... Gerade dieses psychische Versagen hat bei mir aber die Solidarität ausgelöst, die Sympathie, eigentlich viel mehr als die Tat.«) Für beide Fälle verneinte die 5. Strafkammer eine Erklärung *gegenwärtiger* Billigung, hinsichtlich der Kaufhausbrandstiftung sah sie zudem auch die wiedergegebene frühere Einstellung des Autors nicht als Billigung an.

(2) Eine weitere fremde Straftat, nämlich den Brandanschlag auf das jüdische Gemeindehaus in Berlin, erörtert der Autor, soweit die Darstellung jedoch eine Wertung enthält, ist sie negativ (S. 69: »Eigentlich sind alle dran ausgeflippt ... daß wieder Deutsche in der jüdischen Synagoge eine Bombe deponieren, das war nicht mehr zu vermitteln.«).

(3) Dreimal schildert Baumann Vorgänge, an denen er selbst beteiligt war, nämlich

– einen Bombenanschlag gegen den Richter Heinsen (S. 70: »Da sind wir denn eingestiegen, daß wir dem dann auch eine Bombe vor die Tür gepackt haben. Die ist denn hoch und hat die ganze Tür kaputt gemacht«),

– einen nach Ort und Zeit nicht bezeichneten Banküberfall (S. 102 ff.), und

– die Schießerei, bei der ein Polizist Georg von Rauch erschoß. Baumann (S. 109) schildert sie so, daß er nicht wisse, »wer die

Knarre zuerst gezogen hat«, daß aber von Rauch auch gezogen habe; in einem in dem Buch abgedruckten »Spiegel«-Interview hatte Baumann erklärt, er und von Rauch hätten geschossen.

Zu den beiden letztgenannten Fällen erklärte die 5. Strafkammer, daß es schon an dem Erfordernis einer konkret begangenen Straftat fehle, und zwar bei der Schießerei deshalb, weil deren tatsächlicher Ablauf bis heute ungeklärt sei. Hierzu ist anzumerken, daß eine Bestrafung nach § 140 StGB voraussetzt, daß es nach Überzeugung des Gerichts feststeht, daß die Tat, um deren Billigung es geht, tatsächlich begangen worden ist.

Für alle drei der in Betracht kommenden Straftaten aber stellte das Gericht fest, daß der Autor sie nur beschreibe, nicht aber ihre Billigung erkläre. Dabei prüfte das Gericht auch, ob sich eine Billigung etwa aus dem Schlußabsatz des Buches herleiten lasse, der lautet:

»Ich stehe immer noch hinter allen Sachen, die ich gemacht habe. Ich verdamme nichts und ich verurteile auch nichts daran, auch nicht die Leute, auch wenn ich Kritik übe ... Ich habe es gemacht und es ist in Ordnung. Selbst die schlimmsten Erfahrungen waren richtig zu ihrer Zeit, weil anders hättest du es eben nicht gebracht, das war dein Weg, und den mußtest du gehen.«

Hierzu meinte die 5. Strafkammer: Auch wenn man aus diesen Sätzen herauslesen würde, daß der Autor die Einzelvorkommnisse billige, würde dies nach den Grundsätzen der Entscheidung BGHSt 22, 282 für den Begriff der Billigung nicht ausreichen, da die Unmittelbarkeit der zustimmenden Erklärung fehle. Darüber hinaus wäre diese Deutung auch falsch. In dem Buch überwiege die kritische Auseinandersetzung mit den von Anarcho-Gruppen begangenen Gewalttaten, deren Sinnlosigkeit der Autor erkannt habe, die Absage an Gewaltanwendung und der Versuch, Alternativen für eine Weiterentwicklung im persönlichen und im gesellschaftlichen Bereich aufzuzeigen. Der Schlußabsatz besage nichts anderes, als daß der Autor ohne seine Erfahrungen – auch mit Gewalttaten – nicht zu seinem jetzigen Entwicklungsstand gelangt wäre. Er schwöre seinem früheren Verhalten nicht ab, weil er seine Vergangenheit nicht leugnen wolle. Mit seiner heutigen kritischen Einstellung hierzu sei dies durchaus in Einklang zu bringen.

2. Eine Billigung von Straftaten sah das Gericht hingegen in folgendem:

(1) Im Vorwort ist in einem Nebensatz die Entführung des Berliner CDU-Vorsitzenden Peter Lorenz angesprochen. Die Textstelle lautet:

»Es ist noch zu sagen, daß bereits vor Erscheinen des Buches, besonders nach der großartigen Lorenz-Entführung, einem wirklichen Meisterstück des europäischen Stadtguerilla, Stimmen laut wurden, die das Buch kürzen oder verhindern wollten. Die Aufforderung, die Knarre wegzuschmeißen, wird von den Revolutionären als Abwieglung oder gar als Verrat empfunden. Sie sollte aber so verstanden werden, sich einem konstruktiven Konzept zuzuwenden, sich zu öffnen für neue Erkenntnisse und Experimente, versuchen Leben zu erhalten, damit wir nicht von den Trümmern des zusammenbrechenden Systems begraben werden. An Vernichtung denkt die andere Seite schon genug.«

Die Strafkammer meinte hierzu, zwar könnten die Worte »wirkliches Meisterstück . . .« als bloße Kommentierung der Durchführung der Operation verstanden werden, das Attribut »großartig« stelle jedoch eine deutliche billigende Wertung dar.

(2) Baumann schildert einen Brandanschlag, den seine Freundin Hella Maher auf das Kammergericht verübte, und zwar in folgendem Zusammenhang: Er beklagt die Unterdrückung der Frauen in der Gruppe, deren »einzige Gleichberechtigung« darin bestanden habe, daß sie wie ein Mann behandelt wurden, wenn sie bei einer Aktion mitmachten. Als Beispiel dafür, daß »die sich echt mehr getraut« haben, führt er den Brandanschlag an, den er so kommentiert ». . . war echt der größte Sachschaden, den wir jemals gemacht haben. Da ist ja fast das ganze Kammergericht abgebrannt, und das hat sie alleine gemacht« (S. 89).

Die damit ausgedrückte Anerkennung des Mutes – so meinte die 5. Strafkammer – schließe notwendig die Billigung der Tat mit ein.

3. Mit der Veröffentlichung und dem Vertrieb des Buches haben die Verleger nach Auffassung der 5. Strafkammer die Merkmale der öffentlichen Billigung der beiden Straftaten erfüllt. Wie bereits ausgeführt, liegt dem eine Verkennung der Tatbestandsstruktur zugrunde. Das Gericht sah die Billigung jedoch nicht als geeignet an, den öffentlichen Frieden zu stören. Begründet ist dies einmal mit dem jeweiligen unmittelbaren Kontext der Äußerungen und zum anderen mit dem Gesamtinhalt des Buches, der auf die Abkehr von Gewalt gerichtet sei.

4. Anzumerken ist zu der Frage einer Eignung des Buches zur

»Friedensstörung« noch folgendes: In der Regel dürften Aussagen über mögliche Wirkungen einer Schrift kaum verläßlich zu treffen sein, zumal dann, wenn ihre Verbreitung und damit eine Aufnahme ihres Inhalts durch Leser und Kritiker unterbunden wird. Hier nun lagen die Dinge insofern anders, als das Buch »Wie alles anfing« nach seiner Beschlagnahme in einer zweiten Ausgabe mit dem Erscheinungsort Frankfurt veröffentlicht wurde, inhaltlich unverändert und mit einer Liste von Hunderten von Namen von Schriftstellern, Verlegern und Hochschullehrern als Herausgeber versehen; diese Ausgabe erreichte – von Staatsanwaltschaften und Gerichten unbehelligt – weite Verbreitung. In den Besprechungen des Buches – unter anderem von Heinrich Böll[14] – hieß es, daß es eher geeignet sei, junge Menschen, auf die die Vorstellung des Untergrundlebens eine Versuchung darstellt, von diesem Wege abzuhalten.[15] In der Tat ist die »Message« des Buches die Enttäuschung der Erwartung, das Ausbrechen aus der Gesellschaft würde zu einer persönlichen Befreiung führen. Von dem Buch »zündende Wirkungen« zu befürchten setze schon ein gehöriges Maß an Unverständnis voraus.

Das erste Urteil des BGH: Aufhebung des Freispruchs

Der 1. Senat des Bundesgerichtshofs hob durch sein erstes Revisionsurteil den Freispruch auf. Er fand weder die Verneinung einer Billigung in den sechs von acht Fällen noch die Verneinung der Eignung zur Störung des öffentlichen Friedens hinreichend begründet.

1. Hinsichtlich der ersten Frage widersprach der Senat der 5. Strafkammer in folgenden Punkten:

(1) Die Strafkammer habe die Entscheidung BGHSt 22, 282 mißverstanden. Auch wenn eine zustimmende Kundgebung unmittelbar im Anschluß an die Schilderung der Vorgänge fehle, genüge es, wenn die Taten an anderer Stelle insgesamt gutgeheißen würden, wie in dem Schlußabsatz. (Der Senat setzt sich damit über die sorgfältig begründete Würdigung dieser Passagen durch die Strafkammer hinweg, obwohl es nicht Sache des Revisionsgerichts ist, die Auslegung eines Textes durch das Tatsachengericht durch seine eigene zu ersetzen.) Außerdem gehe die Strafkammer

von einer »zu engen Auffassung« aus; schon aus der Form der Darstellung eines Vorganges könne unter Umständen eine Billigung entnommen werden, wenn der Darstellende Mittäter oder erklärter Sympathisant der Täter sei und sich nicht ausdrücklich von den Taten distanziere.

(2) Zu beanstanden sei auch die Auslegung, daß der Autor über einige Straftaten nur aussage, daß er sie seinerzeit gutgeheißen habe. Bei der Würdigung müsse der Umstand einbezogen werden, daß der Autor seine damalige Zustimmung »noch jetzt als die richtige Reaktion eines jungen Mannes auf die gesellschaftlichen Zustände ansieht«. (Auf welchen Passagen diese eigenwillige Deutung des Revisionsgerichts basiert, bleibt unklar.)

(3) Zu Unrecht habe die Strafkammer den Banküberfall und die Schießerei, bei der von Rauch getötet wurde, nicht als konkrete begangene Straftaten angesehen. Der erstere sei in allen Einzelheiten als wirkliches Geschehen dargestellt; bei der Schießerei stehe nach der Schilderung zwar nicht fest, wer zuerst geschossen habe, wohl aber, daß Baumann und von Rauch auch Waffen einsetzten, deshalb liege die Würdigung als versuchter Mord auf der Hand. (Dem 1. Senat unterläuft dabei der kaum verständliche Fehler, daß er sich mit der Schilderung einer Tat als wirklich begangen begnügt, während § 140 StGB voraussetzt, daß sie wirklich begangen worden ist.)

2. Zur Frage der Eignung zur Friedensstörung erklärte der 1. Senat: Wenn das Tatsachengericht nach erneuter Prüfung mehr als nur die zwei Straftaten als gebilligt ansehe, könne auch diese Frage anders zu beurteilen sein. Im übrigen könne als friedensstörend der Umstand betrachtet werden, daß der Verfasser eine große Zahl sich steigernder Rechtsgutsverletzungen »als nahezu selbstverständliche Folge gesellschaftskritischer Einstellung schildert«.

3. Der 1. Senat hat damit dem Tatsachengericht, an das die Sache zurückverwiesen wurde, die Beurteilung des *Buches* vorgezeichnet. Nun ging es ja um die Strafbarkeit der *Verleger.* Für die Prüfung, ob sie den Tatbestand erfüllt haben, gab der Senat dem Tatsachengericht die Aussage mit auf den Weg: »Entgegen dem Vortrag der Verteidigung kann auch ein Verleger Täter eines solchen Vergehens sein«. Da dieser Satz die Erwiderung auf den Hinweis der Verteidigung war, daß Täter nur sei, wer seine eigene Billigung erklärt, liegt es nahe, ihn so zu verstehen, daß das

Verlegen einer Schrift, in der Straftaten gebilligt werden, als Tathandlung des § 140 StGB anzusehen sei.

Ein Schluß von der Bewertung der Handlung des Autors auf die Bewertung des Verlegens wird auch durch eine weitere These des 1. Senats nahegelegt: »Auf das Grundrecht der freien Berichterstattung (Art. 5 GG) können sich die Angeklagten (!) nicht berufen, wenn in dem Lebensbericht Baumanns (!) eine Anzahl schwerer Verbrechen billigend in einer Weise dargestellt wird, die den öffentlichen Frieden zu stören geeignet ist.« Weiter heißt es dazu: Zwar würden vielfach Presseorgane selbst Anarchisten zu Wort kommen lassen, dabei stehe aber »in der Regel die Berichterstattung eines Presseorgans, das sich nicht mit der Kundgebung identifiziert, im Vordergrund«, oder es handle sich um eine wertfreie Dokumentation. »Im vorliegenden Falle kommt nur der Verfasser zu Wort.«

Die Angeklagten verstanden diese Gegenüberstellung so – und diese Deutung liegt in der Tat nahe – daß ihnen wegen ihrer politischen Einstellung eine Identifikation mit den Aussagen des Buches unterstellt werde.

Das zweite Urteil des Landgerichts: Verurteilung

1. Die 15. Strafkammer des Landgerichts München I sah in ihrem Urteil vom 1. Februar 1978 fünf Straftaten als vom Autor gebilligt an, nämlich außer der Lorenz-Entführung und dem Brandanschlag auf das Kammergericht auch noch die Kaufhausbrandstiftung, die Bombenanschläge des »Roy Clark« und den geschilderten Banküberfall (nicht hingegen die Anschläge auf das jüdische Gemeindehaus und gegen den Richter Heinsen und die Schießerei).

2. Zur Verurteilung gelangte die Strafkammer mit einer ganz anderen Begründung, als sie nach den Darlegungen des Bundesgerichtshofs zu erwarten war. Das Gericht erkannte endlich, daß der Tatbestand die *eigene* Billigung der Straftaten voraussetzt. Es erklärte dazu, daß »im bloßen Verlegen des Buches *keine* Billigung der Straftaten gesehen werden kann«; dabei spiele es auch keine Rolle, ob das Buch im Trikont-Verlag oder in einem »bürgerlichen« Verlag erscheine.

Die Strafkammer meinte die demnach erforderliche Billigungserklärung in dem *Verlagsprospekt* zu finden. In diesem steht der Satz »Wir identifizieren uns mit ihnen« – bezogen jedoch nicht auf Michael Baumann, sondern auf andere Personen, die für gewaltsame Veränderungen von Gesellschaftsordnungen eintraten, und zwar von anderen Gesellschaftsordnungen als der der Bundesrepublik. Der Strafkammer unterlief außerdem der Fehler, daß sie die Billigungserklärung im Verlagsprospekt sah, die Eignung, den öffentlichen Frieden zu stören, aber dem Buch »Wie alles anfing« zusprach. Der Tatbestand erfordert jedoch, daß die *Billigungserklärung* die Eigenschaft aufweist, zur Friedensstörung geeignet zu sein.

Das freisprechende Urteil des BGH

Daß die Revision der Angeklagten das Urteil wegen dieser Fehler zu Fall bringen mußte, war offensichtlich. In seinem Urteil vom 17. Oktober 1978 hat der 1. Senat des Bundesgerichtshofs die Deutung der Äußerungen im Verlagsprospekt als Billigung konkreter Straftaten als rechtlich nicht haltbar abgetan. Überraschend an der Entscheidung war jedoch, daß der Senat eine neue tatrichterliche Verhandlung für überflüssig ansah und die Angeklagten nun selbst freisprach, und zwar mit Erwägungen, die denen in seinem ersten Urteil entgegengesetzt sind.

1. Bereits bei der Bewertung des Inhalts des Buches weicht er von seiner früheren Linie ab. Hatte er damals die Auffassung der 5. Strafkammer zur Billigung der Straftaten durch den Autor als zu eng beanstandet, so erklärte er jetzt zu der Beurteilung durch die 15. Strafkammer (die meinte, der Autor habe fünf Taten gebilligt) überaus zurückhaltend: »Diese Deutung mag zumindest in einigen Punkten rechtlich unangreifbar sein.« Diese Frage brauche jedoch nicht abschließend beantwortet zu werden, da es nicht allein um das Verhalten des Autors gehe, sondern darum, ob sich *die Angeklagten* durch Herausgabe des Buches strafbar gemacht haben.

2. Auf diese klar herausgestellte Frage gibt das Urteil eine alles andere als klare Antwort. Wörtlich heißt es:

»Der Tatrichter vertritt hierzu die Auffassung, daß ›jedenfalls im bloßen Verlegen des Buches *keine* Billigung der Straftaten im Sinne des § 140 Nr.

2 StGB gesehen werden kann«. Für den *hier* gegebenen Fall liegt darin kein die Angeklagten beschwerender Rechtsfehler. Es kann offenbleiben, wann ein bloßes Verlegen eines Buches ohne Zusätze des Verlegers ausreicht, um eine den öffentlichen Frieden gefährdende Billigung von solchen Straftaten anzunehmen, die der Autor gutheißt.«

Bei näherem Zusehen zeigt sich, daß der Senat die Antwort auf die Frage, *weshalb* die Angeklagten freizusprechen sind, schuldig geblieben ist. Denn der entscheidende Satz »Für den hier gegebenen Fall liegt darin kein die Angeklagten beschwerender Rechtsfehler« läßt offen, ob

– die Annahme, das bloße Verlegen stelle keine Billigung dar, rechtsfehlerfrei ist oder

– ob sie zwar einen Rechtsfehler enthält, dieser die Angeklagten jedoch nicht beschwert.

Auch aus dem Kontext ergibt sich keine Präferenz für die eine oder die andere Deutung; denn weder die eine noch die andere läßt sich mit den übrigen Aussagen zu einem schlüssigen Gedankengang zusammenfügen:

– Wenn der Senat jene Annahme als im gegebenen Falle rechtsfehlerfrei ansah, so mußte er entweder begründen, weshalb das in diesem Fall – im Gegensatz zu anderen Fällen – so sei, oder er mußte erklären, daß das bloße Verlegen niemals eine Billigung darstelle (dies wäre zutreffend, wird im letzten zitierten Satz aber in Frage gestellt).

– Wenn der Senat andererseits meinte, jene Annahme sei rechtsfehlerhaft, so hätte er nicht zu einem Freispruch kommen können, sondern hätte eine erneute tatrichterliche Verhandlung anordnen müssen.

Es ist nicht möglich zu ergründen, weshalb der Senat sich auf diese verschwommenen Aussagen beschränkte – ob er eine klare These, die künftig als Präjudiz zugunsten der Verleger wirken würde, vermeiden wollte, ob er die Abweichung von seiner eigenen vorangegangenen Entscheidung nicht allzu deutlich offenlegen wollte, ob er die Zusammenhänge etwa selbst nicht durchschaute oder ob er eine Kompromißformel wählte, um eine Meinungsverschiedenheit unter seinen Mitgliedern zu überdekken. Festzustellen bleibt jedenfalls mit Bedauern, daß der Senat sich nicht bereitgefunden hat, die – an sich selbstverständliche – Aussage zu bestätigen, daß das bloße Verlegen eines Buches keine Identifikation mit dessen Inhalt und darum auch keine Billigung darin beschriebener und eventuell auch vom Autor gebilligter Straftaten darstellt.

Kritik: Die Grenze des Strafbaren bleibt unbestimmt

1. Daß der 1. Senat des Bundesgerichtshofs der Offenlegung seiner Prämissen ausgewichen ist, ist nicht als weise Zurückhaltung zu werten, sondern als Versagen vor der Aufgabe, Rechtsklarheit zu schaffen. Der Verlauf dieses Verfahrens, in dem die Gerichte – und sogar derselbe Spruchkörper – denselben Sachverhalt nicht nur im Ergebnis unterschiedlich beurteilten, sondern darüber hinaus der Beurteilung auch jeweils andere Gesichtspunkte und Kriterien zugrunde legten, zeigt, daß dem Tatbestand des § 140 StGB bisher die Konturen fehlen. Seine Anwendung durch Strafverfolgungsbehörden und Gerichte ist nicht berechenbar.

Die Unklarheit von Strafgesetzen ist stets ein Übel. Bei Strafbestimmungen, die sich gegen Publikationen richten, ist sie unerträglich. Die Grenze des Strafbaren muß hier eindeutig festgelegt sein, weil sie zugleich die Grenze der Meinungs- und Informationsfreiheit darstellt. Ist sie nicht klar erkennbar, so nötigt dies Autoren, Verleger und jeden Bürger, der eine Meinung äußert, zu einer Selbstzensur, die die Freiheit mehr beschneidet als eine – durch das Grundgesetz untersagte – staatliche Zensur. Wenn man nicht weiß, wo ein Gericht oder ein Staatsanwalt die Grenze des Strafbaren als überschritten ansehen wird, so kann der Bereich der Freiheit nicht mehr ohne schwerwiegendes Risiko ausgeschöpft werden.

2. Die Unbestimmtheit führt zudem dazu, daß die Grenze je nach dem politischen Klima verschoben wird. Für § 140 StGB heißt das, daß das Urteil über ein und denselben Sachverhalt anders ausfallen kann je nachdem, ob die Entscheidung zu einer Zeit gefällt wird, in der die Öffentlichkeit durch Straftaten der betreffenden Art erregt und verunsichert ist, oder in einer ruhigen Atmosphäre.

Ein Indiz – wenn auch kein Beweis – für einen solchen Zusammenhang kann darin gesehen werden, daß das erste Urteil des 1. Senats des Bundesgerichtshofs in einer Zeit erging, als die Nachrichten beherrscht wurden von Terroranschlägen – am 7. April waren Generalbundesanwalt Siegfried Buback und zwei seiner Begleiter ermordet worden, am 30. Juli Jürgen Ponto –, Strafverfahren gegen Terroristen – in Stammheim war am 28. April das Urteil gesprochen worden – und von Festnahmen mutmaßlicher Terroristen;[16] dem zweiten, freisprechenden Urteil war hingegen eine Zeit der Beruhigung vorausgegangen.

Deutlich erkennbar ist die Situationsbedingtheit bei einer Aussage im Beschluß des Oberlandesgerichts München vom 24. November 1977, durch den die (erneute) Beschlagnahme des Buches angeordnet wurde:

»Im Falle ihrer Verbreitung kann diese Schrift . . . den Eindruck erwekken, als sei der Staat, der aus Gründen der Rechtsstaatlichkeit ohnehin bei der Bekämpfung des Terrorismus mit außerordentlichen Schwierigkeiten zu kämpfen hat und oft über längere Zeit keine Erfolge aufzuweisen hat, noch nicht einmal bereit und in der Lage, sich gegen Schriften zu wehren, in denen terroristische Gewaltakte unverhüllt gutgeheißen und gerechtfertigt werden. Dieser Eindruck kann gerade in der gegenwärtigen Situation, in der die Frage nach den äußeren und inneren Ursachen des Terrorismus und den erforderlichen staatlichen Reaktionen auf denselben besonders stark im Vordergrund steht, bei einem erheblichen Teil der Bevölkerung zu einer wachsenden Skepsis gegenüber dem Rechtsstaat führen, der entgegengewirkt werden muß.«

3. Wer das Buch »Wie alles anfing« gelesen hat, wird darüber verwundert sein, daß ein für die rechtliche Bewertung wesentlicher Gesichtspunkt in den Urteilen kaum angesprochen ist, nämlich der erhebliche Informationswert der Selbstdarstellung von Michael Baumann für das Begreifen persönlicher und gesellschaftlicher Ursachen und Entwicklungen, die einen Menschen zum Terroristen werden lassen, und auch für das Begreifen von Prozessen, die sich in Untergrundgruppen vollziehen.

Baumann gehört zu denjenigen, die *nicht* über politisches Engagement und die Enttäuschung über die begrenzten Möglichkeiten der Gesellschaftsveränderung zum Terrorismus kamen, sondern die aus der Gesellschaft, in der sie das Bedürfnis nach Selbstentfaltung nicht befriedigt sahen, ausbrachen und in der Gewalt persönliche Befreiung und Selbstbestätigung suchten. Baumann war kein Intellektueller, er kam aus der Unterschicht. Sein Buch ist die einzige Selbstdarstellung aus dieser Gruppe.[17]

Das Verlegen und die Verbreitung des Buches unter Strafe zu stellen, verbietet deshalb das Grundrecht der Informationsfreiheit. Dies würde selbst dann gelten, wenn der Inhalt des Buches und auch wenn seine Verbreitung die Tatbestandsmerkmale des § 140 StGB erfüllen würden. Der 1. Senat des Bundesgerichtshofs hat in seinem Urteil die Bedeutung der Informationsfreiheit verkannt, wenn er meinte, sie habe bereits dann zu weichen, wenn sich in einem Buch strafbare Aussagen finden (»Auf das Grundrecht der freien Berichterstattung (Art. 5 GG) können sich die Angeklagten nicht berufen, wenn in dem Lebensbericht Baumanns eine Anzahl schwerer Verbrechen billigend in einer Weise dargestellt wird, die den öffentlichen Frieden zu stören geeignet ist.«).

Bei den »Verbreitungsdelikten« – wie dem dargestellten § 131 StGB – enthält das Strafgesetz selbst die Einschränkung, daß sie nicht auf Handlungen anzuwenden sind, die der Berichterstattung über Vorgänge des Zeitgeschehens oder der Geschichte dienen.[18] § 140 StGB enthält diese Klausel nicht. Dies ist erklärlich, weil § 140 bei richtiger Auslegung der Tatbestandsmerkmale solche Handlungen ohnehin nicht erfaßt. Würde man hingegen – wie der 1. Senat des Bundesgerichtshofs in seinem ersten Urteil – die Auffassung vertreten, das Verlegen eines Buches könne den Tatbestand erfüllen, so würde Art. 5 des Grundgesetzes dazu zwingen, die genannte Klausel analog anzuwenden und auf diese Weise die Strafbarkeit auszuschließen.[19]

Anmerkungen

1 Der Autor dieses Beitrages war an dem Verfahren als Verteidiger beteiligt.
2 Abgedruckt in *Neue Juristische Wochenschrift* 1978, S. 58 f. Das zweite, unveröffentlichte Urteil vom 17. Oktober 1978 trägt das Aktenzeichen 1 StR 318/78.
3 Weitere Tatbestände dieser Gruppe: § 86 (Verbreiten von Propagandamitteln verfassungswidriger Organisationen), § 88a (Verfassungsfeindliche Befürwortung von Straftaten), § 130a (Anleitung zu Straftaten).
4 Ebenso bei den in Anm. 3 genannten Tatbeständen.
5 Die gleiche Struktur wie § 140 weisen § 90a (Verunglimpfung des Staates), § 130 (Volksverhetzung) und § 185 (Beleidigung) auf.

6 Unter Umständen kann das Verbreiten eine Beihilfe zu § 140 darstellen. Dazu siehe Anm. 19.

7 Ein historisches Beispiel sind die 1932 von Hitler und anderen nationalsozialistischen Politikern abgegebenen Erklärungen der Solidarität mit den Mördern von Potempa; siehe Heinrich Hannover und Elisabeth Hannover-Drück, *Politische Justiz 1918-1933*, Fischer 1966, S. 301 ff.

8 BGHSt 22, 282 (286) im Anschluß an Schönke-Schröder.

9 14. Strafrechtsänderungsgesetz vom 22. 4. 1976.

10 Siehe dazu Gallas in: *Festschrift für Heinitz*, 1972, S. 171 (182); Rudolphi in: *Systematischer Kommentar zum StGB*, § 166 Rn. 14; Lenckner in: Schönke-Schröder, *StGB*, 20. Aufl. 1980, § 126 Rn. 9.

11 Vgl. Rudolphi, wie Anm. 10, Rn. 15, 16.

12 Bei der Schaffung des StGB war die Einführung einer dem § 140 ähnlichen Strafbestimmung wegen ihres Eingriffs in die Meinungsfreiheit abgelehnt worden. § 140 wurde erst 1953 in das StGB eingefügt; Vorläufer waren eng begrenzte Vorschriften in den Republikschutzgesetzen der Weimarer Republik. Siehe zum ganzen Friedrich-Christian Schroeder, *Der Schutz von Staat und Verfassung im Strafrecht*, 1970, S. 90, 199.

13 Siehe dazu Hamann-Lenz: *Das Grundgesetz für die Bundesrepublik Deutschland*, 3. Aufl. 1970, Art. 5 Anm. B. 10; Maunz-Dürig-Herzog; *Grundgesetz*, Art. 5 Rn. 267.

14 In *Konkret* 2/76.

15 In diesem Sinne äußerte sich auch Peter von Oertzen als Sachverständiger im Verfahren vor der 15. Strafkammer.

16 Siehe den vom Bundeskriminalamt erstellten »Auszug aus der Chronik des Terrorismus«, in: *Terrorismus*, hrsg. von Manfred Funke (Schriftenreihe der Bundeszentrale für politische Bildung Bd. 123) 1977.

17 Siehe Iring Fetscher: *Terrorismus und Reaktion*, 1977, S. 26 f., 111 ff., 122. Ebenso Fetscher in seinem Gutachten im Verfahren vor der 15. Strafkammer.

18 Siehe oben bei Anm. 4.

19 Die Informationsfreiheit ist auch dann zu beachten, wenn die Strafbarkeit des Verbreitens einer Schrift als *Beihilfe* zu § 140 in Frage steht. Auch wenn der Autor strafbar sein sollte und wenn das Verbreiten die Voraussetzungen der Beihilfe erfüllt, ist es doch, wenn es der Berichterstattung dient, in analoger Anwendung der genannten Klausel von der Strafbarkeit ausgenommen.

Iring Fetscher
Zum Prozeß um das Buch »Wie alles anfing« von Michael (Bommi) Baumann

Gerald Grünwald hat in seinem Artikel mit Recht betont, daß Michael Baumanns autobiographische Schilderung »wie alles anfing« einen erheblichen Informationswert besitzt. Sie gehört in der Tat zu den ganz wenigen authentischen Selbstaussagen politisch motivierter junger Straftäter, die wir in der Bundesrepublik besitzen. Selbstaussagen, die nicht mit apologetischer Theorie sich begnügen, nicht für ein zu werbendes Publikum bestimmt sind, sondern den eignen Werdegang (noch dazu selbstkritisch) schildern, tauchen zwar auch in studentischen Zeitungen auf (so der »berühmte« Mescalero-Artikel, oder auch Äußerungen im »Pflasterstand«), Michael Baumanns Buch enthält jedoch die umfassendste Schilderung dieser Art. Die Herausgabe dieses Buches stellt dem Sozialwissenschaftler ein wichtiges Dokument zur Verfügung. Eine Beeinträchtigung seiner Veröffentlichung oder Verbreitung muß ihm daher von vornherein als Schädigung seines Erkenntnisinteresses erscheinen, darüber hinaus aber auch als Einschränkung der Öffentlichkeit und der notwendigen, klärenden Diskussion. Die immer wieder – gerade auch von konservativen Politikern – erhobene Forderung nach einer »geistigen Auseinandersetzung mit dem Terrorismus« wird zur leeren Phrase, wenn selbst Dokumente wie das Buch von Baumann einer faktischen Zensur unterstellt werden. Es ist im übrigen klar, daß die geforderte Auseinandersetzung nur dann sinnvoll und authentisch erfolgen kann, wenn auch solche Texte öffentlich zugänglich sind, die die politische Motivation von Terroristen in deren eignen Worten klarlegen. Die Tatsache, daß Michael Baumann heute von seiner »terroristischen« Vergangenheit sich entschieden abgewandt hat, trägt ihm im übrigen die Feindschaft derjenigen ein, die unverändert an den Mitteln und Zielen des »bewaffneten Kampfes« festhalten. Erst unlängst haben Angehörige der »Revolutionären Zellen« eine Frankfurter Buchhandlung überfallen und

Baumanns Buch als das eines »Verräters« verbrannt. Die selbstkritische Darstellung des Lebenslaufes eines »Terroristen« stellt also offenbar nicht nur für manche Staatsanwälte und Richter, sondern auch für »aktive« Terroristen eine unangenehme Herausforderung dar.

Zu den vier Prozessen gegen die Verleger des Buches von Baumann möchte ich nur drei kurze kommentierende Anmerkungen machen. Gerald Grünwald hat schon ausführlich auf die juristischen Widersprüche in der Bewertung der Tatbestände hingewiesen, so daß ich mich unmittelbar auf seine Ausführungen beziehen kann. Meine Bemerkungen beziehen sich erstens auf das zweite Urteil des Landgerichts (Verurteilung), zweitens auf die fehlende Begründung des Freispruchs durch den Bundesgerichtshof, drittens auf eine Verlautbarung des OLG München.

Die Verurteilung durch die 15. Strafkammer des Landgerichts München I beruft sich nicht mehr auf die Herausgabe des Buches selbst, sondern auf einen *Verlagsprospekt*. Für den juristisch unbefangenen Prozeßbeobachter war diese überraschende Wendung im Verfahren ein Beispiel für richterliche »Willkür«, das ihm schwer verständlich erscheint. Aber auch abgesehen von dieser offenbar rechtlich erlaubten Veränderung des den Angeklagten gemachten Vorwurfs bleibt diese Argumentation fragwürdig. Gerald Grünwald hat schon auf den Fehler hingewiesen, daß die Formel »wir identifizieren uns mit ihnen«, die im Verlagsprospekt enthalten ist, vom Gericht unrichtig auf das Buch »Wie alles anfing« bezogen wurde und daß eindeutig die Eigenschaft dieser Billigungserklärung, »zur Friedensstörung geeignet zu sein«, fehlt. Mir kommt es vor allem auf zwei Aspekte an. Einmal begeht die 15. Strafkammer des LG München 1. hier offenbar einen ähnlichen Irrtum, wie er einer Anzahl von konservativen Politikern laufend unterläuft: sie verwechselt legitime (jedenfalls politisch begreifliche) Widerstandsbewegungen gegen koloniale oder diktatorische Regimes mit politisch motivierten Straftaten in der Bundesrepublik. Wer aber den aktiven Widerstand gegen die Naziherrschaft als Ruhmestat ansieht, der muß auch ähnliche Widerstandsbewegungen gegen folternde und willkürlich verhaftende Militärdiktaturen billigen und kann ihnen nicht die Legitimität absprechen. Ganz ähnlich hat z. B. auch die liberale Presse der demokratischen Länder im 19. Jahrhundert selbst die bewaffneten Kämpfe russischer Anarchisten und Sozialrevolutionäre gegen Repräsentanten des Zarismus gebilligt, ohne daß jemand auf die Idee gekommen wäre, sie wegen solcher Billigung anzuklagen. Übrigens entspricht diese Verwechslung auf seiten konservativer Politiker im Grunde spiegelbildlich dem Irrtum der Anhänger des »bewaffneten Kampfes in der Bundesrepublik«. Auch diese identifizieren ja ihre Aktionen mit den Kämpfen der »Befreiungsbewegungen« in der Dritten Welt und dem Widerstand gegen faschistische Diktaturen. Nur, daß sie diese Gleichsetzung als Selbstrechtfertigung verstehen, während sie von Konservativen als Grund der generellen Verurteilung all dieser Kämpfe angesehen wird. Die Nichtunterscheidung zwischen beiden schwächt aber sowohl die moralische wie die politische Position derjenigen, die einen »bewaffneten Kampf in der Bundesrepublik« als illegitim (nicht nur als illegal) ansehen. Mit anderen Worten: konservative Politiker, die Widerstandskämpfer gegen Militärdiktaturen und rassistische Regimes als »Terroristen« pauschal abqualifizieren, liefern unbewußt und indirekt eine Rechtfertigung für die Selbsteinschätzung bundesdeutscher Terroristen.[1] Aber auch abgesehen von dieser unheilvollen Verwechslung, die, wie mir scheint, nicht auf einem bloßen Versehen (wie Grünwald anzunehmen scheint), sondern auf einer prinzipiellen Gleichsetzung der »Bewegungen« beruht, war die Verurteilung auf Grund des Verlagsprospektes falsch, weil auch das Buch von Bommi Baumann kein Delikt im Sinne von § 140 enthält.

Das freisprechende Urteil des BGH vom 17. 10. 1978 überrascht – nicht nur den juristischen Laien – durch das Fehlen einer klaren Aussage über die *Gründe* des Freispruchs. Besonders merkwürdig berührt in der Tat die Formulierung »Es kann *offenbleiben*, wann ein bloßes Verlegen eines Buches ohne Zusätze des Verlegers ausreicht, um eine den öffentlichen Frieden gefährdende Billigung von solchen Straftaten anzunehmen, die der Autor gutheißt«, zuvor hatte es auch noch geheißen »für den hier gegebenen Fall liegt darin (in der vom Tatrichter vertretenen Auffassung, daß »im bloßen Verlegen des Buches keine Billigung der Straftaten im Sinne des § 140 Nr. 2 StGB gesehen werden könne«) kein die Angeklagten beschwerender Rechtsfehler«.

Gerald Grünwald stellt eine Reihe von Überlegungen an, warum der BGH wohl keine eindeutige Erklärung zur Frage der eventuellen Strafbarkeit des bloßen Verlegens von Büchern, in denen Straftaten (zustimmend) geschildert werden, abgibt. Immerhin räumt er die Möglichkeit ein, daß »eine klare These, die künftig als Präjudiz zugunsten der Verleger wirken würde, vermieden werden sollte«. Von den angegebenen Hypothesen leuchtet mir diese am meisten ein. Wir hätten es dann mit dem – allerdings bemerkenswerten Fall – einer absichtlich unklaren Urteilsbegründung zu tun, die den Zweck hat, auf diese Weise »generalpräventiv« zu wirken. Verleger sollten über die eventuelle Strafbarkeit der Veröffentlichung eines Buches im unklaren gelassen werden, das strafbare Handlungen schildert, die eventuell vom Verfasser gebilligt werden.

Sollte *das* die geheime Absicht des BGH gewesen sein, dann hätten wir einen höchst eigentümlichen Fall von Generalprävention nicht durch Strafandrohung oder das Strafmaß, sondern durch Unklarlassen. Ähnlich wie im Fall eines Urteils gegen den Verleger Wagenbach, als die Verurteilung mit anschließender »Aussetzung zur Bewährung« erfolgte, würde auch hier – allerdings auf subtilere Weise – eine Verunsicherung des Verlegers bewirkt. Die vielleicht durch die Unklarheit der Begründung des Freispruchs erwünschte indirekte »Generalprävention« wird allerdings durch die bisher fehlende öffentliche Verbreitung und Kommentierung des Urteils eingeschränkt. Aus diesem Grunde ist es zu begrüßen, daß Gerald Grünwald die verfassungsrechtliche Fragwürdigkeit des BGH Urteils abschließend herausgestellt hat. Damit sollte von vorn herein verhindert werden, daß der – an sich so begrüßenswerte Freispruch – auf Grund seiner mangelhaften Begründung – zu einem Einschüchterungsinstrument gemacht wird.[2]

Noch zu einer letzten richterlichen Äußerung möchte ich kurz Stellung nehmen. Gerald Grünwald zitiert aus dem Beschluß des OLG München vom 24. 11. 1977, durch den die (erneute) Beschlagnahme des Buches von Michael Baumann angeordnet wurde: »Im Falle ihrer Verbreitung kann diese Schrift ... den *Eindruck* erwecken, *als sei der Staat*, der aus Gründen der Rechtsstaatlichkeit *ohnehin* bei der Bekämpfung des Terrorismus mit außerordentlichen Schwierigkeiten zu kämpfen hat und oft über *längere Zeit keine Erfolge* aufzuweisen hat, noch *nicht einmal bereit*, und *in der Lage, sich gegen Schriften zu wehren*, in denen terroristische Gewaltakte unverhüllt gutgeheißen und gerechtfertigt werden ...«

Abgesehen von der irrigen Behauptung scheint mir diese Ausführung insgesamt höchst fragwürdig. Das OLG München – so kann man deuten – stellt mit Bedauern die Behinderung der staatlichen Behörden durch das Gebot der Rechtsstaatlichkeit (»außerordentliche Schwierigkeiten«) fest und wünscht sozusagen als Kompensation für mangelnde Erfolge bei der Fahndung den (natürlich viel leichteren) Zugriff auf Schriften, um auf diese Weise der Öffentlichkeit das Bild einer effizienten Staatsmacht zu liefern. Wenn aber die relative Leichtigkeit des Erfolges zum Kriterium für die Strafverfolgung gemacht wird, scheint mir der Rechtsfrieden in der Tat gefährdet zu sein. Dann wird man sich im Zweifelsfalle immer an diejenigen halten, die sich nicht versteckt haben oder nicht verstecken können. Verlängert man diese Argumentation, so gelangt man in der Endkonsequenz zur staatlichen Geiselnahme! Auch wenn das OLG es »so« nicht gemeint haben kann, hört der juristische Laie aus dem »noch nicht einmal« die Aufforderung heraus, der »Staat« (das OLG!) müsse wenigstens auf dem leichteren Weg für »Erfolge« sorgen, damit der »Eindruck« eines »erfolglosen« Staates bei der Bevölkerung korrigiert und deren »Skepsis gegenüber dem Rechtsstaat« verringert wird. Die Argumentation liegt im übrigen ganz auf der Linie einer unheilvollen Tradition, die für die Bundesrepublik generell charakteristisch ist. Statt Publikationen politischen Inhalts, auch wenn sie »radikale Positionen« vertreten, als wesentlichen Bestandteil des Prozesses der politischen Aufklärung und Willensbildung anzusehen, oder auch als Herausforderung für demokratische Auseinandersetzung, soll »dem Volke« der peinliche Anblick stark abweichender Meinungen und Thesen erspart werden. Bei dem Versuch, die Menschenrechte, die Rechtsstaatlichkeit und die Demokratie zu sichern, haben schon die Verfassungsväter allzusehr auf Verfassungsartikel und Institutionen (Bundesverfassungsgericht, Parteienverbotsmöglichkeit, Unveränderbarkeitsklauseln usw.) vertraut und zu wenig Vorkehrungen für die Entfaltung aktiver demokratischer Betätigung getroffen.[3]

Auch wenn niemand italienische Verhältnisse als »vorbildlich« hinstellen würde, so gilt doch, daß im heutigen Italien die Aufgabe der Auseinandersetzung mit bewaffneten, politisch motivierten Gruppen nicht allein und nicht einmal primär als eine Aufgabe staatlicher Instanzen, sondern als eine Sache aller bewußten demokratischen Bürger ausgefaßt wird. Einschränkungen der Publikationsfreiheit spielen daher eine verschwindend geringe Rolle. Dagegen haben erst unlängst (im März 1979) in zahlreichen Fabriken Diskussionen zwischen Arbeitern und Vertretern von Behörden stattgefunden, bei denen sowohl die prinzipielle Verurteilung des Terrorismus als auch die Erklärung der Entstehung solcher Gruppen verzweifelter Extremisten zum Ausdruck kam.

Die Äußerung des OLG München bringt einmal mehr das traditionelle deutsche Staatsverständnis zum Ausdruck. Der Staat (mit dem sich Gerichte ebenso identifizieren wie Verwaltungsbehörden) soll effizient, mächtig, erfolgreich sein. Politischer Dissens, extremistische Gewalt werden nicht als Herausforderung des demokratischen Bürgers, sondern ausschließlich als Aufgabe von Polizei, Rechtsprechung und Gesetzgebung angesehen. Als Rechtsstaat wird offenbar ein Staat apostrophiert, in dem keine Rechtsbrüche (oder möglichst wenig Rechtsbrüche) von seiten der Bevölkerung *möglich* sind, und in der niemand gefährliche Schriften lesen kann. So jedenfalls muß der Hinweis auf die »wachsende Skepsis gegenüber dem Rechtsstaat« verstanden werden, die das OLG München konstatiert und die sie nicht als irrig zurückweist.

Anmerkungen

1 Siehe hierzu auch meinen Festvortrag »Verfassungstreue und Widerstandsrecht«: »Wenn legitime Widerstandsbewegungen gegen Diktaturen als terroristisch gekennzeichnet werden, dann entspricht eine solche verbale Entgleisung spiegelbildlich genau der Verwirrung in den Köpfen bundesdeutscher Terroristen, die sich selber auf ein Widerstandsrecht berufen«. In »Wilhelm Leuschner – Auftrag und Verpflichtung«, »Biographische Würdigung und Dokumentation der Festakte 1977 zur Verleihung der Wilhelm Leuschner Medaille, Hessendienst der Staatskanzlei Wiesbaden, S. 75.

2 Die Figur einer Generalprävention durch Unklarlassen der Gründe für einen Freispruch stellt vermutlich ein Novum dar. Der Terminus scheint mir jedoch angemessen. Durch die Vermeidung einer klaren Formulierung wird die Strafandrohung des § 140 StGB »erweitert«, weil nicht deutlich wird, daß im bloßen Verlegen eines Buches, das die Billigung strafbarer Handlungen enthält, kein Verstoß gegen ihn vorliegt. Es werden also Handlungen »abgeschreckt«, die durch eine

strenge und exakte Auslegung – wie Gerald Grünwald gezeigt hat – nicht abgedeckt sind. Der Richter wird rechtspolitisch tätig, indem er die Grenze des Geltungsbereiches eines Strafgesetzparagraphen »unklar« läßt und so hinausschiebt.

3 Vgl. hierzu auch Ulrich K. Preuß: »Politisches Ethos und Verfassung«, in: *Über den Mangel an politischer Kultur in Deutschland*, Berlin 1978 (Politik 83 Wagenbach). Preuß weist dort auf eine demokratiegefährdende Ausweitung des Rechtsstaatsbegriffs hin: »Die Zunahme von Straftatbeständen, die sich unter dem Oberbegriff ›Kommunikationsunrecht‹ zusammenfassen ließen und die im Vorfeld von konkreten Handlungen alleine die Artikulation bestimmter geistiger Dispositionen und die Herausbildung eines ›geistigen Klimas‹ unter Strafe stellen, aus dem Unrecht erwachsen *könnte*, ist der Ausdruck einer Rechtsstaatsidee, in der Gerechtigkeit ein so hoher Wert ist, daß jedes mögliche Unrecht vorbeugend bereits im weiten Vorfeld unterdrückt werden muß ... Die Erweiterung des Bereichs präventiver sozialer Kontrolle durch die staatlichen Sicherheitsapparate erweist sich damit als ein Gebot des Rechtsstaates. Sie kann sich sogar demokratisch qualifizieren lassen, weil der mit ›scharfen Zähnen‹ ausgestattete Staat die ›Gemeinschaft der rechtstreuen Bürger‹ gegen die *Gefahren von Gedanken und Meinungen* schützt, aus denen ungerechte Handlungen entstehen könnten.
Auf dieser gesicherten legitimistischen Grundlage erhält das Verfassungssystem eine Funktion, die sich immer weiter von den Zielen des bürgerlichen Konstitutionalismus entfernt ...« (S. 45-46). An einer anderen Stelle stellt Preuß fest: »die Idee, man müsse nur in die Verfassung schreiben, daß bestimmte Dinge auf jeden Fall der Disposition des Gesetzgebers entzogen bleiben müssen, daß er also z. B. weder Faschismus noch Kommunismus durch Gesetze einführen dürfe, ist naiv. Diese möglicherweise durchaus berechnete und berechnende Naivität hat aber die bedeutsame Konsequenz, daß die *Abwehr unerwünschter politischer Entwicklungen nicht mehr als die Aufgabe der politischen Aktivität des Volkes,* sondern gleichsam *als* eine *Verwaltungsaufgabe des Staates* konzipiert ist – Staat und Verfassung sind die politischen Lebensversicherungen gegen unerwünschte politische Entwicklungen, wobei das System aber eine entscheidende offene Flanke hat: es macht nämlich das Volk wehrlos gegen den Staat und die ihn tragenden gesellschaftlichen Kräfte, die im Namen der ›fixierten Verfassungssubstanz‹ definieren, was erwünscht ist und was unerwünscht« (S. 42 f.). Was Preuß für Verfassung und Verwaltung sagt gilt natürlich mutatis mutandis auch für die Rechtssprechung – jedenfalls gewiß in dem hier vorliegenden Fall.

Heinz Giehring
Verkehrsblockierende Demonstration und Strafrecht

Gliederung

1. Problemstellung

Nach den Spielregeln der freiheitlich verfaßten Demokratie hat die Auseinandersetzung zwischen unterschiedlichen politischen Anschauungen und die Einflußnahme auf den Prozeß staatlicher Willensbildung grundsätzlich in der Form des geistigen Kampfes der konkurrierenden Meinungen zu erfolgen. Verboten ist demgegenüber die Anwendung physischen Zwanges als Mittel der Konfliktaustragung. Das Machtmittel Gewalt ist für den Regelfall privater Verfügung entzogen und beim Staat monopolisiert. Da zwischen diesen beiden Polen andere Formen politischer Auseinandersetzung oder Einflußnahme existieren und auch der geistige Meinungskampf Schranken unterworfen ist, bleibt in Grenzbereichen zum Teil ungewiß, welches die rechtlich akzeptierten politischen Verkehrsformen sind, wo die »innenpolitische Friedlichkeitsgrenze«[1] genau verläuft. Die Regelungsmaterie bringt es mit sich, daß Normkonkretisierung in diesem Bereich in besonderem Maße von politischen Faktoren beeinflußt wird. Phasen inhaltlicher Divergenzen und damit der Rechtsunsicherheit treten mit einiger Wahrscheinlichkeit dann auf, wenn neue politische

Aktionsformen zu beurteilen sind, hinsichtlich deren noch keine festen Maßstäbe etabliert wurden, und wenn dies zu einem Zeitpunkt geschieht, in dem stark unterschiedliche Vorstellungen über die zu realisierenden Politikinhalte bestehen. In solchen Situationen schlägt sich die inhaltliche Präferenz tendenziell in der Interpretation der Spielregeln nieder. Besteht dann auf der einen Seite die Neigung, die Grenzen politischer Betätigung weit zu stecken, so werden von der anderen Seite die Spielregeln tendenziell aufgewertet, um als bedrohlich empfundenen politischen Entwicklungen wirksam entgegentreten zu können. Einen Beleg für diese Hypothese bietet die Rechtsprechung zur strafrechtlichen Beurteilung von Verkehrsblockaden im Zusammenhang mit den studentischen Demonstrationen Ende der sechziger Jahre. Auf der amts- und landgerichtlichen Ebene kam es in einer ersten Phase zu sehr unterschiedlichen Bewertungen. Einige Gerichte sahen gezielte Verkehrsbehinderungen durch Sitzstreiks oder andere Mittel unter bestimmten Voraussetzungen und für einen beschränkten Zeitraum als legal an. Die Obergerichte wandten sich jedoch alsbald gegen solche Tendenzen und vertraten demgegenüber einen »auffälligen Konservativismus«.[2] Dabei kam der Entscheidung des BGH im sog. Laepple-Prozeß besondere Bedeutung zu.[3] In ihr wurde auch eine nur wenige Minuten dauernde Unterbrechung des Straßenbahnverkehrs als strafbare Nötigung angesehen. Zu einer verfassungsgerichtlichen Überprüfung dieser höchstrichterlichen Rechtsprechung kam es nicht, weil das Straffreiheitsgesetz von 1970 eine weitreichende Amnestie für Straftaten im Zusammenhang mit Demonstrationen brachte.

Die Entscheidung des BGH enthält grundlegende Ausführungen insbesondere zum strafrechtlichen Gewaltbegriff und zur Reichweite der Demonstrationsfreiheit. Hinsichtlich beider Problemkreise haben sich die Praxis und weitgehend auch die Wissenschaft der Position des BGH angeschlossen, ohne daß die Begründung des Urteils einer näheren Analyse standzuhalten vermag. Die Kritikbedürftigkeit der Argumentation und die Zweifelhaftigkeit des Ergebnisses rechtfertigen ein erneutes Aufgreifen der Problematik, zumal die verkehrsblockierende Demonstration als Form politischer Kommunikation nach wie vor von aktueller Bedeutung ist. Auch in den letzten Jahren haben unterschiedliche soziale Gruppen aus verschiedensten Anlässen und unter Einsatz unterschiedlicher Mittel gezielt Verkehrsbehinderungen hervorgerufen, um auf diese Weise die Öffentlichkeit auf bestimmte Vorgänge aufmerksam zu machen und politischen Druck auszuüben. So haben etwa Fischer in einer Protestaktion gegen die Festlegung von Fangquoten Schiffahrtswege blockiert, Lastwagenfahrer mit ihren Fahrzeugen den Straßenverkehr an Grenzübergängen zum Stillstand gebracht, Kernkraftwerksgegner durch Sitzstreiks, abgestellte Wagen oder aufgehäuften Stallmist öffentliche Straßen unpassierbar gemacht. In allen diesen Fällen haben die Demonstranten ihr Verhalten unter Hinweis auf die Berechtigung ihres Anliegens verteidigt, wenn dabei auch vielfach unklar war, ob die Legalität der eigenen Aktion behauptet oder aber eine überpositive Legitimität gegen Legalität ausgespielt werden sollte. Der vorliegende Beitrag klammert die zuletzt benannte Problematik aus, bleibt also innerhalb der Beurteilungskriterien der geltenden Rechtsordnung. Diese muß eine Qualifikation als rechtswidrig oder rechtmäßig vornehmen und kann ein Recht auf illegale Aktionen nicht anerkennen.[4] Bei dieser Einschränkung stellt sich die zentrale Frage dahin, ob das positive Recht die politische Dimension des Konflikts berücksichtigen, eine differenzierte Analyse gesellschaftlicher Problemlagen also in differenzierte Rechtsanwendung umgesetzt werden kann.[5]

Bezugspunkt der folgenden Ausführungen ist im wesentlichen das bereits erwähnte Laepple-Urteil des 2. Strafsenats des BGH vom 8. August 1969. Seine Argumentation soll – auch im Kontrast zum Urteil der Vorinstanz[6] – analysiert werden, wobei insbesondere nach zentralen normativen und empirischen Prämissen des Urteils und weiter danach gefragt werden soll, ob sozialwissenschaftliche Erkenntnisse und Hypothesen einen Beitrag zur Entscheidungsfindung leisten können. Dabei beschränkt sich die Analyse des Urteils auf die sog. Darstellungsebene und klammert die Frage aus, welche situativen und personalen Faktoren die Herstellung der Entscheidung beeinflußt haben können. Nicht unerwähnt bleiben soll allerdings, daß Äußerungen bei der mündlichen Urteilsbegründung und die Diktion des Urteils deutliche Hinweise darauf geben, in welchem Umfang die innenpolitische Situation des Jahres 1969 und ihre Wahrnehmung durch das Gericht den Entscheidungsprozeß geprägt haben.[7] Dem Urteil lag der folgende Sachverhalt zugrunde:

»Um gegen eine Preiserhöhung der Kölner Verkehrsbetriebe (KVG), die am 24. Oktober 1966 in Kraft treten sollte, zu protestieren, veranstaltete der »Arbeitskreis Kölner Hochschulen« (AKH), eine Vereinigung von Studenten und Schülern, an diesem Tage um 13.30 Uhr einen »Sitzstreik«, durch den der Straßenbahnverkehr an zwei wichtigen Kreuzungspunkten innerhalb Kölns blockiert wurde. Während die eine dieser Demonstrationen um 14.30 Uhr beendet war, dauerte die andere planwidrig an, bis es schließlich zum Einsatz von Wasserwerfern und berittener Polizei kam. An der Vorbereitung und Durchführung der beiden Demonstrationen im vorgesehenen Rahmen waren der Angeklagte L.[aepple] als Vorsitzender des AKH und der Angeklagte Lu.[tzenberger] als Pressereferent des AStA beteiligt.«

Ziel der Demonstration war es insbesondere, den Rat der Stadt Köln, der die Preiserhöhung genehmigt hatte, zu veranlassen, Vertreter der von der Preiserhöhung betroffenen Studenten und Schüler anzuhören. Davon erhofften sich diese die Rücknahme der Preiserhöhung. In den vom AKH herausgegebenen Rundschreiben war ausdrücklich korrektes Verhalten verlangt und »freundlich träger Widerstand« als zweckmäßig bezeichnet worden. Provokationen, Beleidigungen und Angriffe auf die Polizei sollten unbedingt vermieden werden.

Laepple wurde wegen gemeinschaftlicher Nötigung, Beihilfe zum schweren Landfriedensbruch und zum schweren Aufruhr sowie wegen eines Verstoßes gegen die Pflicht zur rechtzeitigen Anmeldung einer Versammlung, §§ 26 Abs. 1 Nr. 2, 14 VersammlG angeklagt, Lutzenberger wegen Beihilfe zur Nötigung, zum schweren Landfriedensbruch und zum schweren Aufruhr.

Das LG Köln hat in erster Instanz beide Angeklagte freigesprochen. Zum Vorwurf der Nötigung hat es dabei u. a. die Auffassung vertreten, die Blockierung des Straßenbahnverkehrs für den Zeitraum einer Stunde sei rechtswidrig gewesen. Die Demonstrationsfreiheit hätte allerdings eine Verkehrsblockade in der Art eines »Warnstreiks« von einer etwa viertelstündigen Dauer gerechtfertigt. Erst wenn dieser hinsichtlich des Anhörungsverlangens ohne Resonanz geblieben wäre, hätten die Studenten erlaubterweise zu längerdauernden Behinderungen übergehen dürfen.

Der BGH hat das freisprechende Urteil aufgehoben und dabei gezielte Verkehrsbehinderungen grundsätzlich als strafbar bezeichnet. Das Verfahren ist später aufgrund des Straffreiheitsgesetzes 1970 eingestellt worden.

Von den zahlreichen Rechtsfragen, die in dieser Strafsache eine Rolle spielten, soll hier nur erörtert werden, ob die auch nur vorübergehende zielgerichtete Blockierung des Straßenverkehrs im Rahmen politischer Demonstration die Grenze zulässiger Einflußnahme auf den Prozeß staatlicher Willensbildung überschreitet und sogar kriminelles Unrecht darstellt. Angesichts des strafrechtlichen Ausgangspunktes ist zuerst zu klären, ob ein derartiges Protestverhalten die Handlungsbeschreibung eines Straftatbestandes verwirklicht (unter 2.). Anschließend wird untersucht, ob und gegebenenfalls unter welchen Voraussetzungen solche Form politischer Demonstration auch rechtswidrig ist (unter 3.).

2. Verkehrsblockade als Gewalt oder Gewalttätigkeit?

Der dem Laepple-Urteil zugrundeliegende Sachverhalt verdeutlicht die Konstellation, die für politisch motivierte Verkehrsblokkaden typisch ist: Unmittelbar von der Aktion betroffen sind Verkehrsteilnehmer, deren Behinderung aber in der Regel nur das Mittel ist, um die Aufmerksamkeit einer breiten Öffentlichkeit zu erregen und/oder Druck auf einen – zumeist staatlichen – Entscheidungsträger auszuüben. Die Blockade kann sich dabei in ihrer unmittelbaren Wirkung gegen völlig Unbeteiligte oder aber auch gegen Personen – wie hier die Straßenbahnfahrer und die Fahrgäste – richten, die in einer spezifischen Weise mit dem eigentlichen Adressaten der Aktion oder dem politischen Gegner verbunden sind oder dessen Einrichtungen nutzen. Betroffen wird damit in erster Linie die Freiheit der Willensentschließung und -betätigung sowohl von Privatpersonen als auch – jedenfalls zumeist – von staatlichen Organen. Nach Beseitigung des Tatbestandes der Beamtennötigung, § 114 a. F. StGB, kennt das Strafrecht nur für sehr eng begrenzte soziale Situationen besondere Vorschriften gegen Pressionen auf staatliche Entscheidungsträger. Neben dem Widerstand gegen Vollstreckungsbeamte, § 113 StGB, ist hier in erster Linie die Nötigung von Verfassungsorganen, § 105 StGB, zu nennen, die bei der Adressierung des Drucks u. a. auf ein Gesetzgebungsorgan oder die Regierung auch bei Verkehrsblockaden zu prüfen wäre. Außerhalb des Anwendungsbereiches dieser Bestimmungen ist auf den allgemeinen Nötigungstatbestand des § 240 StGB auch insoweit zurückzugreifen, als es sich um die Beurteilung des Druckes auf die nicht unmittelbar körperlich betroffenen staatlichen Organe handelt.[8] Neben diesen freiheitsschützenden Strafvorschriften kann bei Verkehrsblockaden unter bestimmten Voraussetzungen auch

Landfriedensbruch, § 125 StGB, in Betracht kommen, der die von einer unfriedlichen Menschenmenge drohenden Gefahren zum Ausgangspunkt hat.

Gemeinsam ist den genannten Vorschriften, daß die Strafbarkeit von einer bestimmten Modalität des Täterverhaltens abhängig gemacht ist. Dabei interessiert im vorliegenden Zusammenhang die Anwendung von Gewalt, §§ 105, 240 StGB, und die Begehung von Gewalttätigkeiten gegen Menschen oder Sachen, § 125 StGB. Nach ganz h. M. ist der Begriff der Gewalttätigkeit enger als der der Gewalt. Gewalttätig i. S. des § 125 StGB soll nach Auffassung des BGH aber bereits jedes aus der Menschenmenge hervorbrechende aggressive Handeln sein, auch wenn es bloß im Wegdrängen eines Polizeibeamten oder im Umwerfen eines Gegenstandes besteht.[9] Ausreichen soll nach der Rechtsprechung auch das Errichten von Barrikaden z. B. aus Balken, Parkbänken und quergestellten Autos,[10] das Schaukeln und leichte Anheben eines PKW, der die Straße passieren will, sowie das Trommeln mit den Fäusten gegen einen städtischen Linienbus.[11] Nicht unter den Begriff der Gewalttätigkeit fällt allerdings die bloß passive Resistenz eines Sitzstreiks.[12]

Gegen diese ausufernde Rechtsprechung, die relativ harmlose Aktivitäten für § 125 StGB ausreichen läßt, sind in der Literatur zu Recht Bedenken erhoben worden. So wird vielfach gefordert, daß ein unmittelbarer Angriff auf Personen oder Sachen in ihrer körperlichen Substanz vorliegen müsse und nur Handlungen von einiger Erheblichkeit in Betracht kämen.[13] Die noch weitergehende Auffassung, die Gewalttätigkeiten im wesentlichen nur dann bejahen will, wenn Handlungen mit unmittelbarer Gefährdung von Leib oder Leben anderer Personen oder der Substanz von Sachen vorliegen, ist auch in der Literatur vereinzelt geblieben.[14] Ob der von ihr bezeichnete Grad objektiver Friedensstörung der kriminalpolitischen Zielrichtung des Landfriedensbruchs besser entsprechen würde, kann allerdings offenbleiben, weil im vorliegenden Zusammenhang nur die Beurteilung der Verkehrsblockade durch Versperren des Weges mit Barrikaden oder Sitzstreiks ohne weitere aggressive Handlungen interessiert. Beide Handlungsmodalitäten stellen aber auch nach der vermittelnden Auffassung noch keine Gewalttätigkeit gegen Personen oder Sachen dar. Ob sie als Gewalt i. S. der Nötigungstatbestände anzusehen sind, bedarf eingehender Betrachtung.

Der BGH prüft im Laepple-Fall entsprechend der doppelten Zielrichtung des Sitzstreiks das Vorliegen von Gewalt in zweifacher Hinsicht, nämlich einmal gegenüber dem Rat der Stadt Köln, zum anderen gegenüber den am Weiterfahren gehinderten Fahrern der Straßenbahnen. Gewalt gegenüber den Fahrern bejaht der BGH in Übereinstimmung mit der Vorinstanz. Daß die Studenten die Straßenbahn nicht durch unmittelbaren Einsatz körperlicher Kräfte aufhielten, »sondern nur mit geringem körperlichen Kraftaufwand einen *psychisch* determinierten Prozeß in Lauf setzten«, stehe dieser Bewertung nicht entgegen. Entscheidend sei, »welches *Gewicht* der von ihnen ausgeübten psychischen Einwirkung zukam.« Stelle sich ein Mensch der Bahn auf den Schienen entgegen, so liege darin für den Fahrer ein unwiderstehlicher Zwang, weil er halten müsse, wolle er keinen Totschlag begehen.[15] Gegenüber dem Rat der Stadt Köln wird dagegen Gewaltanwendung verneint, weil nicht bereits die Kraftentfaltung zur Überwindung irgendeines Widerstandes ausreiche, sondern es wesentlich »auf die spezifische Eignung dieser Kraft im Sinne ihrer vom Tatbestand vorausgesetzten Wirksamkeit« ankomme. Gewaltanwendung setze also voraus, »daß die angewandte Kraft an der nach dem Tatbestand maßgeblichen Stelle noch Zwangswirkung auslösen konnte und ausgelöst hat«. Im vorliegenden Falle sei auf den Rat der Stadt nicht in einer Weise eingewirkt worden, die von den Mitgliedern des Rates als Zwang empfunden werden konnte. Zur Begründung dafür wird auf den räumlichen Abstand zwischen Sitzstreik und Ratsmitgliedern sowie auf die vorgesehene zeitliche Begrenzung der Aktion hingewiesen, deren Dauer nicht an die Erfüllung der Forderung der Demonstranten geknüpft gewesen sei.[16]

Diese Ausführungen zum Gewaltbegriff stehen in erheblichem Kontrast zur alltagssprachlichen Bedeutung dieses Begriffes, so daß mit einiger Berechtigung die Frage gestellt werden kann, ob mit einer solchen Auslegung nicht über den noch möglichen Wortsinn hinausgegangen und damit – im Strafrecht unzulässige – Analogie zuungunsten des Normunterworfenen betrieben wird. Trotz der vielfältigen Zusammenhänge, in denen der Begriff Gewalt verwendet wird,[17] kann man davon ausgehen, daß Gewalt als Mittel der Nötigung, also im Sinne personaler, direkter Gewalt im Gegensatz zur strukturellen[18] und zur institutionellen Gewalt,[19] umgangssprachlich normalerweise mit der Vorstellung einer direkten körperlichen Einwirkung auf Personen oder Sachen verbunden ist. Deshalb wird der Sitzstreik nicht nur von einer bestimmten Richtung der Politikwissenschaft[20] oder von einzelnen gesellschaftlichen Gruppen[21] als eine typisch gewaltfreie Aktion angesehen. Wenn der BGH diese Protestform dennoch als Gewaltanwendung gegenüber den unmittelbar Betroffenen wertet, so handelt es sich dabei allerdings nicht um eine durch den politischen Kontext des Geschehens verursachte neuartige Ausweitung des Gewaltbegriffs.[22] Der BGH führt, was das Ergebnis betrifft, lediglich eine Rechtsprechung fort, die für unterschiedliche soziale Zusammenhänge das Versperren der Fahrbahn durch eine Menschenmenge oder einzelne Personen (etwa Versperren einer Parklücke durch einen Fußgänger) als Gewalt angesehen hat.[23] Neu ist allerdings die Begründung, weil der 2. Strafsenat eine Umschreibung des Gewaltbegriffs gibt, die über die bisher übliche Begriffsbestimmung hinausgeht. Nach den klassischen Kriterien sollte Gewalt zumindest voraussetzen, daß zur Überwindung eines Widerstandes auf einen anderen körperlich, also nicht nur psychisch, eingewirkt wird.[24] Auf das Versperren eines Weges paßt eine derartige Begriffsbestimmung allerdings schlecht, so daß bereits RGSt. 45, 156 dieses Kriterium dahin relativieren mußte, daß auch eine nur mittelbar gegen Personen gerichtete Einwirkung ausreichend sei, welche von diesen körperlich (physisch) empfunden werde. Eine sich zusammendrängende Menschenmenge wirke in dieser Weise als äußerer (mechanischer) Zwang, weil die betroffenen Personen an der beabsichtigten Fortbewegung körperlich behindert würden. Die Schwäche dieser – in späteren Entscheidungen vielfach übernommenen – Begründung ist offensichtlich. Das Kriterium der Einwirkung auf den Körper wird damit für diese Fallgruppe praktisch preisgegeben; körperlich sind hier zwar die Hindernisse, diese wirken aber auf das Subjekt der Fortbewegung lediglich psychisch, wenn der Bewegungsablauf mit Rücksicht auf das Hindernis abgestoppt wird. Daß hier dennoch von Rechtsprechung und Literatur[25] auf breiter Front Gewalt bejaht wird, dürfte auf die Überlegung zurückzuführen sein, daß es bei einer Fortsetzung des Bewegungsablaufes zu einer körperlichen Einwirkung gekommen wäre und die Antizipation dieses Ereignisses im Motivationsprozeß des Opfers den Täter nicht entlasten soll, weil sich auch in einem solchen Fall die vom Hindernis ausgehende Zwangswirkung realisiert. Die damit verbundene Verlagerung des Gewaltbegriffs von der Beschreibung einer spezifischen Handlungsmodalität hin zur Verursachung eines Zwangseffektes zeigt sich mit aller Schärfe in den Fällen, in denen – wie im Laepple-Urteil – das Hindernis mit Hilfe des benutzten Fahrzeuges überwunden werden könnte, ohne daß davon eine unmittelbare Einwirkung auf den Körper des zu Nötigenden zu befürchten wäre. Hier ist eine – beim Anhalten ohnehin nur potentielle – physische Einwirkung nur bei weitgehender Entleerung dieses Merkmals konstruierbar.[26] Motivierend wirkt in diesen Fällen nämlich nicht mehr die Unüberwindbarkeit des Hindernisses oder die bei weiterer Fortbewegung drohende Einwirkung auf den eigenen Körper, sondern die Rücksichtnahme auf Leben oder Gesundheit derjenigen Personen, die die Straße blockieren. Von daher ist die Feststellung des BGH zutreffend, daß es sich hier um einen »*psychisch* determinierten Prozeß«[27] handele. Neu für die Rechtsprechung ist allerdings, daß der BGH nunmehr auch offen eine lediglich psychische Einwirkung als ausreichend bezeichnet, wenn sie für den Motivationsprozeß von gewissem Gewicht ist.

Von dieser Konzeption des Gewaltbegriffs her erörtert der BGH auch die Frage, ob die Demonstration als Gewaltanwendung gegenüber dem Rat der Stadt Köln anzusehen ist. Er knüpft dabei nicht an die Fallgruppe der Gewalt gegen sog. Drittpersonen an, bei der zu fragen ist, wann die unmittelbar einer dritten Person gegenüber angewendete Gewalt Gewalt gegen die zu nötigende Person darstellt.[28] Entscheidend soll vielmehr allein das Maß der – auch psychischen – Zwangswirkung in der Beziehung zwischen Täter und Nötigungsopfer sein. Das bedeutet z. B., daß u. U. auch Demonstrationen ohne unmittelbare Zwangswirkung gegenüber anderen Verkehrsteilnehmern oder andere politische Aktionsformen wie z. B. Boykottmaßnahmen und Streiks als Gewalt angesehen werden können, wenn sie eine solche Intensität erreichen, daß sie auf den Entscheidungsprozeß staatlicher Organe oder Privatpersonen eine gewisse Zwangswirkung ausüben. Auch in diesem Punkt führt der BGH im Ergebnis allerdings nur seine frühere Rechtsprechung fort. Bereits BGHSt. 8, 102 hatte die Auffassung vertreten, daß Massen- und Generalstreik sowie Massendemonstrationen Gewalt im Sinne der Hochverratsbestimmungen darstellen könnten, wenn sie zu gravierenden Auswirkungen auf die Versorgung der Bevölkerung und auf das ordnungsgemäße Arbeiten des Staatsapparates führten. In dieser Entscheidung wird auch offen das Motiv für den Verzicht auf das Merkmal der körperlichen Kraftentfaltung bzw. Einwirkung ausgesprochen: Da bei einer engen Auslegung des Gewaltbegriffs die praktische Bedeutung der Hochverratsbestimmungen angesichts neuer Methoden des Umsturzes weitgehend entwertet werde, müsse die Zwangs*wirkung* entscheidend sein.[29]

Diese Fortentwicklung des Gewaltbegriffs in Richtung einer »Entmaterialisierung« oder »Vergeistigung« wird auch von einem Teil der Literatur befürwortet. Dabei ist entscheidendes Argument, daß bei gleicher Zwangswirkung die äußere Erscheinungsform des Täterverhaltens nicht über die rechtliche Qualifizierung entscheiden dürfe. Gewalt wird deshalb z. B. umschrieben als »jeder Einsatz von Mitteln, der darauf gerichtet und geeignet ist, die Willensentschließungs- oder Willensbetätigungsfreiheit des Opfers auszuschließen.«[30] Diese sog. »Zwangswirkungslehre« ist jedoch mit einem Teil des Schrifttums aus rechtsstaatlichen Gründen abzulehnen,[31] weil sie auf eine nicht mehr abschätzbare Ausweitung der als Gewalt umschriebenen Interaktionsmodalität hinausläuft und dabei die im Strafrecht angebrachte Zurückhaltung gegenüber extensiver Interpretation vermissen läßt. Die Zwangswirkungslehre ist Ergebnis einer verkürzten Form teleologischer Interpretation, die ihre Perspektive tendenziell einengt auf eine möglichst geichmäßige und effektive Erfassung von Handlungen nach Maßgabe der bewirkten Rechtsgutsverletzung. Tatbestandsmerkmale, die durch eine nähere Beschreibung von Handlungsmodalitäten die Strafvorschrift in ihrem Anwendungsbereich einschränken, werden aus dieser Sicht leicht als verfehlt angesehen und durch extensive Interpretation »entschärft«. Damit wird die Bedeutung der Modalität des Rechtsgutsangriffs für die Strafwürdigkeit und -bedürftigkeit zu gering eingeschätzt,[32] und zwar unabhängig davon, ob ein aus diesem Grund fragmentarischer Strafrechtsschutz als Übel oder als Positivum anzusehen ist. Bezeichnend für eine derart verkürzte Sicht ist z. B. die Argumentation des Sitzungsvertreters des Generalbundesanwalts in seinem Plädoyer vor dem 2. Strafsenat, das Vorgehen der Demonstranten sei rechtlich nicht wesentlich anders zu beurteilen, als wenn sie auf die Straßenbahnzüge gesprungen wären und die Triebwagenführer mit Brachialgewalt oder unter Vorhalten von Waffen an der Weiterfahrt gehindert hätten.[33]

Die Orientierung an der Zwangswirkung läuft im Ergebnis auf die Eliminierung des Tatbestandsmerkmals Gewalt hinaus, weil Gewalt dann praktisch alles umfaßt, was nötigend wirken kann. Die praktischen Konsequenzen der damit eingeleiteten Entwicklung zeichnen sich bereits ab. In den Bereich strafbarer Nötigung gerät bei diesem weiten Gewaltbegriff z. B. die Störung universitärer Veranstaltungen durch Zwischenrufe und Diskussionsverlangen, wenn diese nur geeignet sind, den Dozenten zum Abbruch der Veranstaltung zu veranlassen.[34] Auch ein ohne körperliche Einwirkung durchgeführtes go-in in Büroräume kann bei störenden Auswirkungen auf den Dienstbetrieb als Gewalt qualifiziert werden.[35] Schließlich ist – in sich durchaus konsequent – auch bereits die Frage gestellt worden, ob der Hungerstreik eines Inhaftierten nicht eine Gewaltanwendung gegenüber den für die Haft Verantwortlichen darstellt, weil damit auf diese Personen zwangsweise eingewirkt werde.[36]

Ob diese »Auflösung«[37] des Gewaltbegriffs noch mit dem möglichen Wortsinn vereinbar ist, kann mit einiger Berechtigung zumindest bezweifelt werden. Angesichts der Großzügigkeit, mit der die Rechtsprechung und überwiegend auch die Literatur mit dem Analogieverbot umzugehen pflegen,[38] erscheint eine derartige verfassungsrechtliche Argumentation allerdings wenig erfolgversprechend. Daß die Ermittlung der Wortsinngrenze letztlich versteckt durch vermeintliche kriminalpolitische Gründe gesteuert wird, läßt sich nur dann verhindern, wenn empirische Methoden zur Ermittlung der umgangssprachlichen Bedeutungssgrenze akzeptiert werden, die diese Frage der Beliebigkeit subjektiver Einschätzung entziehen. In dieser Richtung sind aber nicht einmal Ansätze zu erkennen.

Wichtiger ist daher der Hinweis darauf, daß die Ausweitung des Gewaltbegriffs die Grenze zwischen straflosem und strafbarem Verhalten noch diffuser werden läßt, als diese im Rahmen des § 240 StGB ohnehin schon ist. Mit der Ausdehnung der tatbestandsmäßigen Handlung wird die Selektion kriminellen Unrechts nämlich notwendigerweise auf die Ebene der Rechtswidrigkeit und damit auf die Beantwortung der Frage verlagert, ob die Anwendung der Gewalt zu dem angestrebten Zweck als verwerflich anzusehen ist, § 240 Abs. 2 StGB.[39] Diese angesichts des Bestimmtheitsgrundsatzes ohnehin sehr bedenkliche Verwerflichkeitsklausel erscheint als institutionelles Korrektiv wenig geeignet, weil sie zum Einfallstor unkontrollierter, vom jeweiligen sozialen Kontext abhängiger Strafwürdigkeitseinschätzungen werden kann.

Ist aus diesen Gründen eine Gleichsetzung von Zwangswirkung und Gewalt abzulehnen, so sind doch die Schwierigkeiten nicht zu verkennen, die sich beim Versuch einer einigermaßen konsistenten engeren Umschreibung des Gewaltbegriffs ergeben und die zum Teil auch ein Motiv für die Befürwortung eines umfassenden Gewaltbegriffs sind. Auf die verschiedenen neueren Versuche der Entwicklung eines gegenüber der Zwangswirkungslehre engeren Konzepts von Gewalt kann hier nicht ausführlicher, sondern nur hinsichtlich der Konsequenzen eingegangen werden, die sich für die besondere Fallgruppe des Versperrens des Weges ergeben.

Wenig überzeugen können dabei Ansätze, die den Gewaltbegriff in starkem Maße normativ anreichern wollen. So soll etwa das Vorliegen von Gewalt davon abhängig sein, ob das blockierende Verhalten einen Angriff darstellt, d. h. aktiv in die fremde Interessensphäre eingreift. Das wird bejaht, wenn der Täter ersichtlich keine eigenen, sozialüblichen Interessen wahrnimmt. Im Ergebnis wird damit die Qualifizierung einer Interaktion als Gewalt von der rechtlichen oder sozialen Regelung der jeweils betroffenen Situation, in den Demonstrationsfällen also von der Reichweite des Demonstrationsrechts abhängig gemacht.[40] Eine solche kontextabhängige Relativierung des Gewaltbegriffs müßte gegenüber einem von der Normgenese sicherlich sehr viel näherliegenden Verständnis der Gewalt als der abstrakt-deskriptiven Kennzeichnung einer Interaktionsform erhebliche Vorteile aufweisen, um akzeptabel zu sein. Das aber ist nicht ersichtlich, weil diese Konzeption im Grunde nur Fragen der Rechtswidrigkeit in die Interpretation des Gewaltbegriffs verlagert, ohne daß die restriktive Funktion dieses Tatbestandsmerkmals zusätzlich gesichert wird.[41]

Insgesamt sehr viel enger als die h. M. faßt *Calliess* den Gewaltbegriff, den er unter Rückgriff auf die Strukturen sozialer Systeme zu rekonstruieren versucht. Für ihn konstituiert Gewalt sich dadurch, daß der Täter in der sozialen Interaktion seine einseitig definierten Erwartungen unter Verzicht auf primär sprachlich-symbolische Vermittlung durch aggressiv-physische Konfrontation darstellt oder durchzusetzen sucht.[42] Als aggressiv-physisch wird eine interpersonelle Beziehung dann gekennzeichnet, wenn die Situation durch aktuelle (Gewalttätigkeit) oder potentielle (Bedrohung mit Gewalttätigkeit) Verletzung der körperlichen Integrität des Opfers bestimmt ist. So interessant dieser Ansatz durch die Konfrontation sprachlich-symbolischer und aggressiv-physischer interpersoneller Beziehung auch ist, der Rückgriff auf die Struktur sozialer Beziehungen vermag nicht hinreichend zu begründen, warum Gewalt nur die aktuelle oder potentielle Verletzung der körperlichen Integrität sein soll, wird doch das Primat sprachlich-symbolisch vermittelter Interaktion auch durch andere Zwang ausübende Verhaltensweisen durchbrochen. In der Beurteilung der Verkehrsblockade stimmt *Calliess* im Ergebnis mit anderen Autoren überein, die durch Begrenzung des Gewaltbegriffs auf aggressives Verhalten unter Einsatz eines mechanisch-physischen Mittels gerade den Fall des Sitzstreiks aus dem Anwendungsbereich der Nötigung herausnehmen wollen.[43] So diskussionswürdig diese weitgehende Gleichsetzung von Gewalt und Gewalttätigkeit rechtspolitisch auch sein mag, de lege lata hat sie keine Chance auf Durchsetzung, zumal der Gesetzgeber einen Vorschlag zur Ersetzung des Merkmals Gewalt in § 240 StGB durch das der Gewalttätigkeit nicht aufgegriffen hat.

Als realisierbare Alternative zur Zwangswirkungslehre bietet es sich daher an, mit Teilen des Schrifttums[44] an der körperlichen Einwirkung auf einen anderen als konstitutivem Merkmal des Gewaltbegriffs festzuhalten. Zutreffend ist allerdings, daß dieses Erfordernis unter dem ausschließlichen Aspekt der Zwangswirkung irrelevant erscheint, es also von seiner spezifischen Funktion als Merkmal her zu begründen ist, das die Strafbarkeit auf bestimmte von vielen denkbaren rechtsgutverletzenden Modalitäten beschränken soll. Die Heranziehung der körperlichen Einwirkung als Selektionskriterium beruht auf der besonderen Bedeutung, die der Berührung der körperlichen Sphäre als Durchbrechung der normalerweise in der Interaktion bestehenden interpersonellen räumlichen Distanz zukommt. Damit sind in der Regel erhöhte Gefühle der Bedrohung verbunden, und das Geschehen fällt nach außen hin in stärkerem Maße aus dem Rahmen der üblichen Interaktionsformen heraus, erhält daher erhöht friedensstörenden Charakter. Eine an diesen Aspekten orientierte strafbarkeitseinschränkende Bedeutung kommt dem Erfordernis körperlicher Einwirkung allerdings nur dann zu, wenn es nicht derart inhaltlich entleert wird, wie dies insbesondere in der neueren Rechtsprechung geschehen ist.[45]

Den bei der Präzisierung des Merkmals im einzelnen auftretenden Schwierigkeiten kann hier nur insoweit nachgegangen werden, als es sich um den Bereich verkehrsblockierenden Verhaltens handelt. Die spezifische Problematik dieser Fallkonstellation liegt – wie bereits erwähnt – darin, daß es zu einer aktuellen körperlichen Einwirkung bei einem Abbruch der Fortbewegung wegen des Hindernisses gerade nicht kommt. Wenn Rechtsprechung und Literatur dennoch auch bei Zugrundelegung des Erfordernisses körperlicher Einwirkung in diesen Fällen Gewaltanwendung bejaht haben, so ist dies mit gutem Grund geschehen. Im Rahmen eines auf Freiheitsschutz zielenden Tatbestandes kann es auch bei der Präzisierung der Begehungsmodalitäten nämlich keinen Unterschied machen, ob es tatsächlich zu einer körperlichen Einwirkung gekommen ist oder diese als realer Vorgang nur deshalb unterbleibt, weil das Opfer sich der Situation beugt und den Bewegungsablauf abbricht, dessen Fortsetzung – auch bei zumutbarer Modifizierung mit Rücksicht auf das Hindernis – zu einer körperlichen Einwirkung geführt hätte. Gerade in diesen Fällen lediglich potentieller körperlicher Einwirkung ist aber besonders sorgfältig zu prüfen, ob die körperliche Einwirkung einen gewissen Erheblichkeitsgrad erreicht hätte, der erst die Qualifizierung als Gewalt zu rechtfertigen vermag. Gewaltsam ist das Versperren des Weges gegenüber einem Fußgänger danach dann, wenn der Betroffene bei Fortsetzung seiner Bewegung auf ihn körperlich treffenden Widerstand stoßen würde, den er entweder überhaupt nicht oder nur durch eine nicht unerhebliche Tangierung seines Körpers überwinden könnte. Legt man diesen Maßstab an, dann ist im Ergebnis zwar RGSt. 45, 153 (eine feindselige Menschenmenge versperrte Sargträgern den Weg), nicht aber z. B. BayObLG NJW 1955, 1806 zuzustimmen (Streikposten hatten den normalen Zugang zur Fabrik versperrt, aber einen »unangemessen verengten Durchgang« freigelassen, der aber ein Passieren ohne körperliche Einwirkung gestattet hätte). Ein Sitzstreik gegenüber Passanten stellt daher keine Gewaltanwendung dar, wenn es den Betroffenen möglich ist, ohne wesentliche körperliche Einwirkung durch die Reihen der Sitzenden zu gelangen, wozu auch noch das Beiseiteschieben ohne nennenswerten Kraftaufwand zu rechnen ist.

Bei Behinderungen gegenüber Fahrzeugen scheidet Gewalt dementsprechend dann aus, wenn mit Hilfe des Fahrzeugs – notfalls unter Verringerung der Geschwindigkeit – die Fortbewegung fortgesetzt werden kann, ohne daß dies zur unmittelbaren körperlichen Einwirkung auf den Fahrer oder die Insassen führt. Unhaltbar ist es daher, Gewaltanwendung dann zu bejahen, wenn ein Fußgänger sich vor ein Auto stellt, um dem Fahrer die Einfahrt in eine Parklücke zu verwehren.[46] Auch im Laepple-Fall hätte von dieser Position aus Gewalt verneint werden müssen, wenn ein vorsichtiges Weiterfahren mit der Straßenbahn oder das Räumen der Geleise den Umständen nach ohne wesentliche körperliche Einwirkung auf die Fahrer möglich gewesen wäre. Bei einer solchen Sachlage hätte die Aktion ihre Wirkung ausschließlich durch den Appell an Normen der gegenseitigen Rücksichtnahme erzielt und damit nicht die Intensität der Störung interpersoneller Beziehungen erreicht, die unter kriminalpolitischen Gesichtspunkten eine Qualifizierung als Gewalt rechtfertigen würde.

Diese restriktive Interpretation könnte natürlich im Ergebnis dann bedeutungslos sein, wenn nach diesen Maßstäben gewaltlose Verkehrsblockaden die andere Tatbestandsalternative der Drohung mit einem empfindlichen Übel verwirklichen würden.[47] Das Versperren des Weges kann nämlich zugleich als Ankündigung verstanden werden, man werde die verursachte Verkehrsbehinderung für eine bestimmte Zeit nicht wieder beseitigen.[48] Zumindest wenn eine Verpflichtung zur Freigabe des Weges besteht, ist eine solche Interpretation durchaus möglich; allerdings dürfte die Nichtbeseitigung einer nur kurz andauernden Blockierung in der Regel kaum ein empfindliches Übel darstellen, so daß die Drohungsalternative insoweit nicht eingreift.

Die hier vertretene Auslegung des Gewaltbegriffs bedeutet natürlich nicht automatisch eine Legalisierung solcher Verkehrsblockaden, die nach den hier entwickelten Maßstäben als gewaltlos anzusehen sind. Derartige Aktionen können als Ordnungswidrigkeiten nach §§ 49, 1 Abs. 2 StVO geahndet und als Störung der öffentlichen Sicherheit unterbunden werden, wenn sie nicht im Hinblick auf das Demonstrationsrecht Grundrechtsschutz genießen. Dieser Frage kommt daher für die Bestimmung der zulässigen politischen Aktionsformen die entscheidende Bedeutung zu.[49] Die restriktive Interpretation des Gewaltbegriffs reduziert lediglich das Reservoir staatlicher Sanktionen.

3. Verkehrsblockade und das Grundrecht der Demonstrationsfreiheit

Die Konfliktlage bei verkehrsblockierenden Demonstrationen wird durch die Kollision zwischen der aus den Grundrechten der Versammlungsfreiheit, Art. 8 GG, und der Freiheit der Meinungsäußerung, Art. 5 Abs. 1 GG, folgenden Demonstrationsfreiheit und dem Grundrecht der allgemeinen Handlungsfreiheit – hier Fortbewegung –, Art. 2 Abs. 1 GG, charakterisiert. Diese Ebene individueller Grundrechtsausübung wird allerdings dadurch überschritten, daß der Demonstrationsfreiheit als einem der kollidierenden Grundrechte eine besondere Bedeutung in der kollektiven politischen Auseinandersetzung und der Einflußnahme auf den Prozeß der öffentlichen Meinungsbildung und der staatlichen Entscheidungstätigkeit zukommt. Die Ebene der Verletzung individueller Freiheitsrechte, auf der der Konflikt von den Sanktionsnormen des Straf- und Ordnungswidrigkeitenrechts juristisch erfaßt wird, wird damit von der kollektiven politischen Dimension des Vorgangs überlagert, der im Rahmen der Rechtswidrigkeitsprüfung Rechnung getragen werden muß. Damit stellt sich zum einen die Frage, auf welchem rechtstechnischen Weg das Problem der Grundrechtskollision Thema der Erörterung im Rahmen der Kategorie Rechtswidrigkeit wird. Darauf soll im folgenden nur kurz eingegangen werden. Wichtiger ist die Frage nach den inhaltlichen Kriterien zur Lösung der Grundrechtskollision, die uns ausführlicher beschäftigen wird.

Sieht man die Verkehrsblockade als gewaltsame Nötigungshandlung an, scheint der dogmatische Ansatzpunkt für die Problemerörterung schnell gefunden. Sowohl der BGH als auch das LG Köln prüfen die Bedeutung der Demonstrationsfreiheit im Rahmen der Verwerflichkeitsklausel des § 240 Abs. 2 StGB, die inhaltlich in einer Bewertung der Zweck-Mittel-Relation des Täterverhaltens besteht. Systematisch vorrangig und im Interesse einer Entlastung der Verwerflichkeitsfrage auch in der Prüfung voranzustellen ist allerdings die Frage nach der allgemeinen

Rechtswidrigkeit der Freiheitsbeeinträchtigung.[50] Diese ist von der Qualifizierung als strafbares Unrecht zu unterscheiden und bildet etwa die Grundlage für die Erteilung von Auflagen bei der Anmeldung von Versammlungen, für die Auflösung von Versammlungen oder die Geltendmachung zivilrechtlicher Schadensersatzansprüche.

Ein Verhalten, das einen Straf- oder Bußgeldtatbestand verwirklicht, ist dann gerechtfertigt, wenn die Voraussetzungen eines der gesetzlich oder gewohnheitsrechtlich anerkannten Rechtfertigungsgründe vorliegen. Diese Bindung an einen festliegenden, wenn auch erweiterungsfähigen Kanon von Rechtfertigungsgründen hat gerade im Zusammenhang mit den Demonstrationsprozessen[51] Fragen aufgeworfen, die heute noch nicht abschließend beantwortet sind. Einige Gerichte und ein Teil der Literatur haben die Frage der Rechtswidrigkeit durch einen unmittelbaren Rückgriff auf die Demonstrationsfreiheit zu beantworten versucht, sind also davon ausgegangen, daß zulässige Grundrechtsausübung einen Rechtfertigungsgrund darstellt.[52] Bei einer Beschränkung auf die traditionell anerkannten Rechtfertigungsgründe war mangels eines speziellen Rechtfertigungsgrundes auf den gewohnheitsrechtlich entwickelten und seit 1975 in § 34 StGB geregelten sog. übergesetzlichen oder rechtfertigenden Notstand zurückzugreifen, der das materielle Prinzip der Rechtfertigung in allgemeiner Form enthält: Eine rechtsgutverletzende Handlung ist dann von der Rechtsordnung erlaubt, wenn sie das erforderliche und angemessene Mittel ist, um in einer Gefahrensituation höherwertige Interessen zu schützen. Durch das Erfordernis, daß das geschützte Interesse das beeinträchtigte wesentlich überwiegen müsse, und die zusätzliche Beschränkung auf angemessene Mittel, sind allerdings relativ enge Grenzen für den Eingriff in vorhandene Rechtsgüter gesetzt. Von daher ist es verständlich und vom Zeitpunkt auch sicherlich nicht zufällig, daß in der Phase der Demonstrationsprozesse in der Literatur verstärkt der Versuch unternommen wurde, die engen Voraussetzungen des rechtfertigenden Notstandes für Eingriffe in besonders gemeinschaftsbezogene Rechtsgüter – wie z. B. die persönliche Freiheit – durch die Heranziehung des Rechtfertigungsgrundes der Wahrnehmung berechtigter Interessen, § 193 StGB, praktisch leerlaufen zu lassen.[53] Dieser Rechtfertigungsgrund wurde und wird auch heute noch von der h. M. auf den Bereich der Ehrverletzungsdelikte beschränkt.[54] In der Begründung für die Erstreckung dieses Rechtfertigungsgrundes auch auf andere Delikte spiegelt sich deutlich die Ende der sechziger Jahre vielfach bestehende Reformorientierung wider. Das Recht müsse den gesellschaftlichen Wandlungsprozessen Rechnung tragen und, ohne den Schutz des status quo gänzlich aufzugeben, Regeln entwickeln, die es gestatteten, jenen Status evolutiv zu überwinden. Dazu sei der Meinungs- und Entfaltungsfreiheit soweit wie möglich Raum für die Geltendmachung legitimer Gegeninteressen zu geben, damit neue Werte entwickelt und durchgesetzt werden könnten und die Gesellschaft vor Erstarrung bewahrt bleibe. Durch die Anerkennung des Rechtfertigungsgrundes der Wahrnehmung berechtigter Interessen sei der Handlungs- und Meinungsfreiheit eine Vorzugstendenz einzuräumen mit der Konsequenz, daß bei der Verletzung stark gemeinschaftsbezogener Rechtsgüter eine Rechtfertigung selbst dann eintreten könne, wenn das vordergründige Handlungsinteresse als solches das betroffene Rechtsgut nicht nachweislich überwiege.[55] Die entscheidenden Kriterien formulierte *Eser* dahingehend, daß eine Tat dann nicht rechtswidrig sei, »wenn sie nach gehöriger Prüfung in erforderlicher und geeigneter Wahrung oder Durchsetzung berechtigter Privat- oder Allgemeininteressen erfolgt, die auch den Täter angehen und nicht außer Verhältnis zu dem verletzten Rechtsgut stehen«.[56] Diese Häufung konkretisierungsbedürftiger normativer Merkmale macht deutlich, daß dieser postulierte Rechtfertigungsgrund zwar eine veränderte Bewertungstendenz signalisiert, aber wenig Konkretes zu den eigentlich wertenden Erwägungen insbesondere verfassungsrechtlicher Art beitragen kann.[57] Die vorgeschlagene Erweiterung des Anwendungsbereiches des § 193 StGB ist erwartungsgemäß auf heftige Kritik gestoßen,[58] und mit der veränderten innenpolitischen Situation ist es um diesen Vorschlag auch stiller geworden.

Da im vorliegenden Zusammenhang weniger der rechtstechnische Weg als die inhaltlichen Fragen interessieren, soll offenbleiben, ob Grundrechtsausübung einen eigenständigen Rechtfertigungsgrund bilden kann oder es der Transformation über § 34 oder § 193 StGB bedarf. Die Aufmerksamkeit ist vielmehr darauf zu richten, nach welchen Kriterien der Konflikt inhaltlich zu lösen ist. Nach den bisherigen Überlegungen dürfte sich bereits ausreichend abzeichnen, daß die Kollision zwischen Demonstrationsfreiheit und Straßenverkehr auf der Basis diffiziler Abwägungen zwischen den kollidierenden Interessen zu beurteilen ist. Sieht man sich unter diesem Aspekt die beiden Urteile zum Laepple-Fall an, so zeigen sich insoweit erhebliche inhaltliche Unterschiede. Zwischen beiden Entscheidungen besteht Übereinstimmung nur darin, daß im Rahmen der Zweck-Mittel-Relation des § 240 Abs. 2 der Demonstrationszweck heranzuziehen ist. Auf der Ebene des Mittels verneint der BGH die Zulässigkeit einer verkehrsblockierenden Sitzdemonstration a limine, ohne sich auf Güterabwägungsaspekte einzulassen. Vorbereitet wird diese Beurteilung bereits durch den Hinweis, daß Gewaltanwendung, als die der BGH den Sitzstreik qualifiziert hat, praktisch indiziell für die Verwerflichkeit der Nötigung sei und daß daher nur ausnahmsweise besondere Umstände das Verwerflichkeitsurteil ausschließen könnten. Da mit einem Sitzstreik tätlich in Rechte anderer eingegriffen werde und das Demonstrationsrecht keine zielgerichtete Verkehrsbehinderung rechtfertige, sei eine solche Aktion von vornherein unzulässig.[59] Das LG Köln versucht demgegenüber, die Reichweite des Demonstrationsrechts durch eine generalklauselhafte Abwägungsformel zu umreißen. Das Demonstrationsrecht finde dort seine Grenze, »wo Rechte und berechtigte Interessen der Gesellschaft, einzelner Gruppen oder auch eines einzelnen Staatsbürgers so erheblich beeinträchtigt werden, daß die Demonstration im Interesse eines möglichst guten Gemeinschaftslebens nicht mehr geduldet werden kann«.[60] Eine auf alle Fälle passende Grenzziehung sei wegen der Vielfalt der Lebenstatbestände nicht möglich, es komme vielmehr auf die Abwägung aller Umstände des einzelnen Falles an. Als derart relevante Umstände sieht das LG Köln insbesondere das Gewicht des Demonstrationsanliegens auf der einen und das Gewicht der durch die Demonstration veranlaßten Eingriffe in Rechte und berechtigte Interessen Dritter auf der anderen Seite an. Auf weitere als bedeutsam angesehene Faktoren ist später noch einzugehen. Während das LG Köln als selbstverständlich von der Notwendigkeit einer Güterabwägung ausgeht und dabei recht pragmatisch und ohne nähere Begründung unterschiedliche Gesichtspunkte berücksichtigt, geht es auf die vom BGH in den Vordergrund gestellte Frage, wie das Demonstrationsrecht sich zum verfassungsrechtlich geregelten Prozeß demokratischer Willensbildung verhält, überhaupt nicht ein. In der Argumentation des BGH steht dagegen die Beziehung Demonstranten – staatlicher Adressat des politischen Drucks eindeutig im Vordergrund, ein Umstand, der auf unterschiedliche demokratietheoretische Vorverständnisse hindeuten dürfte. Sicherlich ist ein Lösungsversuch für die Kollision von Demonstrationsfreiheit und Straßenverkehr nicht möglich, ohne zur Funktion und dem Stellenwert der Demonstrationsfreiheit in der geltenden Verfassungsordnung Stellung zu nehmen. Dies soll in den folgenden Ausführungen geschehen. In einem nächsten Schritt ist dann der Frage nachzugehen, ob der notwendige Abwägungsprozeß neben der grundsätzlichen Einschätzung des Demonstrationsrechts auch von einzelnen Faktoren wie etwa dem Anliegen der Demonstranten, ihren Einflußmöglichkeiten, dem Ausmaß der öffentlichen Diskussion um das Demonstrationsziel beeinflußt wird.

3.1 Funktion und Stellenwert der Demonstrationsfreiheit im Prozeß politischer Willensbildung

Die Berufung auf die Bedeutung der Demonstrationsfreiheit für die Verwirklichung demokratischer Grundsätze bildete Ende der sechziger Jahre den Dreh- und Angelpunkt für juristische Rechtfertigungsversuche auch massiver Demonstrationen. Im Schrifttum am radikalsten hat wohl *Hannover* diese Position vertreten.[61] Den Ausgangspunkt seiner Argumentation bildet seine Einschätzung der realen Verteilung von Macht und Einfluß auf den Prozeß politischer Willensbildung in der Bundesrepublik. Diese ist für ihn durch eine ungeheure Übermacht des Staatsapparates und wirtschaftlich starker Interessentengruppen gegenüber den »lohnabhängigen Massen« gekennzeichnet, die zur Manipulation des Bewußtseins auf »seriösem« Wege und zur Verschleierung partikulärer Interessendurchsetzung benutzt werde. Die Lohnabhängigen seien demgegenüber auf die Wahrnehmung des Demonstrationsrechts angewiesen, wenn sie über Wahlen hinaus an der politischen Willensbildung mitwirken wollten. Bei dieser Sachlage sei es Funktion der Demonstrationsfreiheit, die Bewußtseinsmanipulation zu durchbrechen, die Bevölkerung über die Machtverhältnisse im Staat und über ihre wirklichen Interessen aufzuklären und dadurch erst die politische Handlungsfähigkeit des Volkes herzustellen. Die Demonstrationsfreiheit könne daher nicht mehr »liberalistisch« als ein nur argumentatives Einwirken auf Entscheidungsprozesse verstanden werden, mit dem eine Gegenwirkung gegen Bewußtseinmanipulation geschaffen werden solle. Als »Gegenschlag« gegen eine jahrelange feindliche Pressekampagne seien z. B. sogar einzelne Gewaltakte gegen Sachen des manipulierenden Pressekonzerns (zerbrochene Fensterscheiben, angezündete Zeitungswagen) rechtmäßig. Schließlich legalisiere das Demonstrationsrecht über die erste Stufe der Erzeugung politischen Bewußtseins hinaus auch die »solidarische Pression auf die Herrschenden«.[62] Bei einer breiten Solidarität der Bevölkerung gegen die Organe des Staates müßten diese sich dem Volkswillen beugen, andernfalls könne eine Situation entstehen, »in der Demonstrationsfreiheit in ein Recht auf Revolution umschlägt.«[63] Dieser Apologie demonstrierender Gruppen, die hinsichtlich der Inhalte ihrer Anliegen als Träger der Wahrheit und des Fortschritts erscheinen und damit einen notwendigen Beitrag zur Durchsetzung der »wirklichen« Interessen der Bevölkerung leisten, stellt der BGH schon für Aktionen wie Sitzstreiks das Bild von Demonstranten als militanter Minderheiten gegenüber, die unvereinbar mit der auf dem Mehrheitsprinzip fußenden demokratischen Verfassung Terror übten.[64] Während die Position *Hannovers* im juristischen Schrifttum allenfalls als die eines nicht ernst zu nehmenden Außenseiters Erwähnung findet,[65] haben sich die rechtlichen Erwägungen des BGH weitgehend durchgesetzt, obwohl auch sie interessenbedingte Verzerrungen aufweisen und das Niveau der Argumentation der Komplexität des Gegenstandes bei weitem nicht gerecht wird.

Bezeichnend für die Gesamtrichtung der Entscheidung des BGH ist die deutlich erkennbare Intention, die Berufung auf grundrechtliche Positionen möglichst von vornherein abzuschneiden.[66] Das geschieht dadurch, daß der BGH Aktionen, die Verkehrsbehinderungen nicht nur als Nebenfolge verursachen, sondern diese gerade zum Ziel und Zweck haben, als tätliches Verhalten kennzeichnet, der Auseinandersetzung mit Worten gegenüberstellt und als unfriedlich i. S. des Art. 8 Abs. 1 GG qualifiziert.[67] Die Folge davon ist, daß derartiges Verhalten von vornherein keinen Grundrechtsschutz genießt und sich daher die Prüfung von Auswirkungen des Grundrechtes auf die Interpretation einfachen Rechts erübrigt. Diese Auslegung der Friedlichkeitsschranke des Art. 8 GG ist eine originäre Entwicklung des Laepple-Urteils, ohne daß dafür eine Begründung gegeben wird oder eine Auseinandersetzung mit der bis dahin gängigen Auslegung erfolgt. Die ganz h. M. hatte eine Versammlung dann als unfriedlich angesehen, wenn diese einen gewalttätigen oder aufrührerischen Verlauf nimmt oder ein solcher angestrebt wird. Gewalttätig oder aufrührerisch sollte ein Versammlungsablauf dann sein, wenn es zur Ausübung von körperlicher Gewalt gegen Personen oder Sachen kommt.[68] Ob dieser Begriff der Gewalttätigkeit mit dem in § 125 StGB übereinstimmt, kann hier offenbleiben, jedenfalls sollte damit eine bestimmte äußere Form des Verhaltens der Demonstrationsteilnehmer gekennzeichnet werden. Mit einer gewissen Notwendigkeit verlagert nun der BGH das Kriterium der Unfriedlichkeit auf die innere Willensrichtung, denn offensichtlich können weder die äußere Form – das Gehen, Sitzen oder Stehen auf Straßen oder Geleisen – noch das Ausmaß der hervorgerufenen Verkehrsbehinderungen taugliche Abgrenzungskriterien liefern. Anerkannt und vom BGH nicht bezweifelt ist nämlich, daß auch massive Verkehrsbehinderungen unter bestimmten Voraussetzungen als Folge von Massendemonstrationen zulässig sind und diese nicht zu unfriedlichen Versammlungen machen. Die vom BGH für die Grenzziehung zwischen friedlich und unfriedlich herangezogene Unterscheidung zwischen Verkehrsbehinderungen, die bloße Nebenfolge von Demonstrationen, und solchen, die gezielt und bezweckt sind, erscheint aber weder praktisch durchführbar noch sachgerecht. Bezweifeln kann man bereits, ob es nicht der Regelfall ist, daß bei Demonstrationen die verursachten Verkehrsbehinderungen als Mittel zur Erregung von Aufmerksamkeit bewußt einkalkuliert werden.[69] Wenn man dies verneint, so bleibt noch das Problem, wie denn und bei wem (Versammlungsleitung oder Mehrheit der Teilnehmer?) diese Zielrichtung festgestellt werden soll. Aber auch unabhängig von diesen praktischen Schwierigkeiten ist die vom BGH vorgenommene Differenzierung abzulehnen, weil sie in der Sache auf eine Ungleichbehandlung ansonsten identischer Formen politischer Artikulation allein nach dem Grad des Vorsatzes hinsichtlich der objektiven Beeinträchtigung der Freiheitsrechte anderer Personen hinausläuft. An einem Beispiel verdeutlicht: Von zwei Demonstrationen mit derselben Teilnehmerzahl, Marschroute und Verkehrsbehinderung wäre die eine zulässig, die andere aber stünde als unfriedlich außerhalb des Grundrechtsschutzes, wenn für sie festgestellt werden könnte, daß die Wahl der Route entscheidend von der Absicht bestimmt wurde, Verkehrsbehinderungen zu verursachen. Maßgeblich kann aber doch nicht die jeweilige intentionale Komponente, sondern allein der Umstand sein, ob die Verkehrsbehinderungen nach der objektiven Sachlage verursacht werden durften oder nicht. In welchem Umfang bei einer Versammlung oder einem Aufzug z. B. durch die Wahl der Route, die Art der Benutzung der Straßen, das Freilassen von Lücken für den Querverkehr usw. Rücksicht auf den Straßenverkehr zu nehmen ist, läßt sich aber nur aufgrund einer Abwägung entscheiden, bei der die Bedeutung des Demonstrationsrechts eine wesentliche Rolle spielt. Damit erweist sich die Heranziehung der Intention der Demonstranten zur Begründung der Unfriedlichkeit und damit zur Illegalisierung des Verhaltens als ein untauglicher, aber »bequemer Weg zur Umgehung der weit vielschichtigeren Argumente aus den Eigenarten verfassungsrechtlicher geschützter kollektiver Kommunikation«.[70]

Daß die Unhaltbarkeit der Interpretation des Merkmals »friedlich« in Art. 8 Abs. 1 GG durch den BGH so wenig kritisiert worden ist, beruht offensichtlich auf der Akzeptierung des Entscheidungsergebnisses. Diesem liegt aber, wie die weiteren Entscheidungsgründe deutlich machen, unausgesprochen doch eine Abwägung zugrunde mit dem Ergebnis, daß die Behinderung des Straßenbahnverkehrs im konkreten Fall als unzulässige Überschreitung des Demonstrationsrechts eingeschätzt wurde. Dafür war sicher entscheidend, daß die Durchführung der Demonstration den konkreten Umständen nach auch in der Innenstadt ohne eine Blockierung des Straßenbahnverkehrs möglich und daher nach Auffassung des BGH auch geboten war. Diese Schlußfolgerung kann aber nur das Ergebnis einer umfassenden und offengelegten Abwägung unter Berücksichtigung der Bedeutung der Demonstrationsfreiheit sein. Diese Aufgabe darf nicht durch eine restriktive Interpretation des Merkmals »friedlich« in Art. 8 GG verdeckt werden. Entgegen einer Reihe weiterer gerichtlicher Entscheidungen und Stellungnahmen in der Literatur, die sich kritiklos der Auffassung des BGH angeschlossen haben,[71] ist daher daran festzuhalten, daß eine Versammlung nur dann unfriedlich ist, wenn sie einen gewalttätigen oder aufrührerischen Verlauf nimmt oder zu nehmen droht. Sitzstreiks haben also auch dann noch friedlichen Charakter, wenn mit ihnen bewußt der Verkehr blockiert wird.[72]

Nach dieser Klarstellung ist der Weg frei für eine an den konkreten Umständen des Falles orientierte Güterabwägung, die nach der Rechtsprechung des BVerfG die gebotene Methode bei der Lösung von Grundrechtskollisionen ist.[73] Dabei kommt dem Rang der jeweils betroffenen Grundrechte besondere Bedeutung zu. Der Stellenwert der Demonstrationsfreiheit muß auf dem Hintergrund des von der Verfassung konstituierten normativen Modells staatlicher Entscheidungstätigkeit und Vorformung des politischen Willens im Prozeß der öffentlichen Meinungsbildung bestimmt werden. Es geht dabei zentral um das Verhältnis repräsentativer zu »ursprünglich-ungebändigter unmittelbarer Demokratie«.[74] Die durchgängig zu findende Charakterisierung der Versammlungsfreiheit als elementarer Bestandteil der demokratischen Ordnung des Grundgesetzes bleibt allerdings noch zu vage, um Rückschlüsse auf die zulässigen Aktionsformen zu ermöglichen.

Der BGH arbeitet bei der Skizzierung des normativen Modells rechtmäßiger Partizipationsmöglichkeiten mit einer realitätsfernen Dichotomisierung in zulässige Auseinandersetzung mit Worten und verbotene Einwirkung durch tätliches Verhalten. Die Mitsprache in öffentlichen Angelegenheiten sei nur mit den Mitteln der »Werbung, Überzeugung und Überredung« gestattet, weil die Entscheidung in solchen Angelegenheiten frei von gewaltsamer Einwirkung in den Händen der dazu legitimierten und durch Mehrheitsentscheidungen auf der Grundlage von Wahlen und Abstimmungen berufenen Organe liegen müßten. Die Anerkennung eines zum Sitzstreik berechtigenden Demonstrationsrechts liefe »auf die Legalisierung eines von militanten Minderheiten geübten Terrors hinaus, welcher mit der auf dem Mehrheitsprinzip fußenden demokratischen Verfassung, letztlich aber auch als Verstoß gegen das Prinzip der Gleichheit aller vor dem Gesetz mit den Grundsätzen der freiheitlichen demokratischen Grundordnung schlechthin unverträglich« sei.[75] Die Unvollständigkeit und der ideologische Hintergrund dieses normativen Modells liegen deutlich auf der Hand.[76] Mit der Gegenüberstellung von geistiger Wirkung und tätlichem Verhalten wird der Bereich politischer Einflußnahme ausgeblendet, der durch das Drohpotential wirtschaftlicher und sozialer Machtpositionen sowie durch die Gewährung von Gratifikationen geschaffen wird und einen wesentlichen Punkt der politikwissenschaftlichen Kritik des Pluralismuskonzepts darstellt. Durch diese Verkürzung fällt es natürlich leichter, die zuvor zu Tätlichkeiten aufgewertete Form des Sitzstreiks zu illegalisieren, der als Kampfmittel auch für Gruppen verfügbar ist, die aufgrund fehlender Sanktionsmöglichkeiten und geringen Organisationsgrades gegenüber dem politischen System auf anderem Wege keinen wirksamen Druck auszuüben vermögen. Zugleich suggerieren die Ausführungen des BGH, daß im Prinzip jeder Staatsbürger als Individuum über annähernd gleiche Partizipationsmöglichkeiten verfüge. Mit der Verfassungswirklichkeit, die durch Verbandspluralismus gekennzeichnet ist und in der eine Durchsetzung von Interessen in der Regel von deren konfliktfähiger Organisierung abhängig ist, hat dieses vom BGH gezeichnete Bild wenig gemein. Die Ausblendung des kollektiven Aspektes veranlaßt den BGH sogar zu der unhaltbaren Behauptung, das Zusammentreten mehrerer oder vieler einzelner zu gemeinsamer Aktion ergebe keinen qualitativen Umschlag im Sinne einer weitergehenden Berechtigung, als sie einer Einzelperson zusteht.[77] Die Tatsache, daß bei Massendemonstrationen unbestritten die Lahmlegung des Verkehrs in ganzen Stadtvierteln zulässig sein kann, widerlegt leicht diese These.

Mit der Kritik der Argumentation des BGH ist allerdings noch keine Lösung der aufgeworfenen Fragen erreicht. Immerhin dürfte bereits deutlich geworden sein, in welchem Maße die Interpretation der Reichweite der Demonstrationsfreiheit von demokratietheoretischen Annahmen normativer und empirischer Art bestimmt wird.[78] Um einen möglichst konkreten Ausgangspunkt für die Abwägung der Demonstrationsfreiheit mit den zu berücksichtigenden konfligierenden Interessen zu gewinnen, ist es notwendig, die Funktion dieses Grundrechtes möglichst präzise zu umschreiben. Noch unabhängig von den Akzentsetzungen der verschiedenen Grundrechtstheorien kann davon ausgegangen werden, daß zumindest ein zentraler Bezugspunkt bei der Funktionsbestimmung der Demonstrationsfreiheit ebenso wie bei den anderen Kommunikationsgrundrechten die Leistung für die demokratische Willensbildung ist. Aus der Tatsache, daß die Demonstration als politisches Aktionsmittel unabhängig von der sonstigen Strukturierung der sozialen Beziehungen für jeden verfügbar ist, ergibt sich als die spezifische Komponente der Demonstrationsfreiheit die Einbringung unmittelbarer, nicht durch Institutionen gefilterter Einwirkung auf den Bereich politischer Willensbildung und Entscheidungstätigkeit. Dabei lassen sich drei Ebenen unterscheiden: Die Einflußnahme auf die Bildung der öffentlichen Meinung in Ergänzung und Konkurrenz insbesondere zu den Massenmedien, die Einwirkung auf die staatliche Willensbildung und die – häufig nicht hinreichend beachtete – Auseinandersetzung mit konkurrierenden politischen oder sozialen Gruppierungen.[79] Ob dieses Element unmittelbarer Mitwirkung im Prozeß politischer Willensbildung im Verhältnis zu den institutionalisierten Formen der Informations- und Meinungsvermittlung, zu den repräsentativen Strukturen der Staatswillensbildung und den anderen Machtmitteln, mit denen normalerweise Konflikte zwischen Gruppen ausgetragen werden, tendenziell verstärkt oder zurückgenommen werden sollte, wird man nur nach einer näheren Untersuchung der Leistungsfähigkeit der Aktionsform Demonstration beurteilen können. Dabei sind möglichst präzise die realen Wirkungszusammenhänge und die potentiellen Folgen zu ermitteln.

Für einen Vergleich der Leistungsfähigkeit alternativer Gestaltungsmöglichkeiten ist die Bestimmung von Funktionalitätskriterien notwendig. Für den engeren Bereich der Einflußnahme auf staatliche Entscheidungstätigkeit benennt *Denninger* vier, partiell durchaus konfligierende Kriterien für die Bestimmung der Leistungsfähigkeit:[80]

– Legitimation als Chance, daß eine Entscheidung von den Betroffenen »abgenommen« wird;

– Innovationsfähigkeit;

– Systemrationalität als die Sachangemessenheit einer Lösung, die insbesondere von der Vernünftigkeit der Zwecksetzung und der Richtigkeit des Mittel-Zweck-Verhältnisses abhängig ist;

– Effizienz als technisch-wissenschaftliche Nutzen-Kosten-Analyse.

Dieses »Viereck« von Funktionalitätskriterien gestattet es selbst dann, wenn es alle relevanten Gesichtspunkte erfassen und auch die Beantwortung der empirischen Fragen gelingen sollte, natürlich nicht, deduktiv bestimmte Ergebnisse abzuleiten, weil das Rangverhältnis der einzelnen Kriterien ungeklärt ist und damit eine wichtige Voraussetzung für ein Optimierungsverfahren fehlt. Immerhin ermöglicht diese Aufschlüsselung von Funktionalitätskriterien die präzisere Formulierung von Fragestellungen und mahnt zur Vorsicht vor pauschaler Argumentation.[81] Für die hier interessierende Frage nach der Leistungsfähigkeit weitreichender, mit gewisser Zwangswirkung für andere verbundener Demonstrationsformen sollen zu den einzelnen Funktionalitätskriterien nur einige kurze Bemerkungen gemacht werden, die der Ausfüllung und Ergänzung durch politikwissenschaftliche Aussagen bedürfen.

Unter dem Aspekt der Legitimität schafft die Bereitstellung massiver Darstellungs- und Einwirkungsmöglichkeiten vermutlich tendenziell bei denjenigen Personen eine erhöhte Bereitschaft zur Abnahme der schließlich getroffenen Entscheidungen, die sich an den politischen Aktionen beteiligen oder mit dem Anliegen der Demonstranten inhaltlich übereinstimmen. Bei anderen Gruppen kann allerdings der gegenteilige Effekt entstehen, die staatliche Willensbildung gerade wegen der massiven Einwirkung auf Mißtrauen stoßen.

Das Kriterium der Innovationsfähigkeit lenkt die Aufmerksamkeit einerseits auf die existenten politischen Entscheidungsstrukturen des repräsentativen Systems, zum anderen auf die inhaltliche Orientierung von Demonstrationen. Je verkrusteter und je schwerfälliger das parlamentarisch-bürokratische System ist, sozialen Wandel zu registrieren und innovativ auf ihn zu reagieren, desto größer erscheint der Stellenwert der Demonstrationsfreiheit. Dies allerdings nur unter der Prämisse, daß dieses Grundrecht im großen und ganzen Medium der Darstellung politischer Inhalte innovativen Charakters ist. Plausibel erscheint diese Annahme deshalb, weil sozialer Wandel mit seinen Auswirkungen auf die Lebensbedingungen oder Wertorientierungen vielfach zuerst von Betroffenen oder anderen Personen erfahren wird, die über wenig institutionelle Einflußmöglichkeiten verfügen und daher überproportional auf die Aktionsform der Demonstration angewiesen sind.

Unter dem Aspekt der Systemrationalität ist danach zu fragen, ob der »Druck der Straße« Auswirkungen eher negativer oder positiver Art auf die Vernünftigkeit politischer Zielsetzung und Mittelwahl hat. Dem Laepple-Urteil liegt relativ deutlich – wenn auch nicht direkt ausgesprochen – die Annahme zugrunde, daß nur die von sozialem Druck freie, allein von der Kraft der Argumente beeinflußte Entscheidung der gewählten Organe ein Höchstmaß an Gewähr dafür biete, daß nicht partikuläre Interessen befriedigt werden, sondern das Gemeinwohl verwirklicht wird. Auf dem Kontinuum zwischen maximaler Realisierung der Entscheidung durch gewählte Experten – »Expertokratie«[82] – und maximaler unmittelbarer Partizipation der interessierten und über die Teilnahme an Wahlen hinaus aktiven Bürger siedelt der BGH bestmögliche Wahrung der Systemrationalität sicherlich stärker zum ersten Pol hin an. Geht man einmal davon aus, daß auch die Entscheidungen gewählter Experten in der Regel durch den Einfluß politischer Gruppen beeinflußt werden, so dient Demonstrationsdruck dann der Systemrationalität, wenn er Ausdruck von Interessen ist, die im Entscheidungsprozeß nicht ausreichend repräsentiert, von der Sachstruktur her aber relevant sind. Von daher ist zu fragen, ob die Demonstration tendenziell gerade das Mittel zur Artikulation institutionell unzureichend vertretener Interessen ist. Diese Frage dürfte vermutlich ebenso zu bejahen sein wie die bereits oben gestellte nach dem Innovationspotential von Demonstrationsanliegen. Nicht zu übersehen ist allerdings, daß positive Auswirkungen von Demonstrationen auf die Systemrationalität von Gruppen mit gegensätzlichen Interessen durch ähnliche Aktionen oder den Einsatz anderer Einflußmöglichkeiten verhindert werden können.

Versteht man unter der Kategorie Effizienz die Gegenüberstellung derjenigen Kosten und des Nutzens, die nicht von den drei übrigen Kriterien erfaßt werden, so kompliziert sich die Folgenanalyse beim Vergleich eines tendenziell weiten mit einem engen Demonstrationsrecht noch mehr. Die extensive Interpretation des Demonstrationsrechts führt – bei einer entsprechenden Wahrnehmung dieses Rechts – tendenziell zu erhöhter Zwangswirkung gegenüber den unmittelbar Betroffenen, verursacht also Einbußen hinsichtlich der Fortbewegungsfreiheit, die sich außer im persönlich-privaten Bereich negativ auch gesamtwirtschaftlich auswirken können. Darüber hinaus könnten ideelle Kosten entstehen, wenn durch solche Aktionsformen ein Grad der Politisierung des öffentlichen Lebens herbeigeführt würde, den die Bürger nicht mehr als adäquat empfinden. Zwar ist mit Hypothesen vorsichtig umzugehen, nach denen die Steigerung des Politisierungsgrades in einer arbeitsteiligen Gesellschaft notwendig in Indifferenz bis Apathie der Bevölkerung umschlage;[83] der Eintritt derartiger Effekte kann jedoch zumindest unter bestimmten Voraussetzungen nicht ausgeschlossen werden. Schließlich ist auch zu fragen, ob die Zulassung begrenzter Zwangswirkung nicht die

Gefahr einer fortschreitenden Eskalation von Gewalt mit sich bringt. Der 6. Zivilsenat des BGH hat im Mahler-Urteil u. a. mit diesem Gesichtspunkt die restriktive Interpretation des Demonstrationsrechts begründet und sich dabei auf die Erfahrung berufen, daß die Begrenzung einmal gestatteter Gewaltanwendung nicht gelinge.[84] Belege für einen solchen Erfahrungssatz fehlen allerdings in der Entscheidung. Unterstützung findet diese Behauptung in einem Teil der juristischen Literatur: Da der erstrebte Effekt einer Demonstration gerade im Rechtsbruch liegen könne, weil dieser dem Ereignis Nachrichtenwert gebe, sei von einer Rücknahme rechtlicher Schranken der Demonstrationsfreiheit der Übergang zu noch massiveren Aktionsformen zu erwarten. Die Demonstranten würden dann nämlich entsprechend ihrer Strategie der Regelverletzung mit Rücksicht auf den gerade davon erwarteten Publizitätseffekt gleichsam gezwungen, über das nunmehr Zulässige erneut hinauszugehen.[85] Diese Hypothese vermag allerdings das principiis obsta des BGH nicht ausreichend abzusichern, da nur ein geringer Teil der Demonstrationen Breitenwirkung gerade durch Regelverletzung anstreben dürfte, weil mit der Überschreitung einer bestimmten Eingriffsintensität auch das Demonstrationsanliegen diskreditiert wird. Die These des BGH läßt sich auch nicht aus einer empirischen Analyse der Entwicklung der Demonstrationen in den letzten 10 Jahren ableiten. Wenn Teilnehmer an den Studentendemonstrationen später zu gewaltsameren Formen der Auseinandersetzung mit dem Staat übergegangen sind, so läßt sich das jedenfalls nicht empirisch abgesichert auf eine zu permissive Reaktion gegenüber Demonstrationen zurückführen.[86] Von einem solchen Verhalten staatlicher Stellen kann – insgesamt gesehen – nicht gesprochen werden; im Gegenteil wird vielfach gerade die Härte der staatlichen Reaktion als mitverantwortlich für den Weg in die Gewalt angesehen. Auch hier wäre allerdings eine nähere Analyse notwendig. Die starken Schwankungen des prozentualen Anteils der Demonstrationen, die von der Polizei als unfriedlich verlaufen eingestuft wurden, während des vergangenen Jahrzehnts mit den Extremwerten von etwa 36% im Jahre 1969 und knapp 5% 1972,[87] dürften – auch unter Berücksichtigung des Definitionsproblems – ein deutliches Indiz dafür sein, daß die Entstehungsbedingungen für Eskalationen im Demonstrationsbereich recht komplex sind.[88]

Zum Abschluß dieser Überlegungen zur Leistungsfähigkeit der Demonstrationsfreiheit soll nur noch kurz auf den bisher nicht näher angesprochenen Aspekt der Vorformung des Prozesses politischer Willensbildung durch Vermittlung von Informationen und Meinungen und deren Propagierung hingewiesen werden. Geht das Grundgesetz von der Partizipation des mündigen, d. h. doch zumindest ausreichend informierten Bürgers aus, so gewinnt die Demonstrationsfreiheit in dem Maße an Bedeutung, in dem die institutionalisierten Kommunikationswege bestimmte Inhalte nicht oder nur unzureichend thematisieren. Von diesem Aspekt aus ist also nach der realen Beschaffenheit der Medienlandschaft in der Bundesrepublik zu fragen, die nicht von ungefähr Gegenstand kritischer Untersuchungen geworden ist.

Die Fülle der Gesichtspunkte, die bei einer vergleichenden Prüfung der Leistungsfähigkeit unterschiedlicher Gewichtungen der Demonstrationsfreiheit zu berücksichtigen sind, und die Unsicherheit, mit der Aussagen über reale oder potentielle Wirkungszusammenhänge behaftet sind, dürften die Schwierigkeiten des ersten Schritts einer Folgenanalyse ausreichend deutlich gemacht haben. Noch problematischer wird es dann auf der zweiten Stufe, wenn die Kriterien der Leistungsfähigkeit in eine Rangfolge gebracht und damit die Voraussetzungen für die Ermittlung eines realisierbaren Optimums geschaffen werden sollen. Dieser Akt ist wertender Natur und kann nur fundiert werden durch Rückgriffe auf eine wiederum begründungsbedürftige normative Demokratietheorie. Von daher kann keine intersubjektiv gültige Bestimmung der Grenzen der Demonstrationsfreiheit, sondern nur eine Offenlegung der tragenden Gesichtspunkte erwartet werden, deren Diskussion dann zu einer rationaleren Entscheidungsfindung beitragen kann.

Läßt sich damit der dezisionistische Charakter der Entscheidung bei einer Kollision von Demonstrationsfreiheit und Straßenverkehr nach den Prinzipien von Güterabwägung und Verhältnismäßigkeit nur vermindern, aber nicht beseitigen, so wird die tendenzielle Abhängigkeit der juristischen Entscheidung vom jeweiligen politischen Klima deutlich. So kann vermutet werden, daß die Grundorientierung auf der gleitenden Skala quantitativer Abstufungen, die sich bei einer Güterabwägung ergibt, heute etwas anders aussieht als in den Zeiten, in denen Demokratisierung und gesellschaftliche Reformen einen höheren Stellenwert in der politischen Programmatik hatten. Die darin liegende Gefahr eines unmittelbaren Durchschlagens aktueller politischer Opportunitätseinschätzungen auf die juristische Entscheidung läßt sich nur verringern, wenn es gelingt, die zentralen Abwägungsgesichtspunkte und Entscheidungsmuster herauszuarbeiten und durch die Entwicklung einer in sich konsistentrn Kasuistik Orientierungspunkte für die Rechtsanwendung zu schaffen.[89] Daran fehlt es im Bereich der Demonstrationsfreiheit weitgehend.

Hält man die der obergerichtlichen Straf- und Zivilrechtsprechung zugrundeliegende Differenzierung nach zwangsläufigen und zielbewußt herbeigeführten Verkehrsbehinderungen für eine verkürzte Perspektive, so bleibt die Suche nach höchstrichterlicher Rechtsprechung erfolglos, die Standards zu etablieren vermag. Angesichts der institutionellen Formen, in denen Konflikte um die Grenzen der Demonstrationsfreiheit in der Regel abgewickelt werden, gibt es kaum verwaltungsrechtliche Judikatur.[90] Es fehlt auch eine Entscheidung des Bundesverfassungsgerichts, das zwar keine Patent-Skala für die Abgrenzung kollidierender Freiheitsinteressen zur Verfügung hat, dessen Diktum aber für die Orientierung der anderen Gerichte und der Verwaltungspraxis von zentraler Bedeutung wäre. Immerhin ist versucht worden, durch Rückgriff auf das Blinkfüer-Urteil des BVerfG[91] dort entwickelte Maßstäbe für den Einsatz wirtschaftlicher Machtmittel im Bereich des politischen Meinungskampfes auf das zulässige Maß von Zwangsausübung durch Demonstrationen zu übertragen. Das Blinkfüer-Urteil wird insbesonders zum Beleg dafür herangezogen, daß die grundrechtlich geschützte Auseinandersetzung auf die rein geistige Wirkung des Wortes beschränkt sei.[92] Diese Argumentation übersieht bereits im Ansatz, daß bei der Ausübung der Demonstrationsfreiheit anders als bei der der Meinungsfreiheit in gewissem Umfang Zwangswirkungen durch die Versammlung vieler Personen unvermeidlich sind. Außerdem sind existenzgefährdende Boykottdrohungen gegen Vertragspartner in ihrer Intensität kaum vergleichbar mit kurzfristigen Beschränkungen der Bewegungsfreiheit im Straßenverkehr. Schließlich darf auch nicht übersehen werden, daß im Blinkfüer-Fall die Boykottandrohung Kampfmittel eines übermächtigen Pressekonzerns gegenüber wirtschaftlich weitgehend abhängigen Unternehmen war, die Entscheidung von der Ausgangssituation her also sehr stark von der Ungleichheit der Machtverteilung bestimmt war.[93]

3.2 *Relevanz einzelner Faktoren im Rahmen der Güterabwägung*

Neben der grundsätzlichen Einschätzung des Ranges der Demonstrationsfreiheit wird die Entscheidung der Grundrechtskollision im Einzelfall wesentlich davon bestimmt, welche Faktoren im Rahmen der Güterabwägung zu beachten sind. Hier ergeben sich eine Reihe von Zweifelsfragen.

Unbestritten und von zentraler Bedeutung ist die Anzahl der durch die Demonstration betroffenen Verkehrsteilnehmer sowie das Ausmaß ihrer Behinderung. In diesem Zusammenhang spielen z. B. räumlicher Umfang und zeitliche Dauer der Demonstration, die Verkehrsdichte und die Möglichkeit eine Rolle, den Verkehr umzuleiten.[94] Dabei wird nicht jede Demonstration isoliert gesehen werden können. Häufen sich verkehrsbehindernde Versammlungen und Aufzüge in starkem Maße, so wird das in der Tendenz angesichts des Gesamtumfanges der Beeinträchtigungen das Gewicht zugunsten des Straßenverkehrs verschieben.[95] Diese Berücksichtigung des Gesamtniveaus der Demonstrationsaktivitäten darf im Ergebnis allerdings nicht zu einer Aushöhlung der Versammlungsfreiheit führen. Andererseits wird die Abwägung wesentlich durch die Zahl der Demonstrationsteilnehmer mitbestimmt. Da Art. 8 GG von seiner Funktion garantiert, daß die Teilnehmer einer Demonstration in gewissen Grenzen räumlich geschlossen auftreten, sind die eintretenden Verkehrsstörungen faktisch weitgehend abhängig von der Größe der Demonstration. Während ein Aufzug von Zehntausenden den Verkehr auf der Demonstrationsroute in der Innenstadt weitgehend zum Erliegen bringt, läßt sich eine Demonstration von einhundert Personen auf denselben Straßen durch Verlegung auf den Gehweg oder den Straßenrand ohne wesentliche Behinderungen durchführen. Das Ausmaß der kollektiven Inanspruchnahme dieses Grundrechtes wirkt also notwendig auf den Umfang der zulässigen Verkehrsbehinderungen zurück. Von daher ist es im Grundsatz sicherlich nicht zulässig, durch eine bestimmte atypische Gestaltung der Demonstration den Zwangseffekt auf die anderen Verkehrsteilnehmer beliebig zu erhöhen. Wo etwa die

Benutzung des Gehweges oder einer Straßenseite vollauf genügen würde, darf daher im Prinzip nicht durch Streuung der Teilnehmer über die gesamte Straßenbreite eine überproportionale Verkehrsbehinderung verursacht werden.

Wird damit die Anzahl der mobilisierten Anhänger zu einem wesentlichen Faktor für das Ausmaß zulässiger Behinderung des Straßenverkehrs, so stellt sich weiter aber doch noch die Frage, ob dieses formale Kriterium nicht durch inhaltliche Aspekte überlagert wird, die dann Differenzierungen jenseits schematischer Gegenüberstellung von Ausmaß der Beeinträchtigungen und Größe der Demonstration gebieten. Das LG Köln geht in der von ihm vorgenommenen Güterabwägung als selbstverständlich davon aus, daß diese Frage zu bejahen ist. Seinem Urteil lassen sich eine Reihe materieller Kriterien entnehmen, ohne daß deren verfassungsrechtliche Zulässigkeit allerdings begründet worden ist. Im einzelnen hält die Strafkammer folgende Umstände für bedeutsam:[96]

- Ob das Demonstrationsanliegen »Fragen betrifft, die die Gesellschaft insgesamt oder nur eine oder mehrere Gruppen oder gar nur einen Einzelnen angehen«;
- »ob alle verständigen Bürger der Gesellschaft das durch die Demonstration vertretene Anliegen teilen oder doch zu ihrem eigenen machen oder ob sie es in ihrer Mehrheit als für die Gesellschaft schädlich ablehnen«;
- ob die zuständigen Stellen, gegen die sich der Demonstrationsdruck richtet, sich rechtswidrig verhalten haben und wie schwerwiegend ihr Versagen zu bewerten ist;
- ob die Gruppe der Demonstranten über »Lobbys« verfügt, »durch welche sie sich auf diskrete, die Öffentlichkeit nicht beeinträchtigende Weise bei den Einrichtungen unserer Gesellschaft Gehör verschaffen könnte«;
- ob die Demonstranten sich auf Maßnahmen beschränkt haben, die fürs erste ausreichten, »dem Anliegen ... die gebotene Resonanz zu verschaffen«.

Faßt man diese Gesichtspunkte abstrakter zusammen, so betreffen sie das Anliegen der Demonstration, das Verhalten des Adressaten des Demonstrationsdrucks sowie den Umfang der anderen Einflußmöglichkeiten, über die die Gruppe der Demonstranten verfügt. Hinzu nehmen kann man als weiteren Faktor das Ausmaß der öffentlichen Erörterung des Demonstrationsanliegens, den das LG Köln mit dem Hinweis auf die »gebotene Resonanz« anspricht. Ob diese Umstände im Rahmen der notwendigen

Güterabwägung bei einer Kollision des Demonstrationsrechts mit anderen Grundrechten berücksichtigt werden dürfen, ist bis heute umstritten und weitgehend ungeklärt.

a) Das Anliegen der Demonstration

Für eine Zweck-Mittel-Betrachtung scheint es naheliegend, die politische Zielrichtung der Demonstration als relevanten Faktor bei der Abwägung zu berücksichtigen. Implizit geht so auch der BGH vor, wenn er sich im Rahmen der Verwerflichkeitsprüfung des § 240 Abs. 2 StGB damit auseinandersetzt, ob eine Verpflichtung des Rates der Stadt Köln zur Anhörung der Demonstranten bestand. Auch sonst findet sich in Rechtsprechung und Literatur die Auffassung, die Nichtberücksichtigung des Anliegens der Demonstranten stelle »eine künstliche und problematische Verkürzung der Interessenabwägung« dar.[97]

Die überwiegende Auffassung lehnt es dagegen unter Berufung auf die gebotene Neutralität des Staates gegenüber unterschiedlichen politischen Zielvorstellungen ab, den Umfang der Demonstrationsfreiheit von einer Bewertung der politischen Anliegen beeinflussen zu lassen.[98] Das OLG Celle z. B. prognostiziert verhängnisvolle Folgen, wenn das Richteramt dazu benutzt würde, bestimmte gesellschaftspolitische Vorstellungen mittels Richterspruchs auf- oder abzuwerten.[99] Die Richter dürften nicht einem bestimmten gesellschaftspolitischen Anliegen zum Durchbruch verhelfen, sondern müßten vielmehr dafür sorgen, daß sich die Auseinandersetzung um eine sachgerechte Gestaltung der Gesellschaft im Rahmen der Verfassung frei und ungehindert entfalten könne. Diese Auffassung verdient Zustimmung, auch wenn sie im Ergebnis auf die Abschottung der juristischen Entscheidungskriterien gegenüber der im politischen Alltag unvermeidlichen inhaltlichen Bewertung des Demonstrationsanliegens führt. Entscheidend dafür ist, daß Maßstäbe für die Bewertung politischer Zielvorstellungen nicht mit dem Anspruch intersubjektiver Gültigkeit formulierbar sind und auch aus der Verfassung keine verbindliche Wertordnung mit dem Ziel einer Reglementierung des offenen politischen Prozesses hergeleitet werden darf. Das Grundgesetz ist offen für ein breites Spektrum unterschiedlicher Politikinhalte und basiert gerade darauf, daß die Entscheidung über die Gestaltung der Gesellschaft in einem offenen geistigen Wettbewerb der Gruppen mit konkurrierenden politischen Vorstellungen getroffen wird. Von daher verbietet sich grundsätzlich eine Substantialisierung der Demonstrationsfreiheit. Diese würde im übrigen im Endeffekt vermutlich eindeutig auf eine Privilegierung der etablierten Interessen hinauslaufen, die am nachhaltigsten von den tradierten Wertvorstellungen gestützt werden. Gerade auch im Interesse angemessener Chancen für Minderheitspositionen im politischen Meinungskampf ist daher eine Rückwirkung des Demonstrationsinhaltes auf die Reichweite des Demonstrationsrechts grundsätzlich abzulehnen.[100] Etwas anderes kann nur dann gelten, wenn es um die Propagierung verfassungswidriger Ziele geht[101] oder wenn mit der Demonstration die Herstellung eines rechtlich gebotenen Zustandes angestrebt wird. Im letzteren Falle geht es nämlich nicht mehr um Einflußnahme auf den politischen Entscheidungsprozeß, sondern um die Durchsetzung rechtlich verbindlicher Ergebnisse bereits getroffener politischer Entscheidungen. Vergleichbar mit der besonderen Behandlung von Verteidigungsstreiks als einer Sonderform kollektiver Notwehr im Arbeitsrecht verleiht diese Sondersituation der Demonstrationsfreiheit im Rahmen der Güterabwägung erhöhtes Gewicht.[102] Davon gehen wohl auch der BGH und das LG Köln aus, wenn sie – mit unterschiedlichem Ergebnis – prüfen, ob der Rat der Stadt Köln zur Anhörung der Demonstranten verpflichtet war. Ebensowenig wie es im Normalfall auf die Bewertung des Demonstrationsziels ankommen kann, darf es eine Rolle spielen, ob das Anliegen von einer Mehrheit oder zumindest einem bestimmten Anteil der Bevölkerung geteilt wird.[103] Ist das der Fall, so werden zwar die Verkehrsbehinderungen von den Betroffenen als weniger belastend empfunden. Diesen Gesichtspunkt auch rechtlich relevant zu machen liefe aber auf eine Privilegierung von Mehrheitsmeinungen hinaus, die der spezifischen Bedeutung der Demonstrationsfreiheit als Partizipationsmöglichkeit auch gerade von Minderheiten zuwiderliefe. Abzulehnen ist daher die Auffassung des LG Köln, bei der Abwägung aller Umstände sei auch in Betracht zu ziehen, »ob alle verständigen Bürger der Gesellschaft das durch die Demonstration vertretene Anliegen teilen oder doch zu ihrem eigenen machen oder ob sie es in ihrer Mehrheit als für die Gesellschaft schädlich ablehnen.«[104]

Von dem politischen Anliegen einer Demonstration, das in einer bestimmten Strategie zur Lösung eines Sachproblems besteht, kann das durch die Demonstration thematisierte Sachproblem als solches unterschieden werden. Auch wenn man die Bewertung von Lösungsvorschlägen als Faktor im Abwägungsprozeß ablehnt, ließe sich die Reichweite des Demonstrationsrechts doch nach der Bedeutung des Sachproblems als solchem differenzieren. In der Tat wird diese Auffassung von einem Teil des Schrifttums vertreten,[105] das sich dabei vom Ausgangspunkt her auf die Rechtsprechung des BVerfG zum Grundrecht der freien Meinungsäußerung und der Pressefreiheit berufen kann. Danach ist bei Grundrechtskollisionen im Rahmen des Art. 5 GG zu berücksichtigen, in welchem Umfang die Meinungsäußerung einen Beitrag zur Meinungsbildung in einer die Öffentlichkeit berührenden Angelegenheit darstellt.[106]

Basis dieser Rechtsprechung ist eine funktional-demokratische Interpretation zumindest der Kommunikationsgrundrechte, die diese je nach der Art des Grundrechtsgebrauchs in ihrer Funktion für die Realisierung des Demokratieprinzips mit unterschiedlichem Gewicht in die Güterabwägung einbringt.[107] Sowohl die funktional-demokratische Grundrechtsinterpretation allgemein als auch ihre Konkretisierung für den Bereich des Demonstrationsrechts werden allerdings von Teilen der Literatur abgelehnt.[108] Dabei wird vor allen Dingen geltend gemacht, daß eine Unterscheidung privater und öffentlicher Angelegenheiten und innerhalb der letzteren eine quantitative Differenzierung entsprechend ihrer Bedeutung nicht möglich seien und daß eine derartige Grundrechtsinterpretation die Gefahr staatlichen Hineinregierens in den Prozeß der politischen Meinungsartikulation mit sich bringe. Sieht man sich die in der Literatur verstreut zu findenden Hinweise darauf an, welche Eigenschaft des durch die Demonstration aufgegriffenen Problems sich auf die Reichweite des Demonstrationsrechts auswirken soll, so scheint sich der Einwand zu bestätigen, daß überzeugende Differenzierungen kaum oder nur sehr schwer herauszuarbeiten sind. So soll etwa die Verfolgung utopischer Ziele sich tendenziell negativ auf die Reichweite des Demonstrationsrechts auswirken,[109] ebenso die Beziehung der Demonstration auf Vorgänge, die das Ausland betreffen.[110] Unterschiedlich wird die Tatsache bewertet, inwieweit die Demonstranten durch den Demonstrationsanlaß selbst betroffen sind. *Diederichsen/Marburger* stellen den Fragen von

»allgemeiner, staatsbürgerlich-politischer Bedeutung« die Einzel- oder Gruppeninteressen gegenüber, deren Wahrnehmung keinen erhöhten Grundrechtsschutz genieße, weil es sonst zu einem unkontrollierten Kampf aller gegen alle kommen könne. Als eine solche Vertretung lediglich von Gruppeninteressen sehen sie auch Demonstrationen gegen Fahrpreiserhöhungen öffentlicher Verkehrsbetriebe an.[111] Von anderen Autoren wird demgegenüber betont, daß der Grad der Betroffenheit der Demonstranten gerade ein Faktor sei, der für ein besonderes Gewicht des Demonstrationsrechts spreche.[112]

Fragt man abstrakter nach der Möglichkeit, Kriterien für die Bedeutung eines Anliegens für die Allgemeinheit zu entwickeln, so zeigt sich, daß dies ohne wertende Entscheidung nicht durchführbar ist.[113] Zwar mag es möglich sein, auf der Basis herrschender Interpretationen sozialer Wirklichkeit mit einiger Plausibilität gewisse Abstufungen der Bedeutung von Problemen vorzunehmen, obwohl sich auch hier Ratlosigkeit einstellen kann, wie die Gegenüberstellung der Probleme Hunger in den Ländern der Dritten Welt, Arbeitslosigkeit in der Bundesrepublik und Wahrung der politischen Freiheiten verdeutlichen mag. Noch schwieriger wird es, wenn man berücksichtigt, daß sich bei der Wahl alternativer Entwürfe für kollektive Lebensgestaltung die Beurteilungsgrundlage für die gesellschaftliche Relevanz von Problemen völlig verschieben kann. Dann wird möglicherweise Wirtschaftswachstum zu einem Problem untergeordneter Bedeutung, die Suche nach neuen Lebensformen zur Selbstverwirklichung des Menschen zum zentralen Punkt. Da im Interesse der Offenhaltung der Diskussion auch für neue Problemdefinitionen verhindert werden muß, daß bestimmte Perspektiven in ihren Darstellungsmöglichkeiten diskriminiert werden, kann die gerade herrschende Relevanzbeurteilung – vielleicht auch empirisch ermittelt – nicht zum Maßstab für die Reichweite des Demonstrationsrechts werden. Dabei muß im übrigen auch noch die naheliegende Gefahr berücksichtigt werden, daß die Bewertung der inhaltlichen Zielrichtung der Demonstration bewußt oder unbewußt Rückwirkungen auf die Einschätzung der Bedeutung des angesprochenen Problems hat. Auf der anderen Seite kann natürlich auch nicht verkannt werden, daß es zumindest im Ansatz plausibel ist, die gesellschaftliche Relevanz des Demonstrationsanlasses als Kriterium für das Ausmaß der Beeinträchtigungen heranzuziehen, die als Folge der Demonstrationsfreiheit zu dulden sind. An dieser Stelle zeigt sich mit aller Deutlichkeit das von *Denninger* nachdrücklich aufgewiesene Dilemma einer normativen Demokratietheorie zwischen dem Streben nach Maximierung der Partizipationschancen für viele Bürger einerseits und dem nach Optimierung der Qualität demokratischer Entscheidungsprozesse andererseits.[114] Der zuerst genannten, einer liberalen (oder bürgerlich-rechtsstaatlichen) Grundrechtstheorie gemäßen Zielrichtung entspricht die Einräumung eines beliebigen Gebrauchs der Freiheitsrechte, der anderen die Differenzierung der Grundrechtsausübung nach inhaltlichen Maßstäben. Versucht man eine kompromißhafte Lösung dieses Zielkonfliktes, so ist dies mit einer Absage an extrem liberale und extrem funktionaldemokratische Grundrechtsinterpretationen verbunden. Auf diesem Mittelweg wird in der Sache vorgeschlagen, eine Differenzierung nach der Bedeutung des durch die Demonstration thematisierten Problems nur unter zwei wesentlichen Einschränkungen zuzulassen. Zum einen darf eine unterschiedliche Gewichtung angesichts der Bewertungsschwierigkeiten nur dort stattfinden, wo es sich um eindeutige Relevanzunterschiede handelt, wie dies etwa bei der Gegenüberstellung einer Abrüstungsdemonstration und einer solchen anzunehmen ist, bei der es um die Subventionierung eines Fußballvereins geht. Zum anderen muß im Interesse der Offenheit des politischen Prozesses auch für Minderheitspositionen gesichert werden, daß bei Meinungsverschiedenheiten hinsichtlich des Maßstabes für die Relevanzbeurteilung die Position der Grundrechtsausübenden maßgebend ist. Ihr weltanschauliches und gesellschaftspolitisches Bezugssystem ist also als Maßstab für die Bewertung der Bedeutung des Demonstrationsanliegens zugrunde zu legen, wenn sich dadurch im Konfliktsfall eine günstigere Grundrechtsposition ergibt.

b) Das Verhalten des Adressaten des Demonstrationsdrucks

Ist eine Demonstration Reaktion auf ein bestimmtes Verhalten staatlicher Instanzen oder sozialer Gruppen, so stellt sich die Frage, ob bei der Güterabwägung berücksichtigt werden darf, ob jenes Verhalten in verständlicher Weise zur Demonstration beigetragen hat. Unter Berufung auf dem Schmid/Spiegel-Beschluß des BVerfG[115] wird eine solche Rückwirkung auf die Beurteilung der

Grundrechtskollision zum Teil bejaht.[116] Eine Erweiterung der Reaktionsmöglichkeiten im Rahmen eines Gegenschlages stößt bei der Demonstrationsfreiheit allerdings auf enge Grenzen, weil Adressat und/oder Auslöser der Demonstration und die von den Zwangswirkungen unmittelbar Betroffenen zumeist nicht identisch sind und es nicht vertretbar ist, verschärfte Methoden der Auseinandersetzung zwischen bestimmten sozialen Gruppen zu Lasten von Grundrechtsträgern zu legalisieren, die am Konflikt unbeteiligt sind. Eine Erhöhung des zulässigen Demonstrationsdruckes ist daher nur dann zu rechtfertigen, wenn die Betroffenen mit dem eigentlichen Gegner der Demonstration »interessenmäßig, arbeitsteilig oder korporativ« verbunden sind.[117] Das ist bereits dann zu bejahen, wenn sie – wie im Laepple-Fall – Angestellte oder Kunden des Demonstrationsgegners sind und in dieser Eigenschaft durch eine Störung der Funktionen des Unternehmens betroffen sind.

c) Der Umfang der sonstigen Einflußmöglichkeiten

Im Urteil des LG Köln wird mit dem Hinweis auf die fehlende Lobby der Studenten ein Gesichtspunkt angesprochen, der im Zusammenhang mit dem Programm einer kompensatorischen Rechtsanwendung zu sehen ist. Ziel dieses in den letzten Jahren für unterschiedliche Problembereiche herangezogenen Topos der Rechtsinterpretation ist es, durch stärkere Berücksichtigung der realen Vorbedingungen bessere Voraussetzungen für die Verwirklichung normativer Leitideen wie insbesondere der Gleichheit zu schaffen.[118] Schlagwortartig wird dieser Aspekt durch das Postulat der Chancengleichheit zum Ausdruck gebracht. Für den Bereich der politischen Partizipation läuft diese Position auf unterschiedliche Grundrechtsgeltung nach dem Maß der Macht bzw. Ohnmacht der jeweiligen Gruppe im Prozeß der Einflußnahme auf staatliche Entscheidungstätigkeit oder der Bildung der öffentlichen Meinung hinaus: Je geringer die soziologisch zu messende Meinungsmacht der Grundrechtsausübenden ist, desto weitgehender soll die Reichweite des Grundrechtsschutzes angesetzt werden.[119] Ihren Impetus erhält diese Auffassung aus der postulierten qualitativen Betrachtung der Grundrechte als Schutz für sozial schwache Minderheiten, die einer formalen Grundrechtsgleichheit kontrastiert wird, durch die faktisch bestehende

Ungleichheit nur bestätigt und verstärkt werde.[120] Mit dieser zentralen Ausrichtung der Grundrechte auf kompensierende Funktion gegenüber sozial vorstrukturierten Machtkonstellationen geht diese Auffassung über andere Ansätze der Grundrechtstheorie hinaus, die lediglich gleichsam abwehrend wirtschaftliche und soziale Machtpositionen auf dem Wege mittelbarer Grundrechtswirkung besonderen Bindungen unterwerfen wollen.[121]

Die mit einer kompensatorischen Interpretation verbundene Relativierung der Grundrechte führt notwendigerweise zu Einbußen an Rechtssicherheit, weil kaum Methoden für eine verläßliche Messung sozialökonomischer Macht vielfach diffuser Gruppen vorhanden sein dürften und zusätzlich die Unsicherheit einer Umsetzung festgestellter Ungleichheiten in differentielle Aktionsmöglichkeiten besteht. Bezogen auf den Laepple-Fall müßte nach einem solchen Konzept in einem ersten Schritt festgestellt werden, wie groß der reale Einfluß der Gruppe der Studenten auf die Gestaltung der Nahverkehrstarife war. Im Rahmen der dabei notwendigen Analyse von Entscheidungsprozessen stellt sich die Aufgabe, das reale Einflußpotential dieser Gruppe mit anderen gesellschaftlichen Gruppierungen zu vergleichen, wobei bereits die Bestimmung der einzelnen relevanten Gruppen erhebliche Schwierigkeiten bereiten dürfte. Sind die in ihrem Einfluß zu vergleichenden Gruppierungen hinsichtlich der Nahverkehrstarife die Autofahrer, die Steuerzahler (alle oder unterteilt in verschiedene Kategorien), die Berufstätigen, die Rentner, die Gewerkschaften, Unternehmensverbände usw.? Als weiteres stellt sich dann die Aufgabe, den realen mit dem normativ postulierten Einfluß zu vergleichen, der für einen kompensatorischen Ansatz offensichtlich in der absoluten Gleichheit aller Bürger gesehen wird. Zu entwickeln wäre ein differenziertes System grundrechtlich geschützter Handlungsspielräume für Personengruppen gleicher Lebenssituation, das ihren unterschiedlichen faktischen Einflußmöglichkeiten kompensatorisch Rechnung tragen würde. Der Demonstration von Rentnern z. B. wäre dann bei der Lösung von Grundrechtskollisionen ein höheres Gewicht einzuräumen als derjenigen mittelschichtangehöriger Intellektueller oder Gewerkschaftler, die über breitere Artikulations- und Durchsetzungsmöglichkeiten verfügen.

Diese skizzenhaften Bemerkungen dürften die praktischen Schwierigkeiten eines Konzeptes kompensatorischer Grundrechtsinterpretation im Bereich der Demonstrationsfreiheit und die zu erwartende Einbuße an Rechtssicherheit verdeutlicht haben. Darüber hinaus gerät sie in Konflikt mit der Tatsache, daß das Grundgesetz offensichtlich die Vorstrukturierung sozialer Beziehungen durch die Organisierung von Interessen, die ungleiche Verteilung ökonomischer Macht usw. (vgl. Art. 9, 14 GG) hinnimmt und deshalb nicht versucht werden kann, die daraus entstehenden unterschiedlichen Einflußmöglichkeiten durch die Instrumentalisierung frei verfügbarer Machtmittel wie Demonstrationsdruck im Interesse von realer Gleichheit zu beseitigen. Abgesehen von dieser normativen Erwägung erscheint es auch unrealistisch, von einer kompensatorischen Interpretation der Demonstrationsfreiheit einen ins Gewicht fallenden Beitrag zur Veränderung bestehender ungleicher Machtverteilung zu erwarten, denn dieses Grundrecht kann im Interesse der Aufrechterhaltung strukturierter sozialer Beziehungen sicherlich nicht zum exzessiven Kampfmittel hochstilisiert werden, wie dies etwa in den Ausführungen von *Hannover* anklingt.[122]

Was nach diesen Überlegungen bleibt, ist die Einsicht, daß das Faktum unterschiedlicher Einfluß- und Meinungsmacht im Bereich der Demonstrationsfreiheit zwar von Bedeutung ist, weil es insgesamt für eine Aufwertung dieses Grundrechtes als typisches Artikulationsmittel von Minderheiten spricht, daß es aber eine differentielle Grundrechtsgeltung nicht zu begründen vermag.[123] Ziel kompensatorischer Rechtsanwendung im Rahmen der Demonstrationsfreiheit kann es daher nur sein, innerhalb bestehender Interpretationsspielräume auch die realen Voraussetzungen für die Inanspruchnahme dieses Grundrechtes durch unterprivilegierte Gruppen zu schaffen, nicht aber potentielle Effekte der Grundrechtsausübung zu egalisieren, geschweige denn sogar durch andere Faktoren bewirkte Machtungleichheit zu nivellieren. Anzustreben ist also Startchancengleichheit, nicht Ziel- oder Ergebnisgleichheit.

d) Das Ausmaß der Kommunikation über das Demonstrationsanliegen

Schließlich bleibt noch zu fragen, ob der empirisch festzustellende Grad an Kommunikation über das Anliegen der Demonstration Rückwirkungen auf die Güterabwägung haben kann. Die

Darstellung tabuierter, von den Massenmedien nicht oder nur unzureichend vermittelter Themen würde dann massivere Formen von Verkehrsbehinderungen zulassen als die Thematisierung ohnehin breit diskutierter Fragen. In dieser Richtung geht anscheinend die Auffassung von *Erichsen,* wenn er die Zulässigkeit verkehrsbehindernder Demonstrationen daran messen will, ob die Eingriffe in die Bewegungsfreiheit geboten waren, um die Möglichkeit der Kommunikation zu schaffen, um die Bereitschaft der Öffentlichkeit herbeizuführen, das Anliegen der Demonstranten überhaupt zur Kenntnis zu nehmen.[124] Garantiert werden soll damit offensichtlich ein Mindestmaß an Kommunikation, das nach *Erichsen* notfalls auch durch Sitzstreiks erzwungen werden kann, die allerdings in der Regel auf wenige Minuten zu begrenzen seien. Auch diese Auffassung begegnet erheblichen Bedenken. Unbestimmt bleibt einmal der Grad an Kommunikation über das Demonstrationsthema, dessen Unterschreitung massivere Formen des Demonstrationsdrucks zulassen soll. Auch zu den Methoden, mit denen entsprechende Feststellungen getroffen werden sollen, sagt *Erichsen* nichts. Die damit implizierten Unsicherheiten für die Rechtsanwendung sprechen ebenso wie das Recht der von der Demonstration Betroffenen, das Demonstrationsanliegen nicht zur Kenntnis zu nehmen, entscheidend gegen die Differenzierung nach dem Ausmaß der hergestellten Kommunikation. Zwar ist gegenüber dem Argument aus der negativ gewendeten Versammlungsfreiheit, daß man nicht zuzuhören und nicht zu diskutieren brauche,[125] in der Regel Vorsicht am Platz, weil damit vielfach pauschal eine restriktive Interpretation der Demonstrationsfreiheit begründet werden soll. Im vorliegenden Zusammenhang erscheint es aber durchaus zutreffend, soll hier doch gerade die zulässige Verweigerung von Kommunikation die Intensivierung von Freiheitsbeeinträchtigungen rechtfertigen.

Ziehen wir das Fazit, so zeigt sich, daß weder die rigorose Position des BGH noch die demonstrationsfreundlichere des LG Köln der verfassungsrechtlichen Problematik gerecht wird. Zugleich dürfte aber deutlich geworden sein, daß Überlegungen zum Stellenwert des Demonstrationsrechts und die Abklärung der im Rahmen der Güterabwägung relevanten Faktoren nicht zu einem relativ präzise subsumierbaren Programm zur Lösung der auftauchenden Grundrechtskollision führen können. Nach wie vor bleibt ein erhebliches Maß an Dezisionismus bestehen, so daß die konkrete Entscheidung stark von der grundsätzlichen Beurteilung der Leistungsfähigkeit des Demonstrationsrechts für demokratische Entscheidungsprozesse bestimmt wird. Insoweit wird hier eine relativ positive Einschätzung der Demonstrationsfreiheit vertreten. Im Ergebnis erscheint es daher durchaus möglich, daß die Demonstrationsfreiheit unter bestimmten Voraussetzungen (insb. bei erheblicher Bedeutung des angesprochenen Problems und bei einer Reaktion als »Gegenschlag«) auch kurzfristige Verkehrsbehinderungen rechtfertigen kann, die angesichts der Teilnehmerzahl und unter Berücksichtigung der üblichen Formen einer Versammlung oder eines Aufzuges nicht notwendig mit der Demonstration verbunden sind.[126] Dem Moment der Zeitdauer der Beeinträchtigung des Straßenverkehrs kommt dabei eine wesentliche Bedeutung zu, weil dadurch entscheidend das Ausmaß der Beeinträchtigung kollidierender Interessen mitbestimmt wird. Entgegen der Behauptung des BGH[127] ist es daher nicht widersinnig, sondern konsequent, daß die in einen Sitzstreik eingreifenden Polizeibeamten je nach dem Zeitpunkt ihres Einschreitens rechtswidrig oder rechtmäßig handeln können.[128] Die mit der Zeitvariable verbundenen Schwierigkeiten der Grenzziehung sind allerdings nicht zu verkennen, wie die zahlreichen vorsichtig tastenden Bemerkungen im Schrifttum zur Bemessung der Dauer einer allenfalls zulässigen Verkehrsblockade zeigen.[129] Die Alternative dazu – die ausnahmslose Unzulässigkeit von Demonstrationen, die die üblichen Formen sprengen – wird zwar unter Hinweis auf die damit verbundene Rechtssicherheit angepriesen,[130] bezahlt diese aber mit einem erheblichen Verlust an inhaltlicher Angemessenheit der Lösung. Das Erfordernis differenzierter Güterabwägung auch in diesen Fällen sollte weniger schrecken, wenn man sich vergegenwärtigt, in welchem Umfang die Verwaltungsentscheidungen im Versammlungsrecht insgesamt von schwierigen Abwägungen zwischen kollidierenden Grundrechten geprägt sind.

4. Verkehrsblockade und Verwerflichkeit i. S. des § 240 Abs. 2 StGB

Überschreitet das Ausmaß der vorsätzlich herbeigeführten Verkehrsbehinderungen den Rahmen, der durch die Demonstrationsfreiheit gedeckt ist, so ist damit noch nicht automatisch die Strafbarkeit wegen Nötigung begründet. Notwendig ist die weitere Feststellung, daß die Freiheitsbeeinträchtigung durch die Relation von Zweck und Mittel einen derart gesteigerten Unrechtsgehalt aufweist, daß die Strafwürdigkeit des Verhaltens zu bejahen ist. Dieser Schritt von bloßer Rechtswidrigkeit zur Strafbarkeit ist im Bereich politisch motivierter Abweichung von besonderer Bedeutung. Die Qualifizierung von Protestverhalten als kriminell führt nämlich tendenziell dazu, daß die mit der Demonstration verbundenen inhaltlichen Anliegen verdrängt und diskreditiert werden und eine Auseinandersetzung mit ihnen nicht mehr stattfindet, weil die hinter der Sache stehenden Personen als Kriminelle keine Diskussionspartner mehr sind. Die Aufarbeitung der thematisierten Sachprobleme wird durch eine moralische Verurteilung der eingesetzten Mittel verdrängt.[131]

Im Bereich der Nötigung wird dieser Übergang zur Strafbarkeit durch die Verwerflichkeitsklausel in einer rechtsstaatlich außerordentlich bedenklichen Weise vollzogen. Mit der Verwerflichkeitsklausel soll verwiesen werden auf einen bestimmten Grad sittlicher Mißbilligung bzw. Sozialwidrigkeit.[132] Dabei wird nach ganz h. M. nicht auf tatsächlich vorhandene soziale Normen oder sozialethische Anschauungen Bezug genommen, sondern es handelt sich um eine normative Setzung, die der richterlichen Kompetenz zugewiesen ist.[133] Der damit erforderliche unmittelbare Rückgriff auf Strafwürdigkeitserwägungen überträgt dem Richter einen Wertungsakt, der vom Gesetzgeber erheblich stärker vorstrukturiert sein sollte, und schafft von daher ein erhebliches Maß an Rechtsunsicherheit. Dennoch wird diese Regelung fast allgemein als vereinbar mit dem Bestimmtheitsgrundsatz angesehen.[134] Versuche in der Wissenschaft, durch Herausarbeitung tragender Prinzipien den Wertungsakt zu objektivieren,[135] sind nicht unbestritten geblieben und haben sich in der Praxis bisher nicht durchsetzen können. Die Schwierigkeiten einer präziseren Erfassung des Nötigungsunrechts sind auch in der rechtspolitischen Diskussion ablesbar, wo unter anderem auch deshalb gelegentlich die Existenzberechtigung eines allgemeinen Nötigungstatbestandes überhaupt in Zweifel gezogen wird.[136]

Für Gewalt als Nötigungsmittel will das Laepple-Urteil den richterlichen Wertungsakt allerdings einengen, weil Gewaltanwendung praktisch indiziell für die Verwerflichkeit der Nötigung sei und nur ausnahmsweise besondere Umstände eine andere Beurteilung rechtfertigen könnten.[137] Mit der Qualifizierung des Sitzstreiks als Gewalt und der Postulierung dieses Regel-Ausnahme-Verhältnisses hatte der 2. Strafsenat im Laepple-Fall weitgehend die Weichen für die Bejahung der Verwerflichkeit gestellt. Die Annahme einer solchen Indizwirkung der Gewaltanwendung ist in der Literatur aber zu Recht auf Ablehnung gestoßen. Wenn der Gewaltbegriff so ausgeweitet wird, wie dies in der Rechtsprechung und einem Teil der Literatur geschieht, dann muß zumindest für den Grenzbereich des Gewaltbegriffs die Korrektivfunktion der Verwerflichkeitsklausel voll erhalten bleiben.[138] Mit ihrer Hilfe sind insbesondere geringfügige rechtswidrige Freiheitsbeeinträchtigungen aus dem Strafbarkeitsbereich herauszunehmen. Damit ist der Nötigungstatbestand tendenziell auf ein Exzeßverbot zu reduzieren.[139] Das kann gerade auch bei verkehrsbehindernden Demonstrationen von Bedeutung sein, da die Überschreitung des Demonstrationsrechts damit nicht unmittelbar in die Strafbarkeit wegen Nötigung übergeht.

Zweifelhaft ist, inwieweit neben dem quantitativen Moment der Intensität der rechtswidrigen Freiheitsbeeinträchtigung auch die weitere Zwecksetzung des Täters Einfluß auf das Verwerflichkeitsurteil hat. Der Wortlaut des § 240 Abs. 2 StGB läßt es zu, die vom Täter verfolgten, über die Herbeiführung der Freiheitsbeeinträchtigung hinausgehenden Zwecke mitzuberücksichtigen. Eine solche weite Zweck-Mittel-Relation liegt – wie vielen anderen gerichtlichen Entscheidungen – auch dem Laepple-Urteil zugrunde, wo die Berechtigung des über die Lahmlegung des Verkehrs hinausgehenden Anliegens der Demonstranten in die Prüfung des § 240 Abs. 2 StGB einbezogen wird. Auch in der Literatur wird diese Auffassung vielfach vertreten.[140] In letzter Zeit wird aber zunehmend vorgeschlagen, als angestrebten Zweck i. S. des § 240 Abs. 2 StGB lediglich den Nötigungserfolg anzusehen, die weitere Zwecksetzung des Täters also auszublenden und sie nur im Rahmen etwaiger Rechtfertigungsgründe zu berücksichtigen, die auf dem Prinzip der Güter- und Interessenabwägung beruhen.[141] Damit soll eine Entlastung der Verwerflichkeitsbeurteilung erreicht und der für die Relation wesentliche Bezugspunkt präzise festgelegt werden, der sonst angesichts der denkbaren Vielzahl miteinander verbundener und hintereinander gestaffelter Zwecksetzungen weitgehend offenbliebe.[142] So könnte bei Zugrundelegung der weiten Zweck-Mittel-Relation im Laepple-Fall z. B. zweifelhaft sein, ob als Zweck nicht nur die unmittelbar verlangte Anhörung durch den Rat der Stadt Köln, sondern auch die dadurch angestrebte Verhinderung der Fahrpreiserhöhung in die Verwerflichkeitsbeurteilung einzubeziehen wäre. Hinter der Ablehnung der weiten Zweck-Mittel-Relation steht außerdem die Befürchtung, daß durch sie unkontrollierten Strafwürdigkeitsgefühlen je nach Maßgabe der Beurteilung der Tätermotivation zu Unrecht ein Einfallstor geschaffen würde.[143]

Diese Kontroverse ist von praktischer Bedeutung für die Fälle, in denen die Berücksichtigung der weitergehenden Zwecke zwar nicht zu einer Rechtfertigung der Freiheitsbeeinträchtigung führt, diese jedoch in einem milderen Licht erscheinen läßt. In Demonstrationsfällen läuft das im wesentlichen auf die Frage hinaus, ob durch das Demonstrationsrecht nicht mehr gedeckte Verkehrsbehinderungen zum Zwecke der politischen Meinungsbildung hinsichtlich der Verwerflichkeit anders zu beurteilen sind als ein entsprechendes unpolitisches Verhalten etwa aus bloßer Schikane.[144] Obwohl die Berücksichtigung nicht näher definierter weiterer Zwecksetzungen bei der Umgrenzung der Strafbarkeit im Rahmen eines Tatstrafrechts nicht unbedenklich ist, verdient die weite Zweck-Mittel-Relation den Vorzug. Sie führt zu einer Einschränkung des Nötigungstatbestandes bei Konstellationen, in denen die Strafwürdigkeit aufgrund verständlicher Zweckverfolgung zu verneinen ist. Umgekehrt ist eine Erweiterung der Strafbarkeit wegen mißbilligenswerter Zwecksetzung ausgeschlossen, weil immer ein bestimmtes Ausmaß von sozialwidriger Freiheitsbeeinträchtigung vorliegen muß, das unabhängig von den weitergehenden und u. U. mißbilligenswerten Zielen des Täters festzustellen ist. Daher hat der politische Charakter einer Verkehrsblockade durchaus im entlastenden Sinn Rückwirkungen auf die Beurteilung der Verwerflichkeit.[145] Unzulässig ist es allerdings, die mit der Demonstration verfolgten inhaltlichen Ziele im Rahmen des § 240 Abs. 2 StGB zu berücksichtigen. Hier führt die gebotene Neutralität des Staates gegenüber der Propagierung unterschiedlicher verfassungsgemäßer Politikinhalte ebenso wie im Rahmen des Demonstrationsrechtes dazu, die Berufung auf eine besondere Qualität der Zielsetzung abzuschneiden.

5. Strafbares Demonstrationsverhalten und Strafverfolgung

Die bisherigen Ausführungen haben versucht, Hinweise darauf zu geben, wo die innerstaatliche Friedlichkeitsgrenze im Rahmen verkehrsbehindernder Demonstrationen gezogen werden sollte und wo der Bereich strafbaren Verhaltens beginnt. Dabei waren notwendigerweise die strafrechtlichen Kategorien zu verwenden, die primär für individuelles abweichendes Verhalten entwickelt worden sind. Die von *Tiedemann* erhobene Forderung, die Phänomene des Massenverhaltens bei Friktionen zwischen Staatsgewalt und Demonstration anders als durch formale Wendungen und am Individualverhalten erprobte Konstruktionen neu zu durchdenken,[146] ist – soweit ersichtlich – ohne Resonanz geblieben. Das beruht sicherlich nicht auf Zufall, ist das Strafrechtssystem von seiner Grundkonzeption her doch nur in beschränktem Maße in der Lage, dem kollektiven und politischen Charakter von Normabweichung Rechnung zu tragen. De lege ferenda könnte man allerdings daran denken, für diesen Bereich der Normübertretungen unter dem Gesichtspunkt fehlender Strafbedürftigkeit unter engen Voraussetzungen einen Strafausschließungsgrund zu schaffen.

Die Individualisierung und Entpolitisierung der strafjuristischen Zurechnung des Sitzstreiks darf nicht vergessen machen, daß es sich in diesen Fällen in der Regel um Normabweichung im Rahmen politischer Auseinandersetzung von Gruppen handelt. Das hat erhebliche Rückwirkungen auf den Prozeß der Strafverfolgung, auch wenn diese hier nur behauptet, nicht aber durch empirischen Nachweis belegt werden können. Die Kollektivität der Tatbegehung kann dazu führen, daß das normalerweise vorhandene Gefälle mobilisierbarer Gewaltressourcen zwischen Staatsgewalt und Normverletzer verringert ist mit der Folge, daß die Einleitung von Strafverfolgungsmaßnahmen mit Rücksicht auf dadurch drohende Eskalationen des Konfliktes aus polizeitaktischen und rechtlichen – Verhältnismäßigkeitsgrundsatz – Gründen unterbleibt. Wenn die Polizei sich zum Einschreiten entschließt, kann sie angesichts der großen Zahl der an sich zu sanktionierenden Demonstrationsteilnehmer an Grenzen ihrer Verfolgungskapazität stoßen, die sie zum selektiven Vorgehen veranlaßt. Im Rahmen der weiteren Strafverfolgungsmaßnahmen kann sich die Selektion dann auf diejenigen Personen verengen, die als die Hauptverantwortlichen angesehen werden. Damit werden mehrere Effekte erzielt. Der Justizapparat wird entlastet, durch Sanktionsverzicht gegenüber bloßen »Mitläufern« wird insoweit möglicherweise drohender Radikalisierung entgegengewirkt,[147] zugleich wird aber durch die Strafverfolgung gegen die personellen Repräsentanten der Demonstration dokumentiert, daß derartiges Verhalten nicht geduldet, sondern mit den Mitteln des Strafrechts sanktioniert wird. Soweit sich Abstufungen der Verantwortlichkeit hinsichtlich der Demonstration feststellen lassen, bestehen gegen derartige Differenzierungen im Rahmen der strafjustiziellen Einstellungspraxis keine durchgreifenden rechtlichen Bedenken, es sei denn, daß damit in überzogener Weise an diesen Personen ein generalpräventiv orientiertes Exempel statuiert werden soll.[148]

Die politische Dimension der Regelverletzung dürfte neben den bereits skizzierten Selektionsprozessen mit einiger Wahrscheinlichkeit auch bewirken, daß die Einschätzung des propagierten Demonstrationsinhalts, der politischen Orientierung der Gruppe der Demonstranten und ihrer Konfliktfähigkeit und -bereitschaft für die weiteren Entscheidungen im Rahmen der Strafverfolgung von Bedeutung sind. Es ist zu vermuten, daß Sanktionsverzicht durch Einstellung des Verfahrens dort tendenziell eine größere Rolle spielt, wo das Ziel der Demonstration zumindest als verständlich, wenn nicht sogar als berechtigt angesehen wird, die betroffene Personengruppe sozial und politisch integriert erscheint (insbesondere bei Demonstrationen zur Durchsetzung berufsständischer Interessen) und sie bei einer Sanktionierung möglicherweise sozialen Druck mobilisieren kann. Über die Möglichkeiten der Justiz hinaus kann bei der Abwicklung von Konflikten aus besonderen Krisensituationen sogar Strafverzicht durch eine Entscheidung des Gesetzgebers angebracht sein. Das Straffreiheitsgesetz vom 20. 5. 1970 hat Ende der sechziger Jahre einen weitgehenden Stopp der Strafverfolgung gebracht, von dem immerhin fast 6000 Beschuldigte profitierten.[149] Im Gegensatz zu Tendenzen zum Sanktionsverzicht kann eine hartnäckigere Verfolgung derjenigen Gruppen vermutet werden, hinsichtlich derer zu den genannten Punkten eher negative Feststellungen getroffen werden. Die Bedenken, die gegen solche bewußten oder unbewußten Einflüsse angesichts des Gleichheitsgrundsatzes geltend zu machen sind, liegen auf der Hand. Wie groß der reale Umfang des Problems ist, läßt sich angesichts fehlender empirischer Untersuchungen allerdings nicht abschätzen.

Versucht man, ein Fazit dieses Beitrages zu ziehen, so läßt sich feststellen, daß zahlreiche bei der Kollision von Demonstrationsfreiheit und Straßenverkehr auftauchende und sich in den Bereich des Strafrechts fortsetzende Fragen trotz ihrer gegenwärtigen Umstrittenheit prinzipiell klärbar erscheinen. Das im Mittelpunkt stehende Problem quantifizierender Abwägung kann aber nicht abstrakt, sondern nur durch die Herausbildung und Weiterentwicklung einzelfallbezogener Standards bewältigt werden. Diese Standards bleiben allerdings im besonderen Maße von der innenpolitischen Situation abhängig. Für eine Rechtswissenschaft, die über die Interpretation des geltenden Rechts hinausgreift, stellt sich damit auch die Aufgabe, präziser als durch Aufstellung pauschaler Hypothesen die Zusammenhänge zwischen politischer Entwicklung und Veränderung von Rechtspraxis zu untersuchen.

Anmerkungen

1 Denninger, Erhard: »Polizei und demokratische Politik«, in: *JZ* 1970, S. 145 (151); erneut abgedruckt in: Denninger, Erhard / Lüderssen, Klaus: *Polizei und Strafprozeß im demokratischen Rechtsstaat,* Frankfurt 1978, S. 143 (160).

2 Tiedemann, Klaus: »Bemerkungen zur Rechtsprechung in den sog. Demonstrationsprozessen«, in: *JZ* 1969, S. 717 (718). Dieser Aufsatz gibt einen umfassenden Überblick über die strafrechtliche Judikatur.

3 BGHSt. 23, 46.

4 Stratenwerth, Günter: »Recht und Gewalt«, in: *Freiheit und Bindung,* Basel 1970, S. 81 (94); Denninger, Erhard: »Gewalt, innere Sicherheit und demokratischer Rechtsstaat«, in: *ZRP* 1973, S. 268 (273); erneuter Abdruck in Denninger/Lüderssen (a.a.O., Anm. 1), S. 172 (185), unter Hinweis auf die unlösbare Dialektik eines positivierten Rechts auf Widerstand oder »Revolution«; Quilisch, Martin: *Die demokratische Versammlung,* Berlin 1970, S. 183 f.

5 So das Postulat von Denninger (a.a.O., Anm. 4).

6 LG Köln *JZ* 1969, 80 ff. (auszugsweise).

7 Dazu Eilsberger, Rupert: »Die Kölner Straßenbahnblockade – BGH, NJW 1969, 1772«, in: *JuS* 1970, S. 164 (165); Lautmann, Rüdiger /

Thoss, Peter: »Gewalt in der Gesellschaft und strafbare Gewalt«, in: *KrimJ* 1976, S. 120 (128).

8 Kritisch insoweit Fezer, Gerhard: »Die persönliche Freiheit im System des Rechtsgüterschutzes«, in: *JZ* 1974, S. 602 f.

9 BGHSt. 23, 46 (52 f.).

10 OLG Stuttgart *NJW* 1969, 1543; OLG Köln *NJW* 1970, 260; OLG Celle *NJW* 1970, 206 (jedenfalls dann, wenn die durch die Barrikade behinderten Personen davon ausgehen mußten, daß die Barrikaden von der Menschenmenge verteidigt werden würden).

11 BayObLG *NJW* 1969, 63 (64).

12 BGHSt. 23, 46 (52 f.); anders noch BGH 2 StR 291/60 v. 13. 7. 1960 (dazu Martin, Ludwig: »Zur strafrechtlichen Beurteilung ›passiver Gewalt‹ bei Demonstrationen«, in: Krüger-Nieland, Gerda (Hrsg.): *25 Jahre Bundesgerichtshof,* München 1975, S. 211 (222 f.); BayObLG *NJW* 1969, 63 (64); 1127 (1128).

13 Vgl. nur Lenckner, Theodor, in: Schönke, Adolf / Schröder, Horst: *Strafgesetzbuch, Kommentar,* 19. Aufl., München 1978, § 125 Rn. 6 f.; Rudolphi, Hans-Joachim, in: Rudolphi, Hans-Joachim / Horn, Eckhard / Samson, Erich / Schreiber, Hans-Ludwig: *Systematischer Kommentar zum Strafgesetzbuch,* Bd. II, Frankfurt 1976 ff., § 125 Rn. 5 f.

14 Vgl. Eilsberger (a.a.O., Anm. 7), S. 165 f. m. w. Nachw.

15 BGHSt. 23, 46 (53 f.).

16 BGHSt. 23, 46 (49 f.).

17 Einen breiten Überblick gibt v. Heintschel-Heinegg, Bernd: *Die Gewalt als Nötigungsmittel im Strafrecht,* Diss. iur. Regensburg 1975, S. 159 ff.

18 Dazu grundlegend Galtung, Johan: *Strukturelle Gewalt,* Reinbek 1975, S. 9 ff.; vgl. weiter Narr, Wolf-Dieter: »Gewalt und Legitimität«, in: *Leviathan* 1973, S. 7 (17 ff.), erneut abgedruckt in Rammstedt, Otthein (Hrsg.): *Gewaltverhältnisse und die Ohnmacht der Kritik,* Frankfurt 1974, S. 9 (23 ff.); Lautmann/Thoss (a.a.O., Anm. 7), S. 121 ff.

19 Dazu m. w. Nachw. Waldmann, Peter: *Strategien politischer Gewalt,* Stuttgart/Berlin/Köln/Mainz 1977, S. 9 ff.

20 Als Theoretiker der gewaltfreien Aktion z. B. Ebert, Theodor: *Gewaltfreier Aufstand. Alternative zum Bürgerkrieg,* Freiburg i. Br. 1968, S. 26, 40.

21 Vgl. z. B. Umweltwissenschaftliches Institut des BBU e. V.: *Aktionskatalog des Bundesverbandes Bürgerinitiativen Umweltschutz e. V. – Diskussionsgrundlage,* Karlsruhe o. J., S. 78.

22 So aber zu Unrecht Lautmann/Thoss (a.a.O., Anm. 7), S. 127 ff.

23 Vgl. nur RGSt. 45, 156 f.; RG *DJZ* 1923, Sp. 372; RG *HRR* 1942 Nr. 192; BGH 2 StR 291/60 (a.a.O., Anm. 12); BayObLGSt. 53, 147;

BayObLG *NJW* 1955, 1806; w. Nachw. bei v. Heintschel-Heinegg (a.a.O., Anm. 17), S. 245 ff.

24 Dazu und zur Entwicklung des Gewaltbegriffs Geilen, Gerd: »Neue Entwicklungen im strafrechtlichen Gewaltbegriff«, in: Geerds, Friedrich / Naucke, Wolfgang (Hrsg.): *Beiträge zur gesamten Strafrechtswissenschaft. Festschrift für Hellmuth Mayer*, Berlin 1966, S. 445 ff.; Blei, Hermann: »Die Auflösung des strafrechtlichen Gewaltbegriffs«, in: *JA* 1969, S. 663 ff.; Müller-Dietz, Heinz: »Zur Entwicklung des strafrechtlichen Gewaltbegriffs«, in: *GA* 1974, S. 23 ff.

25 Überblick über die Literatur bei v. Heintschel-Heinegg (a.a.O., Anm. 17), S. 245 Fußn. 1.

26 So aber Schäfer, Karl, in: Baldus, Paulheinz / Willms, Günther (Hrsg.): *Strafgesetzbuch. Leipziger Kommentar*, 9. Aufl., Berlin/New York 1970 ff., § 240 Rn. 29; Krey, Volker: »Probleme der Nötigung mit Gewalt – dargelegt am Beispiel des Fluglotsenstreiks«, in: *JuS* 1974, S. 418 (422).

27 BGHSt. 23, 46 (54).

28 Schäfer (a.a.O., Anm. 26), § 240 Rn. 33; Eser, Albin, in: Schönke-Schröder (a.a.O., Anm. 13), Rn. 16 vor §§ 234 ff.

29 Zu dieser Rechtsprechung kritisch Rudolphi (a.a.O., Anm. 13), § 105 Rn. 10; Geilen, Gerd: *Der Tatbestand der Parlamentsnötigung (§ 105 StGB)*, Bonn 1957, S. 87 ff.; Ratz, Michael: *Juristische Methodik und Vorverständnis in der Rechtsprechung des Bundesgerichtshofs zum strafrechtlichen Gewaltbegriff*, Diss. Köln 1976, S. 19 ff.

30 So Maurach, Reinhart / Schroeder, Friedrich-Christian: *Strafrecht. Besonderer Teil*, Teilband 1, 6. Aufl., Heidelberg/Karlsruhe 1977, S. 126; ähnlich Horn, Eckhard, in: *Systematischer Kommentar* (a.a.O., Anm. 13), § 240 Rn. 9 ff.; Otto, Harro: *Grundkurs Strafrecht. Die einzelnen Delikte*, Berlin/New York 1977, S. 95; Knodel, Klaus Dieter: *Der Begriff der Gewalt im Strafrecht*, München/Berlin 1962, S. 59.

31 Vgl. nur Arzt, Gunther: *Strafrecht. Besonderer Teil, Lehrheft 1*, Bielefeld 1977, S. 187 ff.; Blei, Hermann: *Strafrecht II. Besonderer Teil.* 11. Aufl., München 1978, S. 66 f.; Calliess, Rolf-Peter: *Der Begriff der Gewalt im Systemzusammenhang der Straftatbestände*, Tübingen 1974, S. 10, 25 ff.; Krey (a.a.O., Anm. 26), S. 421 f.; v. Heintschel-Heinegg (a.a.O., Anm. 17), S. 123 ff.

32 Zu diesem Aspekt allgemein Schünemann, Bernd: »Methodologische Prolegomena zur Rechtsfindung im Besonderen Teil des Strafrechts«, in: Kaufmann, Arthur / Bemmann, Günter / Krauss, Detlef / Volk, Klaus (Hrsg.): *Festschrift für Paul Bockelmann*, München 1979, S. 129 ff.; Ebert, Udo: »Anmerkung zu BGHSt. 28, 100«, in: *JA* 1979, S. 278 f.

33 Zustimmend Martin (a.a.O., Anm. 12), S. 217.
34 So KG *JR* 1979, 162 m. w. Nach.; anders anscheinend OVG Hamburg *NJW* 1978, 1395 (1396); vgl. auch OLG Karlsruhe *NJW* 1970, 64. Kritisch Keller, Rainer: »Gewalt in der Gesellschaft und strafbare Gewalt«, in: *KrimJ* 1977, S. 213 (219).
35 Anders aber noch OLG Stuttgart *NJW* 1969, 1176 (1177).
36 Vgl. BGHSt. 27, 325 (329); Kühne, Hans-Heiner: »Strafrechtliche Aspekte der Suicid-Abwendung in Strafanstalten«, in: *NJW* 1975, S. 671 (675).
37 Blei (a.a.O., Anm. 24).
38 Dazu zuletzt Schünemann, Bernd: *Nulla poena sine lege?*, Berlin/New York 1978, S. 4, 17 ff.
39 Darauf weisen zu Recht mit Nachdruck hin z. B. Müller-Dietz (a.a.O., Anm. 24), S. 51; Calliess (a.a.O., Anm. 31), S. 27 ff.; Geilen, Gerd: »Lebensgefährdende Drohung als Gewalt in § 251 StGB?«, in: *JZ* 1970, S. 521 (529).
40 Haffke, Bernhard: »Gewaltbegriff und Verwerflichkeitsklausel«, in: *ZStW* Bd. 84 (1972), S. 37 (58 ff. m. Fußn. 100); ähnlich v. Heintschel-Heinegg (a.a.O., Anm. 17), S. 250.
41 Ebenfalls kritisch Maurach-Schroeder (a.a.O., Anm. 30), S. 126.
42 A.a.O. (Anm. 31), S. 17 f.
43 Calliess (a.a.O., Anm. 31), S. 26; Klug, Ulrich: »Strafrechtliche Probleme des Demonstrationsrechts«, in: Deutscher Richterbund, Landesverband Hessen (Hrsg.): *Demonstrationsfreiheit, Strafgewalt und Staatsgewalt*, 1968, S. 27 (29); Ott, Sieghart: »Anmerkung zu BGH NJW 1969, 1770«, in: *NJW* 1969, S. 2023.
44 Vgl. u. a. Arzt (a.a.O., Anm. 31); Blei (a.a.O., Anm. 31); Krey, Volker: *Strafrecht. Besonderer Teil*, Bd. 1, 4. Aufl., Stuttgart/Berlin/Köln/Mainz 1979, S. 106 f.; Geilen (a.a.O., Anm. 39), S. 528.
45 Dazu nur Müller-Dietz (a.a.O., Anm. 24), S. 43 ff.
46 So aber u. a. BayObLG *NJW* 1963, 824 (825); OLG Stuttgart *NJW* 1966, 745 (748).
47 Fezer (a.a.O., Anm. 8), S. 601 ist daher darin zuzustimmen, daß die Ursache der Ausdehnung des Nötigungstatbestandes nicht zu einseitig beim Gewaltbegriff gesehen werden darf.
48 Vgl. Dreher, Eduard: »Das 3. Strafrechtsreformgesetz und seine Probleme«, in: *NJW* 1970, S. 1153 (1157); Fezer (a.a.O., Anm. 8), S. 603 Fußn. 43.
49 Von daher erscheint die Konzentrierung auf den Gewaltbegriff in den Beiträgen von Lautmann/Thoss (a.a.O., Anm. 7) und Keller (a.a.O., Anm. 34) nicht unproblematisch.
50 Otto (a.a.O., Anm. 30), S. 99; Arzt (a.a.O., Anm. 31), S. 193; Maurach/Schroeder (a.a.O., Anm. 30), S. 132.
51 Dazu Tiedemann (a.a.O., Anm. 2), S. 721 f.

52 OLG Celle *NJW* 1970, 207; AG Frankfurt *ZRP* 1969, 21; Arzt (a.a.O., Anm. 31), S. 65; Krey (a.a.O., Anm. 44), S. 113; Schäfer (a.a.O., Anm. 26), § 240 Rn. 30; Ott, Sieghart: »Demonstrationsfreiheit und Strafrecht«, in: *NJW* 1969, S. 454 (457). Scharf ablehnend Heinze, Christian: »Meinungsfreiheit und Demonstrationsfreiheit«, in: *DVBl.* 1970, S. 716 (720).

53 Grundlegend Eser, Albin: *Wahrnehmung berechtigter Interessen als allgemeiner Rechtfertigungsgrund,* Bad Homburg/Berlin/Zürich 1969, S. 40 ff.; ferner Tiedemann (a.a.O., Anm. 2), S. 721; aus der zivilrechtlichen Literatur vgl. insb. Säcker, Franz-Jürgen: »Wahrnehmung legitimer politischer Interessen und Deliktsrecht«, in: *ZRP* 1969, S. 60 (63 ff.); Diederichsen, Uwe / Marburger, Peter: »Die Haftung für Demonstrationsschäden«, in: *NJW* 1970, S. 777 (779 ff.). Aus dem neueren Schrifttum Krüger, Jochen: *Vorlesungsstörungen, Hausfriedensbruch und Wahrnehmung berechtigter Interessen – Zur strafrechtlichen Problematik eines Universitätskonflikts,* Diss. iur. Saarbrücken 1978, S. 70 ff.

54 Hirsch, Hans Joachim, in: Baldus/Willms (a.a.O., Anm. 26), Rn. 155 vor § 51; Maurach/Schroeder (a.a.O., Anm. 30), S. 227; vgl. auch Lenckner, Theodor, in: Schönke/Schröder (a.a.O., Anm. 13), Rn. 80 vor §§ 32 ff.; Krey (a.a.O., Anm. 26), S. 422 f.

55 Eser (a.a.O., Anm. 53), S. 50 ff.

56 Eser (a.a.O., Anm. 53), S. 68.

57 Insoweit zu Recht skeptisch Fezer (a.a.O., Anm. 8), S. 602; Krüger (a.a.O., Anm. 53), S. 72 ff.

58 Vgl. z. B. Ballerstedt, Kurt: »Zur zivilrechtlichen Haftung für Demonstrationsschäden«, in: *JZ* 1973, S. 106 f.

59 BGHSt. 23, 46 (54 ff.).

60 *JZ* 1969, 82; ähnlich LG Hannover *DRiZ* 1969, 225 (226).

61 Hannover, Heinrich: »Demonstrationsfreiheit als demokratisches Grundrecht«, in: *KJ* 1968, S. 51 ff.; vgl. auch Wiethölter, Rudolf: »Zur politischen Funktion des Rechts am eingerichteten und ausgeübten Gewerbebetrieb«, in: *KJ* 1970, S. 121 (135 ff.).

62 Hannover (a.a.O., Anm. 61), S. 53.

63 Hannover (a.a.O., Anm. 61), S. 59.

64 BGHSt. 23, 46 (57).

65 Vgl. z. B. Klein, Hans H.: *Die Grundrechte im demokratischen Staat,* Stuttgart/Berlin/Köln/Mainz 1972, S. 14 f.

66 Diese Tendenz ist auch in den oberlandesgerichtlichen Strafurteilen unverkennbar, wo z. T. mit dem Gesichtspunkt des Grundrechtsmißbrauchs argumentiert wird, so BayObLG *NJW* 1969, 1127 (1128).

67 BGHSt. 23, 46 (57).

68 Herzog, Roman, in: Maunz, Theodor / Dürig, Günter / Herzog,

Roman / Scholz, Rupert: *Grundgesetz. Kommentar*, 5. Aufl., München 1977, Art. 8 Rn. 56 m. w. Nachw.

69 So zutreffend Eilsberger (a.a.O., Anm. 7), S. 168; Erichsen, Hans-Uwe: »Zu den Grenzen der Demonstrationsfreiheit«, in: *VerwArch.* Bd. 64 (1973), S. 197 (200); Roth-Stielow, Klaus: *Grundgesetz und Rechtsanwendung*, München 1972, S. 114 f.; a. A. z. B. Schwäble, Ulrich: *Das Grundrecht der Versammlungsfreiheit (Art. 8 GG)*, Berlin 1975, S. 122 Fußn. 550.

70 Schwäble (a.a.O., Anm. 69), S. 121.

71 Vgl. nur BGHZ 59, 30 (36); BayObLG *NJW* 1969, 1127; Klein, Franz in: Schmidt-Bleibtreu, Bruno / Klein, Franz: *Kommentar zum Grundgesetz*, 4. Aufl., Neuwied/Darmstadt 1977, Art. 8 Rn. 4; Heinze (a.a.O., Anm. 52), S. 719; Merten, Detlef: »Haftungsprivileg für Demonstrationstäter?«, in: *NJW* 1970, S. 1625 (1627).

72 So insb. auch die monographische Literatur; vgl. Schwäble (a.a.O., Anm. 69), S. 119 ff.; Müller, Werner: *Wirkungsbereich und Schranken der Versammlungsfreiheit, insbesondere im Verhältnis zur Meinungsfreiheit*, Berlin 1974, S. 99 ff.; Crombach, Egon: *Die öffentliche Versammlung unter freiem Himmel*, Berlin 1976, S. 124 ff.

73 Grundlegend BVerfGE 7, 198 (211 ff.); weit. Nachw. bei Schneider, Harald: *Die Güterabwägung des Bundesverfassungsgerichts bei Grundrechtskonflikten*, Baden-Baden 1979; Schlink, Bernhard: *Abwägung im Verfassungsrecht*, Berlin 1976, S. 17 ff. Im Schrifttum wird die Güterabwägungslehre des BVerfG vielfach abgelehnt und vorgeschlagen, die Grundrechtskollision durch eine am Grundsatz der Verhältnismäßigkeit ausgerichtete, ausgleichende Optimierung der Wirksamkeit der kollidierenden Rechtsgüter zu lösen. Vgl. dazu nur Hesse, Konrad: *Grundzüge des Verfassungsrechts der Bundesrepublik Deutschland*, 11. Aufl., Heidelberg/Karlsruhe 1978, S. 28 f., 134 f., sowie die weit. Nachw. bei Schneider a.a.O., S. 22. Die praktische Bedeutung dieser Streitfrage dürfte allerdings gering sein, weil der Güterabwägungsaspekt in der Rechtsprechung des BVerfG weitgehend auf den Grundsatz der Verhältnismäßigkeit hinausläuft. Dazu ausführlich Schneider a.a.O., S. 202 ff.

74 Hesse (a.a.O., Anm. 73), S. 166.

75 BGHSt. 23, 46 (57 f.).

76 Kritisch z. B. Schulze-Fielitz, Helmut: »Zur Politik des Bundesgerichtshofs. Ideologische Hintergründe der höchstrichterlichen Rechtsprechung in Demonstrationsprozessen«, in: *Bl. f. dt. u. int. Politik*, 1971, S. 191 (197 ff.); Eilsberger (a.a.O., Anm. 7), S. 169.

77 Die kollektive Dimension der Demonstrationsfreiheit wird demgegenüber von BGHZ 59, 30 (36) durchaus gesehen.

78 Allgemein zur Abhängigkeit zentraler verfassungsrechtlicher Fragen von den jeweils zugrundeliegenden demokratietheoretischen Prämis-

sen Denninger, Erhard: »Demokratieprinzip und Verfassung – eine Problemskizze in didaktischer Absicht«, in: Hoffmann-Riem, Wolfgang (Hrsg.): *Sozialwissenschaften im Studium des Rechts. Bd. II, Verfassungs- und Verwaltungsrecht,* München 1977 (Beck-Verlag), S. 33 (34).

79 Dieser Aspekt wird sehr stark in den Vordergrund gestellt z. B. von Quilisch (a.a.O., Anm. 4), S. 150 ff. (»politisches und soziales Kampfrecht«); Säcker (a.a.O., Anm. 53); Diederichsen/Marburger (a.a.O., Anm. 53). Dabei wird dann auch vielfach eine Parallele zum Arbeitskampfrecht gezogen.

80 Denninger (a.a.O., Anm. 78), S. 36 ff.,; ders.: *Staatsrecht 2. Funktionen und Institutionen,* Reinbek 1979, S. 52 ff.

81 Problematisch daher z. B. die nicht näher ausgeführte Bemerkung bei Lautmann/Thoss (a.a.O., Anm. 7), S. 131, Formen des gewaltfreien Widerstandes blieben besser unkriminalisiert, weil eine offene Demokratie solche Möglichkeiten der Artikulation und Austragung von Konflikten gut vertrage und nicht selten sogar benötige.

82 Denninger (a.a.O., Anm. 78), S. 39.

83 Merten, Detlef: *Rechtsstaat und Gewaltmonopol,* Tübingen 1975, S. 51 m. Fußn. 239.

84 *NJW* 1972, 1571 (1573).

85 Stratenwerth (a.a.O., Anm. 4), S. 94; Arzt (a.a.O., Anm. 31), S. 195; Quilisch (a.a.O., Anm. 4), S. 184.

86 So aber eine vielfach gängige Behauptung, z. B. bei Merten, Detlef: *Rechtsstaatlichkeit und Gnade,* Berlin 1978, S. 27 f.

87 Bundesminister des Innern (Hrsg.): *Innere Sicherheit* Nr. 44 (Juli 1978), S. 21.

88 Vgl. dazu eindrucksvoll Muller, Edward N.: »Ein Modell zur Vorhersage aggressiver politischer Partizipation«, in: *PVS* Bd. 19 (1978), S. 514 ff.

89 So auch die Forderung von Ossenbühl, Fritz: »Versammlungsfreiheit und Spontandemonstration«, in: *Der Staat* 1971, S. 53 (81 ff.).

90 BVerwG *DVBl.* 1969, 587 (588) liefert außer einer sehr restriktiven Tendenz keine Anhaltspunkte für eine sachgerechte Lösung.

91 BVerfGE 25, 256 (264 ff.).

92 BGHZ 50, 30 (38); OLG Celle *NJW* 1970, 206 (207); OLG Stuttgart *NJW* 1969, 1543; Crombach (a.a.O., Anm. 72), S. 143 f.; Merten (a.a.O., Anm. 71), S. 1027 f.

93 Diederichsen/Marburger (a.a.O., Anm. 53), S. 779; Schulze-Fielitz (a.a.O., Anm. 76), S. 205.

94 Zu den einzelnen bei der Güter- und Interessenabwägung zu berücksichtigenden Umständen vgl. Dietel, Alfred /Gintzel, Kurt: *Demonstrations- und Versammlungsfreiheit,* 5. Aufl., Köln/Berlin/Bonn/München 1977, § 15 Rn. 62; Schwäble (a.a.O., Anm. 69), S. 224 ff.;

Merten, Detlef: »Gedanken zur Demonstrationsfreiheit«, in: *MDR* 1968, S. 621 (626).

95 Dietel/Gintzel (a.a.O., Anm. 94); vgl. auch Arzt (a.a.O., Anm. 31), S. 195.

96 *JZ* 1969, 80 (82 f.).

97 So Arzt (a.a.O., Anm. 31), S. 195; Schulze-Fielitz (a.a.O., Anm. 76), S. 205 Fußn. 103; AG Esslingen *JZ* 1968, 800 (801); AG Frankfurt *JZ* 1969, 200 (205); wohl auch Hannover (a.a.O., Anm. 61), S. 55.

98 Vgl. nur Quilisch (a.a.O., Anm. 4), S. 180; Müller (a.a.O., Anm. 72), S. 114 f.; Baumann, Jürgen / Frosch, Hartmut: »Der Entwurf des 3. Strafrechtsreformgesetzes«, in: *JZ* 1970, S. 113 (114); Merten (a.a.O., Anm. 94), S. 626.

99 *NJW* 1970, 206 (207).

100 Auf die Gefahren substanzialisierender Betrachtung im Bereich der politischen Meinungsäußerung weist auch hin Ladeur, Karl-Heinz: »Formalisierung und Materialisierung im Recht der freien Meinungsäußerung«, in: *DuR* 1979, S. 59 (60).

101 Konsequenzen können daraus allerdings nur gezogen erden, wenn diese Ziele in besonders aggressiver, kämpferischer Agitation propagiert werden. So insb. Hoffmann, Wolfgang: »Inhalt und Grenzen der Demonstrationsfreiheit nach dem Grundgesetz«, in: *JuS* 1967, S. 393 (396). Weitergehend offensichtlich LG Hannover *DRiZ* 1969, 225; Roth-Stielow (a.a.O., Anm. 69), S. 123; Merten (a.a.O., Anm. 94), S. 622; Diederichsen/Marburger (a.a.O., Anm. 53), S. 781.

102 Dazu für den Problembereich Vorlesungsstörungen ausführlich Krüger (a.a.O., Anm. 53), S. 172 ff.

103 Vgl. nur Merten (a.a.O., Anm. 94), S. 626; Dietel/Gintzel (a.a.O., Anm. 94).

104 *JZ* 1969, 80 (82); nicht unproblematisch auch Diederichsen/Marburger (a.a.O., Anm. 53), S. 781; Hust, Gerhard: »Rechtsprobleme des verkehrsbehindernden Sitzstreiks bei Demonstrationen«, in: *Die Polizei* 1970, S. 118 (120).

105 Müller (a.a.O., Anm. 72), S. 142 ff.; Quilisch (a.a.O. Anm. 4), S. 167, 170; Diederichsen/Marburger (a.a.O., Anm. 53), S. 781; Dietel/Gintzel (a.a.O., Anm. 94); Hust (a.a.O., Anm. 104), S. 120; Janknecht, Hans: »Verfassungs- und strafrechtliche Fragen zu ›Sitzstreiks‹«, in: *GA* 1970, S. 33 (37).

106 BVerfGE 34, 269 (283); 35, 202 (222 f.); dazu Hoffmann-Riem, Wolfgang: »Sozialstaatliche Wende der Medienverantwortung?« in: *JZ* 1975, S. 469 (470).

107 Zur funktional-demokratischen (oder demokratisch-funktionalen) Grundrechtstheorie allgemein vgl. Denninger (a.a.O., Anm. 80), S. 185 ff.; Klein (a.a.O., Anm. 65), S. 13 ff.; Böckenförde, Ernst-Wolfgang: »Grundrechtstheorie und Grundrechtsinterpretation«, in:

NJW 1974, S. 1529 (1534 f.). Für den Bereich der Versammlungsfreiheit vgl. insb. Quilisch (a.a.O., Anm. 4), S. 147 ff.; Schwäble (a.a.O., Anm. 69), S. 65 ff.

108 Allgemein ablehnend z. B. Ossenbühl, Fritz: »Die Interpretation der Grundrechte in der Rechtsprechung des Bundesverfassungsgerichts«, in: *NJW* 1976, S. 2100 (2103); kritisch auch Denninger (a.a.O., Anm. 80), S. 106 ff.; zum Demonstrationsrecht z. B. Merten (a.a.O., Anm. 83), S. 51.

109 Roth-Stielow (a.a.O., Anm. 69), S. 119.

110 Roth-Stielow (a.a.O., Anm. 69), S. 115.

111 A.a.O. (Anm. 53), S. 781; dagegen zu Recht Merten (a.a.O., Anm. 71), S. 1629; Schulze-Fielitz (a.a.O., Anm. 76), S. 205 Fußn. 103.

112 Quilisch (a.a.O., Anm. 4), S. 183; vgl. auch Eser(a.a.O., Anm. 53), S. 62 f.

113 Zutreffend Müller (a.a.O., Anm. 72), S. 145.

114 Denninger (a.a.O., Anm. 80), S. 187.

115 BVerfGE 12, 113 (132).

116 Vgl. nur Maul, Heinrich: »Demonstrationsrecht und allgemeine Strafbestimmungen«, in: *JR* 1970, S. 81 (84); Janknecht (a.a.O., Anm. 105), S. 37; Hannover (a.a.O., Anm. 61), S. 57 f.

117 Tiedemann (a.a.O., Anm. 2), S. 722; zust. Diederichsen/Marburger (a.a.O., Anm. 53), S. 781 f.; Roth-Stielow (a.a.O., Anm. 69), S. 121.

118 Hoffmann-Riem, Wolfgang: »Rechtswissenschaft als Rechtsanwendungswissenschaft. Lernzielthesen zur Integration von Rechts- und Sozialwissenschaft«, in: Hoffmann-Riem (a.a.O., Anm. 78), S. 30 m. w. Nachw.

119 Schulze-Fielitz (a.a.O., Anm. 76), S. 204 f.: vgl. auch Quilisch (a.a.O., Anm. 4), S. 180, 183.

120 Schulze-Fielitz (a.a.O., Anm. 76), S. 204.

121 Vgl. z. B. Hesse (a.a.O., Anm. 73), S. 151; Klein (a.a.O., Anm. 65), S. 67.

122 A.a.O. (Anm. 61).

123 Im Ergebnis ebenso Heinze (a.a.O., Anm. 52), S. 721 ff.; vgl. auch die polemische Bemerkung von Merten (a.a.O., Anm. 83), S. 45. Zur Chancengleichheit zurückhaltend auch Podlech, Adalbert: *Gehalt und Funktionen des allgemeinen verfassungsrechtlichen Gleichheitssatzes*, Berlin 1971, S. 209 ff.

124 A.a.O. (Anm. 69), S. 200; ders.: *Staatsrecht und Verfassungsgerichtsbarkeit I*, 2. Aufl., München 1976, S. 165.

125 BayObLG *NJW* 1969, 1127 (1128); OLG Köln *NJW* 1970, 260; Merten (a.a.O., Anm. 94), S. 626; Ossenbühl (a.a.O., Anm. 89), S. 82 f.

126 So im Ergebnis u. a. auch Dietel/Gintzel (a.a.O. Anm. 94); Ott, Sieghart: *Gesetz über Versammlungen und Aufzüge*, 2. Aufl., Stutt-

gart/München/Hannover 1977, § 15 Rn. 9; Erichsen (a.a.O., Anm. 124), S. 165 f.; Stein, Ekkehard: *Staatsrecht*, 6. Aufl., Tübingen 1978, S. 123 f.; Quilisch (a.a.O., Anm. 4), S. 181 ff.; Schwäble (a.a.O., Anm. 69), S. 126; Tiedemann (a.a.O., Anm. 2), S. 722 f.; Eser, Albin: *Strafrecht III*, München 1978, Fall 12 A 67.

127 BGHSt. 23, 46 (56).

128 LG Köln *JZ* 1969, 80 (83); Eilsberger (a.a.O., Anm. 7), S. 168; Tiedemann (a.a.O., Anm. 2), S. 723.

129 Vgl. die in Anm. 126 genannten Autoren.

130 Merten (a.a.O., Anm. 71), S. 1629.

131 Zu diesem Phänomen für den Bereich des Terrorismus Steinert, Heinz: Die Reaktion der Öffentlichkeit auf den Terrorismus, in: Fetscher, Iring u. a.: *Jugend und Terrorismus*, München 1979, S. 41 ff.

132 Dazu grundlegend Roxin, Claus: »Verwerflichkeit und Sittenwidrigkeit als unrechtsbegründende Merkmale im Strafrecht«, in: *JuS* 1964, S. 373 ff.

133 Ausführlich zu dieser Frage Lüderssen, Klaus: »Juristische Allgemeinbegriffe und Demoskopie«, in: Lüderssen, Klaus / Noelle-Neumann E. u. a.: *Generalklauseln als Gegenstand der Sozialwissenschaften*, Baden-Baden 1978, S. 70 ff.; vgl. auch Eser (a.a.O., Anm. 126), Fall 12 A 49 mit dem Maßstab eines »kompetenten Beurteilers«.

134 Vgl. die Nachweise bei Fezer (a.a.O. Anm. 8), S. 600.

135 Insbesondere Roxin (a.a.O., Anm. 132), S. 376; Hansen, Uwe: *Die tatbestandliche Erfassung von Nötigungsunrecht*, Baden-Baden 1972, S. 153 ff.

136 Fezer (a.a.O., Anm. 8), S. 599 ff.; Calliess (a.a.O., Anm. 31), S. 28.

137 BGHSt. 23, 46 (54 f.).

138 Vgl. nur Maurach-Scroeder (a .O., Anm. 30), S. q; Eser (aao., Anm. 126) all A 52, 67; Eilsberger (a.a.O., Anm. 7), S. 167; Tiedemann (a.a.O., Anm. 2), S. 723.

139 Arzt (a.a.O., Anm. 31), S. 184; Horn, Eckhard in: *Systematischer Kommentar* (a.a.O., Anm. 13), § 240 Rn 49.

140 Lackner, Karl: *Strafgesetzbuch*, 12. Aufl., München 1978 § 240 Anm. 6a; Eser (a.a.O., Anm. 126), Fall 12 A 66; Otto (a.a.O., Anm. 30), S. 99.

141 Grundlegend Arzt, Gunther: »Zum Zweck und Mittel der Nötigung«, in: Stratenwerth, Günter / Ka nArmin u. a.: Festschrift für Welz, Brlin/New York 1974, S. 826 ff.; ferner Horn (a.a.O., Anm. 139), § 240 Rn. 39; Schäfer (a.a.O., Anm. 26), § 240 Rn. 62; aus der Rechtsprechung z. B. OLG Stuttgart *NJW* 1969, 1543; OLG Celle *NJW* 1970, 206 (208).

142 Arzt (a.a.O., Anm. 141), S. 833.

143 Horn (a.a.O., Anm. 139), § 240 Rn. 39.

144 Vgl. den Sachverhalt in BGH 2 StR 291/60 (a.a.O., Anm. 12).

145 So zu Recht auch Kreuzer, Arthur: »Anmerkung zu OLG Celle NJW 1970, 206«, in: *NJW* 1970, S. 670. Daher kann im Rahmen der Verwerflichkeit auch in gewissem Umfang entlastend berücksichtigt werden, wenn mit der Demonstration auf erhebliches Fehlverhalten staatlicher Organe hingewiesen werden soll; so Eser in: Schönke-Schröder (a.a.O., Anm. 13), § 240 Rn. 24 e; zur Problematik vgl. auch Bahr-Jendges, Jutta / Dahle, Heiko / Tönnies, Sibylle: »Anmerkung zu AG Bielefeld KJ 1975, 183«, in: *KJ* 1975, S. 190 (192 f.), mit allerdings zu weitgehenden Folgerungen.

146 A.a.O. (Anm. 2), S. 726.

147 Zur Produktion sekundärer Devianz durch Stigmatisierung als »Linksradikaler« allgemein Lautmann, Rüdiger: »Linksradikal als Stigma«, in: Narr, Wolf-Dieter (Hrsg.): *Wir Bürger als Sicherheitsrisiko,* Reinbek 1977, S. 282 (296 f.).

148 Zur willkürlichen Erstattung von Strafanzeigen durch staatliche Stellen kritisch Tiedemann (a.a.O., Anm. 2), S. 725.

149 Zu den Zahlen BVerfG *NJW* 1974, 1859 (1860); Lautmann/Thoss (a.a.O., Anm. 7), S. 129; undifferenzierte Polemik gegen diese Amnestie bei Merten (a.a.O., Anm. 86).

Sozialwissenschaftlicher Kommentar

Wolf-Dieter Narr
Wer darf wann und wo und in welcher Form demonstrieren?

Es handelt sich hier um Anmerkungen zu einer von Heinz Giehring geschriebenen Vorlage. Sie ist in diesem Band abgedruckt. Giehring interpretiert in differenzierter Weise zwei Urteile zu einer Demonstration, die 1966 zu Köln den Verkehr zeitweilig lahmlegte und zu erheblichen Polizeieinsatz, auch manchen publizistischen Wellen führte. Klage war gegen zwei »Rädelsführer« erhoben worden, die das Landgericht zu Köln zunächst freisprach, während der Bundesgerichtshof solchen Freispruch für unzulässig erachtete, in jedem Fall die Argumente des Landgerichts zum wesentlichen Teil nicht anerkannte. Der Fall der zwei »Rädelsführer« wurde nicht weiter verfolgt und sie kamen ungeschoren davon, blieben aber auch ohne letzten Freispruch, da eine allgemeine Amnestie im Nachsommer der Studentenbewegung 1970 auch ›ihren‹ Fall erledigte.

Diese Demonstration richtete sich mit dem Mittel einer zeitlich begrenzten Verkehrsblockade gegen die Erhöhung der Straßenbahntarife. Die Stadt Köln in ihren zuständigen Stellen sollte dazu gezwungen werden, die betroffene Studentenschaft wenigstens anzuhören. Aufgrund ihrer immer noch vorhandenen Bedeutung hat Giehring die beiden Urteile zur Sache erneut aufgegriffen. Geht es hier doch vor allem um die Frage, was wann wo und wie als Gewalt im strafrechtlichen Sinne zu verstehen und gegebenenfalls abzuurteilen sei. Und geht es doch insbesondere um das vertrackte Problem, aufgrund welcher Kriterien ein Gericht eine Demonstration, die hier mit dem zusätzlichen Mittel einer gezielten Verkehrsblockade arbeitete, zulassen oder verbieten und ihre Veranstalter zur Rechenschaft ziehen kann. Giehrings Interpretation, die die Gebietsgrenzen juristischer Erörterung im engeren Sinne wiederholt überschreitet, vermag ich weitgehend zu folgen. Verkürzt zusammengefaßt ließe sich sagen, Giehring wolle grundgesetznah den Raum demonstrativer Akte möglichst weit offenhalten und suche das strafrechtliche Schwert so lange wie möglich in der Scheide zu halten.

Die folgenden Anmerkungen zu dieser Vorlage unterscheiden sich von einem Kommentar. Ist letzterer gehalten, den roten Faden der Argumentation der Vorlage zu begleiten, vermögen sich erstere ›privilegiert‹ darauf zu beschränken, die Rosinen oder auch die Nüsse der Vorlage herauszupicken. Das Anmerkungsgenre erlaubt es auch, auf füllig möglichen Beleg im einzelnen zu verzichten und möglichst schlank florettartig zu argumentieren.

Ich habe, wie sich aus dem Anmerkungsstil ergibt, die Begrenzung der Vorlage auf den Fall einer verkehrsblockierenden Demonstration akzeptiert. Dies war nur durch erhebliche Askese möglich. Denn die Demonstrationen sind weitergegangen; auch verkehrsblockierende. Insbesondere hat es in letzter Zeit Demonstrationen gegeben gegen den Auf- und Ausbau der Kernkraftwerke. Aber nicht nur die Demonstrationen sind weitergegangen, z. T. erheblich »gewaltsamer« geworden, auch die Aktionen und Reaktionen staatlicher Instanzen und der Gerichte haben sich weiterentwickelt. So die polizeilichen Techniken, Demonstrationen im Griff zu behalten[1] oder auch die juristischen Mittel. Strafrechtliche Sanktionen werden ergänzt durch zivilrechtliche Schadenersatzklagen. Die Probleme, wie kommt es zu Demonstrationen, welche Arten der Demonstrationen sind zulässig, wer ist gegebenenfalls für Gewaltausbrüche zuständig, und was kann als Gewalthandlung gelten, sind viel grundsätzlicherer Natur, als dies im Kölner Fall von 1966, einem vergleichsweise harmlosen, deutlich werden kann. Denn die Genese von Demonstrationen, die Frage nach ihren ›zureichenden Gründen‹ kann von der Frage ihrer Einschätzung, auch ihrer strafrechtlichen Beurteilung, nicht so weitgehend abgelöst werden, wie dies Giehring im Bestreben, möglichst harte Kriterien des Urteils zu erlangen, zu tun scheint. Gleichviel. Ich beschränke mich in meinen Anmerkungen auf den Horizont der Vorlage und tippe die darin enthaltenen und darüber hinausweisenden Probleme nur an.

1. Sozialwissenschaftliche Anmerkungen

Hier soll nicht der Einladung nachgegeben werden, die Attitüde »des« Sozialwissenschaftlers anzunehmen, der auf seinen sozialwissenschaftlichen Stöckelschuhen einherstolzierend »dem« Juristen begegnet. »Zwei Herren einander in höherer Stellung vermutend begegnen sich« (Klee). Gewiß – unterschiedliche Kompetenzen haben sich, dem schlechten Universitätsstudium zum Trotz (oder gerade seinetwegen), ausgeprägt. Allzu schnell gerät man in die Gefahr, die eigene Kläglichkeit hinter der Fachmonstranz zu verbergen. Als ob schon eine erworbene, sagen wir politologische Position auch ein entsprechend kompetentes politologisches Urteil erwarten ließe. Und auch für die Fächer gilt, die Sozialwissenschaft im engeren Sinne, Politikwissenschaft und Soziologie einerseits und die Jurisprudenz andererseits, daß sie angesichts ihrer analytisch-theoretischen Fertigkeiten nur Nietzsches deutlichen Ausdruck, jedes für sich, wiederholen zu können: »Nackt sah ich sie beide«. Es nützt nichts, den schwarzen Peter beträchtlichen, oft selbstverschuldeten Mängel dem anderen Fach zuzuschieben oder umgekehrt zu vermuten, der Joker, der alle Fachprobleme lösen mache, stecke in der Karte des anderen Fachs. Es nützt nichts: Erheblich größere Anstrengungen sind getrennt und gemeinsam erforderlich. Die Kooperation ergibt sich gerade zwischen Juristerei und Soziologie dann, wenn sich das Sachverständnis verbessert. Denn wie könnte ein Sozialwissenschaftler an der Form und den Inhalten des Rechts, schließlich an den Institutionen des Rechts vorbeigehen, wenn er gegenwärtige Wirklichkeit auch nur verstehen will? Wie aber könnte der Jurist, wenn er in der Tat mehr als Scholastik betreiben will, darauf verzichten, die Genese des Rechts, seine Herrschaftsfunktion und die Genese normentsprechenden und normabweichenden Verhaltens wenigstens zu reflektieren?

Sozialwissenschaftliche Anmerkungen könnten im Hinblick auf die Vorlage und ihren Hintergrund ein Vierfaches versuchen. Sie könnten darauf ausgehen, die beiden Urteile im Blockade-Fall interessenspezifisch einzuordnen und über die Herrschaftsfunktion des BGH räsonnieren (1). Sie vermöchten die Argumentationstechnik juristischer Erörterungen zu diskutieren, die Rabulistik juristischer Distinktionen und die entpolitisierende Funktion der ›Rechtstechnik‹ (2). Sie könnten sich ›auf den Boden‹ des einschlägigen Rechts, hier des Strafrechts, und insbesondere der §§ 125 und 240 stellen, um als eine Art sozialwissenschaftlicher Hilfsdienst zur Verbesserung der Urteilsbildung (s. Kriterienproblem!) zu fungieren (3). Und es wäre schließlich durchaus möglich, eine eigene Position zu beziehen, die nicht versucht, sich in den Kopf der Richter des BGH oder seiner führenden Kommentatoren, der h. M. gar zu versetzen (4).

Die folgenden Bemerkungen werden ein wenig von allem enthalten, ohne einer Variante systematisch gerecht zu werden. Das sind die Rosinen und Nüsse, die herausgepickt und angeknackt werden sollen: die Gewalt, das Kriterienproblem, die Schwierigkeit juristischer Methode und das Problem des Normenbezugs.

2. Der doppelte Gewaltbegriff

Die ›Moral der Geschicht‹ ist alt. Sie ist spätestens seit Thomas Hobbes bekannt. Was dem Staat erlaubt ist, ist dem Bürger noch lange nicht erlaubt, auch wenn der Staat einer des Bürgers ist – dem Prinzip nach. Diese Beobachtung gilt vor allem dort, wo das Wesenselement des Staates berührt wird, sein Monopol legitimer physischer Gewaltsamkeit. Während der Staat in seinen Instanzen Gewalt anwenden darf, sind die Bürger darauf verpflichtet, ihren Verkehr, auch mit dem Gewalthaber, friedlich zu gestalten. Staatliche Gewalt ist ›im Recht‹, setzt Recht durch und setzt sich ins Recht. Der Legitimitätsnachweis staatlicher Gewalt besteht in der von ihr selbst ausgestellten Legalitätsfahrkarte, die notfalls auch Züge besteigen läßt, für die die Geleise noch nicht gelegt sind.

Hierüber braucht gar nicht mehr diskutiert zu werden. Diese ›Moral‹ steckt in unseren Gebeinen. Das Schreckbild des Chaos, die Bilder einander mit blutigen Lefzen bekämpfenden Gruppen, eines Dauer-Western mit schwachem Sheriff genügen, um jegliche Diskussion einer anderen Gewaltorganisation ohne einen allein legitimen Monopolinhaber zu unterbinden. Doch schon bei Hobbes wird man darüber belehrt, daß dem Staate das Monopol nicht genügt. Der Monopolinhaber ist sehr sensibel. Um sein Monopol zu schützen, das als Garant der Friedfertigkeit bürgerlichen Verkehrs unabdingbar erscheint, ist er – so lautet die Behauptung – gezwungen, seinen Schutz vorzuverlagern. Nicht erst bei Hobbes, schon in der platonischen Herrschaftslehre muß sich der Staat deshalb auch darum kümmern, daß die Musik seinen Erfordernissen entspricht. Der Staat in der Hobbesschen Tradition – und diese Tradition ist die unsere – mögen die

Schmitts und die Forsthoffs und ihre Schüler und Enkel noch so sehr klagen – ist die Tendenz eigen, aus einem Schutzgaranten bürgerlicher Sicherheit zu einem Garanten des Selbstschutzes zu werden, dem die bürgerliche Sicherheit direkte Funktion der eigenen ist. Nicht der Staat muß sich in seinen Handlungen rechtfertigen, die Bürger müssen.

Die schon bei Hobbes angelegte Verkehrung des Legitimitätsbezugs (von der Bürgersicherheit, die der Staat garantieren soll, zur Staatssicherheit, die die Bürger nicht gefährden dürfen), die sich in autoritären Systemen von selbst versteht, gefährdet auch liberale Staaten permanent: insbesondere aber liberale Staaten (üblicherweise liberale Demokratien gennt), die in der Kette einer ungebrochenen vorliberalen Tradition stehen, wie dies für die bundesdeutsche Bürokratie, das bundesdeutsche Recht und die bundesdeutsche Rechtssprechung gilt. Dieser Verkehrungsgefahr ist der BGH nicht nur in seiner Läpple-Entscheidung erlegen. Sie läßt sich am besten demonstrieren am doppelten Gewaltbegriff, der seither (also seit 1969) weithin die Runde gemacht hat und in den Kontext der Anti-Terrorismus-Gesetze und der Aktionen und Urteile wider die Demonstrationen der Kernkraftgegner sein (Un)Wesen treibt.

Von staatlicher Gewalt ist in der BGH-Entscheidung nur einmal die Rede. Dort nämlich, wo der BGH das Urteil des Landgerichts kritisiert, das ein verhältnismäßig weites Demonstrationsrecht anerkannt hatte und demgemäß für zulässig erachtete, den Verkehr für eine begrenzte Zeit (ca. eine Viertelstunde) i. S. einer Art Warnstreik von betroffenen Bürger, die über keine anderen Mittel verfügen, zu behindern. »Die Anerkennung eines *solchen* Demonstrationsrechts mit der vom Landgericht offenbar nicht beachteten widersinnigen Folge, daß die Polizeibeamten beim Wegtragen der die Schienen besetzt haltenden Demonstranten bis zu einem mehr oder minder willkürlich zu bestimmenden Zeitpunkt rechtswidrig tätig geworden wären, ist abwegig . . .« Die an und für sich in den kaum aufgeklärten Absolutismus gehörende Devise: »Der König kann kein Unrecht tun« – sie wird hier zum Ereignis inmitten eines der höchsten Gerichte dieser Demokratie. »Widersinnig« erscheint dem BGH die Vorstellung.

Ansonsten aber kommt staatliche Gewalt nicht vor. Für sie spricht die Legalitäts- und die Legitimitätsvermutung. Staatliche Gewalt wird der Kritik entrückt. Wenn sie überhaupt diskutiert wird, das gilt insbesondere auch für führende juristische Erörterungen, dann nur eng begrenzt auf ihre physische Seite, auf den unmittelbaren Polizei- (oder Militär)einsatz. Daß staatliche Gewalt auch über andere Hebel und indirekt zu wirken vermöchte, daß sie demgemäß durch ihr Verhalten zu den Reaktionen der Bürger beitragen könnte, kommt nicht ins Blickfeld, auch nicht in den Blick des BGH. Nicht umsonst wird der Begriff »strukturelle Gewalt« in den Bereich des politologischen Nonsens geschoben.[2]

Wird die staatliche Gewalt gar nicht thematisiert oder wenn überhaupt, dann nur sehr eingeschränkt und mit der Vermutung ihrer Legitimität, so ist im Hinblick auf die Gewalt, die von Bürgern ausgeht, das Gegenteil zu beobachten. Der Gewaltbegriff wird gedehnt und gedehnt und gedehnt, bis schließlich »Gewalt jeder Art«, wie es in einer späteren BGH-Entscheidung heißt, »im politischen Meinungskampf mit der freiheitlichen demokratischen Ordnung der Bundesrepublik nicht vereinbar« erscheint. So wird insbesondere auch »im Zusammenhang neuartiger Methoden des politischen Umsturzes« der Gewaltbegriff neuartig gefaßt. Gewalt von Bürgern wird nicht nur auf physische Gewalt beschränkt, wie es zu Recht das Landgericht – übrigens auch in Übereinstimmung mit dem Strafrecht und den strittigen §§ 125 und 240 – verlangte, indem es einen entscheidenden Bezug herstellte: die Integrität des anderen Bürgers. Gewalt ist auch als psychische möglich.

Gewalt von Bürgern wird insbesondere abgelöst von der Gewalthandlung als solcher, das hat Giehring länger herausgearbeitet, sie wird aus der Wirkung deduziert. Ein gewaltiges post hoc ergo hoc. Weil sich eine Behörde (oder ein anderer, ein Straßenbahnfahrer z. B.) ›vergewaltigt‹, sprich »genötigt« fühlen könnte, dieses oder jenes zu tun oder nicht zu tun, und weil ihr Verhalten als Reaktion verständlich wird, wird jegliche bürgerliche Aktion potentiell zum Gewaltakt. Es gibt kein Halten mehr. Das Gewicht der Reaktion genügt, um über die Aktion zu befinden. Die Aktion selbst wird behandelt, als sei sie rein entsprungen. Sie wird nicht daraufhin untersucht, ob sie nicht ihrerseits Reaktion z. B. auf behördliche Praktiken ist: Auch die in die Urteile eingeschaltete Soziologie ist Herrschaftssoziologie.

Zur Gewalt wird etwas, sofern es sich um Handlungen von Bürgern dreht, je nach der von der »Gewalt«-Handlung »ausgehenden Zwangswirkung«. Immerhin wurde vom BGH seinerzeit noch der »von der Verfassung gewährte weitere Spielraum für die Auseinandersetzung mit Worten« hervorgehoben. In der Zwischenzeit ist dieser vergleichsweise »weitere« Spielraum gleichfalls drastisch strafrechtlich eingeengt worden. Die §§ 88a und 130a STGB stehen dafür. Außerdem hat die höchstrichterliche Einlassung des Bundesverfassungsgerichts für eine große Gruppe der Bevölkerung »die Auseinandersetzung mit Worten« zusätzlich drastisch eingeengt. Das »Haben einer Meinung« mag angehen. Die Gedanken sind frei; aber wehe, sie werden von öffentlich Bediensteten oder solchen, die es werden wollen, geäußert. Geäußerte Gedanken brauchen den jeweils gebräuchlichen fdGO-Schlips.

Der doppelte Gewaltbegriff, der Gewalt, sofern sie vom Staate ausgeht, verdeckt, verkürzt und rechtfertigt, und der Gewalt, sofern sie von Bürgern geübt wird, an der staatlichen Reaktion mißt, führt zum Trennungsdenken und zur doppelten Moral. Staatsgewalt und private Gewaltsamkeit werden auseinander gerissen, als hätten sie nur äußerlich und nicht ursächlich etwas miteinander zu tun. Der BGH lehnt im Läpple-Fall jede Erwägung darüber ab, ob die Studenten möglicherweise durch staatliches Handeln zu ihrer demonstrativen Aktion veranlaßt worden seien. Es reicht aber aus, daß die studentische Aktion indirekt als Gewalt empfunden wurde, um staatliches Handeln auch als physisch-polizeilichen Zugriff rundum zu rechtfertigen. Denn das, was der Bürger tut, ist, sofern er nicht ruht, potentiell überall Gewalt.

3. Juristische Methode – in Rechtsprechung und Kommentar – als Depolitisierungstechnik auf dezisionistischem Grund

Auch Giehrings Erörterung ist nicht ganz frei davon. Da man der Gesetzesform das Interessen- und Kampfesblut nicht mehr ansieht, sondern das Gesetz gerade dadurch wirkt, daß es als gemeinwohliges Neutrum erscheint, als das Allgemeine, vermögen auch die Diskussion von Gesetzen und ihre richterliche Anwendung den Juristenstand zum Stand ehrlicher Makler zu erheben. Gewiß, Giehring weist daraufhin, daß verschiedene demokratietheoretische Konzeptionen in den Urteilen und Entscheidungen eine Rolle spielten. Auch die spezifische politische Situation wirke auf die Rechtssprechung erheblich ein. Auch er versäumt es jedoch, den herrschenden Charakter der h. M. bloßzulegen und die politischen Interessen etwa des BGH eindeutig zu benennen. Liest man das Urteil des Landgerichts und die Entscheidung des BGH, auch die Kritik des BGH am Urteil des Landgerichts, und führt man sich verschiedene Kommentare ›zu Gemüte‹, dann fällt die permanente ›Philosophie des Als-ob auf‹. Als ob es um neutrale Rechtsauslegung, um Subsumtion unter eindeutige und klare Rechtsbegriffe, um eine interessensaubere, allgemein nachvollziehbare Rechtstechnik ginge. Dieses dauernde, Neutralität vorschützende Als-ob erscheint wie ein dauerndes Versteckspiel; geradezu universeller Rumpelstilzchentrick der Jurisprudenz: oh wie gut, daß (fast) niemand weiß, daß ich politisches Interesse heiß. Im Strudel der Erwägungen, zu denen einmal diese, einmal jene Paragraphenkombination herangezogen wird, und im Wall der Anmerkungen, die als präziser Beleg erscheinen, geht das die Urteils- und Entscheidungsfindung determinierende, ihr vorausliegende politische Interesse unter. Diese Entscheidungen, das demonstriert das BGH-Urteil an allen Ecken und Enden und in seiner gesamten, nur politisch verständlichen Systematik, werden nicht gefunden, gar durch eine saubere rechtstechnische Subsumtion. Sie werden vielmehr erfunden und hinterher entsprechend garniert. Zuweilen erhält man den Eindruck, der aus der mittelalterlichen Tradition der Urkundenfälschung bekannt ist. Da das mittelalterliche Recht, folgt man Eduard Kern, Max Weber u. v. a., nur »gut« war, wenn es »alt« war, tat man, da man immer wieder neue Rechte braucht, so, als handele es sich beim neuen Recht um altes. Die Rechtssprechung in römisch-rechtlicher, von Savigny-Windscheid u. v. a. deutsch systematisierter Tradition, muß so tun, als beziehe sie sich auf ein »System« des Rechts, als gehe es im wesentlichen nur darum, die korrekte Subsumtionsregel zu finden.

Indem das Politikum juristischer Interpretations- und Entscheidungstechnik eingeklagt wird, wird nicht in einem närrischen Akt verlangt, auf differenzierte rechtliche Erörterungen zu verzichten. Was zunächst allein verlangt wird, ist eine rücksichtslose Explikation der Interessen und Kriterien und nicht ihre windungsreiche und oft in der Tat windige Camouflage.

4. Ein seltsam stilisiertes Kriterienkunterbunt

Ohne Entscheidungen kommt man nicht aus. Es gibt keine Lehre, die ›wertfrei‹ und absolut für alle Zeiten und Gesellschaften, eine ›gute‹ von einer ›schlechten‹ Demonstration, ›legitime‹ von einer ›illegitimen‹ Gewalt unterscheiden ließe. Möglich und notwendig ist es aber, den Wert-(Kriterien)bezug – die politisch fundierende Entscheidung – aufzudecken, in ihren Vor- und Nachteilen, ihren Wirkungen insbesondere, zu bedenken und systematisch durchzuhalten.

Der Versuch, Dezisionen zu verbergen – auch Giehring ist es immer wieder peinlich, wenn er dezisionistische Akte einräumen muß –, kreiert so gesehen geradezu den juristischen Dezisionismus. Dieser kann nur dadurch in seiner politischen Willkürlichkeit und seinem okkasionellen Charakter eingeschränkt werden, daß man einem dreifachen Postulat gerecht zu werden sucht. Zum ersten der möglichst genauen Explikation der angewandten Methode und der angelegten Kriterien. Zum zweiten der systematischen Verwendung der einmal gewählten Methode. Zum dritten einem möglichst engen Gesetzespositivismus. Das erste und das zweite Postulat müßten an und für sich verhältnismäßig leicht zu erfüllen sein. Es wird ihnen aber sehr häufig zuwider gehandelt. Beide vorliegende Urteile und Entscheidungen in Sachen Verkehrsblockade genügen den Anforderungen nur teilweise. Insbesondere das BGH-Urteil macht die Mängel deutlich.

In beide Urteile/Entscheidungen gehen eine Reihe nicht weiter aufgedeckter Annahmen ein, die moralischen, politischen u. ä. Erwartungen entspringen, die nicht reflektiert werden (vgl. im Landgerichtsurteil allein die Urteilskategorie »angespanntes Gewissen«). Außerdem wird die jeweilige Interpretationsmethode zwar wie selbstverständlich gehandhabt, sie wird aber in ihrem Selbstverständnis nicht aufgedeckt. Jenseits der Gesetzestexte und ihrer systematischen Interpretation, die man vermißt, fällt in der BGH-Entscheidung auf, wie stark und unproblematisch die eigene oder die reichsgerichtliche Tradition zum Argument wird, und wie skrupellos eine bestimmte Auffassung repräsentativer Demokratie Grundrechte einschränken läßt. Die Formel von der »repräsentativen Demokratie« gewinnt substantielle Sittlichkeit; die Organisation der liberalen Demokratie wird gegen ihre Norm ausgespielt, als sei in der Organisationsform die zentrale Norm enthalten (ähnlich wird der Zusammenhang in der Interpretation der »freiheitlichen demokratischen Grundordnung« durch das Bundesverfassungsgericht verschoben).

Das Hauptproblem aber besteht im Postulat des Gesetzespositivismus. Nicht weil dieses Postulat der h. M. entgegenstünde, die im Kampf gegen den Gesetzespositivismus vorgeblich den Nationalsozialismus und seiner Verführungskraft auch für Juristen bekämpft zu haben meint.[3] Das Problem besteht darin, daß diesem Gesetzespositivismus, wenn man ihn unkommentiert stehen läßt, das systematische Rückgrat fehlt, vielmehr, daß dieses Rückgrat durch die vor-demokratischen Konstitutionsbedingungen und -kriterien aller wesentlichen Gesetzessysteme in Deutschland ersetzt wird.

5. Die Scheu vor der normativen Systematik als Antitoxin des Dezisionismus und als Garant der juristisch allein möglichen ›Objektivität‹

Als trüge man Eulen nach Athen. Also muß die Aufforderung an die Adresse der Normwissenschaft Jurisprudenz klingen, ihre Scheu vor der normativen Systematik zu überwinden. Eine aufgedeckte normative Systematik ist gleichzeitig die Voraussetzung dafür, daß das Problem des Gesetzespositivismus, welches Rückgrat ihm anstehe, überwunden zu werden vermag. Vielleicht ist sich Athen aber seiner Eulen zu sicher und unterläßt deshalb, sie ausreichend zu hegen. Bei der Jurisprudenz scheint dies der Fall zu sein. Das Kriterien-Hin-und-Her kann nicht dann überwunden werden, wenn man bald diesen, bald jenen Gewaltbegriff aus der Tasche zieht oder wenn man Anleihen einer seltsamen »empirischen« Sicherheit bei den Sozialwissenschaften machen zu können hofft. Das Kriterien-Hin-und-Her läßt sich allein vom Zentrum normativer Gültigkeit aus lösen, von der tragenden Basisnorm einer Gesellschaft, in diesem Fall dem Grundgesetz. Auch dann werden nicht alle Probleme gelöst sein. Und gewiß werden die Kontroversen über die Auslegung des Grundgesetzes und seine Folgewirkung in den nachgelagerten Gesetzesbereichen andauern; vielleicht sogar zunehmen. Diese Kontroversen gewinnen aber dann einen anderen Charakter.

Besieht man die Urteile/Entscheidungen auch nur in dem vorliegenden Fall der demonstrativen Verkehrsblockade, dann fällt auf, daß zwar am laufenden Band normative Aussagen gemacht werden. Diesen Aussagen fehlt aber ein klar und deutlich zusammenhaltendes (normatives) Band. Sie werden unsichtbar zusammengehalten (vgl. Punkt 3.) von etwas der expliziten Argumentation Vorausliegendem, einer Art geheimen Argumentation der Urteile und Entscheidungen, deren Basis zu wechseln vermag. Obwohl Giehrings Kommentar zu Recht daran erinnert, daß die Entscheidung über den Demonstrationsfall nur auf demokratietheoretischer Grundlage erfolgen könne, wirkt auch seine Argumentation merkwürdig zögernd. Fast hat es den Anschein, als gebreche es an Mut, sich zu einem klaren und eindeutigen Ausgangspunkt zu verstehen. – An wichtigen Stellen taucht verräterisch das Wort »realistisch« oder »nicht realistisch« auf, als ob die Frage der Durchsetzbarkeit »realpolitisch« oder »realjuristisch« (erinnere: h. M.!) ein analytisches oder theoretisches Argument sein könnte.

Nimmt man den grundgesetzlichen Ausgangspunkt – und das Grundgesetz als norma normans und permanentes regulatives Prinzip, das die Interpretamente auch der strafrichterlichen Interpretation hergibt –, dann läßt sich zwar eine Entscheidung des GG für die repräsentative Demokratie erkennen. Es läßt sich aber zugleich ein Doppeltes eindeutig festhalten: zum einen, daß die Art der repräsentativen Demokratie variabel und nicht auf den jetzigen Zustand und auch nicht auf die Einzelformulierungen des GG selber festgeschrieben sind (vgl. die Wesengehaltsgarantie von 79 Abs. 3 GG). Zum zweiten, daß das GG einen demokratischen und sozialen Rechtsstaat haben wollte, dem die Würde des Menschen oberstes Gebot ist.

An dieser Stelle vermag, setzt man die Geltung des GG als das Legalitäts- *und* Legitimitätsprinzip dieser Gesellschaft voraus, die Sozialwissenschaft ihre Dienste anbieten. Sie kann in empirisch eindeutigem Nachweis zeigen, daß das repräsentative Prinzip dieser Demokratie längst bis zu Schwundstufen verkümmert ist und daß die Möglichkeiten der Mitbestimmung, die zur Würde des Menschen gehören, zunehmend eingeengt werden. Sie vermag schließlich – wenn dies in der Sozialwissenschaft auch kontrovers bleibt – kenntlich zu machen, daß die herrschende Theorie der repräsentativen Demokratie, auch formale Demokratietheorie genannt, zu einen nicht *die* Demokratietheorie schlechthin hin, gerade, wenn man die Freiheit des einzelnen, wie es das GG verlangt, ernst nimmt. Zum anderen vermag sie zu zeigen, warum die überkommenen Institutionen der repräsentativen Demokratie, wie sie auch im Grundgesetz (Art. 21 ff.) formuliert sind, nicht mehr ausreichen, auch nur um die Forderungen der repräsentativen Demokratie zu erfüllen.

Nimmt man die normative Hierarchie des GG, seine unumstößlichen und seine umstößlichen Normen, zusammen mit dem gerade angedeuteten empirisch-historischen Wissen um die Funktionsdefizite, z. T. systematischer, z. T. aktueller Natur der gegenwärtig verwirklichten Form repräsentativer Demokratie, dann wird klipp und klar, daß dem Demonstrationsrecht eine hohe Bedeutung zukommt. Diese hohe Bedeutung besitzt das Demonstrationsrecht als Grundrecht von vornherein. Meinungs-, Organisations- und Versammlungsfreiheit lassen sich nur mit seiner Hilfe verwirklichen. Teilnahme am politischen Geschehen, das laut GG mitnichten von den Parteien monopolisiert werden soll, ist nur mit Hilfe der Demonstration möglich. Diese hohe Bedeutung wird dadurch verstärkt, daß eine Vertrocknung der repräsentativen Demokratie droht. Im greulichen Jargon der Soziologen könnte man formulieren, daß das Interessenberücksichtigungspotential der repräsentativen Institutionen systematisch zu gering ausfällt. Um diese mangelnde Berücksichtigung von Interessen auf allen Ebenen auch nur ansatzweise auszugleichen, ist das urdemokratische Institut der Demonstration ein zentrales Mittel. Sein Gebrauch gefährdet nicht die Stabilität der Demokratie, sondern er erhält und garantiert dieselbe. Die Vermutung spricht so gesehen normativ und empirisch – von der Demokratietheorie zu schweigen – für ein unbegrenztes Demonstrationsrecht, dessen jeweilige Einschränkungen also einsichtig nachzuweisen sind.

Wann aber wird eine Demonstration »gewaltsam« und damit, daß sie andere Güter gefährdet oder zerstört, ablehnbar? Auch hier muß die Kriteriensuche nicht so aporetisch oder so obrigkeitlich ausfallen, wie letzteres für das BGH-Urteil zutrifft und ersteres teilweise in Giehrings Interpretation der Fall zu sein scheint. Denn die Argumentation des Landgerichts zu Köln ist richtig. Die Grenze der Demonstrationsfreiheit besteht nicht in der vermittelten Nötigung eines Straßenbahnfahrers. Es gehört zum sozialen Wesen der Demonstration, daß sie auffällig wird, daß sie sich aus dem ›normalen Ablauf‹ heraushebt. Die Grenze der Demonstrationsfreiheit ist auch nicht im zeitlichen Aufwand gegeben, den eine Verwaltung infolge der Demonstration oder, um die Demonstration zu vermeiden, zusätzlich leisten muß. Die Grenze der Demonstrationsfreiheit ist in der möglichen Verletzung der Integrität der nicht Demonstrierenden gegeben. Wann und wo aber ist diese Verletzung der Integrität der anders Handelnden gegeben? Sie ist nicht gegeben, wenn von den anders Denkenden und anders Handelnden Verständnis und Toleranz gefordert wird. Ein öffentliches Ärgernis, weil jemand im übertragenen Sinne nackt herumläuft, läßt sich nicht konstruieren, allenfalls ein privates, mit dem jeder auszukommen hat. Die Verletzung der Integrität ist auch nicht gegeben, wenn die anderen etwas Zeit verlieren, Umwege fahren müssen u. ä. m. Die Integrität der anders Denkenden und Handelnden durch Demonstranten ist erst verletzt, wenn durch die Gesamtanlage der Demonstration physischer Harm erzeugt wird, entstehe dieser physische Harm beabsichtigt oder unbeabsichtigt infolge systematischer Fahrlässigkeit. Zu solchem physischen Harm ist noch nicht zu rechnen, wenn jemand ein wenig gerempelt wird, ebensowenig wie eine Zerstörung vorliegt, wenn das Gras von Anlagen etwas zertrampelt wird.

In rechtlichen Formulierungen (vgl. noch einmal die §§ 88a und 130a, aber auch andere einschlägige strafrechtliche Paragraphen), in Urteilen und einflußreichen Kommentaren, wird immer wieder ein potentiell universeller Gewaltbegriff benutzt. Während – wie schon beobachtet – staatliche Gewalt nicht als Gewalt erscheint, wird potentiell jede bürgerliche Handlung, ja Meinungsäußerung zur Gewalt, insbesondere dann, wenn Handlungen und Äußerungen kollektiv erfolgen. Durch diesen potentiell universellen Gewaltbegriff, der durch unbestimmte Rechtsbegriffe gefördert wird, werden auch alle Unterscheidungen zwischen verschiedenen Gewaltformen und Gewaltwirkungen potentiell ihrerseits als Gewaltäußerungen unter Strafe gestellt. Dadurch werden die Möglichkeiten, sich in Meinung und Handlung zu äußern, über das in der Form repräsentativer Demokratie gegebene Maß hinaus eingeschränkt. Demonstrationen gewinnen dort viel eher den Charakter von Gewaltäußerungen, wo allen nicht etablierten Artikulations- und Organisationsformen von Bürgern mißtrauisch begegnet wird, wo jede Demonstration selbst schon vorweg und rundum polizeilich aufgeklärt ist und strafrechtlich gesprochen als »Zusammenrottung« geführt wird, die der Normalität zuwider ist.

Es geht nicht darum, gewaltsamen Demonstrationen, Demonstrationen also, die Sachen zerstören und Personen verletzten, eine Art Freifahrkarte auszustellen. Es geht vielmehr darum, Demonstrationen als substantielle Einrichtungen einer funktionierenden, auch repräsentativen Demokratie zu retten. Letztere verkümmerte vollends, wenn alle nichtinstitutionalisierten Aktivitäten nicht nur mittellos, was sie in der Regel sind, sondern auch noch rechtlos gemacht würden. Sollen aber Demonstrationen, d. h. kollektive Akte von Bürgern, die auf etwas Besonderes mit Öffentlichkeit erregenden Mitteln hinweisen möchten, als demokratische Normal-Akte möglich sein, dann sind folgende restriktive Bedingungen im Hinblick auf den Einsatz des doppelkiefrigen staatlichen Monopols, von Polizei und Justiz, erforderlich:

Zum ersten ist es unabdingbar, daß der Gewaltbegriff eng verstanden wird und daß seine Bezugsnorm in der Integrität anderer Bürger gefaßt wird.

Zum zweiten ist es angezeigt, Demonstrationen nicht als unvermeidliches Übel, sondern als Korrektiv der ›normalen‹ Willensbildungsprozesse zu begreifen, die ihr eigenes unverbrüchliches Recht besitzt.

Demgemäß ist die Funktionsweise der staatlichen Institutionen als eine abgeleitete zu begreifen. Zugespitzt gesprochen: nicht die Demonstration muß vor der Staatsgewalt, sondern die Staatsgewalt muß sich vor der Demonstration legitimieren.

So verstanden ist es ausgeschlossen, Demonstrationen als Nerven der Demokratie die polizeilichen Kosten zur Last zu legen. Denn die Polizei ist bestenfalls als Dienerin und Ordnerin der Grundrechte zu verstehen, nicht als ihre Lenkerin. Daß Schadenersatzprozesse überhaupt in Gang kommen können, die die Polizeikosten einklagen, demonstriert das Verständnis der Grundrechte als riskantes Privatvergnügen.

Schließlich muß endlich das Strafrecht grundgesetz-, vielmehr grundrechtsgemäß durchforstet werden. Grundrechte sind bürgerliche Aktivrechte, Handlungsrechte also, Rechte auch, die über, nicht unter dem Staat und seinen Institutionen stehen.

Im Unterschied zum Gesetzgeber und zu den meisten Gesetzesanwendern bürokratischer und justizieller Natur wird der Gewaltbegriff nicht ausgeweitet, sondern reduziert. Dies geschieht, um dem Grundrecht auf Demonstration Platz zu schaffen. Außerdem wird auch die Möglichkeit einer abstrakten Verrechtlichung zulässiger oder unzulässiger Gewalt abgelehnt, weil diese abstrakte Verrechtlichung notwendig zu unbestimmten Rechtsbegriffen, sprich bürokratisch-justiziell ausfüllbaren Leerformeln führen muß, die erneut das Grundrecht und seine Verwirklichung unter das Damoklesschwert möglicher Sanktion plaziert. Weil man Gewalt nicht unabhängig von spezifischen gesellschaftlichen Lagen eindeutig und klar beschreiben und normativ festlegen kann, was zulässig ist und was nicht, neigen Rechtssetzung und Rechtsprechung dazu, den Gewaltbegriff auszudehnen und das Grundrecht demgemäß zu reduzieren. Die Wege, die Norm zu erfüllen, werden mit Warn- und Verbotsschildern versehen, weil es möglich ist, daß sie gelegentlich zu Abwegen veranlassen. Umgekehrt wäre es richtig. Die grundrechtliche demokratische Norm, das Demonstrationsrecht, ist prinzipiell unbegrenzt. Begrenzungen lassen sich nur als regulative Prinzipien angeben. Die eindeutige Grenze ist allein in der physisch zu fassenden Integrität von Personen gegeben. Demgemäß spricht die Vermutung für die Zulässigkeit jeder Demonstration. Einschränkungen, gar hinterher geschehene Bestrafungen, müssen sich gegenüber der Vermutung, daß das Grundrecht den Vorzug besitzt, rechtfertigen. Wenn man verrechtlichen will, was nicht zu verrechtlichen ist, vergrößert man die bürokratisch-justiziellen Eingriffs- und Sanktionsmöglichkeiten, man schmälert das Grundrecht und verletzt demgemäß das Recht, indem man zum Schein seine Form aufrechterhält.

Eine solche Argumentation erscheint ganz und gar »unrealistisch«. Dem mag, besieht man sich die h. M. und die herrschende Praxis, durchaus so sein. Eine solche Argumentation wird freilich einzig realistisch, wenn es nicht um den reputierlichen oder den herrschenden Realismus, sondern um die Realität der Grundrechte und auch eine ihnen gemäße, durchaus systemimmanent verstandene repräsentative Demokratie geht. Erstaunlich ist es, wie wenig sich die Normwissenschaftler und die Normanwender, die

Juristen, tatsächlich zu den Normen systematisch zu verstehen vermögen. Insofern könnte man zu Recht rufen: Juristen werdet endlich normativ!

Anmerkungen

1 Vgl. den eigenartig informativen Aufsatz des Berliner Polizeipräsidenten Klaus Hübner mit dem Titel: »Erfahrungen mit Einsatzkonzeptionen in Berlin«, in: *Die Polizei*, 70. Jg. H. 7 Juli 1979, S. 209-218.

2 Vgl. Detlev Merten: *Rechtsstaat und Gewaltmonopol*, Tübingen 1975.

3 S. Ingo Müller: »Gesetzliches Recht und übergesetzliches Unrecht«, in: *Leviathan*, 7. Jg. Heft 3.

Günther Gollner
»Zurüstungen« bei § 330a StGB

Fast gleichzeitig haben vor geraumer Zeit das BayObLG[1] und das OLG Hamm[2] zur äußerst umstrittenen Schuldfrage in § 330a Stellung genommen. Daß sich in dieser Frage, in der zwischen den Strafsenaten[3] des BGH zwei widersprüchliche Meinungen zu bestehen scheinen, beide Gerichte, ohne vorzulegen, der Meinung des 5. Senats[4] anschlossen, mag auf den ersten Blick nicht ganz einleuchten. An dieser Stelle soll zum einen (I.) dargestellt werden, daß dieser Widerspruch nicht so offensichtlich ist, wie gemeinhin[5] angenommen wird, und daß zum anderen (II.) dem Bedürfnis nach einer irgendwie gearteten subjektiven Beziehung zwischen dem schuldhaft herbeigeführten Rauschzustand und der Rauschtat in Fällen eines äußerst unwahrscheinlichen Kausalverlaufs systemgerechter durch eine restriktive Auslegung der objektiven Bedingung der Strafbarkeit Genüge getan würde.

I

1. Nach der Ansicht des 1., 2. und 4. Strafsenats beschränkt sich der Schuldvorwurf in § 330a audie Vorwerfbarkeit des Rausches. Danach gehört es nicht zum Tatbestand, daß der Täter im Vollrausch eine mit Strafe bedrohte Handlung begeht. Die Rauschtat ist vielmehr objektive Bedingung der Strafbarkeit, auf die sich ie Schuld nicht bezieht. Nach der Ansicht des 5. Senats ist dagegen die Rauschtat nur dann »verschuldet, wenn der Rausch verschuldet und für den Täter voraussehbar war, daß er zu irgendwelchen Ausschreitungen strafbarer Art führen könne«.[6] Diese Voraussicht und damit auch die Schuld soll nach Ansicht des 5. Senats ausnahmsweise fehlen, wenn der Täter Zurüstungen[6a] getroffen hatte, die nach menschlichem Ermessen geeignet waren, ihn an der Begehung irgendwelcher strafbarer Handlungen zu hindern. Sollte aber die Meinung des 1., 2. und 4. Senats[7] richtig sein, daß sich die Schuld des Rauschtäters nur[8] auf das Versetzen in den Vollrausch erstrecken muß und auf sonst nichts, dann müßte es

irrelevant sein, ob ein Täter Zurüstungen gegen irgendeine Straftat getroffen hat. Denn erachtet man eine »noch so lose«[9] subjektive Verbindung zwischen Berauschung und Rauschtat, wie immer man sie auch dogmatisch einordnet, für nicht erforderlich, dann wären Zurüstungen gegen die Gefährlichkeit des Vollrausches und das Bewußtsein, solche getroffen zu haben, nicht geeignet, die Schuld und damit die Strafbarkeit des Täters zu beeinflussen.[10]

2. Bei näherer Betrachtung besteht die vielbeschworene Divergenz zwischen den Senaten jedoch nur scheinbar.[11] Denn wie für die anderen Senate des BGH ist § 330a auch für den 5. Strafsenat zumindest seit einer Entscheidung v. 29. 10. 1957[12] ein abstraktes Gefährdungsdelikt, das objektiv bereits dann erfüllt ist, wenn der Täter die Grundhandlung begangen hat, und nicht erst, wenn er sich erwiesenermaßen tatsächlich bewußt war oder sich hätte bewußt sein müssen, daß er eine mehr oder minder konkretisierte Gefährdung heraufbeschworen hat die geeignet war, zu strafbaren Handlungen irgendwelcher Art zu führen.[13]

a) Vergleicht man das grundlegende Urteil des 4. Senats[14] mit dem ersten Urteil des 5. Senats,[15] so ist allerdings die Divergenz in der Auffassung der beiden Senate noch eklatant, fordert der 5. Senat dort doch, daß sich Vorsatz bzw. Fahrlässigkeit *nachweisbar*[16] darauf beziehen, daß der Täter im Rausch Ausschweifungen irgendwelcher Art begehen könne. In der nächstfolgenden Entscheidung des 5. Senats[17] wird diese »Schuldbeziehung« (Vorsatz oder Fahrlässigkeit) nicht aufgegeben, sondern nur für den Regelfall als quasi anthropologische Erfahrung, die jedermann besitzt, *unterstellt*. Nur ausnahmsweise, heißt es dort, könne es mangels einer solchen Lebenserfahrung an der Vorhersehbarkeit fehlen, nämlich z. B. dann, wenn der Täter noch jung und unerfahren ist oder wenn er Zurüstungen gegen seine Gefährlichkeit im Rausch getroffen hat, die ihn nach menschlichem Ermessen daran hindern müßten, wegen des Rausches irgendwelche mit Strafe bedrohte Handlungen zu begehen. In dieser Entscheidung des 5. Senats im 10. Bande deutet sich so bereits ein grundsätzlicher Umschwung an. Denn während er in VRS 7, 309 (311) den Schuldkonnex zwischen Vollrausch und Rauschtat als Vorsatz oder Fahrlässigkeit bezeichnet, die ja beide eine individualisierende Wertung auf den Täter hin voraussetzen, beruht der Schuldvorwurf in BGHSt 10, 247 (251) bereits auf einem weitgehend generalisierenden, vom Täter abgesetzten Urteil und fällt damit tendenziell aus dem Schuldbereich heraus. Wesentlich ist aber, daß der 5. Senat im 10. Bande ausdrücklich noch daran festhält, die Schuld des Täters bestehe im Vorsatz oder in der Fahrlässigkeit im Hinblick auf die Vorhersehbarkeit *irgendwelcher* strafbarer Ausschreitungen.

b) Die letzte und entscheidende Anpassung der Rechtsprechung des 5. Senats an die der anderen Senate erfolgt in einem Urteil aus dem Jahre 1957.[18] Dort gibt der Senat das Vorsatz- bzw. Fahrlässigkeitserfordernis der Vorhersehbarkeit irgendwelcher strafbarer Handlungen als psychologischen Schuldkonnex auf und stellt nur auf »Vorwerfbarkeit« des Erfolges, der Rauschtat, ab. Diese Vorwerfbarkeit setze außer der Erfüllung des Tatbestands voraus, daß der Täter *wisse* oder *wissen müsse*, er könne im Vollrausch *irgendeine* mit Strafe bedrohte Handlung begehen. Dieses Wissen wird zugleich wie in der vorangegangenen Entscheidung »im allgemeinen für alle Erwachsenen« vermutet und zur gesetzlichen Fiktion erhoben. So nimmt der 5. Senat ausdrücklich Abschied von der Behauptung, die von ihm geforderte Vorhersehbarkeit habe etwas mit den Schuldformen Vorsatz und Fahrlässigkeit zu tun, denn vorwerfbar[19] i. S. d. Strafrechts seien auch Erfolge, auf die sich weder Vorsatz noch Fahrlässigkeit bezögen.

c) Zum gleichen Ergebnis kommt aber schon der 4. Senat in BGHSt 1, 124 (126). Dort wird der Schuldvorwurf (aus dem Zusammenhang ersichtlich: Vorsatz und Fahrlässigkeit) lediglich auf die Berauschung bezogen. Und nur um die Vereinbarkeit von § 330a mit dem Schuldstrafrecht zu begründen, wird zugleich wie vom 5. Senat unterstellt, der Gesetzgeber gehe davon aus, daß jeder, der sich vorsätzlich oder fahrlässig der Wirkung alkoholischer Getränke oder berauschender Mittel aussetze, sich der in ihnen schlummernden Gefahr von Ausschreitungen hätte bewußt werden können. Diese »schlummernde Gefahr« des 4. Senats ist aber nichts anderes als die Möglichkeit »irgendwelcher strafbarer Handlungen« i. S. d. 5. Senats, nämlich die abstrakte Gefährdung. Beide Senate behandeln so die Vorhersehbarkeit der Gefahr für den Täter als eine gesetzliche Präsumtion, nur daß sie der 5. Senat, indem er sie bei der Schuld berücksichtigt sehen will, zur Schuldpräsumtion erhebt, während sie der 4. Senat unbenannt[20] läßt, mit ihrer Existenz aber auch wie der 5. Senat die Vereinbarkeit des § 330a mit dem Schuldstrafrecht belegt. Abgesehen von der dogmatischen Unstimmigkeit in der Einordnung dieser »Vorhersehbarkeit« weichen beide Senate so im Ergebnis nicht von der h. M. in bezug auf den subjektiven Tatbestand abstrakter Gefährdungsdelikte ab. Denn danach[21] setzt die Bestrafung aus einem abstrakten Gefährdungsdelikt gerade nicht den Nachweis der Kenntnis des Täters oder seines Kennenmüssens (also Vorsatz und Fahrlässigkeit) hinsichtlich der Gefahr voraus – sie werden vom Gesetz unterstellt –, sondern es genügt für den subjektiven Tatbestand der Nachweis der Kenntnis oder des Kennenmüssens der Indiztatsachen, aus denen das Gesetz die Schlußfolgerung der Gefährlichkeit ableitet, hier also Kenntnis oder Kennenmüssen der Berauschung.

II

Wenn die Senate des BGH aber in ihren Ansichten über die Einordnung des § 330a als abstraktes Gefährdungsdelikt, und damit auch grundsätzlich über seine dogmatische Struktur, übereinstimmen[22], so fragt sich dennoch, ob und mit welcher Begründung sich die Strafbarkeit ausschließen läßt, wenn der Täter trotz Zurüstungen eine Rauschtat begeht.

1. Die Einschränkung der Strafbarkeit durch den 5. Senat soll nur in den Extremfällen gelten, in denen wegen der getroffenen Zurüstungen die Rauschtat außerhalb der menschlichen Vorstellung stand, also in Fällen äußerst unwahrscheinlicher Kausalabläufe.[23] Folgt man der Argumentation des 5. Senats, so kommt man paradoxerweise in solchen Fällen schon auf Grund von Einschränkungen im Unrechtstatbestand oder in der Bedingung der Strafbarkeit zur Straflosigkeit. Zwar will der 5. Senat im Fall von Zurüstungen die Strafbarkeit am Mangel der von ihm verfochtenen Schuldbeziehung zwischen dem Sichberauschen und der Rauschtat scheitern lassen. Wo der 5. Senat diese Schuldbeziehung aber wegen wirksamer Zurüstungen ausnahmsweise negiert, kann er dies eigentlich nur, indem er zugleich konkludent die Behauptung aufstellt, daß diese Fälle nicht die Regelfälle des gefährlichen Rausches sind, die der Gesetzgeber im Auge hatte, als er die § 330a immanente Schuldpräsumtion aufstellte. Denn wenn § 330a nur unter der vom 5. Senat unterstellten »subjektiven« Bedingung allgemeiner Vorhersehbarkeit mit dem Schuld-

strafrecht vereinbar sein soll, muß man das Vorliegen strafbaren Unrechts in einer Handlung verneinen, an die sich kein »Schuldvorwurf« selbst in dieser allgemeinen Form der generellen Unterstellung anschließen kann. Man kann es auch anders ausdrücken: Wenn ein Verhalten A nur unter Zuhilfenahme der Präsumtion strafbar sein kann, daß jedermann und daher auch der Täter den Erfolg (hier Gefährdung) vorhersehen kann, dann kann ein Verhalten B, das zwar zum selben Erfolg wie das Verhalten A führt, bei dem aber die Präsumtion, daß jedermann den Erfolg vorhersehen könne, nicht gelten soll, schon kein Unrecht[24] i. S. d. Strafrechts sein. Denn es wäre unsinnig, strafrechtliches Unrecht zu schaffen, an das unabhängig von weiteren Umständen, die nur in der Person des Täters liegen, für niemanden Straffolgen geknüpft werden können, weil niemand die weitere Voraussetzung der Strafbarkeit, nämlich die Voraussicht, erfüllen kann.

Ob in einer so aus der Rechtsprechung des 5. Senats abgeleiteten materialen Einschränkung des § 330a im Ergebnis oder in der dogmatischen Konstruktion ein Unterschied zur Rechtsprechung der anderen Senate besteht, ist zweifelhaft. Denn diese haben sich in keiner bisher veröffentlichten Entscheidung mit dem Problem der Zurüstungen beschäftigen müssen. Hätten sie es, wären sie möglicherweise ebenfalls auf eine Restriktion des Unrechts oder der Bedingung der Strafbarkeit ausgewichen. Einer Änderung ihrer Haltung gegenüber dem 5. Senat in bezug auf die Schuldproblematik hätte es dafür ebensowenig bedurft wie der Aufgabe des § 330a als abstrakten Gefährdungsdelikts. Und keinesfalls kann man aus der vorliegenden Rechtsprechung des 1., 2. und 4. Senats schließen, daß sie aus anderen Gründen eine solche Beschränkung ausschlössen. So gerät der 5. Senat insoweit zumindest nicht in *offenen* Widerspruch zur Rechtsprechung der anderen Senate. Vielmehr läßt sich die Auffassung vertreten, er entwickle sie lediglich für die Fälle fort, in denen die nach seiner Ansicht dem § 330a zugrunde liegende Schuldpräsumtion nicht gilt und in denen nach Ansicht der anderen Senate möglicherweise die Adäquanz der Verbindung zwischen Vollrausch und Rauschtat fehlen würde.

2. Daß eine solche Einschränkung auf mehr oder minder vorhersehbare Rauschtaten erforderlich ist, zeigt neben der sich dem 5. Senat anschließenden Rechtsprechung auch die umfangreiche Literatur zu § 330a, soweit sie sich bemüht, seine Vereinbarkeit

mit dem Schuldprinzip zu begründen und den Vorwurf der Haftung für einen Zufall von der Hand zu weisen. Auch jene Bemühungen, durch Rechtfertigungsgründe[25] dort zu Straflosigkeit zu kommen, wo Rauschmittel etwa zu einem achtenswerten medizinischen oder wissenschaftlichen Zweck eingenommen werden, beruhen darauf, obwohl sie doch an der Unmöglichkeit scheitern müssen, etwa ein Forschungsinteresse gegen die Rechtsgüter[26] abzuwägen, die § 330a schützen soll. Wie sollte sich eine Rauschtat, bei der Menschen schwer verletzt oder getötet werden, durch das wissenschaftliche Interesse an einer psychologischen Diplomarbeit denn rechtfertigen lassen, vor allem, wenn der Gesetzgeber die Strafwürdigkeit im § 330a so hoch ansetzt, daß er nach der h. M. sogar unwahrscheinliche Gefährdungen pönalisiert! Sollte man aber andererseits wegen der allgegenwärtigen Strafdrohung keine wissenschaftlichen Experimente mit dem Vollrausch machen dürfen, sollte sich niemand mehr von Ärzten oder Wissenschaftlern trotz entsprechender Sicherungsmaßnahmen Rauschmittel verabreichen lassen dürfen, weil die drohenden Gefahren für Dritte in keinem Verhältnis zu den daneben meist relativ geringwertigen therapeutischen Zwecken und wissenschaftlichen Interessen stehen?

3. Allerdings scheint eine material restriktive Auslegung[27] von § 330a insofern gegen die Ansicht des 4. Senats[28] zu verstoßen, als diese besagt, die Rauschtat sei nicht nur ein ausschließliches, sondern sogar ein *zwingendes*[29] Indiz für die abstrakte Gefährlichkeit des Rausches. Man könnte deshalb meinen, der 4. Senat fordere ausnahmslos nur die schuldhafte Herbeiführung des Vollrausches und die Rauschtat und lasse den Gedanken, der Vollrausch könne in untypischen Ausnahmefällen auch einmal nicht abstrakt gefährlich sein, keinen Raum. Das wäre aber eine Überinterpretation.[30] Ersichtlich will der Senat nur Langes[31] und Welzels[32] Meinung, der sich damals bereits auch das OLG Celle[33] angeschlossen hatte, entkräften. Nach Lange und Welzel erfüllt den Gefährdungstatbestand nur, wer im Vollrausch zu Straftaten irgendwelcher Art neigt. Für den 4. Senat ist das Beweisanzeichen Rauschtat aber in diesem Zusammenhang bereits insoweit »zwingend«, als die Strafbarkeit nicht noch zusätzlich die Neigung erfordert. Nichts ist damit über den Schutzzweck der Norm gesagt: ob er die Vermeidung jeder schuldhaften Herbeiführung eines Vollrausches ist oder nur die Herbeiführung eines solchen,

der nach menschlicher Voraussicht geeignet ist, zu irgendeiner mit Strafe bedrohten Handlung zu führen.

Ein weiteres Argument spricht gegen die Annahme, der 4. Senat habe mit seiner apodiktischen Formulierung jede Begrenzungsmöglichkeit in § 330a ausschließen wollen. Rechtsprechung und Lehre haben nämlich trotz grundsätzlicher Befolgung der Äquivalenztheorie immer dort eine Ausnahme von der Zurechnung von tatbestandsmäßigen Erfolgen gemacht, wo diese außerhalb des menschenmöglich Voraussehbaren, Berechenbaren oder Vermeidbaren[34] liegen. Diese Einschränkung gilt zwar typischerweise für Erfolgsdelikte, wo der Erfolg Tatbestandsmerkmal ist. Doch muß der Gedanke auch dort seinen Platz haben, wo die Verletzung im Vorfeld schon bei der bloßen Gefährdung unterdrückt werden soll.[35] Dem kann man zwar entgegenhalten, die Vermeidung von Rauschtaten sei in keinem denkbaren Fall menschenunmöglich, da sich niemand in diesen Zustand versetzen müsse, und wenn ausnahmsweise doch, Rechtfertigungsgründe eintreten könnten. Wer aber so argumentiert, sieht die causa des § 330a eher in der Vermeidung von Räuschen überhaupt als in der Vermeidung von Gefahren. Und wer darauf bestünde, die Vermeidbarkeit der Rauschtat an nichts anderem als der Vermeidbarkeit des Rausches zu messen, würde sich zu Recht dem Vorwurf Arthur Kaufmanns und anderer aussetzen,[36] § 330a sei die reine Haftung aus dem Gedanken des versari in re illicita und mit dem Schuldstrafrecht unvereinbar. Er würde jegliche Möglichkeit negieren, daß eine von Menschen durch Alkoholgenuß geschaffene Gefahrenlage zugleich durch Vorkehrungen »neutralisiert« und damit beschränkt werden kann.[37] Dadurch würde ein (abstrakter) Gefahrbegriff[38] eingeführt, der vom herkömmlichen[39] darin abweicht, daß er nicht mehr auf die nach allgemeiner Erfahrung bestehende Wahrscheinlichkeit einer Gefahr für bestimmte Rechtsgüter ex ante abstellt. Vielmehr würde die (abstrakte) Gefahr ex post[40] durch die Kausalität einer Rechtsgutsverletzung aus dem Vollrausch festgestellt werden. Eine so rigide Argumentation impliziert u. a., daß sich der Täter durch den ethisch mißbilligenswerten Alkoholgenuß so sehr außerhalb der Rechtsordnung stellt, daß er selbst jene Rücksichten nicht verdient, die man dem Fahrlässigkeitstäter angedeihen läßt, der ja ebenfalls riskant handelt und doch nicht für Erfolge haftet, die außerhalb des adäquat Erwartbaren[41] liegen.

3. Wenn man mit dem Bundesverfassungsgericht[42] von der Höhe der angedrohten Strafe auf den Unwert- und Schuldgehalt einer Straftat schließt, dann ist auch dies ein Argument dafür, daß neben der Herbeiführung der Rauschtat aus dem Vollrausch noch ein weiteres Unrecht als das bloße Sichberauschen hinzutreten muß. Denn erkennt man, daß ein sogar konkret gefährlicher Vollrausch beim Ausbleiben der Rauschtat zwar Unrecht, aber doch straflos ist, daß ferner straflos[42a] bleibt, wer sich bis zur Handlungsunfähigkeit berauscht und dann einen rechtswidrigen Erfolg bewirkt, dann widerspräche es allen Regeln der Verhältnismäßigkeit und Gerechtigkeit, selbst für zufällige, d. h. äußerst unvorhersehbare Rauschtaten einen Strafrahmen von bis zu 5 Jahren vorzusehen. Das ist eigentlich so selbstverständlich, daß es kaum auffällt, daß dieses Gerechtigkeitsproblem bei den fahrlässigen Erfolgsdelikten, die wesentliche Ähnlichkeiten mit § 330a aufweisen,[43] befriedigend gelöst ist. Bei den Fahrlässigkeitsdelikten resultiert der Erfolg gleichfalls aus der Verletzung einer Sorgfaltspflicht, also aus einer Gefährdung für ein Rechtsgut, die als solche in der Regel nicht strafbar, aber sicherlich mit der gleichen Begründung wie der Vollrausch Unrecht ist. Sie ist aber einfach nicht pönalisierbar, weil sich ohne Hinzutreten des Erfolges diese Gefährdung und ihre fahrlässige Herbeiführung nur in den allerwenigsten Fällen nachweisen ließe und so ein Gerechtigkeitsproblem ersten Ranges geschaffen würde. Hier liegt wohl letztlich der Grund, weshalb die bloße Gefährdung weder beim Vollrausch noch generell bei anderen Handlungen, die nicht zu einer Rechtsgutsverletzung führen, bestraft wird.

Für beide Deliktsarten ist Anknüpfungspunkt für die Strafe der Erfolg. Beide haben noch gemein, daß sie eine Rechtsgutverletzung voraussetzen, beide setzen auch gemeinsam eine Gefährdung dieses Rechtsguts durch gefährliches Handeln voraus, einmal durch Verletzung einer alle treffenden Sorgfaltspflicht im Hinblick auf ein bestimmtes Rechtsgut, zum anderen durch die gleichfalls alle treffende Pflicht, sich nicht durch Rauschmittelmißbrauch in einen Zustand zu versetzen, in dem man die normalen Anforderungen der Rechtsordnung nicht mehr erfüllen kann.[44] Sie unterscheiden sich aber darin, daß in den Fällen, in denen der Erfolg bewußt beherrscht und damit auch vorhergesehen werden kann, die Haftung zusätzlich durch die 2 Stufen der Sorgfaltspflichtsverletzung und damit auch der Vorhersehbarkeit des Erfolges, der generellen und individuellen, begrenzt wird. Hier liegt der wesentliche Unterschied zwischen dem fahrlässigen Erfolgsdelikt und § 330a. Sie unterscheiden sich also letztlich darin, daß das fahrlässige Erfolgsdelikt den Nachweis der generellen und individuellen Vorhersehbarkeit des Erfolges fordert, nicht dagegen § 330a. Diese Vorhersehbarkeit wird in § 330a unterstellt. Daraus folgt aber noch nicht, daß der Grad der generellen Vorhersehbarkeit in § 330a irrelevant oder daß der relevante Grad der Vorhersehbarkeit bei abstrakten Gefährdungsdelikten gegenüber dem der Fahrlässigkeitsdelikte niedriger anzusetzen wäre.

4. Wenn man mit der Bezeichnung des § 330a als Gefährdungsdelikt ernst machen will, geht es nicht an, den Vollrausch als quasi deckungsgleich[45] mit der Gefährdungssituation zu setzen, die die causa des § 330a anerkanntermaßen[46] ausmacht, und jede Rauschtat ohne Rücksicht auf Adäquanzerwägungen[47] zu bestrafen. Das wäre nur möglich, wenn man Gefahr lediglich als den Zustand definieren würde, der den Eintritt der Verletzung rechtlich geschützter Interessen als möglich erscheinen läßt und »möglich« dabei im Sinne naturwissenschaftlicher Kausalität zu verstehen wäre. Ein solcher Gefahrbegriff aber wäre wegen seiner Grenzenlosigkeit und Unbestimmtheit als Beurteilungsmaßstab im sozialen Kontext unbrauchbar.[48] Dennoch müssen ihn eigentlich jene[49] vertreten, die sich gegen jede Einschränkung des Unrechts in § 330a wehren.

a) So einsichtig jene Meinung[50] zunächst ist, die besagt, jeder Vollrausch sei abstrakt gefährlich, so anfechtbar ist sie auf den zweiten Blick. Wenn die Annahme einer Gefahr auf der Wertung beruht, daß ein bestimmtes Handeln ein negativ zu bewertendes Ereignis in absehbarer Zukunft möglich macht,[51] dieses Urteil also an bestimmte oder generalisierte Situationen gebunden ist, dann muß man auch komplexe Situationen in Betracht ziehen dürfen, in denen sich Möglichkeiten dieser Art entgegenlaufen, sich möglicherweise im Grad der Wahrscheinlichkeit des Eintretens oder Nichteintretens eines Erfolges sogar aufheben. So ist es z. B. sicherlich abstrakt gefährlich, bei »rot« über die Kreuzung zu fahren, nicht aber dann, wenn die Kreuzung für andere Verkehrsteilnehmer hermetisch abgesperrt ist. Erkennt man die Abhängigkeit der Gefährdung von der jeweiligen Situation an, dann muß sich auch eine Saldierung der Wahrscheinlichkeit des

Eintretens einer isoliert gesehenen Kausalreihe mit einer anderen denken lassen, die erfahrungsgemäß geeign ist, mit ähnlicher Wahrscheinlichkeit dem möglichen Erfolg entgegenzuwirken. Dagegen kann nicht eingewandt werden, daß die Berücksichtigung solcher gefahraufhebenden Situationen immer zu einer Konkretisierung der Gefahr führen würde; denn konkrete Gefahr und abstrakte unterscheiden sich qualitativ im wesentlichen lediglich im Grad[52] der Wahrscheinlichkeit der Rechtsgutverletzung und in der Normierung der mehr oder minder widerlegbaren Gefährdungssituation.

b) Nun wird allerdings die Ansicht[53] vertreten, beim abstrakten Gefährdungsdelikt habe der Gesetzgeber abschließend und in der Regel unwiderleglich den Zustand tatbestandlich festgelegt, den er als Gefährdung zugrunde legt. Dieser Grundsatz muß jedoch aus den vorangegangenen Erwägungen auch Ausnahmen zugänglich sein, nämlich dann, wenn man anerkennt, daß ein Gesetzgeber nicht alles normativ erfassen kann, sondern nur Regelfälle, und er daher auch nicht umgekehrt behaupten kann, die Wirklichkeit richte sich nach seinen Normen. Das gilt um so mehr, als die Bestrafung von Rauschtaten, ursprünglich wegen Unvereinbarkeit mit dem Schuldgrundsatz nicht in das StGB aufgenommen, ihre spätere Einführung »kriminalpolitischen Bedürfnissen« verdankt. Doch das Bedürfnis, das § 330a in das StGB hineingezwungen hat, ist zugleich auch sein Korrektiv. Sanktionierungsbedürfnisse dieser Art entspringen sozio-psychischen Gegebenheiten, die nicht im Begriffshimmel der Dogmatik vorgeformt sind. So wenig Begriffe für Wirklichkeit stehen können, so wenig wird man annehmen dürfen, daß die Dogmatik die vollständige Deckung von Norm und Strafbedürfnis zuwege bringt. Konkret: Nimmt man den Gesetzgeber und die h. M. über den Deliktscharakter des § 330a beim Wort und sieht die Repression der Rauschgefahr als kriminalpolitischen Strafgrund, dann sollte man auch anerkennen, daß einem kriminalpolitisch relevanten Gefährdungsgefühl nicht eine vage Möglichkeit in naturwissenschaftlichem Sinne zugrunde liegen kann, sondern die Alltagserfahrung darüber, was gemeinhin als gefährlich gilt, womit *man* rechnet. Wer sich ständig ängstigt, von einem Meteoriten erschlagen zu werden, den halten wir für krank, obwohl wir uns alle dieser Möglichkeit bewußt werden, wenn wir etwa vor einem Meteoritenkrater stehen. Dieses, aber nicht nur dieses Ereignis würde jeder als Zufall bezeichnen. Wenn § 330a der Repression von Gefährdungen aus der Alltagserfahrung dienen soll, dann wird man also die Ereignisse ausschließen dürfen, mit denen man gesunden Sinnes nicht rechnet, die man Zufall nennt. Natürlich, eine exakte Abgrenzung zwischen Wahrscheinlichkeit und Zufall ist so wenig möglich wie die Abgrenzung zwischen konkreter und abstrakter Gefahr. Doch wenn es unseren Gerichten ständig gelingt, etwa in § 310a die konkrete von der abstrakten Gefährdung zu unterscheiden, dann müßte im Laufe der Zeit die Aufstellung einer Typologie zufälliger Rauschtaten gleichfalls möglich sein.

c) Diese Erwägungen über die Beschränkbarkeit des § 330a auf Situationen, deren Gefährlichkeit nicht ganz unwahrscheinlich ist, werden m. E. nicht durch die Begründung zu § 351 StGB im Entwurf 1962[54] ausgeschlossen. Dort wird zwar ausdrücklich die h. M. bestätigt, daß schon die Herbeiführung des Vollrausches ausreichende Grundlage einer Strafvorschrift sein könne, doch die Möglichkeit einer Begrenzung des Tatbestandes an einer untersten Schwelle der Gefährlichkeit wird nicht verbaut. Wenn dort nämlich sinngemäß gesagt wird, das Trinken in der stillen Kammer sei keine geeignete Vorkehrung gegen die Gefährlichkeit des Rausches, so denkt man dabei nicht an eine Situation, in der die normale Rauschgefährlichkeit überdurchschnittlich reduziert wäre, sondern bereits an einen Regelfall des Alkoholkonsums, aus dem heraus erfahrungsgemäß die typischen Rauschtaten begangen werden. In diesen Fällen sind die Betrunkenen entweder sich selbst überlassen oder sie stehen unter der Obhut von Familienangehörigen oder Zechkumpanen, denen es in der Regel sowohl am Bewußtsein als an der Eignung fehlt, eine Garantenstellung innezuhaben und sicher auszuüben. Daß sich trotz geeigneter Vorkehrungen die Gefahren des Rausches zwar herabmindern, aber nicht restlos ausschließen lassen, wie dort an sich zutreffend bemerkt wird, darf aber die Berücksichtigung völlig ungewöhnlicher Kausalabläufe nicht ausschließen, will man nicht in § 330a eben ein reines Erfolgsdelikt sehen, das mehr dem Rausch als der daraus resultierenden Gefahr prävenieren soll.

5. Nach der hier vorgeschlagenen Lösung braucht der Richter nicht wie nach der von Cramer[55] in jedem Fall abzuwägen, ob nach menschlicher Lebenserfahrung das Eintreten einer konkreten Gefahrensituation näher liegt als ihr Ausbleiben. Vielmehr

kann er entsprechend dem Willen des Gesetzgebers davon ausgehen, daß jeder Vollrausch abstrakt gefährlich ist, es sei denn, es liegen Umstände vor, die geeignet sind, die typische Rauschgefahr, die der Gesetzgeber im Auge hat, mit einer ähnlich starken Wahrscheinlichkeit wie der des Eintretens, auszuschließen. Sieht man die Rauschgefahr darin, daß der Betrunkene sich der Fähigkeit beraubt hat, erfahrungsgemäß auftretende Gefahren zu steuern, dann entfällt die Rauschgefahr dort, wo es auf Grund einer besonderen Situation[56] keine solchen Gefahren für andere Rechtsgüter gibt, und dort, wo die mangelnde Steuerung durch andere garantiert wird, Fehlsteuerungen deshalb nach menschlichem Ermessen gleichfalls ausgeschlossen erscheinen. Wenn Cramer[57] resignierend meint, daß bei Zugrundelegung menschlicher Erfahrung sich kaum eine Situation denken ließe, in der ein Mensch sich ungetrübt von strafrechtlichen Konsequenzen dem Rausch hingeben könnte, dann wird man dem entgegenhalten müssen, daß hier die Anforderungen an den Grad der Vorhersehbarkeit nicht überzogen werden dürfen und sie eben auch der »Überzeugung der Rechtsgemeinschaft« entsprechen müssen, die den Gesetzgeber aus kriminalpolitischen Gründen gezwungen hat,[58] nach § 330a zu strafen.

6. Wie läßt sich nun die Ausgrenzung jener Rauschtaten, die außerhalb des menschenmöglich Vorstellbaren liegen, de lege lata konstruktiv lösen, ohne dabei wesentliche Teile der bisher herrschenden dogmatischen Position aufzugeben? Will man, anders als Cramer,[59] eine Ausweitung des objektiven Tatbestandes von § 330a vermeiden, die bei Ausgrenzung der hier in Betracht gezogenen Fälle im wesentlichen in der Einführung einer irgendwie gearteten Vorhersehbarkeit der Rauschgefahr bestehen würde, die der Gesetzgeber gerade bei abstrakten Gefährdungsdelikten wegen der daran anschließenden Irrtumsproblematik sicher ausschließen wollte, dann bietet sich die restriktive Auslegung der objektiven Bedingung der Strafbarkeit[60] an. Danach könnte die Zurechnung von Rauschtaten dort entfallen, wo bei Abwägung der Gesamtsituation die Berauschung ausnahmsweise die Verletzung fremder Rechtsgüter nach menschlichem Ermessen nicht erwarten ließ, insbesondere deshalb nicht, weil Zurüstungen die Realisierung der Rauschgefahr mit Sicherheit erfahrungsgemäß ausschlossen. Das ist der Fall, wenn dem Berauschten die Zugriffsmöglichkeiten auf fremde Rechtsgüter entzogen

sind, etwa dadurch, daß geeignete und zuverlässige Personen derart zu ihm in einem Garantenverhältnis stehen, daß sie ihn von strafbaren Handlungen abhalten müssen, wenn sie sich anderenfalls nicht selbst wegen Unterlassens strafbar oder zumindest schadensersatzpflichtig machen wollen. In diesen Fällen könnte man von Rauschtaten sprechen, die nicht der vom Gesetzgeber präsumierten Gefahr des Vollrausches entsprechen.[61]

Im Gegensatz zu Baumann[62] wird man auch davon ausgehen dürfen, daß diese Einschränkung bereits *de lege lata* erreichbar ist und nicht erst einer Gesetzesänderung bedarf, handelt es sich bei der hier gewählten Auslegung doch nur um die Einführung des Adäquanzgedankens in § 330a als eine Begrenzung der objektiven Zurechnung, die in den vorsätzlichen Erfolgsdelikten über die Adäquanztheorie[63] und in den Fahrlässigkeitsdelikten über das Erfordernis der objektiven Voraussehbarkeit bereits ungeschrieben Geltung besitzt.

Anmerkungen

1 *NJW* 1974, 1520 ff.

2 Dieses Urteil vom 30. 4. 1974 – 5 Ss 114/74 – ist, soweit ersichtlich, nicht veröffentlicht. Es heißt dort: »Ferner wird von der Revision zu Recht gerügt, daß das Amtsgericht die Frage etwaiger Vorkehrungen der Angeklagten zur Verhinderung etwaiger strafbedrohter Handlungen im Zustand der Zurechnungsunfähigkeit für unerheblich erklärt hat. Zwar ist einzuräumen, daß in dieser Frage die höchstrichterliche Rechtsprechung nicht frei von Widersprüchen zu sein scheint ... So könnte insbesondere die übliche Bezeichnung der im Rausch begangenen Tat als »objektive Bedingung der Strafbarkeit« ... in der Tat die vom Amtsgericht gezogene Schlußfolgerung nahelegen, daß § 330a StGB schon allein durch den Nachweis einer schuldhaften Herbeiführung der Zurechnungsunfähigkeit zwangsläufig und abschließend begründet wäre. Doch ganz abgesehen davon, daß diese Frage in den vom Amtsgericht angezogenen Entscheidungen BGHSt 16, 187 bzw. 17, 334 nicht entscheidungserheblich war, ist mit BGHSt 10, 247 ff. richtigerweise davon auszugehen, daß die dem § 330a StGB zugrunde liegende Gefährlichkeit nur dann angenommen werden kann, wenn für den Täter voraussehbar ist, daß es im Rausch zu irgendwelchen Ausschreitungen strafbarer Art kommen kann ... Zu einer solchen Prüfung hätte vorliegend jedenfalls insoweit Veranlassung bestanden,

als die Verteidigung ausreichende Vorkehrungen der Angeklagten darin erblicken zu können glaubte, daß diese ... Da das Amtsgericht einen solchen Ausnahmefall offenbar schon rechtlich für ausgeschlossen hielt und demzufolge von zu engen und damit irrigen rechtlichen Voraussetzungen ausging, fehlte es dazu auch an jeglichen näheren tatsächlichen Feststellungen. Auch um die nachholen zu können und eine volle rechtliche Würdigung zu ermöglichen, war das Urteil samt den zugrundeliegenden Feststellungen aufzuheben und die Sache zurückzuverweisen.«
Hätte das OLG Hamm damit gegen die Rechtsprechung des 1., 2. und 4. Senats des BGH entscheiden wollen, auf die sich das Amtsgericht offensichtlich stützte, so hätte nicht ohne Vorlage nach § 121 Abs. 2 GVG in diesem Punkt zurückverwiesen werden dürfen (vgl. Schäfer bei Löwe/Rosenberg: *StPO und GVG*, 22. Aufl. 1974, § 121 Anm. 19c; BGHSt 5, 136; BGH *NJW* 1954, 202; vgl. auch OLG Braunschweig *NJW* 1966, 679). Schon 1963 beklagte Arthur Kaufmann: *JZ* 1963, 425 [426] in diesem Zusammenhang: »Eine klärende Plenarentscheidung, die spätestens 1957, als der 5. Strafsenat sein im 10. Bande veröffentlichtes Urteil erlassen hat, erforderlich gewesen wäre, erscheint daher außerordentlich dringlich.« Sie ist bis heute unterblieben, obwohl sich die Mehrheit der OLGe dem 5. Senat angeschlossen hat.

3 Vgl. zur Rechtsprechung des 1., 2. und 4. Senats: Urteil des 2. Senats vom 12. 12. 1950 (2 StR 61/50), unveröffentlicht; Urt. des 2. Senats vom 3. 4. 1951 (2 StR 82/51), unveröffentlicht; BGHSt 1, 124, 177; BGHSt 2, 14; BGHSt 16, 124 (127); BGHSt 17, 333.

4 Vgl. zur Rechtsprechung des 5. Senats: VRS 7, 309; BGHSt 10, 247; *JR* 1958, 28; *VRS* 17, 340. Dem 5. Senat hat sich die Rechtsprechung zumindest der OLGe überwiegend angeschlossen (vgl. Lay in *LK* § 330a Rdnr. 18; BayObLG *NJW* 1974, 1520 [1522]).

5 Daß zwischen der Rechtsprechung des 5. Senats und der der anderen entweder ein Widerspruch bestehe oder der 5. Senat eine »Mittelmeinung« vertrete, wird allgemein angenommen (vgl. Lay in *LK*, 9. Aufl. [1973] § 330a Rdnr. 16; Arthur Kaufmann in: *JZ* 1963, 425 [426]; Lackner: *JuS* 1968, 215 [216]; Schröder: *DRiZ* 1958, 219; Schönke/Schröder, *StGB* 17. Aufl. [1974], § 330a Rdnr. 11 mit weit. Nachw.; Fränkel: *LM* § 330a Nr. 11; Cramer: *Der Vollrauschtatbestand als abstraktes Gefährdungsdelikt*, 1962 [zit. Cramer], S. 46 f. mit weit. Nachw.; Heinitz: *JR* 1957, 347; zuletzt Ranft: *MDR* 1972, 737 f.; Hassemer: *JuS* 1974, 740; Lenckner: *JR* 1975, 32). Hassemer rechnet die Rechtsprechung des 5. Senats jenen Ansichten zu, die in § 330a ein konkretes Gefährdungsdelikt sehen. Gerade dagegen verwahrt sich aber der 5. Senat in BGHSt 10, 247 ff., indem er die Forderung ablehnt, der Täter müsse wissen, daß er zu Rauschtaten neige. Der 5.

Senat leugnet a.a.O. auch, sich überhaupt in Widerspruch zu den anderen Senaten zu stellen und weist zur Begründung auf seine Entscheidung *VRS* 7, 309 hin. Daraus ergibt sich aber expressis verbis eben auch nur, daß er mit den anderen Senaten darin einig ist, daß der Täter nicht wissen muß, daß er zu Rauschtaten neigt, daß er sich einer konkreten Gefährdung also nicht bewußt sein muß.

6 BGH *JR* 1958, 28.

6a Allerdings scheint die Wirkung von Zurüstungen in der Rechtsprechung nur fiktiv und ausschließlich als Feigenblatt erfunden zu sein, um die Vereinbarkeit von § 330a mit dem Schuldprinzip mehr pro forma als theoretisch oder gar durch praktische Auswirkungen zu rechtfertigen; denn veröffentlichte Urteile, in denen Zurüstungen zur Straffreiheit geführt hätten, sind in der Literatur nicht aufzufinden. In der Praxis scheint die Rauschtat vielmehr gerade als Beweis dafür zu gelten, daß etwa getroffene Zurüstungen nicht solche waren, die zur Verhinderung irgendwelcher Straftaten geeignet waren.

7 Diese Rspr. stimmt mit der überwiegenden Meinung in der Literatur überein (vgl. etwa *Cramer*: S. 17 ff., 46 ff.; Lay in: *LK* § 330a Rdnr. 11). Dennoch sind auch in der Lehre dagegen starke Bedenken erhoben worden, insbesondere mit der Behauptung, § 330a habe in einem Schuldstrafrecht keinen Platz, wenn allein die schuldhafte Berauschung und das Dazutreten einer Rauschtat die Strafbarkeit auslöse; diese Ansicht führe auf eine frühere Stufe des gemeinen Strafrechts zurück, indem sie die Haftung für versari in re illicita wieder einführe (vgl. Cramer: S. 75 ff.; Arthur Kaufmann: *JZ* 1963, 425 ff.). Zur Übersicht über abweichende Lehrmeinungen, Lackner: *JuS* 1968, 216.

8 So BGHSt 1, 126; 2, 18; 6, 89.

9 BGHSt 10, 247 (250).

10 I. d. S. auch Ranft: *MDR* 1972, 738; Dreher: *StGB* 35. Aufl. 1975 § 330a, 5. Das wäre die konsequente Folge der Ansicht, daß die Vorhersehbarkeit der Gefährlichkeit und irgendeiner Rauschtat in keiner Weise von der Schuld umfaßt wird und die Rauschtat das Unrecht nicht mit konstituiert. So auch Arthur Kaufmann: *JZ* 1963, 429; Schröder: *DRiZ* 1958, 221 f.; Bruns: *JZ* 1958, 110, der die Berücksichtigung der Nichtvorhersehbarkeit nur in einem »außertatbestandlichen« Strafmilderungsgrund für möglich hält und de lege ferenda einen besonderen Strafrahmen in den Fällen fordert, daß Zurüstungen getroffen wurden. Dennoch sieht die h. M. in der Nichtvorhersehbarkeit einen Strafmilderungsgrund (Lay in *LK* § 330a Rdnr. 91 mit weit. Nachw.; Schönke/Schröder: § 330a Rdnr. 30b mit weit. Nachw.). Wie schwer die Begründung eines Strafmilderungsgrundes in solchen Fällen fällt, zeigt die Argumentation des OLG Braunschweig *NJW* 1966, 681: »Hat der Täter ... Vorkehrungen ... getroffen, so muß dies beim Strafausspruch mildernd berücksichtigt

werden. Es liegt auf der Hand, daß die Schuld desjenigen Täters, der derartige Vorkehrungen getroffen hat, weniger schwer wiegt als desjenigen, der sich unbedenklich ... in den Rauschzustand versetzt hat.« In den von Lay und Schönke/Schröder o. angeführten Belegen geht allerdings nur das OLG Braunschweig (*NJW* 1966, 679) von der Ansicht aus, nicht einmal irgendeine Rauschtat müsse vorhergesehen werden oder vorhergesehen werden können. Das OLG Celle (*NJW* 1968, 759) schließt sich dagegen der Ansicht des 5. Senats in BGHSt 10, 247 an. Unverwertbar ist in diesem Zusammenhang das Urteil des OLG Stuttgart (*NJW* 1971, 815), das sich nur damit auseinandersetzt, ob die Vorhersehbarkeit eines *bestimmten* Delikts die Strafe schärfen kann.

11 So wohl auch OLG Hamm, oben Anm. 2.

12 *JR* 1958, 28.

13 So aber interpretiert Cramer (S. 107) die Schuldbeziehung zwischen Berauschung und Rauschtat in der nach dem 5. Senat am wenigsten weitergehenden Einschränkung des objektiven und subjektiven Tatbestands in § 330a.

14 BGHSt 1, 124.

15 VRS 7, 309 (311).

16 Allerdings meint der 5. Senat bereits dort, daß der Täter i. d. R. fahrlässig handeln werde.

17 Diese Entscheidung (BGHSt 10, 247) erging auf Vorlage des OLG Oldenburg nach § 121 Abs. 2 GVG durch den 5. Senat allein. Das OLG hatte vorgelegt, weil es meinte, es weiche von der Rspr. des 5. Senats ab, wenn es hinsichtlich der inneren Tatseite nur voraussetze, daß der Täter sich vorsätzlich oder fahrlässig in einen die Zurechnungsfähigkeit ausschließenden Zustand versetzt. In seiner Entscheidung behauptet der 5. Senat, allerdings ohne nähere Begründung, er befinde sich nicht im Gegensatz zur vom OLG hervorgehobenen Entscheidung des 4. Senats in BGHSt 1, 124. Wenn der 5. Senat zur Begründung auf sein vorangegangenes Urteil in *VRS* 7, 303 verweist, wird aber erkennbar, was er meint, daß nämlich der 4. Senat nur jene Meinung ablehnen wollte, die fordert, daß der Täter wisse oder wissen müsse, daß er im Vollrausch zu strafbaren Ausschreitungen *neige*. Insoweit besteht nun tatsächlich kein Widerspruch. Er geht aber nicht auf den naheliegenden Schluß ein, nach Ansicht des 4. Senats bedürfe es überhaupt keines Verschuldens auch noch so loser Form, das sich auf die Rauschtat bezieht.

18 *JR* 1958, 28.

19 Zur Kritik und Deutung dieses Schuldbegriffs des 5. Senats vgl. Lackner: *JuS* 1968, 215 (218); Bruns: *JZ* 1958, 105 (110); Arthur Kaufmann: *JZ* 1963, 430; Schweikert: *ZStW* 70, 394 ff. (403 ff.); Schröder: *DRiZ* 1958, 215 ff.

20 Nach Lange: (*JZ* 1951, 416) liegt auch hier eine Schuldpräsumtion vor.

21 Vgl. Schröder: *DRiZ* 1958, 219 (222); Cramer: S. 106 f.

22 In diese Richtung argumentierte schon Schröder: *DRiZ* 1958, 220.

23 Als solche Fälle dürften etwa anzusehen sein: In einem wissenschaftlichen Institut werden Experimente über die menschlichen Reaktionen im Vollrausch mit Freiwilligen durchgeführt. Dabei beschließt ein an sich als zuverlässig bekannter Krankenpfleger, der die Probanden bei der Ausnüchterung beaufsichtigen soll, aus eigenem wissenschaftlichen Interesse Experimente zu veranstalten. Die von ihm provozierten Probanden gehen aufeinander los und fügen sich gegenseitig unter Beschädigung des Mobiliars schwere Körperverletzungen zu. Oder: Zwei Psychologiestudenten schreiben gemeinsam an einer Diplomarbeit über das Fehlverhalten von Volltrunkenen, um endlich der Gefährlichkeitspräsumtion in § 330a auch eine empirische Grundlage zu geben. Sie arbeiten Tests aus und führen sie im Eigenversuch im Institut durch. Während der volltrunkene A vom nüchternen B getestet wird, wird im Institut Feuer gelegt. Als ein Feuerwehrmann beide über die Leiter retten will,.weist ihn B im Bewußtsein seiner Haftung aus Ingerenz auf den Zustand des A hin. Doch A will sich nicht retten lassen und stößt den Feuerwehrmann in Höhe des 3. Stocks von der Leiter. Vgl. auch die von Baumann gebildeten Fälle in DAR 1962, 99.

24 Diese notwendige Rückwirkung der Ansicht des 5. Senats von der subjektiven Tatseite auf die objektive erkennen auch Cramer (S. 94 f., 99) und Lackner (JuS 1968, 218) an; a. A. Bruns, der den Erwägungen des 5. Senats weder Relevanz für die Schuld noch für den objektiven Tatbestand zubilligen will. Cramer (S. 67 ff., 100 f.) schränkt daher den objektiven Tatbestand ganz wesentlich ein, indem er einen Begriff abstrakter Gefährdung gebraucht, der auf der gleitenden Skala zwischen abstrakter und konkreter Gefährdung (vgl. Maurach: *AT*, S. 238; Vermander: *Unfallsituation und Hilfspflicht im Rahmen des § 330c StGB*, Diss. Tübingen 1969 [zit. Vermander], S. 39) der konkreten Gefährdung sehr nahe kommt (so auch Arthur Kaufmann: *JZ* 1963, 433; Lackner: *JuS* 1968, 220; Puppe, *GA* 1974, 105). Noch weiter will Lange (*JR* 1957, 242 [245]) unter Berufung auf BGH VRS 7, 309 den Tatbestand auf die Neigung zu Rauschtaten einschränken. Insoweit wird dieses Urteil von Lange aber offensichtlich überinterpretiert. Dem 5. Senat schließt sich grundsätzlich an Hardwig in: *Festschrift für Eb. Schmidt*. S. 459 f. (471 f.).

25 So Schönke/Schröder: § 330a Rdnr. 7 und wohl auch Jagusch in: *LM* § 330 Nr. 2. Eine andere Lösungsmöglichkeit (vertreten von Lay in: *LK* § 330a Rdnr. 21; Roeder in: *Festschrift für Rittler*, 1957 A 211 [214]; H. Mayer: *ZStW* 59, 283 [291]), nämlich ein ungeschriebenes Tatbestandsmerkmal des »Genießens« in § 330a einzuführen, das bei medizinischer Indikation nicht vorläge, scheitert sowohl am Wortlaut

als auch an der causa von § 330a. Man denke nur an die Konsequenzen, wenn einmal ein trinkfreudiger Student oder gar ein »Wermutbruder« Patient oder Proband wäre.

26 Von dieser Abwägungsproblematik ist die Frage zu unterscheiden, welches Rechtsgut § 330a schützt, nämlich unbestrittenermaßen den allgemeinen Rechtsfrieden (Lay in *LK* § 330a Rdnr. 19 mit weit. Nachw.). Er hat aber keinen bestimmten Platz in der Hierarchie der Werte, die das Strafrecht schützt. Da § 330a sämtliche anderen Rechtsgüter schützen soll, bestimmt sich der Wert des allgemeinen Rechtsfriedens durch eben diese. Erst der unbestimmt hohe Wert des Rechtsfriedens macht plausibel, daß selbst ganz unwahrscheinliche Gefährdungssituationen nach § 330a pönalisiert sein sollen.

27 Was hier einschränkend interpretiert wird, der objektive Tatbestand oder die Bedingung der Strafbarkeit, sei zunächst dahingestellt.

28 BGHSt 1, 125.

29 Auch die h. M. geht dahin, daß bei § 330a eine restriktive Auslegung des objektiven Tatbestands auf (besonders) gefährliche Räusche nicht möglich sei (Cramer, S. 46 ff., 82, 99; Lay in: *LK* § 330a Rdnr. 9, 10, 17, 18 mit weit. Nachw.; Schröder: *DRiZ* 1958, 222; s. auch Lange: *JZ* 1951, 462), denn jeder Rausch sei an sich so gemeingefährlich, daß man nicht noch differenzieren könne.

30 Eine solche Auslegung kann sich nur auf BGHSt 1, 125 stützen. Spätere, veröffentlichte Entscheidungen des BGH stellen die Rauschtat nicht mehr als zwingendes, sondern allenfalls als ausschließliches Indiz für die Gefährlichkeit des Rausches heraus. Auch in zwei unveröffentlichten Entscheidungen (Urt. v. 12. 12. 1950 – 2 StR 61/50 u. Urt. v. 3. 4. 1951 – 2 StR 82/51), die der Entscheidung im 1. Band vorangingen, fehlt der Hinweis auf die Rauschtat als zwingendes Indiz für die Gefährlichkeit des Rausches.

31 Kohlrausch/Lange: *StGB*, 39. u. 40. Aufl. 1950, § 330a Anm. III; Lange: *ZStW* 59, 574 (585 ff.).

32 Welzel: *Strafrecht*, 2. Aufl. 1949, S. 228 f.

33 OLG Celle, Nds. Rechtspfl. 1950, 128.

34 Vgl. etwa Lüderssen: *ZStW* 85, 292 und Schmidhäuser: *Strafrecht AT*, Tübingen 1970 (zit. Schmidhäuser), 8/54 ff. Die dogmatischen Begründungen dafür unterscheiden sich allerdings. Vgl. etwa Baumann: *AT* 1974 S. 224 ff.; Jescheck: *AT* 1972 S. 212 ff., 443 f.; Roxin in: *Honig-Festschrift* S. 133 ff.; Rudolphi: *JuS* 1969, 549 ff.; Engisch: *Die Kausalität als Merkmal der strafrechtlichen Tatbestände* 1931 S. 36 f.; Wessels: *AT* 1974 S. 38 ff.; Eser: *Juristischer Studienkurs Strafrecht* 1, 1971, 4 Rdnr. 17 und insbes. Schünemann: *JA* 1975, 578 ff.

35 Ein grenzenloser Gefahrbegriff in § 330a, der auch unwahrscheinliche Kausalabläufe abdeckt, müßte dort zu unannehmbaren Ergebnissen führen, wo mehrere Kausalreihen in Hinblick auf den Erfolg so

verknüpft sind, daß der Erfolg für den einen Täter eine Rauschtat für den anderen ein fahrlässiges Delikt bedingt. Das zeigt deutlich das zweite Beispiel in Anm. 23. Wie läßt sich in diesem Fall die Bestrafung des Volltrunkenen aus § 330a rechtfertigen, während der Nüchterne mangels Zumutbarkeit und Vorhersehbarkeit des Erfolges nicht bestraft werden könnte, obwohl er aus seinem vorangegangenen Tun die Pflicht hatte, die Gefahr des Eintritts der Körperverletzung oder Tötung des Feuerwehrmannes abzuwenden?

36 *JZ* 1963, 4295 (427); vgl. auch v. Weber: *MDR* 1952, 641; Maurach: *Schuld und Verantwortung* 1948, 108; H. Mayer: *ZStW* 59, 323 f.

37 Dies tut aber z. B. Lackner in: *JuS* 1968, 215 [219] wenn er darauf hinweist, die technische und soziale Entwicklung mache es immer aussichtsloser, gegen einen Vollrausch Maßnahmen zu treffen, die geeignet sind, die Begehung aller denkbaren Arten von Rauschtaten auszuschließen. Nun zeichnet sich diese technische und soziale Entwicklung gerade dadurch aus, daß sie bislang Unbeherrschbares beherrschbar macht. Warum also sollte sich diese Behauptung nicht sogar mit mehr Recht in ihr Gegenteil verkehren lassen? Es fällt zudem auf, daß die Unmöglichkeit, ausreichende Zurüstungen zu treffen, i. d. R. an Fällen demonstriert wird, in denen typische Rauschgefahren vorlagen, so z. B. in dem Fall, den das OLG Braunschweig entschied (*NJW* 1966, 679), und den Lackner a.a.O. aufführt: Der Angekl. ging mit anderen in eine Bar, um dort eine Jubiläumsfeier fortzusetzen, allerdings nur unter der Bedingung, daß ihn jemand nach Hause führe. Da sich der Angekl. aber nicht mehr erinnerte, wo er wohnte, setzte man ihn irgendwo in der Stadt ab. Er fand auf ungeklärte Weise zu seinem Pkw und fuhr mit ihm. Daß jemand volltrunken auch in einiger Entfernung seinen Pkw noch findet, ist ebensowenig unwahrscheinlich, als es andererseits sicher ist, daß Zechkumpane unzuverlässige Garanten gegen die Rauschgefahr sind.

38 Der Gefahrbegriff im Strafrecht ist ein normativer und bestimmt sich inhaltlich jeweils danach, welches Verhalten und welche Erfolge vermieden werden sollen (vgl. RGSt 53, 213). Man kann nun argumentieren, das sei in § 330a jede strafbare Ausschreitung. Da diese aber nicht ausreichend bestimmt vorhersehbar, und so der Rausch insoweit auch nicht beherrschbar ist, müsse bereits ein vorgelagertes Verhalten, nämlich die Beeinträchtigung der im Verkehr erforderlichen Fähigkeiten (vgl. dazu Puppe: *GA* 1974, 98 [115]) als Gefahr unterdrückt werden. Das Dilemma ist nun, daß weder die Rauschtat allein Kriterium für die zu vermeidende Gefahr und damit das strafbare Unrecht sein kann (dann wäre der Gefahrbegriff zu eng, weil er z. B. den nicht erfaßt, der im Vollrausch zu Gewalttaten neigt) noch die Berauschung allein (dann wäre der Gefahrbegriff zu weit).

39 Vgl. dazu Schröder: *ZStW* 81, 7; Cramer: S. 68 f., 82; Maurach: *AT*

S. 237 f., 324 f.; Jescheck: S. 198; gegen Cramer allerdings Arthur Kaufmann: *JZ* 1963, 433 und Puppe: *GA* 1974, 105, die beide aber weniger kritisieren, daß Cramer im abstrakten Gefährdungsbegriff überhaupt auf die Wahrscheinlichkeit des Erfolgseintritts in beschränkender Weise abstellt, als vielmehr, daß die von ihm geforderte Wahrscheinlich zu hoch angesetzt und daher eine konkrete sei.

40 Dagegen u. a. auch Cramer: S. 82; zuletzt Backmann: *JuS* 1975, 699 ff.

41 Vgl. etwa Engisch: S. 73 f., H. Mayer: *ZStW* 50, 327; Rudolphi: *JuS* 1969, 549 [550]; Schönke/Schröder: § 59 Rdnr. 162 ff. mit weit. Nachw.; Maurach: *AT* S. 542 ff.; Binavince: *Die vier Momente der Fahrlässigkeitsdelikte*, 1969 S. 66 ff. mit weit. Nachw.; Jescheck: S. 443 f.

42 BVerfGE 25, 269 (286).

42a Das ist freilich angesichts der vom Gesetzgeber postulierten grenzenlosen Relevanz der Gefährlichkeit des Betrunkenen in § 330a paradox. So zu Recht Backmann: *JuS* 1975, 698 (704). Die von ihm geforderte Bestrafung auch der Rauschtaten, die ohne »natürlichen« Handlungswillen begangen wurden, verstößt aber klar gegen das Analogieverbot. So auch Lenckner: *JR* 1975, 33 m. w. Nachw.

43 Vgl. dazu Schröder: *DRiZ* 1958, 221; Hardwig in: *Festschrift für Eb. Schmidt* S. 470; Schweikert: *ZStW* 70, 398. Zu Ende des gemeinen Rechts wurden Rauschtaten als Fahrlässigkeitsdelikte bestraft, vgl. etwa Temme: *Lehrbuch des preußischen Strafrechts*, Berlin 1853 S. 177. Dabei wurden an die Vorhersehbarkeit der Berauschung überraschend hohe Anforderungen gestellt (vgl. Feuerbach: *Aktenmäßige Darstellung merkwürdiger Verbrechen*, Neudruck, Aalen 1970 S. 563 ff. [578]).

44 Vgl. Puppe: *GA* 1974, 98 (115) u. Schröder: *DRiZ* 1958, 220.

45 Das zeigt schon, daß der Gesetzgeber den Vollrausch nicht allein pönalisiert hat.

46 Vgl. Lay in: *LK* § 330a Rdnr. 6 mit weit. Nachw.

47 Daß Kausalitäts- und damit auch Adäquanzerwägungen zwischen Vollrausch und Rauschtat nur selten angestellt werden, hängt wohl einmal an der verfehlten Meinung, daß zwischen diesen beiden Merkmalen keine Kausalverbindung bestehen müsse (so manche nach Gerland: *ZStW* 55, 784 [800 f.]; dagegen mit Recht H. Mayer: *ZStW* 59, 325 und Cramer: S. 117 mit weit. Nachw.), zum anderen aber daran, daß es im Gegensatz zu den beiden Stufen der Zurechnung bei den Fahrlässigkeitsdelikten in § 330a keinen dogmatischen Ort zu geben scheint, an dem solche Erwägungen angestellt werden könnten.

48 So BGHSt 11, 1 (7); s. auch Rudolphi: *JuS* 1969, 553 mit weit. Nachw.; Jescheck: S. 207 f., ferner Schmidhäuser: *AT* 8/54.

49 Vgl. insbes. Lackner: *JuS* 1968, 220 und ders. in: *Das konkrete Gefährdungsdelikt im Verkehrsstrafrecht*, S. 3 f., 19, woraus sich aller-

dings auch ein gewisses Ungenügen am allgemeinen Gefahrbegriff herauslesen läßt.

50 Vgl. etwa Schröder: *DRiZ* 1958, 220 f.; BGHSt 16, 124; E 62, *Bundesratsdrucksache* 200/62 S. 536.

51 So Schmidhäuser: *AT* 8/35.

52 Vgl. Cramer: S. 101; Maurach: *AT* S. 238; Vermander: S. 33 f.

53 Vgl. Maurach: *AT* S. 238; Schröder: *ZStW* 81, 14 ff. (16); Jescheck: S. 198 f.; Schmidhäuser: *AT* 8/51; Baumann: *AT* S. 138. Nach Schröder (*DRiZ* 1958, 222) ist § 330a eines jener Delikte, bei dem die Gefährlichkeitspräsumtion nicht widerlegt werden kann. A. A. Backmann: *JuS* 1975, 701. Der BGH, der bislang wesentlich die These der Unwiderlegbarkeit der Gefährdungspräsumtion stützte, hat in neuester Zeit die alte starre Position insoweit aufgegeben als er in einem Urteil zu § 306 – *MDR* 1975, 677 (678) – die Frage ausdrücklich offen läßt.

54 E 62, *Bundesratsdrucksache* 200/62 S. 536 ff. Auch wenn diese Begründung ebenso wie die Entwurfsfassung nicht im § 330a n. F. übernommen wurde, gibt sie doch die bisherige gesetzgeberische Motivation explizit wieder und kann daher bei der Auslegung nicht übergangen werden.

55 Cramer: S. 100 f.

56 Vgl. etwa die von Baumann: (*DAR* 1962, 93 [99]) gebildeten Fälle.

57 Cramer: S. 100 f.

58 E 62 S. 536 f.; Lackner: *JuS* 1968, 217.

59 Cramer: S. 67 ff., 95 ff., 106.

60 Diese Konstruktion wird auch von Baumann: (*DAR* 1962, 93 [99]) vorgeschlagen und hat in entsprechender Weise Eingang in § 151 StGB AE gefunden. Baumann (a.a.O.) bezeichnet diese Konstruktion als Bedingung der Nichtstrafbarkeit, doch läßt sich eine Bedingung der Nichtstrafbarkeit ebenso als restriktiv ausgelegte Bedingung der Strafbarkeit formulieren.

61 I. d. S. auch H. Mayer: *ZStW* 59, 327 f. Diese Rauschgefahr und damit auch die Adäquanz der Rauschfolgen zu bestimmen, das erscheint als das empirische Hauptproblem in § 330a. Die h. M. übergeht dieses Problem, indem sie überhaupt nicht empirisch fragt, sondern apodiktisch behauptet, jeder Vollrausch stelle eine unkontrollierbare Gefahr dar. Der daraus resultierende, zur Erfolgshaftung führende Gefahrbegriff wird durch seine Gegner aber nun nicht durch empirische Untersuchungen über die Rauschgefahren zu beschränken versucht, sondern mit rein juristisch dogmatischen Anforderungen, die das Schuldstrafrecht stelle; bislang aber ohne erkennbaren Erfolg. Daß die grundsätzlichen Meinungsunterschiede über die Begrenzbarkeit der Haftung aus § 330a andauern werden, garantiert einerseits die zu niedrig angesetzte Strafbarkeitsschwelle der h. M., andererseits die

von jenen zu hoch angesetzte, die eine Neigung des Täters zu Rauschtaten fordern oder den stillen Zecher im Kämmerchen straffrei lassen wollen. Letztere Meinung wird auch von Cramer: (S. 82 ff., 102) vertreten.

62 *DAR* 1962, 93 (99).

63 Jescheck: *AT* S. 214. Die hier vorgeschlagene Einschränkung führt zum gleichen Ergebnis als forderte man zwischen Berauschung und Rauschtat eine adäquate vorsatzunabhängige Kausalbeziehung.

Rüdiger Lautmann
Wie hermetisch denkt die Strafrechtsdogmatik? Sozialwissenschaftliche Bemerkungen zur Bestrafung des Rauschdelikts

Ich beginne meinen Kommentar zu Günther Gollners Artikel über den Rauschparagraphen – bewußt gegen die Üblichkeit – mit einem Eingeständnis: es ist mir schwergefallen, mich auf die strafrechtsdogmatische Aufarbeitung des 330a StGB einzulassen. Innerrechtsdogmatische Diskurse finden in einem, jedenfalls dem ersten Anschein nach, hermetisch abgeriegelten Sprach- und Relevanzsystem statt, so daß sie außerhalb der juristischen Sinnzusammenhänge bedeutungslos anmuten und weder kritisiert noch interdisziplinär ergänzt werden können. Allenfalls lassen sie sich zum Objektmaterial für linguistische, geistesgeschichtliche, wissenschaftssoziologische u. ä. Analysen machen; aber sie halten sich nicht selber offen für außerjuristische Kompetenz. Ein wohlbekanntes Symptom für diese Art von Exklusivität ist es, juristische Autoritäten für klar nichtjuristische Behauptungen anzuführen. Eines der beiden von Gollner zum Ausgangspunkt genommenen höchstrichterlichen Urteile enthält ein Beispiel dafür: »Es gibt daher keine zuverlässige Voraussage, wie sich ein Mensch im Vollrausch verhalten wird (vgl. Lackner, JuS 68, 215, 218, 219).«[1] Hier bürgt der juristische Ordinarius für eine psychologische Aussage. Speziell die strafrechtlichen Diskurse sind zumeist sowohl von alltagsweltlichen als auch von wissenschaftlichen Handlungsmodellen abgekoppelt und versperren sich der soziopsychologischen Diskussion.

Ein sozialwissenschaftlicher Kommentar zu einer juristischen Argumentation, der zu einem Gespräch mit den Juristen gelangen will, muß sich in einem gewissen Maß an den Erkenntnisinteressen des zu kommentierenden Textes orientieren. Um was geht es in dem Artikel über ›Zurüstungen‹ bei § 330a StGB? Manifeste Ziele sind:

– die anderwärts vertretene Meinung, zwischen zwei Senaten des BGH bestünden widersprüchliche Meinungen, soll relativiert werden;
– die Anwendung des 330a StGB soll insoweit eingeschränkt werden, als nicht jede Kausalität zwischen Berauschung und Rauschtat zur Bestrafung führen soll, sondern eine subjektive Beziehung zwischen beiden zusätzlich erforderlich ist;
– diese Interpretation der Strafvorschrift soll systemgerechter als bisher begründet werden.

Wo könnte sich die Kriminalsoziologie in dieses Arbeitsprogramm einschalten? Ausdrücklich gefragt oder gar benutzt wird sie an keiner Stelle des Aufsatzes (obwohl der Autor, wie andere Schriften von ihm ausweisen, auch sozialwissenschaftlich arbeitet). Die Ansätze für eine Kommentierung zu diesem Artikel – und das gilt für beliebige andere strafrechtliche Abhandlungen mehr oder weniger ebenso – müssen mühsam gesucht werden. Eine sozialwissenschaftliche Auseinandersetzung mit *rechtsdogmatischen Einzelfragen* kann sich nicht auf die Erläuterung von Details beschränken, etwa hie und da nur eine präzisere Fakteninformation beisteuern. Jede rechtsdogmatische Erwägung findet ja auf dem Hintergrund eines umfassenderen Gebäudes von spezifisch juristischen Sprachformen und Gedankenverknüpfungen statt; innerhalb dieses Denksystems erhält sie erst ihren Sinn. Teile des *gesamtjuristischen* Argumentationsrepertoires werden ebenso in die Erörterung von Einzelfragen einbezogen wie *bereichsspezifische*, hier also strafrechtsdogmatische, Denkfiguren. In dem Artikel von Gollner, wenn ich nur dessen erste beiden Absätze durchsehe, bezeichnen die folgenden Formulierungen je einen Rückgriff auf juristische Denkfiguren, die auch über die Frage der ›Zurüstungen‹ bei § 330a hinaus Bedeutung haben und somit in einen sozialwissenschaftlichen Kommentar einzubeziehen sind: »Schuldfrage; Vorlegen; subjektive Beziehung; schuldhaft; Rauschtat; objektive Bedingung der Strafbarkeit; Vorwerfbarkeit; Tatbestand; voraussehbar; strafbare Handlung«. Bei der Diskussion mit Juristen ist durchaus der Wunsch zu bemerken, das sozialwissenschaftliche Gegenüber solle sich, wie der Jurist, auf das jeweils konkret anstehende Entscheidungsproblem konzentrieren, nicht aber bei dieser Gelegenheit etwa so große Fragen wie ›Schuldstrafrecht‹ oder ›Verbrechenssystem‹ anreißen. Für Juristen macht es einen Unterschied, ob die Details einer

Fallösung anstehen oder ob die dogmatischen Grundfiguren diskutiert werden. Ja, es gibt vielleicht Tendenzen einer innerberuflichen Arbeitsteilung: Richter und Kommentatoren behandeln eher die Detailfragen, Professoren äußern sich eher (auch) zu den Grundfragen. Mag auch eine Entscheidung wie die des BGH, Bd. 2, S. 194-212, ein Grundsatzdokument von höchster Bedeutung sein; sie bleibt indessen eine atypische Erscheinung in der Judikatur und wird auch sogleich mit einem dichten Kokon rechtsgelehrter Texte umsponnen, der inzwischen sicher Tausende bedruckter Seiten umfaßt.

Die angedeutete *Trennung der Zuständigkeiten für Grundsatz- und Detailfragen des Strafrechts* kann von Sozialwissenschaftlern nicht mitvollzogen werden (wenngleich sie in ihrer eigenen Disziplin ähnliche Arbeitsteilungen antreffen mögen). Sie würden sonst immer wesentliche Dimensionen juristischer Akte verfehlen. Die Handlungen von Juristen bleiben ohne Sinn für Außenbetrachter, wenn nur winzige Räume des juristischen Gebäudes, nicht aber die ganzen Etagen betreten werden dürfen – ebenso wie beispielsweise bei einem Fußballspiel ein Freistoß nur im Kontext mit der Regelgesamtheit dieses Spiels verstanden und adäquat angeordnet werden kann. Eine interdisziplinäre Diskussion juristischer Details tendiert so immer zu einer mehr oder minder umfassenden Thematisierung des gesamten (Straf- usf.) Rechts, wohingegen Juristen die Ausdehnung als wenig hilfreich empfinden und enttäuscht sind, wie hinterfragerisch und hyperkritisch diese Soziologen sich doch immerzu gebärden müssen.

Bei der Beschäftigung mit der konkreten strafrechtsdogmatischen Figur der Zurüstungen erlebe ich den geschilderten *Kommunikationskonflikt* so: Im Zusammenwirken von Gesetzesformulierung des § 330a, dazu ergangener Judikate und systematisierend-kommentierender Literatur ist das zu entscheidende Rechtsproblem bereits derart zugeschnitten, daß nur noch in den vorgegebenen Begriffen wie Schuldhaftigkeit, Strafbarkeitsbedingung, abstrakte Gefährdung usw. argumentiert werden kann, und die wählbaren Entscheidungsalternativen sind sowohl vorgeprägt als auch reduziert auf Resultate wie Freispruch oder Verurteilung aus § 330a oder Verurteilung aus fahrlässiger actio libera in causa. Hält eine derart ›geschlossene Gesellschaft‹ irgendwo eine Tür offen für neue Informationen und Perspektiven? Kommt es für die Entscheidung zwischen den noch vorhandenen Figuren und

Alternativen überhaupt auf zusätzliche Information an, oder ergeht sie nach Zufall, nach moralischen Grundprämissen, nach systeminternen Erfordernissen der Stimmigkeit, der Einfachheit, der Eleganz u. ä.? Der Sozialwissenschaftler fühlt sich zwar an die geltenden Gesetze, nicht aber an die Konventionen der juristischen Denkweise und an die Auslegungsgeschichte einer Norm gebunden. Daher greift er einen Straffall nicht in der ihm von Juristen verpaßten Zurichtung auf, sondern in der vollen Komplexität der ohnehin jedesmal im Hintergrund lauernden Frage: Soll diese(r) Angeklagte verurteilt werden?

Daß damit mehr Entscheidungsprobleme thematisiert sind, als in einem Zuge gelöst werden können, läßt die sozialwissenschaftliche Kommentierung rechtsdogmatischer Einzelfragen zu einer umfassenden Aufgabe anwachsen, es führt auch schnell über die von Juristen gern abgesteckten Grenzen hinaus und endet nur zu leicht vor der Mauer des wechselseitigen Achselzuckens. Anders gesagt: wo Gollner sich auf klar gezogenen Gedankenlinien bewegen kann, gibt es für meinen Kommentar kaum Wegweiser und erkennbare Wege. Anknüpfungspunkte müssen gesucht, gekennzeichnet und fortentwickelt werden. Weil es keine systematische kriminalsoziologische Diskussion strafrechtsdogmatischer Themen gibt, wird die hier versuchte Kommentierung mehr Fragen als Antworten produzieren – schon deshalb, weil die Fragen erst geklärt und die Antworten interdisziplinär-gemeinsam erarbeitet werden müssen.

Juristische Relevanzen

Welchen Sinn macht es, die Widersprüchlichkeit zwischen den Urteilen zweier BGH-Senate zu erörtern, gar: »daß dieser Widerspruch nicht so offensichtlich ist, wie gemeinhin angenommen wird«, – anstelle der anstehenden Sachfragen? Warum muß das Strafrecht widerspruchsfrei sein – ist so etwas erreichbar und wenn, auf wessen Kosten? Die meisten Betrachter innerjuristischer Diskurse wundern sich darüber, wie hier die Themen akzentuiert werden: nicht der *Sachkonflikt und seine Lösung* stehen im Vordergrund der Aufmerksamkeit, sondern *Ableitbarkeit und Rückwirkungen der ergehenden Entscheidung hinsichtlich des Rechtssystems.* So wie sich viele Urteile, vor allem der höheren Instanzen, wie Monographien lesen, hinter denen die zu regelnden Sachverhalte nahezu verschwinden, so werden die Sachverhalte in den Texten der Rechtswissenschaft nur zu oft vollständig ausgeblendet; ›Kasuistik‹ ist hier auf schlimme Weise synonym mit ›unsystematisch‹ oder ›unwissenschaftlich‹. Noch in der Urteilswiedergabe bei dem – für Sachfragen stets sehr engagierten – Autor Gollner werden die einfachen Fakten des Falles weggelassen (vgl. Anm. 2 seines Artikels).

Das Kriterium einer *Einzelfallgerechtigkeit* pflegt unter dogmatisch interessierten Juristen belächelt zu werden – so als ob man damit das Wesen des Rechts verkennte. Und doch ist die adäquate Entscheidung der konkreten Fälle zumindest *ein* nicht zu vernachlässigender Zurechnungspunkt für die Beurteilung der Güte des Rechtsbetriebs insgesamt. Dort nun, wo der rechtstechnische Ort für solche Erwägungen wäre, etwa im Bereich der Strafzumessung, bleibt die Rechtsdogmatik bezeichnenderweise unterentwickelt. Allen Versuchungen systemtheoretischer Argumentation muß entgegengehalten werden, daß – zumindest im Strafprozeß – nicht das Individuum zum Mittel und zum Opfer für eine Gerechtigkeit der ›großen Zahl‹ gemacht werden darf (sich orientierend an Art. 1 GG).

Rechtsdogmatische Argumentationen muten beinahe wie ein verzweifelter Versuch an, eine menschliche Entscheidung – hier: Jemanden zu bestrafen und leiden zu lassen – aus der *persönlichen Verantwortung der Richter* herauszuschieben und sie als unpersönlichen Akt eines überindividuellen Rechtssystems erscheinen zu lassen. Einerseits ist ein solcher Verlagerungsversuch nur zu verständlich – man bedenke, welchen Herren die deutschen Richter allein im 20. Jahrhundert zu dienen hatten, ohne daß sie sich diese Herren hätten aussuchen können. Andererseits verzichtet die strafjuristische Sozialkontrolle auf eine wichtige Quelle ihrer Autorität: die moralische Integrität eines Menschen, der im Rahmen einer demokratischen Verfassung in sein Richteramt gekommen ist und mit seiner Person für seine Urteile einsteht, vermag dem Richterspruch mindestens ebenso viel an ›Gültigkeit‹ – an Plausibilität, Legitimität, präventiver Effektivität – zu verleihen wie eine Urteilsbegründung von zwei oder zwanzig Seiten, in der die rechtsnormative Stimmigkeit des Urteils nachgewiesen wird.

Wie könnte eine Urteilsbegründung lauten, die auf das Hantieren mit Figuren wie ›objektive Strafbarkeitsbedingung‹, ›abstraktes Gefährdungsdelikt‹, ›Schuldstrafrecht‹, ›Zurüstungen‹ usf. verzichtet? Eine solche Begründung könnte der Versuch eines *Dialogs des Richters mit dem Verurteilten* sein (und nicht, wie üblich, mit den Bezugsgruppen der Richter, also den beteiligten Anwälten, den Mitgliedern des Entscheidungskollegiums, der höheren Instanz, den Lesern juristischer Fachzeitschriften, den Rechtsprofessoren). Dem Verurteilten könnte, auf einer von ihm geteilten Relevanzebene und in einer ihm verständlichen Sprache, mitgeteilt werden, was an seinem Verhalten als unerträglich erscheint und warum es nicht hingenommen wird. Der angeklagten Frau könnte – im Urteil – gesagt werden, daß ihr Verhalten nicht ohne Reaktion der Verkehrsbehörden bleiben konnte:

Die angeklagte Frau hatte an einem Nachmittag die Autobahn in Schlangenlinien befahren, war zwischen Fahrstreifen und Überholstreifen hin und her gependelt, so daß sich hinter ihr eine Fahrzeugansammlung von etwa 500 Metern Länge gebildet hatte. Als sie von der Polizeistreife gestoppt wurde, fiel sie beim Aussteigen aus ihrem Fahrzeug zu Boden und war nicht in der Lage, aus eigener Kraft aufzustehen. Es ergab sich eine Blutalkoholkonzentration von 2‰, darüber hinaus stand sie wahrscheinlich unter Einfluß anderer berauschender Mittel.

Aus diesem Fahrverhalten erwuchsen außerordentliche Risiken für den Autoverkehr, die sich glücklicherweise nicht realisierten, weil die nachfolgenden Kraftfahrzeuge hinter dem pendelnden Wagen blieben. Durch den Stau erlitten viele Autobahnbenutzer einen Zeitverlust, zudem in Feierabendnähe.

Die Höhe der Geldstrafe von 250,– DM (Urteil des Amtsgerichts vom November 1973) mutet als eher niedrig an, selbst bei ungünstigen Einkommensverhältnissen. Das ergibt sich aus einem Vergleich mit den eventuellen Schäden nach einem drohenden Unfall, mit dem Wert der Zeitverluste der aufgehaltenen Berufstätigen sowie mit den Beträgen, die der Bußgeldkatalog für Ordnungswidrigkeiten vorsieht. Die schwierige persönliche Lage der angeklagten Frau L. – Ehescheidungsprozeß, Nachricht vom Tod des Vaters – ist dabei berücksichtigt.

Die weiteren Entscheidungen in diesem Verfahren dürften übrigens verschwiegenerweise auf Gesichtspunkten einer Fallgerechtigkeit beruhen, nämlich der Frau Belastungen zu ersparen: das OLG verwies die Sache an das AG zurück, und dort wurde unter einer Auflage gem. § 153a StPO endgültig eingestellt.

Die den Strafrechtswissenschaftler leitende Perspektive wird von Gollner recht deutlich benannt; er will die von ihm angepeilte Auslegung »systemgerechter« begründen (vor I), bzw. sein Begründungsproblem »de lege lata konstruktiv lösen, ohne dabei wesentliche Teile der bisher herrschenden dogmatischen Position aufzugeben« (II 6). Hier werden Widerspruchsfreiheit, Vollständigkeit und Kontinuität des juristischen Argumentationssystems als Richtschnur gezogen. Ist aber *Systemgerechtigkeit* überhaupt ein Fall von Gerechtigkeit oder nicht vielmehr von Professonalität, Kunstgerechtheit u. ä.?! Juristische Lösungen erscheinen ihren Verfechtern dann eher als akzeptabel, wenn sie aus bestehenden Doktrinen abgeleitet werden können.

In der Sozialwissenschaft grassiert eher die entgegengesetzte Tendenz: durch neue ›Ansätze‹, gar Paradigmen alle bisherigen Analysen – möglichst die gesamte soziologische »Dogmatik« – abzulösen. Wahrscheinlich sind beide Erkenntnistendenzen – die Totalvernichtung in soziologischen Theorien, die Kontinuitätssucht in juristischen Theorien – einer Kumulation von Erkenntnis abträglich; jede der beiden Disziplinen hat hier auch auf ihre Weise gegen Zweifel an ihrer Wissenschaftlichkeit zu kämpfen. Die Falsifikationsvermeidung der Juristen – es ließe sich auch sagen: die verbreitete Anerkennung der herrschenden Lehre als faktischer Rechtsquelle – behindert den Erkenntnisfortschritt und die Auseinandersetzung mit den übrigen Humanwissenschaften.

Zugunsten der ausgedehnten Diskussion einer *Rechtsfigur* tritt in rechtswissenschaftlichen Abhandlungen, oft genug sogar in Urteilsbegründungen, der zugrundeliegende *Fall* zurück. Dahinter steckt die juristische Berufsideologie, soziale Konflikte – zwischen Menschen, zwischen Institutionen – möglichst komplett unter generelle Normen subsumieren zu können. Die Jurisprudenz zielt auf eine Art von Systemgerechtigkeit: das Normengebäude insgesamt und für sich genommen erfüllt auf einer abstrakten Ebene die Kriterien der Gerechtigkeit (Gleichheit, Humanität usf.). Vernachlässigt wird dagegen die Fallgerechtigkeit, die etwa den wirklichen Ursachen des jeweiligen Konflikts nachgehen, eine friedliche Auseinandersetzung ermöglichen und, wenn nötig, eine optimal (nicht maximal) befriedigende Entscheidung treffen würde. Unter solchen Gesichtspunkten wären in dem einen Ausgangsfall etwa Fragen der folgenden Art zu stellen:

– War die angeklagte Frau wirklich mit einer Geldstrafe von 250,– DM schlecht bedient? (Hierbei fallen ins Gewicht die durch sie herbeigeführte konkrete Gefährdung, angesichts ihrer absoluten Fahruntüchtigkeit und des Autostaus.)

– Was bewog sie zu dem Rechtsmittel? (Waren auch 250,– DM nicht zu erlegen? Ein Entzug der Fahrerlaubnis drohte nicht.)

– Hatte das Rechtsmittelverfahren möglicherweise einen Stellenwert in der Auseinandersetzung der angeklagten Frau mit von Männern dominierten Institutionen? (Sie befand sich gerade in einem schweren Ehescheidungsrechtsstreit.)

– Standen andere Interessenten hinter dem Revisionsverfahren?

Wie Rechtsdogmatik *argumentationstechnisch sauber, jedoch inhaltlich fragwürdig* zu einer Ausdehnung der Strafbarkeit führen kann, zeigt das andere Urteil, das eingangs des besprochenen Artikels erwähnt wird.

Angeklagt war hier ein Mann, ein Gastwirt, der volltrunken war (am Himmelfahrtstage mit Freundesbesuch und nach Streitereien mit der Gattin). Vor seiner Gaststätte, die gerade geöffnet worden war, brach ein Rentner vermutlich wegen Kreislaufschwäche zusammen und erlitt schwere Kopfverletzungen. Eine Frau ging in die Gaststätte, um von dort nach Hilfe zu telefonieren. Der Wirt befand sich im ersten Stock des Hauses, verweigerte das Telefonat, indem er sagte, was vor seinem Hause sei, gehe ihn nichts an. Er wurde nach §§ 330a in Verbindung mit 330c (unterlassene Hilfeleistung) bestraft; das Bayerische Oberste Landesgericht bestätigte das Urteil.

Der erste Leitsatz dieser Entscheidung lautet: »Die zur Strafbarkeit der Volltrunkenheit nach § 330a StGB erforderliche Rauschtat kann auch in einer mit Strafe bedrohten Unterlassung bestehen.« Warum auch nicht, mag der normale Jurist hier zustimmend nicken. Tatbestandsverwirklichung durch Begehen oder Unterlassen macht wenig Unterschied, sofern nur die Voraussetzungen für ein Unterlassungsdelikt gegeben sind, sei dies ein sog. echtes oder unechtes (jetzt § 13 StGB – früher ohne Gesetzesnorm schon so gehandhabt). Hier wirkt sich die systematisierende Tendenz der Rechtsdogmatik aus: während sich die *Strafgesetze* auf die Beschreibung und Sanktionierung von je einzeln typisierten Situationen beschränken, ohne sich dabei um die mannigfach resultierenden Überschneidungen, Berührungen und Leerräume immer kümmern zu können, stellt sich die von Wissenschaft und, auch, Justiz betriebene *Strafrechtsdogmatik* eine weiterführende Aufgabe: sie glauben, die inkohärente und inkonsistente Ansammlung geltender, aber aus sehr verschiedenen Entstehungszusammenhängen stammender Normen zu einem Ganzen fügen zu müssen. Dies geschieht, indem Probleme der Abgrenzung, der Überschneidung und vor allem der Regelungslükken postuliert und vermittelst der ›Auffindung‹ von angeblichen Grundgedanken gelöst werden. Dieses Unternehmen verläuft in einem fortwährenden, teilweise zirkulär anmutenden Prozeß: induktive Konstruktion eines Systems aus gegebenen Normen – deduktive Lösung der Lücken- und Grenzfragen – evtl. Ergänzung des Systems – evtl. Lösung weiterer Einzelfragen – usw. Das resultierende Ganze ist hier zweifellos mehr als die Summe der eingegangenen Teile (ungeachtet der insoweit mißachteten Vorschrift von Art. 103 Abs. 2 GG, wonach die Strafbarkeit einer Tat *gesetzlich* bestimmt sein muß).

Im Zuge eines juristischen Denkens, das primär sich weniger vom gesetzlichen Tatbestand als von den dogmatischen Figuren leiten läßt und weniger unter die vom Strafgesetz vorgesehenen Typisierungen als unter die viel weiter gespannten Typisierungen der Strafrechtsdogmatik subsumiert, findet der Fall des betrunkenen Gastwirts seine formal saubere Lösung: das Unterlassen wird neben das positive Tun als zweite Grundform der Handlung gesetzt, »so daß beide Formen wegen ihres vergleichbaren sozialen Sinngehalts in gleicher Weise (!) strafrechtlicher Bewertung zugänglich sind«.[2] Ich vermute, ohne die gedanklichen Hilfskonstruktionen über den Handlungsbegriff, über die Gleichsetzung von Begehen und (echtem sowie unechtem) Unterlassen wäre dem Bayerischen Obersten Landesgericht die weite Auslegung des § 330a nicht so leicht gefallen, und es hilft dem Verurteilten wenig, wenn die Literatur das nicht reversible Urteil abgelehnt hat.

Empirie versus Normativität

Um rechtliche Regelungen dogmatisieren zu können, bedarf es offenbar eines bestimmten Umgangs mit den sozialen Fakten. Diese scheinen in juristischen Texten an Realität, an Greifbarkeit, einzubüßen und in eine Sphäre der Abstrahierung und Fiktionalisierung hinüberzugleiten. Das erleichtert ihre Subsumierbarkeit, bringt sie aber auch in die Nähe der Normen. Ein Beispiel solcher Grenzverwischung findet sich vielleicht gegen Ende des kommentierten Textes: Die Zurechnung und Bestrafung der Rauschtat solle dort entfallen, wo »Zurüstungen die Realisierung der Rauschgefahr mit Sicherheit erfahrungsgemäß (sic!) ausschlossen«; das sei etwa dann der Fall, wenn »geeignete und zuverlässige Personen derart zu ihm in einem Garantenverhältnis (sic!) stehen, daß sie ihn von strafbaren Handlungen abhalten müssen«. Was ›erfahrungsgemäß‹ der Fall ist, wird aus einer ›Garantenstellung‹ abgeleitet – eine Rechtsfigur ersetzt das festzustellende Faktum. Gewiß nun bezieht sich jene Rechtsfigur ihrerseits auf Fakten (nämlich die Sachverhaltsvoraussetzungen einer Garantenstellung), und gewiß gibt es klarere Fälle der Normativierung von Empirie, d. i. der Ersetzung von Tatsachenfeststellungen durch Normurteile. Doch scheint diese Perspektivendifferenz eine der Ursachen für die Schwierigkeiten, innerdogmatische Diskussionen sozialwissenschaftlich anzureichern.

Ein weiteres Beispiel für eine juridifizierende Wahrnehmung der Realität bietet die Figur der *gesetzlichen Präsumtion* (vgl. I 2c des Textes). Eine Bestrafung aus § 330a setzt nach h. M. der Strafrechtsliteratur »nicht den Nachweis der Kenntnis des Täters oder seines Kennenmüssens (also Vorsatz und Fahrlässigkeit) hinsichtlich der Gefahr voraus – sie werden vom Gesetz unterstellt«; es genüge der Nachweis der »Indiztatsachen, aus denen das Gesetz die Schlußfolgerung der Gefährlichkeit ableitet, hier also Kenntnis oder Kennenmüssen der Berauschung«. Der Sozialwissenschaftler – offenbar doch eher gewohnt, nach den empirischen Bezügen seiner Konstrukte zu fragen – wundert sich hier: Einerseits werden ›Vorsatz‹, ›Fahrlässigkeit‹ und ›Schuld‹ als zwar normativ eingeführte und begrenzte, aber stets auf Faktisches verweisende Begriffe behandelt, andererseits ist es möglich, daß das Gesetz die Fakten unterstellt bzw. den empirischen Tatbestand ›Gefährlichkeit‹ selber ableitet. Darüber hinaus ist es strafjuristisch geläufig, durch Dispositionsbegriffe wie ›Vermeidbarkeit‹ u. ä. eine Möglichkeit zur Faktenfiktion anzubieten.

Dieses Changieren zwischen Fakt und Fiktion irritiert nicht nur den auf juristischem Parkett ungeübten Sozialwissenschaftler, es dürfte auch den geübten Juristen verunsichern und damit sogar innerjuristische Konflikte auslösen. Mag es nach den Denkgebräuchen unserer Kultur zulässig sein, Fakten zu unterstellen, und mag dies für Gedankenexperimente, philosophische Spekulation oder belletristische Texte einen Gewinn an zusätzlichen Aktivitätsebenen der Sinnschöpfung bedeuten: ein Angeklagter, der gestützt auf fingierte Fakten bestraft wird, wird wohl nur den Kopf schütteln und das Urteil ablehnen, und mit dieser Reaktion kann ich mich voll identifizieren. Ist es denn nicht auch die vom Bayerischen Obersten Landesgericht wortreich gerechtfertigte Verschuldensfiktion, die zum Urteil gegen jenen Gastwirt führte, das wiederum die Kommentatoren nicht überzeugte?

Solche Entwicklungen laufen auf die schleichende Ausdehnung des Pönalisierungsbereichs hinaus. Sie argumentieren typischerweise mit einer Ratio legis, mit Absichten des Gesetzgebers, mit rechtssystematischen Zwängen u. ä. und fingieren damit ihrerseits Norminhalte, die im Wortlaut des Gesetzes noch nicht enthalten waren. Nun kommt es ja durchaus vor, daß jene rechtsdogmatischen Kunstgriffe in restringierender, die Strafbarkeit einschränkender Richtung verwendet werden. Ich habe jedoch den Eindruck, daß dies weitaus seltener geschieht: der Pönalisierungsraum wird durch Strafrechtsdogmatik tendenziell erweiternd arrondiert, es wird eher auf- als abgerundet.

Ein weiteres Beispiel soll den juristischen Umgang mit sozialer Empirie illustrieren. In Anm. 23 des Artikels von Gollner werden *fiktive Fälle* gebildet und strafrechtlich gelöst; diverse zu experimentellen Zwecken berauschte Probanden geraten hier in unvorhergesehene Situationen und begehen dabei allerlei Strafbares. Diese Arbeitsweise von Rechtsdogmatikern – ihre Lehrbücher und systematische Darstellungen sind voll solcher erfundener Fallschilderungen – befremdet einen Betrachter, der naiverweise meint, die Strafrechtswissenschaft habe übergenug Realität zu verarbeiten und könne sich füglich imaginäre Fälle und die sich daraus ergebende Scholastik ersparen. Die Realität als Stoff für strafrechtswissenschaftliche Reflektion wird gebildet aus der Entstehungsgeschichte der Strafgesetze, den individuellen und sozialen Prozessen des Normbefolgens und -abweichens, den Verfahrensweisen der Instanzen sozialer Kontrolle Polizei/Staatsanwaltschaft/Justiz/Strafvollzug sowie schließlich den individuellen und sozialstrukturellen Konsequenzen von Normbestand und Normdurchsetzung. Sollte dieses materiale Substrat für rechtsdogmatische Erörterungen jemals versiegen, dann könnte ja eine Selbstversorgung durch literarisch konstruierte Realität einen Sinn abgeben. Aber derzeit, wo die genannten Realien des Strafrechts erst in Rudimenten erfaßt und genutzt werden –?

Nun wird gesagt, fiktive Fälle dienten dazu, das Grauen der Situationen erträglich zu machen; eine Einschränkung der Wahrnehmung schlimmer Details sei notwendig, um den Beruf des Strafverfolgers durchstehen zu können.[2a] Doch meine ich, daß eine Reduktion der affektiven Lasten, eine Entsinnlichung des sozialen Substrats der ›Fälle‹, dann zur Einbruchstelle unterkühlter Dogmatik wird. Außerdem bleiben die Unterinstanzen ohnehin vom Gestank der zu bestrafenden Situationen nicht verschont.

Die Kritik an der Verwendung fingierter Situationen zielt zum einen auf deren *Unwahrscheinlichkeit* und *Entleertheit*. Die inszenierten Ereignisse können, in der Kombination abartiger Umstände kaum je wirklich passieren, und sie sind auch bar jeglicher Hintergrundsdaten über Tat und Täter.[3] Die Kritik muß sich mit der auf die fiktiven Fälle gegründeten *Konstruktivistik* befassen. Jäger sagt, die Strafrechtsdoktrin sei an der sozialen Wirklichkeit nicht primär interessiert und bediene sich der Inszenierung jener Fälle, um dem Leser ›Höheres‹, d. h. eine Theorie, zu vermitteln (S. 305). Was ist indessen von einer Theorie zu halten, die sich auf imaginäre Wirklichkeit bezieht, *aber* damit zugleich einen Beitrag zur überaus harten Wirklichkeit des Strafprozesses und -vollzuges leistet? Mir kommen hier böse Worte in den Sinn, etwa von einem Selbstbetrug oder von Glacéhandschuhen über schmutzigen Händen. Die Vermeidung der Realität, die gedankliche – mit Fiktionalität und Systematisierung arbeitende – Vorbereitung rigoroser Sanktionen, das Abschieben der Verantwortung hierfür von der Strafrechtswissenschaft auf ›den Staat‹ – all diese Tendenzen finde ich vereint in einem Denken und in einer Ausbildung, die auf Fiktion statt auf den brutalen Fakten aufbaut. Möglicherweise darf Gollners Artikel von solchen Vorwürfen freigestellt werden: er verwendet die Kunstfälle zum Zwecke der Strafbarkeits*einschränkung* (die Rauschtat bleibt straflos in Fällen äußerst unwahrscheinlicher Kausalverläufe). Kein Zweifel jedoch, daß fiktive Fälle ebenso, ja permanent, zur Demonstration strafpflichtiger Situationen eingesetzt werden.

Juristen, soweit sie Sozialwissenschaftliches lediglich ›verwerten‹ wollen, weil es sich im modischen Argumententausch bezahlt macht, die also ihre anderwärts gefundenen Entscheidung nur noch besser gegen Kritik absichern wollen – sie werden von meinen sozialwissenschaftlichen Anmerkungen zur Bestrafung der Rauschtaten insofern enttäuscht sein, als sie auch hier wieder, nunmehr en detail, die rechtsdogmatischen Arbeitsweisen kritisiert finden. Solche Juristen erwarten Handfestes zum Alkoholismus, möglichst subsumtionsfreundlich aufbereitet.

Untersuchungen über die sozialen psychischen, physiologischen Prozesse, die mit dem Alkoholkonsum verbunden sind, hat es zahlreich gegeben. Die Ergebnisse lassen sich meist ohne besondere Qualifikation zur Kenntnis nehmen – sofern man dies nur will und bei der eigenen Arbeit als sinnvoll erlebt. Ohne Anspruch auf Vollständigkeit werden im folgenden einige der vorhandenen, ihrer Einbeziehung in die Diskussion um § 330a harrenden Forschungsergebnisse benannt.

Die *Ursachen des Trinkens* liegen in der Persönlichkeit des Individuums ebenso wie in seinem Umfeld. Eine Vielzahl alkoholkonsumbezogener Erwartungen, ja ein sozialer Druck, wird auf jemanden gerichtet, der in Arbeits- und Freizeitsituationen mit anderen zusammenkommt. Dem zum Mittrinken aufgeforderten Mann wird verheißen, hier seine Maskulinität unter Beweis stellen zu können; die Werbung verstärkt diesen Mechanismus. Alkohol wird zum Surrogat für kulturell geforderte, aber nicht von jedem erbringbare Leistungen. Anderwärts nicht erhältliche Belohnungen werden mit Alkoholgenuß zu kompensieren gesucht: der Wunsch nach Spannungsreduktion läßt zum Glase greifen. So täuschen die Konsumenten sich über unrealisierte Anspruchsniveaus hinweg. Hinter individuellem Versagen tauchen indessen die restriktiven Bedingungen der leistungsorientierten Industriegesellschaft auf, wird Herrschaft als nicht hinwegzuleugnender Bestandteil der subjektiven und sozialen Realität sichtbar.[4] Nur der Spezialfall eines Leidens unter Herrschaftsverhältnissen ist es schließlich, wenn Alkoholsucht im Gefolge von Prozessen der gesellschaftlichen Ablehnung, Sanktionierung und Ausgliederung auftritt, wie an Frauen in Isolationssituationen sowie an stigmatisierten Randgruppen beobachtbar.

Gefährliche und verletzende Handlungen unter Alkoholeinfluß entspringen oft einem spontanen Entschluß und werden nicht bereits beim Trinkbeginn antizipiert. Zwar finden sich unter den Tätern aller möglichen Delikte viele, die zuvor Alkoholisches zu sich genommen haben. Jedoch bleibt die kausale Verknüpfung zwischen Trinken und Verletzen unklar, zumal ja die allermeisten trotz des Trinkens sich friedlich verhalten. Alkohol kommt weniger als Alleinauslöser denn als Mitgestalter innerhalb einer komplexen Tatsituation in Betracht.[5] Unter vielen Faktoren ist Alkohol nur einer, und dessen Stellenwert wird nicht eben leicht abschätzbar sein (es sei denn, nebenbei bemerkt, mit dem Kunstgriff der Äquivalenztheorie von strafrechtlich relevanter Kausalität, die aber nur dort zu erträglichen Ergebnissen führt, wo das Schuldprinzip als Korrektiv eingreift).

Nicht der Alkoholkonsum allein, sondern das Öffentlichwerden seiner Konsequenzen, führt zum Tätigwerden des Sanktionsapparats. Die *Relevanz der Rauschtäter in der öffentlichen Meinung* knüpft vor allem an die schrecklichen Folgen von Verkehrsunfällen an. Größenordnungsmäßig ist bei etwa der Hälfte aller Toten im Straßenverkehr Alkohol unfallbeteiligt.[6] Und beinahe jeder zweite Verkehrsdelinquent wird aufgrund eines Verletzungs- oder Gefährdungsdelikts wegen Alkohol verurteilt. Nicht bekannt ist allerdings, ob moralische Kreuzzüge gegen den Alkoholismus, wie sie immer wieder einmal geführt werden, auch den Kriminalisierungsprozeß, sei es in Gesetzgebung oder Rechtsprechung, beeinflussen. Als große Frage zur Pönalisierung des Rauschs ist schließlich anzumelden: Welche ökonomischen und fiskalischen Interessen lenken den Prozeß der Problematisierung des Alkoholkonsums?

Eine *präventive Wirkung von Freiheitsstrafen* gegen Alkoholtäter gilt als sehr zweifelhaft. Im ersten Halbjahr 1971 verurteilten die Chicagoer Verkehrsstrafgerichte jeden alkoholisierten Fahrer zu sieben Tagen Gefängnis und einem Jahr Führerscheinentzug. Diese Verurteilungspolitik wurde vorher öffentlich angekündigt. In einer Untersuchung konnte kein statistisch signifikanter Rückgang der Verkehrsunfälle mit tödlichem Ausgang festgestellt werden.[7] Sanktionsverschärfungen – sei es per Gesetz, sei es per Strafpraxis – übten bislang allenfalls kurzfristig einen Effekt auf die Häufigkeit von Alkohol im Straßenverkehr aus.[8] Die geringe Erziehungswirkung der Strafe mag mit dem geringen Risiko des

Bestraftwerdens zusammenhängen. Nach den Ergebnissen informierter Schätzungen werden weniger als 1% der alkoholbeeinflußten Kraftfahrer dafür auch verurteilt.[9] Einer der besten Kenner der Problematik von Trunkenheitsfahrt und Strafverfolgung, auch in interkulturell vergleichender Hinsicht, meint: Wir wissen sehr wenig darüber, wie hoch die Schwelle der Wahrscheinlichkeit einer Bestrafung sein muß – aber wir können mit Sicherheit sagen, daß keine Strafverfolgung in der Welt sie in ihrer Praxis erreicht zu haben scheint.[10]

Der Alkoholismus besitzt nicht nur die persönlichkeitsdynamische Dimension, wie seine strafrechtlich wohl kaum vermeidliche Individualisierung per Schuldzuschreibung und Sanktionierung zunächst glauben machen könnte. Er hat darüber hinaus eine *sozialstrukturelle Dimension*, d. h. das Auftauchen und Üblichwerden der Droge Alkohol ist mit gesamtgesellschaftlichen Entwicklungen verknüpft. Mag das Verhältnis der Mikro- zur Makrodimension sozialer Phänomene innersoziologisch noch so umstritten sein – niemand bezweifelt, daß auf beiden Ebenen Prozesse ablaufen, beobachtet und analysiert werden können. Makrostrukturelle Zusammenhänge des Alkohols sind etwa:

– die sozialen Normen des Trinkens;
– die Legalität der Distribution der Droge;
– die fiskalische Partizipation an den Erlösen;
– die Sichtbarkeit und Allgegenwart des Alkohols, etwa in der täglichen Interaktion, in der Werbung, in den Medien der Massenkommunikation (und zwar meist in sozial erwünschten Kontexten);
– die Funktion innerhalb des Reproduktionsprozesses: Arbeitskraft wird wiederhergestellt, ferner wird ein Anschein persönlicher Gestaltungs- und Entfaltungsfreiheit geschaffen;
– die Funktion innerhalb der Abarbeitung von Aggressionen, die aus frustrierenden Arbeits-, Institutions- und Politikverhältnissen erwachsen.

Diese Einbettung des Alkoholkonsums in den gesamten Sozialprozeß wird übrigens nicht nur durch individualisierende Strafsanktion verdeckt, auch moralisierende Reaktionen in Alltagssituationen ignorieren nur zu gern jene sozialstrukturellen Verknüpfungen.

In der Diskussion um ›Zurüstungen‹ scheint es weniger um die treffende, sprachanalytisch stimmige und sachadäquate Auslegung einer Rechtsfigur zu gehen als vielmehr um kriminalpolitische Entwicklungen. Die Frau, welche in dem vom Oberlandesgericht Hamm entschiedenen Fall gerade einen Alkoholrausch ausschlief, hatte sich auf die plötzliche Nachricht vom Tode des Vaters ans Steuer gesetzt, bis sie, als völlig fahrunfähig, aufgegriffen wurde. Wo kann hier von einer Zurüstung die Rede sein? Das OLG benutzt die Tatsache des Schlafens, um das (milde) Urteil der ersten Instanz aufzuheben. Das Gericht sagt selbst, daß im Ausschlafen eines Rausches für sich allein noch keine ausreichende Vorkehrung erblickt werden kann (S. 7). Die kriminalpolitische Absicht könnte sein, die Anwendung des § 330a einzuschränken, und hierzu bietet die Figur der Zurüstung eine Handhabe; denn, ohne die eingeschliffene Redeweise von der ›objektiven Strafbarkeitsbedingung‹ aufzugeben, wird durch die Zusatzvoraussetzung die Deliktserfüllung weniger wahrscheinlich.

Ob nun dieser Zweck der Argumentation zu billigen ist oder nicht, kann schwerlich diskutiert werden, solange nicht gewiß ist, daß das OLG jenen Zweck überhaupt verfolgt. Ich stoße mich hier an der Doppelbödigkeit von Urteilsbegründungen, die oftmals neben ihrem manifesten Inhalt eine latente Botschaft enthalten, die nur von Eingeweihten dechiffriert werden kann. Der ›geheime Lehrplan‹, vor allem von höchstrichterlichen Entscheidungen, macht die gesellschaftliche Diskussion der Rechtsentwicklung zu einem schwierigen, ja insofern unmöglichen Geschäft, als die Kritikadressaten stets darauf verweisen können, ihnen werde etwas anderes unterstellt, als sie in wohlgesetzten Worten gesagt haben.

In der rechtswissenschaftlichen Literatur wird eine Tendenz spürbar, den Anwendungsbereich des § 330a einzuschränken. Insoweit *nimmt die Rechtswissenschaft eine kriminalpolitische Aufgabe wahr*, die sie wirksamer als die Kriminalsoziologie erfüllen kann. Mit Überlegungen zu den Figuren Schuldstrafrecht, abstrakte Gefährdung, Wahlfeststellung, In-dubio-pro-reo wird die vom BGH zunächst vollzogene wortlautgetreue Anwendung der Vorschrift kritisiert, etwa für diejenigen Fälle, in denen keinerlei subjektive Beziehung des ›Täters‹ zu der im Rausch begangenen Tat besteht.[11] Jedoch würden viele Sozialwissenschaftler hier weit rigoroser kritisieren, als die vorsichtigeren Strafrechtsdogmatiker das tun. Allerdings haben diese dafür mehr Aussicht, bei Rechtsprechung und Gesetzgebung Gehör zu finden. Soweit könnten Strafrechtswissenschaftler die Transmission psychologischer, ökonomischer und soziologischer Erkenntnisse zum Strafkodex übernehmen – entschiedener und bewußter als bislang, jedenfalls kaum zu entbehren bei gegebenem Informationsverhalten der Richter und dem Defizit an Glaubwürdigkeit, das bei Rechtsanwendern gegenüber den nichtjuristischen Sozialwissenschaftlern besteht.

Die Vorschläge der Rechtswissenschaft auf Abschwächung des Strafgebots – Verschärfung der Voraussetzungen per konkreter Gefährdung oder Hinabstufung zur Ordnungswidrigkeit[12] hatten indessen keinen Erfolg. Die Neufassung von 1974 erweiterte sogar den expliziten Pönalisierungsbereich: In der alten Fassung (von 1933) war ungesagt geblieben, daß die Vorschrift auch bei Zweifeln über die Schuldunfähigkeit hinsichtlich der Rauschtat anwendbar sein kann. Die Rechtsprechung hatte den Anwendungsbereich darum erweitert – mit sehr logischen, der kriminalpolitischen Tendenz entsprechenden, aber contra reum ausschlagenden Argumenten –, und der Gesetzgeber übernahm das nun in dem Wortlaut des § 330a. Hieran läßt sich ersehen, welch enge Grenzen den Aktivitäten der Rechtswissenschaft gesetzt sind, sobald sie es unternimmt, über ihre Ausbildungsfunktion hinaus die Rechtsanwendungsprozesse unmittelbar zu beeinflussen. Solange sich die Jurisprudenz bei dieser rechtspolitischen und rechtsanwendenden Tätigkeit auf das überkommene Repertoire von logisch-analytischen Methoden beschränkt, wird sie durch die überlegene Rechtssetzungs- und Rechtskonkretisierungsmacht von Legislative und Judikative stets schnell in ihre Schranken verwiesen. Hier gilt Julius von Kirchmanns Satz aus dem Vortrag über »Die Wertlosigkeit der Jurisprudenz als Wissenschaft«; 1847: »Drei berichtigende Worte des Gesetzgebers und ganze Bibliotheken werden zur Makulatur.« Erst eine Erweiterung des Methodenkanons über eine ›formale Jurisprudenz‹, etwa durch Einbeziehung historischer, ökonomischer und soziologischer Normenalysen, würde der Jurisprudenz eine Inhaltlichkeit und Autonomie des Argumentierens verleihen, die ihren kriminalpolitischen Einfluß vergrößern müßten.

In die Auslegung des § 330a durch die von der Judikatur dirigierte h. M. hat sich eine *moralisierende Tendenz* eingeschlichen, welche die am Ende des letzten Abschnitts aufgezählten sozialstrukturellen Komponenten des Alkohols ignoriert. Diese Tendenz verleugnet also ein gut Teil von Realität und malt beschauliche Bilder einer zwar heilen, aber eben irrealen Welt. Das Moralisieren gehört nicht zur Argumentation von Gollner und mancher anderer Autoren, welche sich um eine restriktive Interpretation des § 330a bemühen. Doch wie anders läßt sich das Urteil des BayObLG verstehen, wenn es das Sich-Berauschen als »keineswegs wertneutral«, »strafrechtlich nicht unerheblich« hinstellt und »strafwürdigem Unrecht« gleichachtet?[13] Angesichts der gesellschaftlichen und auch staatlichen Akzeptierung des Alkohols als Genußmittel mutet eine solche Überlegung recht merkwürdig an: »Das Gesetz ... übt vielmehr Zurückhaltung, indem es Strafe nur für den Fall androht, daß der Berauschte in seiner Zurechnungsunfähigkeit eine Handlung begeht, die strafbar wäre, wenn er sie nüchtern begangen hätte«. Hier wird wohl die Grenze zum Moralstrafrecht argumentativ bereits überschritten, indem der pure »verschuldete« (!) Vollrausch für strafwürdig erklärt wird. Weder konkrete Schäden noch konkrete Gefahren werden dabei verlangt, und die kriminalpolitische Wertung der Richter gerät in offenen Gegensatz zur gesellschaftlich herrschenden und institutionell verankerten Billigung des Alkoholgenusses, auch über gewisse Grenzen hinaus.

Die damit angedeutete *Kritik an der Pönalisierung des Rausches* versteht sich weniger als eine Forderung nach Non-Intervention, sondern nur als kriminalpolitische Frage nach Sinn und Effektivität der hier verhängten Strafen sowie als ideologiekritische Bemühung gegenüber der Widersprüchlichkeit eines staatlichen Handelns, das einerseits die Droge Alkohol in mannigfacher Weise legalisiert, andererseits die unvermeidlichen Folgen des Alkoholkonsums mit dem aufwendigen und unnötig stigmatisierenden Instrument der Strafverfolgung zu bändigen versucht.

Vielleicht sollten wir erwägen, das *Schuld- und Sühne-Prinzip im Straßenverkehr abzubauen* und den Vorschriften ihren *Straf*charakter zu nehmen. Dies wäre jedenfalls überall dort sinnvoll, wo *technische* Regelungen möglich sind, vergleichbar den Verkehrsampeln oder auch dem Aufpumpen der Reifen: die Verkehrsteilnehmer wissen und lernen, wann eine Kreuzung ohne

Gefahr einer Karambolage durchfahren wird und wie die Reifen ihres Autos geschont werden. Das Eigeninteresse sorgt eher für Normerfüllung als ein nur mit relativ geringer Wahrscheinlichkeit reagierender Sanktionsapparat. Technische, statt punitive, Regelungen lassen sich auch für Normen der Geschwindigkeitsgrenzen, des Gurtanlegens usw. denken und werden von der Industrie angeboten. Sind die unbestreitbaren Gefahren des Rausches im Straßenverkehr nicht auch mit technologisch funktionierenden Mechanismen zu begrenzen? Dem Stimulus-Response-Prinzip der Lerntheorie entsprechend ließe sich die Assoziation Trinken-Nichtfahren in die Verhaltensprogrammierung des Individuums oder auch in die Benutzbarkeit des Fahrzeugs einbauen. Die Bevölkerung hat, durch ihre Einstufung des Trunkenheitsfahrens bei den Kavaliersdelikten, seit je sich dem Schuld- und Sühne-Denken im Verkehrsrecht versperrt.

Ansätze zur Weiterdiskussion

Gegenwärtige Theorieentwicklungen in Sozialpsychologie und Soziologie legen es nahe, die strafrechtliche Figur der ›Schuld‹ neu zu betrachten. Die sozialpsychologische Theorie der *Attribution* versucht, soziales Verhalten durch die Analyse der gedanklichen Interpretations- und Zuschreibungsprozesse zu erklären. Auch die Zuschreibung von Schuld – als Verantwortung für zurechenbare Schadenshandlungen – kann attributionstheoretisch gedeutet werden. Untersuchungen ergaben, daß wir im allgemeinen dazu neigen,

- Verhalten als bewußte Entscheidung zu interpretieren,
- bei sozial unerwünschtem Verhalten auf entsprechende bösartige Dispositionen beim Akteur zu schließen,
- bei Verhalten mit negativen Konsequenzen dem Akteur schlimme Absichten zuzuschreiben,
- Personen auch für Handlungen verantwortlich zu machen, die sie nicht absichtlich herbeigeführt haben.[14]

Hieraus läßt sich ableiten: Je mehr negative Dispositionen attribuiert werden, desto höher ist die Chance einer Verurteilung. Die Pönalisierung der Rauschtat, selbst über die vom Strafrecht per Schuldprinzip gezogenen Grenzen hinaus, scheint solchen Mechanismen zu folgen. Strafrechtswissenschaft und -praxis könnten überlegen, ob sie ihr am Alltagsverhalten orientiertes, von der neuen sog. naiven Verhaltenstheorie (F. Heider) aufgedecktes Zuschreibungsmodell beibehalten möchten.

In ähnliche Richtung würden Überlegungen weisen, welche das von Juristen und (bislang auch) von Soziologen bevorzugte *normative Paradigma* – Verhaltensweisen werden nach vorgegebenen, von außen herangetragenen Normen und Theorien rekonstruiert – zu überwinden trachten. Dazu wird jetzt das *interpretative Paradigma* angeboten, nach welchem soziale Ereignisse vor allem nach den erst in der Interaktion erschaffenen Sinnstrukturen verständlich werden.[15] Eine Rekonstruktion des Strafprozesses, insbesondere des Elements von Fremdverstehen darin,[16] unter der neuen Perspektive wird auch die gewohnte, übrigens stets unsicher gebliebene, Handhabung der Rechtsfigur Schuld verändern.

Jede rechtsdogmatische Erörterung besitzt eine *kriminalpolitische Dimension*, expressis verbis oder auch nur latent; denn jeder Neuvollzug einer Strafrechtsvorschrift bestärkt deren Geltung, verleiht ihr eine inhaltliche Tendenz und vermag so die Durchsetzung der Pönalisierung zu lenken. Die kriminalpolitische Absicht Gollners wird an mehreren Stellen ausgesprochen; er zielt auf »die Beschränkbarkeit des § 330a auf Situationen, deren Gefährlichkeit nicht ganz unwahrscheinlich ist«, also auf »die Ausgrenzung jener Rauschtaten, die außerhalb des menschenmöglich Vorstellbaren liegen« (II 5c und 6). Diese Tendenz zur restriktiven Interpretation der Strafnorm kann von vornherein bei vielen Sozialwissenschaftlern Beifall finden, schon weil ihnen die Ineffektivität von Strafsanktionen bei suchtgebundenen Handlungen nur zu bekannt ist.

An dem Artikel wird allerdings das eigene Anliegen an andere Problempunkte geknüpft: zum einen die Vereinbarkeit des § 330a mit dem Schuldprinzip zu begründen und den Vorwurf der Haftung über einen Zufall von der Hand zu weisen, zum anderen dort zur Straflosigkeit zu kommen, wo Rauschmittel etwa zu einem achtenswerten medizinischen oder wissenschaftlichen Zweck eingenommen werden (II 2).

Insbesondere der erste Ausgangspunkt – die Wahrung des Schuldprinzips –, wohl aber auch der zweite – Güterkonkurrenz von Strafbedürfnis versus Forschung – weisen auf ein bezeichnendes Problembewußtsein dogmatischer Juristen hin: ihre Auslegungsabsicht stützt sich nicht auf eine *real erfahrbare, empirisch angebbare Inadäquatheit* (der Bestrafung anläßlich auch der nichtvorhersehbaren Rauschtaten), sondern auf deren *normative Inadäquatheit*, nämlich des drohenden Verstoßes gegen das Schuldprinzip. Eine im strafrechtsdogmatischen Gebäude höherrangige ›Norm‹ wird zum Kriterium der Entscheidung von Zweifelsfragen. Im Sinne der Reinen Rechtslehre von Hans Kelsen – juristische Urteile seien nur durch Normatives begründbar, letztlich durch eine hypothetische Grundnorm – ist das gewiß ein lupenreines Vergehen. Allein die Kelsensche Rechtslehre in ihrer das Existenzproblem der Jurisprudenz – nämlich der Vermittlung von Rechtskodex und sozialer Realität – hinwegtheoretisierenden Geradlinigkeit vermochte nicht einmal in der Rechtstheorie und Rechtsphilosophie Fuß zu fassen. Erst recht weist sie jeglichem Versuch einer interdisziplinären Verankerung der Jurisprudenz die Tür. Ähnliche Gefahren drohen nun auch von dem üblichen rechtsdogmatischen Vorgehen, juristische Urteile primär und nach Möglichkeit ausschließlich mit normativen Sätzen zu begründen.

Damit soll die *normative Spannung* zwischen einer grenzenlosen Bestrafung von Rauschtaten einerseits und dem Prinzip der Schuld als einer Grenze persönlichen Einstehenmüssens andererseits weder geleugnet noch verkleinert werden. Diese Frage erscheint mir allerdings tatsächlich als ausschließlich dem Reservat der Jurisprudenz zugehörig; allenfalls philosophische Ethik und Moraltheologie können hier noch argumentierend mithalten. Wenn die Strafjuristen so den Ball in den eigenen Reihen zu halten vermögen, dann ist das eine Konsequenz der Konstitutionsweise des Problems: sowohl das Schuldprinzip wie die Metanorm, juristische Aussagen aus Dogmen zu deduzieren, sind Diskursformen, deren Lebensrecht und -fähigkeit auf die traditionelle Jurisprudenz beschränkt sind.

Es braucht an dieser Stelle nicht in aller Breite dargelegt zu werden, daß und warum die Arbeit von Juristen heute nicht mehr allein mit dem Rekurs auf Paragraphen und deren logisch-analytische Aufarbeitung organisiert werden kann. In Stichworten: hier sind Engpässe in der Effektivität, in der Effizienz, in der Legitimation, in der Professonialisierung usw. entstanden, die auch die eleganteste nurnormative Bemühung nicht mehr beseitigen wird. Innerhalb der Rechtswissenschaft ist dieses – pointiert gesagt –

Überlebensproblem jedoch erst im Grundsatz anerkannt, in der tatsächlichen Arbeit bleibt es weithin noch Lippenbekenntnis.

Diese Kritik trifft allerdings Gollner selber kaum. An einer zentralen Stelle seiner Argumentation verläßt er explizit die normative Ebene und beruft sich auf die »sozio-psychischen Begebenheiten, die nicht im Begriffshimmel der Dogmatik vorgeformt sind« (II 5b). Das Strafbedürfnis, das sowohl die Einführung als auch die Interpretation des § 330a geleitet hat und leitet, wird hier als realer Vorgang und nicht als juristisches Konstrukt genommen. Damit gewinnt Gollner eine Handhabe zur Auslegung des (von der Rechtsdogmatik hinzugeschriebenen) Tatbestandsmerkmals der abstrakten Gefährdung: die Gefährlichkeit wird nicht als ein innerwissenschaftlich, etwa naturwissenschaftlich, auszufüllender Begriff genommen, sondern als ein Begriff des Alltagsbewußtseins, und dieses definiert die von einem Betrunkenen ausgehende Gefahr anders, nämlich enger, als ein szientifisch geschärftes Bewußtsein, idealiter alle jemals gemachten Beobachtungen einbeziehend, es tun würde. Der von Gollner vorgezeichnete Bezug auf das Alltagsbewußtsein könnte übrigens für die ganze strafrechtliche Diskussion zu den Schuldformen einen Neuanfang markieren. Dabei wäre daran zu denken, diesen Bezug konkreter – auf soziale Lagen, auf einen historischen Zeitpunkt hin – auszugestalten und ihn damit informativer zu machen.

Eine sozialwissenschaftlich angeleitete Kritik an einer strafbarkeitsausdehnenden Anwendung des § 330a ließe sich etwa mit den im folgenden nur skizzierten Gesichtspunkten ausweisen. Von hier ausgehend könnten, so meine ich, Ansätze für eine Neuinterpretation gewonnen werden.

– Die Vorschrift kam Ende 1933 ins StGB; ihre Entstehungsgeschichte wäre auf die Hypothese zu überprüfen, ob hier einer zu Ende gehenden *Massenarbeitslosigkeit* eines der negativen Symptome ausgetrieben werden sollte und ob hier das zu *Wirtschaftswachstum und Aufrüstung* ansetzende nationalsozialistische Deutsche Reich die Arbeitsmoral festigen wollte. Die politischen Zielsetzungen der damaligen Machthaber dürften eine heutige Auslegung nicht mehr tragen können, ohne deswegen für die Einschätzung der Vorschrift gleich völlig irrelevant zu sein.

– Heutige Auslegungen unterstellen dem § 330a einen Normsinn, wonach das Sich-Berauschen wegen seiner abstrakten Gefährlichkeit einen sozialen Unwert an sich darstelle, ohne daß im

Rausch eine Rechtsgutverletzung stattgefunden oder konkret gedroht haben müßte. Diese Norminterpretation wäre unter der These zu analysieren, ob die Vorschrift für einen Teil der von ihr erfaßten Fälle ein *Moraldelikt* darstellt – eine Strafnorm, die sich nicht aus dem Schutzgedanken rechtfertigt, sondern insoweit lediglich die moralische Forderung des Maßhaltens beim Alkoholkonsum durchzusetzen bestimmt ist.

– Der an Berauschung und Rauschtat geknüpfte staatliche Strafanspruch verträgt sich nicht mit der vom Staat sonst gezeigten lockeren Duldung, etwa in verwaltungsrechtlichen Regelungen und in der fiskalischen Benutzung der Sucht nach Alkohol. Der *Konflikt zwischen diesen verschiedenen normativen Botschaften* – hie administrative Toleranz durch Konzessionierung und Besteuerung, dort undifferenzierte punitive Verdammung – muß wohl auf seiten des Staates, nicht aber zu Lasten der Bevölkerung ausgetragen werden. Die widersprüchlichen Botschaften erzeugen sonst eine zerstörerische Double-bind-Situation bei den Normadressaten.

– Die Vorschrift des § 330a, mit ihrer die Anwendung so sehr erleichternden Reduktion der Tatbestands- und Schulderfordernisse, ignoriert die *sozialen und individuellen Ursachen des Alkoholismus.* In dieser Form begünstigt sie archaische Interpretationen und undifferenzierte Strafaussprüche, gegen die eine ausgedehnte dogmatische Diskussion nur noch in Randkorrekturen etwas ausrichten kann.

Anmerkungen

1 BayObLG in *NJW* 1974, S. 1521. (Lackner verweist auf Cramer, und dieser erst auf – inzwischen veraltete – medizinische Quellen.)

2 K. Lackner: *Strafgesetzbuch mit Erläuterungen*, 10. Aufl., München 1976, Anm. 2a zu § 13 StGB.

2a P. Thoss, mündliche Mitteilung; vgl. auch A. Mitscherlich: *Toleranz*, Frankfurt a. M. 1976, S. 89 ff.

3 Siehe hierzu die treffsicher ironisierende »Glosse über Lehrbuchkriminalität« von H. Jäger, in: *Monatsschrift für Kriminologie und Strafrechtsform* 56 (1973), S. 300-306.

4 Vgl. A. Legnaro: »Soziologische Aspekte des Alkoholismus«, in: *Kölner Zeitschrift für Soziologie und Sozialpsychologie* 25 (1973), S. 403-419.

5 H.-J. Kerner; Stichwort »Alkohol, Alkoholismus«, in: G. Kaiser u. a. (Hrsg.): *Kleines Kriminologisches Wörterbuch*, Freiburg 1974, S. 23-27 (26).

6 Das gilt auch für die Verhältnisse in den USA; vgl. Leon S. Robertson u. a.: »Jail sentences for driving while intoxicated ...« in: *Law and Society Review* 8 (1973), S. 55-67 (55).

7 Dies., S. 64.

8 Vgl. hierzu verschiedene Beiträge in der *Zeitschrift für Blutalkohol*: W. Naeve 11 (1974), S. 413-420; R. Schuster 12 (1975), S. 136-140.

9 G. Kaiser: *Kriminologie*, 2. Aufl. 1973, Karlsruhe, S. 208.

10 H. L. Ross: »Deterring the drinking driver«, in: *British Journal of Law and Society* 3 (1976), S. 255-263 (263).

11 So wurde die Entscheidung des BayObLG (*NJW* 1974, S. 1520) in mehreren Zeitschriftenaufsätzen abgelehnt.

12 Vgl. dazu Schönke-Schröder: *Strafgesetzbuch*, 17. Aufl., München 1974, Anm. 3 zu § 330a.

13 BayObLG, *NJW* 1974, S. 1521.

14 Siehe dazu G. Bierbrauer: »Die Zuschreibung von Verantwortlichkeit«, in: W. Hassemer/K. Lüderssen (Hrsg.): *Sozialwissenschaften im Studium des Rechts, Bd. III (Strafrecht)*, München 1978, S. 130-152 (135-137).

15 Vgl. die Hinweise bei F. Sack: »Probleme der Kriminalsoziologie«, in: R. König (Hrsg.): *Handbuch der empirischen Sozialforschung, Bd. 12*, 2. Aufl., Stuttgart 1978, S. 192-492 (317-327, 336 f.); P. Boy/R. Lautmann: »Die forensische Kommunikationssituation: soziologische Probleme«, in: R. Wassermann (Hrsg.): *Menschen vor Gericht*, Neuwied 1979, S. 41-67.

16 Vgl. S. Mikinovic/W. Stangl: *Strafprozeß und Herrschaft*, Neuwied 1978, S. 48-55.

Eggert Winter
Schulpflicht und Strafzwang

Überlegungen zur Strafwürdigkeit der Verletzung der Schulbesuchspflicht. Zugleich eine Anmerkung zum Urteil des Jugendschöffengerichts Wiesbaden vom 30. März 1978.

IM NAMEN DES VOLKES!

In der Strafsache
gegen den Schüler Peter L.
geb. am 13. 6. 1962 in W,
wegen Verletzung des Hessischen Schulpflichtgesetzes
hat das Amtsgericht – Jugendschöffengericht – in Wiesbaden in der nichtöffentlichen Sitzung vom 30. März 1978 für Recht erkannt:
Der Jugendliche hat sich eines fortgesetzten Verstoßes gegen § 24 Abs. 1 des Hessischen Schulpflichtgesetzes in der Fassung vom 30. Mai 1969 schuldig gemacht.
Er war daher zu einer Jugendstrafe von 6 Monaten zu verurteilen.

Gründe:

Der jetzt 15 Jahre alte Jugendliche stammt aus einer kinderreichen Familie, er wurde als 6. von insgesamt 9 Kindern geboren. Der Vater, ehemals Bahnarbeiter, war die letzte Zeit schwer krank und verstarb am 6. September 1977. Während die beiden ältesten Schwestern außer Hause sind, befinden sich neben dem Jugendlichen die anderen Geschwister noch im Haushalt der Mutter. Die Familie, die zunächst in W. wohnte, zog 1965 in eine Siedlung in W-D., wo sie zur Zeit eine 5-Zimmer-Wohnung innehält und auch über einen Telefonanschluß verfügt. Alle Kinder besuchten bzw. besuchen die Sonderschule, wo sie, besonders die Söhne, durch häufiges Schulschwänzen auffielen. Der Jugendliche wurde 1969 in die Grundschule in Delkenheim eingeschult, mußte aber, da er diesem Unterricht nur schwer folgen konnte, alsbald in die Sonderschule F. umgeschult werden. Herbst 1977 begann er mit dem Besuch der 8. Klasse dieser Sonderschule. Mindestens seit November 1977 bis zu dem Beginn der Osterferien 1978 hatte er die Schule unentschuldigt nicht mehr besucht, nachdem er zuvor am 19. September 1977 für 12 Tage einen Schulverweis wegen Störung des Unterrichts erhalten hatte. Er war danach trotz intensiver Gespräche mit dem Jugendamt bzw. der Schulleitung nicht mehr zu bewegen, zum Schulunterricht zu kommen. Insgesamt hatte er im Schuljahr 1977/1978 nur wenige Tage die Schule besucht. Ein Verfahren gegen ihn wegen gemeinschaftlicher Entwendung eines Paares

Sporthandschuhe im Werte von 12,95 DM aus einem Kaufhaus in Wiesbaden am 23. Dezember 1976 wurde nach Erfüllung einer Arbeitsauflage von 10 Stunden am 20. Oktober 1977 gemäß §§ 47, 45 JGG durch den Jugendrichter des Amtsgerichts Wiesbaden eingestellt.

Zur Hauptverhandlung war der Jugendliche nicht erschienen. Die dagegen erschienene alleinige gesetzliche Vertreterin und Mutter des Jugendlichen erklärte, daß es ihr trotz intensiver Bemühungen nicht gelungen sei ihren Sohn zum Termin mitzubringen; dieser sei jedoch zu Hause und auch telefonisch erreichbar. Nachdem der Vorsitzende des Jugendschöffengerichts zunächst mit dem Bruder des Jugendlichen gesprochen hatte, dieser andeutete, daß er keinerlei Einfluß auf seinen Bruder habe, kam ein unmittelbares Gespräch mit dem Jugendlichen zustande, wonach sich dieser völlig uneinsichtig zeigte und trotz der ihm insoweit drohenden Konsequenzen erklärte, daß er nicht daran denke vor Gericht zu erscheinen. Der Jugendliche mußte danach polizeilich vorgeführt werden, nachdem sein Bruder noch zugesagt hatte, den Jugendlichen bis zum Eintreffen der Polizei an einem etwaigen Verlassen der Wohnung zu hindern. Der Regierungspräsident in Darmstadt hat mit Schreiben vom 1. Dezember 1977 an die Staatsanwaltschaft Darmstadt Strafantrag nach § 24 des Hessischen Schulpflichtgesetzes gestellt.

Der Jugendliche räumt ein, gewußt zu haben, daß für ihn eine Schulpflicht besteht und er deswegen bestraft werden könne. Weiter, daß auch die Eltern wegen ihm und seiner Geschwister mit den Schulbehörden schon früher bereits größte Schwierigkeiten bekommen hatten. Insoweit nehme er eine Bestrafung in Kauf und werde keine Schule mehr besuchen, auch wenn ihm gesagt werde, daß er auch nach einer etwaigen Bestrafung weiter verpflichtet sei, nach den Osterferien die Sonderschule bis zur Schulentlassung zu besuchen und für ihn im übrigen weiter dann auch noch bis zum 18. Lebensjahr eine Berufsschulpflicht gelte. Im übrigen sei die Schule für ihn uninteressant, zumal er von Beruf »Faulenzer« werden wolle. Die Lehrer würden ihn immer »abschmieren« und außerdem in den Pausen »Schnaps« trinken.

Durch sein Verhalten hat sich der Jugendliche somit eines fortgesetzten Verstoßes gegen § 24 Abs. 1 des Hessischen Schulpflichtgesetzes in der Fassung vom 30. Mai 1969 schuldig gemacht.

Der Jugendliche ist gemäß § 3 JGG für sein Verhalten strafrechtlich verantwortlich, da er zur Zeit der fortgesetzten Tat nach seiner sittlichen und geistigen Entwicklung reif genug war, das Unrecht einzusehen und nach dieser Einsicht zu handeln. Er hat die entsprechende Verstandsreife und die Willensbildungsfähigkeit bei der Begehung der hier abzuurteilenden fortgesetzten Tat. Für die Zuziehung eines Psychiaters oder eines Jugendpsychologen bestand somit kein Anlaß, zumal auch keinerlei krankheitsbedingte Entwicklungsstörungen erkennbar waren bzw. von der Mutter vorgetragen wurden. Gegen den Jugendlichen war auf eine

Jugendstrafe gemäß § 17 JGG zu erkennen; insoweit liegen hier schädliche Neigungen vor, die ohne längere Gesamterziehung des Jugendlichen die Gefahr von Störungen der Gemeinschaftsordnung durch weitere Straftaten begründen; insoweit war der Jugendliche bereits früher durch häufige Störungen und Fernbleibens vom Unterricht aufgefallen und hat damit auch den Mitschülern ein schlechtes Beispiel gegeben. Auch hat er bereits in der Hauptverhandlung angekündigt, nach den Osterferien weiter dem Schulunterricht fernzubleiben, so daß hier der Verhängung einer Jugendstrafe auch der Grundsatz der Verhältnismäßigkeit nicht entgegensteht. Insoweit war auf eine Jugendstrafe von 6 Monaten zu erkennen. Diese Jugendstrafe konnte nicht zur Bewährung ausgesetzt werden, da der Jugendliche nicht bewährungswürdig ist. Er hätte weder Kontakt zu einem Bewährungshelfer gehalten, noch wäre er einer Bewährungsauflage, nunmehr wieder in die Schule zu gehen, nachgekommen, was ein Widerruf der Bewährung zur Folge gehabt haben müßte. Auch die Anordnung einer Fürsorgeerziehung gemäß § 12 JGG in Verbindung mit den Vorschriften über Jugendwohlfahrt konnte nicht erfolgen, da diese nicht der Sühne dient und auch keine Straftaten voraussetzt. Die Fürsorgeerziehung würde dem Jugendlichen nur die Erziehung ermöglichen, auf die er Anspruch hat und die ihm seine besondere Umgebung nicht geben würde. Diese Erziehung hatte er jedoch ausreichend in seinem Elternhaus, im übrigen würde er auch in einem Erziehungsheim seiner etwaigen Schulpflicht nicht nachkommen bzw. den Unterricht sabotieren.

I.

Das vorstehend abgedruckte Urteil des Jugendschöffengerichts Wiesbaden fordert zur Stellungnahme[1] auf einem Felde heraus, das in der schulrechtlichen und erziehungswissenschaftlichen Diskussion im Gegensatz zu seiner Bedeutung in der Schulpraxis[2] keine sonderliche Beachtung findet. Es handelt sich um das Verhältnis von Schule und Zwang, genauer: von Schulpflicht, ihrer Verletzung und staatlicher Sanktion. Während in der Erziehungswissenschaft der Zwang lange gleichsam verdrängt worden war[3] und erst seit Anfang der siebziger Jahre die radikale Schulkritik[4] auf ihn als zentralen Begriff der Institution Schule aufmerksam gemacht hat, wird seine Berechtigung in den schulrechtlichen Erörterungen als selbstverständlich vorausgesetzt.[5]

Die Verhängung einer sechsmonatigen Jugendstrafe wegen wiederholter Verletzung der Schulbesuchspflicht,[6] mit der das Gericht hier den formellgesetzlichen Strafrahmen voll ausgeschöpft hat, lenkt angesichts der Härte der Sanktion und der sie rechtfertigenden Begründung schärfer als in anderen Fällen den Blick auf die Problematik des Verhältnisses von Schulpflicht und Strafzwang. Das Urteil wirft die grundsätzlichen Fragen auf, ob der Staat überhaupt das Recht hat, die Durchsetzung der allgemeinen Schulpflicht mit dem Strafzwang zu bewehren und welche Grenzen das geltende Recht der richterlichen Strafzumessung bei der Ahndung von Verstößen gegen die Schulbesuchspflicht setzt.

Die folgenden Überlegungen versuchen, unter Beschränkung der Problemstellung auf die Schulpflichtverletzung Jugendlicher Antworten auf diese Frage zu formulieren. Dabei sind Exkurse in die Schulrechtsgeschichte und Empirie unvermeidbar. Kritische Hinweise auf die von den meisten Bundesländern favorisierte Ordnungswidrigkeitenlösung für das anstehende Problem dürfen ebenfalls nicht fehlen. Die Antworten dienen schließlich einer knappen Kritik des Urteils selbst.

II.

Die Einrichtung einer öffentlich beaufsichtigten schulischen Elementarerziehung der Jugend und ihre Absicherung durch Schul- bzw. Unterrichtspflicht,[7] Schulzwang und Strafe haben in Deutschland ihre Ursprünge in den wohlfahrts-staatlich-polizeilichen Maximen des aufgeklärten Absolutismus.[8] Die Berechtigung des Staates, den einzelnen letzten Endes durch die Drohung und den Vollzug staatlicher Gewalt in die Schule zu zwingen, ist seitdem zwar verschieden begründet, sie ist jedoch kaum prinzipiell in Zweifel gezogen worden.[9]

Allerdings war der Einsatz und die Verteilung des schärfsten staatlichen Zwangsmittels, der Strafe, im Schulpflichtrecht seitdem einem charakteristischen Wandel unterlegen.

Die Möglichkeiten der Sanktionierung von Schulversäumnissen mit den Mitteln des Strafrechts gab es bis zum Erlaß des Reichsschulpflichtgesetzes vom 6. Juli 1938[10] nur gegenüber denjenigen, die als Eltern oder Erziehungsberechtigte für den regelmäßigen Schulbesuch der Kinder und Jugendlichen Sorge zu tragen hatten.[11] Als Disziplinierungsmittel gegenüber den säumigen Kindern und Jugendlichen selbst waren die aus der Schulgewalt begründeten Schulstrafen (bis zum Karzer) und der Schulzwang vorgesehen.[12]

Das die Bestimmungen über die Schulpflicht erstmals reichseinheitlich regelnde Reichsschulpflichtgesetz erweiterte die Sanktionsmöglichkeiten gegenüber den »Schulschwänzern«, indem es auch diese, soweit sie strafmündig waren, der Strafgewalt des Staates unterwarf. Die Strafvorschrift des § 14 Reichsschulpflichtgesetz war als Übertretung ausgestaltet. Danach konnte, wer vorsätzlich oder fahrlässig den Bestimmungen über die Schulpflicht zuwiderhandelte, mit Geldstrafe bis zu 150,– RM oder mit Haft (bis zu 6 Wochen) bestraft werden.

Die Entwicklung nach dem Kriege ist dadurch gekennzeichnet, daß einerseits grundsätzlich, wie im Reichsschulpflichtgesetz, eine Sanktionsdrohung auch gegenüber dem schulpflichtigen Jugendlichen beibehalten wird, daß andererseits eine deutliche Tendenz vorhanden ist, die Schulpflichtverletzung durch Zuordnung zum Ordnungswidrigkeitenrecht zu entkriminalisieren.

Nachdem zunächst das Reichsschulpflichtgesetz von den Ländern nach ihrer Gründung übernommen wurde,[13] entwickelten sich mit der Neufassung und Novellierung der die Schulpflicht statuierenden Gesetze in den fünfziger Jahren die Sanktionsvorschriften deutlich auseinander. Anfang der sechziger Jahre war die Regelung des Reichsschulpflichtgesetzes noch beibehalten von den Ländern Baden-Württemberg, Berlin, Nordrhein-Westfalen und dem Saarland.[14] Nur als Ordnungswidrigkeit, auch in der Person des Schulpflichtigen selbst, war die Schulpflichtverletzung ausgestaltet in Hamburg, Hessen, Niedersachsen und Rheinland-Pfalz.[15] Eine zweistufige Regelung hatte man in Bayern, Bremen und Schleswig-Holstein geschaffen; in der Form eines unechten Mischtatbestandes konnte je nach dem Grade der »Hartnäckigkeit« die Schulpflichtverletzung dort als Ordnungswidrigkeit und als Straftat (Übertretung) geahndet werden.[16,17]

Heute, nachdem durch das am 1. 1. 1975 in Kraft getretene 2. Strafrechtsreformgesetz die Übertretungen abgeschafft worden sind und die Länder, die die Schulpflichtverletzung noch als Übertretung ausgestaltet hatten, sich zu entscheiden hatten, die Schulpflichtverletzung entweder insgesamt als Ordnungswidrigkeit abzustufen oder als Vergehen aufzustufen, ist die Rechtslage folgende:

In Berlin, Bremen, Hessen und im Saarland ist die Schulpflichtverletzung zweistufig als Ordnungswidrigkeit und – in den Fällen grob eigennütziger,[18] »gänzlich oder beharrlich vorübergehender«,[19] »dauernd oder hartnäckig wiederholter«[20] und »dauernd oder vorsätzlich wiederholter«[21] Verstöße – als Vergehen, das Geldstrafe oder Freiheitsstrafe bis zu 6 Monaten vorsieht, ausgestaltet. Hamburg hat durch das Schulgesetz vom 17. Oktober 1977 den Schulpflichtigen selbst von der Strafdrohung ausgenommen und sieht einen Straftatbestand nur noch für Dritte vor, die den Schulpflichtigen der Schulpflicht entziehen.[22]

In den übrigen Ländern sind Schulpflichtverletzungen Ordnungswidrigkeiten.

III.

Der sich hier auftuende in höchstem Maße unbefriedigende Rechtszustand, daß einem Schulsäumigen aufgrund der Zufälligkeit seines Wohnsitzes in Heidelberg z. B. eine Geldbuße bis zu 1000,– DM,[23] in Darmstadt aber eine Freiheitsstrafe bis zu sechs Monaten[24] droht, ist schon früher moniert[25] worden.

Die in den Bundesländern unterschiedliche Ausgestaltung der Schulpflichtverletzung als Straftat (Vergehen) und als Ordnungswidrigkeit deutet darauf hin, daß die Landesgesetzgeber unsicher in der Bewertung dieser Verstöße sind und offenbar auch nur unzureichende sanktionstheoretische Überlegungen darauf verwandt haben.[26] Mit der Frage nach der Berechtigung der unterschiedlichen Rechtsfolgen ist zugleich das grundsätzliche Problem der Sanktionsbedürftigkeit bzw. der Strafwürdigkeit der Schulpflichtverletzung gestellt.

Wenn auch hier nicht der Ort ist, die Begründungsprobleme bei der Unterscheidung von Ordnungswidrigkeit und Straftat[27] am Beispiel der Schulpflichtverletzung aufzuwerfen, so läßt sich aber feststellen: Nicht theoretische Gesichtspunkte sind es gewesen, die die Landesgesetzgeber bei der Entscheidung leiteten, die Schulpflichtverletzung sowohl als Ordnungswidrigkeit als auch als Straftat zu ahnden, sondern praktische. Man wollte einen flexiblen Reaktionsrahmen von der Geldbuße bis zur Freiheitsstrafe zur Verfügung haben, um dem generalpräventiven Ziel der Sanktionsdrohung: Verhinderung und Abbau des Schulschwänzens effektiv zu genügen. Strafwürdigkeitsüberlegungen haben dabei, wenn überhaupt, nur eine höchst untergeordnete Rolle gespielt.

Der Pragmatismus bei den Rechtsfolgeerwägungen läßt sich beispielhaft in der Schulpflichtgesetzgebung Hessens verfolgen. Nachdem in Hessen bis 1961 der Übertretungstatbestand des Reichsschulpflichtgesetzes galt,[28] wurde im Hessischen Schulpflichtgesetz vom 17. Mai 1961[29] die Schulpflichtverletzung zur Ordnungswidrigkeit abgestuft. In der Begründung des Regierungsentwurfs heißt es dazu:

»Bei den Verstößen gegen die Vorschriften des Schulpflichtgesetzes handelt es sich nach heutiger Rechtsauffassung mehr um Verwaltungsunrecht als um kriminelle Handlungen ... Entsprechend der Regelung in anderen Bundesländern ... sollen daher Zuwiderhandlungen gegen die Vorschriften des Schulpflichtgesetzes künftig nach dem Bundesgesetz über Ordnungswidrigkeiten als Verstöße gegen gesetzliche Ordnungsvorschriften geahndet werden. Dieses Verfahren entlastet die Gerichte, dient der Beschleunigung und trägt den Erfordernissen der Schulwirklichkeit Rechnung«.

In der Novellierung des Hess. Schulpflichtgesetzes[30] vom 18. November 1965[31] wird mit § 18a ein Vergehenstatbestand eingefügt, der bei dauernder oder hartnäckiger Schulbesuchspflichtverletzung Geldstrafe oder Freiheitsstrafe bis zu sechs Monaten vorsieht. Im Regierungsentwurf wird diese Änderung wie folgt begründet:

»Die seitherigen Erfahrungen haben gezeigt, daß es nicht ausreicht, hartnäckige Verstöße gegen die Schulpflicht als Ordnungswidrigkeiten wirkungsvoll zu ahnden. Wie in anderen Bundesländern sollen deshalb auch in Hessen künftig besonders schwere Verstöße gegen die Bestimmungen des Schulpflichtgesetzes strafrechtlich verfolgt werden können. Insbesondere ist es auf Grund der Neufassung möglich, gegen Jugendliche und Heranwachsende Erziehungsmaßregeln, Zuchtmittel und Jugendstrafe nach dem Jugendgerichtsgesetz zu verhängen. Es ist zu erwarten, daß derartige, die Persönlichkeit des Schulpflichtigen stärker berücksichtigende Maßnahmen sich in besonderen schwierigen Fällen als wirkungsvoller erweisen werden.«[32]

IV.

1) Die zuletzt vorgetragene Rechtfertigung des Einsatzes des Strafrechts verkennt offenbar die Konsequenzen des in ihr vorausgesetzten Prinzips. Die behauptete Effektivität des Strafzwangs darf nicht der Grund seiner Rechtfertigung sein, andernfalls wäre der Gesetzgeber in seiner Pönalisierungsbefugnis ohne Schranke. Vielmehr ist er in der Wahl seiner Freiheitsrechte des einzelnen einschränkenden Mittel nicht frei. Festlegung von Gebots- und Verbotsnormen ebensowie ihre Pönalisierung stehen unter dem Vorbehalt der Verfassung.[33] Der Gesetzgeber hat sich deshalb an den im Grundgesetz und in den Landesverfassungen positivierten Grundentscheidungen, vor allem den Grundrechtsverbürgungen, zu orientieren. Damit ist festgestellt, daß eine Strafwürdigkeitsuntersuchung, auch wenn sie kriminalpolitische Erwägungen zum Inhalt hat, nicht außerhalb des Verfassungsrechts gestellt werden kann. Als rechtliche bleibt sie auf den Rahmen des geltenden Verfassungsrechts verwiesen.[34]

Wendet man sich näher der Prüfung der Strafwürdigkeit der Schulpflichtverletzung zu, so ist unter verfassungsrechtlichem Aspekt der Gebotstatbestand der Schulpflicht zu unterscheiden von der auf seine Verletzung angedrohten Rechtsfolge der Strafe.[35]

2) Die »elementarste Äußerung der Schulgewalt«, die allgemeine zwölfjährige Schulpflicht, die »den bei weitem umfassendsten und intensivsten Eingriff des Staates in die persönliche Freiheitssphäre der Gesamtheit seiner Bürger«[36] darstellt, der gegenüber selbst spätere ähnliche grundsätzliche Forderungen der Staatsgewalt wie die Wehr- und Steuerpflicht verblassen, bietet keine verfassungsrechtlichen Probleme.

Mag man, wie einige, der Ansicht sein, daß die Schulpflicht und damit die Schulbesuchspflicht in Art. 7 GG normiert sei oder sich jedenfalls aus Art. 7 GG ergebe, oder, wie die überwiegende Auffassung, daß sie eine im Rahmen der verfassungsmäßigen Ordnung zulässige Einschränkung des Grundrechts aus Art. 2 Abs. 1 GG darstellt, so herrscht doch Einigkeit darin, daß die Statuierung der Schulpflicht verfassungsmäßig ist.[37]

3) Mit der Feststellung der Grundrechtsverträglichkeit des Gebotstatbestandes der Schulpflichtverletzung ist noch nicht über das Problem entschieden, ob auch ihre Pönalisierung verfassungs-

rechtlich und rechtspolitisch unbedenklich ist. Welches aber sind die Kriterien, die bestimmbar machen könnten, ob und wann der Gesetzgeber Gebots- und Verbotsnormen mit der Straffolge versehen darf?[38]

Das Grundgesetz und die Landesverfassungen enthalten – mit Ausnahme des Art. 26 Abs. 1 S. 2 GG – keine ausdrückliche konstitutive Ermächtigung an den Gesetzgeber, daß er überhaupt und wann er strafen darf. Das Jus puniendi wird vielmehr im Grundgesetz ohne weiteres vorausgesetzt, indem in einer Reihe von Bestimmungen, die die staatliche Strafgewalt betreffen, jenes Recht implizit bestätigt wird.[39]

Bei solcher Verfassungsrechtslage erhält der Gesetzgeber, vor allem über die Grundrechtsvorbehalte, in der Entscheidung, welche Gebots- oder Verbotsnormen er mit dem Strafzwang versehen will, ein weites legislatives Ermessen.[40] Die Schranken dieses Ermessens werden gezogen durch das Gebot der Achtung der Menschenwürde (Art. 1 III GG), durch die Wesensgehaltsgarantie des Art. 19 Abs. 2 GG, durch das Willkürverbot, das Übermaßverbot und das Toleranzgebot.[41] Diese Prinzipien bilden als Leitlinien gesetzgeberischen Ermessens bei der Ausfüllung der Grundrechtsvorbehalte durch Strafnormen selbst nur eine äußerste Grenze.[42]

Hält man sich an die oben aufgeführten Verfassungsprinzipien, die die Regelungsbefugnis des Gesetzgebers limitieren, dann kommt hier das Übermaßverbot als das Kriterium in Frage, an dem die Verfassungsmäßigkeit der Pönalisierung der Schulpflichtverletzung zu prüfen ist. Ausgangspunkt soll die Feststellung des Bundesverfassungsgerichts sein, daß der aus dem Rechtsstaatsprinzip abzuleitende Verfassungsgrundsatz der Verhältnismäßigkeit für das Strafrecht besagt, »daß die angedrohte Strafe in einem gerechten Verhältnis zur Schwere der Tat und zu dem Verschulden des Täters stehen muß: sie darf nach Art und Maß der unter Strafe gestellten Handlung schlechthin nicht unangemessen sein«.[43] Das BVerfG verlangt vom Gesetzgeber, daß er »bei der Bemessung des Strafrahmens für einen Straftatbestand von der Typik des von ihm mißbilligten Verhaltens ausgehen«,[44] daß er die Strafhöhe »nach dem normativ festgelegten Wert des verletzten Rechtsguts und der Schuld des Täters«[45] ausrichten muß.

4) Versucht man diese zur Rechtfertigung des Strafzwangs

erforderlichen Gesichtspunkte auf die Verletzung der Schulbesuchspflicht zu beziehen, so stellt sich zunächst die bei näherer Betrachtung nicht ohne Komplikationen zu beantwortende Frage, was durch die Sanktionierung der Verletzung der Schulbesuchspflicht geschützt, was eigentlich durch die Schulbesuchspflicht erreicht werden soll. Diese Komplikation ergibt sich daraus, daß in den Schulpflichtgesetzen nicht die Verletzung der Schulpflicht allgemein, also auch die Verletzung von Verhaltenspflichten in der Schule, unter Strafe gestellt ist, sondern allein die Pflicht zum Schulbesuch.

Geht es darum, dem Kinde und Jugendlichen über die Pflicht, die Schule zu besuchen, die Möglichkeit zu geben, von einem Bildungsangebot Gebrauch zu machen, das seinem »ureigensten« Besten dient? Bei solcher Bestimmung wäre der Verstoß gegen die Schulbesuchspflicht ein Handeln, durch das der Jugendliche sich allenfalls selbst, nicht aber der Allgemeinheit schaden könnte. Dann wäre aber auch der Strafzwang nicht zu rechtfertigen. Oder ist der Schulbesuch eine vom Schüler aus dem Interesse der Allgemeinheit an einer Elementarqualifikation der Bürger zu erbringende Leistungspflicht, die die Voraussetzung dafür ist, daß der Schüler eine vom Staat weitgehend festgelegte Grundausbildung erfährt, die nicht nur Kenntnisse und Fertigkeiten, sondern auch Einübung in politisch-soziale Verhaltensweisen und Einstellungen umfaßt? Beide Gesichtspunkte, so läßt sich argumentieren, schließen einander nicht aus, sondern stehen komplementär zueinander. Die mit der Schulpflicht erstrebte Mindestbildung der Bürger dient nicht nur der Allgemeinheit, sondern setzt den jungen Menschen zuallererst in die Lage, die Kenntnisse, Fertigkeiten und Einstellungen zu erwerben, dic für seine eigene Entfaltung in der Gesellschaft die Grundlage bilden.[46] Voraussetzung des Schulehaltens aber ist, wenn auf Freiwilligkeit nicht vertraut wird oder werden kann, die Pflicht zum Schulbesuch.[47]

Mit diesem Zweck der Schulbesuchspflicht hängt ein anderer zusammen. Häufiges oder dauerndes Schulschwänzen verstärkt die Gefahr des Schulversagens. Das Schulversagen aber hat weitreichende, meist negative individuelle und die Allgemeinheit betreffende Konsequenzen. Dabei denke man nur an die Sozialkosten unzureichender beruflicher Qualifikation. Dem Einwand des Schulpflichtigen oder seiner Eltern, er könne allein schneller und besser die angestrebten Qualifikationen erwerben, ließe sich nur entgegnen, daß die Schule auch ein Ort sein soll, an welchem soziale Verhaltensweisen miteinander geübt und politisch relevante Einstellungen vermittelt werden, Schule unterm Grundgesetz also unverzichtbar auch ein Ort demokratischer Sozialisation sein soll.[48] Das Schutzgut der Schulbesuchspflicht bestimmt sich also aus den Erfordernissen einer qualifizierten Elementarbildung der Jugend und den von der Allgemeinheit zu tragenden Lasten möglichen Schulversagens.

5) In den im folgenden zu erörternden Fragen der Feststellung und Bewertung des Unrechts, des Gewichts, der »Schwere« der Rechtsgutbeeinträchtigung (des Maßes der »Sozialschädlichkeit«, des »crimen«) ist die Strafwürdigkeitsproblematik recht eigentlich zentriert.

Oben wurde auf die Komplementarität der Zwecke der Mindestbildung für das Individuum und die Allgemeinheit hingewiesen. Unter der Geltung des verfassungsrechtlich-strafrechtlichen Grundsatzes der Straflosigkeit der Selbstschädigung kommt für die Frage der Strafwürdigkeit der Schulpflichtverletzung allerdings nur der Allgemeinzweck der Schulbesuchspflicht in Betracht: sich der in der Schule angebotenen Elementarbildung auszusetzen ist die Pflicht, die die Allgemeinheit vom einzelnen in ihrem Interesse an breiter Grundqualifikation und politisch-kultureller Integration verlangt. Mit der »wiederholten« oder »dauernden« Verletzung dieser Pflicht ist zugleich der Erwerb der angezielten Elementarbildung gefährdet. In der Gefährdung der Elementarbildung samt möglicher durch die Allgemeinheit zu tragender Folgelasten läßt sich die Rechtsgutbeeinträchtigung erkennen. Hat aber die durch häufiges Schulschwänzen hervorgerufene Gefährdung einer qualifizierten Elementarbildung solche Intensität und solches Ausmaß,[49] daß es angemessen erscheint, daß der Gesetzgeber zur Verhinderung[50] solcher Gefährdung und als Ausdruck seiner Mißbilligung sich als ultima ratio seines schärfsten Eingriffsmittels, des Strafzwangs, bedient? Die Frage kann nicht umstandslos beantwortet werden; sie verlangt für die Ausfüllung der Kriterien der Schwere und Angemessenheit empirische Untersuchungen zum Problem des Schulschwänzens ebenso wie zur generalpräventiven Wirkung der Strafdrohung, die die Schulbesuchspflicht absichern soll, wie zu den zu erwartenden Strafwirkungen.

6) Bevor jedoch auf die Ergebnisse solcher Untersuchungen

eingegangen wird, läßt sich der abstrakte Unrechtsgehalt der Schulpflichtverletzung durch einen normativen Gesichtspunkt des geltenden Rechts näher bestimmen.

Die Schulpflichtverletzung, so kann man in Anlehnung an die Deliktstypisierungen des allgemeinen Strafrechts sagen, ist das Sonderdelikt der schulpflichtigen Jugendlichen.[51]

Die Jugendlichkeit der Täter von Schulpflichtverletzungen hat in den bisher angestellten Strafwürdigkeitsüberlegungen noch keine Berücksichtigung gefunden.

Für das Problem der Straf-, d. h. Unrechtsbegründung hat immer auch das Alter möglicher Täter eine Rolle gespielt. Das geltende Jugendstrafrecht, das in § 1 Abs. 1 JGG die Straftaten eines Jugendlichen den Sanktionen des Jugendgerichtsgesetzes unterstellt, ist allgemein Ausdruck dieses Gedankens, daß dem in der Reife befindlichen jungen Täter strafbare Handlungen nicht in der Weise zugerechnet werden sollen wie dem erwachsenen Täter. Die mit der noch in der Ausbildung befindlichen Fähigkeit zu vernünftiger Motivation (»Willensbildungsfähigkeit«) supponierte beschränkte Einsichtsfähigkeit hat auch unmittelbaren Einfluß auf die Unrechtsbewertung des strafbaren Tuns eines Jugendlichen.[52]

Macht bereits die abstrakte Strafdrohung der Schulpflichtverletzung in den einschlägigen Gesetzen der Länder klar, daß der Gesetzgeber diese Vergehen an der unteren Grenze der Strafwürdigkeit ansiedelt, so bedarf diese Strafwürdigkeitsbewertung im Hinblick auf die Jugendlichkeit des Schulsäumigen einer weiteren Relativierung.[53]

Schon diese allgemeine Erwägung läßt es zweifelhaft erscheinen, ob die wiederholte Schulbesuchspflichtverletzung Jugendlicher als strafwürdiges Unrecht angesehen werden kann.

7) Die oben dargelegten normativen Befunde zum Unrecht der »Verfehlungen« (§ 1 JGG) Jugendlicher lassen sich im Hinblick auf das Problem der Bewertung der »Schwere« des Verstoßes gegen die Schulbesuchspflicht untermauern durch Argumente, die aus erfahrungswissenschaftlichen Untersuchungen zum Schulschwänzen stammen.

Für den in Adoleszenz- und Entwicklungsproblemen befangenen Jugendlichen konkretisieren sich gerade in den Anforderungen einer steten Erfüllung der Schulpflicht seine Norm- und Anpassungskonflikte. Die zahlreichen Studien schulsoziologischer, jugendpsychologischer und jugendkriminologischer Art belegen dies eindrucksvoll.[54] Zunächst verdient festgehalten zu werden, daß ein großer Teil der Schüler ein- oder mehrfach irgendwann die Schule geschwänzt hat,[55] im übrigen aber der überwiegende Teil der Schüler entweder gern zur Schule geht und sich des Zwangscharakters der Schule nicht bewußt ist oder jedenfalls den Schulbesuch aus anderen Gründen mehr oder weniger akzeptiert.[56]

Sofern es um das – hier thematisierte – häufige oder dauernde Schulschwänzen geht, wird es, wenn auch mit unterschiedlicher Begründung, als »Fluchtreaktion«[57] oder »Vermeidungsverhalten«[58] gedeutet, also nicht als freiwilliges Handeln, sondern als Symptom für Probleme des Kindes oder Jugendlichen, die in der familiären oder schulischen Situation ihre Ursache haben.

Während das einmalige oder kurzfristige Schulschwänzen sich meist als Probierverhalten in der Phase der Norminternalisierung oder als Trotzreaktion aufgrund bestimmter Ereignisse innerhalb oder außerhalb der Schule erklären läßt, liegen bei dauerndem unentschuldigtem Fehlen in der Schule nach aller Erfahrung gravierende Störungen oder Schwierigkeiten im familiären und schulischen Erziehungsmilieu vor, denen sich der Schüler durch das Schwänzen zu entziehen[59] und die er in anderen – dann oft kriminellen[60] – Ersatzhandlungen zu verarbeiten sucht.

Bei der Erklärung des Schulschwänzens haben sich die Untersuchungen bis vor kurzem vor allem auf die Erforschung von Defiziten der familiären Sozialisation und Verhältnisse konzentriert. Erst in letzter Zeit wird breit auch die Rolle der Schule selbst als Ursache des Schulschwänzens genauer in den Blick genommen. Unter den Stichworten Schulangst und Schulverweigerung (Schulphobie) werden in der Entwicklungspsychologie und Kinder- und Jugendpsychiatrie psychische Störungen diskutiert, die primär eine Folge der schulischen Umwelt, der schulischen Leistungsanforderungen, der Lehrer-Schüler-Beziehungen, des Mitschülerverhaltens etc. sind.[61] Auch hier konnte häufiges oder dauerndes Schulschwänzen als Form der Schulverweigerung oder Schulangst diagnostiziert werden.[62]

Als Ergebnis der Untersuchungen zum Schulschwänzen läßt sich mit einiger Sicherheit festhalten, daß nicht der »normale« Schüler, bei dem die Norminternalisierung gelungen ist, den statistisch signifikanten Fall des häufig schulsäumigen Schülers darstellt, sondern der »Problemschüler«.[63] Wenn aber die dauernden Verstöße gegen die Schulbesuchspflicht ganz überwiegend von Jugendlichen, die als Problemschüler einzustufen sind, begangen werden und wenn weiterhin als gesichert gelten kann, daß die Zahl dauernder Schulpflichtverletzungen absolut und relativ zur Zahl der Schulpflichtverletzungen überhaupt gering ist, so ist bei der Bewertung solcher Befunde eine strafangemessene Tatschwere, ein strafbedürftiger Unrechtsgehalt der dauernden Schulpflichtverletzung Jugendlicher überhaupt in Frage zu stellen. Weder die geringe Häufigkeit noch die Verwirklichung der dauernden Schulbesuchspflichtverletzung durch zumeist als Problemschüler einzustufende Jugendliche vermögen nämlich in nennenswerter Weise eine Gefährdung der über die Schulbesuchspflicht angestrebten Elementarerziehung herbeizuführen.

8) Schließlich ist ein Argument zur Angemessenheit der Strafreaktion vorzutragen, das von Pädagogen wahrscheinlich zuerst gegen die Pönalisierung der Schulpflichtverletzung ins Feld geführt würde: Es betrifft den schwer aufhebbaren Widerspruch, daß die Jugendstrafe den Jugendlichen von dem Schulbesuch fernhält, wegen dessen Versäumung er bestraft wurde.

Selbst wenn im Jugendstrafvollzug Schulunterricht stattfinden mag, sprechen doch gewichtige Überlegungen lerntheoretischer Art dagegen, daß sich in der Situation der zwangsweisen Einschließung solche Motivationen aufbauen lassen, die die Basis für eine positive Einstellung zum späteren Schulbesuch bilden. Um wieviel mehr gilt dieser Einwand für den Problemschüler, der hier als der Normaltypus des dauernden Schulschwänzers erkannt wurde. Ohne die bekannten Verhältnisse der gegenwärtigen Praxis des Jugendstrafvollzugs zu berücksichtigen, ist der Schluß kaum abweisbar, daß die Jugendstrafe gerade unter der Geltung eines erzieherisch konzipierten Jugendstrafrechts ein ungeeignetes Mittel ist, um die Zwecke zu erreichen, die mit der Pflicht zum Schulbesuch beabsichtigt sind.

9) Das Ergebnis der Strafwürdigkeitsprüfung der Schulbesuchspflichtverletzung Jugendlicher, so läßt sich resumieren, ist negativ. Der abstrakte Unrechtsgehalt der dauernden Schulpflichtverletzung vermag unter Berücksichtigung einer nur unerheblichen Gefährdung des durch sie geschützten Rechtsguts, der geringen Tathäufigkeit, des jugendlichen Alters und der Persönlichkeit der Täter die Sanktion Strafe nicht zu rechtfertigen. Auch unter dem

Gesichtspunkt der Geeignetheit erscheint ihre Legitimation höchst problematisch, weil sie die erzieherischen Ziele des Jugendstrafrechts verfehlt. Die Strafbewehrung der Schulbesuchspflichtverletzung Jugendlicher muß deshalb verfassungsrechtlich als Verstoß gegen das Übermaßprinzip betrachtet werden.[64]

V.

Nachdem oben die Strafwürdigkeit der Schulbesuchspflichtverletzung Jugendlicher aus allgemeinen sanktionstheoretischen Überlegungen verneint wurde, soll im folgenden – gleichsam als Gegenprobe – begründet werden, daß die einzige echte Kriminalstrafe des Jugendstrafrechts, die Jugendstrafe gemäß § 17 JGG bei Vorliegen einer wiederholten oder dauernden Schulpflichtverletzung (vgl. § 24 Abs. 1 Hess. SchulPflG) bereits nach geltendem unterverfassungsrechtlichem Recht nicht verhängt werden darf.

1) Noch bevor auf die besonderen Voraussetzungen des § 17 Abs. 2 JGG eingegangen wird, läßt sich die Fehlerhaftigkeit der Verhängung von Jugendstrafe wegen Schulpflichtverletzung bereits durch ein Strafrahmenargument belegen.

Das Höchstmaß der allgemeinen Strafdrohung in den Straftatbeständen der Schulpflichtverletzung beträgt 6 Monate Freiheitsstrafe; das Mindestmaß der Jugendstrafe ebenfalls 6 Monate. Mindestmaß der Jugendstrafe und Höchstmaß der allgemeinen Strafdrohung decken sich also.

Legt man § 18 Abs. 1 S. 3 JGG, der besagt, daß die Strafrahmen des allgemeinen Strafrechts im Jugendstrafrecht nicht gelten, verfassungskonform aus, so besagt dies, daß unter Berücksichtigung des Schuldprinzips die Jugendstrafe nicht höher sein darf, als durch den Schuldgehalt der Tat gerechtfertigt ist, und daß damit eine Jugendstrafe nie höher sein kann als das Höchstmaß der Strafdrohung des betreffenden allgemeinen Strafgesetzes.[65]

Eine Verurteilung zu Jugendstrafe könnte danach bei Schulpflichtverletzungen nur zu einer einzigen, also einer absoluten Strafe führen, denn der Jugendrichter könnte allein eine Jugendstrafe von 6 Monaten aussprechen. Ob diese Festlegung auf eine absolute Strafe mit den Grundgedanken des erzieherisch orientierten Jugendstrafrechts vereinbar ist, erscheint fraglich, da damit alle weiteren Strafzumessungserwägungen im Rahmen der

Jugendstrafe abgeschnitten sind. Des weiteren: Die Landesgesetzgeber haben mit der Höchstdauer von 6 Monaten Freiheitsstrafe das objektive Unrecht des schwersten Falls einer Schulpflichtverletzung durch Erwachsene abstrakt bewertet; die Tat eines Jugendlichen wird nach dem oben Ausgeführten dieses Gewicht nie haben können.[66] Wenn er trotzdem mit der Mindeststrafe von 6 Monaten Jugendstrafe bestraft würde, widerspräche dies dem Tatschuldprinzip. Was der Gesetzgeber für den erwachsenen Straftäter als Strafhöchstmaß bestimmt hat, darf nicht für den jugendlichen Täter das Strafmindestmaß sein. Schon aus dieser Erwägung ist die Verhängung von Jugendstrafe wegen Schulpflichtverletzung unrichtig.

2) Die Verurteilung zu Jugendstrafe ist gem. § 17 Abs. 2 JGG an eine Reihe von Voraussetzungen geknüpft: Jugendstrafe ist zu verhängen, wenn wegen der schädlichen Neigungen des Jugendlichen, die in der Tat hervorgetreten sind, Erziehungsmaßregeln und Zuchtmittel zur Erziehung nicht ausreichen oder wenn wegen der Schwere der Schuld Strafe erforderlich ist.

Das Merkmal Schwere der Schuld[67] trifft auf eine dauernde Schulpflichtverletzung nicht zu. Die Schwere der Schuld steht in Beziehung zur Schwere der Tat. Die Schwere der Tat, nämlich das in der Straftat hervorgetretene Unrecht, erfährt seine abstrakte Bewertung durch die gesetzliche Strafdrohung. Schwere Schuld kann also nur der auf sich laden, der rechtswidrig und schuldhaft ein Strafgesetz verletzt hat, dessen Strafdrohung bereits die gesetzgeberische Wertung eines schweren Verstoßes gegen grundlegende Gemeinschaftsnormen enthält. Eine solche gesetzgeberische Wertung läßt sich den Strafdrohungen der Schulpflichtbestimmungen nicht entnehmen. Damit braucht die Frage, wie weit junge Jugendliche überhaupt schwere Schuld auf sich laden können, gar nicht erörtert zu werden.

3) Der heute in Rechtsprechung und Literatur gängigen Bestimmung des Begriffs der schädlichen Neigungen liegt die Erläuterung Nr. 1 der Richtlinien zu § 6 RJJG vom 6. 11. 1943 zugrunde. Schädliche Neigungen sind bei dem Jugendlichen gegeben, wenn »erhebliche Anlage- und Erziehungsmängel die Gefahr begründen, daß er ohne Durchführung einer längeren Gesamterziehung durch weitere Straftaten die Gemeinschaftsordnung stören würde.« Auf die Frage, wie weit der gesetzliche Terminus »schädliche Neigungen« wegen seiner Unbestimmtheit de lege

ferenda abzuschaffen oder zu verändern ist, wie weit die Erläuterung des Begriffs nach heutigen erfahrungswissenschaftlichen Erkenntnissen überhaupt haltbar ist, soll hier nicht eingegangen werden.[68] Gesetzeswortlaut und Erläuterung machen deutlich, daß die schädlichen Neigungen an einen materiellen Verbrechensbegriff gekoppelt sind. Die Schädlichkeit der Neigungen bemißt sich an der »Gemeinschädlichkeit« der Straftat(en), die der Jugendliche begangen hat. Es soll der Jugendliche der Erziehungsstrafe unterworfen werden, dessen Straftaten die Prognose wahrscheinlich machen, daß er in Zukunft weitere Straftaten begehen wird, die wegen ihrer Schwere eine erhebliche Gefahr für die Allgemeinheit bedeuten. Mit dieser Ausdeutung sind alle geringfügigen Straftaten, auch wenn sie wiederholt begangen worden sind, alle Bagatelldelikte, den schädlichen Neigungen nicht subsumierbar. Schädliche Neigungen sind nicht mit gemeinlästigen Neigungen gleichzusetzen.[69] Wie die Geschichte der Ahndung von Schulpflichtverletzungen zeigt, waren diese immer vom Gesetzgeber als Delikte an der untersten Schwelle der Strafwürdigkeit eingestuft worden. Der heutige Vergehenstatbestand darf nicht vergessen machen, daß die Schulpflichtverletzung zuerst bloßes Polizeiunrecht war.

Die Zurückstufung zur Ordnungswidrigkeit in den meisten Bundesländern bedeutet mit der Charakterisierung der Schulpflichtverletzung als bloßem Ordnungsverstoß die Rückkehr zum Polizeiunrecht des neunzehnten Jahrhunderts, mit dem die Gemeinlästigkeit einer Reihe von Handlungen geahndet werden sollte.

4) Für die Schulpflichtverletzung eines Jugendlichen besagen diese Überlegungen: Das Verhältnis von schädlichen Neigungen zur Jugendstrafe wird durch den verfassungsrechtlich geforderten Verhältnismäßigkeitsgrundsatz[70] bestimmt. Verhältnismäßig ist Jugendstrafe nur, wenn die schädlichen Neigungen in Straftaten von erheblichem Gewicht hervorgetreten sind. Diese erst rechtfertigen den Einsatz des schwersten freiheitsentziehenden spezialpräventiven Mittels des Jugendstrafrechts, der Jugendstrafe. Die Schulpflichtverletzung erfüllt diese Bedingung einer Straftat von erheblichem Gewicht nicht. Schädliche Neigungen im Sinne des Jugendstrafrechts können deshalb in ihr nicht hervortreten. Aus diesem Grunde ist auch die Verhängung von Jugendstrafe wegen Schulpflichtverletzung mit der Begründung, in der Schul-

pflichtverletzung seien schädliche Neigungen hervorgetreten, unrichtig.[71]

VI.

Oben wurde bereits darauf hingewiesen, daß sanktionstheoretische Überlegungen auch Zweifel an der gesetzgeberischen Lösung aufkommen läßt, die die Schulpflichtverletzung allein als Ordnungswidrigkeit ausgestaltet hat. Ohne hier auf das zu wenig problematisierte[72] Verhältnis von Ordnungswidrigkeitenrecht und Jugendstrafrecht näher eingehen zu können, soll durch einige Gesichtspunkte aufgezeigt werden, daß weder das Ordnungswidrigkeitenverfahren noch die einzige Sanktion des Ordnungswidrigkeitenrechts, die Geldbuße, auf den jugendlichen Täter zugeschnitten sind.

Das Jugendgerichtsgesetz findet im Ordnungswidrigkeitenrecht nur begrenzt Anwendung.[73] Im Bußgeldverfahren der Verwaltungsbehörde gelten die Verfahrensvorschriften des JGG zwar nach Maßgabe des § 46 OwiG, die für den Jugendlichen bedeutsamen Vorschriften der §§ 43 ff. JGG werden aber praktisch nicht wirksam. So hat die Verwaltungsbehörde z. B. gem. § 12 Abs. 1 OwiG die Voraussetzungen des § 3 JGG, nämlich die Verantwortlichkeit des betroffenen Jugendlichen zu prüfen, in aller Regel dürfte sie aber nach ihren Möglichkeiten hierzu überfordert sein.

Erst nach Einlegung des Einspruchs im amtsgerichtlichen Bußgeldverfahren ist der Jugendrichter zuständig (§ 68 Abs. 2 OwiG), und finden die Verfahrensvorschriften des JGG Anwendung (§ 78 Abs. 2 OwiG). Bedeutsam vor allem: Hinsichtlich der Rechtsfolgenbestimmung gilt das JGG nicht.[74] Damit ist zugleich gesagt, daß der das Jugendstrafrecht bestimmende Erziehungsgedanke im Ordnungswidrigkeitenrecht gesetzlich nicht gefordert ist. Folgen hat dieser Umstand für die Geldbußenzumessung. Diese wird in der Praxis von den allgemeinen Strafzweckerwägungen bestimmt, unter denen im Ordnungswidrigkeitenrecht wiederum vergeltende und generalpräventive Gesichtspunkte im Vordergrund stehen. Das ergibt sich schon aus § 17 Abs. 2 und 3 OwiG im Vergleich zu § 46 StGB.[75]

Selbst wenn im Hinblick auf den Erziehungsgedanken bei Jugendlichen spezialpräventive Überlegungen die Geldbußenbemessung beeinflussen würden, wäre Skepsis angebracht. Die Ahndung einer Schulpflichtverletzung mit einer Geldbuße mag bei Berufsschülern wirken, sofern sie aus einem Berufsausbildungsverhältnis eine Vergütung beziehen, bei Schülern ohne Einkommen geht sie meist fehl.[76]

VII.

Welche gesetzgeberische Lösung läßt sich nach den oben vorgenommenen Bewertungen als angemessene Reaktion auf die wiederholte Schulbesuchspflichtverletzung Jugendlicher skizzieren? Es erscheint wichtig, zunächst darauf hinzuweisen, daß mit den Disziplinarmaßnahmen der inneren Schulordnungsgewalt den Lehrern, Schulleitungen und Schulaufsichtsbehörden ein sehr differenzierter und weitreichender Katalog von Sanktionen, von der Mißbilligung bis zum Schulausschluß,[77] zur Verfügung steht, der in aller Regel ausreichen wird, um den Schulpflichtigen an seine eigenen längerfristigen Interessen zu erinnern. Problematisch sind die Fälle, in denen auch die schärfsten schulischen Disziplinarmaßnahmen leerlaufen. Betroffen sind davon alle nicht weiterführenden Schulformen, also Sonderschule, Hauptschule und Berufsschule. Hier greift z. B. die Androhung des Schulverweises, die den Schüler der Sekundarstufe II beeindrukken wird, nicht, da sie nicht angeordnet werden kann.

Gerade die Schulbesuchspflichtverletzungen der Schüler dieser Schulformen sind es aber, die den ganz überwiegenden Teil der mit Geldbuße oder jugendstrafrechtlichen Sanktionen geahndeten Verstöße bilden.

Das Argument, daß der Staat, statt die schulsäumigen Jugendlichen dieser Schulformen durch Zwang zu disziplinieren, zunächst einmal dafür sorgen solle, ihnen eine gesicherte Berufsperspektive zu eröffnen, hat in Anbetracht eines Tausende von Sonder- und Hauptschülern betreffenden Lehrstellenmangels und einer breiten Jugendarbeitslosigkeit seine politische Berechtigung, löst aber die Probleme der Gewährleistung der geltenden und als legitim zu erachtenden Schulbesuchspflicht nicht. Dieses Argument wird keinen Landesgesetzgeber dazu bewegen, auf Sanktionen, die über die schulischen Disziplinarmaßnahmen hinausgehen, zu verzichten.

Bei solcher Sachlage und unter Abwägung der ordnungswidrigkeiten- und der jugendstrafrechtlichen Lösung ist der jugendstrafrechtlichen wegen ihrer klareren rechtsstaatlichen Sicherungen und ihrer weit differenzierteren, flexibleren und alternativenreicheren Reaktionsmöglichkeiten, unter denen die Jugendstrafe allerdings ausgeschlossen ist, gegenüber der ordnungswidrigkeitenrechtlichen der Vorzug zu geben.

VIII.

Das Urteil des Jugendschöffengerichts Wiesbaden, das den Anlaß für die vorstehenden Überlegungen bildete, weckt Anteilnahme und Bedauern für den 15jährigen Angeklagten nicht nur aufgrund der Feststellungen zu seiner Biographie und Lebenslage, sondern auch durch die Art und Weise, wie das Gericht die sich daraus aufdrängenden rechtlichen Folgerungen abweist oder schlicht negiert. Das Urteil läßt sich auch lesen als Bericht über den gegenwärtigen Stand der sozialwissenschaftlichen Aufklärung eines Teils der Rechtspraxis.

Alle Umstände, soweit sie nach den tatsächlichen Feststellungen Extrapolationen erlauben, familiäre Situation und Schulerfahrungen des Jugendlichen, sein Verhalten und seine Äußerungen vor und während der Hauptverhandlung, weisen, im Zusammenhang gedeutet, auf eine tiefe Verstörung des Jugendlichen hin.

Die Angaben über die familiären Verhältnisse sprechen für sich selbst. Der Umstand, daß der Tod des Vaters und der Beginn der Schulversäumnis in einem unmittelbaren zeitlichen Zusammenhang stehen, kümmert das Gericht nicht. Das Verhalten und die Äußerungen des Jugendlichen vor und während der Hauptverhandlung sind nicht so sehr aufschlußreich im Hinblick auf die Ausdeutung, die das Gericht ihnen gegeben hat, als vielmehr auf diejenige, die das Gericht ihnen nicht gegeben hat, die sich aber nach allen bekannten Umständen nahegelegt hätte.

Wieviel unverarbeitete Enttäuschung, wieviel unbewußte Resignation über die Institution Schule und ihre Lehrer muß sich in einem jungen Menschen eingegraben haben, daß er äußern kann, er werde keine Schule mehr besuchen und er wolle von Beruf »Faulenzer« werden.[78] Die Erfolglosigkeit des Versuchs, irgendwo noch auf der Asylstufe der Zwangsanstalt Schule Anerkennung zu finden, all das dort erfahrene Zurückgestoßensein, drückt sich bei ihm in der Bemerkung aus, daß die Lehrer ihn immer »abschmieren« (d. h. abweisen) würden.

Die Urteilsgründe bezeugen das mangelnde Verständnis des Gerichts für die Situation des Jugendlichen. Die Formelhaftigkeit, mit der es aus Verhalten und Äußerungen des Jugendlichen seine rechtlichen Folgerungen zieht, wirkt beklemmend und wird den Begründungsanforderungen des § 54 Abs. 2 JGG nicht gerecht.[79]

Im Rahmen einer gesetzlichen Aufklärungspflicht gem. § 244 Abs. 2 StPO, § 43 Abs. 3 JGG hätte das Gericht hier wegen der Frage der Verantwortlichkeit (§ 3 JGG), und der Strafzumessung einen jugendpsychologischen Sachverständigen hören müssen.

Gem. § 140 Abs. 2 StPO war die Bestellung eines Verteidigers notwendig, da der 15jährige Jugendliche sich nicht selbst verteidigen konnte.

Die Strafzumessung ist fehlerhaft. Jugendstrafe durfte aus den oben erörterten Gründen nicht zur Anwendung kommen. Die Erwägungen zur Strafaussetzung zur Bewährung gehen von einem Begriff der »Bewährungswürdigkeit« aus, der die rechtlichen Voraussetzungen der Strafaussetzung zur Bewährung verfehlt.

Die Prognose über das Verhalten des Jugendlichen gegenüber einem Bewährungshelfer reflektiert das fehlende Verständnis des Gerichts von der Problemsituation des Jugendlichen. Die Begründung der Ablehnung der Fürsorgeerziehung ist – je nach Auslegung – fehlerhaft oder mißverständlich.[80] Eine Formulierung am Schluß des Urteils provoziert die Vermutung nach den wirklichen Bestrafungsgründen des Gerichts. Dort heißt es, daß Erziehungsmaßregeln auch deshalb nicht genügten, weil der Jugendliche »auch in einem Erziehungsheim seiner etwaigen Schulpflicht nicht nachkommen bzw. den Unterricht sabotieren« würde. Hier findet offenbar Ausdruck, was dem Jugendlichen eigentlich vorgeworfen wird und was der »Sühne«, gemeint ist: Abschreckung, bedarf. Es geht nicht so sehr um die Verletzung der Schulbesuchspflicht, die allein nach § 24 Hess. Schulpflichtgesetz der Ahndung unterliegt, als vielmehr um Sabotage, nämlich Unterrichtssabotage.[81] Wer unentschuldigt in der Schule fehlt, so liest sich die dahintersteckende teleologische Auslegung, der unterläßt nicht nur eine gebotene Handlung, sondern der sabotiert die staatliche Veranstaltung Schule.

IX.

Welche Entscheidung hätte sich hier empfohlen? Die oben vorgenommene Bewertung der Urteilsfeststellungen legt als Orientierungsgesichtspunkt für die Rechtsfolgenbestimmung nicht Sanktion, sondern Fürsorge nahe.

Die strafrechtliche Verantwortlichkeit (§ 3 JGG) des Jugendlichen unterstellt, sind jugendstrafrechtliche Erziehungsmaßregeln (§§ 5 Abs. 1, 9 JGG) die Mittel, die überhaupt eine positive Beeinflussung des Jugendlichen ermöglichen könnten. Deren Auswahl und Anordnung können im Urteil gemäß § 53 JGG dem Vormundschaftsrichter überlassen werden. Durch Anordnung der Erziehungsbeistandschaft (§§ 9 Abs. 2, 12 JGG) scheint die Bestellung eines psychologisch ausgebildeten Beistandes als gangbarer und vernünftiger Weg.

Ähnlich, nämlich zunächst unter Einschaltung des schulpsychologischen Dienstes, der Eltern-, Familien- und Erziehungsberatung und des Jugendamtes und schließlich ggf. des Vormundschaftsgerichts hätte auch die Schulbehörde nach einer aus Gründen der Fürsorge gegenüber dem Schulpflichtigen gebotenen sorgfältigen Ermittlung der Umstände der Schulpflichtverletzung verfahren sollen. Dieser Weg bleibt der Schulbehörde auch noch offen, wenn der Strafantrag gem. § 23 HessSchulPflG bereits gestellt oder das Urteil gefällt worden ist. Nach § 77d Abs. 1 StGB kann der Strafantrag bis zur Rechtskraft des Urteils zurückgenommen werden.

Anmerkungen

1 Vgl. im politischen Bereich die Stellungnahme der GEW in: *Frankfurter Rundschau* vom 21. 4. 1978; auch in der regionalen und überregionalen Presse wurde breit über dieses Urteil berichtet. Vgl. mit weiteren Hintergrundinformationen *Frankfurter Rundschau* vom 20. 4. 1978, S. 18; *Der SPIEGEL*, Nr. 16 vom 17. 4. 1978, S. 111.

2 Einige Zahlen mögen dies belegen. In Hessen wurden 1976 z. B. 1896 Verstöße gegen die Schulpflicht mit Bußgeld geahndet. In 70 Fällen wurde Strafantrag gestellt. 1977 wurden 2443 Bußgeldbescheide erlassen, in 65 Fällen wurde Strafantrag gestellt. In 4 Fällen wurde Jugendstrafe verhängt, die zur Bewährung ausgesetzt wurde, in einem Falle

wurde auf Jugendstrafe ohne Strafaussetzung erkannt. Dieses Urteil ist jedoch aufgehoben worden. – Wie das Verhältnis von betroffenen Jugendlichen, Heranwachsenden, Erwachsenen und Erziehungsberechtigten ist, konnte nicht ermittelt werden. Die Zahlen beruhen auf Auskünften des Hessischen Kultusministers.

Rspr. zur Schulpflichtverletzung ist kaum veröffentlicht; vgl. OLG Frankfurt: *ZBlJugR* 1968, 123; LG Kassel *RdJuB* 1968, 22.

3 Vgl. dazu die Feststellung von Horney/Müller: *Schule und Disziplin*, Gütersloh 1964, S. 10: »In einem merkwürdigen Gegensatz zu der Bedeutung von Ordnung und Disziplin, zu der theoretischen Ungeklärtheit ihres Wesens und ihrer Stellung im Schulleben und zu der praktischen Unsicherheit in den Disziplinanforderungen steht die Tatsache, daß die pädagogische Wissenschaft die Frage der Disziplin kaum grundsätzlich behandelt hat.«

4 Vgl. Dennison, George: *Lernen und Freiheit*, Frankfurt 1971; Goodman, Paul: *Aufwachsen im Widerspruch*, Darmstadt 1971; Gorz, André: *Schule und Fabrik*, Berlin 1971; Herndon, James: *Die Schule überleben*, Stuttgart 1972; Illich, Ivan: *Entschulung der Gesellschaft*, München 1972; Kozol, Jonathan: *Free Schools, Schule und Gegenschule*, Ravensburg 1973; Reimer, Everett: *Schafft die Schule ab*, Reinbek 1972; Ramseger, Jörg: *Gegenschulen*, Bad Heilbrunn, 1975; Sachs, Wolfgang: *Schulzwang und soziale Kontrolle, Argumente für die Entschulung des Lernens*, Frankfurt 1976; Winkel, Rainer: *Das Ende der Schule*, München 1974; zur Diskussion vgl. Fischer, W.: »Abschaffung der Schule? Radikale Schulkritik in der Gegenwart, in: Hülshoff, R. (Hrsg.): *Bildungstheorie und Schule*, Ratingen 1974, S. 87-101; von Hentig, Hartmut: *Cuernavaca oder: Alternativen zur Schule?* München, Stuttgart 1971.

5 Dies gilt mit der Maßgabe, daß die eine – hier zu erörternde – Äußerung staatlicher Schulgewalt, die Schulpflicht, nicht in Zweifel gezogen wird, während der anderen, der Schulordnungsgewalt, in den letzten Jahren stärker verfassungsrechtliche Aufmerksamkeit zuteilgeworden ist. Vgl. dazu Hesselberger, Dieter: »Die verfassungsrechtliche Zulässigkeit von Erziehungs-, Sicherungs- und Strafmaßnahmen gegenüber Schülern«, in: *RdJB* 22 (1974), S. 17 ff.

6 Die Schulpflicht wird heute allgemein differenziert in die Schulbesuchspflicht und die Verhaltenspflichten des Schülers innerhalb der Schule. In den die Schulpflicht regelnden Gesetzen der Länder wird überwiegend nur der Verstoß gegen die Schulbesuchspflicht mit Sanktionen bedroht (vgl. z. B. § 24 HessSchulPflG vom 30. Mai 1969, GVBl. S. 104), teilweise unterliegt allgemein der Verstoß gegen die Schulpflicht, also auch der Verstoß gegen Verhaltenspflichten, der Ahndung (vgl. § 92 i. V. m. § 72 Abs. 4 des Schulgesetzes für Baden-Württemberg i. d. F. v. 3. Mai 1977, GBl. S. 133).

7 Zu den rechtlichen Organisationstypen der Bildungspflicht vgl. Landé, Walter: »Die staatsrechtlichen Grundlagen des deutschen Unterrichtswesens«, in: *Handbuch des Deutschen Staatsrechts*, Bd. 2, Hrsg. von G. Anschütz und R. Thoma, Tübingen 1932, S. 690 ff (704 f.).

8 Vgl. dazu die Materialien in: *Deutsche Schulgesetzgebung*, Bd. 1, eingeleitet und bearbeitet von Froese, Leonhardt und Krawietz, Werner, Weinheim 1968; Giese, Gerhardt: *Quellen zur deutschen Schulgeschichte seit 1800*, Göttingen 1961; Spranger, Eduard: »Der Zusammenhang von Politik und Pädagogik in der Neuzeit. Umrisse zu einer Geschichte der deutschen Schulgesetzgebung und Schulverwaltung«, in: *Die deutsche Schule*, Jg. XVIII, 1914, S. 13 ff., 73 ff., 1915, S. 225 ff.; ders.: *Die wissenschaftlichen Grundlagen der Schulverfassungslehre und Schulpolitik*, Berlin 1928, Neudruck 1963, S. 9; Heckel, Hans: *Schulrecht und Schulpolitik*, Neuwied 1967, S. 155 f.; Oppermann, Thomas: *Kulturverwaltungsrecht*, Tübingen 1968, S. 39 ff.

9 Die politische Auseinandersetzung betraf nicht die Statuierung der Pflicht, sich überhaupt einer Ausbildung zu unterziehen, sondern immer nur die Frage, in welcher Form die Pflicht zu erfüllen sei. Zu den möglichen Organisationstypen: staatliches Schulmonopol, abgeschwächtes Schulmonopol (Konzessionssystem), begrenzte Unterrichtsfreiheit und völlige Unterrichtsfreiheit vgl. Landé; a.a.O.
Für die Weimarer Republik vgl. Anschütz, Gerhard: *Die Verfassung des deutschen Reiches*, 2. Aufl. 1921, Art. 145, Anm. 1: Landé, Walter, a.a.O., S. 690 ff.; heute z. B. Oppermann, Thomas: »Nach welchen rechtlichen Grundsätzen sind das öffentliche Schulwesen und die Stellung der an ihm Beteiligten zu ordnen?« *Gutachten zum 51. Dt. Juristentag*, München 1977, S. 25; ders.: »Kulturverwaltungsrecht«, a.a.O., S. 192; Ihlenfeld, Hartwig: *Pflicht und Recht zum Besuch öffentlicher Schulen nach deutschem Bundes- und Landesrecht*, Diss. Hamburg 1971, S. 66 ff.; Grupp, Klaus: »Schülerstreik und Schulbesuchspflicht«, in: *DÖV* 1974, S. 661 ff (S. 665 f.).

10 RGBl. 1938 I, S. 799 ff.

11 An der Schulgesetzgebung Hessens während der letzten 150 Jahre sei dies kurz belegt: Vgl. §§ 22, 23 der Allgemeinen Schulordnung für das Großherzogtum Hessen vom 18. Dezember 1827 (Großherzoglich Hessisches Regierungsblatt Nr. 60, S. 523 ff.); Art. 20, 21 des Edikts, das Volksschulwesen in dem Großherzogtume überhaupt und insbesondere die Organisation der Behörden zur Leitung der Schulangelegenheiten betreffend, vom 11. Juli 1832 (Regierungsblatt Nr. 59, S. 431 ff.); § 17 der Instruction für die Ortsschulvorstände vom 14. Juli 1832 (Regierungsblatt Nr. 60, S. 455 ff.); Art. 233 des Polizeistrafgesetzes vom 28. November 1855 (Regierungsblatt Nr. 39, S. 449 ff.); Art. 19, 24 des Gesetzes, das Volksschulwesen im Groß-

herzogthume betreffend, vom 16. Juni 1874 (Regierungsblatt Nr. 32, S. 377 ff.); Art. 18/24 des Gesetzes das Volksschulwesen im Volksstaat Hessen betreffend, vom 25. Oktober 1921 (Regierungsblatt Nr. 30, S. 303 ff.).

Differenzierend muß hinzugefügt werden, daß, da die Schulpflicht zumeist mit der Vollendung des 14. Lebensjahres bzw. mit der Konfirmation endete, nur ein kleiner Teil der Schulpflichtigen strafmündig war. Allerdings ist hier wiederum zu berücksichtigen, daß erst im Reichsstrafgesetzbuch von 1871 die Strafmündigkeitsgrenze von 12 auf 14 Jahre angehoben wurde. Schließlich muß weiter berücksichtigt werden, daß für gewerbliche Arbeiter unter 18 Jahren gem. § 120 der Gewerbeordnung seit 1878 Schulpflicht bestand, soweit aufgrund eines Landesgesetzes oder Ortsstatuts die Pflicht zum Besuch einer Fortbildungsschule eingeführt war. Die allgemeine Berufsschulpflicht wurde erst mit dem Reichsschulpflichtgesetz von 1938 eingeführt. Gem. § 150 Ziff. 3 der Gewerbeordnung konnten seit 1891 auch die jugendlichen Arbeiter mit Geldstrafe bis zu 20 Mark und im Unvermögensfalle mit Haft bis zu drei Tagen wegen Schulpflichtverletzung bestraft werden. Vgl. dazu im einzelnen: *Gewerbeordnung für das Deutsche Reich*, verl. von Kurt von Rohrscheidt, 2. Aufl., Bd. 2, Berlin 1912, §§ 120, 127, 150.

In Hessen war bereits im Gesetz vom 16. Juni 1874 die Fortbildungsschulpflicht statuiert. Gem. Art. 23 mußten die »aus der Volksschule austretenden Kinder« noch drei Jahre die Fortbildungsschule besuchen. Schulpflichtverstöße Jugendlicher wurden jedoch noch nicht sanktioniert. Erst das Gesetz das Volksschulwesen im Volksstaat Hessen betreffend vom 25. 10. 1921 sah in Art. 17 Strafen gegen den säumigen Fortbildungsschüler vor, die sich am § 150 der Gewerbeord. orientierten.

12 Vgl. z. B. Art. 21 des o. g. Edikts vom 11. Juli 1832: »Gegen Kinder, welche ohne Wissen des Vaters die Schule versäumen, sind die geeigneten Strafen zu ihrer Besserung von dem Lehrer anzuwenden.«

13 Vgl. dazu Heckel, Hans: »Die Entwicklung des deutschen Schulrechts seit 1945«, in: *DVBl.* 1951, S. 166 ff., 205 ff.

14 Siehe dazu die Angaben bei Schnitzerling, Manfred: »Der Verstoß gegen die Schulpflicht als Ordnungswidrigkeit und als Straftat«, in: *RWS* 1960/61, S. 79 ff.; ferner: Potrykus, Gerhard: »Zur Ahndung der Schulversäumnisse Schulpflichtiger«, in: *RdJ* 1962, S. 375 (auch in RWS 1963, S. 139 ff.).

15 Vgl. Schnitzerling, a.a.O., S. 80.

16 Ebd. S. 80.

17 Zum Stande der Gesetzgebung Anfang der siebziger Jahre siehe die Angaben bei Ihlenfeld, a.a.O., S. 8 ff.

18 Vgl. § 9a Abs. 5 Schulgesetz für Berlin i. d. F. vom 19. März 1975

(GVBl. S. 1042), zuletzt geänd. d. Gesetz vom 22. Juni 1976 (GVBl. S. 1377).

19 § 47 Abs. 1 Bremisches Schulgesetz vom 18. Februar 1975 (GBl. S. 89).

20 § 24 Hessisches Schulpflichtgesetz i. d. F. vom 30. Mai 1969 (GVBl. S. 104), zuletzt geänd. d. Gesetz vom 1. 1. 1975 (GVBl. S. 273).

21 § 17 Abs. 4 Gesetz Nr. 826 über die Schulpflicht im Saarland in der Bekanntmachung vom 2. April 1974 (ABl. S. 709).

22 § 39 Abs. 1 Schulgesetz der Freien und Hansestadt Hamburg vom 17. Oktober 1977 (GVBl. S. 297).

23 § 92 Abs. 3 Schulgesetz für Baden-Württemberg, zuletzt geänd. d. Gesetz vom 3. Mai 1977 (GBl. S. 133) i. V. m. § 17 Abs. 1 OWiG vom 24. 5. 1968 i. d. F. vom 2. 1. 1975.

24 § 24 Abs. 1 HessSchulPflG.

25 Vgl. Potrykus, a.a.O., S. 140.

26 Ebenso Potrykus, a.a.O.

27 Vgl. dazu Göhler, Erich: *Ordnungswidrigkeitengesetz*, 5. Aufl., 1977, Anm. 2 vor § 1 m. w. N.; Rotberg: a.a.O., Einf.; Schönke-Schröder-Stree: *Strafgesetzbuch*, 19. Aufl., 1978, Rdnr. 35 f. vor §§ 38 ff. StGB m. w. N.

28 Gesetz über die Schulpflicht im Lande Hessen vom 27. Mai 1950 (GVBl. S. 68), geändert am 12. 2. 53 (GVBl. S. 8) und am 7. 12. 56 (GVBl. S. 163).

29 GVBl. S. 69.

30 Hessischer Landtag, IV. Wahlperiode, Drucksachen Abt. I, Nr. 975, S. 2781.

31 GVBl. S. 304.

32 Hess. Landtag, V. Wahlperiode, Drucksachen Abt. I, Nr. 1470, S. 6.

33 Vgl. hierzu Gallwas, Hans-Ullrich: »Strafnormen als Grundrechtsproblem; in: *MDR* 1969, S. 892 ff.

34 In strafrechtswissenschaftlichen Untersuchungen zur Strafwürdigkeitsproblematik wird häufig nicht deutlich genug gesehen, daß kriminalpolitischen Argumenten in Sachen Rechtsgutspolitik erst das Verfassungsrecht ihre Stelle anweist. Vgl. z. B. Krümpelmann, Justus: *Die Bagatelldelikte*, Berlin 1966; dort wird das Verfassungsrecht nicht einmal erwähnt. Klarer Zipf, Heinz: *Kriminalpolitik. Eine Einführung in die Grundlagen*, Karlsruhe 1973, S. 61 ff.

35 Vgl. zu dieser Unterscheidung Gallwas; a.a.O., S. 893.

36 Oppermann: *Kulturverwaltungsrecht*, a.a.O., S. 191.

37 Vgl. die zusammenfassende Diskussion bei Ihlenfeld: a.a.O., S. 66 ff., 86 ff.

38 In der Strafrechtswissenschaft ist Anfang der siebziger Jahre die Erörterung der Möglichkeit der Legitimation von Strafrechtsnormen in der Auseinandersetzung um einen systemkritischen Rechtsgutbe-

griff, der als kriminalpolitisches Kriterium »die Überprüfung der richtigen Grenzziehung der Strafzone« (Vogler, S. 138) ermöglichen könnte, wieder entfacht worden. Diese Diskussion ist in der Begründung materialer Kriterien, die sich gegenüber denen, die vorher eingesetzt wurden, durch größere Genauigkeit auszeichneten, nicht weiter gekommen. Allerdings ist die Auseinandersetzung auch nicht ohne Ergebnisse geblieben. Es sind die Alternativen geklärt, unter denen die Frage nach der Rechtfertigung von Strafnormen gestellt werden kann; es sind Gesichtspunkte herausgestellt worden, die die Legitimationsprobleme differenzierter erörterbar machen; es ist die verfassungsrechtliche Dimension des Problems stärker berücksichtigt worden. Vgl. zum Ganzen Sax, Walter: »Grundsätze der Strafrechtspflege«, in: *Die Grundrechte*, hrsg. v. Bettermann-Nipperdey-Scheuner, III, 2, 1959, S. 909 ff.; Gallas, Wilhelm: »Gründe und Grenzen der Strafbarkeit. Gedanken zum Begriff des Verbrechens«, in: *Beiträge zur Verbrechenslehre*, 1968, S. 1 ff.; Zipf, Heinz: *Kriminalpolitik*, 1973; Hassemer, Winfried: *Theorie und Soziologie des Verbrechens. Ansätze zu einer praxisorientierten Rechtsgutslehre*, Frankfurt 1973; Vogler, Theo: Möglichkeiten und Wege einer Entkriminalisierung«, in: *ZStW* 90 (1978), S. 132 ff., m. w. N.

39 So klar Klose, Peter: »›Jus puniendi‹ und Grundgesetz«, in: *ZStW* 86 (1974), S. 33 ff. (60).

40 Vgl. auch Zipf, a.a.O., S. 66.

41 BVerfG 45, 223 ff. (228); Zipf, a.a.O., S. 63 ff.; Vogler, a.a.O., S. 139.

42 Vgl. Zipf, S. 66; Gallwas, S. 894.

43 BVerfG 34, 267.

44 Ebd.

45 BerfVfG 27, 29.

46 Ähnlich Ihlenfeld, a.a.O., S. 89 ff.; Oppermann: *Kulturverwaltungsrecht*, a.a.O., S. 188 ff.

47 Vgl. zur Kritik der allgemeinen Schulpflicht in ihrem Widerspruch zu den durch sie verfolgten Zielen bei den Entschulungstheoretikern die Diskussion bei von Hentig, Hartmut: *Cuernavaca*, a.a.O., S. 77 ff.

48 Zum historischen Hintergrund der allgemeinen »Volks«-schulpflicht und der demokratischen Bewegung in Deutschland vgl. Oppermann: *Kulturverwaltungsrecht*, a.a.O., S. 192; kritisch zu solcher Begründung der Schulbesuchspflicht und des sie absichernden Schulzwangs Mayer, Hellmuth: »Elternrecht, Schule und Kirche«, *DVBl.* 1955, S. 581 ff. (584 f.).

49 Vgl. zu den Präzisierungsversuchen Sax, a.a.O., S. 925: Häufigkeit, Nachhaltigkeit, Schädlichkeit; Haasemer, a.a.O.: Häufigkeit (S. 147), Intensität des Bedarfs für das betreffende Objekt (S. 149); Ausmaß der Bedrohung (S. 158).

50 Zur Strafe als ultima ratio in der Hierarchie der staatlichen Zwangs-

mittel vgl. Naucke, Wolfgang: *Strafrecht. Eine Einführung.* 2. Aufl., Frankfurt 1977, S. 50 ff.

51 Diese Charakterisierung ist allerdings nicht ganz zutreffend, da von den ebenfalls verpflichteten Erziehungsberechtigten und den Heranwachsenden, soweit letztere ebenfalls schulpflichtig sind, hier abgesehen wird. Es dürfte aber die mit Strafe bedrohte Schulpflichtverletzung wohl das einzige Delikt sein, das als Täter ganz überwiegend Jugendliche erfaßt.

52 Vgl. dazu Peters, Karl: »Die Grundlagen der Behandlung junger Rechtsbrecher«, in: *Erstkriminalität und Frühkriminalität.* Bericht über die Verhandlungen des 19. Dt. Jugendgerichtstages in Münster 1965, wieder abgedruckt in: *Jugendkriminalität, Strafjustiz und Sozialpädagogik*, hrsg. von Berthold Simonsohn, Frankfurt 1969, S. 224 ff.

53 Vgl. dazu Dallinger-Lackner, *JGG*, 2. Aufl., 1965, § 17, Rdnr. 18.

54 Hoffner, Manfred: *Kriminalität und Schule*, Leipzig 1932; Kvaraceus, William C.: *Juvenile Delinquency and the School*, New York 1945; Ferguson, T.: »Schulzeit und Delinquenz«, in: P. Heintz (Hrsg.): *Soziologie der Schule. Sonderheft 4 der Kölner Zeitschrift für Soziologie und Sozialpsychologie*, Köln 1959, S. 161-172; Höhn, E.: *Der schlechte Schüler. Sozialpsychologische Untersuchungen über das Bild des Schulversagers*, München 1967; Bleidick, Ulrich: »Über Beziehungen zwischen Milieuschädigung, Erziehungsschwierigkeit und Lernbehinderung«, in: *Zeitschrift für Heilpädagogik*, 1968, S. 225-241; Witzel, Joachim: *Der Außenseiter im Sozialisierungsprozeß der Schule*, Stuttgart 1969, bes. S. 72 ff. m. w. N.; Glueck, Sheldon/Eleanor: *Jugendliche Rechtsbrecher. Wege zur Vorbeugung*, Stuttgart 1972, S. 65 ff., 165 f.; Lösel, Friedrich: »Prozesse der Stigmatisierung in der Schule«, in: *Stigmatisierung 2. Zur Produktion gesellschaftlicher Randgruppen*, hrsg. von Manfred Brusten und Jürgen Hohmeier, 1975, S. 7 ff. Brusten, Manfred: »Wer produziert die »Auffälligen«? Schule als Instanz sozialer Kontrolle«, in: *Neue Praxis* 1971, S. 105 ff.; ders. und Hurrelmann, Klaus: *Abweichendes Verhalten in der Schule. Eine Untersuchung zu Prozessen der Stigmatisierung*, 3. Aufl., 1976 m. w. N. Mannheim, Hermann: *Vergleichende Kriminologie*. Bd. II. Stuttgart 1974, S. 754 ff. m. w. N.; Klauer Karl Josef: *Schulbesuchsverhalten bei Volks- und Hilfsschulkindern*, Ratingen 1963; ders.: »Schulbesuch und 5-Tage-Woche. Untersuchungen zu einem soziokulturell bedingten Schulkonflikt«, in: *Theorie und Praxis der Schulpsychologie* III, Weinheim 1965, S. 245, hrsg. von Karlheinz Ingenkamp; Homfeldt, H. G.: *Stigma und Schule*, Düsseldorf 1974; siehe auch die Literatur unter Anm. 61, für die angloamerikanische Lit. bes. die Nachweise bei Clyne.

55 Vgl. das statistische Material bei Brusten/Hurrelmann, a.a.O.

56 So Witzel, a.a.O., S. 75.
57 Lempp, Reinhart: *Lernerfolg und Schulversagen*, München 1971, S. 66; ähnlich Witzel: *Der Außenseiter*, a.a.O., S. 76; Kvaraceus, a.a.O., S. 144.
58 Speichert, Horst: *Schulangst. Das Eltern-Schüler-Trauma. Ursachen, Auswege*. Reinbek 1977, S. 137.
59 Glueck, a.a.O., S. 166.
60 Mit der angloamerikanischen Kennzeichnung des Schulschwänzens als »Kindergarten of crime« werden ähnlich wie in der älteren deutschen Kriminologie die Bedingungszusammenhänge allerdings verunklart. Darauf weist deutlich hin Mannheim: *Vergleichende Kriminologie*, a.a.O., S. 760 f.
61 Vgl. z. B. Andreas, R., Bartl, M., Bartl-Dönhöff, G. und Hopf, W.: *Angst in der Schule*, München 1976; Clyne, M. B.: *Schulkrank? Schulverweigern als Folge psychischer Störungen*, Stuttgart 1969 m. w. N.; Nissen, G.: Schulverweigerung und Lernprotest im Kindesalter«, in: *Zeitschrift für Psychotherapie und medizinische Psychologie*, 1972, S. 183 ff.; Schwarzer, R.: *Schulangst und Lernerfolg*, Düsseldorf 1975; Lempp, R.: *Lernerfolg*, a.a.O.1 Speichert, H.: *Schulangst*, a.a.O.
62 Lempp, a.a.O., S. 61 ff. Dagegen will Clyne, a.a.O., S. 35 ff., aus wenig einleuchtenden Gründen Schulschwänzen und Schulverweigerung grundsätzlich unterschieden wissen.
63 Bei den älteren Jugendlichen, Oberschülern und Berufsschülern bedürfte diese These allerdings der Modifizierung.
64 Ebenso Ihlenfeld; a.a.O., S. 117.
65 Ebenso Brunner: *Jugendgerichtsgesetz*, 4. Aufl., 1975, § 18 Anm. 4 d; Schaffstein: *Jugendstrafrecht*, 5. Aufl., 1975, S. 98; ders.: »Schädliche Neigungen und Schwere der Schuld als Voraussetzungen der Jugendstrafe«, in: *Festschrift für Ernst Heinitz*, 1972, S. 461 ff. (470); Miehe, Olaf: *Die Bedeutung der Tat im Jugendstrafrecht*, Göttingen 1964, S. 70 ff., 118 ff.; a. A. Dallinger-Lackner: *Jugendgerichtsgesetz*, 2. Aufl, 1965, § 18, Anm. 6; BGH *MDR* 1955, 372 F.
66 Ebenso Dallinger-Lackner: *JGG*, a.a.O., § 17 Rdnr. 18.
67 Vgl. dazu Schaffstein: *Jugendstrafrecht*, a.a.O., S. 95 f.
68 Vgl. zur Diskussion Kreuzer, Arthur: »Junge Volljährige im Kriminalrecht – aus juristischer-kriminologischer – kriminalpolitischer Sicht«, in: *MschrKrim* 1978, S. 1 ff. (S. 16); Schütze, G., Reinhard, G.: Jugendpsychiatrische Aspekte des Begriffs der schädlichen Neigungen, Vortrag auf der 15. wiss. Tagung der Dt. Ges. f. Kinderpsychiatrie, Salzburg 1977.
69 So ausdrücklich Schaffstein: *Schädliche Neigungen*, a.a.O. S. 472; ders.: *Jugendstrafrecht*, a.a.O., S. 94; Brunner, *JGG*, a.a.O., § 17 Anm. 4b, 6e; Kreuzer: *Junge Volljährige*, a.a.O., S. 16; Blau, Günther: »Die Bedeutung der ›Tat‹ im Jugendstrafrecht«, in: *MDR* 1958,

S. 731; Miehe, a.a.O., S. 89 ff.; mit erheblichen Einschränkungen auch Dallinger-Lackner: *JGG*, a.a.O., § 17 RDnr. 5, 14 f.

70 Darauf stellen ebenfalls ab Schaffstein: *Schädliche Neigungen*, a.a.O., S. 472 und Blau, a.a.O., S. 732; Brunner: *JGG*, a.a.O., § 17, Anm. 4b.

71 Zur Klarstellung wäre den Bundesländern, die die Verletzung der Schulbesuchspflicht mit Strafdrohungen versehen haben, de lege ferenda zu empfehlen, die entsprechenden Bestimmungen der Schulpflichtgesetze so zu fassen, daß für die Schulbesuchspflichtverletzungen Jugendlicher die Jugendstrafe als Sanktionsmittel ausgeschlossen wird. Eine ähnliche Lösung hat es bereits einmal in den fünfziger Jahren in Bayern gegeben. Gem. § 9 des bayrischen Gesetzes über die Ahndung der Schulversäumnisse vom 3. 9. 1949 bzw. 25. 10. 1950 bzw. 25. 3. 1953 (GVBl. 1949, S. 228, 1950, S. 220, 1953, S. 35) konnte der Jugendrichter zwar die Zuchtmittel nach dem JGG, nicht aber Jugendstrafe festsetzen. Potrykus, RWS 63, S. 141 kritisiert diese Regelung mit dem Bemerken: »Es kann nämlich durchaus sinnvoll sein, gegen kriminell-bereite Jugendliche, besonders wegen hartnäckiger Schulversäumnisse von längerer Dauer oder größerer Häufigkeit, bestimmte Jugendstrafe, etwa von 6 bis 9 Monaten, zu verhängen, die entweder alsbald oder nach kurzem Vollzug zur Bewährung ausgesetzt wird, um den Verurteilten unter Kontrolle zu halten.«

72 Vgl. z. B. Schaffstein, Friedrich: *Jugendstrafrecht*, 5. Aufl., 1975, S. 35 f.; Göhler; *Ordnungswidrigkeitengesetz*, 5. Aufl., § 12, Anm. 2 D, Anm. 18 vor § 59, Rotberg: *Ordnungswidrigkeitengesetz*, 5. Aufl., 1975, § 78 Rdnr. 3 ff., § 98 Rdnr. 1 ff.

73 Vgl. §§ 12, 46 Abs. 6, 68 Abs. 2, 78 Abs. 2 u. 3, 91, 97, 104 Abs. 1, 98, 105 Abs. 1 JGG.

74 Cramer, Peter: *Grundbegriffe des Rechts der Ordnungswidrigkeiten*, 1971, S. 69, nennt dies einen »schweren Mangel des OWiG«.

75 Vgl. auch Rotberg, a.a.O., § 17, Rdnr. 3; Schoreit, Armin: »Die sogenannten Ordnungswidrigkeiten«, in: *GA* 196 S. 225 ff. (233); Tiedemann, Klaus: »Literaturbericht Nebenstrafrecht einschl. Ordnungswidrigkeitenrecht«, in: *ZStW* 83 (1971) S. 800; Schmidhäuser, Eberhard: *Strafrecht, Allgemeiner Teil*. 2. Aufl. Tübingen 1975, S. 257 f.; Cramer, Peter: *Unfallprophylaxe durch Strafen und Geldbußen*, 1975, S. 21 f. m. w. N.

76 Erst über die Vollstreckung nicht bezahlter Geldbußen finden jugendstrafrechtliche Sanktionen Anwendung im Owi-Verfahren, vgl. § 98 OwiG. Daß durch diese Hintertür jugendstrafrechtliche Sanktionen Eingang ins Owi-Recht führen, erscheint kaum als glückliche Lösung. Aufschlußreich zu Problemen der Umwandlung einer nicht bezahlten Geldbuße wegen Schulpflichtverletzungen die Beschlüsse des AG und LG Kassel in: *RdJuB* 1971, S. 154 f. mit einer Anm. von W. Eicke.

77 Vgl. z. B. § 4 der Allgemeinen Schulordnung für Hessen. Ordnungs-

mittel und -maßnahmen vom 29. 3. 1972, ABl. KuMi 1972, S. 348.

78 Eine solche Äußerung legt die Annahme nahe, daß der Jugendliche das Stigma des Schulversagers schon voll in seine Selbstdefinition übernommen hat. Vgl. dazu Brusten/Hurrelmann: *Abweichendes Verhalten in der Schule*, a.a.O., S. 94 ff.; Lösel, Friederich: *Prozesse der Stigmatisierung in der Schule*, a.a.O., S. 19 ff. m. w. N.

79 Vgl. § 54 Abs. 1 S. 2 JGG, der verlangt, daß die Urteilsgründe »namentlich die seelischen, geistigen und körperlichen Eigenarten des Angeklagten« berücksichtigen sollen. Vgl. auch die Richtlinien Ziff. 1 zu § 54 JGG.

80 Mit den folgenden Bemerkungen soll nicht der Fürsorgeerziehung das Wort geredet werden. Erziehungsmaßregeln, deren eine die Fürsorgeerziehung ist (§ 9 JGG), werden entweder vom Jugendrichter selbst angeordnet (§ 5 Abs. 1 JGG), oder der Jugendrichter überläßt dem Vormundschaftsgericht die Anordnung und Auswahl der Erziehungsmaßregeln (§ 53 JGG). Bei der Anordnung der Erziehungsmaßregeln (Erziehungsbeistandsschaft und Fürsorgeerziehung) müssen neben den Voraussetzungen des JGG auch jene nach dem JWG vorliegen. Deshalb muß, wenn das Jugendgericht überhaupt Fürsorgeerziehung in Betracht zieht, zunächst einmal eine Straftat festgestellt worden sein, aus deren Anlaß (§ 5 Abs. 1 JGG) die Erziehungsmaßregel angeordnet werden kann. Zumindest mißverständlich deshalb die Feststellung im Urteil, daß die Anordnung von Fürsorgeerziehung keine Straftat voraussetzt. Die Ablehnung der Fürsorgeerziehung aus der Erwägung, daß sie nicht der Sühne diene, unterstellt, daß die Schulpflichtverletzungen des Jugendlichen sühnebedürftig sind und daß für sühnebedürftige Straftaten Jugendlicher Fürsorgeerziehung nicht in Frage kommt. Beide Voraussetzungen treffen nicht zu. Die Schulpflichtverletzung, das wurde oben begründet, bedarf keiner Sühne durch Strafe. Es können allgemein aber Sühnegesichtspunkte auch bei der Anordnung und Durchführung von Erziehungsmaßregeln Beachtung finden.

81 Deutlicher noch als im vorstehend abgedruckten Urteil werden solche Vorstellungen ausgedrückt im Urteil des LG Kassel vom 5. Juni 1967, in: *RdJuB* 1968, S. 23 f., wo die Schulpflichtverletzung zu einem Sabotageakt im Überlebenskampf der Völker hochstilisiert wird: »Die Bedeutung der in diesem Gesetz normierten Schulpflicht ... ist keine geringe, denn nur eine lückenlose und intensive Schulausbildung aller Kinder gewährleistet die Aufrechterhaltung unserer Zivilisation und unseres Lebensstandards und macht uns fähig, im wirtschaftlichen und politischen Konkurrenzkampf der Völker zu behaupten. Verstöße gegen dieses Gesetz können daher, schon um eine Abschreckung gewisser Bevölkerungskreise zu gewährleisten, nicht gering geahndet werden.«

Manfred Brusten, Norbert Herriger

Schulpflichtverletzung und öffentliche Sozialkontrolle*

Vorbemerkung

Das Urteil des Jugendschöffengerichts Wiesbaden, das über einen 15jährigen Jugendlichen wegen »dauernd« und »hartnäckig wiederholter« Verletzung der Schulbesuchspflicht eine sechsmonatige Jugendstrafe ohne Bewährungsfrist verhängte,[1] hat die Beachtung und den kritischen Widerspruch einer breiten Öffentlichkeit gefunden. Zeugnis davon geben zum einen die ausführlichen Berichterstattungen in der regionalen und überregionalen Presse,[2] zum anderen die bereits vorliegenden juristischen und erziehungswissenschaftlichen Kommentare zur Problematik der jugendstrafrechtlichen Ahndung von Verstößen gegen die Schulbesuchspflicht.[3] Gemeinsam ist diesen Presseberichten und fachwissenschaftlichen Stellungnahmen die Zurückweisung des tatunangemessen hohen Strafmaßes und der Zweifel an der pädagogischen Sinnhaftigkeit des Urteils. Gemeinsam ist ihnen zugleich auch die Forderung, die Jugendstrafe aus dem Inventar formeller Zwangsmaßnahmen zur Durchsetzung der Schulpflicht herauszunehmen und durch einen differenzierten und flexibel handhabbaren Katalog pädagogischer Maßnahmen zu ersetzen.

Über die besonderen Umstände dieses juristischen Einzelfalles hinaus hat diese fachöffentliche Diskussion zwei Problemdimensionen sichtbar werden lassen, denen in der bisherigen Auseinandersetzung mit dem Problem der Schulversäumnisse von Jugendlichen keine hinreichende Bedeutung zugemessen worden ist: Die Diskussion hat zum einen auf das hohe Ausmaß der Schulpflichtverletzungen von Jugendlichen aufmerksam gemacht. Verstöße gegen die Schulpflicht sowie Verstöße gegen andere schulische Ordnungs- und Verhaltensnormen gehören gegenwärtig, in einer gesellschaftlichen Situation, welche u. a. durch die Stagnation bildungspolitischer Reformbestrebungen und durch verminderte Chancen auf dem beruflichen Ausbildungs- und Arbeitsmarkt gekennzeichnet ist, zur Alltagswirklichkeit der allgemeinbildenden und der berufsbildenden Schulen.[4]

Die Diskussion zum Thema »Schulpflichtverletzungen« hat zum anderen aber auch mit aller Deutlichkeit die Hilflosigkeit dokumentiert, mit der die Schulbürokratien und die von ihnen bemühten Gerichte der zunehmenden Zahl schulsäumiger Jugendlicher gegenüberstehen. Zwar ist im Lager der Erziehungswissenschaft und der sozialwissenschaftlich aufgeklärten Rechtspraxis die Kritik an dem Instrument jugendstrafrechtlicher Intervention einhellig. Praktikable schulische Interventionsformen und erfolgversprechende sozialpädagogische Maßnahmen, in denen sich sinnvolle Alternativen zu einem strafenden Umgang mit jugendlichen Schulverweigerern anzeigen würden, fehlen jedoch noch immer.

Die Aufgabe dieses Diskussionsbeitrags ist es, das vorliegende Urteil aus sozialwissenschaftlicher Perspektive zu kommentieren und die bereits von E. Winter vorgebrachten Überlegungen zur juristischen Beurteilung von Schulversäumnissen um einige weiterführende und differenzierende Argumente zu ergänzen, ohne die umfangreiche sozialwissenschaftliche Forschung und Literatur zum Thema jedoch systematisch aufarbeiten zu können.

Zur Kommunikation und Kooperation zwischen Juristen und Sozialwissenschaftlern

Da die sozialwissenschaftliche Kommentierung juristischer Entscheidungen noch keine ›eingespielte Praxis‹ ist und für eine solche Praxis bislang auch noch keine leitenden Standards ausgebildet worden sind, erscheint es sinnvoll, zunächst einige Anmerkungen zur Kommunikation und Kooperation zwischen Juristen und Sozialwissenschaftlern vorauszuschicken.

Die Chancen der Sozialwissenschaften, auf das fallbezogene juristische Entscheidungshandeln Einfluß zu nehmen, sind im allgemeinen recht gering. Anders als den Fachkollegen der Medizin, der Psychiatrie und der Psychologie ist dem Sozialwissenschaftler die Möglichkeit, seinen professionellen Sachverstand über eine gutachterliche Tätigkeit in den Urteilsfindungsprozeß einzubringen, verwehrt. Ihm bleibt zumeist nur der Weg, bereits vollzogene justizielle Entscheidungen kritisch zu kommentieren.

Durch diese kritische Kommentierung können zwar problematische Aspekte von Gerichtsurteilen vermerkt und ›blinde Stellen‹ in der richterlichen Wahrnehmung und Konstruktion devianzbestimmter Ereignisse aufgezeigt werden, die justiziellen Entscheidungen selbst können jedoch nicht rückgängig gemacht werden. Wohlwissend um die geringe Chance, in der richterlichen Urteilspraxis unmittelbar ›praktisch‹ werden zu können, bleibt sozialwissenschaftlichen Kommentaren allein die Hoffnung, das juristische Entscheidungshandeln durch die soziale Aufklärung und die Sensibilisierung der Richterschaft langfristig korrigierend zu beeinflussen.

Einer modellhaften Unterscheidung folgend lassen sich folgende Möglichkeiten der Zusammenarbeit zwischen Juristen und Sozialwissenschaftlern aufweisen:

Modell (I): Der Sozialwissenschaftler sammelt von ihm als wesentlich angesehene fallbezogene Informationen zur Lebenssituation des Beschuldigten, zu seiner Sozialisationsgeschichte und zu den (meist als ›Tatanlässe‹ verstandenen) situativen Umständen der zur Beurteilung anstehenden Straftat und kritisiert die getroffene gerichtliche Entscheidung in den Fällen, in denen diese sozialwissenschaftlich relevanten Informationen nicht oder nur unzulänglich in die Interpretation und die Beurteilung des konkreten Einzelfalles eingegangen sind. Die von dem sozialwissenschaftlich engagierten Juristen E. Winter vorgebrachte Kritik an dem vorliegenden Urteil entspricht im wesentlichen diesem Kooperationsmodell. Eine – diesem Modell ebenfalls entsprechende – Kritik des jeweiligen Richterhandelns stößt dagegen auch bei sozialwissenschaftlich orientierten Juristen auf entschieden größere Zurückhaltung.

Modell (II): Der Sozialwissenschaftler informiert den Juristen über die quantitative Verbreitung von vergleichbaren Fällen, über die empirisch ermittelten Zusammenhänge zwischen verschiedenen Sozialvariablen und der zur juristischen Beurteilung anstehenden Handlung sowie über die Unzulänglichkeiten und Defizite einer nur (strafrechts-)dogmatischen Betrachtungsweise. Auf den hier diskutierten Fall bezogen heißt dies: Der Sozialwissenschaftler weist nach, daß Schulpflichtverletzungen relativ häufig vorkommen, aber nur selten gerichtlich ›verhandelt‹ werden; er belegt durch vorliegende Forschungsergebnisse, daß zwischen den Schulpflichtverletzungen einerseits und bestimmten schulischen und außerschulischen Deklassierungsprozessen der betroffenen Schüler andererseits gesicherte Zusammenhänge aufgefunden worden sind; und er weist schließlich darauf hin, daß die ›Schulverweigerungen‹ – obwohl allein sie der gerichtlichen Sanktionierung unterliegen – sozialwissenschaftlich betrachtet lediglich einen Teil des weit umfassenderen Problems »Schulschwierigkeiten« ausmachen. Informationen dieser Art werden – obwohl dem sozialwissenschaftlichen Erkenntnismodus weit angemessener als Modell (I) – von den Juristen in der Regel als für ihre konkrete Handlungspraxis wenig brauchbar angesehen. Zwar weiß auch der Richter aus seiner berufsalltäglichen Erfahrung, daß die Strafverfolgung immer nur einige von vielen trifft und daß vor allem die ›sozial Schwachen‹ von formeller Kriminalisierung in besonderem Maße bedroht und betroffen sind. Generelle Erkenntnisse dieser Art, wie sie von der sozialwissenschaftlichen Rechtsforschung angeboten werden, produzieren jedoch bestenfalls ein ›schlechtes Gewissen‹ und zugleich die Rechtfertigung, daß hier nicht die juristische Praxis, sondern allenfalls der Gesetzgeber Abhilfe schaffen könne.

Modell (III): Der Sozialwissenschaftler informiert den Juristen und kritisiert seine Entscheidungen vor dem Hintergrund der gesamtgesellschaftlichen Bedingungen justiziell zu bearbeitender Problemfälle und der von der Justiz zu verantwortenden Kriminalisierungsprozesse. Er weist – um bei dem hier anstehenden Fall zu bleiben – z. B. darauf hin, daß die ›ungünstigen familiären Verhältnisse‹ des schulsäumigen Jugendlichen nicht nur einen Erklärungshintergrund für dessen Fehlverhalten abgeben, sondern daß solche Lebensverhältnisse ›letztlich‹ Ausdruck gesamtgesellschaftlich differenzierter Verteilungsstrukturen des Einkommens, der Macht usw. sind und daß die Justiz diese Verteilungsstrukturen durch schichtspezifisch selektive Kriminalisierungsprozesse beständig reproduziert und damit stabilisiert. Sozialwissenschaftliche Erkenntnisse dieser Art dürften – so wichtig sie für die Kritik und die Veränderung gesellschaftlicher Verhältnisse auch sein mögen – in der Regel für den Juristen in seinen alltagspraktischen Entscheidungszwängen nicht nur ›unbrauchbar‹ sein, sie werden darüber hinaus zugleich auch als ›höchst anstößig‹ empfunden, da sie sein gesamtes Weltbild, seine bereits liebgewonnenen Vorstellungen von Staat und Gesellschaft empfindlich zu stören vermögen.[5]

Nun war es nicht das Ziel dieser Anmerkungen, die Möglichkeiten und die Probleme der Kooperation zwischen Juristen und Sozialwissenschaftlern erschöpfend zu analysieren. Gleichwohl sind die Grenzen dieser Zusammenarbeit doch deutlich geworden: Sozialwissenschaftliche Erkenntnisse und Informationen sind vor allen dort erwünscht, wo sie den fallbezogenen juristischen Entscheidungsprozeß qualifizieren und gegen mögliche Revisionsschritte ›absichern‹. Informationen zur ›Sozialbiographie‹ des Angeklagten, die als konkrete ›Anlässe‹ für das Begehen von Straftaten interpretiert werden können (z. B. Trunkenheit des Vaters, mangelnde Erziehungsfähigkeit der Eltern, zerrüttete Familienbeziehungen), werden so als ›soziale Außenfaktoren‹ akzeptiert, denn sie erschweren zwar möglicherweise die Urteilsfindung, erweitern und verstärken jedoch das Handlungspotential des Juristen. Das Wissen um allgemeinere, über den konkreten Einzelfall hinausgehende Zusammenhänge zwischen Straftat und bestimmten sozialen Faktoren, welches die individualisierende juristische Behandlung von Straftaten problematisieren und der Justiz damit zugleich Entscheidungskompetenz und Handlungslegitimation entziehen könnte, wird dagegen in den meisten Fällen als ›für die Rechtspraxis unbrauchbar‹ oder als ›empirisch nicht zureichend gesichert‹ ausgeblendet. Die Möglichkeiten einer sozialwissenschaftlichen Qualifizierung der juristischen Entscheidungspraxis sind damit aber in enge Grenzen gewiesen.

Die folgenden Ausführungen halten sich daher – schon aus praktischen Erwägungen – weitgehend im Rahmen der von Sozialwissenschaftlern antizipierten Möglichkeiten der Kommunikation und Kooperation mit Juristen. Sie gliedern sich in folgende Abschnitte:

1. Analyse der Argumentationsstruktur der Urteilsbegründung und der ihr impliziten juristischen Konstruktion des Straftatbestandes ›Schulverweigerung‹,
2. Entstehungsbedingungen schulbezogener Devianz und ihre soziale Kontrolle durch die Schule und
3. Perspektiven einer nichtstrafenden Regulierung schulbezogener Devianz.

1. Zur Argumentationsstruktur der Urteilsbegründung und der ihr impliziten juristischen Konstruktion von Verletzungen der Schulpflicht

Das richterliche Entscheidungshandeln ist in der neueren empirischen Rechtssoziologie wiederholt als ein komplexes interpretatives Geschehen gekennzeichnet worden.[6] Die dem richterlichen Entscheidungshandeln vorgegebenen allgemeinen Rechtsnormen sind danach keine objektiven Maßstäbe, die auf die Verhaltenstatbestände, die Gegenstand der gerichtlichen Verhandlung sind, bruchlos anwendbar sind und aus denen ein eindeutiges Rechtsurteil problemlos abgeleitet werden kann. Die gesetzlich kodifizierten Rechtsnormen geben keine unmittelbar handlungsrelevanten und praktikablen Anleitungen für die Beurteilung devianter Verhaltensweisen. Der Richter ist daher stets gezwungen, den konkreten Einzelfall für den Prozeß der Rechtsanwendung zu ›präparieren‹. Er muß die zur juristischen Beurteilung anstehenden Abweichungsereignisse sich selbst und anderen in einer Weise interpretativ darstellen, daß sie unter die jeweils geltenden Rechtsvorschriften ›passen‹, d. h. als Anwendungsfälle der allgemeinen Rechtsnormen erscheinen.

Das richterliche Entscheidungshandeln erschöpft sich aber nicht allein in der rechtsrelevanten Konstruktion der Straftatbestände. Das juristische Entscheiden erfolgt stets »in Würdigung der Gesamtpersönlichkeit des Angeklagten«, d. h. die aktuell zu verhandelnden abweichenden Ereignisse werden immer auch in den Kontext der biographischen Geschichte des Angeklagten gestellt. Der Richter entwirft aus verfügbaren, meist sehr selektiven und unzulänglichen biographischen Zeugnissen über den Angeklagten (Selbstdarstellungen des Angeklagten, Berichte anderer Personen, ›offizielle‹ Informationen aus behördlichen Akten usw.) ein retrospektiv gerichtetes Bild der je besonderen Individualität und Entwicklungsgeschichte des ›Missetäters‹ und sucht aus dieser interpretativ rekonstruierten Lebensgeschichte historisch-genetische Begründungen für sein abweichendes Verhalten zu identifizieren. Gestützt auf dieses durch retrospektive Interpretationen gewonnene Bild der bisherigen Lebensgeschichte gibt der Richter zugleich ein prospektiv gerichtetes Urteil über die ›vorhersehbare‹ zukünftige Entwicklung des betroffenen Angeklagten. Er verlängert die biographische Entwicklung in die Zukunft hinein und entwickelt eine entsprechende Verhaltensprognose. Erst wenn es dem Richter gelingt, dem Angeklagten durch diese retrospektiv-prospektiv gerichtete Interpretationen eine ›typische‹ Abweichungskarriere zuzuschreiben, gewinnt er seine Handlungsfähigkeit gegenüber dem konkreten Fall und vermag weitergehende rechtliche Maßnahmen zu ergreifen.[7]

Mit diesen allgemeinen Vorbemerkungen ist der theoretische Bezugsrahmen skizziert, in den das hier zu untersuchende Urteil gegen den wegen wiederholter Schulversäumnisse verurteilten Jugendlihen zu stellen ist. Denn: Dieses Urteil läßt sich auch lesen als der Versuch, dem betroffenen Jugendlichen eine ›typische‹ Abweichungsgeschichte zuzuschreiben mit dem Ziel, hinreichende Legitimationen für die Verhängung einer Jugendstrafe zu schöpfen. Das Urteil gibt uns zugleich auch wichtige Hinweise auf die Selektivität des Jugendrichters, d. h. auf seine von berufsbezogenen Alltagstheorien und formaljuristischen Verfahrenszwängen geleitete Auswahl urteilsrelevanter Wirklichkeit.

So gibt das Gericht im Begründungsteil seines Urteils detaillierte Informationen über die Lebenssituation der Familie des verurteilten Jugendlichen: Danach handelt es sich um eine kinderreiche Familie, deren soziale Lebenslage durch eine deklassierte materielle Situation (Wohnung in einem städtischen sozialen Brennpunkt) und durch strukturelle Unvollständigkeit (Tod des Vaters) gekennzeichnet ist. Über die Niederschläge dieser sozialstrukturellen Benachteiligungen und familienspezifischen Belastungen geben die Informationen zu den ›Schulkarrieren‹ der Kinder Auskunft: Die Geschwister des angeklagten Jugendlichen sind allesamt mit dem Makel des Schulversagens gezeichnet. Sie sind wegen mangelnder Lernleistungen aus der Normalschule ausgegliedert und der Sonderschule zugewiesen und – vor allem die männlichen Geschwister – durch häufige Schulversäumnisse als ›Problemschüler‹ bereits offiziell bekannt.

Diese Hintergrundinformationen zur deklassierten sozialen Lebenssituation der Familie und zur schulischen Stigmatisierung der Geschwister werden im Begründungsteil des Urteils zwar vermerkt, sie finden aber in der Urteilsfindung und in der Strafbemessung des Gerichts keinerlei strafmindernde Berücksichtigung. Die Konsequenz dieser mangelnden Berücksichtigung sozial bedeutsamer Informationen aber ist eine folgenreiche *Individualisierung* und *Personalisierung* der mit Strafe bedrohten Verstöße gegen die Schulpflicht: die Schulversäumnisse des Angeklagten werden aus ihrem lebensgeschichtlichen Sinnzusammenhang herausgelöst und allein dem Jugendlichen als schuldhafte Vergehen zugerechnet.[8]

Die gerichtlichen Rekonstruktionen der biographischen Geschichte des angeklagten Minderjährigen – dies zeigt die Urteilsbegründung weiter – sind ausschließlich an dessen ›offizieller‹ Abweichungsgeschichte ausgerichtet. So finden sich im Urteilstext u. a.: Informationen über bereits früher ›öffentlich‹ gewordene Lernschwierigkeiten des Jugendlichen, die zu seiner Einweisung in eine Sonderschule führten; Hinweise auf unterrichtsstörendes Verhalten, das mit einem vorübergehenden Ausschluß vom Unterricht geahndet wurde; ausführliche Angaben über die zu verhandelnden Schulpflichtverletzungen und über das erfolglose Korrekturbemühen des Jugendamtes und der Schulleitung; schließlich auch der Hinweis auf ein früheres, inzwischen eingestelltes Verfahren gegen den angeklagten Jugendlichen wegen eines Diebstahldelikts. Durch diese selektive Aufzählung devianzbestimmter Ereignisse in der Lebensgeschichte des Angeklagten aber zeichnet das Gericht das typisierte Bild eines Jugendlichen, der »aus der Bahn geraten ist«. Der Jugendliche erscheint in der Darstellung des Gerichts als ein ›typischer‹ Problemschüler, dessen wiederholte Schulversäumnisse im Lichte dieser biographischen Daten eine erhebliche kriminelle Gefährdung zu signalisieren scheinen. Indem aber das Gericht ›für jedermann einsehbar und plausibel‹ die Merkmale einer ›typischen‹ delinquenten Entwicklung zusammenträgt, präpariert es den Jugendlichen zum bevorzugten Opfer repressiver Strafmaßnahmen.

Diese biographischen Rekonstruktionen verleihen dem abweichenden Verhalten des Jugendlichen einen verstehbaren lebensgeschichtlichen Sinn. Sie geben dem Richter zugleich erste Hinweise auf den »moralischen Charakter« des angeklagten Jugendlichen. Weitere entscheidungsrelevante Hinweise auf den moralischen Charakter des Jugendlichen gewinnt der Richter daneben vor allem aus Erfahrungen und Erkenntnissen, die der unmittelbaren Interaktion mit dem jugendlichen Missetäter entstammen. Das richterliche ›moral judgement‹ wird dabei von berufstypischen und aus dem Common sense geschöpften Vorstellungen über ›akzeptable‹ Betragensweisen vor Gericht geleitet: So werden Jugendliche, die die Amtsautorität des Richters anerkennen, Einsicht in den Unrechtscharakter ihres Handelns demonstrieren und Besserungsabsichten bekunden, von dem Richter in der Regel als ›kooperationsbereit‹ und ›besserungsfähig‹ eingeschätzt und als ›weniger schwerwiegende Fälle‹ behandelt. Das abweichende Verhalten solcher Jugendlicher erscheint dem Richter eher ›untypisch‹ (ein »versehentlicher Fehltritt«, eine »einmalige Gesetzesübertretung« usw.), und es wird ihnen daher zumeist eine verständnisvolle Behandlung zuteil. Jugendliche hingegen, die in der Interaktion »Schwierigkeiten machen«, sich widerspenstig und aufsässig gebärden, keine Reue zeigen und sich der Kooperation verweigern, erscheinen dem Richter als in besonderem Maße gefährdet. Ein solches Verhalten läßt – der Urteilslogik des Richters zufolge – auf grundlegende dissoziale Neigungen schließen, welche eine ungünstige Prognose nahelegen und restriktive Maßnahmen notwendig erscheinen lassen. Die Jugendlichen, die ein solch ›widersetzliches‹ Verhalten zeigen, sind daher zumeist bevorzugte Objekte von Strafmaßnahmen.[9]

Im Begründungsteil des vorliegenden Urteils finden sich mehrere Angaben, die sich auf die – nach Einschätzung des Richters – mangelnde Kooperationsbereitschaft des Jugendlichen beziehen. Ausdruck dieser Kooperaionsunwilligkeit ist zum einen die Weigerung des Angeklagten, überhaupt vor Gericht zu erscheinen. Trotz der »intensiven Bemühungen« der Mutter wie auch des Gerichtsvorsitzenden kann der Jugendliche nicht zur Teilnahme an der Verhandlung bewegt werden: er zeigt sich »völlig uneinsichtig« und muß durch die Polizei vorgeführt werden. Mangelnde Kooperationsbereitschaft kennzeichnet zum anderen aber auch das Verhalten des Jugendlichen während der Verhandlung. Obwohl er über seine gesetzlich geregelte Pflicht zum Schulbesuch und über die rechtlichen Konsequenzen seines Handelns aufgeklärt wird, lehnt es der Angeklagte auch weiterhin ab, der gerichtlichen Aufforderung zum Schulbesuch nachzukommen. Durch diese mangelnde Bereitschaft, an der Lösung seiner ›Probleme‹ selbst mitzuarbeiten, begibt sich der Jugendliche aber aller Chancen, auf den Ausgang der Verhandlung begünstigend Einfluß zu nehmen. Seine Schulversäumnisse gewinnen in der Wahrnehmung des Gerichts vielmehr die Qualität eines vorsätzlich ausgeführten und daher ›sanktionsbedürftigen‹ Vergehens. Die Sprachform der Urteilsbegründung läßt an der Mißbilligung und der negativen Bewertung des jugendlichen Verhaltens durch das Gericht dann auch keinen Zweifel.

Am Text der Urteilsbegründung fällt weiter auf, daß die konkrete schulische Situation des angeklagten Jugendlichen, die der Anlaß seiner Schulverweigerung war, nicht thematisiert wird. Die durch die neuere Bildungsforschung gesicherte Erkenntnis, daß Schulversäumnisse und andere Formen abweichenden Schülerverhaltens zumeist ›ungekonnte‹ und daher fehlschlagende Versuche sind, bestimmte Verhaltensprobleme zu lösen, die durch die Organisation des schulischen Alltags selbst geschaffen werden, geht in den Begründungszusammenhang des Urteils nicht ein. Die zur Beurteilung anstehenden Schulpflichtverletzungen werden vielmehr von ihrem je spezifischen schulischen Hintergrund abgetrennt und können daher auch nicht als Problemlösungsversuche wahrgenommen werden. Das Gericht bedient sich statt dessen in seiner Rekonstruktion der Umstände, die zu der Schulverweigerung des Jugendlichen geführt haben, vor allem solcher Interpretationsmuster, die die Erfahrungen schulischer Stigmatisierung und Diskriminierung, welche in den Äußerungen des Jungen vor Gericht anklingen (z. B. in seiner Bemerkung, die Lehrer würden ihn immer »abschmieren«, d. h. abweisen und nicht beachten), nicht wiedergeben und unberücksichtigt lassen. Die subjektive Problemwahrnehmung des betroffenen Jugendlichen wird durch die Verwendung solcher Interpretationsmuster jedoch weitgehend entwertet.

Diese Ausblendung des sozialen Kontextes, in dem die inkriminierten Handlungen begründet sind, aber hat zur Folge, daß diese Normverletzungen nur mehr bestimmten Persönlichkeitsmerkmalen des Jugendlichen zugerechnet werden können: Die schulischen Verhaltensauffälligkeiten erscheinen – losgelöst von ihrem sozialen Kontext – primär als Ausdrucksformen einer defizitären Persönlichkeitsstruktur und einer charakterlichen Andersartigkeit des Angeklagten. So kann das richterliche Vorstellungsbild von der Persönlichkeit des ›typischen‹ Schulverweigerers, welches implizit im Begründungsteil des Urteils enthalten ist, durch folgende Merkmale gekennzeichnet werden: Danach ist der ›typische‹ Schulschwänzer ›faul‹, ›pflichtvergessen‹, ›arbeitsscheu‹, zugleich ›uneinsichtig‹, durch elterliche Erziehungsmaßnahmen und schulische Sanktionen nicht zu ›beeindrucken‹ und für pädagogische Hilfestellungen gänzlich unzugänglich. Die Schulversäumnisse werden zugleich meist als Symptome einer bereits fortgeschrittenen Verwahrlosung und als Vorzeichen einer drohenden kriminellen Entwicklung gewertet.[10]

Die Verhängung einer Jugendstrafe erfordert über die gerichtliche Deutung der Straftaten und ihrer lebensgeschichtlichen Erklärung hinaus auch die Überprüfung der strafrechtlichen Verantwortlichkeit des angeklagten Jugendlichen zur Zeit der Tat. Diese richterliche Entscheidung über die Zuschreibung bzw. die Aberkennung von Verantwortlichkeit bemißt sich – in sozialwissenschaftlicher Sichtweise – vor allem an der Beantwortung folgender Fragen:

– Waren dem Handelnden in der Situation, in der die abweichenden Handlungen begangen wurden, konforme Handlungsalternativen verfügbar? Diese Frage will die *»Konventionalität«* der Handlung klären. Sie untersucht, ob jedes andere kompetente Gesellschaftsmitglied in einer vergleichbaren Situation wie der Angeklagte gehandelt hätte oder aber zu ›konventionellen‹, d. h. normkonformen Handlungsweisen gegriffen hätte.

– War sich der Handelnde des Unrechtcharakters seines Handelns bewußt? Diese Frage bezieht sich auf die *»Theoretizität«* des Handelnden. Sie untersucht, ob der Handelnde zur Zeit der Tat über die wissensmäßige Kompetenz verfügte, die normabweichende Qualität seines Handelns wahrzunehmen.

Strafrechtliche Verantwortlichkeit besitzt – nach diesem sozialwissenschaftlichen Vorstellungsmodell – nur, wer zur Tatzeit über alternative Handlungsmöglichkeiten und über ein kompetentes Normbewußtsein verfügte.[11]

Diese Fähigkeit, die wechselnden Situationen des Alltags in dem so definierten Sinn verantwortlich zu bewältigen, muß von dem heranwachsenden Menschen erst erworben werden. Sie kann insbesondere bei Kindern, aber auch bei Jugendlichen nicht unproblematisiert vorausgesetzt werden. Bei der strafrechtlichen Beurteilung der Handlungen von Jugendlichen bedarf es daher immer auch der Überprüfung der altersgemäßen Kompetenz und der psychosozialen Reife des Jugendlichen. In der Sprache des Rechts: Ein Jugendlicher ist nur dann strafrechtlich verantwortlich, »wenn er zur Zeit der Tat nach seiner sittlichen und geistigen Entwicklung reif genug ist, das Unrecht der Tat einzusehen und nach dieser Einsicht zu handeln« (§ 3 JGG).

In dem hier diskutierten Fall erkannte das Gericht auf die volle strafrechtliche Verantwortlichkeit des angeklagten Minderjährigen. Möglich wird diese Zuschreibung von Verantwortlichkeit freilich allein durch die schon angesprochene Nichtberücksichtigung der konfliktbestimmten familiären und schulischen Situation des Jungen. Da der Richter die wiederholten Schulversäumnisse nicht aus dem familiären und schulischen Kontext heraus zu rekonstruieren vermag, kann er in der Schulverweigerung des Jugendlichen nur ein willentlich abweichendes Handeln erkennen und dieses Handeln nicht als eine hilflose Antwort des Jugendlichen auf eine ihm ausweglos erscheinende soziale Situation begreifen. Das offensichtliche Fehlen »krankheitsbedingter Entwicklungsstörungen« bekräftigt die Entscheidung des Gerichts: Der Jugendliche verfügt über hinreichende »Verstandesreife und Willensbildungsfähigkeit«, um das Unrecht seines Handelns einzusehen; die Verstöße gegen die Schulbesuchspflicht sind daher als eine schuldhafte moralische Verfehlung zu beurteilen.

In welchem Ausmaße die Entscheidung über die Zuschreibung bzw. die Aberkennung von Verantwortlichkeit abhängt von der fallbezogenen Konstruktionsleistung des Gerichts, dies zeigt die Berufungsverhandlung vor der Jugendstrafkammer des Landesgerichts Wiesbaden. Unter Hinweis auf ein für die Berufungsverhandlung erstelltes medizinisches Gutachten, in dem dem Angeklagten ein »objektiv vorhandener Hirnschaden« attestiert wird, billigt die Strafkammer dem Jugendlichen nunmehr eine verminderte psychosoziale Reife zu. Erst der pathologische Befund führt also zur Suspendierung der Verantwortlichkeitszuschreibung und zur Abänderung des erstinstanzlichen Urteils in die Anordnung von Erziehungsbeistandschaft, nicht aber die Einsicht in die sozialstrukturellen Bedingungszusammenhänge des zur Beurteilung anstehenden Verhaltens.

Mit der Verhängung einer sechsmonatigen Jugendstrafe schöpft das Gericht im vorliegenden Fall den verfügbaren formellgesetzlichen Strafrahmen voll aus. Es verweist in seiner Urteilsbegründung dabei auf die in den wiederholten Schulpflichtverletzungen zum Ausdruck kommenden »schädlichen Neigungen« des angeklagten Jugendlichen, die »die Gefahr von Störungen der Gemeinschaftsordnung durch weitere Straftaten begründen« und nur durch eine »längere Gesamterziehung des Jugendlichen« korrigiert werden können.

Diese Zuschreibung »schädlicher Neigungen« spiegelt zunächst einmal ein rechtliches Erfordernis wider. Gemäß § 17 JGG setzt die Anordnung von Jugendstrafe das Vorliegen »schädlicher Neigungen« voraus. Indem das Gericht im vorliegenden Fall die wiederholten Schulpflichtverletzungen als ein Ausdruck »schädlicher Neigungen« beurteilt, begründet und legitimiert es allererst die Möglichkeit, auf Jugendstrafe zu erkennen und den Jugendlichen damit der Zuständigkeit des Jugendstrafvollzugs zu überantworten. Im Gegensatz dazu entzieht die Diagnose einer »krankheitsbedingt mangelnden psychosozialen Reife« – dies zeigt das Berufungsurteil – dem jugendstrafrechtlichen Eingriff die rechtliche Grundlage. Sie begründet statt dessen die Notwendigkeit erzieherischer Maßnahmen und verweist den Jugendlichen in den Zuständigkeitsbereich pädagogisch-therapeutischer Institutionen.

Die Zuschreibung »schädlicher Neigungen« ist darüber hinaus aber auch Ausdruck der alltagstypischen Logik, der die gerichtliche Rekonstruktion der Fallgeschichte folgt. Sowohl der Wiederholungscharakter der Schulversäumnisse als auch die durch sein Verhalten und seine Aussagen vor Gericht bekundete mangelnde Einsicht des Jugendlichen vermitteln dem Gericht ›dokumentarische Evidenz‹ für das Vorliegen ›gemeinschädlicher‹ Persönlichkeitsmerkmale. Das abweichende Handeln des jugendlichen ›Missetäters‹ wird – herausgelöst aus seinem konkreten lebensweltlichen Sozialzusammenhang – als Hinweis auf zugrunde liegende negative Charaktereigenschaften gewertet, die retrospektiv gewendet die Zwangsläufigkeit des Fehlverhaltens erklärbar machen und prospektiv gewendet eine ungünstige Legalprognose nahelegen.

Die gerichtliche Unterstellung »schädlicher Neigungen« hat – so können wir vermuten – stigmatisierende und diskreditierende Wirkung. Das inkriminierende Urteil des Gerichts trifft nämlich nicht nur ein bestimmtes jugendliches Fehlverhalten. Das Gericht haftet der Person des Jugendlichen durch seinen Urteilsspruch vielmehr ein generalisiertes negatives Werturteil an, impliziert die Zuschreibung »schädlicher Neigungen« zugleich immer doch auch die Unterstellung eines (durch Anlage- oder Erziehungsmängel bedingten) unabänderlichen Andersseins.

Die öffentliche Zuschreibung »schädlicher Neigungen« ist zugleich mit der Erwartung weiterer Normverstöße verknüpft. Sie belastet die zukünftige Entwicklung des Jugendlichen mit dem Präjudiz einer negativen Prognose, welches seine Handlungsspielräume und sozialen Teilnahmechancen einschränkt, sein Handeln zunehmend auf die ihm angesonnene Negativ-Rolle festlegt und ihm so allmählich eine relativ stabile ›deviante soziale Identität‹ vermittelt. Die typisierende Benennung »schädlicher Neigungen« liefert schließlich auch einen wichtigen ›Baustein‹ für die offizielle Abweichungskarriere des betroffenen Jugendlichen. Denn wie die Analyse der Entscheidungspraxis der Gerichte zeigt, greifen Richter in Fällen, in denen gegen einen angeklagten Jugendlichen bereits zu einem früheren Zeitpunkt ein jugendstrafrechtliches Urteil ergangen ist, zumeist auf die in diesem früheren Urteil festgeschriebenen Situationsdefinitionen und Wirklichkeitskonstruktionen zurück. Sie übernehmen diese vorangehenden Interpretationsleistungen – meist unüberprüft und unmodifiziert – in den Begründungszusammenhang des neu anstehenden Urteils. Die einmal festgeschriebene Diagnose »schädlicher Neigungen« präjudiziert auf diese Weise nachfolgende juristische Entscheidungen.

Das Urteil über die ›Gemeinschädlichkeit‹ der Schulpflichtverletzungen bestimmt schließlich auch die Entscheidung des Gerichts, die verhängte Jugendstrafe nicht zur Bewährung auszusetzen. Die negative Prognose des Gerichts über das ›erwartbare‹ Verhalten des Jugendlichen gegenüber dem Bewährungshelfer und seine Begründung für die Ablehnung von Fürsorgeerziehung dokumentieren noch einmal nachdrücklich die verständnislos-strafende Einstellung und das exemplarische Sanktionsinteresse, welche die Urteilsbildung des Jugendschöffengerichts anleiten. Der Urteilstext spiegelt schließlich die – sowohl aus erziehungswissenschaftlicher als auch aus juristischer Perspektive höchst problematische – Überzeugung des Gerichts von der *generalpräventiven Wirkung* der Strafzumessung wider: Potentielle Schulverweigerer sollen durch das abschreckende Strafmaß von der Verletzung der Schulpflicht abgehalten werden.

2. Entstehungsbedingungen schulbezogener Devianz und ihre soziale Kontrolle durch die Schule

Die Analyse der Argumentationsstruktur des vorliegenden Urteils und der ihm impliziten juristischen Konstruktion des Straftatbestandes »Schulpflichtverletzung« hat deutlich gemacht, daß der Richter über den gegenwärtigen Stand der sozialwissenschaftlichen Forschung zum Thema »Schulprobleme« nicht ausreichend informiert ist. Er vermag – und dies merkt auch E. Winter kritisch an – die Zusammenhänge zwischen den Verletzungen der Schulpflicht auf der einen und bestimmten sozialen Deklassierungen und schulischen Degradierungen auf der anderen Seite nicht zu erkennen und sucht daher die Ursachen der Schulverweigerung vorwiegend in negativen Merkmalen der Persönlichkeit des Jugendlichen. Seine besondere Bedeutung gewinnt diese Individualisierung und Personalisierung von nur in seinem sozialen Kontext verstehbarem jugendlichen Fehlverhalten aus der Tatsache, daß es sich hier gerade nicht um einen bedauerlichen, jedoch wohl einmaligen Fall juristischer Fehlentscheidung handelt. Wir können vielmehr begründet davon ausgehen, daß die aufgewiesene Ausblendung lebensgeschichtlich bedeutsamer sozialer Variablen ein ›strukturelles Datum‹ der devianzbezogenen Wirklichkeitskonstruktionen und des berufspraktischen Alltagswissens von Juristen ist. Dieses – auch durch andere Urteilssprüche bestätigte – generelle Wissensdefizit aber läßt sich nicht oder nicht zureichend durch Verweise auf alternative höchstrichterliche Entscheidungen korrigieren, wie dies in juristischen Kommentaren viel geübte Praxis ist. Wir wollen daher hier die von E. Winter formulierte Kritik durch einige differenzierende und zugleich Schwerpunkte setzende Anmerkungen zur Entstehung und sozialen Kontrolle schulbezogener Devianz ergänzen.

Folgen wir den Erkenntnissen der neueren soziologischen Schulforschung, so kann die Schule grundsätzlich in zweifacher Weise zur ›Produktion‹ schulbezogener Devianz beitragen:[12]

- durch *Prozesse der Selektion* und
- durch *Prozesse der Sozialisation.*

So trägt die Schule – im Verbund mit anderen Institutionen der öffentlichen Sozialkontrolle (der Polizei, der Öffentlichen Jugendhilfe usw.) – durch Prozesse der Selektion mit dazu bei, daß vor allem Schüler mit bestimmten physischen, psychischen und sozialen Merkmalen sich schließlich vor Gericht verantworten müssen, während andere – trotz objektiv gleichen Verhaltens – von justiziellen Sanktionen verschont bleiben. Die Schule hat zugleich durch Prozesse der Sozialisation, insbesondere durch solche Lernprozesse, die sich als Folgen schulspezifischer Segregation und Stigmatisierung einstellen, einen entscheidenden Anteil an der Entstehung und Verfestigung von ›Schulproblemen‹; auch diese Prozesse der Sozialisation in schulische Außenseiter-Rollen werden durch bestimmte physische, durch psychische und durch soziale Merkmale der betroffenen Schüler ausgelöst und verstärkt.

Die Ergebnisse der neueren Schulforschung zeigen – auf einen kriminalpolitisch relevanten Nenner gebracht –, daß vor allem Kinder und Jugendliche aus unteren sozialen Schichten durch schulspezifische Prozesse der Selektion und der Sozialisation benachteiligt werden. Dies bedeutet: Kinder und Jugendliche, die schon aufgrund ihrer sozialen Herkunft unterprivilegiert sind, werden durch die Schule zusätzlich benachteiligt: zum einen weil sie aufgrund ihrer sozialen Herkunft besondere Anpassungsprobleme an die schulische Lebenswelt haben (mangelnde Fähigkeit zu langfristiger Planung, zu Bedürfnisaufschub, zu elaborierter sprachlicher Äußerung, mangelnde Motivation zu sozialem Aufstieg und individueller Leistungserbringung usw.), zum anderen weil sie häufiger als Kinder und Jugendliche anderer sozialer Schichten Opfer schulspezifischer Prozesse der Typisierung, der Stigmatisierung und der selektiven Sanktionierung werden, welche ihre sozialen Teilnahmechancen in der Schule weiter reduzieren, abweichende Verhaltenstendenzen verfestigen und sich schließlich auch in der Selbsteinschätzung und der Identität dieser Schüler niederschlagen.[13]

Eine Justiz, die diese Diskriminierungsprozesse verkennt, läuft Gefahr, ihnen weitere hinzuzufügen. Zwar ist es für den Richter sicher nicht immer leicht, diese schulinternen Prozesse der Segregation und der Stigmatisierung zu erkennen, wenn er allein deren Resultat – den ›Problemschüler‹ – vor sich sieht. In dem hier diskutierten Fall jedoch – darin ist E. Winter zuzustimmen – dürfte es einem sozialwissenschaftlich besser qualifizierten Richter nicht allzu schwer gefallen sein, den ›Durchblick‹ zu behalten; denn allein schon die in der Urteilsbegründung selbst wiedergegebenen Informationen geben hierzu ausreichende Anstöße.

Doch sind es vor allem die vom Richter internalisierte ›professionelle Ideologie‹ vom ›freien Willen‹ und die ihm verfügbaren individualisierenden Erklärungskonzepte, die ihm den Einblick in die sozialen Entstehungsbedingungen der zu verhandelnden Schulversäumnisse versperren.

Was Richtern ebenfalls leicht aus dem Blick gerät, ist die Tatsache, daß sich eine Handlung von anderen nicht allein schon dadurch unterscheidet, daß sie unter Strafe gestellt ist. Gerade die von Bundesland zu Bundesland unterschiedlich geregelte juristische Ahndung von Schulpflichtverletzungen macht aber besonders deutlich, daß das rechtliche Normensystem dem Verhalten praktisch ›übergestülpt‹ ist. Dies zeigt sich im hier zur Diskussion stehenden Fall vor allem unter zwei Gesichtspunkten:

– Die Verletzung der Schulpflicht ist zum einen in der Regel kein intentional ausgeführter Normverstoß, sondern primär unreflektierter ›Ausdruck‹ konfliktgeprägter Lebensbedingungen. Erst wenn man die in den Schulpflichtgesetzen der Länder formulierten Normen von außen an dieses Verhalten heranträgt, gewinnt dieses Verhalten eine abweichende Qualität. Dieser – in bezug auf die Handlung selbst äußerlich bleibende – Zuschreibungsprozeß verläuft dabei nach den länderspezifisch unterschiedlich formulierten Gesetzen und Verordnungen, in denen je unterschiedliche juristische Handlungsmöglichkeiten fixiert sind.

– Die Verletzung der Schulpflicht ist zum anderen nur eine von vielen Verhaltensmöglichkeiten, mit denen Kinder und Jugendliche auf ihnen unerträglich erscheinende schulische Lebensbedingungen reagieren. Das Problem »Schulversäumnisse« ist also in sozialwissenschaftlicher Sichtweise nur ein durch juristische Definitionen abgegrenzter spezieller Ausschnitt des allgemeineren Problems schulbezogener Devianz. Diese – im Hinblick auf den sozialen Kontext der Handlungen – willkürliche Abgrenzung gehört jedoch zu den entscheidenden, der richterlichen Beurteilung des konkreten Falles bereits vorgelagerten Elemente der juristischen Wirklichkeitskonstruktion.

Nun wird wohl niemand bestreiten, daß es den Sozialwissenschaften nicht zuzumuten ist, sich ihre Forschungsgegenstände durch juristisch vordefinierte Regeln vorgeben und eingrenzen zu lassen. Dennoch scheint es immer wieder der hier angesprochene Sachverhalt zu sein, der die Kommunikation und die Kooperation zwischen Juristen und Sozialwissenschaftlern behindert; und dessen herkömmliche Lösung die ›alte Kriminologie‹ schließlich auch zur juristischen Hilfsdisziplin degradierte.

Prozesse der sozialen Kontrolle und der Selektion in der Schule

Um zu verstehen, welchen Anteil die Schule an der Produktion der sozialen ›Ausfallerscheinungen‹ hat, die dann schließlich gerichtlich verhandelt werden, ist es notwendig, etwas ausführlichr auf die schulspezifischen Kontroll- und Selektionsprozesse einzugehen. Hier sind vor allem folgende zwei Fragestellungen von besonderer Bedeutung:

– Welche Möglichkeiten der sozialen Kontrolle und der Selektion stehen der Schule überhaupt zur Verfügung, wie werden diese Möglichkeiten genutzt und welche Schüler sind vor allem betroffen?

– Von welchen ›Außenfaktoren‹ sind die schulspezifischen Kontroll- und Selektionsprozesse abhängig, welche – vom Verhalten der betroffenen Schüler unabhängigen – strukturellen Bedingungen bestimmen den Umgang der Schule mit dem abweichenden Verhalten ihrer ›Problemschüler‹?

Die Schule verfügt über ein recht umfangreiches und differenziertes Instrumentarium an Disziplinar- und Sanktionsmaßnahmen, um Verstöße gegen die schulische Ordnung zu ahnden und den ungestörten Vollzug der unterrichtlichen Unterweisung zu sichern. Dieser Katalog schulspezifischer Kontrollverfahren umfaßt:

(1) *schulische Erziehungsmaßnahmen:* Gelingt es dem Lehrer nicht, die schulbezogenen Normverstöße eines Schülers durch ein Gespräch »unter vier Augen« zu bewältigen, so kann er zu einer Reihe von Erziehungsmaßnahmen greifen. Diese Erziehungsmaßnahmen tragen keinen ›Eingriffscharakter‹; sie werden von den Lehrern vielmehr als pädagogische ›Nachhilfen‹ verstanden. Zu diesen »Maßnahmen der erzieherischen Einwirkung« gehören u. a. die mündliche Ermahnung, die Eintragung ins Klassenbuch, die Auferlegung zusätzlicher Arbeiten und die Benachrichtigung der Eltern.

(2) *schulische Ordnungsmaßnahmen:* Ist das Potential dieser nicht-formalisierten Regulierungsmöglichkeiten erschöpft, ohne daß das abweichende Schülerverhalten durch sie korrigiert wer-

den konnte, so kann die Schulbehörde – auf Beschluß der Lehrerkonferenz – schulische Ordnungsmaßnahmen anwenden. Diese Formalstrafen tragen Eingriffscharakter; ihre Anwendung ist durch Verfahrensgrundsätze in den ländergesetzlich formalisierten Schulordnungen geregelt. Zu diesen Ordnungsmaßnahmen zählen u. a. der schriftliche Verweis, die Versetzung in eine andere Klasse, der vorübergehende Ausschluß vom Unterricht und die Entlassung aus der Schule.[14]

(3) *die Einschaltung außerschulischer Institutionen der öffentlichen Sozialkontrolle:* Schlagen auch die schulischen Ordnungsmaßnahmen fehl und kann das abweichende Schülerverhalten auch weiterhin nicht in den Rahmen des ›grundsätzlich Tolerierbaren‹ eingeholt werden, so kann die Schule den Problemfall schließlich außerschulischen Kontrollbehörden übergeben. Sie kann z. B. die Polizeibehörde ›zuschalten‹ und einen schulsäumigen Schüler der Schule zwangsweise zuführen lassen; sie kann sich an das zuständige Jugendamt wenden mit der Bitte um Unterstützung und Amtshilfe; oder sie kann – wie im hier diskutierten Fall geschehen – den ›Problemschüler‹ der Zuständigkeit der Justiz übergeben.

Da in den Schulgesetzen der Länder keine Vorschriften enthalten sind, die den fallbezogenen Einsatz dieser Disziplinar- und Sanktionsmaßnahmen verbindlich regeln, hat die Schule im Rahmen ihrer Bemühungen zur Bewältigung abweichenden Schülerverhaltens einen relativ großen Ermessens- und Handlungsspielraum. Folgen wir den Ergebnissen vorliegender Untersuchungen zur Struktur der schulischen Sozialkontrolle, so ist es nicht allein die ›Schwere‹ des normwidrigen Schülerverhaltens, die die Wahl ›geeigneter‹ korrektiver Maßnahmen bestimmt. Die devianzbezogenen Kontrollreaktionen der Schule hängen darüber hinaus vor allem von der Person des betroffenen Schülers ab: Die sozialen Merkmale des Schülers bzw. seines Elternhauses sind diesen sozialwissenschaftlichen Erkenntnissen zufolge die ›kritischen‹ Variablen, die die Lehrer in ihrer Entscheidung über zu ergreifende kontrollierende Maßnahmen anleiten – und auch hier unterliegen vor allem die Kinder und Jugendlichen aus den unteren sozialen Schichten ›einschneidenden‹ Maßnahmen, während das normwidrige Verhalten von Schülern anderer sozialer Zugehörigkeit weitaus häufiger ›normalisiert‹ oder mit Maßnahmen ohne Strafcharakter beantwortet wird.[15]

Wird ein ›Problemschüler‹ schließlich der Justiz gemeldet, so ist dies also in der Regel der Endpunkt vielfältiger, schulintern ablaufender Kontroll- und Selektionsverfahren. Diese schulspezifischen Kontroll- und Selektionsprozesse, die vorwiegend Schüler der unteren sozialen Schichten bis zu dieser letzten Stufe durchlaufen, bleiben dem Richter aber in den meisten Fällen verborgen und finden daher auch in seinem fallbezogenen Urteil keine angemessene Berücksichtigung.

Die Reaktionen der Lehrer auf spezifische Formen schulbezogener Devianz werden jedoch nicht allein durch die aufgezeigten Typisierungsprozesse bestimmt. Sie werden zugleich immer auch von ›Außenfaktoren‹ beeinflußt, welche vom Verhalten des jeweils betroffenen Schülers relativ unabhängig sind.[16] Wir können hier folgende Faktoren nennen:

(1) Die Lehrer orientieren sich bei ihrer Entscheidung über zu treffende korrektive Maßnahmen vor allem an ihrer Einschätzung der *›Erziehungsfähigkeit‹* und *›Kooperationsbereitschaft‹* der Eltern des abweichend sich verhaltenden Schülers. Die hierzu notwendigen Eindrücke gewinnen sie dabei nicht zuletzt im direkten Gespräch mit den Eltern, die meist ›vorgeladen‹ werden, um zu erfahren, »wie sich die Eltern zu einem bestimmten schulischen Vorfall (z. B. dem Fernbleiben ihres Kindes vom Unterricht) stellen«. Wie dieser Eindruck im einzelnen ausfällt, hängt im wesentlichen davon ab, ob die Eltern im Hinblick auf die Erfüllung der Schulpflicht ihres Kindes ›mitziehen‹ und die Schule in ihren Lösungsbemühungen unterstützen oder aber ob sie sich gegenüber den Ansprüchen und Erwartungen der Schule ›querstellen‹ und geringen Kooperationswillen zeigen.[17] Auch die Entscheidung darüber, ob gegen die Eltern wegen Verletzung der Aufsichtspflicht eine Anzeige ergehen soll oder nicht, ist von einem solchen Lehrerurteil abhängig. Die folgenden Lehrerzitate, die der Untersuchung von P. Best entnommen sind, verdeutlichen noch einmal die hier angedeuteten Selektionsprozesse:

»Nur wenn die Eltern uneinsichtig sind, würde ich das Jugendamt einschalten, damit es dort mal einhakt und nach dem Rechten sieht. Denn so eine Haltung ist für mich ein Indiz dafür, daß die Eltern recht erziehungsuntüchtig sind.«

»Bevor wir an die Polizei gehen, holen wir meist die Eltern ran und drohen ihnen recht massiv, die Sache zu bereinigen. Verhalten sich die Eltern so wie ihr Kind (nämlich ›unkooperativ‹; d.

Verf.), gibt es keinen Ausweg mehr. In diesen Fällen rufen wir die Polizei, aber erst, wenn alle Stricke reißen.« (Best 1979, S. 130 und S. 152)

(2) Das Kontrollhandeln der Lehrer wird aber auch durch die Einschätzung der ›*Beschwerdemacht*‹ der Eltern des betroffenen Schülers bestimmt. Hierzu gehört insbesondere die von den Lehrern angenommene Fähigkeit des Elternhauses, sich durch ›defensive Machtmittel‹ (z. B. rechtlichen Einspruch, private Beziehungen zu einflußreichen Personen) gegen die Maßnahmen der Schule zur Wehr zu setzen. Die Beschwerdemacht der Eltern ist aber – dies ist den Lehrern durchaus bewußt – sozial ungleich verteilt: Während die Konfliktfähigkeit der Familien aus unteren sozialen Schichten von den Lehrern – wirklichkeitsnah – als relativ gering eingeschätzt wird, erscheint es ihnen gegenüber Kindern und Jugendlichen anderer sozialer Schichten geboten, größere ›Vorsicht‹ und ›Sorgfalt‹ walten zu lassen.

(3) Das fallbezogene Entscheidungshandeln der Lehrer wird jedoch nicht allein von Einschätzungen der sozialen Umwelt des ›Missetäters‹ geleitet, sondern auch durch Vorstellungen von den *Handlungsmöglichkeiten der Schule nachgeschalteter Institutionen* (Polizei, Jugendamt, Gericht). Hier bedienen die Lehrer sich zum einen konkreter Erfahrungen aus der Kooperation mit diesen Kontrollbehörden, zum anderen aber auch anderwärts gewonnener Vorstellungen von deren Handlungspotential und Kontrollmöglichkeiten. Auch die unmittelbare Reaktion dieser von der Schule ›in Anspruch genommenen‹ Behörden kann die schulspezifischen Kontroll- und Selektionsprozesse in eine bestimmte Richtung lenken. So zitiert P. Best in seiner Untersuchung z. B. den Lehrer einer Sonderschule, der berichtet, daß die Schule ihre – bis dahin häufigen – Anzeigenerstattungen bei der Polizeibehörde eingestellt habe, nachdem diese ihr durch zahlreiche Einstellungsverfügungen zu verstehen gab, daß sie mit ihrer ›Taktik‹ nicht ganz richtig lag (vgl. Best 1979, S. 155).

(4) Schließlich ist für viele Lehrer auch das *öffentliche Ansehen der Schule* selbst gefährdet, wenn der Kontakt zu außerschulischen Kontrollbehörden allzu ›dicht‹ wird. Sie befürchten – sicher zu Recht –, daß sich das ›Image‹ der Schule sowohl in der Gemeinde als auch in der Schülerschaft verschlechtern könne und daß dies zugleich die ›Schulatmosphäre‹ negativ beeinflussen werde. Das Bild der Schule in der Öffentlichkeit verpflichtet also

zu Beschränkungen hinsichtlich der Art und des Umfanges der Fälle, die nachgeschalteten Institutionen ›zur weiteren Bearbeitung‹ übergeben werden (vgl. auch Best 1979, S. 155).

(5) Sieht man die bereits erwähnten Selektionsfaktoren im Zusammenhang, dann kommt einem weiteren, im Schulalltag häufig zu vernehmenden Argument in erster Linie legitimatorische Funktion zu: Gemeint ist hier der Hinweis auf *die juristische Notwendigkeit der Weitermeldung* von Schulpflichtverletzungen. Die Schule muß – so dieses Argument – ihrer Aufsichtspflicht nachkommen, andernfalls drohen ihr haftungs-, straf- und disziplinarrechtliche Konsequenzen. Dieses Argument wird im folgenden Zitat aus dem Bericht eines Hauptschulrektors deutlich:

»Nach dem Schulpflichtgesetz hat die Schulleitung auch die Pflicht, den regelmäßigen Schulbesuch der Schüler zu überwachen. Stellen Sie sich vor, das Kind wird von zu Hause weggeschickt, erscheint aber nicht in der Schule. Wir hier tragen die Aufsichtspflicht. Verunglückt der Junge oder stellt er was Schweres an, und haben wir keine Mitteilung gemacht, macht sich die Schule strafbar, zumindest haftungspflichtig. Die juristische Seite ist für mich ausschlaggebend, die pädagogische Seite tritt da zurück.« (Best 1979, S. 150 f.)

Die mögliche ›Kontrolle der Kontrolleure‹ ist also ein wichtiger Faktor, der den Umgang der Schule mit Verstößen gegen die Schulpflicht bestimmt, und zugleich ein flexibel ›handhabbares‹ Argument zur Legitimation schulspezifischer Kontroll- und Selektionsverfahren.

Dieser kurze ›Ausflug‹ in die sozialwissenschaftliche Forschung zum Thema sollte eines deutlich gemacht haben: daß nämlich der konkrete Fall von Schulpflichtverletzungen, der schließlich gerichtlich verhandelt wird, in vielfältiger Weise das Resultat vorgeschalteter schulinterner Kontroll- und Selektionsprozesse ist. Nach unseren Ausführungen – so können wir zusammenfassend feststellen – ist es daher zumindest zweifelhaft, ob

– die physischen, psychischen und sozialen Merkmale des ›Schulverweigerers‹, die der Richter dem Fall selbst entnehmen kann, und die strafbaren Schulversäumnisse noch in einen unmittelbaren Zusammenhang miteinander gebracht werden können, wenn es doch vor allem die familiäre und die soziale Situation des betroffenen Schülers ist, die über das Risiko, dem Gericht gemeldet zu werden, bestimmt; und ob

– die Justiz in einem solchen Fall überhaupt ›gerechte‹ Urteile fällen kann, wenn der Fall – bevor er ihrer Zuständigkeit übergeben wird – vorab bereits vielfältige, mit justiziellen Maßnahmen nicht zu beeinflussende schulinterne Selektionsfilter durchlaufen hat.

Es mag sein, daß die Justiz sich um derartige Überlegungen nicht bekümmert, weil sie zu deren Berücksichtigung nicht entsprechend gesetzlich ›vorprogrammiert‹ ist. Dies enthebt die Sozialwissenschaften jedoch nicht der Verantwortung, die Juristen auf die Wirklichkeit dieser hier skizzierten Prozesse der sozialen Kontrolle und der Selektion in der Schule hinzuweisen und – als Konsequenz dieser kritischen Analysen – über mögliche Alternativen nachzudenken.

3. Perspektiven einer nicht-strafenden Regulierung schulbezogener Devianz

Kommentatoren, die nichts weiter anzubieten haben als kritische Analyse und ›Besserwisserei‹, sind bei den Vertretern der öffentlichen Sozialkontrolle im allgemeinen nicht sonderlich geschätzt. Alltägliche Handlungszwänge und professionelle Selbstverständnisse legitimieren ihre ›notorische‹ Frage nach möglichen Alternativen und Lösungen; wenngleich diese Frage auch häufig in der stillen Hoffnung gestellt wird, daß derartige Alternativen und Lösungen noch nicht gefunden sind oder aber in der eigenen Handlungspraxis doch nicht realisiert werden können. Für den Sozialwissenschaftler ist es daher gewiß nicht immer leicht, diese wohlgefestigte Barriere der Immunität und der proklamierten Unzuständigkeit zu durchbrechen und den Dialog mit den Praktikern aufrechtzuerhalten. Wenn wir im folgenden nun den Versuch unternehmen wollen, einige Perspektiven einer nicht-strafenden Regulierung abweichenden Schülerverhaltens aufzuzeigen, so vor allem deshalb, weil es auf der Ebene der Kommunikation hierzu keine Alternative gibt. Die folgenden Möglichkeiten eines veränderten Umgangs mit schulbezogener Devianz können hier unterschieden werden:

– die ›Verbesserung‹ der Justiz,
– der Ausbau schulintegrierter pädagogisch-therapeutischer Maßnahmen für ›Problemschüler‹ und

– die Verwirklichung struktureller Veränderungen der Schule selbst.

(1) Die wohl gängigste Schlußfolgerung aus der hier vorgetragenen Problemanalyse ist ein Bekenntnis zur Notwendigkeit, die Justiz zu ›verbessern‹: Die Juristen sollen in Zukunft eine sozialwissenschaftlich besser qualifizierte Ausbildung erhalten bzw. sich in Fortbildungsmaßnahmen entsprechende sozialwissenschaftliche Qualifikationen aneignen. Des weiteren sollen die Sozialwissenschaftler mehr Möglichkeiten erhalten, ihren professionellen Sachverstand in justizielle Entscheidungsprozesse einzubringen, sei es durch eine unmittelbare Beteiligung (z. B. durch eine gutachterliche Tätigkeit), sei es durch die Möglichkeit einer kritischen Kommentierung.

Vorschläge dieser Art sind gewiß wichtig und durchaus geeignet, die juristische Entscheidungspraxis in bestimmten Fällen – wie etwa dem hier diskutierten – zum Vorteil der Betroffenen zu korrigieren. Eine durch sozialwissenschaftliche Erkenntnisse ›verbesserte‹ Justiz trägt jedoch noch nicht von selbst dazu bei, die sozialen Bedingungen zu verändern, die ihre ›Probanden‹ produzieren, und sie trägt ebenso wenig dazu bei, den justiziellen Eingriff selbst – zumindest partiell – überflüssig zu machen, indem sie ihre Zuständigkeit für die Lösung bestimmter Probleme verneint.[18] Eine sozialwissenschaftlich ›verbesserte‹ Justiz könnte gegebenenfalls sogar helfen, genau jene gesellschaftlichen Zustände, die sie mit Arbeit versorgen, unverändert zu erhalten. Erst wenn die Justiz das sozialwissenschaftliche Wissen in Verbindung mit ihrem sich alltäglich reproduzierenden Erfahrungswissen benutzt, um Prozesse der Kriminalisierung zu verhindern, schaffen sozialwissenschaftliche Erkenntnisse mehr als lediglich ›milde‹ und ›verständnisvolle‹ Urteile oder gar ›brauchbare‹ Legitimationshilfen für die Justiz.

(2) Als eine mögliche Alternative zur juristischen Ahndung von Schulpflichtverletzungen werden in den letzten Jahren vor allem solche Veränderungsstrategien diskutiert, die versuchen, Schulprobleme im Kontext der Schule selbst zu bewältigen. So ist es das bildungspolitische Ziel verschiedener neuerer Modellversuche, beratende und behandelnde Tätigkeiten in das Schulsystem zu integrieren. Zwar darf man von dem hier angestrebten Ausbau der schulintegrierten pädagogisch-therapeutischen Angebote für ›sozial auffällige‹ Schüler keine kurzfristige Lösung der Probleme

schulbezogener Devianz erwarten. Erste Praxiserfahrungen zeigen jedoch, daß die Einrichtung ›psychosozialer Schuldienste‹ ein geeigneter Weg sein kann, um schulische Prozesse der Segregation und der Stigmatisierung zu vermindern und dadurch der Gefahr ›schulischer Ausfälle‹ entgegenzuwirken.

Gemeinsam ist den verschiedenen Modellversuchen im Bereich der ›Schulberatung‹ (Schulpsychologie, Schulsozialarbeit, Beratungslehrer) die Kritik an dem *Prinzip der Aussonderung von ›Problemschülern‹*, welches die bisherige schulische Kontrollpraxis kennzeichnet. Sie wenden sich gegen die verbreitete Praxis, jene Schüler, die durch Verstöße gegen schulische Ordnungs- und Verhaltensmaßstäbe aufgefallen sind, an andere außerschulische Institutionen weiterzuleiten. Denn: diese nachgeschalteten Interventionen greifen zu kurz, weil sie in der Regel erst dann einsetzen, wenn sich das ›problematische‹ Schülerverhalten bereits soweit verfestigt hat, daß es durch schuleigene Regulierungsverfahren nicht mehr korrigiert werden kann. Aus diesem Grund ist es das proklamierte Ziel dieser Modellversuche, das Prinzip der Delegation von Problemfällen in einen von der Schule gesonderten ›Korrekturbereich‹ aufzuheben und auftretende ›pädagogische Notfälle‹ möglichst frühzeitig im schulischen Lebenszusammenhang selbst zu beheben. Dieses Ziel soll dabei auf zwei Wegen erreicht werden: zum einen durch das Angebot problembezogener kompensatorischer Erziehungsmaßnahmen (z. B. die Konfliktberatung einzelner Schüler, der gezielte Einsatz therapeutischer Instrumente) und zum anderen durch die – nur langfristig zu erreichende – Realisierung von Unterrichtsformen, die das soziale Lernen der Schüler und den Erwerb interaktiver Kompetenzen angemessen fördern.[19]

Die Praxis ist von diesem weitgesteckten Ziel jedoch noch weit entfernt. Wie in einer neueren Untersuchung von P. Malinowski und N. Herriger (1979) nachgewiesen werden konnte, beschränkt sich das Hilfeangebot der ›psychosozialen Schuldienste‹ zumeist darauf, das Arbeits- und Lernvermögen der Schüler, die sich den Unterrichtsroutinen nicht einpassen, wiederherzustellen und auftretende Störungen im leistungsbezogenen Selektionsprozeß der Schule auszuschalten. Die psychosoziale Intervention folgt dabei zumeist einem *einzelfallorientierten Hilfeansatz*, in dem akute Verhaltensschwierigkeiten weiterhin nur auf die je besondere psychosoziale Befindlichkeit der betroffenen Schüler zurückgeführt, nicht aber aus der Struktur der schulischen Interaktion selbst abgeleitet werden. Folglich sind auch die pädagogisch-therapeutischen Hilfeangebote im allgemeinen allein als Korrektur des ›gestörten‹ Schülers konzipiert, nicht aber als Korrektur ›gestörter‹ schulischer Lebenszusammenhänge. Die schulstrukturellen Voraussetzungen des abweichenden Schülerverhaltens bleiben somit aber weitgehend unangetastet.

Auch das zunächst kritisierte Delegationsprinzip wird durch diesen einzelfallbezogenen Hilfeansatz – jetzt auf innerschulischer Ebene – faktisch reproduziert: Die Lehrer kooperieren mit den Spezialisten der Schulberatung ausschließlich als ›case finders‹; sie benennen Problemschüler, sind aber von der weiteren Behandlung des Falles und damit auch von der Verantwortung für die Problemlösung befreit.[20]

Gerade in jüngster Zeit mehren sich daher kritische Stimmen, die die Notwendigkeit einer Neuorientierung des Systems schulischer ›Problembearbeitung‹ betonen. Gefordert ist ein alternatives Interventionskonzept, das nicht den bereits ausgesonderten Problemschüler zum Adressaten beratender und behandelnder Maßnahmen wählt, sondern die gesamte Lerngruppe mit ihrer spezifischen Interaktions- und Kommunikationsstruktur in die Veränderungsstrategien einbezieht. Die Entwicklung eines solchen *lerngruppenbezogenen Hilfeansatzes*, der vor allem auf die Prävention abweichenden Schülerverhaltens durch das Angebot pädagogischer Hilfestellungen in konfliktbestimmten Unterrichtssituationen ausgerichtet sein sollte, ist zur Zeit jedoch eine noch ungelöste Aufgabe.

(3) Eine weitergehende Perspektive, die sich nicht auf die Instrumente juristischer und schulischer Intervention beschränken will, muß schließlich auch versuchen, *Maßnahmen der primären Prophylaxe* von abweichendem Verhalten in der Schule zu realisieren, d. h. sie muß versuchen, durch strukturelle Veränderungen der Schulwirklichkeit die Produktionsbedingungen devianten Schülerverhaltens zu beheben.[21] Dies vor allem, weil justizielle Strategien der Spezial- und der Generalprävention wie auch pädagogisch-therapeutische Strategien der Problemkorrektur, solange diese Produktionsbedingungen schulbezogener Devianz unverändert fortbestehen, immer nur kurzfristige Lösungsfortschritte bringen können. Solange jedenfalls die Schule bestimmten Kindern und Jugendlichen keinen Lebensraum bietet, in dem

ihre persönlichen Bedürfnisse und Interessen hinreichend berücksichtigt und ihre Freude an der Lernarbeit gefördert werden, kann es nur erstaunen, daß diese Kinder und Jugendlichen nicht in noch höherem Maße versuchen, sich dieser ›Zwangserziehung‹ zu entziehen; und solange Schulreformen, Lehrplanentwicklungen und fachliche Differenzierungen letztlich nur auf die Mobilisierung vermehrter Lernleistungen ausgerichtet sind, kann es nicht überraschen, daß sich vor allem jene Schüler dem Schulbesuch verweigern, die den Anforderungen der Leistungsschule nicht mehr gewachsen sind. Der Tatbestand, daß insbesondere bei jenen Schülern die Motivation zum Schulbesuch ›auf Null‹ sinkt, die in der Konkurrenz um knappe Ausbildungs- und Arbeitsplätze faktisch ohne Chancen sind, zeigt schließlich, daß Interventionsstrategien, die allein an der Person des Schulverweigerers ansetzen, von vornherein ins Leere stoßen müssen. Die Verstöße gegen die Schulpflicht – dies hat dieser sozialwissenschaftliche Kommentar deutlich gemacht – sind in erster Linie Indikatoren strukturell produzierter Zwänge und Belastungen und daher auch nur durch tiefgreifende strukturelle Veränderungen der Schule einer Lösung näher zu bringen. Eine Justiz, die den Schulbesuch durch Strafmaßnahmen zu erzwingen sucht, kann hier nur helfen, die gesellschaftlichen Ursachen der Schulpflichtverletzungen zu verdecken.

Anmerkungen

* Die Kommentierung gerichtlicher Entscheidungen und juristischer Fachbeiträge gehört zur Zeit noch nicht zum ›Alltagsgeschäft‹ von Sozialwissenschaftlern. Die vorliegende Arbeit stellt daher für die Verfasser einen wichtigen Lernprozeß dar; nicht zuletzt deshalb, weil Juristen und Sozialwissenschaftler in der Beschreibung und der Analyse von Sachverhalten längst eine so unterschiedliche Sprache sprechen, daß die Gefahr von Mißverständnissen, sachlichen Ungenauigkeiten und Fehlern groß ist. Wir möchten in diesem Zusammenhang Herrn E. Winter, dessen Beitrag uns zur Kommentierung der kritisierten gerichtlichen Entscheidung herausforderte, für seine fachkundige Durchsicht unseres Manuskripts danken.

1 Die Verurteilung erfolgte gemäß § 24 Hess. Schulpflichtgesetz in Verbindung mit § 3 Jugendgerichtsgesetz. Der in der letzten Zeit stark kritisierte § 24, Abs. 1 des Hessischen Schulpflichtgesetzes lautet:

»Wer sich oder einen anderen der Schulpflicht dauernd oder hartnäkkig wiederholt entzieht, wird mit Freiheitsstrafe bis zu sechs Monaten oder mit Geldstrafe bis zu einhundertachtzig Tagessätzen bestraft.«

2 Hintergrundinformationen zu dem hier zugrundeliegenden Gerichtsurteil und Berichte über den Verlauf der Verhandlung in der ersten und zweiten Instanz geben u. a. die *Frankfurter Rundschau* vom 20. 4. 1978, S. 18 und vom 12. 3. 1979, S. 15 sowie *Der Spiegel* vom 17. 4. 1978, S. 111.

3 Zur juristischen Diskussion der »Strafwürdigkeit von Verletzungen der Schulbesuchspflicht« vgl. den vorstehenden Artikel von *Winter, E.* sowie *Rehbein, K.*: »Zur Verfassungswidrigkeit des § 24 des Hessischen Schulpflichtgesetzes.« In: *Zentralblatt für Jugendrecht und Jugendwohlfahrt* 3/1979, S. 99-105.
Eine pädagogische Kommentierung des Urteils geben die Presseerklärungen des Hauptvorstandes der GEW vom 20. 4. 1978, die Stellungnahme von v. Auer, F. in *Der Stern* vom 6. 11. 1978, S. 164 sowie der Artikel von Kalb, E. in *betrifft: erziehung* 6/1978, S. 3.

4 Nach einer Presseerklärung des Hessischen Kultusministers vom 25. 4. 1978 wurden im Jahr 1976 allein in Hessen ca. 3000 Verstöße gegen die Schulpflicht gem. § 23 Hess. Schulpflichtgesetz zur Anzeige gebracht. Von diesen Verfahren waren in 60% der Fälle Schüler und in 40% der Fälle die Erziehungsberechtigten betroffen. In insgesamt 70 Fällen wurde, nachdem Verwarnungen oder Bußgeldbescheide ergebnislos geblieben waren, bei den zuständigen Gerichten Strafantrag gestellt.

5 Die ›Anstößigkeit‹ sozialwissenschaftlicher Erkenntnisse wird – gerade auch im Hinblick auf die Labeling-Perspektive – ausführlich diskutiert in *Winter, E. / Bähr, E.-G.*: Konsequenzen des Definitionsansatzes für die Strafjustiz. In: Bewährungshilfe 1978, S. 218-235.

6 Vgl. hier z. B. Cicourel, A. V.: *The social organization of juvenile justice*, New York/London/Sydney 1968; Lautmann, R.: *Justiz – die stille Gewalt*, Frankfurt/M. 1972 und Schumann, K. F.: *Der Handel mit Gerechtigkeit*, Frankfurt/M. 1978.

7 Die retrospektiv-prospektiv gerichtete Konstruktion von Abweichungsgeschichten durch die verschiedenen Institutionen der öffentlichen Sozialkontrolle untersucht anhand exemplarischer Falldarstellungen Cicourel, A. V., a.a.O. S. 170 ff. Für den Bereich der Öffentlichen Jugendhilfe vgl. auch Keckeisen, W.: *Die gesellschaftliche Definition abweichenden Verhaltens*, München 1974, S. 71 ff. und Herriger, N.: *Verwahrlosung. Eine Einführung in Theorien sozialer Auffälligkeit*, München 1979, S. 181 ff.

8 Um ein häufiges Mißverständnis zu vermeiden: Juristen verwenden den Begriff der ›Individualisierung‹ in der Regel in einem anderen Sinn als Sozialwissenschaftler. Während in den Rechtswissenschaften un-

ter *›Individualisierung‹* die besondere Berücksichtigung der Person des Straftäters und seiner konkreten sozialen Lebenslage verstanden wird – mit dem Ziel, zu einer dem Straftäter ›angemesseneren‹ und ›gerechteren‹ Strafzumessung zu gelangen, wird in den Sozialwissenschaften der Begriff der *›Individualisierung‹* benutzt, um auf die Ausblendung personenübergreifender, sozialstruktureller Determinanten des jeweiligen strafbaren Handelns und auf die individuelle Zurechnung dieses strafbaren Handelns als schuldhaftes Vergehen aufmerksam zu machen.

9 In einer sehr informativen Untersuchung zur behördlichen Interaktion zwischen Jugendpolizeibeamten und tatverdächtigen Jugendlichen haben Piliavin/Briar (1964) nachweisen können, daß neben der Tatschwere vor allem das Benehmen der Jugendlichen in der Interaktion mit den einschreitenden Beamten (Kooperationsbereitschaft vs. Kooperationsverweigerung) entscheidenden Einfluß nimmt auf die Art und Weise, in der die Beamten den ihnen verfügbaren Ermessensspielraum in der Entscheidung über die weitere Behandlung des delinquenten Jugendlichen ausschöpfen; vgl. Piliavin, I./Briar, S.: »Polizeibegegnungen mit Jugendlichen«, in: Lüderssen, K. / Sack, F. (Hrsg.): *Seminar: Abweichendes Verhalten III*, Frankfurt/M. 1977, S. 87-103. Analysen des richterlichen Entscheidungshandelns lassen erkennen, daß auch im Jugendgerichtsverfahren das Betragen des angeklagten Jugendlichen vor Gericht eine entscheidende ›kritische‹ Variable ist, an der sich das richterliche ›moral judgement‹ orientiert; vgl. hierzu u. a. Emerson, R. M.: *Judging delinquents. Context and process in juvenile court*, Chicago 1969 und Bohnsack, R.: *Handlungskompetenz und Jugendkriminalität*, Neuwied/Berlin 1973, S. 108 ff.

10 Die typisierten richterlichen Vorstellungen von der Persönlichkeit des ›typischen‹ Schulverweigerers sind in älteren Gerichtsurteilen und juristischen Kommentaren mit erhellender Offenheit formuliert. So etwa in dem folgenden Urteil: »Sein hartnäckiges Schulschwänzen hat ein geradezu einmaliges Ausmaß erreicht, wenn man bedenkt, daß er insgesamt annähernd 500 Berufsschulstunden größtenteils unentschuldigt versäumt hat ... Zu diesem den Unrechtsgehalt der Tat kennzeichnenden Umstand kommt der hohe Grad der Fehlhaltung des Angeklagten als besonderes Persönlichkeitsmerkmal hinzu: Sein ungewöhnlich hartnäckiges Schulschwänzen ist lediglich ein Symptom seiner völlig bindungslosen und pflichtvergessenen Einstellung zur Umwelt, die ihn einerseits dazu geführt hat, seit Jahren ein arbeitsscheues Leben zu führen, und andererseits aber auch dazu befähigte, in außerordentlich grober Weise die Gutmütigkeit seiner Eltern auszunutzen und ihnen auf der Tasche zu liegen, wobei er sich nicht scheute, angebliche Erkrankungen vorzuschützen«. Im Kommentar zu diesem Urteil heißt es u. a.: »Fast immer handelt es sich beim

Schulversäumnis um ein Dauerdelikt. Zumindest der jugendliche und heranwachsende Täter ist meist arbeitsscheu, undurchsichtig, zu Hause unbotmäßig und kriminell gefährdet« (Schnitzerling, M.: »Zur Aburteilung von Schulversäumnissen durch den Jugendrichter«, in: *Recht der Jugend* 1958, S. 151).
Dem möglichen Einwand, diese eindeutig strafend-repressive Einstellung gegenüber schulsäumigen Jugendlichen sei in den letzten Jahren weitgehend einer liberaleren, pädagogisch-therapeutisch bestimmten Einstellung gewichen, ist mit Skepsis zu begegnen. Auch in neueren juristischen Kommentaren zum Thema wird auf diese ältere Literatur verwiesen und zugleich fehlen aus dem Lager der Jurisprudenz bis heute Stellungnahmen, die gegenüber solchermaßen stigmatisierenden Typisierungen der Persönlichkeit schulsäumiger Jugendlicher eine kritische Position beziehen.

11 Die verschiedenen Dimensionen der Entscheidungslogik, der der Richter in der Zuschreibung von strafrechtlicher Verantwortlichkeit folgt, ist ausführlich herausgearbeitet worden durch McHugh, P.: »A common-sense conception of deviance«, in: Douglas, J. D. (Hrsg.): *Deviance and respectability*, New York/London 1970, S. 61-88. Die besonderen Probleme der richterlichen Zumessung von Verantwortlichkeit bei tatverdächtigen Kindern und Jugendlichen diskutiert Cicourel, A. V.: »Delinquency and the attribution of responsibility«, in: *Scott, R. A. / Douglas, J. D.* (Hrsg.): *Theoretical perspectives on deviance*, New York/London 1972, S. 142-158.

12 Vgl. zur Einführung in die sozialwissenschaftliche Analyse der Produktion und der Kontrolle abweichenden Verhaltens in der Schule u. a.: Brusten, M./Hurrelmann, K.: *Abweichendes Verhalten in der Schule*, München 1973; Homfeldt, H. G.: *Stigma und Schule*, Düsseldorf 1974; Cicourel, A. V./Kitsuse, J. I.: »Die soziale Organisation der Schule und abweichende jugendliche Karrieren«, in: Hurrelmann, K. (Hrsg.): *Soziologie der Erziehung*, Weinheim/Basel 1974, S. 362-378; Hargreaves, D. H./Hester, S. K./Mellor, F. J.: *Deviance in classrooms*, London/Boston 1975; Lösel, F.: »Prozesse der Stigmatisierung in der Schule«, in: Brusten, M./Hohmeier, J. (Hrsg.): *Stigmatisierung. Zur Produktion gesellschaftlicher Randgruppen, Bd. 2*, Neuwied/Berlin 1975, S. 7-32; Wittig, M.: *Problemschüler als Schulprobleme*, Weinheim/Basel 1978; Glötzl, H.: *»Das habe ich mir gleich gedacht.« Der Einfluß von Lehrererwartungen, Lehrerurteilen und Schulsystem auf die Ausprägung und Verfestigung abweichenden Verhaltens*, Weinheim/Basel 1979. Zur empirischen Analyse von Schulpflichtverletzungen vgl. auch die Arbeit von Hildeschmidt, A. u. a.: *Unregelmäßiger Schulbesuch. Verbreitung, Bedingungen, Interventionsmöglichkeiten.* Weinheim/Basel 1979.

13 Vgl. hierzu ausführlich Brusten, M.: »Soziale Schichtung, selbstbe-

richtete Delinquenz und Prozesse der Stigmatisierung in der Schule«, in: *Kriminologisches Journal* 1/1974, S. 29-46.

14 Zur Diskussion über schulische Erziehungs- und Ordnungsmaßnahmen vgl. insbesondere die Beiträge in dem Sammelband von *Ipfling, H.-J.* (Hrsg.): Disziplin ohne Zwang. Begründung und Verwirklichung, München 1976.

15 Diese schichttypischen Unterschiede in der Sanktionsanwendung sind sowohl für die schulintern ablaufenden Kontroll- und Selektionsprozesse als auch für die Fälle nachgewiesen worden, in denen außerschulische Institutionen der öffentlichen Sozialkontrolle eingeschaltet werden.
Zur Problematik der Kooperation der Schule mit anderen Kontrollbehörden (hier untersucht am Beispiel der Kooperation zwischen Schule und Jugendamt) und zur Struktur der diese Kooperationsprozesse anleitenden lehrertypischen Alltagtheorien vgl. auch Brusten, M./Herriger, N.: »Lehrerurteile und soziale Kontrolle im ›Schulbericht‹. Eine empirische Untersuchung über die Kooperation zwischen Schule und Jugendamt«, in: *Zeitschrift für Pädagogik* 4/1978, S. 497-514.

16 Obwohl diese die schulischen Kontroll- und Selektionsprozesse anleitenden ›Außenfaktoren‹ dem Schulpraktiker sicher bekannt sind und auch wissenschaftliche Untersuchungen auf diese Faktoren gelegentlich hingewiesen haben, ist es doch das Verdienst der erst kürzlich vorgelegten empirisch-sozialwissenschaftlichen Untersuchung von P. Best, diese Determinanten der schulichen Reaktion auf deviantes Schülerverhalten einer systematischen Analyse unterzogen zu haben; vgl. Best, P.: *Die Schule im Netzwerk der Sozialkontrolle*, München 1979. Die von uns wiedergegebenen Lehrerzitate sind dieser Untersuchung entnommen.

17 Daß Lehrer vor allem Eltern aus den unteren sozialen Schichten »mangelnde Erziehungsfähigkeit« und »fehlenden Kooperationswillen« unterstellen und daß daher die Kinder und Jugendlichen dieser sozialen Schicht mit größerer Wahrscheinlichkeit als andere formellen Maßnahmen der öffentlichen Sozialkontrolle unterworfen werden, kann hier nur angemerkt, nicht aber vertieft werden. Hier zeigt sich erneut, daß die devianzbezogenen schulischen Kontroll- und Selektionsverfahren unterschichtdiskriminierende Züge tragen.

18 Wie den diesbezüglichen Lösungsvorschlägen von E. Winter zu entnehmen ist, hält auch er an einer jugendstrafrechtlichen Kontrolle von Schulpflichtverletzungen fest, wenngleich er die Jugendstrafe aus dem Katalog jugendstrafrechtlicher Reaktionsmoglichkeiten auch ausgeschlossen wissen will. Die – immerhin denkbare und von sozialwissenschaftlicher Seite auch diskutierte – Möglichkeit, die Kontrolle von Schulpflichtverletzungen ganz der Zuständigkeit der Justiz zu entziehen und alternative, nicht-juristische Maßnahmen anzuwenden, wird

dagegen nicht weiter diskutiert und mit dem Hinweis auf die Gesetzgebung abgetan, die solcherart Lösungen nicht zu realisieren bereit sei. Insofern bleibt der Kommentar von E. Winter ein von juristischen Interessen und Zuständigkeitsansprüchen geleiteter Kommentar.

19 Zur Einführung in die aktuelle Diskussion über Modellprojekte der Schulberatung vgl. u. a. Heller, K. (Hrsg.): *Handbuch der Bildungsberatung*, 3 Bde., Stuttgart 1975; Tillmann, K. J. (Hrsg.): *Sozialpädagogik in der Schule*, München 1976; Homfeldt, H. G./Lauff, W./Maxeiner, J.: *Für eine sozialpädagogische Schule*, München 1977; Bundesministerium für Bildung und Wissenschaft (Hrsg.): *Schulsozialarbeit. Erste Erfahrungen und einige Konsequenzen aus den Modellversuchen Sozialarbeit*, Bonn 1978.

20 Vgl. ausführlich Malinowski, P./Herriger, N.: »Zur Wirklichkeit der sozialpädagogischen Praxis in der Schule. Empirische Ergebnisse und kontroverse Perspektiven«, in: *Neue Praxis* 1/1979, S. 67-85; siehe hier auch Keupp, H.: »Der Widerspruch von Präventionsgedanken und ›medizinischem Modell‹ in der Schulberatung«, in: *Gruppendynamik* 6/1975, S. 415-436.

21 Zur Unterscheidung von primärer, sekundärer und tertiärer Prophylaxe vgl. Brusten, M.: Stichwort »Delinquenzprophylaxe«, in: Fuchs, W. u. a. (Hrsg.): *Lexikon zur Soziologie*, 2. Aufl., Opladen 1978, S. 143 f.

C Ausblick

Michael Bischoff, Thomas-Michael Seibert

Die Hauptverhandlung in Strafsachen als Arbeitsfeld

Zur Integration sozialwissenschaftlicher und strafrechtlicher Fragestellungen in forschendem Lernen

Seitdem die Forderung nach einer Integration von theoretischen und praktischen, sozialwissenschaftlichen und juristischen Elementen in der Juristenausbildung auf der Tagesordnung steht, hat die Suche nach geeigneten Arbeits- und Lernformen begonnen. Die meisten (Reform-)Modelle kombinieren in irgendeiner Weise Phasen praktischer Erfahrung und Übung mit »theoretischen« Lernphasen. Wir stellen im folgenden eine Arbeitsform vor, die »Praxis als Anschauung« mit einer theoretisch geleiteten Reflexion über Praxis verbindet. Anschauung darf dabei nicht auf bloßes Zusehen reduziert werden. Es geht nicht um Illustration. Anschauung bezeichnet vielmehr eine durchaus fruchtbare Distanz zum Selbermachen: die Möglichkeit, praktisches juristisches Handeln in analytischer Perspektive aufzunehmen, auf seine Voraussetzungen, seine Dynamik und seine Folgen hin zu prüfen und damit kognitiv so zu strukturieren, daß eine Grundlage für reflektiertes eigenes Handeln geschaffen wird.

Wir meinen, daß eine solche Auseinandersetzung mit Rechtspraxis zugleich eine günstige Voraussetzung für die Verarbeitung sozialwissenschaftlicher Inhalte und Methoden bildet. Die Verarbeitung dieser Inhalte kann dann nämlich auf juristische Problemstellungen zugeschnitten werden, wobei das Erfordernis und die Sinnfälligkeit einer Integration der Sozialwissenschaften anhand der beobachteten rechtspraktischen Vorgänge ausgewiesen wird. Die Beobachtung von Hauptverhandlungen zwingt als Arbeitsform dazu, ein Einzelproblem nicht nur strafjuristisch vom Sachverhalt her zu »lösen«, sondern die latenten kriminalpolitischen Konzeptionen zu entdecken und zu kritisieren – mithin am Einzelfall jeweils neu zu beginnen, was die Herausgeber dieses Bandes den Beiträgern auferlegt haben: sozialwissenschaftlich *und* juristisch zu arbeiten.

Die Hauptverhandlung in Strafsachen genießt eine stetige Publizität. Die meisten lokalen Tageszeitungen führen eine Rubrik »Prozeßberichterstattung«, und mit der für Dritte notorischen Blickrichtung pflegt auch die Zeitung ihre Leser fast ausschließlich für Strafsachen zu interessieren. »Justiz« gilt Dritten – eben jenen, die sie von außen sehen – fast als gleichbedeutend mit »Strafjustiz«.

Dieses Interesse hat einen gesellschaftlichen Grund, der als Bedürfnis nach Kommunikation über abweichendes Verhalten untersucht wird; man kann es aber auch praktisch und erlebnismäßig verstehen: Eine Strafsache ist schon ihrem Ablauf nach ein Stück Lebenstheater, in der Mehrzahl der Fälle nicht zerstückelt durch Vertagungen und verständnishindernde Bezugnahmen auf Schriftsätze. Dem Interesse an der Verständigung über abweichendes Verhalten kommt die Prozeßdoktrin entgegen mit ihrer mehrfachen Stärkung des »Inbegriffs der Verhandlung« (§ 261 StPO). Man kann also sicher sein, nicht nur den kleinen Finger, sondern den ganzen Arm der Strafjustiz *anschauen* zu können.

Was liegt näher, als diese Anschaulichkeit für forschendes Lernen zu nutzen? Neu ist der Gedanke nicht. Oberstufenunterricht und Gerichtspraktikum nutzen den Anschauungswert der Hauptverhandlung in Strafsachen seit langem zu »Ausflügen« in den Rechtsalltag. Wir meinen, daß diese Ausflüge für die strafrechtsdogmatische und -theoretische Ausbildung ausgebaut werden sollten, d. h.: durch Literaturstudium, Analysen und Diskussionen sowie eigene schriftliche Arbeiten vor- und nachzubereiten sind.

Die folgenden Anregungen gehen auf Erfahrungen zurück, die wir selbst im Laufe verschiedener Lehrversuche zur Einbeziehung von Rechtspraxis in das juristische und sozialwissenschaftliche Studium gemacht haben. Der Beitrag verfolgt ein doppeltes Ziel:

– Wir möchten zeigen, was man *machen* muß, um aus der Praxis etwas zu lernen. Also: Auf welche *Literatur* man zurückgreifen und in welche *Verhandlungen* man gehen kann.

– Wir möchten außerdem strafrechtstheoretische Beobachtungs*inhalte* benennen, die mit praktischen Verfahrensnotwendigkeiten und sozialwissenschaftlichen Forschungsrichtungen schwerpunktmäßig verbunden sind.

Die vielfältigen Möglichkeiten, eine Verhandlungsbeobachtung als Training für die eigene juristische Praxis zu nutzen, diskutieren wir nicht. Es sind dies rhetorische Übungsformen: etwa das eigene Plädoyer im Anschluß an eine beobachtete Beweisaufnahme oder die Kritik des richterlichen Fragestils, um nur zwei Beispiele aus der Vorbereitung für den Beruf des Staatsanwalts oder des Strafrichters zu nennen.

Die Formen, die wir empfehlen, entsprechen analytischen Interessen. Wir versuchen, theoretische Einsichten umzusetzen, die das Seminar *Abweichendes Verhalten* vorbereitet hat (vgl. insbesondere Blum/McHugh 1971 und Mac Naughton-Smith 1968, in: *AV II*, sowie Mileski 1971 und Sarstedt 1968, in: *AV III*). Wir meinen, daß theoretische Einsicht es nahelegt, die Arbeit über eine Hauptverhandlung in Strafsachen in dreierlei Weise zu beginnen:

(1) Als Gegenstand einer *Interaktions*analyse: Gemeint sind Studien über das Verfahren als sozialen Handlungsvorgang, der durch die folgenden Einflußgrößen bestimmt ist:

– funktional: Wie bewältigen die Beteiligten Entscheidungszwang und zeitliche Ablaufsanforderungen?

– personal: Wie stellen sich die Verfahrensbeteiligten selbst dar, welche Handlungsstrategien verfolgen sie und in welcher Weise sind die Strategien aus den Sprechmustern des Dialogs zu erschließen?

– sachlich-institutionell: Wie setzen die Beteiligten die äußere Form einer Strafverhandlung in akzeptiertes und verständliches Geschehen um?

Die Arbeit in diesem Bereich wird durch sozialwissenschaftliche Methoden bestimmt.

(2) Als Gegenstand einer *Argumentations*analyse: Zum Thema werden hier die für die konkrete Entscheidung eines Verfahrens rekonstruierbaren Erwägungen. Die Frage lautet etwa: Wie verarbeiten die Vertreter des Rechtsstabs die erlebte Interaktion nach den Regeln dogmatischer Begründungsgebote? Es handelt sich um *strafrechtstheoretische* Antwortversuche.

(3) Als Gegenstand einer *Gerichtshausarbeit*: Die Gerichtshausarbeit verbindet die sozialwissenschaftlichen Überlegungen und strafrechtstheoretischen Antwortversuche mit juristisch-normativen Stellungnahmen. Sie sollte die Anklage als Eingangsgröße der Hauptverhandlung thematisieren, den Gang der Beweisaufnahme darstellen und die erlebte juristische Verarbeitung mit einem

eigenen juristischen Gutachten und eigenen Überlegungen zur Strafzumessung verbinden.

Bevor wir die vorgestellten Arbeitsinhalte näher charakterisieren, muß noch mit einer durch die Abstraktion bedingten Oberflächlichkeit die Arbeits*form* dargestellt werden. Wir denken an Gruppen von 2-20 Mitarbeitern. Wenn es hieß, daß die Hauptverhandlung ein Feld forschenden Lernens darstellen könne, so bedeutet das: Es werden nicht notwendig Studenten sein, die hier arbeiten, und: Diese Gruppe soll frei in der Wahl des Themas bleiben und ihren Ansatz mit eigener Ausdauer und Konzentration zu einem Ergebnis bringen. Die *Gruppe* scheint uns deswegen eine geeignete Arbeitssituation herzustellen, weil man die Verständigung über das, was vorgefallen ist, nur bei großer Prozeßerfahrung »mit sich selbst« abmachen kann und eine solche Prozeßerfahrung dann möglicherweise dazu führt, daß die Neuheiten des Augenblicks nur als unwichtige Abweichung von Routinen erlebt werden. Zwei Gruppenarbeiter stellen demnach die Minimalform dar. Es könnten »Referenten« eines juristischen oder sozialwissenschaftlichen Seminars sein oder Diplomanden bzw. andere Prüfungskandidaten, wenn man die Prüfung auch als Arbeits- und nicht nur als Repetitionsform versteht. Die Obergrenze ergibt sich aus den räumlichen Beschränkungen eines Sitzungssaals im Gericht wie aus der Diskussionskapazität einer Arbeitsgruppe. 20 Mitarbeiter verlangen schon fast den Rahmen eines qualifizierten Projektseminars, deren Teilnehmer soweit vorverständigt sind, daß sie eine gewisse gemeinsame Blickrichtung mitbringen. Dazwischen liegen die Kleingruppe von 3-5 Studenten oder die Großgruppe eines studentischen Tutoriums (in seiner Idealbesetzung von 10-15 Teilnehmern).

Wie fängt man die Arbeit am besten an? Der Einstieg kann kaum losgelöst von der Einbildungskraft derjenigen bestimmt werden, die »einsteigen« wollen. Der Besuch einer Hauptverhandlung kann natürlich den *Abschluß* eines Seminars oder Kolloquiums zu den thematischen Problemen bilden, er kann als Motivationsgröße nach einer theoretischen Einführung die *Weiterarbeit* anleiten oder selbst schon der *Einstieg* sein. Diese letzte Arbeitsform unterstellen wir für unsere weiteren Überlegungen. Wir wollen uns dabei den Anschauungswert des Verfahrens zunutze machen. Das Vorwissen der Arbeitsgruppe spielt eine untergeordnete Rolle. Auch ein Student der Soziologie, der Sozialarbeit und Linguistik weiß von Strafsachen so viel wie ein Zeitungsleser oder – um die Nähe zur Verfahrensdoktrin zu betonen – der nichtjuristische Beisitzer eines Kollegialgerichts, der Schöffe. Schöffen dürfen die Akten nicht kennen und urteilen mit demselben Stimmgewicht wie der Berufsrichter. Verstehen sie bzw. die Beobachter an ihrer Stelle die Verhandlung nicht, war die Verhandlungsführung schlecht, und man kann deren Inhalte erst recht zum Ausgangspunkt einer Analyse machen.

Was tut man, wenn man im Gerichtssaal sitzt? Will man die Beobachtung als *Arbeits*form organisieren, ist kulinarisches Verhandlungserleben schädlich. Von Nutzen und gar nicht zu überschätzendem Motivationswert bleibt freilich das Erleben selbst, die Assoziation zu eigenen Erfahrungen. Nur sollten Vorbereitungen für die weitere Arbeit getroffen werden. Welche Vorbereitungen das sind, ist bereits eine Vorentscheidung für die Analyse.

Man kann die Verhandlung mit einem Tonband aufzeichnen. Dabei hängt das Können vom rechtlichen Dürfen ab. Tonaufzeichnungen sind gemäß § 169 GVG grundsätzlich unzulässig. Die hier vorgeschlagene Arbeit schließt allerdings weder die öffentliche Vorführung noch die Veröffentlichung des Inhalts ein, wie es das GVG meint, sondern dient Forschungszwecken. Der »Inhalt« wird jedenfalls dann nicht veröffentlicht, wenn ohne Namens- und Ortsangabe sprachliche Sequenzen der Verhandlung veröffentlicht werden. Die dogmatische Entscheidungsbildung zu § 169 GVG geht überwiegend dahin, Tonaufnahmen anderer Zweckbestimmung von der Zustimmung des Vorsitzenden und der Aussagenden abhängig zu machen (vgl. BGH bei Dallinger MDR 68, 729).

Die Erfahrung lehrt, daß die Beteiligten meist zustimmen. Man muß das nicht bedenklich finden, könnte in einer (im weiteren Sinne) kontrollierenden Aufzeichnung vielmehr einen Gewinn an Rechtsstaatlichkeit sehen (Hoffmann 1978). Tatsächlich weisen bisher durchgeführte empirische Untersuchungen auf Kompromisse hin: Die Untersucher wichen meist auf persönlich neutrale Verkehrsstrafsachen aus (Leodolter 1975, Ullmer-Ehrich 1979).

Im ganzen setzt die Tonaufzeichnung eine gewisse Vertrautheit mit der Justiz voraus. Die Auswertung ist zudem aufwendig, weil die Konserve als solche keinen Erkenntnis-, sondern allenfalls Anschauungswert hat. Die Aufzeichnung muß verschriftet werden, und schon das allein setzt Fachkunde und Übung voraus. Es bleibt deshalb zu überlegen, für welche Arbeitsinteressen eine Transkription wirklich erforderlich ist.

Statt des Tonbandes können die Untersucher Papier und Bleistift benutzen. *Schriftliche Aufzeichnungen* unterliegen nicht dem grundsätzlichen Verbot des § 169 GVG. Allerdings muß der Schreiber damit rechnen, daß ihn der Vorsitzende nach dem Grund seines Schreibens fragt. Der Vorsitzende repräsentiert die Sitzungspolizei (§ 176 StPO). Er könnte das Mitschreiben untersagen, etwa weil der Eindruck entsteht, man wolle eine Aussage einem wartenden Zeugen mitteilen. Auch im Falle der Mitschrift empfiehlt sich deshalb eine vorherige Absprache mit dem Gerichtsvorsitzenden.

Aufzeichnungen können unterschiedlich genau sein. In Kurzschrift Geübte werden Teile der Verhandlung fast wörtlich protokollieren können. Im übrigen können sich die Beobachter auf das Niederschreiben der Themen beschränken und eigene Kommentare, markante Sätze oder offene Fragen notieren. Wenn man die Verhandlungsbeobachtung nicht als Einstieg, sondern als Abschluß der Arbeit wählt, ist auch die summarische Kennzeichnung von Daten in einem vorgefertigten Beobachtungsbogen denkbar (Schumann/Winter 1973, Peters 1973: 173 ff.). In der von uns gedachten Arbeitsform sind empirisch quantifizierende Methoden zunächst nicht vorgesehen.

Schließlich gehört zur Information über die Arbeitsform eine Antwort auf die Frage: In welche Verhandlung geht man mit den unten näher umschriebenen Forschungs- und Lerninteressen? Wir wollen eine instanzielle und eine sachliche Antwort geben: Die Instanz für einen ersten Zugriff scheint das Amtsgericht/Schöffengericht zu sein, und zwar aus einem mehrfachen Grund:

- Für das Schöffengericht gilt die oben in Anspruch genommene Verständlichkeitsdoktrin.
- Die Verhandlungen sind kurz und immer erstinstanzlich. Sie dauern durchschnittlich zwischen zwei und drei Stunden.
- Die Strafgewalt des Schöffengerichts erstreckt sich auf Alltagskriminalität.
- Diese Alltagskriminalität ist nicht ganz geringfügig; ansonsten hätte die Staatsanwaltschaft die Sache beim Einzelrichter anhängig gemacht.

Ein weiterer in der Doktrin verschwiegener Aspekt macht das

Schöffengericht interessant: Will es erfolgreich sein, d. h. die Zahl der Berufungen gegen seine Urteile niedrig halten, müssen Verhandlungsart, Entscheidungsfindung und -begründung den Beifall des Angeklagten finden. Denn mit einer einfachen Erklärung zu Protokoll des Urkundsbeamten der Geschäftsstelle verschafft sich der unzufrieden Verurteilte ein neues Forum vor der großen Strafkammer des Landgerichts. Die beobachtbare Beifälligkeit ist eine Sache der Plausibilität, nicht des Konsenses. Ihr gilt die Interaktionsanalyse.

Wir widmen uns im folgenden den Analyse-Inhalten der Arbeit.

Was geschieht in der Hauptverhandlung? Ein Text, die zu verlesende Anklageschrift, definiert das Thema, über das die Beteiligten in der Beweisaufnahme reden, Plädoyers und Urteil schließlich sind Formen des Redens über die Verhaltensweisen in der Hauptverhandlung (deren »Inbegriff«). An diesem Unterschied setzen Interaktions- und Argumentationsanalyse ein. Die *Interaktionsanalyse* untersucht das Verhalten in direkter Interaktion, etwa bei der Vernehmung des Angeklagten zur Person oder zur Sache und bei der Vernehmung von Zeugen. In diesem Untersuchungsfeld klärt die Berücksichtigung juristischer Argumente nur den Hintergrund des Handelns. Die *Argumentationsanalyse* dagegen thematisiert die Wertung der Handlungen, also die jeweiligen Schlußregeln auf dem Hintergrund der beobachteten Daten. Ihr Gegenstand sind Begründung im Plädoyer und im Urteil. Darauf aufbauend unterscheidet sich die *Gerichtshausarbeit* in mehrfacher Hinsicht von der herkömmlichen strafrechtsdogmatischen Fallösung:

– im Ansatzpunkt: Nicht ein vorgegebener Sachverhalt, sondern die beobachtete Hauptverhandlung bildet den Gegenstand der Auseinandersetzung;

– im Thema: Die strafrechtliche Würdigung bildet nur ein Moment. Dazu kommt ein Wechsel in der Betrachtungsebene, denn auch das Zustandekommen der die rechtliche Würdigung tragenden Norm- und Tatbestandsperspektiven wird thematisiert;

– in den Wissensvoraussetzungen: Materiell-rechtliche Kenntnisse sind um elementare verfahrensrechtliche und insbesondere um ausgewählte sozialwissenschaftliche Kenntnisse zu erweitern;

– im Arbeitsstil: Die Bearbeitung der Gerichtshausarbeit läßt sich schon aufgrund der Unbestimmtheit des Verhandlungsverlaufs nicht inhaltlich reglementieren. Sie erfordert eine selbständige Problemselektion und Strukturierungsleistung durch die Bearbeiter.

Aus diesem Grunde kann die Gerichtshausarbeit besondere Ausbildungsaufgaben übernehmen. Als Feld forschenden Lernens erscheint sie uns wegen folgender Unterschiede zur Fallösung:

1. Die Hauptverhandlung als Anknüpfungspunkt für die schriftliche Ausarbeitung stellt die Bearbeiter vor die Aufgabe, ein wesentliches Moment des juristischen Reduktionsprozesses selbst vorzunehmen. Die Erweiterung der simulativen Aneignung strafjuristischer Arbeitsweisen ist jedoch nur eines der angestrebten Ziele. Der Nachvollzug des juristischen Reduktionsprozesses bildet zugleich die Grundlage für eine Auseinandersetzung mit Modus, Einflußgrößen und Folgen dieses Vorganges. Das ist erforderlich, weil die eigenständige »Destillation« eines Tatbestands aus den diversen Aussagen und Beweisergebnissen im Anschluß an die entsprechenden »Lösungsentwürfe« des Gerichts, des Staatsanwalts und ggf. des Verteidigers erfolgt. Die Auseinandersetzung mit der professionellen Argumentationsweise eröffnet ein Feld der Kritik.

2. Die thematische Erweiterung hinsichtlich verfahrensrechtlicher, methodologischer und sozialwissenschaftlicher Perspektiven wird möglich, sofern das Strafverfahren als sozialer Vorgang in den Blick kommt. Sozialwissenschaftliche Perspektiven können dabei in doppelter Weise eingebracht werden:

– Einmal läßt sich an jeweils eingegrenzten Bereichen der mögliche Stellenwert sozialwissenschaftlicher Kenntnisse über den sozialen Hintergrund von abweichendem Verhalten und über die Folgen von Sanktionen erproben.

– Zum anderen können sozialwissenschaftliche Kategorien und Theoreme zum Verständnis des Strafverfahrens selbst (seiner personalen, situativen und institutionellen Einflußgrößen) herangezogen werden.

3. Die erweiterte Thematik der Gerichtshausarbeit nötigt zur Erarbeitung erweiterter Wissensbestände, insbesondere aus dem Bereich der Sozialwissenschaften.

Hier wollen wir zunächst ansetzen, zwar nicht in dem ein kanonisiertes Grundwissen angegeben würde, aber doch in der Weise, daß Interaktions- und Argumentationsanalyse als die beiden wesentlichen sozialwissenschaftlichen bzw. strafrechtstheoretischen Arbeitsgänge in ihrem Forschungscharakter deutlich werden.

I. Interaktionsanalyse

»Interaktionsanalyse« nennen wir die detaillierte Beschreibung des institutionellen Dialogs[1]. Dieser Dialog beginnt zwischen Gericht und Angeklagtem mit den Fragen zur Person; er endet, wenn das Gericht die Beweisaufnahme schließt. Was dann folgt, sind Argumentationszusammenhänge *über* den Gegenstand des Verfahrens (Plädoyers, letztes Wort, Urteil). Jene werden unter II. behandelt.

Wir gehen nur stichwortartig darauf ein, *warum* die Interaktion vor Gericht Arbeitsgegenstand sein sollte. Die neuere Rechtsforschung hat genügend oft herausgearbeitet, daß in der Hauptverhandlung der Sachverhalt nicht einfach festgestellt, sondern für die Beteiligten als wahrscheinlich dargestellt wird. Auf eine Formel gebracht: Nicht Wahrheit (im Sinne einer adaequatio rei et intellectus), sondern Plausibilität ist das Verfahrensziel (Engisch 1977: 106, Lautmann 1972: 78 f., Hassemer 1974: 197 f., Dubischar 1974: 105).

Wenn also nicht der ontologische Wahrheitsbegriff die Grundlage für Argumente bildet, sondern Richter, Staatsanwalt und Verteidiger den Anwesenden – und später dem Obergericht – plausibel machen müssen, was sie für wahr halten, dann gewinnen die kommunikativen Techniken an Interesse, mit denen für die Institution und in der Situation Plausibilität hergestellt wird.

Wir stellen im folgenden eine Methode vor, mit der kommunikative Techniken in der Interaktion entdeckt (beschrieben) werden können. Will man eine solche Methode als Arbeitsanweisung (vgl. Ramge 1978: 97) für eine Vielzahl von Einzelfällen formulieren, so sind einige Formulierungsgebote zu bedenken:

– Die methodischen Anweisungen müssen so allgemein gefaßt sein, daß sie für die verschiedenen Gesprächssituationen der Hauptverhandlung passen.

– Die Anweisungen müssen den institutionellen Bedingungen der Redesituation genügen (z. B. Festlegung von Themen durch die Prozeßordnung, Festlegung der Sprecherwechsel usw.).

– Sie sollen verwendbar auch und gerade dann sein, wenn der

Untersucher noch nicht über Hypothesen hinsichtlich des zu erwartenden Ergebnisses verfügt, m. a. W.: Die Methode soll eine *Entdeckungsanweisung* sein, die es ermöglicht, im Anschluß an die Analyse (vielleicht) Hypothesen zu bilden.

Der Entdeckungscharakter wird u. E. dann gewährleistet, wenn die Untersucher an ihre eigene Alltagserfahrung über sinnvolle, zielgerichtete und auf Problemerfassung bedachte Gespräche anknüpfen und diese Alltagserfahrung in einer Reihe von Arbeitsdurchgängen überprüfen. Das Ziel der Überprüfung besteht darin, für Dritte darzustellen, welche Dialogfolgen im einzelnen als »verzerrt« (durch institutionelle Vororganisation gegen die Interessen der Betroffenen festgelegt) oder »plausibel« (in Würdigung der Situation verständlich) erscheinen. Eine solche Darstellung erfordert, daß der Untersucher lernt, verschiedene Phasen eines Dialogs zu unterscheiden und auf jeweils übergeordnete Ziele zu beziehen. Die Arbeitsdurchgänge verlangen also zunächst, den Verfahrensdialog in Teile zu zerlegen.

Wir gehen aus von einem Protokoll des Verfahrens. Nützlich ist eine fachgerechte »Transkription«, d. h. die Verschriftung eines Tonbandprotokolls. Die Fachkunde zeigt sich daran, daß der Transkribent nicht nur Sätze, sondern auch ihre lautliche Umsetzung vermerkt. Die Transkription sollte also im Idealfall erlauben, daß zwei Leser, die einen solchen Text vortragen, ihn genau so lesen, wie die beiden Sprecher der ursprünglichen Handlungssituation gesprochen haben. Wenigstens sollten aber vermerkt sein:

1. Pausen beim Sprechen
2. nonverbale Handlungen
3. Satz- oder Wortabbrüche
4. auffällige Stimmhebungen oder -senkungen
5. Wechsel in der Lautstärke
6. Redegleichzeitigkeiten (sog. »Partiturschreibweise«: Ehlich/Rehbein 1976: 26 f.).

Es versteht sich von selbst, daß solche Feinheiten nur durch mehrfaches Hören und sorgfältiges Schreiben vom Tonband vermerkt werden können. Wer das zu tun beabsichtigt, sollte sich in der sozialwissenschaftlichen Methodenliteratur vorinformieren (Ehlich/Switalla 1976, Kallmeyer/Schütze 1976: 6 f.).

Wir meinen, daß eine Interaktionsanalyse nicht sinnlos wird, wenn man keine Transkription hergestellt hat oder mangels Aufnahmemöglichkeit nicht herstellen kann. Die Analyse der einzelnen Sprechakte muß dann früher abbrechen, als dies bei Kenntnis der lautlichen Performanz der Fall wäre. Die ersten Arbeitsschritte setzen allerdings einen schriftlichen Text voraus, der zumindest die einzelnen Sprecherbeiträge satzmäßig und im Wechsel repräsentiert (vgl. Leodolter 1975).

ERSTER ARBEITSSCHRITT: *Der Dialogtext wird mit der eigenen Alltagserfahrung vermittelt.* Das geschieht, indem

– der Untersucher den Text einmal im ganzen liest,

– dann ein zweites Mal liest und ihn nach Themenabschnitten gliedert. Da in der Hauptverhandlung immer Institutionsvertreter die Fragen stellen, kommt es für die Einführung und Erledigung eines Themas allein auf den Plan des Institutionsvertreters an. Die Entscheidungsfrage zur Abgrenzung eines thematischen Abschnitts lautet dann: Verfolgte der Richter/Staatsanwalt/Verteidiger mit einem Beitrag dasselbe Handlungsziel wie in dem jeweils vorangegangenen Beitrag?

– Beim dritten Lesen sollten schließlich Auffälligkeiten in einzelnen Sprecherbeiträgen markiert werden. Was auffällig ist, bestimmt sich in diesem Arbeitsschritt allein nach dem Situationsgefühl des Untersuchers.

Beispiel: Der Angeklagte verwendet ungewöhnlich viel Sorgfalt darauf darzustellen, daß er sich beim Wechsel seines Wohnorts bei der Meldebehörde *ordnungsgemäß* angemeldet hat.

Nach diesem ersten, dreifach gegliederten Schritt tritt die Untersuchung in ein »objektivierendes« Stadium ein.

ZWEITER ARBEITSSCHRITT: *Die Abschnitte des Dialogs werden herausgearbeitet.* Der Durchgang dient der Objektivierung des zweiten Lesens. Vermerkt ist bereits der Themenwechsel. Schon bei diesen ersten Notizen dürfte aufgefallen sein, daß es Wiederaufnahmen und Hierarchien in den festgestellten Themen gibt.

Beispiel: Ein Richter, der das durchschnittliche monatliche Nettoeinkommen eines Gastwirts erkunden will, fragt zu diesem Zweck nach Umsatz, Pacht, Personalkosten und Sachausgaben. Er versucht also, unter einem einheitlichen Fokus (vgl. Rehbein 1977: 149 ff.) verschiedene einzelne Themen abzuhandeln. So entstehen Hierarchien der Dialogorganisation.

Weiteres Beispiel: Manche Einzelziele lassen sich nicht sofort erreichen.

Vermutet der Staatsanwalt, daß ein frühmorgendliches Bewirten darauf zurückzuführen ist, daß die Beteiligten sich kennen, so wird er diese Vermutung durch Fragen bei verschiedenen Zeugen zu erhärten versuchen. Ein einzelnes Thema (nach dem Sprecherplan) wird dann mehrfach und in verschiedenen Formulierungsvarianten wiederaufgenommen.

Die Phasierung des Dialogs kann man am besten in folgenden Durchgängen herausarbeiten:
– Zunächst werden stichwortartig die erkennbaren Pläne der einzelnen Sprecher notiert. Die Inhalte der Befragung und die Themen des Dialogs beruhen in der Strafverhandlung regelmäßig auf institutioneller Vororganisation.

Beispiel: Die Vernehmung zur Person soll nach § 243 Abs. 2 Satz 2 StPO dazu dienen, die Identität des Angeklagten festzustellen, ohne daß in dieser Phase bereits ein Bezug »zur Sache« hergestellt würde (Kommentierung in Schwarz-Kleinknecht zu § 243 StPO, Rdnr. 7). Meist fragt der Richter nach Wohnort, Stand, Beruf und Einkommen. Insbesondere der letzte Punkt gibt oft Anlaß und Gelegenheit, ein »Bild« über den Angeklagten aufzubauen. Die Beobachtung der Praxis lehrt, daß die Eröffnungssituation auch den Fortgang der Sache strukturiert.

Hat sich der Untersucher Klarheit über Einzelpläne verschafft, so sollte er sich der wechselseitigen Verschränkung, dem Prozeß gemeinsamer Planbildung in der Hauptverhandlung, widmen. An dieser Stelle beginnt die eigentliche »Interaktionsanalyse«, die ja wörtlich als Untersuchung des »Tuns zwischen zwei/mehreren« zu verdeutschen wäre.
Nicht nur der Richter, auch der Angeklagte bringt Absichten/Pläne in die Situation ein. Seine Absichten mögen nicht von vornherein als Handlungsplan entwickelt sein.

Beispiel: Der Angeklagte bemerkt, daß Fragen nach dem Einparken eines Fahrzeugs darauf abzielen, ihm ein Wissen nachzuweisen, daß der Fahrer Diebesgut bei sich geführt habe. Demgegenüber weist er auf die leichte Zugänglichkeit und Beobachtbarkeit des Parkplatzes hin.

– Zur Orientierung über den Gesamtablauf wird anschließend ein Schema der Dialogorganisation entworfen, das enthalten sollte: Themen (aus dem zweiten Durchgang des ersten Arbeitsschritts), deren interaktive Funktion (soeben festgestellt) und die Merkmale, die nach Ansicht des Untersuchers diese Funktion anzeigen (unter Rückgriff auf den dritten Durchgang des ersten Arbeitsschritts). Das Schema könnte etwa so aussehen:

Organisation Dialogteil	Thema	Funktion nach dem jeweiligen Sprecherplan (2. Rubrik)	Merkmal (3. Rubrik)
Vernehmung zur Person	Frage nach Wohnort	Ausfüllung eines inst. Musters/ Signal für ordnungsgemäßes Verhalten	Routinemäßige Frage/ausführliche Antwort
	Stand	Institutionelles Muster/Bestätigung	routinemäßige Frage/Antwort-Sequenz
	Beruf	Schätzung des Nettoeinkommens/Imageaufbau	Frage, Wiederholung, Sprecherwechsel

Nach diesem zweiten Arbeitsschritt hat der Untersucher seinen Text ziemlich genau kennengelernt und ist in der Lage, seine eigenen Einschätzungen der Interaktionsbeziehung im Gesamtablauf zu verorten und an einzelnen äußeren Merkmalen zu objektivieren. Auf der Grundlage dieser Übersicht können im dritten Arbeitsschritt einzelne Dialogteile oder Themen ausgewählt und in ihrer »Mikrostruktur« untersucht werden.

DRITTER ARBEITSSCHRITT: *Einzelne Dialogfolgen werden untersucht.* Dieser die Interaktionsanalyse weiter objektivierende Schritt zielt im ganzen darauf ab, äußere kommunikative Merkmale – wie sie bereits anfänglich vermerkt wurden – näher auf ihre Funktion für die Interaktionsbeziehung zu untersuchen. Legt man das gerade eingeführte Schema zugrunde, so handelt es sich um eine Klärung des Verhältnisses zwischen zweiter und dritter Rubrik. Die Verhältnisklärung sollte sich den verschiedenen Arten der *Institutionalisierung* widmen.

Damit ist das Stichwort gefallen, das nach unserer Meinung vor allem den Blick für »Auffälligkeiten« leiten sollte. Wenn im Strafverfahren zwei Leute miteinander reden, dann klingt das manchmal so, als ob es um eine Beratung oder um eine Ermahnung ginge.

Beispiel:

R: In welchen Situationen haben Sie die Rauschmittel eigentlich benutzt? Haben Sie das beim Musikspielen gebraucht?

A: Ja, das wollte ich mal abchecken, wie das so ist, wenn man mit Heroin spielt. Die ganzen Sachen von Traffic und von Steve Winwood und von verschiedenen andern sind ja auch mit Heroin entstanden.

R: Können Sie denn sagen, daß bei einer Platte ein spezieller Einfluß von Heroin herauszuhören ist in der Art des Spielens oder so?

A: Blues ist so eine Art Heroin in Anführungsstrichen. Man kann das nur spielen, wenn man locker ist.

R: Woher wissen Sie denn, daß Aufnahmen unter Drogeneinfluß entstanden sind?

A: Ich weiß das aus der Zeitung. Ich habe auch in der Zeitung gelesen, daß Keith Richard angeklagt war wegen Rauschmittelbesitzes, und das ist ja klar, daß der auch in anderen Situationen Drogen gehabt hat.

R: Also aus der Zeitung?

A: Ja, ich habe das so gelesen wie Sie auch.

R = Richter
A = Angeklagter

Unter den Bedingungen der *Institution* muß eine solche Sequenz als Vermittlung zwischen deren Zweckbestimmung und der konkreten Situation untersucht werden. Die Hauptverhandlung ist regelmäßig nicht der Ort, in dem sich manifeste Gewalt äußert. Trotzdem spielt Herrschaft in der Gesprächsorganisation eine wesentliche Rolle. Herrschaftsbeziehungen erkennt man weniger an konkreten Befehlen oder Anweisungen, sondern eher an einer subtilen und meist unverdächtigen Differenz zwischen den Handlungsplänen von Richter und Betroffenem.

Am Beispiel: Es könnte den Anschein haben, als frage der Richter aus persönlichem Interesse. Das persönliche Interesse spielt hier aber im institutionellen Konzept eine Rolle: Für die Strafzumessung sind Stationen der »Drogen-Karriere« wichtig, insbesondere mögliche »Konfliktsituationen«, die den Täter entlasten könnten. A vermag nicht, eine solche akute Konfliktlage plausibel zu machen.

Die Vermittlung zwischen Situation und institutioneller Vororganisation kann ersichtlich in ganz verschiedener Weise erfolgen. Der Richter kann sich auf Definitions- und Interpretationsangebote seines Gegenüber einlassen oder jene dazu veranlassen, institutionelle Deutungen zu übernehmen.

Beispiel:

StA: Wie war denn das mit dem Auto?

A: Ja, das Auto stand auf einem vermieteten Parkplatz direkt vor unserem Haus. Da konnte es nicht stehen bleiben. Deswegen hat meine Frau den Mann woanders hindirigiert.

StA: So, die ist aufgestanden, hat sich angezogen und hat den woanders hindirigiert.
A: Ja, die ist schon nach dem Telefonieren aufgestanden.
StA: Da ist die runter und hat den wegdirigiert? Zum Hintereingang hin?
A.: Das geht gar nicht. Es gibt bei uns nur einen Eingang. Aber hören Sie mal, da wo der Wagen dann stand, hätte der Bahnwärter, der an der Schranke sitzt, alles beobachten können. Wenn ich gewußt hätte, daß da Pelze drin sind, dann hätten wir den doch da nicht hindirigiert.

Der Ausdruck »institutionell« ist dabei in einem weiten Sinne zu verstehen. Nicht nur das, was Strafgesetz und Prozeßordnung ausdrücklich vorschreiben, ist institutionell. Vielmehr bedarf jedes in einem solchen Text verwendete Wort der Umsetzung in Vorstellungsinhalte und Handlungsabläufe. Es genügt nicht davon zu reden, jemand habe gewußt, daß es sich um eine gestohlene Sache handelt; man muß auch sagen, was es heißt, so etwas zu wissen.

Am Beispiel: Der Richter unterstellt sowohl für *Entwenden* als auch für *Hehlen* ein Handlungsmuster, dessen Leerstellen er zu erfragen sucht. Leitend sind Vorstellungen über den regelmäßigen Ansatzpunkt einer Handlung (warum veranlaßt einer einen anderen, sein Auto umzustellen?), den Topos der Situation (wenn jemand sich die Mühe macht, dann hat er einen Grund dazu) und den bezweckten/eingetretenen Erfolg (Sicherheit im Verborgenen).

Für denjenigen, der Fragen stellt, dient die Mikroanalyse dazu, das verwendete Wissen über Handlungsmuster (die Planbildung des Sprechers) – und damit eine bestimmte Art der Institutionalisierung – zu beschreiben. Für denjenigen, der reagiert (»Hörer«), dient der dritte Arbeitsschritt dazu, die Art der Verarbeitung solcher Institutionalisierungen zu beschreiben. Planbildungsindizien des Hörers werden in der soziolinguistischen Konversationsanalyse unter dem Ausdruck »Exothese« beschrieben und zusammengefaßt (Rehbein 1977: 190 ff.) Damit sind inhaltlich scheinbar nichtssagende sprachliche und oft übersehene parasprachliche Äußerungsformen gemeint.

Am Beispiel: Zeile 5 des Hehlereibeispiels signalisiert mit der Einleitung »so«, daß StA die Erklärung des A nicht akzeptiert. Zeile 8 signalisiert durch die nochmalige, teilweise wörtliche Wiederholung ein anderes »Musterwissen« des StA.

Bei der Analyse ist hier auf die Elemente zu achten, die regelmäßig nur die Transkription vermerkt:
- nonverbale Handlungen des Hörers
- Redegleichzeitigkeiten
- Satzergänzungen durch den Hörer
- Interjektionen usw. (Rehbein 1977: 190).

Die Gesichtspunkte für den dritten Arbeitsschritt sind unabgeschlossen. Es genügt, wenn die Anschlußstellen zur sozialwissenschaftlichen Forschung deutlich geworden sind. Mit deren Fortentwicklung nehmen auch die Möglichkeiten zu, eine besondere institutionelle Sprechsituation wie die Hauptverhandlung in Strafsachen genauer und verläßlicher zu untersuchen. Die hier skizzierte Methode ist dazu bestimmt, die eigene Alltagserfahrung so zu explizieren, daß am Ende möglicherweise überprüfbare Hypothesen – jedenfalls aber eine intersubjektive Diskussion über die jeweiligen Erfahrungen – stehen können. Die unten (in IV.) gegebenen Literaturhinweise deuten gleichzeitig Richtungen der wissenschaftlichen Verarbeitung solcher Erfahrungen an.

II. Die Argumentationsanalyse

Aus den Sprecherplänen – wie sie in jeder Interaktionsanalyse herauszuarbeiten sind – lassen sich Regeln formulieren, die zum Prozeß der Zuschreibung von Kriminalität gehören (Peters 1973: 46). Solche Regeln sollen aus den Plädoyers und Urteilen der Vertreter des Rechtsstabs herausgelesen werden. Ihnen gilt die Argumentationsanalyse.

Was ist eine Regel? Zur Beantwortung kann der Untersucher wiederum auf Einsichten aus der Interaktionsanalyse zurückgreifen.

Beispiel: Der Staatsanwalt (StA) fragt einen Tatzeugen (Z) nach Umständen der vorgeworfenen Hehlereitat.

StA: Im übrigen waren sonst alle in der Wohnung?
Z: Ja, wir haben da Kaffee getrunken.
StA: Jawohl, einen anständigen Kaffee haben Sie getrunken, und was zu essen gab's auch!
Z: Ja.
StA: Jeder hat da Kaffee gekriegt! Was gab's denn zu essen?
Z: Brötchen, glaube ich.

StA: So, Brötchen auch. Sagen Sie mal, Sie haben da doch vier Wochen gewohnt. Wenn Sie nun zu einer anderen Zeit mit zwei Freunden gekommen wären – auch so früh –, hätten Sie dann auch Kaffee gekriegt?
Z: Ja, ich glaub schon. Die Frau J. ist schon gastfreundlich.

Der Beobachter bemerkt häufig Regelmäßigkeiten, denen offenbar eine intentionale Beziehung zwischen zwei oder mehreren Verhaltensweisen zugrunde liegt.

Am Beispiel: Es sind Regeln verschiedener Stufe, die hier gelten. Für die primäre Handlungssituation unterstellt der StA die Regel: Wer morgens in der Frühe zum Kaffee eingeladen wird, ist dem Gastgeber bekannt. Für die sekundäre gerichtliche Dialogsituation gilt damit: Wer Bewirten nicht erklären kann, will vermutlich kriminelle Absichten verbergen. Z kann sich dabei erfolgversprechend auf eine Besonderheit oder Ausnahme zurückziehen.

Solche Vermutungen können teilweise an Exothesen oder weiteren parasprachlichen Phänomenen belegt werden. Sie würden aber letztlich spekulativ bleiben, wären die Vertreter des Rechtsstabs nicht verpflichtet, ihre Ergebnisse – die als Antrag oder Tenor formuliert werden – zu begründen. In diesen Begründungen werden für Folgerungen die notwendigen Voraussetzungen genannt. Die Sprecher stellen also Teile ihres Plans dar und geben Bruchstücke ihrer Absichten explizit zu erkennen. Aus den Beobachtungen im Verfahren und den Begründungen für Verfahrensergebnisse lassen sich dann Regeln bezeichnen, die offenbar für diese konkrete Situation gegolten haben müssen.

Damit ist eine erste Charakteristik der Regel möglich:

1. Sie hat einen Teil, der Voraussetzungen angibt – den Zuständigkeitsbereich (die Wenn-Komponente) – und einen anderen Teil, der die Folgen benennt (die Dann-Komponente).
2. Sie ist eine absichtsgesteuerte *Verhaltens*weise, also »in Wirklichkeit« gerade kein Satz. Eine Regel, der man in der Situation nicht folgt, mag zwar als Norm trotzdem Geltung beanspruchen. Für die Situation sinkt sie allerdings zu einem Text unter anderen herab (vgl. Bubner 1976: 175).

Daraus entsteht eine doppelte Schwierigkeit: Derjenige, der einer Regel folgt, mag Absichten haben, die auf den Eindruck seines Verhaltens nicht passen. Der Praktiker, nach der Regel befragt, nennt seine Intentionen. Sein »wahres« Verhalten kann er nicht benennen, denn er kennt nur den Anteil bewußten Ausdrucks. Die andere Hälfte mag der aufmerksame Beobachter kennen, dem freilich Absichten – und damit der Rückschluß auf verhaltensmäßige Muster – unbekannt bleiben (vgl. Blum/Mc Hugh 1971). Die Verpflichtung zu institutioneller Argumentation beseitigt diese Schwierigkeit nur unvollkommen.

Seit die Differenz zwischen Eindruck und Ausdruck im Rechtsbereich bemerkt worden ist, haben Rechtstheoretiker sich mit der Trennung zwischen Herstellung und Darstellung von Entscheidungen begnügt (vgl. Lautmann 1972: 175). Diese Formel gibt freilich weder an, ob die im Plädoyer genannte Regel nur auf Darstellungsgründe zurückzuführen ist, noch ließe sich aus ihr schließen, daß allein Beobachter Regeln »von außen« zuschreiben könnten. Am wenigsten sicher ist, daß der vorweg geschriebene Satz – die Gesetzesnorm – auch die Regel der Situation wäre.

Wenn wir an diese in der wissenschaftstheoretischen Literatur schon ausführlich behandelte Differenz zwischen Handeln und dem Sprechen über Handeln (Bubner 1976: 175 ff.) hier in aller Kürze erinnert haben, dann ist damit keineswegs der Rat verbunden, von Regelformulierungen und der Untersuchung so formulierter Regeln überhaupt abzusehen. Wir empfehlen das Gegenteil: Jeder Untersucher soll aus der Interaktion und den Argumentationsweisen über sie so viele Regeln wie möglich formulieren und sich – um deren Angemessenheit zu diskutieren – mit den abweichenden Formulierungen anderer Untersuchungen auseinandersetzen.

Zur Art der Formulierung einer Regel bleibt noch etwas zu sagen. In der wissenschaftstheoretischen Methodologie – soweit sie empirische Argumente rekonstruiert – hat sich die Analyse nach dem sog. »Toulmin-Schema« durchgesetzt (vgl. Toulmin 1958, Wunderlich 1974, Ullmer-Ehrich 1979, Berk 1979). Ohne auf Besonderheiten der Interpretation des Toulmin-Schemas einzugehen, rekapitulieren wir an dieser Stelle die Formulierungsanschlüsse, die für die Situierung von Argumenten gelten. Die bisherige Darstellung hat lediglich Beziehungen zwischen zwei Teilsätzen hervorgehoben, dem Zuständigkeits- und dem Folgenbereich einer Regel nämlich. Der noch unausgeschöpfte Wert des Toulmin-Schemas liegt darin, Verknüpfungen, Absicherungen und Einschränkungen solcher Teilsatzbeziehungen in überschaubarer Weise darstellbar zu machen.

Das Toulmin-Schema verarbeitet zunächst die allgemeine Form des juristischen Schlusses. Der Strafanspruch (claim) wird erhoben, wenn bestimmte Gegebenheiten (als Datum) vorliegen. Die Behauptung des Strafanspruchs kann der Angeklagte zurückweisen, indem er das »Gegeben«-Sein anzweifelt (die »Wahrheit« des Sachverhalts). Dann müssen Ankläger oder Richter andere Gegebenheiten (»Indizien«) nennen. Regeln, die den Schluß von einer Gegebenheit auf die andere erlauben, werden dabei vorausgesetzt.

Der andere Argumenttyp greift gerade jene Regeln an. Richter und Ankläger können eine solche Schlußregel dann verteidigen, indem sie den Geltungsbereich – durch Angabe eines Qualifikators oder einer Einschränkung (»es sei denn . . .«) – modifizieren oder indem sie auf etwas Bezug nehmen, was zur Annahme der Schlußregel *berechtigt*. Aus dieser möglichen doppelten Richtung der Argumentation ergibt sich das inzwischen oft dargestellte und diskutierte Toulmin-Schema (vgl. Alexy 1978: 108-124).

Am Beispiel: Die oben wiedergegebene Dialogsequenz zielt auf einen vom Staatsanwalt nicht ausdrücklich formulierten Anspruch ab, der lautet: Sie, Herr Zeuge, und Ihre Freunde kannten die Angeklagten (daraus weiter folgend der Anspruch: Die Angeklagten müssen deshalb von ihrer Diebestour gewußt und eine Hehlerei begangen haben). Für den Anspruch erfragt der Staatsanwalt drei Daten:
(1) Sie haben einen (anständigen) Kaffee getrunken.
(2) Dazu gab es etwas zu essen.
(3) Die Angeklagte bewirtet immer ihre Besucher.
Mit den ersten beiden Daten scheint der Frager die (uneingeschränkte) Regel zu verbinden: Wer (auch immer) morgendliche Besucher mit Kaffee und Brötchen bewirtet, hat einen Grund für diesen Aufwand. Die Antwort auf die Frage zu (3) leitet an, eine Einschränkung zu formulieren: es sei denn, er ist gastfreundlich.

Die Argumentationsanalyse hilft in dieser Weise, Plausibilitätsstrukturen zu klären. Sie zielt nicht darauf ab, die Strafrechtsdogmatik in Regeln zu reformulieren. Inhalt der Regeln sollten die je besonderen praktischen Konkretisierungen der allgemeinen strafrechtsdogmatischen Sätze sein. Das Toulmin-Schema kann dann Näheres über die kommunikative Funktion der einzelnen Behauptungen aussagen. So fällt auf, wenn für die unterstellten Schlußregeln Berechtigungen gar nicht angegeben werden.

Am Beispiel: Die oben . . . formulierte Regel beinhaltet in ihrer erweiterten wie eingeschränkten Fassung eine typische »Alltagstheorie« (Opp 1970). Berechtigungen dafür werden nicht angegeben (vgl. Ullmer-Ehrich

1979), und es stellt sich die Frage, ob eine solche Regel überhaupt zu prüfen ist oder nur als Alltagswissen für mehr oder weniger zutreffend (»plausibel«) gehalten werden kann. Diese Beobachtung leitet über zu der in Sozialphilosophie und Rechtswissenschaft diskutierten Frage, ob solche Art von Schlußregeln einen legitimen Platz im Entscheidungsprozeß haben können.

Da das Toulmin-Schema inhaltlich leer bleibt und nur als Darstellungsgerüst dienen kann (Berk 1979: 15), schließen wir die empirische Analyse mit Perspektiven ab, die Interpretationslinien für »Daten« und »Regeln« andeuten und die Regelformulierung auf Ergebnisse der Interaktionsanalyse beziehen helfen.

Als Rahmen mag die genannte Vorstellung dienen, die im Geschehen der Hauptverhandlung die Herstellung einer plausiblen Geschichte (und deren rechtliche Bewertung) sieht (Mikinovic/Stangl 1978: 49-55). Wesentliches rechtsspezifisches Merkmal ist dabei die enge Verschränkung von Tatbestandskonstruktion und Norminterpretation im Herstellungsprozeß dieser Geschichte. Insofern sind auch Interaktions- und Argumentationsanalyse eng aufeinander bezogen, beide thematisieren Aspekte des juristischen Reduktionsprozesses und unterscheiden sich jeweils nur im Schwerpunkt nach den Perspektiven, die in den beiden Phasen der Hauptverhandlung (Beweisaufnahme, Plädoyers/Urteil) im Vordergrund stehen.

Die Herstellung jener plausiblen Geschichte, die dann juristisch als Tatbestand fungiert, ist freilich mehr als die bloße Rekonstruktion eines tatsächlichen Geschehens unter dem Blickwinkel seiner strafrechtlichen Bedeutsamkeit. In den Herstellungsvorgang intervenieren eine Reihe von Einflußgrößen, die den Verfahrensgang und das Urteil zwar nicht festlegen, jedoch konstitutive Bedeutung für beides besitzen. Sie werden in Inhalt und Form von Interaktion und Argumentation wirksam und sind daher den beiden Analyseverfahren zugänglich. Wir nennen ohne Anspruch auf Vollständigkeit einige dieser Einflußgrößen.

Die Hauptverhandlung beginnt nicht voraussetzungslos (vgl. Schumann 1977: 39); ihr gehen Ermittlungen (und Interpretationen) der Polizei und der Staatsanwaltschaft und eine Einschätzung dieser Ermittlungen durch das Gericht voraus, die wiederum – als Eröffnungsbeschluß – erst zur Anberaumung des Verhandlungstermins geführt hat.[2] Die Hauptverhandlung beginnt mit der Präsentation einer freilich oft noch rudimentären

Geschichte, dem Tatvorwurf der Anklage, die das Verfahren strukturiert. Die Strategien von Staatsanwaltschaft und Verteidigung, aber auch die Aufklärungsbemühungen zumindest des vorsitzenden Richters stützen sich jedoch zumeist auf die umfassenderen Ermittlungen, die mit der Anklageschrift nur in recht konzentrierter Form unmittelbaren Eingang in das mündliche Verfahren finden. Dieses Vorwissen, das notwendig auch Vorausbewertungen mit sich bringt, läßt sich für den Beobachter der Hauptverhandlung zum Teil indirekt erschließen, am deutlichsten noch in den Vorhalten, die dem Angeklagten oder den Zeugen aus früheren Aussagen gemacht werden.

Das Verhalten der professionellen Verfahrensbeteiligten wird durch eine Reihe von Verfahrensregeln und Handlungsmaximen geleitet, die aus den institutionellen Bedingungen ihres Berufshandelns entspringen. Sie sind bei den verschiedenen Berufsakteuren nicht immer gleichgerichtet. Hier handelt es sich natürlich zunächst einmal um Handlungslinien, die aus der Prozeßordnung stammen. Wesentlich sind aber auch pragmatische Erwägungen, die auf den Zwang zur Herbeiführung einer Entscheidung, auf die Knappheit der zur Verfügung stehenden Zeit und auf ein vertretbares Maß für den erforderten Aufwand antworten (Mileski 1971, Schumann 1977: 15-69). Handlungsorientierungen dieser Art sind vielfach zu routinisierten Handlungsverläufen geronnen und bilden damit eine festgefügte, aber nicht unabänderliche Grundlage für die Interaktion in der Hauptverhandlung. Ihre Bedeutung, Situationsangemessenheit und Folgenhaftigkeit läßt sich in der Interaktionsanalyse erschließen. Dabei müssen routinisierte Handlungsabläufe, die ja eine Entlastung für professionelles Handeln bedeuten, durchaus nicht notwendig auf Kosten des Angeklagten gehen. Die Einsicht in die Begrenztheit von Erkenntnismöglichkeiten und das Erfordernis einer ökonomischen Verhandlungsgestaltung sind hinsichtlich ihrer Folgen zunächst einmal offen.

Neben den im engeren Sinne professionellen Handlungsmustern wird das Verhalten der Prozeßakteure durch Einstellungen und Orientierungen geprägt, die sie im Laufe ihrer Sozialisation erworben haben. Vorstellungen über das, was als plausible Geschichte gelten kann und wie sie zu bewerten ist, werden ganz entscheidend von solchen gesellschaftlich vorgeformten und in der Regel schichtspezifischen Einstellungen bestimmt (Lautmann

1972: 140 ff., Rodingen 1977: 37 f.). Die Verwendung von »Alltagstheorien« zur Deutung von Geschehensabläufen muß stets unter der Perspektive der zugrunde gelegten Normstandards und Einstellungen gesehen werden. Art und Inhalt der Kommunikation im Verfahren geben Aufschluß über diese Haltungen; sie lassen sich dann vor dem Hintergrund allgemeiner theoretischer und empirischer Wissensbestände über schichtspezifische oder berufstypische Einstellungen und Verhaltensmuster interpretieren. Dabei ist jedoch stets zu beachten, daß in der Interpretation das individuelle Verhalten den unbedingten Vorrang gegenüber dem allgemeinen Muster behalten muß, da es in der Regel durch besondere (und häufig gegensätzliche) Ausprägungen und situationsabhängige Überformungen gekennzeichnet ist. Besondere Bedeutung für die Interaktion und deren Analyse kommt dem Verhältnis zwischen den Einstellungen und Orientierungen zu, die von den verschiedenen Akteuren gehalten werden. Gleichartigkeit, Verträglichkeit oder Gegensätzlichkeit in diesem Bereich führen in der Regel zu ganz unterschiedlichen Kommunikationsweisen und Interaktionsverläufen.

Da der Interaktionsprozeß in der Hauptverhandlung ganz wesentlich ein Prozeß sprachlicher Kommunikation ist (vgl. Leodolter 1975: 171 f.), kommt den Sprachstilen der Beteiligten ein wichtiger Einfluß auf die Gestaltung der Interaktion zu. Die Benutzung verschiedener sprachlicher Codes, die gleichfalls schichtspezifischen oder berufstypischen Mustern in wiederum individuellen oder situationsabhängigen Ausprägungen folgen – unterschiedliches Sprachverhalten also ist nicht nur Ursache von Verständnisschwierigkeiten, es führt zuweilen auch zu unbemerktem Mißverstehen, zur fälschlichen Unterstellung geglückter Kommunikation (vgl. Rehbein 1977: 342 f.).

Während die lebensgeschichtlich erworbenen Einstellungen und Orientierungen, die Sprachstile und selbst noch die berufstypischen Verhaltensmuster ganz oder teilweise außerhalb der hier untersuchten Handlungssituation entstanden und wirksam sind, konstituieren die besonderen, an die Situation der Hauptverhandlung geknüpften Verhaltenserwartungen und Erwartungserwartungen eine eigenständige Art von Verhaltensmustern, die sich unter den Begriff des Rollenhandelns fassen lassen. Insbesondere für den Angeklagten und die Zeugen als nicht berufsmäßige Akteure ergibt sich die Notwendigkeit, die Situation nach unterstellten Erwartungen zu strukturieren und auf diese ihnen zugewiesenen Rollen zu reagieren. Reagieren heißt dabei nicht notwendig, den Rollenanforderungen zu entsprechen. Wo eine gewisse Sicherheit über die Rollenerwartungen besteht, bei den berufsmäßigen Akteuren und bei gerichtserfahrenen Angeklagten etwa, kann die rollenhafte Fixierung von Verhaltenserwartungen strategisch zur Durchsetzung der eigenen Zielvorstellungen eingesetzt werden.

III. Die Gerichtshausarbeit

Zuletzt stellen wir eine Arbeitsform vor, deren Schwerpunkt in der Strafrechtsausbildung liegt. Gehen in Interaktionsanalyse und Argumentationsanalyse vor allem sozialwissenschaftliche und rechtstheoretische Fragestellungen ein, so nutzt die Gerichtshausarbeit den Erkenntnis- und Erfahrungsgewinn aus der Bearbeitung solcher Fragestellungen für die strafrechtsdogmatische und -praktische Ausbildung. Die Gerichtshausarbeit ist als Unternehmen zu verstehen, das nur mit Hochschullehrern[3] und in curricularer Verortung (etwa in einer Strafrechtsübung) einen Platz haben wird. Denn sie macht die Übung in dogmatischer Argumentation zum Lerngegenstand und verbindet diese Übung mit der detaillierten Beobachtung eines einzelnen Verfahrens. Wir betonen, wie kurzschlüssig es wäre, die Studenten unvorbereitet in ein solches Verfahren zu schicken. Man darf nicht erwarten, daß die Studenten die methodischen und sozialwissenschaftlichen Erkenntnisse je neu und je für sich aus der konkreten Anschauung des Verfahrens schöpfen. Die Anschauung ist nicht die *Erkenntnis*quelle. Die wesentliche Form, in der generalisiertes Wissen und allgemeine Perspektiven vorliegen und zugänglich werden, bleibt auch hier die Literatur. Freilich bietet die Gerichtshausarbeit eine besondere Möglichkeit der Auseinandersetzung mit solchen Erkenntnissen oder auch der aktuellen Aneignung passender Hypothesen und Erklärungsmuster, wie sie die Sozialwissenschaften für den Bereich des abweichenden Verhaltens und der Interaktion vor Gericht anbieten. Die Besonderheit der Lernmöglichkeit liegt darin, daß der Gegenstand der Erkenntnis eine unabgeschlossene, verschiedenen Erklärungs- und

Verstehenshorizonten zugängliche Situation ist. Die Gerichtshausarbeit motiviert durch Anschaulichkeit.

Die Anschauung soll aber nicht dazu dienen, für wahr gehaltene Thesen und Theorien am angeschauten Fall vermeintlich wiederzuerkennen und zu belegen. Diese Möglichkeit ist in zweifacher Hinsicht unfruchtbar:

– Einmal kann es um den Beweis von Hypothesen und Theorien zum Strafverfahren in der Juristenausbildung nicht gehen. Der Versuch eines »Beleges« durch ein oder mehrere Verfahren würde willkürlich wirken.
– Aber auch das Bestreben, theoretische Aussagen an einer komplexen Praxis zu überprüfen, ist von begrenztem Nutzen, wenn es – wie häufig zu beobachten – in ein schematisches, mit Überinterpretationen arbeitendes Aufspüren isolierter Elemente ausartet.

Das Ziel der Beobachtung sollte statt dessen darin liegen, die Singularität des Verfahrens nicht um der theoretischen Verallgemeinerung willen zu verbiegen, sondern das Geschehen mit Hilfe bekannter theoretischer Ansätze zu verstehen und dadurch zugleich auch diese Ansätze zu begreifen (vgl. Rülcker 1978: 120).

Wenn die Gerichtshausarbeit neben dem Nachvollzug der juristischen Argumentation (als Übungs- und Ausbildungskomponente) besonderes Gewicht darauf legt, das Verfahren selbst zu thematisieren und es in seinen sozialen Einflußgrößen und Folgen zu durchschauen, so geschieht das deshalb, weil die Anschauung einer die Argumentverwendung formenden Situation besonderen Ausbildungswert hat (Hassemer 1972: 478). Wenn zwischen lehrbaren Methoden und dem Gehalt praktischer Regeln, zwischen generalisierten Wissensbeständen und ihrer Ausformung in der Praxis notwendig eine Lücke bleibt, die den Lernprozeß an eine praktische Übungsphase bindet, so rechnet die Gerichtshausarbeit mit dieser Übung, wenn sie auf einen Reflexionsprozeß vollzogener fremder und vorgestellter eigener Praxis zielt. Dieser Reflexionsprozeß soll dabei in einem (freilich immer noch nicht praxisfixierten) Lernprozeß zu einem Erfahrungsgewinn führen, der Kenntnisse und Orientierungen in der Form praktischer Urteilskraft integriert.

Die Ziele mögen hochgesteckt erscheinen. Ob sie erfüllbar sind, muß die Evaluation konkreter Lernprozesse erweisen. An dieser Stelle möchten wir lediglich – wie bei den anderen Arbeitsformen auch – Aufbau und Vorgehensweise beschreiben. Im Aufbau einer solchen Arbeit sollte der Handlungscharakter des Strafverfahrens herausgearbeitet werden. Was die Vorgehensweise betrifft, sollten die in der Argumentationsanalyse festgestellten Regeln einer juristischen Würdigung und kriminalpolitischen Einschätzung unterzogen werden.

Zunächst zum Aufbau: Die Gerichtshausarbeit sollte einen organisatorischen Platz in der Strafrechtsübung (für Fortgeschrittene) erhalten. Sie würde dort die herkömmliche Fallösung anhand eines vorgegebenen Sachverhalts ersetzen. Die allgemeine These, daß Wahrheit als Ergebnis von Interaktion und Argumentation zu verstehen ist, sollte dabei an drei Stadien des Verfahrens demonstriert werden. Eine von diesen Phasen ist Gegenstand der Beobachtung. Die Hauptverhandlung gibt in einer stilisierten Form das klassische dramaturgische Konzept der Einheit von Ort, Zeit und Handlung wieder. Im Thema wird die Hauptverhandlung definiert durch die Anklage, im Ergebnis wird sie repräsentiert durch die mündliche und schriftliche Fassung des Urteils. Die der Hauptverhandlung vorangehende wie die ihr nachfolgende Phase finden dabei lediglich in den nach außen dargestellten Äußerungsformen Ausdruck. Kombiniert man diese mit der Hauptverhandlung, so kann man in der Abfolge drei Sachverhaltskonstruktionen und ihre eventuellen Abweichungen vermerken:

– *Die Anklageschrift* stellt das erste Konstrukt vor. Die Tat wird als strafbar definiert und in ihren rechtsrelevanten Merkmalen bezeichnet.
– *Die Hauptverhandlung* ist in zwei Entwicklungssträngen denkbar:
a) Angeklagte (und Zeugen) bestätigen vollständig den Inhalt der Anklageschrift. Dann wird das Interesse des Angeklagten dahingehen, ein günstiges Bild von sich im Hinblick auf die Strafbemessung zu entwerfen. Praktiker pflegen hier gelegentlich von einer Strategie zu reden, deren Inhalt darin bestehe, »den Kopf auf den Block zu legen und abzuwarten«.
b) Der Angeklagte weist den Tatvorwurf gänzlich oder teilweise zurück. Dann verdoppelt sich das Bild der Tat in der Hauptverhandlung und der Bearbeiter hat für seine rechtliche Würdigung zu entscheiden und zu begründen, welche Version er für glaubhaft hält.
– *Die Rechtskonkretisierung* in Plädoyer und Urteil enthält selbst noch einmal eine Sachverhaltsschilderung. Diese mag nach dem Entwicklungsgang (a) fast unverändert das Tatbild der Anklageschrift wiederholen – dann handelt es sich in der Regel um ein nur nach Routinegrundsätzen ablaufendes Verfahren –, oder die amtliche Beweiswürdigung konkretisiert ein jeweils neues und selbständiges Bild der Tathandlung. In diesem letzten Fall vervielfachen sich die Entscheidungs- und Begründungsanfor-

derungen; sie sind in ihrem Thema jedoch durch die konkreten historischen Argumentationsergebnisse vorgegeben.

– Schließlich wird – im Fall einer Strafbarkeit – auch die für die Verfahrenspraxis entscheidende *Strafzumessung* zum Thema der Gerichtshausarbeit. Die Bearbeitung schließt also nicht mit dem für die »Fallösung« charakteristischen Satz: A hat sich deshalb gemäß § 259 StGB strafbar gemacht – sondern diese Feststellung verpflichtet zur eigenen Strafzumessungsentscheidung.

Hinsichtlich des letzten Punktes mag man einwenden, die Strafzumessung und ihre sachgerechte Abwicklung stelle eine typische Praktikerleistung dar, die in der akademischen Strafrechtsausbildung bisher zu Recht unberücksichtigt geblieben sei. Wegen der theoretischen Legitimation des Ausbildungsziels begnügen wir uns mit Verweisen auf die Ausbildungsreformdiskussion (Hassemer 1972, Jäger 1973, Thoss 1973). Für die konkrete Arbeit an Verhandlungsabläufen, an die wir denken, und für die studentischen Bearbeiter (und ihre Hochschullehrer), an die wir uns wenden, dürften Anmerkungen zu Handlungsproblemen (vgl. Thoss u. a. 1976: 69 f.) passender sein als ein weiteres Wort zur allgemeinen Reformdiskussion.

Was darf man sich von einem konkreten Nachvollzug der Argumentation zur Strafzumessung erwarten? (Wohlgemerkt: Nur von jenem konkreten Nachvollzug ist hier die Rede, so daß Theorien zur Strafzumessung in diesem Rahmen nur Hintergrundfunktion haben). Für die Antwort auf diese Frage mag ein Seitenblick auf das übliche – und auch hier nicht zu vernachlässigende – strafrechtliche Gutachten über die Tat nützlich sein. Dort macht die eigene Entscheidung und ihre Begründung für jeden Rechtsstudenten das selbstverständliche Thema aus, und zwar in einem Feld, das von Rechtsprechung und Strafrechtslehre viel umfassender und genauer bearbeitet worden ist, als die Abwägung zwischen widerstreitenden Strafzumessungsgesichtspunkten. Aus diesem Grunde gerät die »eigene« Entscheidung im Gutachten häufig zum Herausputzen fremder und in ihren Auswirkungen unverstandener »Meinungen« (Seibert 1977: 110, Köberer 1978: 245). Im Bereich der Strafzumessung ist die Situation dagegen umgekehrt. Dort gibt es kaum »Meinungen«, zwischen denen man sich pflichtmäßig entscheiden müßte, sondern es herrscht die Pluralität der Strafzwecke und -zumessungsgesichtspunkte. In der Praxis führt das zu einem Argumentationsgang, der »einerseits« strafmildernde Umstände berücksichtigt und »andererseits« straferschwerende Momente hervorhebt. Am Ende steht das »notwendige«, aber auch »ausreichende« Strafmaß, konkret: die für einen Fall dieser Art übliche *Straftaxe* (vgl. Hassemer 1978). Zu diesem Argumentationsbetrieb des Einerseits/Andererseits pflegen Studenten engagiert und motiviert Stellung zu nehmen; sie sind durchaus in der Lage, latente Regeln zu formulieren oder auf irrationale Folgen hinzuweisen. Wir meinen, daß die akademische, von praktischem Handlungs- und Rechtfertigungsdruck entlastete universitäre Ausbildungsphase der Ort ist, wo solche Regel- und Folgendiskussionen zu führen sind. Denn die herkömmliche Referendarausbildung oder gar die Assessorentätigkeit in einer Strafkammer sind selten ein geeigneter Diskussionsort. An die Stelle folgenorientierter Aufklärung und regelbezogener Inhaltskritik tritt dann die Anpassung an das Straftaxensystem. Dieses imitative Lernen scheint uns nicht angemessen, um in die Abwägung von Strafzumessungsgesichtspunkten einzuführen.

Wir rekapitulieren die bisher begründeten Gliederungsgesichtspunkte für eine Gerichtshausarbeit:

I. Tatvorwurf nach der Anklageschrift
Beschreibung der zur Last gelegten Handlung, der rechtsrelevanten Situationsumstände und Angabe der Strafvorschriften.
II. Rekonstruktion der Tat in der Hauptverhandlung
– nach ihrem situativen Ablauf entsprechend der Beweisaufnahme.
– in ihrer rechtlichen Beurteilung entsprechend den gehaltenen Plädoyers und der gerichtlichen Urteilsbegründung.
III. Strafrechtliches Gutachten über die Tat
– Normbildung: Auseinandersetzung mit den für die vorgstellten Sachverhaltsvarianten einschlägigen Normhypothesen aus der Strafrechtsdogmatik.
– Rechtskonkretisierung: Welche Tatbestandsvoraussetzungen sind nach dem Ergebnis der Beweisaufnahme (eigene Beweiswürdigung unter kritischer Auseinandersetzung mit der Beweiswürdigung und den Rechtsausführungen des Staatsanwalts, der Verteidigung und des Gerichts) erfüllt?
IV. Begründung der Rechtsfolgen im Fall einer Verurteilung

Nachdem der Aufbau der Arbeit in den Grundzügen geklärt ist, schließen wir mit Hinweisen zur inhaltlichen Darstellung ab, insbesondere zur Einbeziehung möglicher Ergebnisse aus der Interaktions- und Argumentationsanalyse. Die Ergebnisse der Analysen kann man thematisch so zusammenfassen: Die Interaktionsanalyse klärt die Handlungspläne und Verhaltensstrategien im Verhältnis zwischen Sprecher und Hörer der Hauptverhandlung, die Argumentationsanalyse formuliert die der Interaktion zugrundeliegenden Regeln, soweit sie auf die Entscheidung Einfluß haben. Damit ist das empirische Material, das für die Bearbeitung vorliegt, erheblich umfangreicher als bei einer herkömmlichen Fallösung mit in ihren Auswirkungen vorbedachten Sachverhaltsmerkmalen. Andererseits sind Hypothesen zur Normbildung (die eigentlichen dogmatischen Sätze) meist weniger kompliziert, und vor allem: Sie sind in der Verhandlung erörtert worden und den Bearbeitern im wesentlichen anschaulich und deutlich. Hat man Analysen auf der empirischen Grundlage der Beobachtung durchgeführt, so können die Ergebnisse in der Gerichtshausarbeit verarbeitet werden:

- Abschnitt I hat die Aufgabe, in das Thema der Arbeit einzuführen. Die Ausarbeitung setzt genaue Mitschrift in der Hauptverhandlung voraus oder macht eine nachträgliche Einsichtnahme in die Anklageschrift erforderlich. Der Sinn dieser Einführung besteht nicht darin, die Anklageschrift abzuschreiben, sondern aus ihr jene Situationselemente zu entnehmen, die zum kontroversen Thema der Hauptverhandlung geworden sind.
- Abschnitt II stellt die empirische Grundlage dar, von der aus die Bearbeiter die für III. und IV. relevanten Regeln formulieren. Die Beschreibung des Verhandlungsablaufs sollte sich also nicht nur auf die differenten Darstellungsinhalte (von der Tat) richten, sondern gleichermaßen das Verhalten zwischen den Beteiligten in der Hauptverhandlung – die Beziehungsebene (Watzlawick u. a. 1975) – thematisieren. Aus der Beziehungsebene sind oft verdeckte Regeln zu entnehmen, die beispielsweise die Strafzumessung wesentlich beeinflussen (vgl. Hassemer 1978: 81).
- Abschnitt III wird neben der herkömmlichen Subsumtion die Regeln und Entscheidungsgesichtspunkte thematisieren, die dazu führen, einen Tathergang als erwiesen anzunehmen. Auch in diesem Bereich sind die anerkannten (offenen) Regeln so beschränkt, wie wir das für die Situation der Strafzumessung bereits beschrieben haben. In der argumentativen Auseinandersetzung mit dem Prozeß der Sachverhaltskonstruktion liegt deshalb ein jeweils neuer Forschungsbeitrag einer Gerichtshausarbeit. Die Regeln sollten möglichst situationsspezifisch und zunächst ohne Blick auf allgemeine Geltung formuliert werden.
- Ein weiteres Feld forschenden Lernens sind Regelformulierungen zur Strafzumessung in Abschnitt IV. Sie sollten die gemäß § 46 gebotene Abwägung bei der Einzel- und Gesamtstrafenbildung (§§ 52, 53 StGB)

konkretisieren. Man trifft ja häufig auf latente und nicht immer legitime Gesichtspunkte der Art:
Wenn dem Angeklagten Strafschärfung wegen Rückfalls anzulasten ist, so kommt eine Aussetzung zur Bewährung nicht mehr in Betracht.
Eine solche Regel kann plausibel sein, weil in § 48 Abs. 1 Ziff. 2 wie in § 56 Abs. 2 StGB »besondere Umstände« in der Tat und in der Persönlichkeit des Täters zu würdigen sind. Legal ist die Vereinfachung (von der Dogmatik der Strafzumessung her) nicht gerechtfertigt, so daß sich auch über Legitimität und Plausibilität streiten läßt.

IV. Literatur zur Hauptverhandlung

Die Anschauung des Verfahrens sei nicht gleichzeitig auch die Erkenntnisquelle, hieß unsere These zum Lern- und Forschungswert einer Einzelbeobachtung. Die praktische Konsequenz daraus lautet: Es genügt weder, nach der Beobachtung gemäß Strafgesetz und Strafprozeßordnung die Rechtsform zu rekonstruieren, noch reicht Diskussion oder Spekulation aufgrund spontaner Einschätzungen. Zum normativen Hintergrund und zur im Ansatz bedeutsamen Anschauung muß und soll die Auseinandersetzung mit Literatur treten[4].

Die Verstehensversuche und Verständigungsprozesse über Bücher zum Strafverfahren sind nicht immer leicht zu führen. Das liegt daran, daß in Bücher zum Strafverfahren bisher selten empirische Beobachtungen der Hauptverhandlung eingegangen sind – sie insofern also eher Doktrinen als Theorien über das Verfahren bieten – und allgemeine Kommunikationstheorien demgegenüber auf hohem Abstraktionsniveau formuliert sind. Die Schriften, mit denen wir gearbeitet haben[4], stammen aus drei unterschiedlichen Traditionen,
– aus teilnehmender (und nicht teilnehmender) Beobachtung der Hauptverhandlung im Rahmen rechtssoziologischer Vorhaben;
– aus Hypothesen zum methodisch kontrollierten Fremdverstehen, wie sie die Ethnomethodologie bereithält und wie sie eine allgemeine sprachliche Handlungstheorie systematisiert;
– aus inhaltlichen, nicht standardisierten (»qualitativen«) Untersuchungen der empirischen Linguistik, insbesondere der linguistischen Pragmatik.

Die abschließendem Bermerkungen sollen eine erste Orientierung in und zwischen diesen drei »Strängen« ermöglichen.

Eingeführt und anerkannt als Thesen für die Verfahrensbeobachtung sind allgemeine Sätze aus der empirischen Rechtssoziologie. Eine programmatische und mittlerweile schon fast klassische Beobachtungsarbeit hat Karl-Dieter Opp (1970) vorgelegt. Das Programm gipfelt in einer soziologisch untermauerten Rüge hinsichtlich des Gebrauchs von »Alltagstheorien«, d. h. allgemeinen Regeln der Form nach entsprechenden, aber nicht entsprechend geprüften Sätzen aus dem Erfahrungswissen (1970: 387). Der Beobachtung lag eine Diebstahlsanklage zugrunde: Eine Prostituierte sollte in einer Gastwirtschaft in Begleitung eines Dritten einem Mann die Geldbörse aus der Tasche gezogen haben. Opp und die beobachtende Studentengruppe bezweifeln die anhand von Umständen (Indizien) unterstellte Zueignungsabsicht. Die Annahme der Zueignungsabsicht beruhe auf Regeln, deren Richtigkeit der Richter nach seiner »Erfahrung« beurteile, ohne mögliche Alternativen zu bedenken. Soweit Opp solche vorschnellen Identifikationen rügt, verweist die Kritik freilich eher auf eine offene, möglichkeitsreiche Alltagspraxis als auf die programmatisch gewünschten anderen – rigiden, aber geprüften – Entscheidungssätze (vgl. Opp 1973: 97 ff. und Jäger 1978: 307).

Hinweise zu alternativen Deutungsmöglichkeiten geben auch die weiteren soziologischen Beobachtungen. Ebenfalls klassisch zu nennen ist auf dem Felde der teilnehmenden Beobachtung Rüdiger Lautmanns entscheidungstheoretisch interpretierte Studie (1972), die gleichzeitig die einzige ihrer Art darstellt: Der Beobachter war ein Jahr lang selbst als Richter tätig, und was er in Form von Dialogstücken aus der Praxis berichtet, sind nicht selten Sozialisationsschwierigkeiten innerhalb eines von nicht problematisierten Selbstverständnissen lebenden Justizbetriebs (vgl. Lautmann 1973: 115 ff.). Lautmanns Richterbeobachtung kann der Untersucher selektiv lesen (1972: 59, 91, 115, 123, 132, 141, 144, 159 z. B.) und die Situationsausschnitte durch den ausschließlich dem Strafprozeß gewidmeten Beitrag (1973) ergänzen. Lautmann hat seine Beobachtungen auf die Kommunikation zwischen den professionellen Entscheidern während und anläßlich der Hauptverhandlung konzentriert. Der Leser erfährt als empirische Information, was sich sonst nur in zweifelhaft erscheinenden Pausengesprächen in Erfahrung bringen ließe. Darin liegt auch eine gewisse Gefahr dieser singulären Studie. Sie verführt dazu, bestätigt zu finden, was im Buch berichtet wird, ohne daß die konkreten Bedingungen der eigenen Beobachtung weiter berücksichtigt würden.

Führt Opp in ein besonderes und grundlegendes Problem der Rechtsanwendung in der Hauptverhandlung ein und liefert Lautmann dazu Informationen von der »Hinterbühne« des Prozesses, so könnte die – in verschiedenen Versionen publizierte – Arbeit von Schumann/Winter (1973, 1975) dazu dienen, die eigene Beobachtungsfähigkeit systematisch zu schärfen. Schumann/Winter diskutieren Indikatoren, die bestimmte theoretische Annahmen auf beobachtbare Einzelheiten der Interaktion zurückführen. Aufgrund der Lektüre kann hypothetisch vorbereitet werden, was als praktisches Ergebnis aus den – oben unter I. dargestellten – Verfahrensweisen der linguistischen Pragmatik folgen sollte (vgl. Schumann/Winter 1975: 79-81).

Über die Beziehung zwischen Beobachtung und Regelformulierung gibt Dorothee Peters' empirische Untersuchung (1973) Auskunft. Peters kombiniert die Beobachtung von Gerichtsverhandlungen mit einer repräsentativen Richterbefragung. Aus der Auswertung der Beobachtungen läßt sich entnehmen, was oben unter II. stillschweigend vorausgesetzt bzw. exemplifizierend eingeführt worden ist: daß es nämlich praktische Anwendungsregeln gibt und was sie für die Rechtsanwendung in der Hauptverhandlung bedeuten. Hinsichtlich des Inhalts dieser Anwendungsregeln können die Untersuchungsergebnisse von Peters Anhaltspunkte in zweierlei Richtung geben: Inhaltlich gilt, daß der Diebstahl ein in Hauptverhandlungen immer wieder angeklagtes und stereotyp verarbeitetes Delikt ist; methodisch bleibt der Prozeß der Differenzierung und Konkretisierung von Rechtsnormen interessant. Peters arbeitet dabei mit der These, kodifizierte Gesetzesregeln würden durch nicht kodifizierte, praktische Anwendungsregeln ergänzt, erweitert und abgeändert (1973: 26-29, 37-49). Wir haben eine mehr interaktionistische Position bezogen, von der aus das Verhältnis von Regel und Anwendungsregel nur einen Schritt in der Rückführung von Normen auf den sie bestimmenden Handlungszusammenhang darstellt, m. a. W. (und oben schon formuliert): Die Beobachtung und Analyse einer oder mehrerer Gerichtsverhandlungen führt nicht dazu, statt der normierten Gesetzesregel nun die empirische Anwendungsregel vorweisen zu können, sondern ermöglicht lediglich Einblicke in den Vorgang der Darstellung einer Handlung.

Diese letztere, selbst wieder vage Redeweise soll überleiten zu dem zweiten angesprochenen Strang der Theoriebildung zur Hauptverhandlung: der Ethnomethodologie. Als Handlungs- bzw. Kriminalitätstheorie haben ethnomethodologische (und verwandte interaktionsbezogene) Ansätze im Zusammenhang des Seminars »Abweichendes Verhalten« ihren eigenen und durch Fritz Sack eigens begründeten Ort erhalten (AV II: B I). Die dort zugänglich gemachten Arbeiten von Blum/McHugh (1971) und MacNaughton-Smith (1972) eröffnen die Perspektive für eine »Grammatik« der Regelformulierung. Blum/McHugh diskutieren in ihrem Beitrag eigentlich ein empirisches Problem, über das Jäger (1978) in anderem theoretischen Kontext redet, die Bestimmung subjektiver Deliktsmerkmale nämlich. Daneben klingt aber auch eine methodologische Grundlagenfrage an, die bei MacNaughton-Smith ganz in den Vordergrund tritt und bei der Formulierung von Regeln zu einer beobachteten Hauptverhandlung beachtet werden muß: Wie verhalten sich Regeln eines konkreten Gerichtsverfahrens zu den ihnen entsprechenden Konkretisierungen der einschlägigen Gesetzessätze? und weiter – die Differenz beider »Codes« unterstellt –: Welche Regel ist durch Abweichungen diskreditiert? Die Norm, die nicht praxisleitend ist? oder der gesetzlose, »wildwüchsige« Justizbetrieb? oder macht man sich die phänomenologische – von Lüderssen (AV III: 29) kritisierte – Verträglichkeitsannahme zu eigen: ». . . daß jede Gesellschaft auf beide Codes angewiesen ist und manchmal die Existenz des zweiten Code lieber leugnen oder vergessen würde.« (MacNaughton-Smith, in: AV II: 203)?

Die Ethnomethodologie – gewonnen und erprobt als reflexives Fremdverstehen – drängt nicht unbedingt zur Beantwortung dieser Fragen und legt statt dessen eine Beschreibungs- und Erklärungsperspektive nahe (vgl. Garfinkel, in: AV III). Es sind Juristen in der Zusammenarbeit mit Sozialwissenschaftlern, die sich an solchen Vermittlungen versuchen (vgl. Hoffmann-Riem 1978), und es sind juristische Legitimationszwänge – wie sie in der Gerichtshausarbeit bewußt auch enthalten sind –, die literarische Abhandlungen zur Verbindung ethnomethodologischer und juristischer Fragestellungen interessant werden lassen. Symbolisches Handeln unter parteinehmender und noch recht großflächiger Kategorisierung hat Marlis Dürkop (1978) in den Mittelpunkt gerückt. In gleichem Zusammenhang wird aber auch die differenziertere Studie von Fritz Schütze (1978) zum Wehrdienstverweigererverfahren wichtig. Schütze hat – ausgehend von Transkriptionen – eine Verfahrensart untersucht und charakterisiert, die von der Prozeßordnung her eine besondere Art des Verwaltungsverfahrens sein soll, aber tatsächlich kommunikative Aktivitäten vereinigt, wie sie (auch) den Strafprozeß bestimmen (vgl. Schütze 1978: 78). Die Aufklärung einer »echten« Gewissensentscheidung hat eine ähnliche Struktur wie die Feststellung der Zueignungs- oder Täuschungsabsicht. Es wird ein Sachverhalt *erzählt* und diese Erzählung argumentativ verarbeitet (wobei auffällt, daß diese »Materialverarbeitungsphase« in einfachen Diebstahlsprozessen oft entfällt). Weitreichend und in ihren Auswirkungen jeweils neu zu überdenken sind die von Schütze vorgetragenen konversationsanalytischen Annahmen über Zugzwänge des Erzählens (1978: 59 f.) und Argumentierens (1978: 77-79). Sie formulieren Regeln, wie eine Handlung darzustellen ist, und in diesem Charakter des »Wie-es-zu-machen-ist« *(how it is getting done)* liegt auch der ethnomethodologische Bezug von Schützes Arbeit.

Wir haben die Ethnomethodologie im Zusammenhang der Feldforschung zur Hauptverhandlung erwähnt, weil ihre Autoren einmal Handlungen (und nicht nur gesellschaftliche Derivate) untersuchen (so daß nicht schon vor der Beobachtung feststeht, im Verfahren seien der Angeklagte, sein Richter oder beide »die Deppen«, deren Verblendung es nur zu entdecken gälte; vgl. Weingarten/Sack 1976: 20). Zum anderen stellt diese neuere sozialwissenschaftliche Richtung Verbindungen her zwischen herkömmlicher Soziologie und Linguistik, deren Beachtung die Verhandlungsinterpretation vertieft. Ist den Ausflügen der Ethnomethodologen in die Gerichtspraxis der verwunderte Blick von außen eigen (vgl. etwa Pollners Beispiele aus Verkehrsstrafsachen 1976: 316-323), so versuchen Analysen der Hauptverhandlung aus der linguistischen Pragmatik eine detaillierte und teilweise systematische Beschreibung. Die Möglichkeiten und die dabei nützliche Arbeitsweise lassen sich gut aus dem abschließenden Beispiel in Jochen Rehbeins umfassender Arbeit zur sprachlichen Handlungstheorie rekonstruieren (1976: 342 f.). Rehbein liefert die im deutschsprachigen Raum derzeit umfassendste Vorlage, wie das ethnomethodologische *how it is getting done* in eine systematische Beschreibungsform zu übersetzen wäre, die eine

Interaktionsanalyse der in I. vorgeschlagenen Art anleiten könnte. Es bleiben Abstraktionsabstände. Sie werden nach und nach gefüllt durch linguistische Untersuchungen der Hauptverhandlung, die auf Transkriptionen beruhen:

– Die erste Arbeit dieser Art war Ruth Leodolters empirische Untersuchung über Verkehrsstrafsachen (1975). Das Untersuchungsziel entsprach freilich weniger Grundsätzen der linguistischen Pragmatik (vgl. Schlieben-Lange 1979) als der Absicht, die Bernsteinsche Unterscheidung zwischen elaboriertem und restringiertem Code in der Hauptverhandlung nachzuvollziehen. Man findet solche Code-Unterschiede (Leodolter 1975: 291 f.), sollte allerdings auch fragen, inwiefern sie institutions- oder personenspezifisch sind. Leodolter hat das nicht getan und infolgedessen auf die jedem Rechtspraktiker angesichts einer hanebüchenen Verhandlungsführung naheliegenden Fragen nicht geantwortet.

– An Leodolters Verhandlungsmitschrift haben sich verschiedene weitere Interpretationen orientiert. Etwa liegt Fall 10 Dieter Wunderlichs Überlegungen zur »Institutionalität« sprachlicher Handlungen zugrunde (1976: 320-324, 367-373). Wunderlich zeigt gleichzeitig programmatisch, welche Untersuchungsziele und -ergebnisse von aktuellen Arbeiten aus dem Umkreis der linguistischen Pragmatik zu erwarten sind (1976: 30-50). Liest man seine Thesen auf dem Hintergrund ethnomethodologischer Sozialforschung, so scheint deutlich zu werden, daß »Pragmatik« in diesem Zusammenhang die Analyse von Graden der Institutionalisierung kommunikativer Situationen meint, Handeln im »Alltag« und Handeln in »Institutionen« also nicht zwei Bereiche sozialwissenschaftlicher Arbeit darstellen.

– Unter Gesichtspunkten der oben vorgeschlagenen Argumentationsanalyse wird Veronika Ullmer-Ehrichs Untersuchung interessant (1979). Sie rekonstruiert Argumente in Anwendung des Toulmin-Schemas und gelangt hinsichtlich der Darstellung von Strafzumessungserwägungen zu ähnlichen – Kritik nahelegenden – Ergebnissen wie Mikinovic/Stangl aufgrund von Aktenanalysen (vgl. 1978: 150 ff.).

– Im Rahmen der linguistisch-pragmatischen Mikroanalyse der Hauptverhandlung verfügt Ludger Hoffmann über umfängliches, sorgfältig transkribiertes Material. Eine erste Skizze über mögliche Interpretationsrichtungen liegt vor (1979). Für sie gelten

Relevanzkriterien ethnomethodologischer Art – wenn man wissen will, wie Richter und Angeklagte eine gemeinsame Handlungssituation bewältigen – und Interpretationsformen semiotischer und juristischer Herkunft, soweit der allenthalben feststellbare »zweite Code« auf seine Strukturmerkmale und seine Legitimation befragt wird.

Es braucht nicht besonders begründet zu werden, in wievielen Hinsichten die gegebenen Literaturhinweise unvollständig sind. Schon in der Zeit zwischen Manuskriptfassung und Lektüre dieses Beitrags werden vermutlich und hoffentlich weitere Analysen zur Hauptverhandlung erscheinen. Deren empirische Untersuchung war die notwendige Bedingung dafür, die angegebene Literatur zur Vorbereitung eigener Arbeit über dieses Praxisfeld in Erinnerung zu rufen oder jedenfalls zu benennen. Damit ist nicht die Meinung verbunden, man könne das Strafverfahren allein aus der Hauptverhandlung rekonstruieren, wohl aber die Aufforderung, diesen Handlungsort ernster zu nehmen und alternativenreicher zu sehen als manche praktische Verhandlungsführung es in den Zwängen der »Massenjustiz« nahelegt.

Anmerkungen

1 Die dargestellte Methode der Interaktionsanalyse ist in einem linguistischen Seminar zum sprachlichen Handeln in Institutionen erprobt worden. Sie ist entwickelt aus Analysevorschlägen in Ramge 1978: 97-112.

2 Schumann (1977) bietet in den Teilen I und III eine knappe und problemorientierte Darstellung zu den verfahrensmäßigen Rahmenbedingungen der Hauptverhandlung. Der Text wurde zur Vorbereitung und Nachbesprechung von Gerichtshausarbeiten benutzt.

3 Die Verfasser haben sich mit dieser Arbeitsform theoretisch und konzeptionell beschäftigt, nachdem Klaus Lüderssen für seine Strafrechtsveranstaltungen die Gerichtshausarbeit als praxisbezogene Übungsform eingeführt hatte. Die Lehrversuche gehören zum »Theorie/Praxis-Projekt«, das der Hessische Minister der Justiz mit Hochschullehrern des Fachbereichs Rechtswissenschaft der Universität Frankfurt durchführt. Zu Anlage und Ergebnissen der bisher durchgeführten Gerichtshausarbeiten liegen *Projektberichte* vor; vgl. auch den Beitrag von *Seibert* im Beiheft »Juristische Argumentation« zum Archiv für Recht- und Sozialphilosophie.

4 Die nachfolgend vorgestellte Literatur ist nur in geringem Umfang im Rahmen der projektbezogenen Gerichtshausarbeiten verwendet worden. Dort haben vor allem dogmatische und strafrechtstheoretische Schriften zur Beweiswürdigung und Strafzumessung eine Rolle gespielt. Diese für die strafrechtspraktische Verarbeitung wichtige Literatur lassen wir im folgenden außer acht.

Literaturhinweise

Alexy, Robert (1978): *Theorie der juristischen Argumentation*, Frankfurt

Berk, Ulrich (1979): *Konstruktive Argumentationstheorie*, Stuttgart-Bad Cannstatt

Blum, Alan F./Mc Hugh, Peter (1971): »The Social Ascription of Motives«, deutsch in: *Abweichendes Verhalten II*, S. 171-196

Bubner, Rüdiger (1976): *Handlung, Sprache und Vernunft*, Frankfurt

Dubischar, Roland (1974): *Vorstudium zur Rechtswissenschaft*, Stuttgart u. a.

Dürkop, Marlis (1978): *Der Angeklagte*, München

Ehlich, Konrad/Rehbein, Jochen (1976): »Halbinterpretative Arbeitstranskriptionen (HIAT)«, in: Linguistische Berichte 45, S. 21-41

Ehlich, Konrad/Switalla, Bernd (1976): »Transkriptionssysteme – eine exemplarische Übersicht«, in: *Studium Linguistik* 2, S. 78-105

Engisch, Karl (1977): *Einführung in das juristische Denken*, 7. Auflage, Stuttgart u. a.

Garfinkel, Harold (1956): »Conditions of Successful Degradation Ceremonies«, deutsch wiederabgedruckt in: *Abweichendes Verhalten III*, S. 31-40

Hassemer, Winfried (1972): »Juristische Argumentationstheorie und juristische Didaktik«, in: *Jahrbuch für Rechtssoziologie und Rechtstheorie*, Bd. 2, hrg. v. Günther Jahr und Werner Maihofer, Düsseldorf S. 467-480

– (1974): *Strafrechtsdogmatik und Kriminalpolitik*, Reinbek

– (1978): »Die Formalisierung der Strafzumessungsentscheidung«, in: *Zeitschrift für die gesamte Strafrechtswissenschaft* 90, S. 64-99

Hoffmann, Ludger (1978): »Sprache vor Gericht: Konzeption einer empirischen Untersuchung«, vervielf. Manuskr., erscheint in: *Zeichenkonstitution. Akten des 2. Semiotischen Kolloquiums*, herausgegeben von Annemarie Lange-Seidl, Berlin

– (1979): »Sprache vor Gericht: eine Skizze«, Vortrag der 5. Arbeitstagung Linguistische Pragmatik, erscheint in: *Zeitschrift für Semiotik* 2/1980

Hoffmann-Riem, Wolfgang (1978): »Strategische Interaktion im Verwaltungsgericht«, in: *Interaktion vor Gericht*. Baden-Baden
Horn, Klaus (1978): *Kritik der Hochschuldidaktik* (Herausgeber), Frankfurt
Jäger, Herbert (1973): »Glosse über Lehrbuchkriminalität«, in: *Monatsschrift für Kriminologie und Strafrechtsreform*, S. 300-306
– (1978): »Subjektive Verbrechensmerkmale als Gegenstand psychologischer Wahrheitsfindung«, in: *Monatsschrift für Kriminologie und Strafrechtsreform*, S. 297-313
Kallmeyer, Werner/Schütze, Fritz (1976): »Konversationsanalyse«, in: *Studium Linguistik 1*, S. 1-28
Köberer, Wolfgang (1978): »Selbstorganisierte Praxis mit Strafgefangenen: Eine Lösung der subjektiven Krise im Jurastudium?«, in: Horn 1978: 241-295
Lautmann, Rüdiger (1972): *Justiz – die stille Gewalt*, Frankfurt
– (1973): »Teilnehmende Beobachtungen in der Strafjustiz«, in: *Teilnehmende Beobachtung abweichenden Verhaltens*, hrg. v. Jürgen Friedrichs, Stuttgart, S. 109-119
Leodolter, Ruth (1975): *Das Sprachverhalten von Angeklagten vor Gericht*, Kronberg
P. MacNaughton-Smith (1968): »The Second Code. Toward (or Away from) an Empiric Theory of Crime and Delinquency«, deutsch in: *Abweichendes Verhalten II*, S. 197-212
Mikinovic, Stephan/Stangl, Wolfgang (1978): *Strafprozeß und Herrschaft*, Neuwied u. a.
Mileski, Maureen (1971): »Courtroom Encounters, an Observation Study of a Lower Criminal Court«, deutsch in: *Abweichendes Verhalten III*, S. 148-223
Opp, Karl-Dieter (1970): »Zur Anwendbarkeit der Soziologie im Strafprozeß«, in: *Kritische Justiz*, S. 383-398
– (1973): *Soziologie im Recht*, Reinbek
Peters, Dorothee (1973): *Richter im Dienst der Macht*, Stuttgart
Pollner, Melvin (1976): »Mundanes Denken«, in: Weingarten u. a. 1976: 295-326
Ramge, Hans (1978): *Alltagsgespräche*, Frankfurt
Rehbein, Jochen (1977): *Komplexes Handeln*, Stuttgart
Rodingen, Hubert (1977): *Pragmatik der juristischen Argumentation*, Freiburg u. a.
Rülcke, Christoph (1978): »Soziologie – soziale Kompetenz – Hochschuldidaktik«, in: Horn 1978: 209-221
Sarstedt, Werner (1968): »Beweisregeln im Strafprozeß«, wieder abgedruckt in: *Abweichendes Verhalten III*, S. 224-242
Schlieben-Lange, Brigitte (1979): Linguistische Pragmatik, 2. Aufl., Stuttgart u. a.

Schumann, Karl F. (1977): *Der Handel mit Gerechtigkeit*, Frankfurt
Schumann, Karl F./Winter, Gerd (1973): »Zur Analyse der Hauptverhandlung im Strafprozeß«, in: *Teilnehmende Beobachtung abweichenden Verhaltens*, hrg. v. Jürgen Friedrichs, Stuttgart, S. 174-212
– (1975): »Die Beobachtung im Gerichtssaal«, in: *Empirische Rechtssoziologie*, hrg. v. Erhard Blankenburg, München, S. 77-95
Schütze, Fritz (1978): »Strategische Interaktion im Verwaltungsgericht – eine soziolinguistische Analyse zum Kommunikationsverlauf im Verfahren zur Anerkennung als Wehrdienstverweigerer«, in: *Interaktion vor Gericht*, Baden-Baden S. 19-100
Seibert, Thomas-Michael (1977): *Zur Fachsprache in der Juristenausbildung*, Berlin
Thoss, Peter (1973): »Kriminalpolitische Juristenausbildung«, in: Der neue Jurist. Ausbildungsreform in Bremen als Planungs- und Lernprozeß, hrg. v. Alfred Rinken, Neuwied u. a., S. 107-120
Thoss, Peter/Lautmann, Rüdiger/Feest, Johannes (1976): *Einstufige Juristenausbildung im Bereich strafrechtlicher Sozialkontrolle*, Schriften der AHD (Heft 56), Hamburg
Toulmin, Stephen (1958): *The Uses of Argument*, Cambridge University Press; dt.: Kronberg 1975
Ullmer-Ehrich, Veronika (1978): »Argumentieren bei Gericht – eine explorative Studie«, vervielf. Manuskr.
Watzlawick, Paul/Beavin, Janet H./Jackson, Don D. (1974): *Menschliche Kommunikation* (dt.), 4. Aufl., Bern u. a.
Weingarten, Elmar/Sack, Fritz/Schenkein, Jim (1976): *Ethnomethodologie. Beiträge zu einer Soziologie des Alltagshandelns* (Herausgeber), Frankfurt
Wunderlich, Dieter (1974): *Grundlagen der Linguistik*, Reinbek
– (1976): *Studien zur Sprechakttheorie*, Frankfurt

Klaus Lüderssen

Kollektive Zurechnung – individualisierende Haftung. Ein »Grundwiderspruch« der modernen Kriminalpolitik?

A

Die gemeinsame Arbeit an einzelnen Problemen hat den Blick auf den dornenvollen Weg freigegeben, den Sozialwissenschaftler und Juristen werden beschreiten müssen, wenn sie es nicht vorziehen, doch wieder Abschied voneinander zu nehmen.

I. Die wenigen Fälle von Übereinstimmung auch in rechtspolitischen Details jedenfalls sind keine ausreichende Basis, so dankbar man auch für die substantiellen Anregungen sein muß, die der Dogmatik in diesem Rahmen zuteil werden. Das gleiche gilt für sozialwissenschaftliche Hilfsdienste bei der Erhebung und methodisch korrekten Verarbeitung empirischer Daten. Sie werden nur in wenigen Fällen gewährt.

II. Auch von der kritisch-wechselseitigen Durchdringung ist so lange nichts Wesentliches zu erwarten, wie nicht einmal gemeinsame Fragestellungen zustande kommen. Die Lebhaftigkeit der Auseinandersetzung über viele einzelne Punkte darf darüber nicht hinwegtäuschen.

Aber gehen wir diese Punkte erst einmal durch. Es handelt sich zunächst um diejenigen sozialwissenschaftlichen Beiträge, die in dem von den Juristen verwalteten Fragenkanon noch Platz haben (1); sodann – spiegelbildlich – um die juristischen Beiträge in den Grenzen der von den Sozialwissenschaftlern definierten Problemstellungen (2). Anschließend ist kurz zu resümieren, daß insoweit die Zusammenarbeit von Juristen und Sozialwissenschaftlern nicht auf unüberwindliche Schwierigkeiten stößt (3).

1) Man kann zwei – wenn auch nicht mit absoluter Schärfe voneinander zu trennende – Gruppen bilden. Die eine Gruppe umfaßt Äußerungen zu methodologischen Fragen (a). In der anderen Gruppe sind eher spezielle Fragen der kriminalpolitischen Konzeption das Thema (b).

a) Methodologische Vorwürfe:

(1) Die Juristen sind nicht offen für außerjuristische Kompe-

tenz[1]; die Sozialwissenschaftler haben nur geringe Chancen, »auf das fallbezogene juristische Entscheidungshandeln Einfluß zu nehmen«.[2] Freilich gibt es auch die These, daß eine konsequente Anwendung sozialwissenschaftlicher Methoden – das heißt eine vollständige Ermittlung der »Wahrheit« und ihrer Hintergründe – die Rechtsanwendung ad absurdum führe.[3]

(2) Der »Sachkonflikt und seine Lösung« stehen auch gar nicht im Mittelpunkt des Interesses der Juristen, sondern »Ableitbarkeit und Rückwirkungen der ergehenden Entscheidungen hinsichtlich des Rechtssystems«.[4]

(3) Die Juristen sehen, wenn sie sich überhaupt mit der »Wirklichkeit« befassen, auf die sich das Strafrecht bezieht – zu wenig, weil sie von einem jurizentrischen Gesellschaftsmodell[5] ausgehen. In diesem Modell erscheint Kriminalität als ein Angriff auf die Gesellschaft, ausgelöst durch asoziale Triebregungen Einzelner. Dagegen wehrt sich der Staat mit seinem Strafrecht. Daß das Strafrecht hingegen primär Ausdruck des Machtwillens und der Machtstruktur des Staates sein könnte, wird nicht bedacht, für diese »Wirklichkeit« werden daher keine Erfahrungen gesammelt. Das ist übrigens nicht nur »im großen«, sondern auch »im kleinen« so, wie an Hand normativ gelenkter Selektivität bei der Herausarbeitung empirischer Bezugspunkte für dogmatische Begriffe gezeigt wird.[6] An diesem Defizit krankt jede noch so gutwillige Bereitschaft der Juristen, Ergebnisse empirischer Sozialforschung zu verarbeiten.

(4) Nicht nur Lücken, sondern auch Verfälschungen der Empirie sind zu verzeichnen. Das heißt, Tatsachenfeststellungen werden durch normative Urteile ersetzt, im Zuge einer »juridifizierenden Wahrnehmung der Realität«, die es gestattet, »durch Dispositionsbegriffe (...) eine Möglichkeit zur Faktenfiktion anzubieten.«[7]

(5) Wird die Verfälschung der Empirie bei der »Herstellung« einer Begründung noch gerade vermieden, so findet sie doch häufig in die »Darstellung« der Begründung Eingang. Diese Darstellung hat die Aufgabe, die für die Herstellung maßgebenden Gesichtspunkte zu verstecken; das ist nicht selten der »Rumpelstilzchen-Trick der Jurisprudenz: Oh wie gut, daß (fast) niemand weiß, daß ich politisches Interesse heiß'!«[8] Manchmal sind es auch die »esoterischen Gründe (...) vornehmlich pragmatischer Natur (...)«, die unsichtbar bleiben müssen, wenn Digni-

tät und Legitimation der Entscheidung[9] gewahrt werden sollen. Oft geht das jeweils auf Kosten der Tatsachen.

b) Kriminalpolitische Einwände.

(1) Die Juristen versprechen sich zu viel von »Verrechtlichung«. Es ist zweifelhaft, ob damit das kriminalpolitische Ziel – Verhinderung abweichenden Verhaltens – tatsächlich erreicht werden kann.[10]

(2) Wenn schon mit den Mitteln des Rechts vorgegangen werden muß, dann doch in erster Linie durch Einarbeitung zivilrechtlicher Elemente in den Strafprozeß. Auf diese Weise kann die Situation des Geschädigten, »die Bedeutung der kriminellen Tat« für ihn leichter geklärt werden.[11]

(3) Die strafrechtliche Reaktion verfehlt ihre Wirkung, wenn sie nur an die isolierte Tat und nicht vielmehr an »die Biographie des Angeklagten« anknüpft.[12]

(4) Keine Überzeugungskraft entfaltet eine strafrechtliche Reaktion ferner dann, wenn die Dogmatik mit zweierlei Maß mißt, wie am Beispiel des »doppelten Gewaltbegriffs« gezeigt wird.[13]

(5) Vermißt wird ein Verfahren, das es dem Richter möglich macht, mit den Angeklagten »auf einer von ihnen geteilten Relevanzebene« zu verhandeln,[14] und eine Dogmatik, die es erlaubt, diese Ebene in die Begriffsbildung einzubeziehen.[15]

2) Dem Juristen fällt bei den von Sozialwissenschaftlern erarbeiteten Stellungnahmen auf,

a) daß sie mit einem schwer einlösbaren Anspruch an »Theorie« und »Wissenschaft« verknüpft sind:

(1) Theorien verdienen ihren Namen nicht, wenn sie nur fragmentarische Erklärungen liefern.[16]

(2) Sozialwissenschaft – das ist eine große Einheit. »*Der* Sozialwissenschaftler fragt sich hier (...), muß hier einwenden, ist irritiert, wenn ...«; derartige Wendungen tauchen regelmäßig auf und verstellen den Blick dafür, daß gerade zu Problemen der Kriminalpolitik auch im Grundsätzlichen sehr unterschiedliche Einstellungen von Sozialwissenschaftlern existieren.[17]

b) daß die strengen Maßstäbe für empirische Forschung manchmal durchaus entfallen und Behauptungen aufgestellt werden, die vor dem Forum der vielgeschmähten Alltagserfahrungen der Juristen durchaus fragwürdig werden.[18]

c) daß die unübersteigbare Grenze juristischer Reflexion – der Entscheidungszwang der Praxis – nicht gesehen wird.

3) Die Diskussion über diese Punkte ist im Gang und kann Schritt für Schritt Verbesserungen in der Kommunikation zwischen Juristen und Sozialwissenschaftlern bringen – so tiefgreifend und zahlreich die Kontroversen auch noch sind. Denn sie betreffen gemeinsame Fragestellungen. Die – gegenwärtig – gar nicht oder kaum lösbaren Probleme beginnen jenseits davon. Sie sind keineswegs klein an Zahl, und erst recht kann man nicht sagen, sie seien weniger schwerwiegend. Das Gegenteil ist der Fall. Sie verdunkeln förmlich die Szene und überschatten auch alle – für sich genommen ziemlich aussichtsreichen – Bemühungen um Verständigung über isolierbare Details.

III. Das Stichwort heißt: »Relevanzstruktur« und soll besagen, daß »Bedeutung« nichts Ungefähres ist, daß sie vielmehr Gesetzmäßigkeiten unterliegt, deren Beseitigung oder Abänderung nicht allein die Sache des fordernden und entscheidenden Intellekts sein kann. Wenn Sozialwissenschaftler sich also anderen Relevanzstrukturen gegenübersehen als Juristen, so muß man davor erst einmal halt machen.

Kriminalität ist ein gesellschaftliches Produkt – gleichviel, ob die Gesellschaft insoweit voll oder teilweise identisch ist mit den Instanzen der sozialen Kontrolle. Dazu paßt nicht, daß für die Bekämpfung dieser Kriminalität das Instrument der individualisierenden Haftung eingesetzt wird. Das sagen zwar nicht *die* Sozialwissenschaftler (diese Einheit existiert nicht[19]), sondern nur Vertreter einer bestimmten Gruppe. Diese Gruppe ist aber so bedeutend, daß man durchaus von einer typischen sozialwissenschaftlichen Perspektive sprechen kann. Daß Juristen, selbst wenn sie ebenfalls die gesellschaftliche Herkunft der Kriminalität betonen, die individualisierende Haftung in Ordnung finden und ihren Ehrgeiz dareinsetzen, sie ständig zu verfeinern, ist bezeichnend. Sie arbeiten mit anderen Relevanzstrukturen. Diese Relevanzstrukturen haben etwas zu tun mit der Geschichte des Juristenstandes, seiner sich allmählich verfestigenden Rolle in Staat und Gesellschaft. Die Juristen dienen der jeweiligen politischen Macht – so wiederum (nicht *die*) Sozialwissenschaftler, während die Juristen auch (keineswegs durchweg) ein anderes »Selbstverständnis« haben.

Die Relevanzstrukturen von Sozialwissenschaftlern hingegen sind an beschreibenden, sammelnden, analysierenden, systematisierenden und kritischen Aufgaben orientiert, nicht aber an (in das Leben der Menschen eingreifenden) Entscheidungen – das ist das »Selbstverständnis« vieler (keineswegs aller) Sozialwissenschaftler. Juristen wiederum vermuten häufig etwas anderes, z. B. latente politische Absichten, Veränderungswünsche.

Einmal geht es also darum, die verschiedenen Relevanzstrukturen zu erkennen, beziehungsweise zu begründen. Welche Schwierigkeiten dabei auftreten, ist schon angedeutet worden. Zum anderen müssen die Beziehungen geklärt werden, die zwischen Relevanzstrukturen und bestimmten Konzeptionen bestehen. Hierzu ist – bezogen auf die uns interessierenden Sachfragen – bisher kaum mehr als eine Behauptung wiedergegeben worden.

Daß, wer nicht zu entscheiden braucht, ja nicht entscheiden will, keineswegs darauf aus ist, jemanden zu finden, an den er sich halten kann, den Schuldigen sozusagen, mag in der Tat zunächst einleuchten. Daraus könnte man dann – argumentum e contrario – schließen, daß eine entscheidungsorientierte Wissenschaft, die Jurisprudenz, feststellen *muß*, wer schließlich haftet, und dabei nur zu verwertbaren Ergebnissen kommt, wenn sie die anonyme Verantwortung ins Persönliche auflöst.

Aber so einfach kann es wohl nicht sein.

Auch Sozialwissenschaftler können Entscheidungshandeln mindestens zum Gegenstand ihres Erkenntnisinteresses machen – nicht nur analysierend, sondern auch durch Abwägen von Zweck/Mittel-Relationen – und von da aus ist der Weg oder die Versuchung, praktische Empfehlungen auszusprechen, nicht mehr weit. Juristen wiederum könnten zu anderen Entscheidungsmodellen gelangen, wenn sich dafür vernünftige Gründe anführen ließen; sie könnten etwa daran denken, das Prinzip der persönlichen Haftung des Schadensverursachers durch ein anderes, gesamtwirtschaftlich günstigeres, weil weniger aufwendiges Prinzip der Schadensregulierung zu ersetzen.[20] Freilich favorisiert die Schadensregulierung nur das Opfer, nicht unbedingt die Allgemeinheit, in deren Namen der Strafanspruch erhoben, das Strafbedürfnis befriedigt werden soll. Die Juristen können das schwerlich ignorieren; denn das ist der Kern des neuzeitlichen öffentlichen Strafrechts, das andere Mechanismen zur Regelung schädigenden abweichenden Verhaltens abgelöst hat. Weshalb es dazu gekommen und – vorerst – dabei geblieben ist, kann nicht bündig erklärt werden. Die sozialwissenschaftliche Vermutung, das Entscheidungshandeln der Juristen sei im wesentlichen machtorientiert, deutet an, in welcher Richtung die Lösung gesucht werden könnte. Öffentliches Strafrecht als Ausdruck und Mittel der Stabilisierung erstarkender staatlicher Herrschaft – das ist eine von vielen Erklärungen, welche die Rechtsgeschichte bereithält. Das mag jetzt aber erst einmal auf sich beruhen, denn zunächst interessieren die Konsequenzen, die sich aus der Differenz der Relevanzstrukturen ergeben könnten.

Wer der staatlichen »Eingriffsverwaltung«, wozu man die »Strafrechtspflege« auch rechnen könnte, einigermaßen indolent gegenübersteht, hat es leicht, sich einer skeptischen Betrachtung des strafrechtlichen Schuldprinzips zu überlassen.[21] Hier ist die erste große Kluft zwischen Sozialwissenschaften und Jurisprudenz. Sie kann auch nicht etwa durch die Hoffnung überbrückt werden, an die Stelle des Strafrechts werde einmal das Sozialrecht treten. Denn auch das Sozialrecht »individualisiert und diszipliniert, wenn auch auf eine etwas subtilere und ›modernere‹ Art als das Strafrecht mit seiner plumpen Abschreckung«,[22] daher wird auf die »Ambivalenz der Forderung nach Sozialpolitik statt Kriminalpolitik« hingewiesen.[23] Das macht es auch schwer, eine einheitliche Plattform wenigstens für die Arbeit an der Präzisierung der Eingriffs*voraussetzungen* zu finden. Auch sozialrechtliche Maßnahmen können ja nicht einfach in das Ermessen wohlmeinender und zweckmäßig handelnder Behörden oder Personen gestellt werden, sondern bedürfen der Begrenzung und Vorausberechenbarkeit.[24] Hier könnte man also fern vom alles vergiftenden odium der Strafe über rechtsstaatliche Postulate reden und vielleicht zu gemeinsamen Vorschlägen gelangen,[25] wenn es nicht eben jene Barriere gäbe, die »staatlich vermittelten« individualisierenden Lösungen gilt: den alle anderen Lösungen zu schlechten Surrogaten verdammenden Wunsch nach »gesellschafts-organisatorisch-autonomen Lösungen«,[26] auf der Basis der Vorstellung, daß »Recht in einer Gesellschaft stattfindet und nicht nur zwischen ›dem Staat‹ und ›seinen‹ individualisierten ›Bürgern‹«.[27]

Die an die Sozialwissenschaftler gerichtete Bitte der Juristen, ihnen bei der Lösung der Probleme zu helfen, wird als die Zumutung, »nur winzige Räume des juristischen Gebäudes, nicht aber die ganzen Etagen« betreten zu dürfen (will sagen, das gesamte Haftungssystem zu diskutieren, in Frage zu stellen), zurückgewiesen.[28] Was bleibt, ist ein durchgehender Reformdefätismus, mit anderen Worten, es gibt auf weite Strecken keine

Basis für eine gemeinsame Arbeit an der Strafrechtsreform – so kann man dieses niederschmetternde Ergebnis vieler Versuche, Sozialwissenschaftler und Juristen an einen Tisch zu bekommen, auch formulieren.

B

Wäre es daher nicht für beide Seiten besser, dem ganzen interdisziplinären Betrieb den Rücken zu kehren und jeden das tun zu lassen, was er für richtig hält? Vielleicht muß man sich an diesen Gedanken gewöhnen. Aber wie das mit Illusionen zu sein pflegt; im Begriff, sie aufzugeben, malt man sie noch einmal richtig aus.

I. Ich stelle mir vor, wie es wäre, wenn »Relevanzstrukturen« auf ihren persönlichen Kern zurückgeführt würden. Das Interesse an einer Wissenschaft, die Identifizierung mit einer Methode, einer Lehrmeinung, einer Erfahrung, kann nicht allein mit sachlichen Gesichtspunkten erklärt werden, auch wenn man von der Trivialität absieht, daß schon a priori diese Gesichtspunkte sich stets im Individuum abbilden, also mit einer einmaligen persönlichen Existenz verknüpft sind. Auch und gerade a posteriori ist die Person beteiligt, mit sehr konkreten Wünschen, Ängsten, Fähigkeiten, Hemmungen – den Resultaten einer ziemlich langen, vielerlei Einflüssen ausgesetzten Lebensgeschichte – Sozialisation genannt. Das kann man – mühelos – im Umgang mit sich selbst rekonstruieren (freilich bedarf es sicher allerlei stimuli: schockierender Erlebnisse, provozierender Fragen, intensiver, vom Vertrauen geprägter Kommunikation etc.). Man kann es sich aber auch mit ein paar schlichten Überlegungen klarmachen. Die Summe der Elemente und ihre Beziehung untereinander, die das Konzept oder »System« (oder die mehr oder weniger starke Annäherung daran) eines Wissenschaftlers oder eines – überlegt und längerfristig planenden – praktisch arbeitenden Menschen ausmachen, sind ein verschwindender Bruchteil des objektiv Verfügbaren. Der Versuch, ausschließlich an objektiver »Wahrheit« und »Richtigkeit« orientiert, zu erklären, weshalb jemand durch ein unübersehbares Feld von Möglichkeiten gerade diesen durchaus exklusiven Schnitt legt, überstiege jedes denkbare Maß realisierbarer Logik und Empirie. Daß – in der Regel – gleichwohl nur im Namen objektiver Wahrheit und Richtigkeit argumentiert wird (wobei seltsamerweise auch die durchgängige Präsenz einer traditionsreichen und höchst subtil gewordenen Erkenntniskritik nichts verschlägt), ist eine »Philosophie des Als-ob«. Sie entspricht zunächst sehr festsitzenden, im Grunde auf vorkritische Zeiten zurückgehenden (durch reaktionäre Einschübe naiven Objektivismus freilich immer wieder belebten) Gewohnheiten des Wissenschaftsbetriebes. Sodann gibt es den guten Geschmack, der persönlich zu werden verbietet. Vor allem aber fehlen Erfahrungen und Methoden der wissenschaftlich motivierten Selbstdarstellung. Selbstdarstellung ist nach wie vor eine Domäne der Kunst (unerachtet mancher trouvaillen in Wissenschaftlermemoiren, deren Aussagekraft freilich oft an eine sich künstlerischen Ansprüchen nähernde Darstellung geknüpft ist), von der man dann hier und da auch für die Wissenschaft lernen darf. Psychoanalytiker haben auf die inmitten hochzivilisierter und raffinierter Lebensformen gelagerte Enklave des seelischen Analphabetismus hingewiesen. Das ist ein allgemeines Phänomen. Aber sicher gibt es verschiedene Ausprägungen. Ob zu ihnen die Weigerung der Wissenschaftler gehört, die höchst persönlichen Anteile ihrer Ideen und Systeme, Erfahrungen und Rezeptionen mitzuteilen, mag hier auf sich beruhen. Die Sache selbst aber sollte man angehen. Ich meine das ernsthaft und würde gern – bewußt aufwendig – die erste (von vier) Forschungsaufgaben nennen: Das Sammeln autobiographischer Beiträge für die Fixierung diskussionsfähigen Materials über »Relevanzstrukturen« der an der kriminalpolitischen Arbeit beteiligten Wissenschaften.

II. Ich stelle mir weiter vor, wie es wäre, wenn wir genauer Bescheid wüßten über die Geschichte des öffentlichen Strafrechts. Sie ist eng mit der Ablösung des Parteienprozesses durch den Inquisitionsprozeß verknüpft – so viel ist gewiß. Das andere ist zweifelhaft. Jedenfalls gilt das für die Rechtsgeschichte unseres Landes.

Vorherrschend ist die Ansicht, die Wildheit privater Auseinandersetzungen bis hin zu langwierigen und blutigen Fehdekämpfen habe am Ausgang des Mittelalters ein so unerträgliches Maß erreicht, daß die Nötigung, den Opfern die Ahndung von Verletzungen sozusagen über den Kopf hinwegzunehmen, übermächtig wurde. Eine im Namen der Allgemeinheit auftretende Instanz kann sich aber nicht auf den Vortrag der Parteien stützen, sondern muß selbst und unabhängig ermitteln – das scheint die zwingende Folge zu sein. Doch so ist es nicht, wie das Beispiel des anglo-amerikanischen Strafprozesses zeigt, der im wesentlichen ein Parteienprozeß ist, ohne daß man etwa sagen kann, er werde nicht im Namen der Allgemeinheit, sondern nur für die jeweils Verletzten geführt. Daher ist gut zu verstehen, daß man auch nach anderen Gründen für die Entstehung des Inquisitionsprozesses gesucht hat. Lange hat es geheißen, der Inquisitionsprozeß habe mit der durch die allgemeine Renaissance der Antike in Gang gekommene Rezeption des römischen Rechts Fuß gefaßt. Aber die Folter – die berüchtigte Begleiterscheinung des klassischen Inquisitionsverfahrens – ist schon für Zeiten in Deutschland nachweisbar, sagen andere Gelehrte, in denen von einer Rezeption des römischen Rechts noch keine Rede sein konnte. Bleiben wir einen Moment bei der Folter. Sie wird angewendet, damit der Beschuldigte ein Geständnis ablegt. Der Glaube an die wahrheitsverbürgende Kraft des Geständnisses – *und* das Recht, um jeden Preis zu diesem Geständnis zu gelangen, deuten auf eine religiöse Erklärung: Der Verbrecher ist zugleich Sünder – also muß er bekennen; außerdem steht die Regel, die er verletzt hat, unumstößlich fest – entweder, weil sie direkt göttlichen Ursprungs ist, oder aber weil die strafende Gewalt autorisiert ist, Regeln mit gleicher Verbindlichkeit abzuleiten – und kann, muß daher um jeden Preis durchgesetzt werden, auch wenn dieser Preis in grausamer Folterung besteht. Dazu paßt dann gut eine – nicht mehr schlicht kompensatorische – Vergeltung und Sühne mit zusätzlichem Abschreckungseffekt. Dabei kann man das Ganze auch umdrehen: Unter kirchlichem Einfluß entsteht jenes Vergeltungs- und Sühnebedürfnis – religiöser Vorläufer späterer, säkularisierter, wenn auch nicht in Rationalität überführter kollektiver Strafbedürfnisse – und sucht sich durch Einführung des öffentlichen Strafrechts seinen Anwendungsbereich. Andere Behauptungen gehen dahin, daß – unter dem Einfluß ökonomischer Entwicklungen – erstarkende, mehr oder weniger zentralisierte Herrschaft für ihre Stabilisierung das öffentliche, im Inquisitionsprozeß durchgesetzte Strafrecht ausbildet und zu diesem Zweck vereinnahmt, was sonst noch an Legitimationen auf den Markt kommt – mit der Folge, daß diese Legitimationen keine selbständige Bedeutung haben, indessen zur Ideologie werden, sobald sie diese Bedeutung beansprüchen. Wie unsicher sich die Forschung auf dem Gebiet – erstaunlicherweise, denn es handelt sich doch um elementare Fragen – noch bewegt, kann man an der Aufmerksamkeit ablesen, die auch ganz ausgefallene Erklärungen zunächst finden, beispielsweise die Theorie, daß die Methoden des französischen Königs Philipp-August bei der Bekämpfung der Albingenser Ketzer das Vorbild für die Verbreitung des öffentlichen Strafrechts und den Inquisitionsprozessen in Europa abgegeben hätten.[29]

Ehe diese Fragen beantwortet sind, ist es, meine ich, nicht möglich, die These zu diskutieren, daß die Einführung des öffentlichen Strafrechts der die Rechtspolitik der Neuzeit determinierende Sündenfall des Mittelalters gewesen sei. Damit bin ich bei der zweiten Forschungsaufgabe angelangt, deren Inangriffnahme mir die Illusion erhalten könnte, die Kooperation zwischen Sozialwissenschaftlern und Juristen habe noch eine Zukunft.

III. Gesetzt, jene These vom rechtspolitischen Sündenfall der Einführung des öffentlichen Strafrechts fände ihre Bestätigung. Warum soll man dann an der Reform einer Einrichtung arbeiten, die besser ganz unterblieben wäre? Ich stelle mir nun vor, daß die Juristen und Sozialwissenschaftler zusammen das tun, was Max Frisch in seinem Stück »Biographie« versucht hat. Sie rollen das Rad zurück und überlegen, welche Alternativen es zu der Entwicklung, die man nachträglich bedauert, seinerzeit gegeben haben mag.

Voraussetzung für diese Überlegung ist die genaue Fixierung des Ausgangspunktes. Das ist hier ein Buß- und Fehdewesen, das auf magische Weise »die durch die Tat gestörte Lebensordnung« wieder herstellt.[30] »Magie ist die geheimnisvolle Tätigkeit, ohne Zuhilfenahme der Kausalität auf Menschen und Dinge, aber auch auf die Geister einwirken zu können. Die Vornahme einer Handlung und die Annahme, daß dadurch eine reale Folge bewirkt würde, die kausal und rational nichts mit dieser Handlung zu tun hat, ist magisches Denken. Das große Gewicht, das das magische Denken auf die Form, auf das formell richtige Handeln legt, hängt mit dem Fehlen einer rationalen Erkenntnis der Kausalzusammenhänge eng zusammen (. . .). In diesem Sinn ist die Unrechtsfolge der Volksrechte magisch. Denn die Buße und was sonst auch immer als Unrechtsfolge in den Volksrechten bestimmt ist, hat ohne Rücksicht auf Kausalität im üblichen Sinn in den Augen der Menschheit die Fähigkeit, eine Ordnung, eine

Einheit wieder herzustellen.«[31] Es kommt also auf die Tat, nicht auf den Täter an. Er »gilt vor dem damaligen Recht nicht als moralisch belasteter Mensch.« »Die frühmittelalterliche Unrechtsfolge hat nichts mit Ethik zu tun (...). Die Folge der Tat, die man so irreführend auch für das frühe Mittelalter ›Strafe‹ nennt, und die dazu dienen sollte, einen Riß im Weltgebäude zu kitten, ist also ein ganz objektiver Vorgang, ein objektives und seit altersher bekanntes Mittel. Es ist, um einen Vergleich zu gebrauchen, ein Medikament zur Heilung. Eine sittliche Beurteilung der Tat oder des Täters liegt in diesem Mittel nicht.«[32]

Ohne Zurechnung kann es keine Strafe geben. Aber ist überhaupt vorstellbar, daß man – in Vorahnung verhängnisvoller Folgen – bewußt die Entwicklung der Zurechnungskategorien unterlassen hätte? Ich glaube nicht, daß man die Freiheit gehabt hätte, den entsprechenden Zuwachs menschlichen Wissens zu unterdrücken. Insofern gab es keine Alternative. Die Frage ist, ob daher mit zunehmender Entdeckung der Kategorien für Zurechnung nunmehr auch die Strafe kommen mußte. Schon logisch wäre dieser Umkehrschluß nicht korrekt. Aber auch von der Sache her gibt es keinen zwingenden Grund, wenn man nicht eine irrationale, metaphysische Ausgleichsmechanik zugrunde legt (dann müßte man übrigens außerdem sagen, für welche Taten diese Mechanik gilt; ihre Erstreckung auf sämtliche Schadensverursachungen hat es zu keiner Zeit und in keiner Gesellschaft gegeben.)

Aus dieser Sicht hätte demnach die Chance bestanden, die Etablierung eines Strafsystems zu vermeiden. An die Stelle der magisch orientierten Gesellschaft wäre einfach die Zurechnungs-Gesellschaft getreten.

Man müßte allerdings nicht nur die Entwicklung der Kategorie der Zurechnung hinzu, sondern auch die Entwicklung des Staates wegdenken, also die Ablösung der Selbsthilfe durch Staatsbürgertum, jene »Umwertung aller Werte (...), als man aus dem lockeren Staat der Selbsthilfe in den Polizeistaat hineinschritt.«[33] Wäre das wirklich möglich und wünschenswert gewesen? War die nichtstaatliche Gesellschaft tatsächlich so wenig repressiv, wie das jetzt zunehmend behauptet wird?[34] Immerhin gibt es die These von Durkheim, daß man in primitiven Gesellschaften ein überwiegend repressives Recht finde.[35] Sie ist freilich von Heinz Steinert vor kurzem nachdrücklich in Frage gestellt worden.[36]

Hier hat eine neue Diskussion begonnen,[37] in deren Fortsetzung ich die dritte kooperationsfördernde Forschungsaufgabe sehe.

IV. Gesetzt, der Staat ist wirklich die Quelle aller Repression, (und nicht schon im Ursprung darauf angelegt, mehr Gerechtigkeit unter die Menschen zu bringen, als sie es privat organisiert vermögen), so daß »die Antwort der Bürger auf diese Entwicklung« mit Recht »der Kampf um bürgerliche Rechte« war, »das Insistieren auf formalen Regeln, die die Willkür der Staatsmacht eingrenzen«, und auf diese Weise »in entwickelten politischen Gebilden das, was das eigentlich Rechtliche am Strafrecht ausmacht« entstand[38] – wie sieht dann die alternative Phantasie aus? Die Antwort ist einfach: es bleibt bei der »Zurechnungs-Gesellschaft«.

Aber wie lange würde man ihre Prinzipien anerkannt haben? Zwar hätte man die Ablösung der Magie begrüßt und auch viele Einzelheiten, zum Beispiel später die Trennung der Geisteskranken von den »Kriminellen«. Aber hätte sich diese Sicherheit nicht wieder verloren? Hätte man sich einer Entwicklung entziehen mögen, die nach langer Zeit der Konzentration auf die Schuld des Täters (und auf die Verfeinerung der Zurechnungskategorien) schließlich die Sorge um sein weiteres, durch die Sanktion bestimmtes Schicksal an die Seite stellte? Und doch war dies vielleicht der Anfang vom Ende der Täterorientierung. Denn die täterorientierte Kriminologie, die sich nunmehr ausbreitete, provozierte sofort eine Kriminalsoziologie, die zunächst auch der »Umwelt« ihren Tribut zollte, später aber nur noch Umwelt gelten lassen wollte (in Gestalt sozialer Makrostrukturen oder/und Instanzen sozialer Kontrolle). Heißt das, die Kategorien der individualisierenden Zurechnung, welche seinerzeit die Magie abgelöst haben, müßten nun ihrerseits durch eine kollektive Verantwortung abgelöst werden? Da auch die individualisierende Zurechnung nicht notwendig Strafe nach sich zieht, könnte man dazu neigen, in dieser zweiten Ablösung nichts besonderes mehr zu sehen. Das träfe allerdings nur unter der Voraussetzung zu, daß die Praxis individualisierender Maßnahmen unberührt bliebe. Das aber ist fraglich. Aus kollektiver Zurechnung folgt nach Ansicht ihrer Vertreter gerade auch, daß die Legitimation für, wie sie es nennen,[39] individualisierende Disziplinierung entfällt, Kriminalpolitik also andere, im wesentlichen strukturpolitische Wege gehen soll. Wenn man diese Folgerung nicht zieht, Maßnahmen in bezug auf einzelne also beibehält, fragt es sich, wie das ohne individuelle Zurechnung überhaupt gehen soll. Michael Baurmann ist zwar der Ansicht, daß auch ein Maßnahmerecht, das auf die »normative Ansprechbarkeit« des Verurteilten setzt, auf das Prinzip der individuellen Zurechnung verzichten kann.[40] Er läßt dabei jedoch außer acht, daß es zu einer Motivierung dessen, der wegen abweichenden Verhaltens aufgefallen ist, nur kommen kann, wenn man auf die Frage eingeht, warum er sich abweichend verhalten hat. Und weil das so ist, können auch andere durch Maßnahmen gegenüber dem Täter nur unter dieser Voraussetzung beeindruckt werden. Die Frage, warum jemand etwas gemacht hat, schließt indessen die Frage nach der individualisierenden Zurechnung ein. Wird sie dann verneint, so ist dem Betroffenen schwer klarzumachen, weshalb er gleichwohl die Last einer Behandlung oder dergleichen auf sich nehmen soll[41] – es sei denn, man entscheidet sich für eine generelle Pathologisierung in diesen Fällen.

Hier wiederum meine Illusion (vierte und letzte Forschungsaufgabe): Wenn es gelänge, die gemeinsame Forschung darauf zu richten, ob es a) unter der Voraussetzung kollektiver Verantwortung für Kriminalität überhaupt noch individualisierende Maßnahmen geben kann und – bejahendenfalls – b) ob es individualisierende Maßnahmen ohne individualisierende Zurechnung geben kann und darf[42], bekämen wir das Schiff vielleicht flott.

Anmerkungen
(die ohne Titel zitierten Beiträge sind in diesem Band enthalten)

1 Lautmann, S. 610
2 Brusten/Herriger, S. 666
3 Stangl, S. 275
4 Lautmann, S. 613
5 Steinert, »Kleine Ermutigung für den kritischen Strafrechtler, sich vom Strafbedürfnis der Bevölkerung (und seinen Produzenten) nicht einschüchtern zu lassen« in: Lüderssen/Sack (Hrsg.), *Abweichendes Verhalten* IV, Frankfurt 1980, S. 303 ff.
6 Stangl, S. 265 f., 268.
7 Ein Beispiel bei Lautmann, S. 619; ferner die Ausführungen Steinerts zur »Wirklichkeit« des Strafbedürfnisses (S. 307 ff).

8 Narr, S. 579.
9 Strasser, S. 156.
10 Narr, S. 586.
11 Steinert/Pilgram, »Abschrecken und Disziplinieren«, in: *Abweichendes Verhalten* IV, a.a.O. S. 175 (unter Bezugnahme auf eine Arbeit des norwegischen Kriminologen Christie).
12 Stangl, S. 270.
13 Narr, S. 575 ff.
14 Lautmann, S. 615.
15 Exemplizifiert bei Stangl, S. 266, 270.
16 v. Trotha, »Gesellschaftlicher Wandel ...«, in: *Abweichendes Verhalten* IV, a.a.O., S. 121 – am Beispiel der Zurückweisung der These, daß für leichtere Kriminalität andere Kriminalisierungstheorien gelten könnten als für schwere Kriminalität.
17 Vgl. etwa die Selbstverständlichkeit, mit der Brusten ausführt, daß für den Sozialwissenschaftler die Lebensverhältnisse des schulsäumigen Jugendlichen »letztlich Ausdruck gesamtgesellschaftlich differenzierter Verteilungsstrukturen des Einkommens, der Macht usw. sind«, S. 668; s. ferner Sack S. 36, 38, 48 f., 58. Ein kritischer Beitrag zu dieser Attitüde aus sozialwissenschaftlicher Perspektive findet sich bei Helga Krüger u. a., »Aktionsforschung« in: *Soziale Welt*, 26. Jg. (1975), S. 1 ff. (5); eine ungewollte Konzession an diese Kritik bei Steinert, S. 310 (Hinweis auf Korrespondenz jurizentrischer und psychoanalytischer Gesellschaftsmodelle: hier schert also die Sozialwissenschaft »Psychoanalyse« sichtbar aus).
18 Z. B. wenn aus psychoanalytischer Sicht mit großer Selbstverständlichkeit die Unterscheidung zwischen außengelenkten und selbständigen Gewissensinstanzen eingeführt wird (Schumacher S. 187).
19 S. oben.
20 Nachweise bei Klaus Lüderssen, »Die generalpräventive Funktion des Deliktssystems«, in: Winfried Hassemer/Klaus Lüderssen/Wolfgang Naucke, *Hauptprobleme der Generalprävention*, Frankfurt (Main), 1979, S. 55 ff.
21 Wozu nicht unbedingt die Forderung in Widerspruch steht, daß die Richter mit größerer persönlicher Verantwortung und nicht so sehr auf der Basis verallgemeinerungsfähiger anonymisierter Begründung entscheiden sollten (Lautmann S. 614). Eher könnte man darin eine Logik nach der Devise »wenn – dann richtig« sehen.
22 Steinert/Pilgram, a.a.O. S. 161.
23 Steinert/Pilgram, a.a.O. S. 165.
24 Dazu Klaus Lüderssen, »Die Generalprävention, Funktion des Deliktssystems«, a.a.O. S. 78 (Anm. 71).
25 Das wäre schon schwierig genug. Der Gedanke, daß die rechtsstaatliche Bestimmtheit der Eingriffsvoraussetzungen sich nur mit Blick

auf die besonders schwere, schicksalträchtige Rechtsfolge der Strafe hat entwickeln können, ist nicht von der Hand zu weisen; dagegen Wolfgang Naucke, *Grundlinien einer rechtsstaatlich-praktischen allgemeinen Straftatlehre*, Frankfurt/Main, 1979, S. 21 f.: Er sieht in der Prüfungshierarchie (Tatbestandsmäßigkeit, Rechtswidrigkeit, Schuld) ein allgemeingültiges Prinzip für die Aufstellung von Haftungsvoraussetzungen, was freilich in Widerspruch zu seiner Sorge steht, mit der Abschaffung des *Straf*rechts falle auch das Straf*recht*, weil ein Maßnahmensystem zu sehr unter der Devise freier Gestaltung, die sich rechtlicher Fixierung weitgehend entziehe, stehe (s. die Nachweise bei Klaus Lüderssen, Abweichendes Verhalten III, S. 21, 23). Die entscheidende Frage dabei ist wohl, ob die Rechtsform dem steigenden Anspruch strukturell gewachsen ist, Mittel und Wege für die Motivierung der Betroffenen zu finden, ob nicht beispielsweise die Abgrenzung zu anderen, sozialen oder ethischen Normen ins Schwanken gerät.

26 Steinert/Pilgram, a.a.O. S. 161.

27 Steinert/Pilgram, a.a.O. S. 177.

28 Lautmann, S. 612; Sack S. 48 (gegen »die Rolle eines strafrechtswissenschaftlichen Steigbügelhalters«.)

29 Herman Bianchi, *Ethik des Strafens*, Neuwied/Berlin, 1960, S. 24 ff. (in Anlehnung an Viktor Achter, *Geburt der Strafe*, Frankfurt (Main) 1951).

30 Achter, a.a.O., S. 15.

31 Achter a.a.O., S. 17.

32 Achter a.a.O., S. 18.

33 A. Heusler, *Germanentum* (zitiert nach Otto Brunner, *Land und Herrschaft*, 5. Aufl. Wien 1965, S. 107).

34 Uwe Wesel, »Zur Entstehung von Recht in frühen Gesellschaften«, *Kritische Justiz*, Jg. 12 (1979), S. 233 ff.

35 Nachweise bei Heinz Steinert, »Strafrecht als Anachronismus – Strafrechtsentwicklung als zunehmende Humanisierung. Einige Anmerkungen zur ›Durkheimschen Täuschung‹ in der Soziologie der Strafrechtsentwicklung«, *Kriminalsoziologische Bibliographie* 1975, S. 15 ff.

36 A.a.O.

37 S. zunächst die kritische Entgegnung zu Wesel a.a.O. von Wolfgang Müller, »Entstehung von Recht und Staat und frühes griechisches Recht«, *Kritische Justiz*, Jg. 12 (1979), S. 253 ff.

38 Steinert, Strafrecht als Anachronismus a.a.O., S. 19.

39 Steinert/Pilgram, a.a.O. S. 161.

40 S. 50 ff.

41 Erst recht gilt das für die Strafe, d. h. ein an der Prävention durch Strafe orientiertes Schuldprinzip kann noch weniger auf die Voraus-

setzung der Zurechnung verzichten. Dies wird in allen präventionsorientierten Schulddefinitionen von Liszt bis Roxin übersehen.

42 Empirisch käme es darauf an, zu überprüfen, wie die Motivationsstruktur der Menschen, mit denen das moderne Recht es zu tun hat, beschaffen ist, welche Trends in bezug auf Veränderung sich abzeichnen. (Wieviele Menschen gibt es z. B., für die die Tatsache, daß ihnen ein schädigendes Verhalten folgenreich zugerechnet wird, nicht das Hauptmotiv ist, es zu unterlassen, und welche Motive sind es statt dessen? Wenn nicht die Zurechnung die Anknüpfung für die Bemühung um Motivierung zur Unterlassung schädigenden Verhaltens ist, worin könnte die Funktion der gleichwohl gegen den Schädiger gerichteten Maßnahmen gesehen werden?).
Die vergleichbaren Forschungsfragen zur Erfolgsorientierung hat Fritz Sack freilich nicht verstanden. Ist dies jetzt deutlicher?

Quellennachweise

Klaus Lüderssen, »Erfolgszurechnung und ›Kriminalisierung‹«, *Festschrift für Paul Bockelmann zum 70. Geburtstag*, München 1979, S. 181 ff.

Blankenburg/Steinert/Treiber, »Empirische Rechtssoziologie und Strafrechtsdogmatik«, *Kritische Justiz* 1977, S. 126 ff.

Günther Gollner, »›Zurüstungen bei § 330a«, *Monatsschrift für deutsches Recht* 1976, S. 182 ff.

Alle übrigen Arbeiten sind Originalbeiträge.

Über die Autoren

Klaus Lüderssen; geboren 1932, Promotion 1965, Habilitation 1970 (für die Fächer Strafrecht, Strafprozeßrecht, Rechtsphilosophie und Rechtssoziologie). 1971 Professor in Göttingen; seit 1972 Professor in Frankfurt am Main.

Publikationen: Zum Strafgrund der Teilnahme, 1967; Erfahrung als Rechtsquelle, 1972; Strafrecht und »Dunkelziffer«, 1972; (zusammen mit Erhard Denninger) Polizei und Strafprozeß im demokratischen Rechtsstaat, 1978; (zusammen mit Günter Bemmann u. a.) Die Verteidigung, Gesetzentwurf mit Begründung, 1979; (zusammen mit Winfried Hassemer und Wolfgang Naucke) Hauptprobleme der Generalprävention, 1979; (zusammen mit Thomas Michael Seibert) Autor und Täter, 1978. Herausgeber und Mitautor: Paul Johann Anselm Feuerbach und Carl Joseph Anton Mittermaier, Theorie der Erfahrung in der Rechtswissenschaft des 19. Jahrhunderts, 1968; (zusammen mit Fritz Sack) Abweichendes Verhalten I–IV, 1975–1980; (zusammen mit Winfried Hassemer) Sozialwissenschaften im Studium des Rechts, Band III, Strafrecht, 1978; (zusammen mit Karl F. Schumann und Manfred Weiss) Gewerkschaften und Strafvollzug) 1978. Strafrechtliche, strafprozessuale, kriminologische und rechtstheoretische Artikel in Zeitschriften und Sammelwerken.

Fritz Sack. Studium der Wirtschaftswissenschaften und der Soziologie in Kiel, Köln, Columbus, Ohio, und Berkeley, California. Promotion in Köln 1963 über ein Thema aus der Berufssoziologie. Habilitation 1969 in Köln mit einer empirischen Arbeit aus dem Bereich der Kriminalsoziologie. Von 1970 bis 1974 Inhaber eines Lehrstuhls für allgemeine Soziologie an der Universität Regensburg. Seit 1975 Inhaber eines Lehrstuhls für Soziologie des abweichenden Verhaltens und der sozialen Kontrolle am Fachbereich Rechtswissenschaften der Universität Hannover (einstufige Juristenausbildung). Wichtigste Veröffentlichungen: Neue Perspektiven in der Kriminologie, in: F. Sack und R. König, Hrsg., Kriminalsoziologie, 1968; Probleme der Kriminologie, in: Handbuch der empirischen Sozialforschung, Stuttgart 1968; Definition von Kriminalität als politisches Handeln: Der Labeling Approach, in: KrimJ 4 (1972); Probleme der Kriminalsoziologie, in: Handbuch der empirischen Sozialforschung 1978; (zusammen mit K. Lüderssen) Seminar abweichendes Verhalten, Bde. I-IV, Frankfurt 1974 ff. Das wissenschaftliche Interesse hat sich zunehmend von einer eng verstandenen soziologischen Ursachenanalyse der Kriminalität und des abweichenden Verhaltens zu einer theoretischen und funktionalen Analyse des Rechts und des Rechtshandelns ausgeweitet.

Klaus Marxen; geb. 1945; Studium in Kiel; Hauptfach: Rechtswissenschaft; Ausdehnung des Studiums auf Geschichte und Philosophie im Zusammenhang mit einer juristischen Dissertation über das Verhältnis von Strafrechtswissenschaft und Nationalsozialismus; während des Studiums Tätigkeit als Gerichtsberichterstatter bei einer Kieler Tageszeitung; 1. jur. Staatsexamen 1970; Assessorexamen 1975; zur Zeit wiss. Mitarbeiter am Fachbereich Rechtswissenschaft der Universität Frankfurt/M.; Veröffentlichungen: »Verteidigung der Rechtsordnung« (§§ 14, 23 StGB), 1971 (zus. mit Naucke und anderen); Der Kampf gegen das liberale Strafrecht; eine Studie zum Antiliberalismus in der Strafrechtswissenschaft der zwanziger und dreißiger Jahre, 1975; Die »sozialethischen« Grenzen der Notwehr, 1979; Aufsätze in Fachzeitschriften.

Gisela Zenz; geb. 1938, Studium der Rechtswissenschaft und der Psychologie, Referendarausbildung, Assessorexamen und Promotion mit einer rechtsvergleichenden Arbeit. Wissenschaftliche Assistentin, später akademische Rätin am Fachbereich Rechtswissenschaft der Universität Frankfurt. Beteiligung an empirischen Studien zur Justizforschung (zuletzt: »Kindeswohl« – Eine interdisziplinäre Untersuchung über seine Verwirklichung in der vormundschaftsgerichtlichen Praxis, Frankfurt/M., 1979). Schwerpunkte der wissenschaftlichen Arbeit im Familienrecht und – im Zusammenhang damit – in der soziologischen und psychologischen Familienforschung (dazu verschiedene Veröffentlichungen). Psychoanalytische Ausbildung am Sigmund-Freud-Institut in Frankfurt. Habilitation am Fachbereich Rechtswissenschaft der Universität Frankfurt mit einer Arbeit über psychosoziale und rechtliche Aspekte der Kindesmißhandlung (Kindesmißhandlung und Kindesrechte, Frankfurt/M., 1979)

Björn Burkhardt. Veröffentlichungen: »Das Unternehmensdelikt und seine Grenzen«, in: JZ 1971, S. 352-358. Mitarbeit an: A. Eser, Juristischer Studienkurs, Strafrecht Bd. I und II, 1. Aufl. 1971. »Gewaltanwendung bei Vermögensdelikten mit Bagatellcharakter«, in: JZ 1973, S. 110–117. »Zu einer restriktiven Interpretation der Treubruchshandlung«, in: NJW 1973, S. 2190-2191 (Anm. zu OLG Hamm NJW 1973, 1809). Der »Rücktritt« als Rechtsfolgebestimmung. Eine Untersuchung anhand des Abgrenzungsproblems von beendetem und unbeendetem Versuch (Strafrechtl. Abh. Neue Folge, Bd. 23). Duncker & Humblot 1975. 212 S. »Die Geringwertigkeit des Weggenommenen bei Raub und raubgleichen Delikten«, in: NJW 1975, S. 1687-1688. Mitarbeit an: A. Eser, Juristischer Studienkurs, Strafrecht Bd. I und II, 2. völlig neu bearbeitete Auflage 1976. Rezension: von: Danner, Manfred: Gibt es einen freien Willen? Eine psychologische Studie, 3. Aufl. 1974, in: GA 1976, S. 287-288. »Das Zweckmoment im Schuldbegriff«, in: GA 1976, S. 321-341.

Peter Strasser; geboren 1950, studierte Philosophie und Germanistik in Graz. Seit 1976 ist er Assistent am Institut für Rechtsphilosophie an der Grazer Universität. Neben rein philosophischen Arbeiten, vor allem zu Problemen der Erkenntnistheorie und des Relativismus, publizierte Strasser eine Reihe von Aufsätzen, in denen er sich bemüht, die Verarbeitungsweisen des ebenso alltäglichen wie philosophischen Fragenkreises der personalen Autonomie (»Willensfreiheit«) in verschiedenen einzelwissenschaftlichen und institutionellen Kontexten kritisch zu analysieren. Wie überlagern, überschneiden, durchkreuzen sich Erfahrungen des Alltags mit gerichtspsychiatrischen, sozialtherapeutischen, kriminologischen und anderen spezialisierten Wahrnehmungsweisen von personaler Autonomie und der daraus resultierenden Verantwortlichkeit der Autonomieträger? Und was sind die Triebkräfte, welche die Diskursdynamik bestimmen? Und schließlich auch: wenn sich in dieser Dynamik ein Fortschritt konstatieren läßt, worin besteht dieser?

Willi Schumacher; geb. 1928 im Rhein-Sieg-Kreis. Reifeprüfung 1946 Gymnasium Siegburg. Von 1946 bis 1954 Studium der Psychologie, Philosophie und Medizin an den Universitäten Bonn und Köln. Medizin. Staatsexamen und Dr. med. 1952, Abschluß in Psychologie mit Dr. rer. nat. 1955. Hinwendung zu Psychopathologie und Psychiatrie durch H. W. Gruhle, Bonn. Psychiatrische Facharztausbildung an den Universitäten Frankfurt und Gießen. Habilitation für die Fächer Psychiatrie und Psychoanalyse Gießen 1967. Berufungen an die Universitäten Düsseldorf (1969), Frankfurt (1973), Gießen (1979). Mitglied und Lehranalytiker der Deutschen Psychoanalytischen Vereinigung seit 1969. Wissenschaftliche Tätigkeiten: auf den Gebieten Psychiatrie und Psychoanalyse, Arbeiten zur Grundlagenforschung (u. a. zur Psychopathologie des Erlebens von Raum und Zeit).

Seit 1961 Lehr- und Forschungstätigkeit auf dem Gebiete der Forensischen Psychiatrie. Psychiatr. Gutachtertätigkeit seit 1955. Praxisbezogene interdisziplinäre Lehr- und Forschungsschwerpunkte auf den Grenzgebieten zwischen Psychiatrie, Psychoanalyse und Sozialwissenschaften.

Andreas Zielcke; geb. 1943, Studium der Rechtswissenschaft und Philosophie 1966 bis 1970 in München, Assessorexamen 1974, seit 1976 wissenschaftlicher Mitarbeiter am Fachbereich Rechtswissenschaft der Universität Frankfurt/M., Promotion 1979. Interessen- und Forschungsschwerpunkte Rechts- und Sozialphilosophie, Rechtssoziologie, Strafrechtstheorie. Veröffentlichungen: ›Die symbolische Natur des Rechts‹, 1980; außerdem Beiträge zur Rechtssoziologie und Rechtstheorie.

Winfried Hassemer; geb. 1940 in Gau-Algesheim/Rh. 1959 bis 1963 Studium der Rechtswissenschaft an den Universitäten Heidelberg, Genf und Saarbrücken. Ab 1964 Assistent am Institut für Rechts- und Sozialphilosophie der Universität des Saarlandes, 1967 Promotion, 1970 Assessor-Examen. Ab 1970 Assistent am Institut für Rechtsphilosophie der Universität München. 1972 Habilitation an der Münchner Fakultät (Strafrecht, Strafprozeßrecht, Rechtstheorie und Rechtssoziologie). Seit 1973 Professor für Rechtstheorie, Rechtssoziologie und Strafrecht am Fachbereich Rechtswissenschaft der Universität Frankfurt (M). Wichtigste Veröffentlichungen: Tatbestand und Typus. Untersuchungen zur strafrechtlichen Hermeneutik, 1968; Grundprobleme der zeitgenössischen Rechtsphilosophie und Rechtstheorie. Ein Leitfaden (zusammen mit Arthur Kaufmann), 1971; Theorie und Soziologie des Verbrechens. Ansätze zu einer praxisorientierten Rechtsgutslehre, 1973; Strafrechtsdogmatik und Kriminalpolitik, 1974. Weitere Arbeiten zu Themen des Strafrechts und Strafprozeßrechts, der Rechtsphilosophie, Rechtstheorie, Rechtssoziologie und Rechtskunde.

Wolfgang Stangl. Es beginnt 1949 in Rothleiten, einem Dorf in der Nähe von Graz (Steiermark/Österreich). Vater damals Finanzbeamter, später Wirtschaftstreuhänder; Mutter Hauswirtschaftslehrerin. Gymnasium und Hochschulausbildung in Graz. Studium der Rechtswissenschaften. Promotion zum Doktor jur. 1972. Im Anschluß daran Beginn des Studiums der Psychologie und Soziologie, das ich jedoch nach der Anstellung am Boltzmann-Institut für Kriminalsoziologie in Wien, im Jahr 1973, abbrach. An diesem Institut arbeite ich noch heute.

Warum ich nicht »reiner« Jurist wurde?. . . Das ist ein weites Feld.

Rückblickend gesehen ist sicher, daß ich am liebsten Fußballtorwart geworden wäre. Es wurde mir auch ein gewisses Talent nachgesagt und ganz kurze Zeit spielte ich beim GAK. (Für diejenigen, die die internationale Fußballszene nicht ganz genau verfolgen, sei hinzugefügt, daß es sich um einen österreichischen Verein in der ersten Liga handelt, der jährlich gegen den Abstieg kämpft, zu dem Zeitpunkt aber, als diese Zeilen geschrieben wurden, den zweiten Tabellenplatz einnahm.)

Vorausblickend erwies sich die Wahl, einen weniger sportlichen Beruf zu ergreifen, als nicht unvernünftig. Die berufliche Altersproblematik setzt bei einem sitzenden Beruf doch später ein und ein unsportlicher Lebenswandel gilt in der Regel nicht als deviant.

Literatur: Zusammen mit Stephan Mikinovic, Strafprozeß und Herrschaft. Eine empirische Untersuchung zur Korrektur richterlicher Entscheidungstätigkeit. Neuwied und Darmstadt (Luchterhand) 1978. Aufsätze zur Rechts- und Kriminalsoziologie.

Lorenz Böllinger; geboren 1944. Nach Gymnasium und einjährigem USA-Stipendium Jurastudium in Frankfurt/M. und Grenoble. Angeregt durch die von der Studentenbewegung vorgetragene Kritik an Studieninhalten und -formen nahm ich zusätzlich das Studium der Soziologie auf und beteiligte mich nach dem 1. Jur. Staatsexamen 1970 als Akademischer Tutor an einem juristischen Ausbildungsreformprojekt (Wiethölter/Denninger-Projekt) sowie an der Planung der juristischen Einphasenausbildung in Frankfurt/M. Mit dem Ende der universitären Reformen und dem Scheitern der Einphasenausbildung in Hessen schwand zunächst meine Motivation zur Fortsetzung des Soziologiestudiums. Erst nach dem 2. Jur. Staatsexamen konfrontierte mich die intensive Beschäftigung mit Strafrecht und Kriminologie als Strafverteidiger und Assistent bei Herbert Jäger erneut mit der Notwendigkeit auch sozial- und humanwissenschaftlicher Orientierung. Mit der Arbeit an der Dissertation über »Psychoanalyse und die Behandlung von Delinquenten« (veröffentlicht 1979) sowie durch die Beteiligung an Fortbildungsprogrammen für Referendare und junge Strafrechtspraktiker entwickelte sich ein sehr konkretes Bedürfnis zur Aufnahme des Psychologiestudiums, welches ich demnächst abschließen werde. Seit 1979 bin ich Professor an der Fachhochschule für Sozialarbeit in Dortmund. (Weitere Veröffentlichungen: Praxisbezug in der Strafrechtsausbildung (1976); Psychoanalytische Gruppendynamik im Jurastudium (1977); Die strafrechtliche Relevanz der Psychoanalyse (1979); Behandlungsvollzug in der Nachuntersuchung: Das Youth Center Research Project in Stockton/California (1980).)

Hans-Jürgen Kerner; geb. 1943, ist Professor für Kriminologie, Jugendstrafrecht und Strafvollzug sowie Geschäftsführender Direktor des Seminars für Jugendrecht und Jugendhilfe an der Universität Hamburg. Studium der Rechte in München, Berlin und Tübingen. Während des Studiums u. a. Praktikum in der Nichtseßhaftenbetreuung in Stuttgart. Nach dem 1. Juristischen Staatsexamen 1967 in Tübingen Spezialisierung in Kriminologie. Von 1968 bis 1975 Mitarbeiter (Assistent, Akad. Rat u. a.) im Institut für Kriminologie der Universität Tübingen. Daneben 1969 bis 1973 Mitglied eines Forschungsteams beim Europarat in Straßburg zu Fragen der professionellen und organisierten Kriminalität in Westeuropa. Arbeitsschwerpunkte in der Kriminologie außerdem: Jugendkriminalität, Frauenkriminalität, Alkohol und Drogen, Sanktionenlehre, Kriminalstatistik und sozialwissenschaftliche Theorien zur Kriminalität. 1972 zweites Staatsexamen in Stuttgart nach eingeschobener Referendarausbildung. 1973 Promotion in Tübingen zum Dr. jur. mit einer Dissertation zur Analyse von Kriminalitätsstatistiken. 1975 Habilitation in Tübingen; Ernennung zum Wiss. Rat und Professor für Kriminologie an der Universität Bielefeld; 1977 Wechsel nach Hamburg.

Veröffentlichungen z. B.: Kriminalstatistik und Verbrechenswirklichkeit (1973); Professionelles und organisiertes Verbrechen (1973); The Crime Industry (1975, Ko-Autor); Strafvollzug (2. Aufl. 1977, Ko-Autor); zahlreiche Aufsätze in Fachzeitschriften sowie Wörterbuchartikel zu

Kriminologie, Jugendrecht, Vollstreckung und Vollzug. Gegenwärtig Forschungsprojekte über Alkohol im Verkehr, über Strafaussetzung zur Bewährung sowie über Verbrecheneinschätzung in der Bevölkerung.

Heinrich Geddert; Jg. 1949, studierte Rechtswissenschaft und Philosophie in Hamburg und Frankfurt. Seit 1975 ist er Assistent am Fachbereich Rechtswissenschaft der Universität Frankfurt. Seine Arbeitsschwerpunkte liegen in den Bereichen Rechtsphilosophie und Kriminologie. Er arbeitet an einer Dissertation zum Thema »Recht und Moral«.

Arend Kulenkampff; geboren 1936 in Hamburg. 1955 Abitur. Studium der Theaterwissenschaft, Germanistik, Kunstgeschichte. 1957-1963 Verlagslektor bei S. Fischer. Studium der Philosophie. 1969 Promotion in Philosophie. Veröffentlichungen: »Antinomie und Dialektik« (Stuttgart 1971), Aufsätze zu erkenntnistheoretischen, ethischen und rechtsphilosophischen Problemen, »Methodologie der Philosophie« (Hrsg., Darmstadt 1979).

Warum ich mich für Rechtsphilosophie und Rechtstheorie interessiere? Weil ich es für verderblich halte, das Gebiet des Rechts allein Juristen und Sozialwissenschaftlern zur Bearbeitung zu überlassen.

Erhard Blankenburg; geb. 1938. Studium der Soziologie, Philosophie, Volkswirtschaftslehre, ausgewählte Rechtsgebiete. Prof., Dr. phil., Master of Arts. Größere Veröffentlichungen auf dem Gebiet der Rechtssoziologie: zusammen mit Johannes Feest; Die Definitionsmacht der Polizei, Düsseldorf 1972; mehrere Beiträge in: Rolf Bender, Tatsachenforschung in der Justiz, Tübingen 1972; zusammen mit Helmut Morasch, Heinfried Wolff, Strukturanalyse der Zivilgerichtsbarkeit, in: Tatsachen zur Justizreform, herausgegeben von der Bundesrechtsanwaltskammer, Tübingen 1974; Empirische Rechtssoziologie, München 1975; zusammen mit Klaus Feser, Wiebke Steffen, Die Staatsanwaltschaft im Prozeß strafrechtlicher Sozialkontrolle, Berlin 1978; zusammen mit Ralf Rogowski, Siegfried Schönholz, Soziologie der Arbeitsgerichtsbarkeit, Neuwied 1979. Langjähriger Mitarbeiter, verschiedene Aufsätze in: Kriminologisches Journal; Zeitschrift für Rechtssoziologie; Law and Society Review. Mitherausgeber: Jahrbuch für Rechtssoziologie und Rechtstheorie Bd. V bis VII; Zeitschrift für Rechtssoziologie (vormals Informationsbrief für Rechtssoziologie).

Heinz Steinert; geb. 1942, Dr. phil. (Psychologie, Universität Wien), die Enttäuschung über die akademische Psychologie wurde durch eine psycho-analytische Ausbildung (a. o. Mitglied der Wiener Psychoanalytischen Vereinigung) und Beschäftigung mit Soziologie zu kompensieren versucht. Nach verschiedenen Jobs, die alle (selbst der als Lieferwagenfahrer für eine Bäckerei und der Militärdienst) mit empirischer Sozialforschung zu tun hatten, zwei prägende Jahre Arbeit in der Bewährungshilfe, anschließend Assistent am Institut für Soziologie der Universität Graz und Habilitation für Soziologie. 1973 Gründung des Ludwig-Boltzmann-Instituts für Kriminalsoziologie in Wien, seither wissenschaftlicher Leiter desselben. Seit 1978 Professor für Soziologie (Schwerpunkt: Abweichendes Verhalten und Soziale Kontrolle) an der J. W. Goethe-Universität Frankfurt. Hier auch vergleichsweise enge Zusammenarbeit mit der strafrechtlichen Abteilung des Fachbereichs Rechtswissenschaften.

Veröffentlichungen: Die Strategien sozialen Handelns, München (Juventa), 1972; (Hrsg.), Der Prozeß der Kriminalisierung, München (Juventa), 1973; (Hrsg.), Symbolische Interaktion, Stuttgart (Klett), 1973; (gemeinsam mit H. Treiber), Die Revolution und ihre Theorien, Opladen (Westdeutscher Verlag), 1975; zahlreiche Arbeiten zu rechts- und kriminalsoziologischen, sozialpsychologischen, gesellschaftstheoretischen und sozialhistorischen Themen in Zeitschriften und Sammelbänden.

Hubert P. Treiber; geb. 1942; 1961-64 Militärzeit; 1964-1969 Soziologiestudium in Freiburg (bei Prof. Dr. H. Popitz), 1969 MA. 1970-1975 (mit Unterbrechung) wiss. Angestellter der Uni. Konstanz (Projekttätigkeit: u. a. wiss. Mitarbeiter bei der von den Professoren R. Mayntz und F. W. Scharpf geleiteten Untersuchung zur »Programmentwicklung in der Ministerialorganisation«). 1970-72 außerdem verwaltungswissenschaftliches Aufbaustudium in Konstanz (bei Prof. Dr. F. W. Scharpf), 1972 Lic. rer. soc. 1973 Promotion in Konstanz zum Dr. rer. soc. 1975 Habil.-Stipendium der DFG. Seit 1976 Prof. für Verwaltungswissenschaften am Fachbereich Rechtswissenschaften der TU Hannover.

Veröffentlichungen: Wie man Soldaten macht, 1973; Widerstand gegen Reformpolitik, 1973; (zusammen mit Günther Schmid), Bürokratie und Politik, 1975; (gemeinsam mit Heinz Steinert), Die Revolution und ihre Theorien, 1975; (gemeinsam mit Wolf Linder als Hg.), Verwaltungsreform als Ausbildungsreform, 1976; (gemeinsam mit Marlis Dürkop), Leiden als Mutterpflicht, Mütter von strafgefangenen Jugendlichen berichten, im Erscheinen. Diverse Aufsätze in Fachzeitschriften und Sammelbänden.

Peter Düwel, Ministerialdirigent; geb. 1. 12. 1932 in Hildesheim; Studium der Rechtswissenschaft und – daneben – der Philosophie, Geschichte und Germanistik in Freiburg, Göttingen und Hamburg; von 1962 bis 1967 Richter in Göttingen und Hannover, unterbrochen durch eine zweijährige Tätigkeit im Forschungsinstitut der Hochschule für Verwaltungswissenschaften Speyer; ab 1968 Referent, seit 1974 Abteilungsleiter im Niedersächsischen Ministerium der Justiz, z. Zt. Leiter der Abteilung

Strafrecht und Strafverfahren; Lehrbeauftragter an der Universität Hannover.

Veröffentlichungen: Rechtsbewußtsein und existentielle Entscheidung, Hamburg 1961; Das Amtsgeheimnis, Berlin 1965, u. a.

Gerald Grünwald, Dr. jur., Professor für Strafrecht und Strafprozeßrecht an der Universität Bonn. Geboren 1929 in Prag. Studium der Rechtswissenschaft an der Universität Göttingen 1951 bis 1955. Promotion Göttingen 1957, Habilitation in den Fächern Strafrecht und Strafprozeßrecht Göttingen 1963. Berufung an die Universität Bonn 1963. Veröffentlichungen zu Problemen des Strafrechts, des Strafprozeßrechts und der Rechtspolitik. Monographien: Die Teilrechtskraft im Strafverfahren, 1964; Zur Kritik der Lehre vom überpositiven Recht, 1971. Mitverfasser des Alternativ-Entwurfs eines Strafgesetzbuchs, 1968-71 und des Gesetzentwurfs »Die Verteidigung« des Arbeitskreises Strafprozeßreform, 1979.

Iring Fetscher; 1922 in Marbach am Neckar geboren und in Dresden aufgewachsen. Studium der Philosophie, Romanistik und Geschichte in Tübingen und Paris (1945-1950). Promotion mit einer Arbeit über »Hegels Lehre vom Menschen« (1950). Lehrbeauftragter in Stuttgart und Ulm, Assistent am Philosophischen und Pädagogischen Seminar Tübingen. 1960 Habilitation für das Fach Politikwissenschaft (»Rousseaus politische Philosophie«). Mitarbeit an der »Marxismuskommission« der Studiengemeinschaft Evangelischer Akademien (1955-1975). Seit 1963 Lehrstuhl für Politikwissenschaft der J. W. Goethe-Universität Frankfurt a. M. Gastprofessuren in New York, Canberra, Nijmwegen und Tel Aviv.

Mitglied der »Grundwertekommission« beim Parteivorstand der SPD, Vorstandsmitglied der »Wirtschaftspolitischen Gesellschaft von 1947«, Mitglied des PEN Club etc.

Wichtigste Veröffentlichungen: Karl Marx und der Marxismus, 1967. Modelle der Friedenssicherung 1972, Rousseaus politische Philosophie, 3. Auflage 1975. Herrschaft und Emanzipation – zur Philosophie des Bürgertums, 1976.

Nichtwissenschaftliche Publikation: Wer hat Dornröschen wachgeküßt – das Märchenverwirrbuch, 1972, 1974 Taschenb. Übersetzungen ins Italienische, Spanische, Niederländische, Schwedische, Japanische, Koreanische, Französische.

Heinz Giehring; geb. 1940, Dr. jur., Professor für Strafrecht im Fachbereich Rechtswissenschaft II (Einstufige Juristenausbildung) der Universität Hamburg.

Nach rechtswissenschaftlichem Studium und Referendarausbildung Promotion mit einer rechtsdogmatischen Arbeit zum Sexualstrafrecht. Im

Zusammenhang mit der allgemeinen Entwicklung Anfang der 70er Jahre zunehmendes Interesse an der Integration von Rechts- und Sozialwissenschaften. Seit 1974 Kooperation mit Sozialwissenschaftlern im Rahmen der Einstufigen Juristenausbildung in Hamburg.

Hauptschwerpunkt der Arbeit in den letzten Jahren ist die Entwicklung und Konkretisierung eines praxisorientierten, Sozialwissenschaften einbeziehenden Curriculums im Strafrecht. Publikationen u. a. zum Vermögensstrafrecht und zum Strafverfahrensrecht.

Wolf-Dieter Narr; geboren 1937 im Schwäbischen. Abitur nach einmaligem Sitzenbleiben 1957 in Schwäbisch-Hall (altsprachliches Gymnasium). Ein Jahr Bauhilfsarbeiter. Danach zuerst Studium der klassischen Philologie, der Religions- und Sprachwissenschaften, danach Studium der Geschichte, der Germanistik und später dann der Politikwissenschaft und der Soziologie, Philosophie jeweils miteingeschlossen. 1962 Staatsexamen für das Höhere Lehramt an der Universität Tübingen. 1964 Promotion in den Fächern Politikwissenschaft und Soziologie an der Universität Erlangen/Nürnberg. Thema der Arbeit, die 1966 als Buch erschienen ist, »CDU – SPD – Programm und Praxis seit 1945«. 1966 Assistent für Politikwissenschaft an der neuen Universität Konstanz. 1969 Habilitation daselbst mit Schriften zur Demokratie und Systemtheorie. 1969 bis 1971 Aufenthalt in Cambridge/Mass. (Harvard University). Seit 1971 Professor für Politikwissenschaft an der Freien Universität Berlin. Tätigkeit insgesamt wissenschaftlich-publizistisch, aber auch politisch. Publikationen zur Demokratietheorie, zu den Parteien und zu einer Reihe anderer Themen im Zwischenbereich von Politikwissenschaft und Jurisprudenz, von Politikwissenschaft und Ökonomie, ja von Politikwissenschaft und Theologie. Mitherausgeber der Zeitschrift »Leviathan«. Mitglied u. a. des vielgeschmähten Dritten Internationalen Russell-Tribunals.

Günther Gollner; 1940 in Selb geboren. Dort Besuch der Volksschule und der Oberrealschule bis zum Abitur 1960. 1957/58 Stipendium: ein Jahr in einer Familie in den USA und Abschluß der high school. 1960-1969 Studium der Rechte in München mit anschließendem Referendardienst in München, Weilheim und Augsburg. Nach der 2. jur. Staatsprüfung von 1969-1971 Mitarbeiter in der zentralen Vertriebsabteilung für Vertragsfragen bei der Firma Siemens in München mit dem Aufgabengebiet: Vertragswesen mit dem Bundeswehrbeschaffungsamt, Konsortialverträge für die Avionik von MRCA/Panavia/Tornado und Forschungs- und Entwicklungsaufträge. Seit 1971 wissenschaftlicher Assistent an der juristischen Fakultät der Universität Bielefeld. Schwerpunkt: Strafrecht, Strafprozeßrecht und Rechtssoziologie. 1971-1974 an Lehrstühlen Maihofer und Eser. Derzeitiger Forschungsschwerpunkt: Entwicklung des Strafdenkens und des Präventionsglaubens in die Strafe als kulturanthropologische Untersuchung in rechtspolitischer Absicht; ferner Reform des Strafprozesses. Wesentliche Schriften: »Homosexualität, Ideologiekritik und Entmythologisierung einer Gesetzgebung«, Berlin 1974; »Verschlechterungsverbot bei vorläufiger und endgültiger Entziehung der Fahrerlaubnis«. In: GA 1975, S. 129-148; »Wie weit reicht Forschungsfreiheit in der Praxis? Ein Beitrag zur Konkretisierung von Art. 5 Abs. 3 GG«. In: Recht und Politik 1978, S. 8-18.

Rüdiger Lautmann; geb. 1935, Dr. phil. Dr. jur., Prof. für Allgemeine Soziologie und Rechtssoziologie im Studiengang Juristenausbildung an der Universität Bremen.

Nach Abschluß der volljuristischen Qualifikation folgte ein Studium der Soziologie. Den Anstoß dazu hatte die juristische Dissertation zur Freirechtsschule gegeben – jener ersten Auseinandersetzung zwischen Jurisprudenz und Soziologie zu Beginn dieses Jahrhunderts. Die Arbeitsschwerpunkte liegen in dem breiten Überschneidungsbereich der beiden Disziplinen: Theorie und Empirie der Normbildung und gesellschaftlichen Bewertungsprozesse; soziale Kontrolle und abweichendes Verhalten; Abbau von Randgruppenstatus durch rechtliche Stimuli. Nach ausführlichen Studien zur gesellschaftlichen Reglementierung der Sexualität derzeit Arbeit am Projekt ›Frauen und Recht‹. Buchveröffentlichungen: Wert und Norm, 1969; Soziologie vor den Toren der Jurisprudenz, 1971; Jusitz – die stille Gewalt, 1972; Seminar: Gesellschaft und Homosexualität, 1977. Mitherausgeber: Die gesellschaftliche Funktion des Rechts, 1970; Die Polizei, 1971; Einstufige Juristenausbildung im Bereich strafrechtlicher Sozialkontrolle, 1976; Lexikon zur Soziologie, 2. Aufl. 1978.

Eggert Winter; geb. 1944, Dr. jur., Richter, 1974-1979 Wiss. Mitarbeiter am Fachbereich Rechtswissenschaft der Johann Wolfgang Goethe-Universität Frankfurt (Betriebseinheit Kriminalwissenschaften); Veröffentlichungen: Ethik und Rechtswissenschaft. Eine historisch-systematische Untersuchung zur Ethik-Konzeption des Marburger Neukantianismus im Werke Hermann Cohens, Berlin 1979; Konsequenzen des Definitionsansatzes für die Strafjustiz, in: Bewährungshilfe 1978, S. 218 ff. (zusammen mit Erich-G. Bähr); Lehrerbildung vor Gericht, Anerkennung von Lehramtsprüfungen als Rechtsanwendungsproblem, in: Recht der Jugend und des Bildungswesens 1979, S. 141 ff.

Manfred Brusten; Diplom-Soziologe, Dr. soz. wiss., geb. 1939 in Anrath (NRW), Professor für Soziologie abweichenden Verhaltens und sozialer Kontrolle (unter besonderer Berücksichtigung der Delinquenzprophylaxe) an der Gesamthochschule Wuppertal/Fachbereich Gesellschaftswissenschaften.

Derzeitige Arbeitsschwerpunkte: Schule als Instanz sozialer Kontrolle;

Sozialarbeit im Bereich der Justiz; Soziologische Konzepte der kommunalen Delinquenzprophylaxe.

Bisherige Veröffentlichungen über abweichendes Verhalten in der Schule, Prozesse der Stigmatisierung, selektive Sanktionierung und Vernehmung durch die Polizei, Aktenhaltung des Jugendamtes, Klienten der Sozialarbeit, rechtliche und organisatorische Behinderungen empirischer Forschung.

Mitherausgeber des Kriminologischen Journals und verschiedener wissenschaftlicher Sammelbände zu Polizei, sozialen Randgruppen und Jugendkonflikten; Mitbegründer des Arbeitskreises Junger Kriminologen (AJK); Deutscher Vertreter im ›Steering committee‹ der »European Group for the Study of Deviance and Social Control«; Vorstandsmitglied der Sektion »Soziale Probleme und soziale Kontrolle« in der Deutschen Gesellschaft für Soziologie (DGS).

Norbert Herriger; Diplom-Pädagoge, geb. 1953 in Düsseldorf, seit 1978 Wissenschaftlicher Mitarbeiter an der Gesamthochschule Wuppertal/Fachbereich Gesellschaftswissenschaften, zur Zeit stellvertretender Geschäftsführer des Internationalen Dokumentations- und Studienzentrums für Jugendkonflikte (IDSZ) an der Gesamthochschule Wuppertal.

Derzeitige Arbeitsschwerpunkte: Theorie sozialer Auffälligkeit von Kindern und Jugendlichen; Abweichendes Verhalten in der Schule und Konzepte der Schulberatung; Soziologische Konzepte der kommunalen Delinquenzprophylaxe.

Bisherige Veröffentlichungen über Theorien der Verwahrlosung, Praxisformen der Schulsozialarbeit, soziale Kontrolle abweichenden Verhaltens in der Schule und die Kooperationspraxis zwischen Schule und Jugendamt.

Michael Bischoff; geb. 1949, hat in Frankfurt/Main Soziologie studiert und an organisationssoziologischen und juristisch-»organisatorischen« Forschungsprojekten mitgearbeitet (vgl. Anm. 3 des Beitrags), gegenwärtig ist er Verlagslektor. Der Beitrag ist ein Ergebnis persönlicher und sachlicher Zusammenarbeit in einer Forschungsgruppe, die Juristen und Soziologen zu Didaktikern machen sollte.

Thomas-Michael Seibert; geb. 1949, hat in Berlin zunächst Germanistik und Rechtswissenschaft, später in Mainz Rechtswissenschaft, Philosophie und Sprachwissenschaft studiert. Das Doppelinteresse richtete sich auf die sprachliche Formung der Wirklichkeit und deren institutionelle (d. h. eben meist: juristische) Verformung. Die zwei Phasen einer naturbelassenen (d. h. wenig reformierten) Juristenausbildung boten »Spielräume«, auch zur Selbstreflexion; ein Stück davon ist in der juristisch-textlinguistischen Dissertation zur Ausbildungsliteratur enthalten. Gegenwärtig wissenschaftlicher Mitarbeiter in dem in Anm. 3 des Beitrags bezeichneten Forschungsvorhaben und Lehrbeauftragter für Linguistik an der Universität Gießen. Veröffentlichungen: Zur Fachsprache in der Juristenausbildung, 1977; Autor und Täter, 1978 (Mitherausgeber und Mitautor zusammen mit Klaus Lüderssen); Aufsätze zur Sprach- und Argumentationstheorie.

Alphabetisches Verzeichnis der suhrkamp taschenbücher wissenschaft